세종의 국가 경영

대화록으로 살펴보는 세종의 공공리더십

김헌식(평론가)

서산 출생
중앙대학교 및 동 대학원 행정학과 졸업(정책학 전공)
고려대학교 행정학과 박사과정 수학(정책학 전공)
건국대학교 문화정보콘텐츠 박사
동아방송예술대학교 초빙교수
교보문고 북멘토
카이스트 미래세대행복위원회 위원
과학기술정책평가원 자문위원
카이스트, 고려대, 중앙대, 부산대, 건국대, 국민대 등 강의
《신돈, 미천하여 거칠 것이 없어라》, 《위인전이 숨기는 이순신 이야기》,
《촛불@광장 사회의 메커니즘》, 《노무현 코드의 반란》 등 저술

세종의 국가 경영
대화록으로 살펴보는 세종의 공공리더십

2018년 1월 15일 초판 인쇄
2018년 1월 20일 초판 발행

편저자 | 김헌식
책임편집 | 김수진
펴낸이 | 이찬규
펴낸곳 | 북코리아
등록번호 | 제03-01240호
주소 | 13209 경기도 성남시 중원구 사기막골로 45번길 14
　　　우림 2차 A동 1007호
전화 | 02-704-7840
팩스 | 02-704-7848
이메일 | sunhaksa@korea.com
홈페이지 | www.북코리아.kr
ISBN | 978-89-6324-583-6 93320

값 20,000원

*이 도서의 국립중앙도서관 출판예정도서목록(CIP)은 서지정보유통지원시스템
 홈페이지(http://seoji.nl.go.kr)와 국가자료공동목록시스템(http://www.nl.go.kr/kolisnet)에서
 이용하실 수 있습니다. (CIP제어번호 : CIP2018002029)

세종의 국가 경영

대화록으로 살펴보는 세종의 공공리더십

김헌식 편저

북코리아

세종, 최초로 공공리더십을 확립하다

올해는 세종이 즉위한 지 600년이 되는 해이다. 오랫동안 국가 경영이 사적으로 농단당해왔던 점을 생각하면 세종 즉위 600주년은 우리에게 의미가 깊다. 탄생과 달리 즉위는 국가 리더 면에서 중요한 의미가 있다. 그것은 즉위부터 국가 리더의 국가통치와 국정관리 원칙이 시작된다는 것을 의미하기 때문이다.

1418년 세종이 즉위했고, 이때부터 그는 조선 국가경영체제의 기틀을 잡았다. 세종이 비로소 기초를 닦은 국가통치 철학과 국정관리 원칙은 조선에만 한정되지 않고, 오늘날 대한민국에도 영향을 미치고 있다. 다만 그것을 채 인식하지 못하고 상당 부분 잊어버리고 있을 뿐이다. 때로는 잘못 오독하거나 편취하는 경향도 있었다. 그러므로 다시금 세종의 국가 경영론이 갖는 본질적인 의미와 가치에 대한 재인식이 필요한 시점이다. 누구보다 공공성을 위해 노력했던 세종의 국정 행보는 지금 우리에게 어느 때보다 사심을 버리고 공심으로 국가를 운영하는 원칙이 필요하다는 점에서 더욱 각별해 보인다.

한동안 CEO 리더십이 크게 유행을 했다. 기업에만 유행을 한 것이 아니라 국가지도자에게도 적용되었다. 선거에 나오는 이들은 자신이 CEO 리더십을 잘 구사하는 적임자라고 외치기도 했다.

CEO 리더십이 유행한 이유는 뭔가 대단한 성과를 보일 것으로 보였기 때문이다. 국민들의 어려운 살림살이를 좀 낫게 해줄 수 있어 보였다. 이런 이들을 실제로 시민과 국민들이 선출해주기도 했다. 하지만 대부분은 성공하지 못했고, 오히려 부정적인 결과를 양산했다. 왜 이런 결과가 나왔을까. 그 이유는 그들이 일해야 할 영역이 CEO 리더십이 발휘되어야 할 곳이 아니었기 때문이다. 리더를 다룬 책들도 마찬가지였다. 특히 과거의 위인들, 특히 역사 속의 왕을 현대적으로 해석하면서 CEO 리더십으로 규정하는 책들도 꽤 있었다.

세종도 그 가운데 한 명이었다. 그러나 세종은 CEO 리더십과는 거리가 멀었다. 아마 세종이 살아있었다면 화를 낼지도 모른다. 세종은 CEO 리더십의 반대쪽에 있는 이른바 공공리더십의 가치를 강조하고 실천하려 했기 때문이다. 세종이 CEO를 봤다면 쫓아냈을지도 모른다. 그러나 CEO 리더십에 대해 공공리더십이 꼭 적대적인 관계인 것은 아니다. 오히려 CEO 리더십에 공공리더십을 결합한다면 더욱 더 가치 있는 결과를 낳을 수 있을 것이다. 바로 이러한 점이 세종 리더십의 진면모를 공공리더십이라는 관점으로 보는 이유이기도 하다. 우선 나라 경영에서 세종의 리더십이 어떤 특징이 있는지 간단하게나마 살피는 것이 책의 이해를 돕는 데 좋을 것이다.

공공리더십의 개념과 가치

흔히 세종의 리더십을 최고경영자(CEO)의 리더십과 비교하는 주장들이 있어왔고, 주목받는 CEO 리더십의 전형이라고도 하니 나쁜 일은 아닐 수 있었다. 하지만 좀 아이러니한 일이었다. 세종의 리더십이 사기업의 최고경영자 리더십과 같을 수는 없기 때문이다. 물론 오늘날 CEO들이 세종으로부터 함의를 얻지 못하는 것은 아니다. 분명 세종의 리더십에서 배울 부분이 있기 때문이다. 다만, 세종이 다시 부활한다면 사적 이익을 추구하는 기업의 리더를 아마도 경계했을 것이다. 세종은 사기업의 이익보다는 공공의 이익을 위해 전념한 공공리더였기 때문이다.

세종은 공공리더십의 전형이자 최고의 공공리더십 소유자였다. 공공리더십은 공적 영역에서 공심(公心)으로 전체 구성원을 이끄는 리더십을 말한다. 그것은 경제적 이익과 권력, 명예 같은 사욕이 아니라 자신의 욕심을 버리고 구성원들의 성장과 발전, 행복을 위해 마음과 실천으로 최선을 다하는 리더십을 말한다. 세종은 그러한 공공리더십의 기틀을 만든 장본인이다. 조선이라는 사회 자체가 개인적인 사(私)경영을 멀리했기 때문에 세종의 리더십은 사기업의 경영리더십과는 다를 수밖에 없었다. CEO는 사적 리더십의 전형이지만, 세종의 공공리더십에서 배울 점이 분명히 있다. 사적 이익이 아니라 전체의 이익을 위해 노력할 때 그 결과는 리더 개인에게도 긍정의 결과와 효과로 돌아오기 때문이다. 공공리더십은 당장의 이익이 아니라 항구적이고 지속적인 그리고 전체적인 이익을 우선한다.

더 나아가 공공리더십은 항구성과 지속성, 전체적 균형성을 위한 원칙과 근본적인 가치를 고민한다. 그렇기 때문에 공공 분야의 리더가 사기업의 CEO 리더십을 전적으로 구현하는 것은 치명적인 결과를 가져오게 마련이다. 공공 영역의 리더는 공정성, 형평성, 분배성, 공공성 등의 가치를 우선해야 한다. 이러한 가치의 실현은 대통령과 같은 최고 지도자에게는 더욱 강력하게 요구되는 사항이다. 하지만 본질적으로 CEO는 효율성과 경제성, 사익성을 강조한다. 어떠한 수단을 동원해서라도 일정한 결과물을 내면 과정의 결함은 가려지고, 어떤 행동이라도 결과에 따라 정당화되는 경향이 있다. 하지만 그것은 단기적인 것일 뿐 장기적으로는 부정적 결과로 이어진다. 모두가 다 살 수 있는 공존과 상생은 고민의 대상에서 쉽게 포기되기 때문이다. 이를 위해서 다음과 같은 원칙들을 세종이 확립하려 했다.

약자를 위한 리더십과 민주주의
CEO 리더십은 자칫 효율성을 우선시하기 쉽다. 그래서 작은 것을 희생해서 큰 것을 얻으려 하고, 소수를 희생하고 다수의 이익만을 주장하기 쉽다. 그 다수는 결국 약자가 아니라 강자들인 경우가 많다.

세종은 큰 것보다는 작은 것을 항상 소중하게 생각했으며, 존중받는 다수 이전에 배제되는 소수의 가치를 중요하게 여겼다. 이른바 차이와 소수의 정치를 중심에 두었던 것이다. 공공정책은 노인, 아동, 부녀자, 장애인 등을 우선 배려하려는 정책적 방안 모색에 노력했다. 정부가 있는 이유는 약육강식의 사회에서 이러한 약자와 소수자들을 보호하고 포용하기 위해서다. 세종은 이러한 정부의 역할과 그 정부의 최고 수장이 무엇을 중시해야 하는지 정확하게 알고 있었고 이를 실현하려 했다.

CEO 리더십이 사람을 위한다고 말하지만, 그것은 결국 사람을 위하는 것이 아니라 상품과 이익을 우선시하기 쉽다. 사람보다 하청직과 비정규직이 남발되는 이유이다. 이를 위해 업적을 끊임없이 만들어내려고 조직이나 부하 직원들을 몰아세운다. 그러나 그 업적이 궁극적으로 누구를 위한 것인지는 부차적이게 되기 쉽다. 또한 사람의 마음이 그 과정에서 중요하다는 점을 간과하기 쉽다. 백성이나 나라 안의 사람은 종업원이 아닌데, 사람의 마음을 얻기보다는 효율과 이익을 위해 사람을 그것에 수단화한다. 이럴 때 사람을 위하는 정책은 결국 어떤 부서나 몇 개의 방안으로 해결된다고 보기 쉽다. 하지만 이는 특정 부서의 활동이나 몇 개의 조치로 해결되지 않는다.

CEO는 모든 사고와 행동을 관통하고 있어야 한다. CEO의 삶 자체가 인간, 나아가 생명을 지향해야 한다. 삶과 리더의 공적 행동과 사고는 일치해야 한다. 세종은 그것의 합일을 끊임없이 추구했다. 법과 원칙은 그것을 만든 사람을 위해 존재하는 것이지 법과 원칙을 위해 스스로 존재하지 않는다. 약자를 위한 나라 경영은 기업에게도 필요한 일이다. 그것이 곧 기업의 사회적 기여와 공공성 마케팅에서도 생각할 수 있기 때문이다.

들어가며

생명의 리더십과 경영

세종의 국가 경영의 목적은 목표 달성이나 그로 인한 업적 자체가 아니었다. 전체적인 지향점은 생명, 즉 사람을 지키고, 그들이 잘 사는 것이었다. 그는 이를 위해 일정한 목표를 세우고 노력했으며, 그 과정에서 업적이 만들어졌다. 어떻게 해서든지 생명을 살리고 덜 상하게 하려 했다.

행형(行刑)의 집행에서는 되도록 사형을 피했다. '죽임'의 국정이 아니라 '살림'의 국정을 지향한 것이다. 소통과 포용은 살림의 지향에서 비롯했다. 이른바 따뜻한 리더십의 모델이다. 리더가 생명을 우선시한다면 사람들은 그를 믿고 따르게 된다. 그가 함부로 사람을 살상하거나 버리지 않을 것임을 알기 때문이다. 더구나 항상 죽음의 위협 속에 있는 이들에게 이는 더욱 리더에 대한 신뢰감으로 다가온다. 그와 같이 있다면 언제나 살 수 있다는 확신이 그를 리더로 존립하게 하며, 모두가 원하는 방향으로 결과를 만들어낼 수 있다. 이렇게 생명을 위하면 인간을 위하게 된다. 이러한 성찰의 맥락 안에 있는 것이 인문정신이요, 인문정신을 학문적으로 정립한 것이 인문학이다. 그러나 물질적인 이윤의 실용관념은 이와 배치될 수 있다.

CEO는 실용을 최우선으로 강조하기 때문에 인간과 생명, 세계에 관한 근원적인 철학이나 정신이 없어지기 쉽다. 요즈음 인문학을 통해 경영을 혁신시키려는 CEO가 등장하는 것은 이러한 맥락이다. 하지만 경영이 이익을 위해 인문학을 도구로 사용하는 것은 한계가 있다. 인문학을 이익을 위한 수단으로 만들 수 있으며, 자칫 이익도 제대로 얻을 수 없고 오히려 리더십의 신뢰성이 약화될 수 있다.

경영은 사람에서 시작해서 사람으로 끝난다. 인문학은 사람과 삶에 대한 성찰을 기본으로 한다. 인문학적 감수성은 결국 생명을 지향점으로 삼는다. 생명을 사랑하지 않는 사람, 사람을 소중하게 생각하지 않는 인문주의 표방의 경영이 실패하는 이유다. 인문주의는 단기가 아니라 장기적인 이익을 추구한다. 이를 견딜 수 있는 이는 이익에서 상대적으로 자유로운 사람일 수 있다. 당장의 작은 이익에 연연해 사람을 잃는 것이 모든 것을 잃게 만들 수 있음을 우리는 세월호 참사를 통해서 충분히 보았다. 어린 작은 생명이라도 소중하게 여겼다면 민심에 의해 박근혜 정권이 붕괴되지 않았을지도 모른다.

겸양의 리더십과 불멸성: 천재성을 버리다

세종은 처음에 잘 드러나지 않았다. 인문학적 소양을 철저히 함양하기 위한 노력 때문에 시간이 오래 걸리는 듯싶었지만 결국 다방면에 걸쳐서 많은 업적을 쌓았고, 백성을 위한 정책 방안들을 도입해서 다시 지지를 얻어낼 수 있었다. 인문 소양이 부족한 이들은 사람의 마음을 모르며, 결국 사람을 위한 정책이 아니라 업적과 결과물만을 위한 결과를 만들어낼 뿐이다. 주변 사람이란 리더를 유지시키는 원동력이다. 따라서 혼자 뛰어난 리더십은 필연적으로 독재의 유혹에 빠지게 된다. 인문 소양이란 인간다움의 가치가 결국 좋은 결과를 만들어낸다는 인식과 실천의지이다.

흔히 성공한 CEO들은 '성공의 함정'에 빠져, 항상 1등만을 추구하고 영웅형 리더십을 구가하기 쉽다. 혼자 모든 것을 해결하고 결과를 이끌어야 리더라고 생각하기 때문이다. 겸손한 태도는 리더의 덕목이 아니라고 생각한다. 그러나 진정한 실력과 능력을 가진 사람만이 겸손할 수 있다. 그 겸손 때문에 많은 이들이 존경하고 통솔에 따르게 된다. 그러나 대개 겸손은 미덕이 아니라 비굴로 치부된다. 겸손하게 있으면 다른 이들이 무시할 수 있다고 생각한다. 자신이 내적으로 자신감이 없고 외부의 시선에 연연해할수록 이런 태도가 많아진다. 따라서 많은 리더들은 자신이 얼마나 뛰어난지 드러내 보이는 것을 우선으로 한다. 이 때문에 자신의 성공 이력에 대한 확신으로 독단적으로 결정하고, 그것에 관한 비판에 무감각해진다. 이 가운데 뛰어나다는 점을 강조하는 태도로 인한 소통의 부재는 결정적이고 치명적인 실패를 불러온다.

세종은 성공이나 업적을 거둔 뒤에도 항상 겸손한 태도로 임했다.

주위의 찬사에도 불구하고 업적에 대한 자신감으로 오만해지는 성공한 CEO 같은 독단적인 불도저 리더십이 아닌 수평적 소통형의 리더십을 보여준 이가 세종인 것이다. 세종은 비록 왕이었어도 다른 신하나 백성들의 말을 귀기울여 들으려 했고, 그 말을 종합해 항상 최대한 최선의 의사결정을 내리려 노력했다. 따라서 일방적 리더십이 아니라 동반적 리더십의 전형이었다. 관련 분야에 적당한 인재가 있을 때, 그 인재를 통해 일정한 성취를 이끌어내도록 독려했다. 이 때문에 상호 성장할 수 있었다.

심성리더십과 영혼의 향연

우리는 세종을 통해 리더에게 가장 중요한 것이 흔히 강조되는 리더십 요인, 즉 능력이나 카리스마, 조직 장악력, 비전, 목표 달성력, 네트워크 능력 등이 아님을 알 수 있다. 세종에게는 사람의 마음을 얻는 것이 제일 중요했다. 사람의 마음은 인위적인 보상과 유인책으로 얻어지지 않는다. 사람들은 리더의 심성이 어떤가를 즉각적으로 판단하고, 선한 심성의 소유자인 그의 말과 행동에 신뢰를 보이고 따른다. 이것이 바로 심성(心誠)리더십이다. 세종은 자신을 절제하고 공공의 이익을 위해 성심을 다하는 리더가 성공한다는 사실을 심성리더십을 통해 보여준다. 마음을 얻는 것은 현대 민주주의 국가의 국정관리에서 매우 중요한 과정이자 목적이다.

리더는 사람의 마음을 얻기 위해서는 몸소 실천하고 모범을 보여야 한다. 그것을 통해 사람들의 마음을 자연스럽게 얻어 정책 결정을 집행하는 데 저항을 없앨 수 있다. 스스로 자신의 욕망을 채우려 하는 이들을 리더로 따르는 이들은 없다. 자신을 비우면 많은 사람들이 그 안을 채울 것이다. 세종은 헌신과 기여로 자신을 비웠다. 세종은 수많은 병증과 업무 과다로 쇠약해진 몸에도 자신의 안일보다는 자신이 맡은 역할과 책무에 충실했다. 이 때문에 많은 신하들이 세종을 믿을 수 있었다.

세종의 사례를 통해 공공적인 리더십이 어떤 사경영리더십의 효과보다 클 수 있음을 알 수 있다. 또한 CEO 리더십을 아무 분야에나 적용시킬 경우 치명적인 결과를 낳는다는 점을 짐작할 수 있다. 공공성을 요구하는 분야에서는 더욱 그렇다. 거꾸로 사경영에서는 세종의 소통리더십을 구사하면 경제적 이익을 중시하는 사적 영역에서도 생명과 사람을 우선하게 된다. 공공의 리더십에서는 궁극적으로 공동체적인 도덕적 · 윤리적 선을 지향하는 '마음'이 중요하다. 그것이 세종의 마음이었다. 그럴수록 다른 곳보다 나은 결과를 낳을 수 있다. 하지만 이는 감내하고 견뎌야 할 용기와 인내가 필요하다. 그것을 조금이라도 경험한 이들이라면 그 원리를 체득하고 있다. 어느 날 갑자기 만들어지는 것이 아니라 차근차근 다져져야 가능한 것이다.

자신과의 소통

자신을 위해 리더십을 발휘하면 더 이상 리더십이 아니다. 리더의 절제와 희생은 신뢰를 낳는다. 절제와 희생이 바로 공공리더십의 시작이다. 신뢰는 마음을 얻는 토대이다. 사적 조직도 그렇지만 공적인 영역에서 지위가 높을수록 그 지위의 기반은 사람들의 마음을 얻는 데 있다. 이는 곧 정당성과 권위를 확보할 수 있다. 이 사실을 세종은 잘 알고 있었다. 과거에도 군주들과 신하들은 자신의 몸과 마음을 정결하게 반성 · 성찰하면서 내면의 목소리에 귀를 기울이고 공공 직무에 임했는데, 세종은 형식적인 시도가 아니라 이의 실현에서 그 열정이 남달랐다. 백성에게 닥치는 안 좋은 일들과 정책 실패의 원인을 다른 데에 돌리지 않고, 스스로에게 두면서 책임을 다하는 모습은 누구에게나 신뢰를 주기에 충분했다. 스스로 성찰했을 때 진정 마음에 걸리는 일은 하지 않았다. 자신은 물론 자신의 세력을 위해서 정치와 국정 운영을 하지 않았다.

더구나 세종은 자신의 몸에 많은 병이 있음에도 백성을 위한 군주의 업무를 허투루 하지 않았다. 이는 철저한 자기희생에 바탕을 두고 있었다. 무엇보다 사심(私心)을 멀리하고 이루어지는 공적인 헌신은 정책 실행과 정책 목표를 달성하는 데 매우 중요하게 작용한다. 오로지 그 자체로

들어가며

평가를 받으면 족한 것이며 이는 스스로 충족감을 준다. 정책의 결정·집행자를 믿지 못하면 정책 저항이 일어나 아무리 좋은 정책 방안도 현실에서 실현될 수 없기 때문이다. 자신이 사심(私心)에서 벗어나 공심(公心)을 지녀야 백성에게 믿음을 주고 국정을 운영할 수 있다는 사실을 세종은 너무도 잘 알고 있었다. 공심을 위해서라면 자신에게 솔직해야 하고 그것이 자연스럽게 개방과 소통으로 대신과 백성에게 연결된다.

사람을 위한 커뮤니케이션: 철학의 정립과 공유

세상의 사회적 과제는 사람에서 시작해서 사람으로 맺어진다. 사람을 모르면 사회적으로 아무 일도 할 수 없다. 대인적 혹은 사회적 커뮤니케이션을 할 수 없기 때문이다. 조직이나 국가의 운영도 마찬가지다. 삶과 생명을 모르고, 사유와 세계관이 없다면 대화와 소통을 할 수 없다. 인문학은 삶과 생명, 사유와 세계관의 성숙을 길러준다. 결핍된 존재인 인간에 대한 포용심과 관용을 통해 서로 같이 공존하고 상생하는 방안을 모색하는 것이 인문정신이다. 사람을 위한 대화는 바로 이 인문정신에서 출발한다.

세종이 성공한 임금이 될 수 있었던 것도 인문·예술적 소양이 탄탄했기 때문이다. 양녕이 태종의 뒤를 이어 보위에 오를 세자일 때, 태종의 막내아들이었던 충녕은 당장에 쓸모가 없을 듯한 인문학이나 예술에 충실했다. 이는 모두 사람에 관한 것이다. 경영도 사람을 모르면 할 수 없다. 요즘 해외 유명 경영자들 일선에서 인문가치에 관심을 보이는 이유이다. 인문학에서 문학은 사람의 마음에 관한 것이고, 역사는 사람의 기억에 관한 것이다. 철학은 사람의 사유와 세계관에 대해 논한다. 특히, 태종은 인문 소양이 국정운영에 얼마나 중요한지 알았기 때문에 자신의 후계자로 충녕을 선택했다. 세종은 정치권력의 행사나 통치 그 자체가 아니라 계속 인문학적 커뮤니케이션을 했던 것이다.

다만 일상에서 우리 모두가 인문학을 할 필요는 없다. 인문가치나 인문정신의 지향과 실천의지가 중요하다. 생명과 사람을 중시하고 인간다운 것이 무엇인지 고민하고 실천하는 것이 필요하다. 이러한 점은 휴머노이드와 인공지능 담론이 횡행하는 시점에서 더욱 더 필요한 일이다.

마음으로 정책을 시행하다

인문정신과 철학은 결국 정책의 기획과 수립, 실행을 위한 것이었다. 그것은 백성들의 행복과 안녕에 모아져야 한다. 세종은 오늘날에 견주면 하이브리드 리더십의 소유자였다. 과학과 인문학을 결합했고, 철학과 정책학을 결합했다. 인문과학에 머물지 않고 사회과학적인 차원에서 분석하고 실천하여 결과를 만들어냈다.

　한 사람의 마음을 얻는 것이 억만금을 얻는 것보다 힘들다. 군주는 흔히 이 같은 원칙을 간과할 수 있다. 자신이 권력자이고 최고 리더라고 생각하기 때문이다. 하지만 세종은 군주이기 때문에 오히려 더 이런 원칙을 잘 지켜야 한다고 보았다. 무엇보다 세종은 사람과 생명을 우선시해 마음을 얻었고 사람을 해치고 생명을 파괴하는 의사결정은 아무리 단기적인 효율성이 높아도 뒤로 미루었다. 국정 책무에서 부자와 권력자가 아니라 힘없는 사회적 약자들을 우선순위에 두었다. 나라의 구성원들은 대부분 빈곤하고 힘없는 사람들이었기 때문이다. 부모 없는 어린이는 무조건 살리고 보양하게 하며, 출산휴가 제도를 마련하고 노인복지 제도를 신분에 관계없이 실시했다. 세종은 그들을 위한 정책을 1순위에 올렸다. 부자와 기득권을 위한 부역, 세법이나 육기법 등은 폐하게 했다.

　여기에서 중요한 것은 사람들이 자신들을 위한 리더인지 아닌지를 즉각적으로 안다는 점이다. 만약 그 심성이 불순하다면, 즉각 사람들은 마음을 거둔다. 그들의 생명을 좌우하기 때문이다. 세종은 자신의 진정성을 유지하려 노력했고, 솔직하게 밝히고 이해를 구했다. 은폐하고 숨기면 스스로 고통스러워했다. 진실하지 않으면 백성은 물론 필연으로 하늘의 벌을 받는다고 여겼다. 하늘이 곧 백성이니 당연하게 받아들였던 것이다. 공권력과 군사의 뒤에 숨지 않고 세종은 마음을 얻기 위해 끊임없이 귀를 열고 들으려고 했다. 이 가운데 사람들의 입을 열어두게 하고 토론과 대화, 여론 수렴이 끊임없이 이루어지도록 했다. 그렇지 않으면 죄를 짓는 것으로 여겨 괴로워하기도 했고, 아예 곡기를 끊고 근신에 들어가면서 오래도록 스스로 회개했다. 그것이 세종의 일상이었다.

국민청원제도를 만들고 국민투표를 실시하다

왕이 새롭게 세워지는 것은 민의를 다시금 반영하는 것을 의미한다. 세종은 사람들의 말을 들으려 했다. 듣는다는 것은 자신의 아집에서 벗어나 다른 이들의 의견을 반영하려는 것이다. 이를 위해 오늘날 국민청원 제도나 권익실현 기구와 비슷한 신문고 제도를 도입했다. 또한 정책에 필요한 여론조사도 실시했고 나아가 국민투표도 했다.

신문고는 오늘날의 국민권익위원회와 같았다. 세종은 억울한 일이나 잘못된 일을 바로잡기 위해 신문고와 같은 제도를 활성화시켰지만 반발도 컸다. 하지만 세종은 굽히지 않고, 신문고 두드리는 행위를 방해하는 관리들을 엄단하게 했다. 관리들은 아무나 신문고를 친다고 신문고의 폐해를 말했지만, 세종은 억울한 사람들과 소통해 문제를 해결하고 그들의 삶을 평안하게 만들어주는 것이 중요하다고 여겼기 때문이다. 물론 절차를 뛰어넘는 점이 있어 관리들이 곤란한 점이 있었다. 다만, 세종은 절차상의 흠보다 백성이 그 신문고를 통해 무엇을 말하려 하는지가 더 중요하다고 생각했다. 이는 항상 사람들과 소통하고자 하는 세종의 의지를 나타낸다.

또한 여론조사를 실시한 것도 잘 알려진 사실이다. 1430년 3월 세종은 전국 17만 2,806명의 신하와 백성에게 세제인 공법에 대한 여론조사를 실시하도록 했다. 일종의 국민투표인 것이다. 오늘날의 민주주의 제도를 570년 전에 이미 실시하고 있는 것이다. 당시에 과반수의 백성이 개정을 찬성했다. 따라서 공법을 바꾸어야 했다. 하지만 개정된 공법을 준비 없이 졸속으로 한순간에 만들어낸 것은 아니다. 그만큼 중대하고도 숙의가 필요한 제도였기 때문이다.

오랜 숙의로 정책을 만들다

오늘날에는 모든 일을 단기간에 결정하고 그것의 결과를 당장에 만들어 내려 한다. 그 성과를 통해 짧은 기간 내에 자신에게 이익이 될 수 있게 하기 때문이다. 사기업 문화가 사회 전반에 걸쳐 있기 때문에 이는 당연해 보이기도 한다. 반면에 세종은 하나의 사안에 대해 오랫동안 조사·검토하고, 이를 적용했다. 이른바 숙의민주주의 제도의 원형에 해당한다. 신고리 원전 사례에서 보듯이 숙의민주주의는 오늘날에도 어려운 점이 있다. 어쨌든 공공경영에서는 이러한 단기적 결정보다는 종합적이고 합의적인 과정을 중요시한다. 매우 중대한 사인일 경우에는 그렇게 하는 것이 더욱 당연하다.

실제로 세종은 오랫동안 숙의와 성찰을 거친 끝에 '연분 9등, 전분 6등법'을 내놓기에 이른다. 이는 14년 동안 착실하게 준비했던 제도였다. 오래 고민한 이유는 이 공법이 나라의 살림살이뿐만 아니라 백성의 민생과 생명에 밀접하게 연관되어 있는 중요한 문제였기 때문이다. 이렇게 오래 걸렸던 이유 가운데 하나는 지주와 관리가 짜고 속이는 행태가 근절되지 않았고, 지주와 관리를 중심으로 하는 기득권 세력의 거센 반발도 한몫했기 때문이다. 이런 상황을 어떻게 돌파할 것인가, 그것이 고민이었다. 세종은 전문성을 바탕으로 치밀하게 준비해서 개정된 공법을 마련하게 된 것이다.

발효시키듯 장인처럼 빚어내다: 현장성·전문성 기반

세종 대에 개정한 공법 '연분 9등, 전분 6등법'은 혁신적인 정책이었다. 그 개념은 이렇다. 해마다 작황을 풍년과 흉년을 통해 9등급으로 구분하고, 토지의 비옥도 6단계에 따라 총 36유형으로 분류하고, 1결에 10두의

정액세를 거두는 방식이다. 무엇보다 담당자가 직접 논과 밭에 나가서 그 작황을 조사하기 때문에 지주와 관리가 짜고 속일 수 없었다. 그 결과 세금 부과는 줄었는데 오히려 세수는 늘어나게 되었다. 만약에 전문성을 갖지 않거나 현장과 실정을 정확하게 조사·반영하지 않았다면 기득권의 반발에 개혁정책은 좌초되었을 것이다. 무조건적인 백성 의견 수렴이 전문성과 현실성에 기반을 두었을 때, 민의를 수렴한 정책안들을 효과적으로 입안하고 성공적으로 집행할 수 있다. 따라서 리더는 무조건 듣는 것이 아니라 실제적인 지식이나 실무 역량에 관한 통찰이 있어야 한다.

세법이나 인사정책뿐만 아니라 한글이나 음악, 각종 문서 편찬, 과학 발명 등 세종 대에 만들어진 대부분의 업적은 한순간에 만들어진 것이 아니라 오랫동안의 고민과 모색 끝에 나온 것이었다. 세종이 그것들을 얼마나 숙의와 연구, 시행을 통해 검증하고 만들었는지 알 수 있다. 단기간의 성과주의로 과시하거나 전시행정을 하는 리더들에게 경종을 울리는 대표적인 예라고 할 수가 있다.

특정 인사, 이념과 종교를 편애하지 않다

인사가 만사라지만 잘못된 인사는 만사를 망칠 수 있다. 좋은 인사는 우선 골고루 능력에 따라 적재적소에 등용하고 배치하는 것이다. 세종은 그렇게 했을뿐더러 사상에 대해서도 성리학만을 우선하지 않았다. 조선이 성리학을 나라의 근간으로 했기에 불교와 승려들을 배척할 수도 있었을 것이다. 하지만 세종은 불교와 승려가 비록 이단이라고 해도 그들이 전하는 진리에 대해서는 귀를 기울였다. 이 때문에 나라의 근간을 파괴한다는 비판을 듣기도 했다. 유생들과 승려의 패싸움에 대해서는 오히려 유생들을 꾸짖고, 승려들을 두둔했다. 즉 이념에서 어느 한쪽을 일방적으로 편들기보다는 다 같이 존중하고자 했다. 그것은 리더가 가지고 있어야 할 통합적인 사고이기도 했다.

또한 그는 인사에서 편 가르기를 하지 않았다. 자신에게 편한 사람만 심지 않았다. 나이의 많고 적음, 신분의 상하를 염두에 두지 않고, 인사에서 능력 있는 사람들을 우선시했다. 장영실이 대표적이며 능력 있는 자는 나이가 많아도 벼슬을 주었다. 무엇보다 각 인재들의 능력뿐만 아니라 그 사람의 심성을 매우 중요하게 생각했다. 아무리 능력이 있더라도 진정성이 없는 인재들은 배제했다. 무엇보다 한번 믿으면 끝까지 신뢰하고 지지했다.

2인자 시스템을 통한 경영

위대한 1인은 2인자들을 포진시켰을 때 나올 수 있다. 여기에서 1인자, 2인자는 1등과 2등의 의미는 아니다. 책임을 지는 사람과 그것을 책임질 수 있도록 도와주는 사람이라는 의미를 지니고 있다. 그렇지만 자신의 능력을 과신하는 이들은 2인자를 무시했다가 역사에서 무시당한다. 이익은 누리고 책임은 지려 하지 않다가 사라진 자칭 1인자들은 많았다. 그들은 진정한 1인자가 아니었다. 반면 세종에게 관리나 부하는 자신의 종이 아니었다. 자신을 대변하고 보좌하는 또 다른 분신이었다.

세종은 관리가 통제자가 아니라 백성과 임금을 소통시키는 메신저 역할을 한다는 점을 강조했다. 세종은 지방관을 파견할 때, 현령일지라도 반드시 직접 불러서 이러한 점을 강조했다. 특히 지방관은 임금의 대리자라는 점을 강조하고, 백성들의 소리를 잘 귀담아듣고, 그들이 원하는 것을 임금에게 보고하는 것뿐만 아니라 임금을 대리해서 조치를 취하는 존재라는 점을 주지시켰다. 이렇듯 그는 수령들이 임금의 대리자로 수행하는 국정 시스템을 만들려 했다. 일종의 대리자를 통한 소통 시스템이다. 그들이 세종이 공유한 뜻에 따라 일한다면 백성과의 소통은 원활해진다.

세종의 장점은 무수한 2인자를 통해 국정을 운영했다는 점에 있다. 흔히 훌륭한 리더들은 2인자들을 두지 않고, 혼자 독단으로 의사결정을 하는 경우가 많다. 그러다가 의사결정에 치명적인 결과를 가져오는 사례를 많이 볼 수 있다. 그러나 리더의 성공은 1인자 혼자가 아니라 2인자들의 뒷받침이 있어야 가능했다. 실천적 정책가 황희, 청백리의 상징 맹사성, 노비 출신 발명왕 장영실과 천재적 과학자 이순지, 천재 음악가 박연, 집현전의 브레인 신숙주 등 세종에게도 다양한 2인자가 있었다.

이러한 시스템 차원에서 세종은 위임소통을 구사했다. 이에는 두 가지 방식이 있다. 하나는 위임소통이고, 다른 하나는 프로젝트 위임이다. 전문성을 가진 신하나 신뢰할 수 있는 인재에게 권한을 위임하고, 일정한 결과물을 내도록 재량권을 폭넓게 인정했다. 그는 당장의 단기적 성과에 연연하지 않았다. 한 가지 사안에 대해서 동서고금의 사례를 계속 조사연구하고, 모색했다. 이처럼 토론을 주재하는 사람은 전반적으로 맥락을 꿰뚫어야 한다. 진정한 전문가지만 전문가로 군림하지 않는 것이 2인자 리더십에서 매우 중요하고, 그것을 세종은 적절하게 구사해 성공했다.

정조와 세종의 리더십 스타일: 불도저 VS 네트워크
정조를 들어 비교하면서 세종의 리더십 스타일을 말할 수 있겠다. 정조가 1인자 리더십이라면, 세종은 2인자 리더십을 보였다. 1인자 리더십은 리더가 앞에서 주도적으로 이끌어가는 리더십 유형이다. 워낙 정조가 다방면에 아는 바가 많았고 다재다능했기 때문에 가능한 일이었다. 반면, 재주 많은 세종은 2인자의 리더십으로 규정되는데, 항상 앞에서 진두지휘하기보다는 일보 물러나 있는 듯한 리더십의 특징을 지녔기 때문이다. 그는 전문적인 식견과 능력이 있는 이들이 자유롭게 그 역량을 발휘할 수 있도록 후견하는 리더십을 보여준다. 자신이 먼저가 아니라 다른 이들이 먼저였다. 말없이 지원하는 방식이나 신하들과 토론과 대화를 즐긴 것에서도 알 수 있다.

정조가 위에서 수렴하는 수통(首統)형 리더십이라면, 세종은 수평적 소통(疏通)형 리더십이다. 세종이 기득권 세력의 엄청난 반대에도 불구하고 한글을 만든 것도 결국 끊임없이 소통을 하고자 했기 때문이다. 한 사람에게 이끌려가는 것이 아니라 스스로 구성원들이 다양하게 자신의 역량을 발휘할 때, 더 다양하고 훌륭한 성과물들이 나오기 마련이다. 그것이 세종대왕의 실제 모습이었다. 그래서인지 세종의 치적과 비교했을 때, 정조의 작업은 많은 부분 미완의 개혁으로 남고 말았다.

정조는 스스로 '만 갈래 시내에 비치는 밝은 달과 같은 존재'라는 뜻으로 '만천명월주인옹(萬川明月主人翁)'이라는 호를 사용했다. 밝은 달은 만 갈래의 냇가 어디에도 다 들어가 있다. 달의 영향력은 세상 곳곳에 미친다. 정조는 그러한 밝은 달과 같은 존재가 되고 싶어 했다. 즉, 정조는 스스로 초월적인 존재가 되고 싶어 했던 것이다. 그는 저 낮은 바닥에 흘러가는 물이 되고 싶어 하지 않았다. 노자는 물을 일러 상선약수(上善若水)라고 했다. 가장 훌륭한 선이 물이라는 말이다. 반면 정조는 스스로 하늘의 달이라고 보았던 셈이다. 물론 이러한 생각은 그를 다재다능하고 능력이 출중한 사람으로 만들었다. 정조의 능력을 나무랄 수 없지만 그는 세종보다는 소통을 못하고 말았다. 정조에 대한 이러한 인상은 아버지 사도세자의 죽음과 그를 위협하는 정적들 사이에서 살아남고자 하는 분투 때문이기도 하다.

이를 통해 알 수 있는 것은 진정한 소통의 리더십이 가능하려면, 국정 운영을 위한 구성원들의 원만한 수평적 관계 성립이 우선되어야 한다는 점이다. 한 사람이 주도하는 소통의 리더십은 불통이 될 수 있으며 결국 사람의 마음을 얻고 그 마음 사이에서 소통이 이루어질 필요가 있다. 이를 위해서는 신뢰가 쌓여야 한다. 신뢰는 리더가 개인의 사적 욕망과 거리를 둘 때 가능해지기 시작한다. 그것은 사적 욕망을 버리고 공공적 리더십을 갖출 때 비로소 그 출발할 자격을 얻게 된다.

거안위사 정신과 영원한 승리

1433년 5월 3일, 파저강(婆猪江) 여진족 정벌에서 승리한 뒤 조정에서는 기쁨과 즐거움에 환호성이 터져 나왔다. 하지만 세종은 환희가 넘치는 신

들어가며

하늘 사이에서 홀로 조용히 말했다.

"우리가 이긴 것은 진실로 기쁜 일이지만, 역시 두려운 일입니다."

[是誠可喜, 而亦有懼焉.]

세종의 말에 신하들은 모두 찬탄해 한목소리로 말했다.

"전하께서 크게 승리한 일을 기뻐하지 않으시고 도리어 두려워하시니, 이는 어느 무엇보다 진실로 아름다운 뜻이시옵니다."

이에 다시 세종이 말했다.

"지금의 공적에 만족하지 말고 이어 뒤에 되돌아올 후환을 없애는 것이 중요합니다. 적을 가볍게 여기고 나가 싸우다가 패전하는 일은 예나 지금이나 항상 우려해야 할 일입니다. 조심해 가볍게 움직이지 말고, 성벽을 굳게 지키며 장애물들을 깨끗이 치우고 기다리다가, 칠만한 형세가 된 뒤에 기회를 살펴 대응하십시오."

세종은 승리에 도취하지 않고 이후에 일어날 적의 대응에 만반의 준비를 다할 것을 말하고 있다. 그는 그것이 완전한 승리를 취하는 방법이라고 말했다. 세종 시기 4군 6진을 개척하고, 야인과 왜구의 위협을 물리치며 국방을 강화할 수 있었던 것은 바로 이런 세종의 거안위사(居安危思) 정신 때문이었다. 거안위사는 편안한 시기에도 항상 위기상황을 생각해 대비하는 자세이다. 당장에 성과가 좋다고 이를 과시해 스스로 도취된다면 오히려 일을 그르칠 수 있다. 그런 때일수록 좋지 않은 상황에 대비해야 오히려 더 좋은 결과를 낳을 수 있다. 이런 정신에 따른 세종의 리더십 덕분에, 초기에 체계가 덜 잡혔던 조선은 안보는 물론 각 분야에서 발전을 거듭할 수 있었다. 이러한 세종의 리더십과 태도야말로 국정과 안보 그리고 외교를 담당하는 공적 리더가 갖추어야 할 덕목이기도 하다. 흔히 성공하고 잘 경영되는 기업과 조직이 망가지는 것도 이러한 거안위사 정신이 없기 때문이라는 점을 생각할 때, 세종의 태도는 리더십의 원칙으로 귀감이 된다.

대화록과 일화로 살펴보는 세종의 공공리더십

이 책은 세종의 공공리더십을 대화록과 일화를 통해 살피고 있다. 다른 책들의 경우 저자가 특정 관점이나 주제를 내세우며 논증하는 경향을 갖는 것과 다르게 접근한 것이다. 이렇게 한 이유는 간단하다. 세종이 어떤 이야기를 했고 어떤 이야기를 나누었으며 무엇을 공유했는지, 실제의 생생한 육성을 담아 전하기 위함이다. 필자는 다만 세종의 논지에 대해 약간의 주해를 달았을 뿐이다.

이제 본격적으로 살펴볼 내용들이 주로 거창하고 화려한 세종의 업적에 대한 이야기가 아닐지라도, 많은 사안들에 관련한 세종의 육성과 행동을 살펴봄으로써 그의 리더십 스타일을 더 구체적으로 알 수 있을 것이다. 이 책이 작위적인 구성적 서술이 아니라 각 주제별로 대화와 일화, 어록에 충실하려 한 궁극의 이유다. 앞에서 간략하게 본 세종의 공공리더십이 갖는 특징을 오늘날의 상황과 비교·반추해서 살펴보면 본문의 주제와 대화, 일화들을 보는 것이 수월할 것이다.

극적으로 재미있는 이야기가 오히려 진실을 담고 있지 않은 경우가 많다. 쓰고 거친 음식이 오히려 몸에 좋은 경우가 많다. 그럴수록 자극적이지 않고 꼭꼭 씹어 먹을 수 있기 때문이다. 씹으면 씹을수록 단맛은 우러나온다. 본인이 어떻게 씹는가에 따라 각각 맛도 다르고 몸에도 다르게 영향을 미친다. 이 책도 그러한 밥 한 그릇이다. 세종과 대신들, 그 외 많은 사람이 시공을 뛰어넘어 만들어낸, 현미처럼 거칠지만 영양가 있는 밥 한 그릇이다.

2017년 12월
김헌식

들어가며

차례

一.

생명을 우선 생각하다

세종의 생각에 생명을 우선하는 것은 모든 세상 경영의 기초였다. 자연의 도(道)는 하늘의 도이며 생명의 도이다. 그에게 자연의 도, 하늘의 도를 행하는 자는 생명을 소중하게 여겨야 했다. 여기에서 도는 근본의 가치질서이자 체계이다. 그렇다고 분명하게 규정은 할 수 없는 암묵(暗默)의 보이지 않는 원리다. 신분과 사람 이전에 생명이 본질이고 근간이나, 오늘날의 관점에서 봤을 때 그것은 생명학·생태학적 세계관과 닿아있다.

도는 길이다. 생명의 도는 사람을 이끄는 인본의 도이자 길의 출발이다. 생명을 중하게 생각하는 사람은 식물이나 동물은 물론 인간을 매우 중요하게 생각한다. 지위고하 신분빈천을 막론하고 뭇사람들을 존중한다. 그 존중은 바로 자신을 따르는 사람들에게도 이루어진다. 생명을 중시하는 것은 사람들이 믿고 따르게 만드는 근본적인 힘이다.

1 予常思之, 刑罰不可不愼, 人之死生係焉, 其可忽乎.

제가 항상 생각하는데, 형벌은 조심하지 않으면 안 됩니다. 사람의 생명이 형벌에 달려있기 때문입니다. 이를 가볍게 여기면 되겠습니까?

– 세종 12년(1430) 12월 3일, 사형수는 처음부터 두 고을 수령이 합동 신문케 하며

2 凡事容或有勉從人言, 至於刑人殺人, 烏可聽人之言.

보통의 일이면 할 수 없이 남의 말을 따르겠지만, 어떻게 남의 말만 듣고 사람을 죽이겠습니까? 최대한 죽이지 않도록 기다리는 것이 옳습니다.

– 세종 26년(1444) 5월 26일, 이인과 김경재의 처벌을 청하자

3 獄者, 所以懲有罪, 本非致人於死. 司獄官不能用心考察, 囚人於祈寒盛暑, 或罹疾病, 或因凍餓, 不無非命致死, 誠可憐憫.

옥(獄)이란 본래 죄가 있는 자를 징계하는 곳이지 사람을 죽게 하는 곳이 아닙니다. 그런데 옥을 담당하는 관원이 잘 보살피지 않아서 극심한 추위와 찌는 듯한 더위에 죄수가 병에 걸리고 굶주려서 비명에 죽게 합니다. 정말 가련하고 우려되는 일입니다.

– 세종 7년(1425), 『국조보감』 제6권 세종조 2

4 自古興師討賊, 志在問罪, 不用多殺. 裵度受憲宗之命而伐蔡; 曹彬承太祖之命而下蜀, 載在史冊, 昭然可觀. 惟卿體予至懷, 務令投降, 悉致于我.

예로부터 적을 토벌하는 것은, 그 죄를 묻는 데에 뜻이 있었지 많이 죽이는 데에 있지 않았습니다. 당나라 승상 배도(裵度, 765-839)가 채(蔡)나라를 정벌한 것과 송나라 조빈(曹彬)이 촉(蜀)나라의 항복을 받은 것도 마찬가지입니다. 오직 경은 저의 간절한 뜻을 몸으로 깨달아 저들을 투항시켜 모두 내게로 오게 하십시오.

– 세종 1년(1419), 『국조보감』 제5권 세종조 1

5

噫! 死者不可復生, 刑者不可復續, 苟或一失, 悔將何及! 此予之夙夜矜恤,
未嘗頃刻而忘于懷者也。繼自今爲吾執法中外官吏, 尚其鑑古戒今, 精白
虛心, 無拘於一己之見, 無主於先入之辭, 毋雷同而効轍, 毋苟且以因循,
勿喜囚人之易服, 勿要獄辭之速成, 多方以詰之, 反覆以求之, 使死者不
含怨於九泉, 生者無抱恨於方寸, 群情胥悅, 致圄圄之一空, 協氣旁流, 臻
雨暘之咸若.

아! 죽은 자는 다시 살려낼 수 없고, 형을 받은 자는 다시 물릴 수가 없습
니다. 혹시 한 번이라도 실수를 하게 되면 후회해도 소용없습니다. 이것
이 내가 밤낮으로 애처롭게 잠시도 마음속으로 잊지 못하는 것입니다.
이제부터 저의 법을 맡은 내외 관리들은, 옛일을 거울로 삼아 지금 일을
경계해 세세하고 명백하며 마음을 공평토록 해, 자기의 의견에 구애됨이
없고, 선입(先入)된 말에 흔들리지 않으며, 부화뇌동(附和雷同)하는 것을 따르
지 말고, 버젓하지 못한 낡은 구습에 얽매이지 않고 판단해야 합니다. 죄
수가 쉽게 자복하는 것을 기뻐하지 말고, 옥사(獄辭)가 빨리 이루어지기를
요구하지 말며, 여러 방면으로 묻고 또 물어 되풀이해 찾아서, 죽는 자가
구천(九泉)에서 원한을 품지 않게 하고, 산 자가 마음속에 한탄을 품지 않
게 하며, 모든 사람의 심정이 서로 기뻐해 영어(囹圄)에 죄수가 없게 해야
합니다. 이로써 화한 기운이 널리 펴져서 비 오고 볕 나는 것이 시기에 순
조롭게 되도록 해야 할 것입니다.

- 세종 13년(1431), 『국조보감』 제6권 세종조 2

6

人五臟之, 系皆近於背, 故已著傷背之禁, 然官拷掠之際, 率多鞭背, 頗傷人
命. 自令京外官吏毋得笞人背, 違者抵罪.

사람은 오장(五臟)이 모두 등 가까이에 붙어있습니다. 그러므로 등을 치는
벌을 금하도록 이미 법으로 정해놓았습니다. 그러나 관리가 고문을 할
때 대부분 등을 치기 때문에 자못 사람의 목숨이 상하게 됩니다. 앞으로
는 관리에게 사람의 등을 매로 치지 말게 하십시오. 이를 어기는 자는 죄

一. 생명을 우선 생각하다

를 줄 것입니다.

- 세종 12년(1430), 『국조보감』 제6권 세종조 2

7 囹圄之繫, 箠楚之嚴, 人而共苦. 其中老幼, 尤可矜恤 自今十五歲以下七十
歲以上者, 除殺人强盜外, 不許禁身. 八十歲以上十歲以下, 雖犯死罪, 亦勿
禁禁拷訊, 據衆證定罪.

감옥에 갇히는 것과 매 맞는 것을 사람들이 모두 고통스러워합니다. 그
가운데에 노약자와 어린이가 더욱 불쌍합니다. 앞으로 15세 이하와 70세
이상인 자는 살인강도죄에서 제외하고 감금하지 말게 하며, 80세 이상과
10세 이하는 비록 죽을 죄를 지었어도 감금하거나 고문하지 못하도록 하
겠습니다. 여러 사람의 증언에 따라 죄를 결정하게 해야 합니다.

- 세종 12년(1430), 『국조보감』 제6권 세종조 2

8 蓋獄者, 人之死生係焉, 苟不眞得其情, 而求諸箠楚之下, 使有罪者幸而免,
無罪者陷于辜, 則刑罰不中, 以致含怨負屈, 終莫得伸, 足以傷天地之和.

옥사(獄事)는 사람의 사생(死生)이 달린 것이니 진실로 참된 정상을 얻지 못
하고 매질로 자복을 받아서, 죄가 있는 자를 다행히 면하게 하고, 죄가 없
는 자를 허물에 빠지게 하면, 형벌이 적당하지 못해 원망을 머금고 억울
함을 가지게 해, 마침내 원통함을 풀지 못하게 되면 족히 천지의 화기를
상하게 합니다.

- 세종 13년(1431) 6월 2일, 법집행 관리들에게 전례의 공평 신중한 옥사판결 명하며

9 且於私門拷掠之際, 率多鞭背, 頗傷人命, 誠可痛心. 自今京外官吏及大小
人, 拷掠卑幼及奴婢之時, 毋得鞭背, 以副予欽恤之意.

개인의 집에서 고문을 집행할 때에 대체로 등을 때리는 일이 많아 사람
의 생명을 상당히 해치니 정말 마음 아픈 일입니다. 지금부터는 중앙과
지방의 관리나 그 외 누구든지 어린 사람이나 노비를 고문할 때에 등에

는 매를 때리지 못하게 해, 제가 백성에게 형을 집행할 때 조심하라는 뜻
에 맞게 하십시오.

– 세종 12년(1430) 11월 21일, 형조에 등에 매질하지 못하게 하며

10 律云: '主殺奴隸者, 無罪.' 此則嚴上下之分也. 又云: 「主殺奴婢者, 服杖罪」
此則重人命也。奴婢亦人也, 不依法決罪, 而酷加刑杖以死, 實違其主慈愛
撫育之仁, 不可不治其罪也.

형률에 "노비를 죽인 주인은 장형(杖刑)을 받는다."라고 했습니다. 이는 사
람의 목숨을 소중히 여기는 것입니다. 노비도 사람이니 비록 죄가 있어
도 법에 따라 죄를 결정해야 합니다. 그렇지 않고, 사사로이 형벌을 혹독
하게 주어 죽인 것은 정말 자애(慈愛) 무육(撫育)❶하는 주인 됨의 인덕(仁德)
에 어긋나는 것입니다. 그러니 그 죄를 다스리지 않을 수 없습니다.

– 세종 12년(1430) 3월 24일, 종을 때려 죽인 최유원을 국문하게 하며

❶ 윗사람이 아랫사람을 잘 돌보아 사랑해 기름

一. 생명을 우선 생각하다

생명이 중요하다

1   세종은 일찍부터 소갈병(당뇨병)을 앓았다. 이에 대언(代言)❶ 등이 소갈병을
그치게 할 수 있는 치료법을 아뢰었다.

"의원이 '우선 음식으로 다스려야 하는데, 흰 수탉[白雄鷄], 누런 암꿩[黃雌
雉], 양고기[羊肉]가 모두 소갈병을 해소시킵니다.'라고 했습니다. 관련
기관에서 날마다 이 같은 음식을 올리게 하소서."

각종 고기류가 소갈병에 이롭다는 신하의 말을 듣고 세종이 말했다.

"내가 어떻게 스스로를 봉양하려고 동물을 죽이라고 할 수 있겠습니
까? 하물며 양(羊)은 우리나라에서 나는 짐승도 아닙니다."

세종의 이 같은 말을 듣고 다시 대언 등이 말했다.

"관아에서 기르는 양은 잘 번식하니 우선 시험 삼아 드셔보시옵소서."

대언의 간곡한 말을 들었어도 세종은 끝까지 허락하지 않았다.

2   『세종실록』 13년(1431) 3월 26일 기록에는 다음과 같이 적혀있다.
이날 대언이 소갈병의 치료 음식에 대해 이렇게 말했다.

"흰 장닭·누른 암꿩·양고기 등은 모두 능히 갈증(渴症)을 치료한다
고 합니다. 더구나 그것을 궁 안의 관련 기관들이 계속 이어 대기가
어려운 것도 아닙니다. 닭은 인순부(仁順府)❷·인수부(仁壽府)❸와 내섬
시(內贍寺)❹·예빈시(禮賓寺)❺에서 날마다 돌려가며 바치게 하면 됩니
다. 꿩은 응패(鷹牌)에게 날마다 사냥해 바치게 할 수 있습니다. 양은
5, 6일마다 한 마리를 바치게 하소서."

이러한 제언을 듣고 있던 세종이 반대해 말했다.

"어찌 스스로 봉양[自奉]을 이같이 후하게 하겠습니까? 닭은 이어 댈

---

❶ 왕명의 하달을 맡은 벼슬로, 세종 15년(1433)   ❸ 세자를 관리하는 동궁 기관
　'승지'로 고쳤다.   ❹ 음식과 직포 담당 기관
❷ 임금에게 물건을 대는 관청   ❺ 빈객 종실·왕실 접객 잔치 담당 기관

수 없고, 꿩은 바치는 자가 있지만, 양은 우리나라에서 나는 것이 아니니 더욱 먹을 수 없습니다."

이에 대언들이 물러서지 않고 다시 청했다.

"양이 많이 번식하고 있습니다. 양고기는 약용입니다. 우선 한 마리씩 바치게 해 치료에 시험하시기를 청하옵니다."

세종이 허락하지 않는 것에 대언들이 오히려 더 강하게 청했다. 세종이 이를 듣고 마지막으로 결론지어 말했다.

"그렇다면 내가 그것을 시험해보겠습니다. 그러나 다시 내 조치를 기다려야 합니다."

> 세종은 육식을 좋아한 것으로 알려졌지만, 기록을 보면 세종이 생명을 중히 여겨 육식을 절제했음을 알 수 있다. 흰 수탉의 경우 세종의 정력 강화 음식으로 알려졌지만 당뇨병의 치료를 위해 시험적으로 사용된 점을 알 수 있다. 세종은 어린 시절 공부를 좋아하고 학문을 논하느라 운동양이 적어 몸에 병이 많았는데 특히 당뇨로 고생했다. 그럼에도 불구하고 치료에 좋다는 음식들을 마다한다. 세종이 육식을 거부한 것은 고기가 귀했기 때문이 아니었다. 언제든지 공급이 가능한 고기를 거부한 것은 생명 때문이었다. 자신을 위해서 동물을 죽이지 못하게 했던 것이다. 하찮은 동물이라 해도 여전히 하나의 생명이기 때문이다.

살아온 것만도 다행이다

3   1422년 8월 세종 4년, 경기 · 충청도 해도찰방(海道察訪) 윤득민(尹得民) · 신득해(申得海) 등이 풍랑을 만나 배가 파손되었다. 이에 대해 의정부에서 사람을 보내 죄를 따지려 했다. 이를 위해 그들을 데려와 국문하기를 청하자, 세종이 반대하며 말했다.

"금년에 이미 큰일이 있었고 재변도 여러 번 발생한 것을 보면 시운(時運)이 좋지 않은 해입니다. 이미 자연재해가 예고되었습니다. 처음

一. 생명을 우선 생각하다

에 파견할 때 일이 꼭 성공하리라는 기대도 하지 않았는데, 지금 큰 바람을 만났지만 살아온 것만도 매우 기쁜 일입니다. 국문할 것까지는 없다고 생각합니다."

이미 자연 지신사(知申事) 김익정(金益精) 등이 세종의 말에 대해서 동의하며 다음과 같이 말했다.

"신들이 생각해보니 경기도 해도찰방 윤득민, 충청도 해도찰방 신득해 등은 갑자기 큰 바람을 만나 배가 파선된 것입니다. 그의 죄가 아닌 듯합니다."

김익정도 세종의 의견을 따랐다. 세종은 결론적으로 이렇게 말했다.

"큰 바람을 만나 그들의 몸만 면한 것도 크게 기쁜 일이니, 국문할 것이 없는 일입니다. 신들의 말이 진실로 내 마음에 맞으니, 병조(兵曹)가 그 도의 관찰사나 절제사(節制使)의 반인(伴人)❶이 올라올 때를 기다려 공문을 내려 물어보도록 하면 됩니다."

> ❗ 살아온 것만으로도 기쁜 일인데 살아온 사람에게 국문을 청하는 것은 가혹한 일이다. 위기 상황에서 일어난 사고의 원인을 정확하게 파악하고, 이에 대해 잘잘못을 따지는 일이 중요하다. 종종 불가항력적인 외부 환경적 요인 때문에 일이 틀어지는 경우가 있다. 이때는 누군가에게 책임을 전가하기 쉽다. 또 그렇게 몰아가려는 세력도 있는 법이다. 만약 이때 모든 책임을 개개인들에게 묻는다면, 리더에 대한 신뢰는 무너지게 된다. 무엇보다 위험 상황에서 책임을 묻기 전에 사람의 생명이 우선해야 한다. 비록 물자나 상품이 파손되었어도 사람이 상했는지 여부가 더 중요하다. 다만, 그 경과에 대한 조사는 엄밀하게 해야 한다.

사람이 상하지 않았으니 기쁜 일이다

4 세종 25년(1443) 6월 7일, 판관 박회(朴回)의 치계(馳啓)에 기뻐하며 각 사(various

❶ 수행인

司)에 술과 과일을 내렸다. 박회의 치계 내용은 이러했다.

"바람에 떠밀렸던 배 88척이 고만량(高巒梁)❶에 도착했는데, 그 침몰
한 배 11척도 미곡(米穀)을 잃지 않았습니다. 더구나 오직 4척만이 완
전 침몰되었습니다. 그러나 한 사람도 빠져 죽지는 않았습니다."

세종이 치계의 내용을 듣고 크게 기뻐하며 말했다.

"이 같은 변고는 근래에 없던 일이라 아침저녁으로 두려워하고 염려
했습니다. 이 소식을 들으니 매우 기쁩니다."

세종은 어찌나 기뻐했는지 장계로 보고한 사람에게 의복 한 벌을 주었
다. 이어서 승정원에도 술을 내리면서 말했다.

"내 수천 백성[赤子]들이 다행하게 살아났습니다. 너무 기쁩니다. 그
래서 부족하나마 그대들과 함께 술자리를 나눕니다. 모든 이들이 또
한 함께 마시고 즐기도록 하십시오."

이어 궐내의 각 사에도 술과 과일을 주어 함께 기쁨을 나누도록 했다. 승
전색(承傳色)❷ 환자(宦者) 김충(金忠)에게도 비단 의복 한 벌을 내렸다. 기쁜
일을 즉시 전한 때문이었다. 또한 여섯 승지에게도 각각 교의(交椅)❸ 1필
씩을 주었다.

6월 8일, 세종이 박회에게 기쁜 마음을 다시 알렸다.

"내가 처음에 조운선(漕運船) 70여 척이 바람을 만나서 표류 침몰했다
는 보고를 듣고, 그 배에 탔던 1천여 명의 사람이 모두 빠져 죽었을
것이라 생각했습니다. 그래서 아침저녁으로 진념(軫念)❹했습니다. 이
제 매우 마음이 기쁩니다. 그대가 빨리 나에게 알려주어 어두운 심
회(心懷)를 풀리게 했음을 아름답게 여깁니다. 특별히 옷 한 벌을 내리
니 받으십시오."

그날 의정부 영의정 황희 등이 표류하던 배가 돌아왔음을 축하하는 의를

---

❶ 충남 보령 서쪽 지역
❷ 내시부에서 임금의 뜻을 전달하던 벼슬
❸ 제사를 지낼 때 신주(神主)를 모시는 다리가 긴
의자
❹ 윗사람이 아랫사람의 사정을 걱정해 생각함

一. 생명을 우선 생각하다

갖추었다. 또한 우찬성 황보인, 좌참찬 권제, 우참찬 이숙치 등이 대궐에 나와 바람에 표류하던 배가 돌아왔음을 축하·하례했다.

표류한 뱃사람들에게 쌀을 주었는데, 세종이 승정원에 그같은 내용을 다음과 같이 일렀다.

"바람에 표류하던 뱃사람들을 내가 매우 불쌍하게 여겨 그 배에 실었던 쌀을 주고자 여러 대신들에게 의논했더니, 모두 서울 창고에 있는 묵은 쌀을 주는 것이 마땅하다고 말했습니다. 내가 그들이 서울에 도착하는 것을 기다려서 쌀을 주었고, 음식을 나누어주려 합니다."

쌀뿐만이 아니었다. 6월 9일, 표류하던 배에 대해 아뢴 김포현 서원(金浦縣書員) 박효진에게 목면 한 필을 내렸다. 박효진이 상황을 보고했다.

"바람에 표류하던 배 가운데에 66척은 서강(西江)에 도착했고, 16척은 갑곶❶에 당도했습니다."

이에 호조 좌랑 신계조에게 서강에 가서 선박과 병사들을 점검해 최종 보고하도록 했다. 6월 10일, 신계조가 선박과 군인을 점검하고 돌아와 말했다.

"선박 12척이 서강에 도착했는데, 군인은 170명이었습니다."

이 같은 보고를 들은 세종은 기뻐하며 신계조에게 술 300병을 나누어주도록 했다.

❗ 배가 물자와 같이 온전하게 돌아온 것보다 사람이 상하지 않고 돌아온 것이 기쁜 일이다. 세종은 수천 백성들이 살아온 것에 대해 기뻐하고 이러한 기쁨을 많은 사람과 같이 나누었다. 기쁜 소식을 전달한 사람들에게도 포상을 실시했다. 사람이 상하지 않고 돌아온 것을 먼저 기뻐하면 이를 지켜보는 사람들의 마음을 얻지만, 배와 물자를 먼저 챙기면 사람들의 마음을 잃는다. 따라서 이러한 최고 수장을 믿고 따를 수밖에 없다. 만약 죽은 사람이나 잃은 물자에 대한 책임만을 묻는다면, 오히려 많은 이들의 마음이 떠날 수도 있다. 특히 불가항력적인 상황에서는 더욱 그러하다. 불가항력적인 상황이었는지에 대한 명확한 판단도 중요할 것이다.

❶ 강화읍에 있는 곶 이름

살릴 만한 자는 살리는 것이 옳다

세종 12년(1430) 9월 24일, 형조에서 집단으로 한 사람을 죽인 자들의 처벌을 건의했다. 형조에서 세종에게 사건의 전말을 이렇게 전했다.

"부평(富平)의 옥에 수감된 사노비(私奴) 상좌(上佐) · 두언(豆彦) · 망오지(亡吾之) · 어리대(於里大) 등이 고을성(高乙城)에서 싸우다가 한 사람을 때려 죽였습니다. 이에 대해 처벌의 정도를 정해야 하는데 상좌는 교형(絞刑)❶에 처해야 합니다. 두언에게는 장형 100대를 치고, 유배 3천 리를 처결해야 합니다. 망오지와 어리대는 장 100대에 해당합니다."

이런 내용을 들은 세종이 처결하려는 내용이 적절하지 않다며 다음과 같이 말했다.

"대신들이 여러 사람이 합세해 한 사람을 죽였다면 그 사람들을 다 죽여야 옳다고 합니다. 신상(申商, 1372-1435)도 나에게 '다 죽이는 것이 옳다'고 말했습니다. 그러나 한 사람이 죽었다고 여러 사람을 다 죽이는 것은 옳지 못합니다. 『당률소의(唐律疏議)』❷에도 '다만 그 주범(首犯)만을 죽인다'라고 했습니다. 이 사례를 보면 비록 여러 사람이 함께 인명을 상해했어도 고살(故殺)❸을 한 것이 아니라 싸우다가 때려 죽인 것입니다. 전에 있었던 사례를 비교해 판단하는 것이 필요하다고 생각합니다. 이전에 싸우다가 때려 죽인 자에게 교수형을 면하도록 한 적이 있는가요?"

우대언(右代言) 김종서가 이전 사례와 비교해 대답했다.

"근년에 한두 명이 죄를 면했습니다."

이 말을 듣고 세종이 상좌 · 두언 등의 죄를 각각 한 등씩 감하라고 했다.

이는 세종이 최대한 사람의 목숨을 중하게 여겨 살리려고 한 뜻이

❶ 교수형
❷ 중국 당나라의 형법전. 고대법으로서는 탁월한
　내용을 갖추고 있다.
❸ 고의적인 살인

반영된 것이다. 세종은 교수형도 감형해 사람의 목숨을 최대한 살리려고
한다. 다음의 사례에서도 이를 알 수 있다.

6   세종 12년(1430) 10월 13일, 형조에서 사람을 죽인 오부령 등의 교수형을
    건의했다.
        상참(常參)❶을 받고, 정사를 보는데 형조에서 전했다.
        "하동현(河東縣) 사람인 선장(船匠) 오부령과 사노 김원, 선장 김막동·송
        말홀이 싸우다가 보충군(補充軍) 송약로를 죽였습니다. 부령(富令)의
        죄에 대해서는 교수형에 처하고, 나머지는 모두 장 100대입니다."
    이때도 세종이 벌을 강하게 주려 하지 않고 줄이라고 했다.
        "다른 이들에게 장 1대를 치고, 다만 부령만은 한 등을 감하도록 명
        하시기 바랍니다."
    세종이 이렇게 처결하고 나서 좌우 측근 대신들에게 말했다.
        "싸우다가 사람을 죽인 것은 고의로 죽이려 한 것이 아닙니다. 잠시
        같이 싸우다가 얻어맞은 후에 병으로 죽은 것을 살인으로 인정해 사
        형에 처하는 것은 낯 뜨거운 일입니다."
    허조❷가 대답했다.
        "이것은 정말 의심스러운 일입니다."
    이에 세종이 가름했다.
        "싸우다가 사람을 죽인 자 가운데 살릴 만한 자는 살리는 것이 옳습
        니다."
    또한 "무릇 사죄(死罪)를 세 차례 거듭 조사해서 아뢰게 하는 것은, 사람의
    목숨을 소중히 여겨, 혹시 착오(差誤)가 있을까 경계하는 때문입니다."라
    고 말하기도 했다.

    ❶ 중요 관리들이 편전에서 임금에게 정사를 보고   ❷ 허조(許稠, 1369-1439). 조선 초 신하로, 태
       하던 일   조·정종·태종·세종의 네 임금을 섬기며 법
                                                            전을 편수하고 예악 제도를 정비했다.

징벌의 목적은 최대한 그 죄에 대해서 책임을 묻고 다시 그런 일이 일어나지 않도록 방지하는 것이다. 또한 고의인지 아닌지 분별해 그에 맞는 처벌을 해야 한다. 고의라면 더 엄한 처결이 필요하다. 최대한 사람의 생명을 우선시하면서 책임을 묻는 것이 세종의 처결 방식이었다. 그에게 죄를 묻는 것은 사람을 죽이는 것이 아니라 사람을 살리는 것이 목적이다. 세종의 관점에서는 고의로 죽인 것이 아니라 여러 사람이 어울려 싸우다가 사람이 죽었다면, 그 모든 사람을 죽일 수는 없다. 또한 최대한 주도자나 핵심 책임자에게 책임을 묻기를 원했다.

생명은 걱정하지 않을 것이다

7 세종 12년(1430) 윤12월 15일, 김경(金敬) 등이 도성의 내성을 쌓은 공적을 평가해 이에 맞게 관련자들에게 상을 베풀어주기를 청했다.

전 사재감(司宰監)❶ 김경, 전 사복소경(司僕少卿)❷ 서원필이 제안을 올렸다. 그들이 상을 바란 이유는 다음과 같았다.

"지난 병자년에 군인을 거느리고 도성(都城)을 쌓았고, 정축년에는 내성(內城)을 쌓았습니다. 또한 임인년에는 신성(新城)을 쌓았습니다. 이의 공적을 평가해 상을 베풀어주시기를 바랍니다."

세종은 이에 대해 달가운 마음이 아니었다. 세종은 그 이유에 대해 다음과 같이 밝혔다.

"임인년에 제조(提調)❸ 유정현(柳廷顯) 등이 여러 번 청했습니다. 즉 축성별좌(築城別坐)❹ 등을 서용(敍用)❺해 벼슬을 높여주자고 청했을 때, 나는 이에 대해 병사들이 많이 죽었기 때문에 이를 허락하지 않았습니다."

---

❶ 조선시대 궁중에서 사용하는 생선, 고기, 소금, 땔나무 따위를 관장하던 기관
❷ 궁중의 가마, 마필, 목장을 관장하던 관청의 종 4품 벼슬
❸ 잡무와 기술 계통의 겸직, 고위 관직

❹ 별좌는 정·종5품 관직, 축성별좌는 성을 쌓은 일을 관장하는 5품 관직
❺ 죄를 지어 면관(免官)되었던 사람을 다시 벼슬자리에 등용함

一. 생명을 우선 생각하다

세종의 이러한 말에 정현(廷顯) 등이 말했다.

"성을 쌓다가 죽는 것도 자기 운명입니다. 비록 그들이 집에 있었다 할지라도 어찌 정해진 운명을 피할 수 있겠습니까?"

세종이 정현 등의 말을 듣고 다시 말했다.

"비록 여러분의 말이 이치를 따져서 한 것이라도 군인이 많이 죽었 는데 군인을 통솔한 사람이 상을 받는다면, 이후에 더 큰 문제가 생 길 것이며 자기들의 공적을 세우기만 힘쓰고 사람의 생명은 걱정하 지 않을 것입니다."

마침내 세종은 자신의 뜻대로 상 주기를 보류했다.

8   세종 25년(1443) 2월 24일, 세종은 강원도의 벌목장에 다친 사람들을 위한 의원과 약을 보냈다. 앞서 세종이 지인(知印)❶을 춘천(春川)에 보내 벌목 상 황을 살피게 했다.

사환이 벌목 상황을 살피고 돌아와 말했다.

"이미 베어놓은 목재가 1,800여 개, 강변에 옮겨놓은 것이 700여 개입 니다. 병사 가운데 병이 난 자가 22명, 죽은 자가 3명입니다."

세종이 이 말을 듣고 놀랐다. 그리고 승지들에게 일렀다.

"지난번에 이천(伊川)의 온정(溫井)❷에서 뜻하지 않은 재난이 있었는데 그것이 내 행동이 잘못되었기 때문에 벌어진 일인가 싶어서 마음속 으로 매우 부끄럽게 생각했습니다. 그 뒤로는 다시 토목 일을 하지 않기로 마음먹었습니다. 하지만 후세대를 위해 이 일을 시작했는데, 역사(役事)❸를 하는 이들 사이에 병이 난 자가 많다고 해서 정말 걱정 됩니다.

내 전에 이궁(離宮)을 짓는 것이 반드시 촉박한 일이 아니기 때문

---

❶ 토관들 밑에서 주로 지방행정 및 군사에 관한   ❷ 온천
일을 보던 사람   ❸ 토목이나 건축 따위의 공사

대화록과 일화   43

에 올봄에 마치지 못하면 내년에, 내년에도 마치지 못하면 여러 해 걸려도 좋다고 말한 것은 백성을 괴롭힐까 염려했기 때문입니다. 벌목하는 역사를 곧 정지하게 해야겠습니까?"

좌승지 이승손과 우승지 김조 등이 공사 진행 여부에 대해 말했다. 대신들은 치료가 중요하다고 말한다.

"역사하는 인부 1,400여 명 가운데 병난 자는 겨우 22명이며 죽은 자는 3명밖에 안 됩니다. 염려하실 게 없습니다. 또 이 역사를 더 이상 하시지 않는다면 그만이지만, 계속하실 것이라면 어찌 정지할 수 있습니까? 지금 모두 돌려보냈다가 얼마 후에 또 불러 모으면 공연히 번거롭고 시끄럽기만 할 뿐입니다. 용한 의원을 시켜서 좋은 약을 많이 가져가게 해서 병을 치료하게 하면 큰 역사가 정지되지 않고, 실제로 편하고 유익하리라 생각하옵니다."

이승손과 김조 등의 말을 듣고 이에 동의하며 세종이 말했다.

"그대들의 말이 옳습니다. 빨리 용한 의원을 보내어 구호하고 치료하게 하고, 또 병의 증세를 자세히 적어서 올리라 하십시오. 그리고 죽은 자들이 정말 불쌍하니 모두 구휼하게 하겠습니다."

세종이 평소 사람의 생명을 중요시한 것과 부합했기 때문이다. 마침내 의원을 보내고, 강원도 관찰사에게 전지(傳旨)❶했다.

"군인이 병에 걸린 자가 많다고 하니, 제 명이 다한 것이 아닌데 죽을까 염려되니 의원에게 치료하게 하라. 곡진하게 조치해 한 사람의 죽음도 없도록 하라. 만일 죽는 자가 있으면 거두어 매장하고 표를 세우라."

9 세종 29년(1447) 11월 13일, 창진(瘡疹)❷이 돌자 세종은 창진으로 죽은 자를

---

❶ 임금의 뜻을 담아 관청이나 관리에게 전함. ❷ 온몸에 부스럼이 나는 병으로, 두창(痘瘡) 즉 오늘날의 천연두를 말한다.

一. 생명을 우선 생각하다

거리에 버리지 말고 매장하도록 했다.

세종이 예조판서 허후(許詡)에게 말했다.

"지금 들으니 창진으로 죽은 자는 세속에서 요사스런 말에 현혹되어 항상 매장하지 않고 들판에 내버려져 여우와 살쾡이의 먹이가 된다고 하니 정말 곤혹스럽습니다. 어떻게 하면 백성이 시체를 버리지 않고 가려 덮게 할 수 있겠습니까?"

사람들이 요사스러운 말에 현혹되었다는 것이 무슨 말일까? 당시 시체를 매장하지 않은 이유는 마마귀신을 달랜다며 나무에 매단 '풍장(風葬)'이 성행했기 때문이다. 세종의 말에 대신 허후가 대답했다.

"서울과 성 밑 10리 안에는 한성부의 오부(五部)❶ · 활인원(活人院)❷ 관리가 매일 순행하며 가려 감추게 하소서."

세종이 허후의 말을 그대로 따르게 했다. 이렇듯 세종에게는 인본 가치가 중요했다.

! 병사들이 상한 것을 고려하지 않고 그들을 이끈 책임자들에게 상을 준다면, 병사들이 죽어 나가도 공만 세우려 할 것이다. 사람의 목숨은 아랑곳하지 않고 공만 세우려는 이들을 우선한다면 백성들의 원한은 날로 깊어질 것이다. 성곽이 높이 올라가는 만큼 민심의 원한도 함께 올라가는 것이다.

세종은 재난으로 사람이 상하거나 죽는 것을 염려했다. 또한 백성들이 역사에 동원되어 일하다 제명을 누리지 못하고 병에 걸리거나 일찍 죽는 것도 염려했다. 죽은 사람의 사체도 함부로 해서는 안 된다고 생각해서, 비록 백성들이 죽어도 그 사체를 함부로 하지 못하도록 조치했다. 사람은 살아서나 죽어서나 소중하기 때문이었다.

---

❶ 조선시대 한양의 행정구역 단위. 도성 내부를 동부 · 서부 · 남부 · 중부 · 북부 등 5부로 구획하고, 그 내부에 동(洞)에 해당하는 방(坊)을 두었다.

❷ 조선시대 서울에서 의료에 관한 일을 맡아보던 관아

기근에 죽는데 형벌로 죽이겠는가

10   중죄를 저지른 사람에 대해서도 죽음을 가하는 일은 자제하려 했다. 세종 21년(1439) 10월 23일, 세종이 대신들의 상참을 받고 정사를 보는데 형조에서 아뢰었다.

"파주, 교하(交河)의 관노(官奴) 김선삼(金善三)이 절도죄를 범했습니다. 율(律)에 따라 교형에 해당하옵니다."

하지만 세종이 특명으로 사형에서 감형하게 했다. 세종의 판결에 대해 반대해 형조참판 유계문이 말했다.

"절도죄를 저질렀는데 중형(重刑)을 면제하면, 다시 마음대로 도적질하다가 끝내 강도가 됩니다. 법대로 해야 합니다."

이 말을 듣고 세종이 다시 말했다.

"근래 백성 가운데 기근으로 죽은 자가 퍽 많습니다. 내가 정말 참고 볼 수가 없습니다. 그런데 형벌로 또 죽이겠습니까?"

반대하는 유계문이 다시 말했다.

"전하께서는 백성을 사랑하시는 마음이 지극하십니다. 그러나 범법한 사람은 반드시 중형으로 처벌해야 이를 보고 백성들이 모두 법을 두려워해 다시는 범법하지 않을 것입니다."

범법을 방지하기 위해 강력한 처벌이 중요하다는 유계문의 지적에 대해 세종이 이렇게 언급했다.

"그 같은 사람은 그 면죄된 것만 다행으로 여기고 징계를 잊겠지만, 지금은 비록 죽지 않아도 종내는 반드시 굶어 죽게 될 것입니다. 그러므로 법을 가볍게 적용하는 것이 옳을 것입니다."

> 세종은 사람들이 기근으로 굶어 죽는 마당에 다시 그들을 형벌로 죽일 수는 없다고 말했다. 범죄의 근원은 무엇인지, 왜 강도가 되었는지 생각해보면 죽이는 것만이 능사는 아니다. 세종은 원인을 우선 생각하고, 그것을 해결하는 데 더 초점을 맞추었다.

一. 생명을 우선 생각하다

만약 기근의 상황이 아니었다면, 배고픔을 해결하기 위해 절도죄를 저지르는 일은 없을 것이다. 무조건 강한 형벌로 사람을 죽이기보다는 그 사람을 살리고, 죄를 짓게 된 원인을 해결하는 데 총력을 기울여야 한다.

매는 지극히 작고 인명은 더 중하다

11 세종은 매(鷹)를 훔친 죄에 대해 사람의 목숨을 뺏을 수 없다고 생각했다. 세종 7년(1425) 10월 22일, 사헌부 장령 황보인이 매를 훔친 자들을 법대로 목을 베자고 했으나 왕이 허락하지 않았다. 황보인이 올린 장계의 내용은 다음과 같았다.

"박흥 · 을부 · 타내 등은 궁의 매를 훔쳤습니다. 목을 베어야 마땅합니다. 또한 윤계동은 공모해 숨겼으니 그 죄가 같습니다. 그러나 전하께서는 특히 너그러운 은전(恩典)❶을 베풀어 박흥 · 을부 · 타내 등의 벌을 한 등급 감하고, 윤계동은 직첩(職牒)❷을 거두고 원하는 대로 안치하셨습니다. 하지만 바라옵건대 법대로 처단해야 합니다."

세종이 법대로 처결하자는 황보인의 말을 듣고 대답했다.

"계동은 지극히 어리석고 지각이 없습니다. 그리고 박흥 · 을부 · 타내 등은 비록 매를 훔치기는 했으나 궁내에 있는 것을 훔친 것이 아닌데 내부(內府)의 물건을 훔친 것과 같겠습니까?"

세종은 일단 그들이 궁 안에 침범해 들어와 매를 훔친 것이 아님을 강조했다. 이에 대해 반대해 황보인이 말했다.

"전하가 사람을 귀하게 여기시고 짐승을 천하게 보시는 마음은 옳습니다. 하지만 당초에 궁궐의 매인 줄을 알면서 훔친 것은 내부의 것을 훔친 것과 뭐가 다르겠습니까? 만약 죽이지 않는다면 나라의 법이 무너질까 두렵습니다."

❶ 나라에서 은혜를 베풀어 내리던 혜택   ❷ 조정에서 내리는 벼슬아치의 임명장

황보인은 궁 안에 들어와 물건을 훔친 것은 아니지만 궁궐의 매인 것을 알고 훔친 것은 그와 다를 바 없다고 말했다. 이 말을 듣고 세종이 말했다.

"매는 작은 물건이요, 사람의 목숨은 지극히 중요합니다. 계동·박흥 등에게 상하를 비교해서 죄의 등급을 매기는 것이 지극히 이치에 합당하다고 생각합니다. 내 어찌 추호라도 사사로운 뜻이 있겠습니까?"

세종은 매가 작은 물건이고 그렇기 때문에 사람을 죽일 수는 없다는 것이다.

10월 23일, 대사헌 김익정 등이 윤계동·박흥·을부 등에게 벌줄 것을 아뢰었지만 세종은 여전히 허락하지 않았다. 세종은 최종적으로 다음과 같이 말했다.

"박흥·을부·타내 등이 비록 매를 훔쳤다지만, 궁중 담을 넘어서 내부의 것을 도둑질한 것과는 차이가 있습니다. 또한 새매[鷂子]는 내 특별히 아끼는 것도 아닌데, 새매 때문에 어찌 사람의 목숨을 해칠 수 있겠습니까?"

> **!** 신하들은 궁궐의 물건을 훔친 자를 참형에 처하는 것이 법의 원칙임을 강조한다. 그들이 법대로 처벌하려는 것은 앞으로 일어날 비슷한 범죄를 막으려는 것이다. 이런 상황에서 최고 리더들이 자신의 권위를 세우기 위해 규정대로 법을 집행하면서, 자칫 사소한 물건을 사람 목숨보다 더 중하게 여기는 경우가 생길 수도 있다. 그러나 세종의 생각에 매가 아무리 궁궐의 물건이라 하지만 사람의 목숨보다 더 중요할 수는 없었다. 세종은 법률대로 처결하는 것을 반대한 것이 아니라 최대한 사람의 목숨을 빼앗는 일은 삼가려 한 것이다.

二.

사람을 위한 경영

세상의 경영을 왜 하는가? 그것은 결국 사람을 위해서다. 인간의 창조물은 인

간을 위해서 우선 존재한다. 정치나 제도, 법은 그것을 위해 목적성을 갖는다.

바로 사람을 위해 만들어진 것이기 때문이다. 사람을 위해 만들어진 것이 오

히려 사람을 해한다면 본래의 목적에서 벗어난 것이다. 사람을 위하지 않으

면 사람을 잃고, 세상을 잃는다. 사람이 없는 세상은 의미와 가치가 없다.

자신을 우선하면 따르는 사람들이 불행하게 떠나간다. 그러나 따르는 사람들

을 유복하게 하는 것에 힘쓰면 오히려 자신이 견고해진다. 세상을 위해 헌신

하고 겸손한 마음을 잃지 않으면 만인이 희생과 헌신을 보이며 따른다. 비록

당장은 따르는 사람을 위해 고생을 하더라도 그 목적이 개인의 영달을 위한

것이 아니므로 마지막에는 오히려 화를 면한다. 처음에는 우여곡절이 있겠으

나 너그러운 마음으로 대한다면 시간의 흐름에 따라 나중에는 많은 사람들이

협력해 큰일을 얻는다. 이 과정에는 절대적인 시간과 인내가 필요하다.

1 予聞, 民有飢而死, 未聞僧之飢而死者.
굶어 죽은 백성이 있다는 것을 들었지만, 중이 굶어 죽었다는 말은 못 들
었습니다.

- 세종 6년(1424) 4월 6일, 기민의 발생 등에 관해 논의하다가

2 食爲民天, 農事不可緩也. 百穀鍾蒔, 各有其時, 時苟一違, 終歲莫追.
밥은 백성의 하늘이니 농사는 늦출 수 없습니다. 온갖 곡식을 심고 뿌리
는 것에 각각 때가 있습니다. 만일 때를 한번 놓치면 일 년 내내 되찾을
수 없습니다.

- 세종 29년(1447) 4월 15일, 감사 김세민에게 유서를 내리며

3 守令分憂治民, 其任至重.
지방 관리의 임무는 근심하는 임금의 마음을 나누어 백성을 보살피는 것
입니다.

- 세종 7년(1425) 12월 7일, 지금산 군사와 횡성·신창·덕산·맹산 현감 등을 인견하며

4 救民之術, 恒念于懷. 古者, 敎民以禮義廉恥, 今則衣食不足, 何暇治禮義?
衣食足則民知禮義, 而遠於刑辟. 爾等體予至懷, 以安養斯民爲務.
백성을 구제할 방법을 항상 가슴에 생각하십시오. 옛날에는 백성에게 예
의염치(禮義廉恥)를 가르쳤으나, 지금은 의식(衣食)이 부족하니 어느 겨를에
예의를 다스리겠습니까? 의식이 넉넉하면 백성들이 예의를 알게 되어,
형벌에서 멀어질 것입니다. 이 마음을 받아 백성들을 편안하게 기르는
일에 힘쓰십시오.

- 세종 7년(1425) 12월 10일, 지함양 군사와 임강·안음·비안 현감 등을 불러 말하며

5 宜當愛民如保赤子.

백성 사랑하기를 적자❶를 보호하는 것같이 해야 합니다.

– 세종 8년(1426) 10월 1일, 지영광 군사 박효가 사조하니 불러 말하며

6 祁寒毋禁, 待春乃禁.

매우 추우니 지금 금하지 말고, 따뜻해지는 봄을 기다려서 금하라 하십시오.

– 세종 6년(1424) 10월 30일, 대사헌 이지강이 겨울 동안 금주하는 것이 어떠냐고 아뢰자 명을 내리며

7 守令非徒簿書, 愛民乃其職也.

수령(守令)은 한갓 부서(簿書)❷만 처리하는 것이 아니라 백성을 사랑하는 것이 곧 그 직무입니다.

– 세종 24년(1442) 12월 17일, 박여 · 이운몽 · 장안량이 하직하니 그들을 불러 말하며

8 姑待傷人差劇處之.

우선 상한 군졸이 조금 나았는지, 더한지를 기다려 처리하십시오.

– 세종 24년(1442) 3월 7일, 병조에서 사냥 중 실수로 몰이꾼을 쏜 이천을 벌할 것을 아뢰자

9 中外罪囚, 久被幽繫, 不免飢凍, 或至隕命. 輕罪隨即決遣, 重罪亦行救恤, 使不至於飢凍.

중앙과 지방의 죄수를 오랫동안 가두어 굶주리고 춥게 해 죽게 만들고 있다. 가벼운 죄는 즉시 처결해 내보내고, 중한 죄도 역시 구휼(救恤)을 베풀어 굶주리고 얼지 않게 하라.

– 세종 4년(1422) 11월 26일, 죄수들을 무휼하도록 전지할 때

❶ 갓난아이　　　　　　　　　　　❷ 관아의 장부와 문서

　　　　　　　　　　　二. 사람을 위한 경영

10 每視事, 先問農事節候與民間之事.

세종은 정사를 볼 때면 언제나 먼저 농사 절후와 사람의 일을 물었다.

- 세종 7년(1425) 4월 25일, 『세종실록』

11 爲人君者, 聞民且飢死, 尚徵租稅, 誠所不忍. 況今舊穀已盡, 開倉賑濟, 猶恐不及, 反責租稅於飢民乎. 且遣監察, 視民饑饉, 而不蠲租稅, 復有何事爲民實惠乎.

임금의 자리에 서 있으면서 백성이 굶주려 죽는다는 말을 듣고도 오히려 조세를 징수하는 것은 정말 차마 못 할 짓입니다. 하물며 지금 곡식이 이미 다 떨어져, 창고를 열어 곡식을 나누어주어도 구휼하지 못할까 걱정됩니다. 이런 상황에서 굶주린 백성에게 조세를 부담시켜서 되겠습니까? 더욱이 감찰을 보내어 백성의 굶주리는 상황을 살펴보게 했는데 조세조차 줄이지 않는다면, 백성에게 줄 혜택에 뭐가 있겠습니까?

- 세종 1년(1419) 1월 6일, 강원도 원주 등지의 기민의 조세 면제에 변계량이 이의를 제기하니

거기 사는 백성은 어디로 가는가

12 세종은 나라에서 쓸 공간이 부족해도 이미 살고 있는 사람을 함부로 쫓
아낼 수 없다고 생각했다. 세종 3년(1421) 7월 27일, 세종이 호조판서 신호
(申浩, ?-1432)의 건의를 논박했다. 이때 신호가 아뢰었다.

"창고의 미두(米豆)가 남았는데 보관할 곳이 없습니다. 숭례문 안의
행랑(行廊)❶에 잘 넣어두기를 청합니다."

신호는 곡식을 보관할 창고가 부족하니 숭례문 안의 일반 백성 주거공간
에 보관하는 방안을 내놓았다. 세종이 이 말을 듣고 말했다.

"만약 행랑을 빼앗아서 곡식을 보관한다면, 그곳에 사는 백성들은
장차 어디로 가겠습니까?"

세종이 이렇게 말하자, 신호가 능히 대답하지 못했다.

> 곡식은 사람을 위한 물자다. 사람에게 쓰일 물자를 보관하려고 사람을 내쫓을 수는
> 없다. 아무리 나라의 곡식이라지만 백성들이 쌀이나 콩 때문에 삶의 터전에서 쫓겨날
> 수는 없는 것이다. 이는 비단 곡식에만 한정되는 일은 아니다. 나라의 공무라 해도 백
> 성들의 공간이나 재산을 함부로 침해할 수는 없는 노릇이다. 나라가 존재하는 이유는
> 바로 민생을 위한 것이며, 백성들의 재산과 행복을 위한 것이다. 조직의 리더라고 해
> 서 구성원들의 권리를 함부로 제한할 수는 없다. 조직이 존재하는 것은 그 구성원들
> 때문이며 그들의 권리와 행복을 보장할 때 지속적으로 존립할 수 있기 때문이다.

군인들이 죽은 게 병들어 죽은 것과 같은가

13 세종은 인명이 상했을 경우 스스로 책임지는 모습을 중요하게 생각했다.
세종 4년(1422) 2월 26일, 세종이 정사를 보면서 도성을 수축하던 군인들
이 죽는 이유를 물었다.

❶ 대궐문이나 도성의 안 좌우에 벌여놓은 집채

二. 사람을 위한 경영

"도성에서 성을 고쳐 쌓던 군인들 가운데에 죽은 이가 많았습니다. 그 이유가 무엇입니까?"

이 말을 들은 공조참판 이천이 별스럽지 않게 대답했다.

"수십 명의 제조(提調) 관리 가운데서 박춘귀(朴春貴)와 같이 병들어 죽은 사람도 있는데, 하물며 30여만의 병사 중에서 500~600명이 죽는 것이 왜 괴이하다고 그러시는지요?"

이천이 물러 나간 뒤에, 세종이 옆에 있던 대신에게 말했다.

"방금 공조참판 이천이 말한 것은 전혀 옳지 못합니다. 군인들이 죽은 것이 어찌 박춘귀가 병들어 죽은 것과 같단 말입니까?"

세종이 신궁에 들어 문안했는데, 태상왕❶에게 군인 장정들이 많이 죽은 일을 아뢰었다. 이를 전해 들은 태상왕이 노해 조말생, 이명덕에게 말했다.

"도성을 수축한 군사 중 죽은 자가 매우 많은데, 그대들은 어째서 아뢰지 않았습니까? 지금 다행히 주상❷이 말해주어 이제야 이를 알게 되었습니다. 그러지 않았다면 이를 알 수가 없었습니다. 이것이 어찌 사슴을 가리켜 말이라 한 것과 다름이 있겠습니까?"

사슴을 가리켜 말이라 하는 것, 이는 지록위마(指鹿爲馬)를 말하는데, 사슴을 말이라 한 것과 다름이 없이 속였다는 뜻이다.

이러한 말을 듣고 조말생 등이 어쩔 줄을 몰라 하고 두려워했다. 태상왕이 즉시 병조에 명령해서 의원을 거느리고 성 밑으로 돌아다니면서 병들고 굶주린 사람은 물론 매장되지 않은 시체 역시 두루두루 찾게 했다. 나아가 한성부의 성 밖 10리 안까지 찾도록 했다.

같은 날, 도성의 역사(役事)에 나왔다가 돌아가는 군인들을 수령과 역승(驛丞)이 치료하도록 명했다.

"도성 짓는 역사에 나왔던 군인이 집으로 돌아가는 길에 병을 얻었지만, 구료(救療)하는 사람이 없다. 또한 목숨을 잃게 되는 경우도 있

❶ 태종　　　　　　　　❷ 세종

었으니, 진실로 부끄러운 일이다. 각각 그 지역의 수령과 역승이 직접 나와서 살펴보고 약물(藥物)과 죽, 밥으로 곡진히 구료하도록 하라."
또한 관리하는 지인(知印)을 각 도에 나누어 보내어 이를 살피게 했다.

2월 27일, 세종이 여러 도의 감사에게 창고의 곡식을 내어 길에서 굶주려 병든 군인을 구제하도록 했다. 병이 나았으면 집에 가는 거리를 계산해 양식을 주도록 했고, 만약 친족이 구료한 자에게는 그에 맞게 똑같이 양식을 주도록 했다. 나라에서 할 일을 친족이 했기 때문이다.

태종과 세종이 애써 군인들을 구료했지만 역부족이었다. 군인의 수효가 너무 많고 서울에 쌀이 귀한데, 먼 지방의 사람들이 모두 우마와 포화로 쌀을 바꾸어 갔으므로, 군인들이 굶어서 병이 났다. 또 봄 기후가 차서 질역(疾疫)이 크게 발생했다. 역사를 할 때에 죽은 사람이 많아, 길에서 또는 집에 돌아가서 서로 전염(傳染)되어 죽은 사람도 매우 많았다.

울산(蔚山)에는 아버지와 아들이 모두 역사에 나온 이들도 있었는데, 그 아버지가 죽자, 아들이 그 시체를 업고 돌아가는데 길에서 아침저녁으로 자기 먹을 밥으로 제사 지내고, 마침내 그 고향에 장사 지냈다.

일주일 정도가 지난 3월 5일, 세종이 다시 선지했다.
"도성을 수축하는 병사들이 병을 앓게 되었고, 이는 매우 불쌍하다. 네 곳에 구료소를 설치해 약품과 죽, 밥을 준비해 적절하게 구료하게 했다. 군사를 거느린 수령들은 비록 군인이 병든 것을 알고 있으면서도 구료소에 보내지 않아 군인들을 죽게 했다. 법의 뜻에서 수령이 어긋난 것이다. 죽은 사람이 16명 이상이면 직첩(職牒)을 회수하고 곤장 60대를 치고, 6명 이상이면 태형(笞刑) 50대를 치며 본래 직책으로 다시 임명한다."
이로써 세종은 엄하게 원칙을 다시 세운 것이다. 이에 수령에게 죄를 물

二. 사람을 위한 경영

어 모두 몸소 태형과 장형을 받게 하고, 속전(贖錢)❶ 거두는 것을 허락하지 않았다. 성을 쌓는 백성들을 우선으로 하고 그들을 통솔하는 관리들의 책임을 엄하게 문책했던 것이다. 무엇보다 많은 백성을 죽게 만든 경우 엄하게 처벌했다.

14 세종이 목숨을 마냥 중시한 것은 아니다. 세종 6년(1424) 8월 15일, 진제미 (賑濟米)❷를 도적질한 최세온(崔世溫)의 목을 베었다. 최세온은 덕천(德川)의 수령이 되어 관가 물건을 빼돌렸다. 장물(贓物)이 40관, 굶주리는 기민(飢民) 에게 줄 진제미를 빼돌린 것이 57관이었다. 세종이 말했다.

"이 사람은 진제미를 도적질해 백성들을 굶어 죽게 했습니다. 다른 장물 먹은 관리와 같지 않습니다."

그리하여 마침내 그의 죄를 물어 목을 베게 했던 것이다. 그렇게 엄히 대 한 것은 수많은 생명을 죽게 만들었기 때문이다.

> **!** 세종이 생각하기에 대신들이 관리의 죽음은 귀하게 여기면서 백성들의 죽음은 하찮게 여기는 것은 옳지 않았으므로, 철저히 주의시켰다. 더구나 백성을 잘 보듬어야 할 이들이 오히려 그들을 수단으로 삼거나 가볍게 대하는 것을 가만두지 않았다. 최고 관리자는 중간 관리자와 그들을 따라야 하는 이들을 차별하지 않는다. 관리자의 역할을 제대로 하지 않는 이들에게는 그에 맞는 책임을 지워야 한다. 사람들의 굶주림을 면하게 할 쌀을 빼돌렸으니 그 때문에 많은 이들이 굶어 죽었다. 그러니 어떻게 다른 물품을 횡령한 사람과 같을 것인가. 자기 의사에 관계없이 억지로 끌려와 노동 끝에 죽은 사람과 스스로 병을 얻어 죽은 사람을 비교할 수는 없는 일이다. 더구나 나랏일에 희생되었으니 나라에서 보상해야 한다. 조직을 위해 희생되었다면 조직이 그에 상응하는 대가로 위로해야 한다. 이럴수록 백성은 그를 따른다.

❶ 죄를 면하기 위해 바치는 돈   ❷ 진휼미

대화록과 일화   57

위에 있는 사람이 백성의 힘을 앗지 않으면 풍년이라

15 세종 19년(1437) 9월 8일, 누에치기와 서속(黍粟)❶ 재배에 관해 의논했다.
이때 경연을 열고 『시전(詩傳)』❷의 채빈장(采蘋章)까지 공부했다. 이 장을 읽
고 세종이 말했다.

"옛날 사람들 가운데 농상(農桑)을 소중히 여기지 않는 이가 없었습니
다. 후부인(后夫人)에 이르기까지 모두 직접 누에 치는 일을 했습니다.
부인의 덕이 높은지 낮은지에 관해 누에 치는 일이 매우 관련 깊기
때문이었습니다. 또한 우리나라에서는 모후에서 중궁에 이르기까지
모두 직접 누에를 칩니다. 하지만 그 생산한 것이 많지 않습니다. 내
생각에 누에 치는 요령을 얻지 못한 까닭이 아닐까 싶습니다."
신인손이 요령보다는 노력이 중요하다고 대답했다.

"누에치기를 알려진 방법대로 따라 해도 결국 그 요령을 알지 못할
것입니다. 신이 경상도 감사였을 때, 수령들에게 업무를 맡겨 공잠(公
蠶)을 장려하게 했더니, 겨우 40일 만에 일을 끝냈습니다. 생산된 것
도 거의 100여 석이 되었습니다. 힘을 진실로 다하면, 그 공을 이루
는 것은 한 달을 넘지 않겠습니다."
세종이 신인손의 말을 듣고 덧붙여 말했다.

"마음을 다해 농사짓지 않을 수 없습니다. 천시(天時)와 인사에 극진
했다면, 그 이익이 갑절 이상만이 아니라 댓 갑절 이상이었습니다.
내가 서속 씨앗 2홉(合)을 후원(後園)에 심었더니 그 소출이 한 섬이 더
되었습니다. 내 마음 속으로 생각하건대, 위에 있는 사람이 백성의
힘을 빼앗지 않는다면, 백성들이 농사에 힘쓰는 것이 어찌 적겠습니
까? 내가 알고도 충분히 시행하지 못했습니다."
세종은 백성들이 스스로 노력하는 것도 중요하지만 위에 있는 사람들의

❶ 기장과 조   ❷ 『시경(詩經)』의 내용을 알기 쉽게 풀이한 책

자세와 태도도 중요하다고 말한 것이다.

> ❗ 때맞추어 씨를 뿌리고 거두는 찰나에 노동력을 빼앗는다면 제대로 심지도 수확하지
> 도 못한다. 힘이 있는 사람이 그렇게 하면 때를 놓치니 아무에게도 이득이 없다. 농사
> 일은 적기에 해야 할 것이 있고 그것에 마음을 다하고 극진해야 한다. 비단 농사만이
> 아니라 모든 일이 마찬가지이다. 위에 있는 사람들이 사사로이 이를 무시한다면 제대
> 로 일을 할 수가 없고 그 결과도 나올 수 없는 것이다. 그러나 위에 있는 이들은 자신
> 들이 힘을 앗아간 것은 생각하지 않고 결과가 나쁜 것만을 나무라기 쉽다. 힘을 다른
> 데 소모하도록 만든다면 결과는 더욱 안 좋을 것이다.

당장에 편한 것만 하지는 않는다

16   잘못하면 백성들을 편하게만 하는 것이 바람직한 길이라고 착각할 수 있
다. 살 방도를 위해서는 잠시 피곤과 괴로움을 감수해야 하는 때도 있다.
세종은 백성이 힘들다고 모든 것을 중지하지는 않는다. 세종 22년(1440)
4월 4일, 전주 판관(全州判官) 이호신(李好信)이 하직하려 하니, 세종이 불러
말했다.

  "전라도는 인심이 지극히 험하나, 인심이 험악하다고 해서 억지로
  편복(鞭扑)❶을 가할 수는 없는 것입니다."
이에 이호신이 말했다.

  "병진년 이래로 연년 흉년이 들어서 백성들이 생업을 잃었습니다.
  그런데 근래에 국경의 성을 쌓는 역사가 없는 해가 없어서, 백성이
  소복(蘇復)❷되지 못했습니다. 그렇기 때문에 모두 쉬기를 원합니다."
이 말을 듣고 세종이 말했다.

  "그 말이 옳기는 합니다. 하지만 앞으로 살기 위해 역사를 시키는 것
  이니 백성이 곤곤하고 당장에 괴롭다고 폐지할 수는 없습니다."

❶ 채찍질   ❷ 원기회복

세종은 백성이 당장에 편한 것만 우선하지는 않았다. 미래에 돌아올 더 큰 편익을 중요하게 생각하고 있었던 것이다.

> 백성들이 항상 국경의 성을 쌓느라 괴로움을 당하는 것은 사실이다. 더구나 재난이 겹친 상황에서는 더욱 그러하다. 그러나 세종의 생각에 성을 쌓는 제도 자체를 없앨 수는 없었다. 제도는 유지하되 그것을 어떻게 현실적으로 탄력적이며 유연하게 실행할 수 있는가가 중요했다.
>
> 오늘 편한 것이 내일 반드시 이로울 것이라는 법은 없다. 당장에 불편해도 이후 계속되는 이로움이 있다면 현재의 불편함은 감수해야 한다. 오늘의 불편함이 내일의 편함이 될 수 있기 때문이다. 진정 사람을 위하는 것은 당장이 아니라 그 이후를 생각하는 것이다. 지금 편하면 영원히 불편할 수 있다.
>
> 세종은 군주의 정치에 대해 이렇게 말했다. "왕자(王者)의 정치는 백성을 편안하게 함을 근본으로 삼고, 백성을 편안하게 하는 요점(要點)은 부역을 가볍게 부세(賦稅)를 적게 하는 일이다."[1] 부역을 가볍게 하는 것이지 없애는 것은 아니며, 세금을 경감하는 것이 있을 수 있지만 없앨 수는 없다.

눈으로 보지는 않아도 마음 아픈 법

17   세종은 백성들이 힘들게 일하고 있는 현실에 대해 마음 깊이 공감했다. 세종 6년(1424) 12월 27일, 강원도 백성이 한곳에서 안정적으로 살면서 평안하고 화목해지는 방책을 의논했다. 세종이 여러 대신에게 물었다.

"금년에 각 도의 농사는 어떤가요? 들어보니 강원도에 너무 일찍 서리가 내려 그 피해가 매우 막심하다니 걱정됩니다."

찬성사(贊成事)[2] 황희가 대답했다.

"강원도에 일찍 서리가 내렸지만, 금년 농사는 작년보다 그래도 나은 편입니다."

---

[1] 王者之政, 以安民爲本, 其要不越乎輕徭薄賦而已. 世宗 105卷, 26年(1444) 7月 9日(丙辰)

[2] 국무 전반 관장 기능의 첨의부 종2품 재상

세종이 강원도 백성들을 평안하게 하는 방책을 물었다.

황희와 이명덕이 대답했다.

"공부(貢賦)❶를 면제하고, 선군(船軍)❷을 감해 그들이 농사에 힘쓰게 하면, 도망해 떠돌아다니는 자가 없어지고 그들이 편안히 모여 살 것입니다. 선군을 감하는 방법은 전라도 군대를 가까운 충청도로 옮기고, 충청도 군대를 경기도에 충당하면 됩니다."

세종도 그렇게 생각하고, 정부와 육조에 의논하게 했다. 황희가 또 강원도의 폐단을 낱낱이 설명하며 말했다.

"공사(公私)를 막론하고 건축 재목(材木)은 모두 강원도에서 나오는 것인데, 이것을 운반하는 것이 매우 힘든 작업이라서 사람과 말[人馬]의 피곤함을 이루 다 말할 수 없습니다."

세종이 이 말을 듣고 말했다.

"내가 비록 눈으로 직접 보지는 않아도 이렇게 마음 아프게 여기는데, 하물며 직접 본 사람이야 말할 게 있겠습니까?"

후일 강원도 춘천(春川) 등지에서 재목을 베던 군인 권보(權寶) 등 세 사람이 병으로 죽으니, 각각 곡식을 2석씩 하사(下賜)하도록 명했다.

18　제도의 도입과 이의 목적 달성만 생각하는 것은 보지 않고도 능히 알 수 있는 점들을 간과하게 만들 수 있다. 세종 7년(1425) 8월 23일, 경시서(京市署)의 가혹한 법 운영으로 가죽신 장인 이상좌(李上左)가 자살하는 일이 일어났다. 경시서는 물가의 조정, 상인들의 감독, 국역의 부과, 도량형기(度量衡器) 단속, 일반 시장의 행정사무도 담당한 관청이었다.

가죽신 장인 이상좌가 가죽신을 쌀 1말 5되와 바꾸어 팔았는데, 돈을 사용하지 않았다는 것으로 경시서(京市署)에 잡혔다. 서에서는 이상좌의 나이가 늙었으므로 곤장(棍杖)으로 때리거나 군역(軍役)에 충수하지는

---

❶ 특산물을 물납하는 현물세　　　　❷ 왜구를 막기 위해 설치한 수군

못하고 속전으로 8관(貫)을 바치라고 했다. 그러나 이상좌는 집이 가난해 남의 돈을 빌려 1관만을 바쳤다. 관청에서 모두 다 바치기를 독촉했는데 이에 부담감을 느꼈는지 이상좌는 할 수 없어서 집 앞의 홰나무에 목매어 죽었다. 세종이 이 같은 사실을 듣고 크게 놀랐다. 대언 등에게 이르기를 다음과 같이 했다.

> "나라에 입법(立法)한 것은 돈을 많이 이용하도록 하려는 것이지 사람을 죽게 하려는 것은 아니었습니다. 지금 이상좌가 죽은 것은 반드시 경시서에서 가혹했기 때문이니 내 마음이 매우 아픕니다. 그대들은 그 실정을 조사해 보고하십시오. 만약 가혹했다면 죄를 용서하지 않겠습니다."

그리고 이상좌의 집에 쌀 3석을 주고, 이미 받았던 속전은 돌려주도록 명했다.

> ! 눈으로 직접 보는 것은 현실의 상황을 파악하는 데 중요하다. 그것이 치세의 기본이다. 그러나 꼭 눈으로 보아야만 사정과 심정을 알겠는가. 눈으로 보지 않아도 알 수 있는 것으로 사람을 간과하면 흔히 보지 못할 수도 있다. 한편 어떠한 제도는 일정한 목표를 갖기 마련이다. 하지만 목적을 이루기 위해 제도를 운영하는 것은 사람이며, 무엇보다 그 제도의 목적이 되는 것도 사람이다. 그런데도 오히려 제도로 인해 사람들이 다치거나 목숨을 잃는다면 제도가 사람 위에 군림하는 꼴이다. 제도나 정책, 경영의 목적을 앞에 두면 눈에 보이지 않아도 알 수 있는 사람들의 고통을 외면하게 된다. 그것은 도입한 제도나 정책의 실패를 의미한다.

사사로이 장만한 것은 누구에게서 나온 것인가

19 세종은 관리들이 사사로이 장만한 것들도 백성들이 만든 것이라고 강조하기도 했다. 세종 7년(1425) 6월 16일, 관가의 물건을 주지 않을 곳에 준 고산 현감(高山縣監) 최수(崔修)를 한 등 감하게 했다. 이에 대해 반발한 사헌

부에서 반대의 주장을 개진했다.

"고산 현감 최수가 관가 물건을 주지 않아야 할 곳에 주었습니다. 이를 장물로 계산하면 8관이나 되었습니다. 율에 따르자면 그 형벌은 형장 100대에, 자자(刺字)[1]할 죄에 해당합니다."

이러한 사헌부의 주장에 대해 세종은 반대해 말했다.

"자자는 하지 말고 한 등급을 감해 속(贖)[2]을 바치게 하십시오."

세종의 이 같은 판결을 듣고 좌의정 이원이 말했다.

"전조(前朝)[3] 말기에 기강이 무너져 수령이 마음대로 불법을 행했고, 태조와 태종께서 엄정하게 금하는 법을 세우셨지만, 수령의 금령을 어기는 자가 많았습니다. 그들이 남에게 준 물건은 나라의 창고에 저장한 것이 아니었고, 모두가 관직에 있을 때 개인적으로 장만한 것들이었습니다."

이 말을 듣고 세종이 말했다.

"개인적으로 장만한 것인들 어찌 백성의 힘에서 나온 것이 아니겠습니까? 금하는 법령이 이렇게 뚜렷한데도 이처럼 법을 범하는 자가 있으니, 이런 무리들을 죄주지 않으면 뒷사람에게 어떻게 거울삼게 하겠습니까?"

공적인 물자의 토대는 모두 민간의 한 사람 한 사람의 손에서 나온 것이다. 이러한 점을 생각한다면 공공조직에 있는 사람은 항상 겸손해야 하며 그 사람들을 소중하게 여기는 일을 해야 한다. 개인적인 것으로 장만한 것이라 해도 그것은 권력이나 지위 때문에 소유할 수 있었던 것이다. 엄밀하게 말하면 그것은 개인의 능력으로 만든 것이 아니라 자신이 맡고 있던 자리 때문에 얻을 수 있었던 것이다. 그 자리는 공적인 것이므로 그 자리를 통해 얻은 것 역시 공적인 것이다.

근본적으로, 개인적으로 장만한 것도 일하는 사람들이 만든 것이다. 무릇 아무리 자신이 소유한 것이라 해도 그것을 생산한 사람들을 생각한다면 함부로 못할 것이다.

---

[1] 피부에 먹물로 죄명을 찍어 넣는 형벌   [3] 고려
[2] 보석금

다행히 금년에 조금 풍년이 들었을 뿐인데

세종은 환곡 제도의 잘못된 운영이 백성들을 괴롭히고 있음을 비판하기도 했다. 세종 10년(1428) 8월 5일, 왕이 백성들에게 환곡을 거두는 것에 대해 논의했다. 이날 정사를 보는 가운데 세종이 말했다.

"내가 들으니, 수령들이 환곡 갚기를 재촉해 백성들이 몹시 괴로워한다고 합니다. 금년에는 겨우 흉년을 면했을 정도로 어려우니 환곡 거두어들이는 것을 중지하는 것이 좋을 듯싶습니다. 어떻겠습니까?"

세종의 이 같은 물음에 찬성사 권진, 호조판서 안순, 예조판서 신상 등이 대답했다. 환곡 갚기 중지에 대한 반대의 주장이었다.

"농사가 매우 잘되어 백성들의 식량은 넉넉합니다. 모두 받아들이게 해야 합니다. 지난해에도 묵은 곡식 빚을 감해주었는데, 이제라도 거두지 않는다면 비록 부자라 해도 영구히 면제되기를 바라며, 반드시 갚지 않을 것이 분명합니다."

대신들은 빚을 제때 갚게 하지 않으면 도덕적으로 태만해지는 점을 지적하고 있었다. 이때 세종은 의창(義倉)의 존재 이유, 즉 백성을 구제하는 궁극적인 목적을 말한다.

"의창의 설치 이유는 백성을 위한 것입니다. 비가 제때에 오지 않아 겨우 흉년을 면했는데, 만일 강제로 빌려준 것을 거두어들여 가난한 백성들이 가진 것을 모두 관청에서 가져가면 식량의 어려움이 흉년이 든 해와 다름이 없을 것입니다. 수령들에게 백성들의 빈부를 살피게 해 거두는 것이 좋을 듯싶습니다. 어떻겠습니까?"

백성들이 잘살게 하는 것이 의창의 목적이다. 그렇다면 당장에 빚을 갚게 하는 것이 아니라 그 여력의 정도를 감안해 부채를 갚도록 해야 한다. 당장에 국가에서부터 빚을 갚으라 하면 먹을 양식조차 없을 것이다.

안순과 신상이 반대해 말했다.

"만일 빈부를 구분하게 한다면 어리석은 백성은 모두 바치고, 간사한 아전들은 모두 바치지 않을 것입니다. 마땅히 묵은 빚을 모두 받아야 합니다."

빈부를 구분하면 오히려 여유가 있는 이들이 내지 않을 수 있다며 모두 같게 해야 한다는 주장이다. 세종은 단기적인 풍년이 아니라 앞으로 어떻게 될지 모르는 미래의 작황 문제까지 고민해 말했다.

"금년에는 동풍(東風)❶이 여러 번 불어 곡물에 해로울까 걱정입니다."

안순이 아뢰었다.

"지금은 곡식이 모두 여물었으니 조금도 동풍의 해(害)가 없을 것입니다."

"그 또한 지금부터라도 알 수 없는 일이지요."

계하던 사람들이 모두 나가니, 세종이 대언 등에게 일렀다.

"내가 듣건대, 환곡을 거두어들여 백성들이 괴로워한 지가 오래입니다. 대신들은 '군량(軍糧)은 허술히 할 수 없으니 마땅히 평상시에 미리 저축해 뜻밖의 환란을 구해야 한다'고 하는데, 나도 이 말을 정말 옳게 여깁니다.

그러나 근년에는 여러 해 동안 풍년이 들지 않아서 백성들의 먹을 것이 넉넉하지 못하다가, 다행히 금년에 조금 풍년이 들었을 뿐입니다. 만일 1년의 풍년을 가지고서 전일의 묵은 빚을 모두 받아들이면, 환과고독(鰥寡孤獨)❷들은 반드시 곤궁한 지경에 이를 것입니다. 즉 불우한 지경에 있는 이들은 더욱 어렵다는 것입니다. 그렇게 되면 어찌 옳은 일이라 하겠습니까? 이 뜻을 수령들에게 널리 알리게 [諭示]하고 경들은 10월을 기다려 다시 말하기 바랍니다."

---

❶ 동풍은 냉해나 습해, 건해 등으로 병충해를 일으킨다.

❷ 늙어서 아내 없는 사람, 젊어서 남편 없는 사람, 어려서 어버이 없는 사람, 늙어서 자식 없는 사람을 아울러 이르는 말

오랜 기간의 상처가 단시간에 아물기는 힘들다. 경제적인 수입이나 재정상의 문제도 마찬가지일 것이다. 오랫동안 별 수입이 없이 지출만 있었다면 그것은 상당한 부채의 규모를 짐작하게 만든다. 10년 흉년에 1년 풍년이라면 10년의 기근을 구제하기에는 부족할 것이다. 기나긴 고통의 시간에 따른 상처를 회복하는 데는 그만한 시간과 노력이 필요하다. 사람이 먹고사는 문제는 더욱 그렇다. 보이지 않는 빚은 그들의 발목을 잡는다. 무엇보다 지금 경제적으로 수입이 생겼다고 해서 앞으로 벌어질 상황까지 섣불리 예단하는 것은 오히려 생각하지 못한 결과를 낳을 수 있다. 과거가 만들어놓은 현재와 미래에 이르기가지의 상황들을 미리 예견하고 준비하는 경영 방책이 중요하다.

말 타고 다니는 학생을 금하라는 요청에 대해

21 세종은 겉으로 보이는 형식에 얽매이지 않았다. 그것으로 규제해 고통을 주려고 하지도 않았다. 세종 10년(1428) 9월 1일, 학생들이 말을 타고 다니는 것을 금하게 해달라는 대사헌 조계생의 요청을 거부했다. 조계생 등이 애초에 이렇게 아뢰었다.

"옛날 선비는 미투리[麻鞋]를 신고 책을 끼고 걸어 다니면서도 뜻을 겸손히 하고 학문에 힘썼습니다. 그런데 지금은 그렇지 않습니다. 생원(生員)·생도(生徒)들이 책을 끼고서 걸어 다니는 것을 수치스럽게 여깁니다. 그래서 모두 말을 타고 종을 시켜 책을 끼고 다닙니다. 그렇게 아침에 갔다가 저녁에 돌아오니, 이 때문에 심지(心志)가 교만하고 건방져서 학문하는 마음이 한곳에 집중하지 못합니다. 그래서 국학(國學)이 허술해지니, 말을 타고 다니는 것을 금하게 해주십시오. 그들이 마음의 뜻을 잡아 학업(學業)에 전력도록 하게 하소서."

이에 세종이 달리 말했다.

"나도 들었는데, 학생들이 종을 거느리고 말을 타고 다니는 것은 옛날 학자와 다르다고 생각합니다. 그러나 법으로 말 타는 것을 금한다는 것은 너무 지나친 일이 아닌가 싶습니다. 만일 스승 앞에서 말에서 내리지 않아[犯馬] 예를 어기는 것[違禮]은 금하는 것이 옳겠으나, 말을 못 타게 하는 것은 예전 사례에는 없는 일입니다. 예조에서 의논하게 하는 것이 좋을 듯합니다."

세상은 변한다. 세상이 변하는 것은 사람의 생각과 사유 그리고 가치관과 세계관이 바뀌는 것을 의미한다. 특히 겉으로 드러나는 현상들은 매우 달라지기 마련이다. 하지만 그 현상들 안의 본질적인 부분들이 여전히 더 중요할 때가 많다. 말을 타고 다닌다고 해서 학문에 지장이 있을까? 말은 다만 오가는 시간을 절약하는 방편일 수 있다. 이를 금해야 한다는 것은 오늘날 학생들이 차를 타고 다니지 말아야 한다고 보는 것과 같다. 이렇듯 방편을 본질로 여기는 것이 곤란한 일이다. 무엇보다 사람들의 생각과 행동 중에서 법으로 규제할 것과 자유의사에 맡길 것은 구분해야 할 필요가 있다. 물론 가끔은 본질을 해할 우려가 있는 현상들은 제어할 필요가 있다. 예컨대 자동차를 운전하며 불법적인 일을 저지르는 것은 적절한 통제를 받아야 하는 것이 당연하다.

중도 나의 백성이요 사람이다

22   세종은 승려들이 놀고먹는 존재라고 생각하지 않았다. 더구나 백성이기는 마찬가지였으니 굶겨 죽일 수 없었다. 세종 21년(1439) 2월 15일, 왕이 경연에 나아가 공부와 토론에 임했다. 이때 세종이 시강관 안지(安止) 등에게 말했다.

"의창(義倉)을 설치한 것은 매우 좋은 정치입니다. 그러나 우리나라에서 잘 실행하지 못하는 것은 백성이 자주 떠돌아 한곳에 정착해 살지 않는 까닭입니다."

안지가 대답했다.

"우리나라 백성이 다 빈궁해 먹고살기 어려운 것은 부역이 빈번하고, 또 백성들이 허비함이 매우 많은 까닭입니다. 또 중들이 날로 늘어 농사는 짓지 않고 먹기만 합니다. 일주 일현(一州一縣) 안에서 도량

(道場)을 설치하는 데 허비되는 미곡이 무려 수천여 석(石)이옵니다."

이 말을 듣고 승려들에 대한 비판에 세종이 반대 의견을 냈다.

"유자(儒者)들은 승도(僧徒)들이 백성들의 먹을 것을 빼앗는다고 말하지만, 개벽(開闢) 이래로 선과 악이 함께 있었는데도 악을 아주 끊어버리지는 못했습니다. 예전 제왕들도 그 폐해를 다 혁파하지 못했는데, 나처럼 덕이 적은 사람이 어찌 다 없앨 수 있겠습니까? 구민(救民)하는 계책은 세금 거두는 것을 가볍게 하는 것뿐입니다."

대신들은 백성들이 허비하는 것이 많아서 빈궁해진다고 말하고 있다. 그 가운데 승려가 꼽힌다. 승려들에 대한 논쟁은 세종과 신하들 사이에서 첨예하게 지속되었다. 대신들은 세종이 승려들이 허비하는 자원을 방기한다고 생각했다. 하지만 세종은 그렇지 않다고 말했다. 흥천사 · 흥덕사의 사례도 이에 해당한다.

23   4월 12일, 흥천사 · 흥덕사의 두 사찰에 추문할 교지를 처리하게 했고, 이졸❶이 절 문 안에 들어가는 것을 금했다. 이때 사간원 좌정언 이예장(李禮長)이 말했다.

"어제 전교하시기를, '승려 무리가 절에 있으면서 불경을 외었을 따름이요 불사를 위함이 아니었다. 효령대군이 그 절에 왕래함이 왜 해로우냐? 하물며, 효령대군이 종실의 어른으로서 사찰에 왕래한들 내 어찌 강제로 제지할 수 있겠느냐?'고 하셨는데, 승도들의 흥천사 모임이 단지 경을 외우는 것만이 아니었으며, 크게 안거회(安居會)❷를 베풀어 곡식을 허비했습니다. 효령대군이 이 행사를 주재하니, 중외 신민(中外臣民)이 소문을 듣고 다투어 달려가서 부자는 기꺼이 재물을 바치고, 가난한 자는 기를 쓰고 따릅니다.

---

❶ 낮은 벼슬아치

❷ 승려가 일정 기간 외출을 금하고 모여서 수행하는 것

二. 사람을 위한 경영

이제 해마다 흉년이 들어 백성들은 먹기가 어려우니, 만약 부자에게 권해 재물을 나누게 하면, 어려운 백성들을 구제할 수가 있겠습니다. 하지만 유용한 재물을 무익한 일에 허비하는 것은 매우 애통한 일입니다."

이 말을 듣고 세종이 말했다.

"효령대군이 흥천사에 한 섬의 곡식도 내지 않은 것으로 알고 있습니다. 그런데 어찌 주재한다고 하겠습니까? 그리고 승려의 무리도 역시 나의 백성입니다. 이미 나의 백성이니 만일 그 가운데 굶주리는 자가 있다면 나라가 어찌 모른 척하고 구원하지 않겠습니까. 백성이 다투어 서로 공양(供養)하는 것은 해로울 것이 없다고 생각합니다. 하물며 흥천사는 태조께서 창건하신 절이므로, 내가 고려한 바였습니다. 그래서 이 절에 사는 자들을 걱정하고 있었는데, 사람들이 공양하는 것이 정말 잘된 일입니다."

이에 밀리지 않고 이예장이 다시 아뢰었다.

"효령대군이 종친의 어른으로서 앞장서서 불사(佛事)를 숭상하는데, 주상께서 금지하지 않으시면, 나라 사람들이 숭상해 믿는 것을 어찌 금할 수 있겠습니까? 또 승도가 비록 우리나라 백성이기는 하지만, 실제는 모두 놀고먹는 무리로서 나라에 무익한 자들입니다. 놀고먹는 자들을 공양하는 물건으로 궁핍한 자들을 진휼하면, 백성의 재물을 가지고 무익한 일에 허비하는 것보다 낫지 않겠습니까? 마땅히 엄격히 금지하셔야 합니다."

세종은 다시 반대해 말했다. 좀 더 강경한 입장이었다.

"효령이 흥천사에서 불사를 행한 일이 없었는데, 대신들이 효령이 주도한다고 말하니 근거 없는 말로 내게 간하는 것은 옳다고 여기지 않습니다. 그러나 다만 그 간하는 성의를 아름답게 여기고 싶습니다. 비록 세 번 해도 너그럽게 용납할 것입니다. 무릇 신하가 임금에게 말할 때에는 반드시 자세히 듣고 익히 살핀 다음에 간해야 할 것입니다. 근거 없는 말로 끌어 붙여서 강제하듯 청하는 것은 적절하지 않습니다. 다시는 그 말을 하지 마십시오."

때마침 사헌부에서, 흥천사에서 안거회를 베푼다는 말을 듣고 승도 40여 명을 잡아다가 그 사유를 국문하기에 이르렀다. 이 말을 세종이 듣고, 사헌**❶** 정효강을 불러 일렀다.

"그대들이 효령대군이 흥천사에서 안거회를 베푼다며 사간원과 함께 파하게 하기를 청하다가 안 되니, 파회(罷會)를 시키려고 승려들을 강제로 잡아다가 국문하다니 이게 무슨 짓입니까?"

세종의 나무람을 듣고 정효강(鄭孝康)이 아뢰었다.

"신들은 흥천사에서 크게 안거회를 베푼다는 말을 들었습니다. 하지만 누가 주도하는지를 알지 못합니다. 이를 물어보고자 중들을 잡아왔을 뿐이옵니다. 어찌 감히 저희들 마음대로 그 회를 파하려 했겠습니까? 만일 효령대군이 주도한다고 들었으면 직접 효령을 탄핵했을 것입니다. 어찌 중들을 잡아왔겠습니까?"

세종 자신이 일부 잘못한 점을 인정하며 말했다.

"앞서 내가 말한 것은 내 억측임을 인정해야겠습니다. 이제 말을 듣고 보니 그 실상을 알겠습니다. 하지만 중들이 절에서 살면서 안 먹을 수는 없습니다. 사람들이 중을 공양하는 것을 어찌 금할 수가 있겠습니까? 속히 보내도록 하십시오."

잘못을 인정한 부분이 있지만 사람들이 승려에게 식량을 주는 일**❷**을 금지하지는 않았다. 다만 세종이 당시 효령에 관한 문제 때문에 민감해져 있음을 알 수 있다. 여기에서 세종은 승려 역시 먹고사는 존재, 사람들임을 강조하고 있다. 대신들은 여전히 도성의 불사를 막지 못하면 일어나게 될 파급 효과를 우려하고 있었다.

사헌부 지평 정효강이 다시 말했다.

❶ 지평   **❷** 공양

二. 사람을 위한 경영

"서울 안에서 행하는 불사를 지금 만약 금하지 않으면 지방의 중들이 구름 모이듯 할 것입니다. 평등 · 무차 · 안거 · 송경(平等無遮安居誦經) 등 갖가지 이름으로 다투어 모여서 절마다 그러하지 않은 곳이 없을 것입니다. 금일의 회를 중지시켜 뒷날의 폐단을 막게 하소서."

세종은 정효강에 대해 달리 주장한다.

"흥천사는 다른 절에 비할 바가 아닙니다. 곧 우리 조종(祖宗)께서 처음 세우시고 수호하시던 절입니다. 하물며, 오늘의 회는 중들을 크게 모아서 안거회를 행하는 것이 아니었습니다. 내 어찌 강제로 중지시키게 하겠습니까? 중들도 역시 사람인데, 어찌 먹지 않고 살아가겠습니까?"

세종은 흥천사가 태조의 유서가 서린 사찰이라는 점을 강조하고 있었다. 이는 왕실과 대신들의 대결 양상으로 치달았다. 세종은 최대한 국법의 틀에서 절충점을 모색한다.

세종은 자신의 생각을 승정원에 전지해 널리 알렸다.

"흥천사 · 흥덕사 두 절에 부녀(婦女)와 유생들이 유람(遊覽)하는 것 등 모든 국법에 어긋나는 일들은, 일찍이 사헌부가 조사해 금하게 했다. 이제부터는 두 절에 관한 고핵❶과 승인❷ 국문은 함부로 하지 못하게 하라."

사헌부가 두 절에 있는 승려들의 문제를 다루지 못하게 한 것이다. 하지만 대신들은 승려들이 법을 모르는 존재들이라고 말한다. 좌부승지(左副承旨) 허후가 말했다.

"중들은 본래 국법을 알지 못하는 자들로서 헌부(憲府)가 비록 임의로 규찰(糾察)할지라도 오히려 범하는 자가 있을 것입니다. 이제 헌부가 다루지 못하면, 중들 가운데 범법하는 자가 반드시 많아져 통제하기 어렵게 될 것입니다. 이전과 같이 하시고, 만약에 고신(考訊)❸해야 할

❶ 조사해 밝히는 것   ❸ 고문
❷ 승려

것은 그렇게 함이 합당할 것입니다."

이러한 반대 의견에도 불구하고 세종은 굽히지 않았다.

"그 말뜻은 알겠습니다. 그러나 이 절은 조종께서 소중히 여겼기 때문에 소홀히 할 수 없습니다. 더욱이 궐내에서 모든 직무를 맡은 자는 반드시 위에 아뢴 뒤에야 추문(推問)해야 합니다. 이 절의 중이 오히려 궐내의 사람만 같지 못하겠습니까?"

세종은 절차와 법리에 맞게 처리를 하는 가운데 태조의 유지와 왕실의 뜻을 조화시키며, 보편적인 생명과 사람의 관점과 철학을 반영시키려고 노력했다.

마침내 사헌부와 사간원에 전지했다.

"이 뒤에는 흥천사 · 흥덕사 두 절에 만일 추문할 일이 있거든, 즉시 위에 아뢰어 교지를 받게 하고, 이졸(吏卒)에게 바로 절 문 안에 들어가지 못하게 하라."

24 중을 생각하는 것은 이때에만 해당하는 것은 아니었다. 세종 19년(1437) 1월 14일 각 도의 감사 등에게 중들과 산속에 있는 자도 구휼하게 했는데, 경기 · 경상 · 전라 · 충청도 감사와 도순문 진휼사 · 경차관 등에게 전지했다.

"각 고을의 굶주린 백성을 마음을 다해 구휼하라. 또 중(僧)들은 본래 농업이 없으므로 생리(生理)가 불쌍한데, 수령과 각 마을의 색장(色掌)들이 중이라 해서 불쌍히 여기고 구휼하지 않기 때문에, 중로(中路)에서 죽는 자가 더러 있다. 대개 평민과 중은 다 같은 백성(赤子)들이니 마땅히 일체로 불쌍히 여기고 구휼하되, 비록 깊은 산속에 있는 자라 하더라도 또한 반드시 그 기근을 살펴서 평민과 똑같이 마음껏 구휼해 굶어 죽지 않게 하라."

세종은 승려들이 조선에서 배제된 이들일지라도 다른 사람들과 같은 대접을 받아야 한다고 생각했다. 이는 그의 불편부당함을 짐작하게 한다. 백성은 생명을 지닌 존재다. 중도 생명을 지닌 존재다. 생명은 살려야 한다. 백성이 굶으면 구제해야 한다. 중도 백성이다. 중이 굶주리면 구제해야 한다. 그들이 아무리 적대적이고 자신과 맞지 않는 이들이라고 할지라도 인간이 갖추어야 할 기본적인 존중과 권리 행사를 막아서는 곤란하다. 무엇보다 오랫동안 사람들에게서 지지를 받는 것은 그것이 매우 하찮아 보일지라도 나름대로 뜻이 있다고 판단해야 한다. 그것에서 배울 것이 있다면 배우고 적용할 수 있으면 적극적으로 한번 수용해보아야 한다. 그러지 않는다면 그것은 자기의 이익을 위한 적대적 공격일 뿐이다. 자기 이익을 위한 적대적 공격은 공동체 전체의 이익을 해칠 수 있다.

백성이 만족하게 여기면 그것으로 족하다

25   세종은 백성들에게 피해가 가지 않으면서 현실적인 조세 제도를 만들려고 고심했다. 세종 12년(1430) 12월 18일, 세종이 각 도의 풍흉(豊凶)을 묻고 손실답험(損實踏驗)[1]에 대한 이야기를 했다. 예조판서 신상이 아뢰었다.

"금년의 답험은 너무 가볍게 했습니다."

가볍게 했다는 말에 세종이 달리 생각해 말했다.

"내가 들었는데 경기도의 백성들이 답험 제도가 쉽게 끝나게 되었다고 좋아한다고 합니다."

이 말을 들은 신상이 '경기도의 답험 제도를 너무 쉽게 해버렸다'고 강력히 말했다. 이에 세종이 말했다.

"답험 제도가 쉽게 된 것이 아니라 편리하게 된 것입니다. 백성에게 편리하게 된 것은 잘못이 아닙니다. 백성이 만족히 여기면 그것으로 족합니다."

[1] 세금이나 소작료를 제대로 거두기 위해 관련 논밭에 가서 농작(農作)의 상황을 실지로 조사하던 것

손실답험에 대한 논의는 세종 집권 내내 계속되었다. 세종 18년(1436) 2월 23일, 상참을 받고 왕이 정사를 보았다. 세종이 말했다.

"우리 국가의 손실 발생은 답험을 어떠한 관계 속에서 시행하는 것인가에 따라 달라지는 것이 매우 중대합니다. 근래에 답험이 알맞음을 잃어, 많이 받으면 걸왕(桀王)처럼 되고, 적게 받으면 오랑캐처럼 되니, 내가 매우 염려하고 있습니다. 조정의 신료들은 각각 그 소견을 고집하고, 의논이 떠들썩해 따를 바를 알지 못하겠습니다. 어떻게 이를 처리해야 하는지요? 옛날의 공법(貢法)이 좋은데 시행하려 해도 하지 못했던 것입니다."

이에 대사헌 이숙치(李叔畤)와 찬성 신개(申槪) 등이 동의해 대답했다.

"전하의 말씀이 옳습니다. 근래 손실을 답험하는 법이 알맞지 못한 것이 더욱 심해, 공법을 행하는 좋은 이유에 맞지 않습니다."

이 말을 듣고 세종이 다시 말했다.

"내가 세무(世務)에 능통하지 못하고 조종의 법을 경솔히 고칠 수도 없습니다. 이에 공법을 지금까지 시행하지 못했으나, 생각하니 지금 그 폐단이 지금 우리가 보는 바와 같습니다. 그렇기에 1, 2년 동안 이를 시험하는 것이 어떻겠습니까? 그러나 내야 할 수량이 많으면 백성들이 어찌할 수 없으니, 만약 흉년이 들면 그 수량을 감하는 것이 옳을 것입니다. 또 1결에 20두(斗)는 너무 많으니, 15두로 정하는 것이 어떻겠습니까? 너무 많아도 옳지 못하고 너무 적어도 또한 옳지 못하기 때문입니다."

세종의 이 안을 듣고 여러 대신들이 찬성했다.

"전하의 하교가 옳습니다."

! 백성에 관한 일에서 우선 백성이 편리하게 생각하면 그것이 만족스러운 것이다. 백성이 불편하게 생각하면 만족스럽지 않은 것이다. 다만 백성이 편하게 생각한다고 해서 모든 것이 다 해결되는 것은 아닐 것이다. 특히 재산이나 수익이 걸린 문제는 더욱 그

러하다. 세종은 답험 제도에 대해서 시험 기간을 거치고 이를 통해 제도적 정착을 추구했다. 또한 흉년이라는 부정적인 상황을 고려해 세금의 양을 조절하는 방안을 제시했다. 또한 너무 많지도 적지도 않은 적절한 수준을 찾기 위해 노력했다. 그 목표는 바로 백성들에게 큰 짐을 주지 않으면서 국가 재정을 튼실하게 만드는 방책을 찾는 것이었다.

첩이 된 여종의 권리

27 조선시대에는 주인이 종이나 노비를 함부로 할 수 있었을 것처럼 보이지만 적어도 세종은 그렇게 보지 않았다. 세종 19년(1437) 11월 4일, 남편의 첩과 그 자식에게서 노비를 양민으로 만드는 속량 문권을 빼앗은 박구(朴苟)의 아내를 국문하게 했다. 상황은 이러했다.

처음에 광주 사람 부령(部令) 박구가 서가이(徐加伊)를 첩으로 삼아서 딸 넷을 낳게 했다. 박구의 첩 서가이는 본래 아내 이 씨의 여종이었다. 박구는 첩이 된 서가이를 노비 신분에서 풀어주고자 했다. 아내 이 씨는 박구의 이런 뜻을 받아들여, 모두 속량(贖良)❶하는 문권을 서가이에게 주고 노역에서 방면시켰다. 하지만 박구가 죽자 이 씨는 마음이 바뀌었다. 서가이가 낳은 딸 셋과 함께 서가이에게 준 속량 문권을 도로 빼앗으려 했다. 서가이와 서가이가 낳은 딸을 도로 종으로 삼으려 한 것이다. 그 과정에서 서가이를 때렸는데 그만 죽었다. 이때 서가이의 어미 부가이(夫加伊)는 서가이를 때려 죽인 이 씨를 관가에 고발했다. 서가이의 어미 부가이는 본래 이 씨의 아비 이자문이 노역을 방면시킨 여종이었다. 본래 이 씨는 서가이의 어미인 부가이의 주인인 셈이었다. 그러니 이는 결국 주인을 종이 고발한 것이어서 논란이 있었다. 당시에는 종이 주인을 고발하지 못하게 되어있었기 때문이다.

❶ 몸값을 받고 노비의 신분을 풀어주어 양민이 되게 하던 일

이때 이를 담당한 형조에서 세종에게 아뢰었다.

"부가이는 이 씨의 여종인데 이 씨를 고발했으니, 이것은 여종이 주인을 고발한 것입니다. 고발을 접수하지 말고 중한 죄로 처리하는 것이 마땅합니다. 그러나 이 씨는 남편이 살았을 때에는 그 뜻을 좇아 노역을 방면시켰음에도 남편이 죽자 종으로 다시 일을 부리려고 남편의 첩을 매질하다가 목숨을 잃게 했습니다.

이것은 부녀자의 도리[婦道]에 벗어난 것입니다. 또 그의 딸이 골육을 일을 시키려고 아비의 첩을 때려 죽인 것은, 더구나 강상(綱常) 도리에 어긋난 일입니다. 법에 따라 당연히 죄를 주어야 합니다. 이두 가지에 대해 죄를 주면, 부가이가 주인을 고발한 죄는 율이 장 100대에, 도(徒)❶ 3년에 해당됩니다.

『속형전(續刑典)』에는 노비로서 가장을 고발한 자는 접수하지 말고 교수형에 처한다고 했고,『속전등록(續典謄錄)』에는 노역이 방면된 노비로서 옛 주인을 고발한 자는 접수하지 말고 장 100대에, 도 3년에 처한다고 되어있습니다. 이 씨가 서가이를 때려 죽인 죄인즉, 노비가 죄가 있는데 그 가장이 관청에 고하지 않고 때려 죽인 것은 장 100대이고, 죄도 없는데 죽인 것은 장 60대에 1년으로 되어있습니다. 그딸들이 노역을 방면시킨 문권을 빼앗고자 한 죄는, 부모의 교령(教令)을 어긴 자는 장 100대로 다스린다는 점에 해당합니다."

세종이 의정부와 여러 조에서 함께 의논하도록 했다. 많은 신하들이 주인을 고발한 죄를 물어야 한다는 의견이었다. 참찬 조계생이 논의했다.

"부가이는 비록 이 씨가 노역을 방면한 여종이지만, 서가이는 이 씨의 종이니 본주인입니다. 처벌을 논하지 않을 수 없습니다. 등록(謄錄)❷에 있는 옛 주인을 고발한 조목에 따라 죄를 다스려야 합니다."

찬성 이맹균 등도 이에 거들어 말했다.

---

❶ 죄인을 중노동에 처하던 형벌　　　　　❷ 관청 문서

"부가이는 옛 주인을 고발한 죄를 법에 따라 논하는 것이 마땅합니다. 그러나 모녀의 박절한 정을 볼 때 불쌍한 면이 있습니다. 또 이씨는 남편 박구의 명을 따르지 않았습니다. 이 씨의 딸들은 아비의 첩이 낳은 딸을 노역시키고자 했으니, 아비의 명에 순종하지 않은 죄가 있습니다. 그러나 부가이가 고소한 것은 주인을 고소한 것입니다. 이 씨와 그 딸의 죄를 논하지 않고 오로지 부가이의 죄만 논한다면 이 또한 옳지 못합니다. 다만 서가이가 낳은 딸만을 육전❶에 따라 처결해야 할 것입니다."

이조판서 하연은 달리 논했다.

"남편의 첩이 낳은 자식은 그의 아내가 종으로 사역시킬 수 없는데, 이 씨는 남편의 첩을 핍박해 사역을 시키고자 했습니다. 따라서 그 어미 부가이가 관가에 고발하지 않을 수가 없었습니다. 예에 따라 다스림이 마땅합니다. 하물며 핍박해 죽었으니 말할 것이 있겠습니까?

여종이 양민 남편에게 시집가거나 남종이 양민을 아내로 맞이해 낳은 자식을 본주인이 종으로 부리는 것은 모두 고발하도록 하고 있습니다. 등록에 옛 주인을 고발한다는 조목은 이런 경우를 가리킨 것이 아닙니다. 이 씨의 죄를 다스리고 서가이의 소생을 보충군(補充軍)에 넣는 것이 마땅합니다."

하연은 옛 종이 낳은 자식을 종으로 다시 부리는 일을 금지하도록 한 것이 더 우선이라고 보았다. 또한 종이 주인을 고발하지 못하도록 한 것은 이에 해당하지 않는다고 보았다. 이어 영의정 황희가 말했는데 좀 더 넓은 범위에서 제도 차원의 문제와 해법을 지적했다.

"부가이의 죄는 노비가 가장의 지친❷을 고발한 죄에 의거하는 것이 마땅합니다. 이 씨가 서가이를 때려 죽인 죄는 노비를 함부로 죽인

---

❶ 업무 규정

❷ 매우 가까운 친족. 아버지와 아들, 언니와 아우 사이를 이르는 말

자를 가까운 이웃의 이장(里長)이 사건이 발생한 즉시 고하도록 하는 법이 이미 있었습니다. 그 이정(里正)·이장(里長)이 마땅히 신고를 해야 하며 수령도 또한 문초해야 합니다. 이정·이장이 고하기를 기다려서 추핵한다면, 노비가 주인을 고발한 혐의는 없어질 것입니다. 이렇게 하면 거의 양쪽 편이 온전할 것입니다."

좌찬성 신개가 좀 더 깊이 논의했다. 그는 박구의 아내 이 씨와 딸들의 죄가 중하다고 말했다.

"부가이는 이자문이 이미 노역을 방면시킨 종입니다. 이자문의 딸을 사역할 수 없는 것이 분명합니다. 이미 사역할 수 없다면, 노비가 스스로 억울하다는 호소를 접수하지 않는 일을 들어 논하는 것은 옳지 못합니다. 또 이 씨에게는 그 남편이 죽고, 이 씨의 소생들인 딸들에게는 그 아비가 죽자, 그 결정을 바꾸어 아내로서 남편(박구)을 거역하고, 딸로서 아비를 거역했습니다.

노역에서 방면된 여종 부가이가 사역할 수 없는 여종 서가이를 때려 죽인 죄를 고발한 것보다 아내와 딸의 죄가 더 무겁지 않겠습니까? 노비를 죽여도 오히려 죄가 있는데, 하물며 남편이자 아비의 첩을 죽인 죄를 천지 대의에 논하지 않는 것이 옳겠습니까?

노역이 방면된 여종의 한 가지 죄를 생각하고, 두 가지 중한 죄를 그냥 두는 것은 또한 옳지 못합니다. 이 논의는 한때에만 그칠 것이 아니고 후세에까지도 알게 해서 없어지지 않게 하는 것이 마땅합니다. 그 노역을 방면했다는 문권을 증험하고, 이 씨와 그의 딸이 사역할 수 없는 남편의 첩이자 아비의 첩을 때려 죽인 죄를 국문하도록 해, 그 정상의 처음과 끝을 자세하게 안 다음에 다시 논의하는 것이 좋겠습니다."

세종의 말은 문권 제도라는 객관적인 원칙은 물론이고 강상의 도리, 여기에 살인죄까지 명확히 적용해야 한다는 뜻이다. 이 말을 듣고, 세종은 신개의 말대로 결정했다.

전통사회에서는 주인 되는 사람을 종 되는 사람이 고발하지 못했다. 그러나 아무리 주인 되는 사람이라고 해도 종 된 사람을 함부로 죽일 수는 없는 노릇이다. 무엇보다 이미 객관적인 문서를 통해 종의 지위를 벗어난 이에게서 다시 그 지위를 박탈하는 것은 상식은 물론 원칙과 법리에 맞지 않았다.

남편의 첩은 그 출신이 미천한 종이라도 보장된 권리를 갖는다. 또한 아비의 첩은 자녀들에게도 또 하나의 어미다. 그에 대한 예우를 해주어야 한다. 뿐만 아니라 도로 속량 문권을 빼앗는, 약속과 신뢰를 저버리는 행위를 세종은 용인하지 않았다.

三.

약자를 위한 경영

자연의 세계는 약육강식의 세계이다. 인간은 이와 반대되는 행보를 통해 문명 세상을 만들었다. 인간은 약자가 강자에게 당하는 세상이 아니라 약자를 보호해 힘을 주고 강자의 힘을 억눌러 조화로운 질서를 만들려고 노력했다. 세상을 경영할 때 약하고 어리며 힘이 없는 사람을 우선시하지 않는다면, 사회는 유지될 수 없으며 최고 수장과 관리자가 존재할 이유가 없어진다. 국가와 정부가 존재하는 이유도 마찬가지다. 그렇지 않다면 자연 상태 그대로 무도한 강자가 난무하도록 내버려 두면 될 것이기 때문이다. 자연의 강자는 오로지 자신만을 위해 모든 다른 존재를 수단화한다. 인간의 사회에서 그런 존재는 혼자만의 이익을 위해 공동체와 질서를 파괴하고 만다. 최고 리더와 그 기관이 강자를 위한 조치와 제도를 운영한다면 이는 약육강식의 세계를 유지·강화하는 것이므로, 존재적 토대와 의미를 스스로 훼손하는 일이다.

1 心正則治民無難.

마음이 바르면 백성을 보살피는 일이 어렵지 않을 것입니다.

- 세종 8년(1426) 1월 12일, 양주 부사 권맹손, 지해풍군사 황득수가 사조하니 불러 말하며

2 守令之職, 愛民爲最, 爾往其州, 念玆不忘.

지방 관리의 직책은 백성을 사랑함이 가장 중요합니다. 그대는 그 고을
에 가서 이 마음을 잊지 말기 바랍니다.

- 세종 8년(1426) 1월 25일, 해주 판관 오안로, 맹산 현감 유흥부가 사조하니 불러 말하며

3 予固知飮濁者見執, 飮淸者無事, 然夜飮之弊不少.

나도 본래부터 탁주(濁酒)를 마시는 자는 붙잡히고, 청주(淸酒)를 마시는 자
는 무사하다는 것을 알고 있습니다.

- 세종 7년(1425) 12월 14일, 밤늦게 술 마시는 폐풍을 규찰하게 하면서

4 推刷三角, 道峯山丐乞饑民.

삼각산 · 도봉산에서 빌어먹고 다니는 주린 백성들을 찾아내 구휼하라.

- 세종 31년(1449) 4월 28일, 삼각산 · 도봉산 걸인들을 찾아낼 것을 명하며

계집종이라도 아내다

아무리 여종이라도 그들의 인간으로서의 존엄을 생각한 세종이었다. 세종 9년(1427) 8월 20일, 세종이 집현전 응교(應敎)❶ 권채(權採)의 잔혹한 행적을 조사하라고 했다. 형조판서 노한이 이렇게 아뢰었기 때문이었다.

"제가 길을 가다가 한 노복이 무슨 물건을 등에 지고 있는 것을 보았습니다. 사람의 모습과 비슷했지만, 도대체 사람이라고 볼 수가 없었습니다. 가죽과 뼈가 서로 붙어 파리하기가 비할 데 없었기 때문입니다. 제가 너무 놀라서 살펴보았더니, 집현전 응교 권채의 집종임을 알았습니다. 권채가 집종이 도망친 것을 알고는 잡아 가두고 그 지경으로 만든 것이었습니다. 형조에서 이를 조사했으나 아직 끝내지 못했습니다. 그의 잔인함은 매우 심해 이루 다 말할 수 없습니다."

이 말을 듣고 세종이 말했다.

"나는 권채를 성격이 얌전하고 조용하며, 자상한 사람으로 여겼습니다. 그런데 본래부터 그가 그렇게 잔인했단 말인가요? 이것은 반드시 그 아내에게 조종을 받아서 그렇게 된 것은 아닐까 싶습니다. 끝까지 조사하십시오."

8월 24일, 조사를 맡은 형조에서 다음과 같이 아뢰었다.

"집현전 응교 권채는 일찍이 그 여종 덕금(德金)을 첩으로 삼았습니다. 그 여종이 병든 조모를 문안하려고 휴가를 청했으나 얻지 못했습니다. 그런데도 덕금은 몰래 갔으므로, 권채의 아내 정 씨가 권채에게 달리 말했습니다.

'덕금이 다른 남자와 간통하고자 도망해 갔습니다.'

❶ 궁중의 경서나 사적을 관리하고 문서를 처리하며, 임금의 자문에 응하는 일을 맡아보던 종4품 벼슬. 주로 나이 젊고 글 잘하는 문신을 뽑아 등용했으며, 임금의 잘못이나 중신들의 비행도 간하고 규탄했다.

이 말을 들은 권채가 여종의 머리털을 자르고 매질하고는 왼쪽 발에 고랑을 채워서 방안에 가두어두었습니다. 또한 정 씨가 칼을 갈아서 그 머리를 베려고 견주었습니다. 이때 여종 녹비(祿非)가 말했다고 합니다.

'만약 덕금의 목을 벤다면 여러 사람이 반드시 함께 알게 될 것이니, 고통을 주어 저절로 죽게 하는 것이 더 좋을 것입니다.'

이 말을 들은 정씨가 그 말대로 음식을 줄이고 핍박해 스스로 오줌과 똥을 먹게 했더니, 오줌과 똥에 구더기가 생기어 덕금이 먹지 않으려 하자 이에 바늘로 항문을 찔러 고통을 주었습니다. 덕금이 그 고통을 견디지 못해 마침내 구더기까지 억지로 삼키는 등, 수개월 동안 침학(侵虐)했으니, 그의 잔인함이 여기에 이르렀습니다. 원컨대 권채의 직첩을 회수하고 그 아내와 함께 모두 잡아 와서 국문해 징계해야 할 것입니다."

세종이 그대로 하게 했다. 다만 판부사 변계량(卞季良), 제학 윤회(尹淮), 총제 신장(申檣)의 계에 따라 지시를 고쳤는데, 권채의 직첩은 회수하지 말게 하고 일단 의금부에서 국문하도록 했다.

8월 27일, 국문을 맡았던 의금부에서 세종에게 아뢰었다.

"일전에 그 종은 권채의 집종 덕금이었습니다. 덕금을 학대해 거의 죽도록 수척, 곤고(困苦)하게 만든 일에 대해 물었더니 권채가 모른다고 했습니다. 남자 종 구질금(仇叱金)과 여자 종 양덕(楊德)이 말한 내용은 형조에서 공초(供招)받은 것과 전혀 다릅니다. 사건의 진상과 결론을 하나로 모으려면 마땅히 형벌을 써서 신문해야겠습니다.

그러나 종과 주인 사이의 일을 형벌을 써서 신문해 끝까지 밝히는 것은 적당하지 않습니다. 다만, 정 씨가 집주인의 명령을 듣지 않고 머리털을 자르고 포학하게 하고 곤욕(困辱)을 준 것은 죄가 되므로 형률에 따라 처벌함이 어떻겠습니까?"

일단 세종은 신하들의 제언을 따르기로 했다.

"우선 권채를 풀어주고 다시 정 씨에게 덕금을 수척하게 하고 곤욕을 준 이유를 밝혀내도록 하십시오."

다시 세종이 그 이유를 전해 받고 말했다. 세종은 여종에게 포악하게 한 것이 중요하며 권채도 죄가 있으면 처벌해야 한다고 보았다.

"권채의 일은 비록 종과 주인 사이의 일이라 간섭하지 말아야 하는 것으로 보이지만, 노비가 스스로 고소한 것이 아니고 나라에서 알고 조사한 것입니다. 종과 주인 사이의 일이기 때문에 나라에서 참견하지 말아야 한다는 견해가 있지만, 이번 일은 단지 종과 주인 사이의 일이 아닙니다. 여러 달에 걸쳐 종 덕금에게 포학한 짓을 해 거의 죽을 지경으로 만들어 정말 잔인했습니다. 이보다 더 심할 수가 없습니다. 어찌 국문을 하지 않아 그 진실을 잃을 수 있겠습니까? 노비 문제에 관계되는 것은 형벌로 신문하고, 권채가 만약에 미리 알았다면 다시 잡아 와서 신문하십시오."

8월 29일에 의금부 제조 신상이 다시 신문한 결과를 말했다.

"권채와 그의 아내는 모두 실정을 고백하지 않고 잘못을 형조판서에게 돌리고 있습니다. 이 사람은 글을 배울 줄은 알아도 부끄러움은 알지 못합니다."

이 말을 듣고 세종이 말했다.

"임금의 직책은 하늘을 대신해 만물을 보살피는 것입니다. 만물이 자기 자리를 얻지 못하면, 오히려 크게 마음 상해 해야 합니다. 하물며 사람은 어떠하겠습니까? 차별 없이 진실로 만물을 다스려야 할 임금이 어찌 양민과 천인을 구별해서 보살필 수 있겠습니까? 증거가 더욱 명백한데 권채가 기어코 죄를 인정하지 않는다면, 마땅히 형벌로 신문할 것입니다."

다음 달 9월 4일에 이르러 이조판서 허조가 지신사 정흠지(鄭欽之)에게 이르니 정흠지가 세종에게 그 의견을 말했다.

"임금과 신하, 아버지와 아들, 종과 주인의 사이는 그 관계가 똑같습니다. 지금 권채가 계집종을 학대하고 곤욕시킨 죄 때문에 관직을 박탈당하고, 멀리 귀양을 보내시니 강상의 문란함이 이번 일에서 시작될까 두렵습니다."

주인이 우선이라는 말이다. 주인과 종 사이의 관계에 관한 강상의 문란함에 대해서 지적하는 대신의 말을 듣고 세종은 이렇게 밝혔다.

"비록 계집종일지라도 이미 첩이 되었으면, 마땅히 첩으로 대우해야 합니다. 그 아내도 마땅히 계집종을 가장(家長)의 첩으로 대우해야 될 것입니다. 하지만 그 잔인, 포학함을 어떻게 용서하겠습니까?"

권채를 두둔하며 정흠지가 대답했다.

"권채의 죄가 가벼운데 너무 엄혹하게만 다루시는 것 같습니다."

이에 다시 그 관직만을 파면시켰다. 하지만 며칠 뒤 권채의 직첩을 회수하고 외방에 부처(付處)시키고, 정 씨는 속장에 처하게 했다. 권채와 부인 정 씨의 죄가 크다고 본 것이다.

29 이뿐만이 아니었다. 세종은 비록 천첩(賤妾)이라도 아내이니 재산상으로 대우받을 권리가 있다고 보았다.

세종 14년(1432) 10월 29일, 편전에서 신하들과 함께 정사를 보았다. 이때 이미 죽은 검참의(檢參議) 한동의 첩이 글을 올렸다.

"남편은 태조 · 태종 때의 원종공신(元從功臣)이므로 공신전(功臣田)과 별사전(別賜田) 30결(結)을 받았는데, 공신전은 이미 과거의 예에 비추어 관(官)에 돌려 바쳤으나, 단지 별사전패(別賜田牌)❶만은 '자손들에게 전하게 하라'고 하셨습니다. 그런데 호조에서 도로 그 땅을 가져가니 마음이 참으로 아프고 어찌할 바를 모르겠습니다."

이에 세종이 좌우 대신들에게 말했다.

"천첩은 이 땅을 물려받을 수 없는 겁니까?"

❶ 조선시대 공신이나 종친들에게 직접 하사한 별사전임을 증명하는 서류

호조판서 안순이 말했다.

"천첩이 물려받을 수 없음은 이미 법령에 명확합니다."

하지만 세종이 반대해 말했다.

"비록 첩이라도 다른 데로 시집가지 않았다면, 역시 처(妻)인 것입니다. 더구나 한동은 그를 정실 아내[正室妻]로 대우했으니 더 말할 것이 없습니다. 땅을 도로 내어주는 것이 옳습니다."

> 세종은 죄를 물을 때 양민과 천민을 구분하지 않았다. 대신 중에는 주인과 종의 관계가 무너질 것을 염려하는 자도 있다. 그러나 세종은 사람에게 잔인, 포악하게 한 그 행위 자체에 대해서 묻고 있다. 주인과 종의 관계보다 사람을 잔인하게 학대하는 행위를 근절하는 것이 중요하다고 판단했던 것이다.
>
> 또한 비록 종일지라도 가장과 결혼하면 종의 위치가 아니다. 종의 대우가 아니라 아내의 대우를 받아야 한다. 그 대우는 인격적인 대우만이 아니라 재산상의 대우에도 마찬가지로 적용된다. 첩은 또 하나의 어미이자 아내다. 세종은 이에 관해 근본적으로 차별 없이 대하는 것이 중요하다고 보았다.

진헌된 처녀에게 급료를 주다

30 　흔히 진헌(進獻)되는 여성들을 강제로 끌고 가는 것처럼 알려져 있지만 그것은 실제와 달랐다. 세종 9년(1427) 3월 23일, 진하사(進賀使) 운성군(雲城君) 박종우가 북경에서 돌아와서 세종에게 말했다.

"창성(昌盛)·윤봉(尹鳳)·백언(白彦) 세 사신이 4월 초사일에 압록강을 건넜습니다."

세종이 이때 상황을 이렇게 밝혔다.

"명나라가 지금 초상(初喪) 중인데 사람을 시켜 처녀를 구하니, 뜻이 실로 매우 급합니다. 지금까지 거느리고 돌아가지 않는 것은 아마도 중국의 상례 기간이 끝나기를 기다려 처녀들을 데리고 가려는 것이 아니겠는가 싶습니다."

명나라에서 조선의 여성들을 바치라고 했다. 그런데 명나라의 상례 중에는 처녀를 데리고 가는 것이 불경한 것이므로 사신들이 그 상례가 끝나기를 기다려 조선의 처녀를 데려가려 했다. 이때 신상이 아뢰었다.

"처녀 가운데 외방(外方)❶에서 온 사람만 급료(給料)를 주고, 본래 서울에 사는 사람은 이를 주지 마소서."

이에 반대해 세종이 말했다.

"7월을 기한으로 삼아 급료를 주면 많아도 100여 석에 지나지 않을 것입니다. 그러니 어찌 그 비용을 아껴서 주지 않겠습니까?"

31　여성들을 대하는 명나라 사신의 태도를 비판하기도 했다. 세종 10년(1428년) 10월 16일 임금이 대언(代言) 등에게 물었다.

"처녀들이 지금 어디에 이르렀는가?"

좌대언 김자(金赭)가 안주(安州)에 도착했다고 대답하자 다시 세종이 말했다.

"전일에 황엄(黃儼)이 처녀를 배종(陪從)하고 갈 때에는, 공경하고 두려워하기를 황후(皇后)나 비빈(妃嬪)을 대하는 것처럼 했다는데, 이제 명나라 사신 창성(昌盛)·윤봉(尹鳳)·이상(李相) 등은 몹시 태만하고 불경하니, 처녀가 중로에서 병을 만났다고 합니다. 창성 등은 말을 타고 있을 때에도 그 교자(轎子)의 창을 어루만져 보기도 하고, 혹은 마주 앉아 손을 잡기도 하며, 혹은 한방에서 거처하기를 청한다고 합니다. 이러니 저들이 비록 내관(內官)이긴 하지만 너무나 무례합니다."

대언들이 이에 대해 동의하며 말했다.

"무례하기가 내관으로 이 무리보다 더한 자는 역대 이래로 없었습니다."

❶ 서울 밖

진헌은 임금에게 예를 들어 무엇인가를 바치거나 중국에 조공하는 것을 말한다. 나라에서 모든 것을 공짜로 징발하는 것으로 여기기 쉽다. 사람을 억지로 끌어가는데 마치 물자처럼 징발을 할 수가 있는 것인가. 물질적인 보상을 아무리 많이 해준다고 해도 보상이 되지 않을 것임은 분명하다. 세종은 그 비용을 아끼지 않았다.

또한 명나라로 여성들을 데리고 가는 과정에서 사신들이 성희롱하고 무례하게 구는 행위에 대해서 세종은 매우 비판적이다. 사신들은 조선에서 데리고 가는 여성들을 함부로 할 수 없었다. 우리가 일반적으로 알고 있는 것과 많이 다름을 알 수 있다.

과부 갈 곳

32　세종은 아무리 문제 있는 집단이라고 해도 그 안의 사람의 삶을 우선 생각했다. 세종 29년(1447) 6월 9일 세종이 세자(世子)에게 명해 6승지(承旨)를 불러 보게 하고 전했다.

"여승들이 머무는 정업원(淨業院)❶을 설치한 지가 오래되었고, 또 그 주지(住持)가 나의 친속(親屬)이므로 혁파시킴은 불가합니다. 그러나 과부들이 모여있어서 자주 나라 법을 간범하는 자가 있으므로 이에 혁파하고 싶습니다. 다만 이들은 믿고 의지할 데가 없는 자들로서, 순전히 원(院)의 노비와 토지만 바라고 삽니다. 만일 이때 갑자기 혁파하면 이 무리들이 필시 모두 갈 곳이 없을 것이고, 그대로 두어 혁파하지 않으면 도로 전과 같을 것입니다. 그러니 장차 곧 혁파할 것인지, 가을을 기다려서 혁파할 것인지, 어찌하는 것이 좋을까 싶습니다. 어떻게 생각하십니까?"

이에 좌승지 이의흡(李宜洽)이 말했다.

"가을을 기다려서 혁파하는 것이 마땅하옵니다."

도승지 황수신(黃守身) 등은 달리 말했다.

---

❶ 청룡사 이승방(尼僧房), 비구니[女僧]들이 거처하는 사원. 조선시대에는 서울의 정업원만 남기고 모두 헐어버렸다.

　　　　　　　　　　　　　　　　　　　三. 약자를 위한 경영

"이미 좋지 않음을 알았으면 마땅히 속히 혁파할 것이지, 어찌 후일을 기다리오리까! 또 이 원(院)에 있는 여승들은 모두가 사족(士族)으로서 논밭과 노비가 있는 자들입니다. 어찌 모두 원의 노비와 토지만을 바라고 산다 할 것이옵니까!"

당장에 혁파해야 한다는 말이었다. 세자(世子)가 이들의 말을 듣고 말했다.

"내 장차 주상께 이 뜻으로써 아뢰겠노라."

6월 23일, 세종이 정업원을 점진적으로 혁파하게 했다. 전에 의정부에서 예조의 정문에 의거해 청했다.

"정업원은 토지와 노비를 많이 가지고 있는 곳으로, 머리를 깎고 신앙을 지키는 과부들이 의지할 데 없는 자들을 공양하는 것은 진실로 후덕한 나라의 아름다운 뜻입니다. 그러나 머리를 깎고 여승이 된 자가 천(千)이나 백(百)이 아니라, 정업원에서 보살피는 사람은 수십 명에 불과합니다. 형평에 맞지 않는 일이 있고, 또 주지(住持)가 옳은 사람이 아니면 전답의 세납(稅納)을 자기 멋대로 쓰니 그 폐단이 끝이 없습니다. 부디 이를 혁파하게 하소서."

사람이 얼마 되지 않으니 당장에 혁파하라는 주장이었다. 하지만 세종이 이 말을 듣고 말했다.

"만일 갑자기 혁파하면 과부들 가운데 갈 곳이 없는 이가 반드시 생길 것입니다. 이제 현재의 수효에서 줄어도 보충하지 말아서 점차로 혁파되게 하십시오."

! 정업원은 단지 여승들이 있는 곳일 뿐 아니라 의지할 곳이 없고 오갈 데 없는 이들에 대해 임금이 하지 못하는 구제를 대신 행하는 측면이 매우 중요했다. 어느 날 갑자기 없애버린다면 그 안에 살고 있는 사람들은 어떻게 되겠는가? 오갈 데 없는 사람이 되어 목숨을 어디에 의지하게 되겠는가? 점진적으로 줄이는 것이 오갈 데 없는 과부들을 살리는 길이다. 세종 1년(1419) 11월 28일, 세종이 3의정 및 대사헌을 불러서 이렇게 말했다. "서울과 지방의 사찰 노비를 혁파함이 가합니다. 개경(開慶)·연경(衍慶)·대자암(大慈菴)의 노비도 혁파할 것이나, 오직 정업원은 과부들이 모인 곳이고,

노자(奴子)가 가까이하는 곳이 아니니 면하십시오." 세종은 과부의 사정을 고려해 노비를 혁파하지 않았던 것이다.

노인과 어린이에 대한 예우

33
세종은 어린아이를 함부로 대하는 이들에 대해서 엄하게 법률 집행을 해 나갔다. 세종 17년(1435년) 8월 14일, 어린아이를 버린 사람을 잡아 엄히 처벌할 것을 형조에 명령했다. 먼저 한성부에서 다음과 같이 아뢰었다.

"도성(都城) 안에서 길거리에 아이를 버리는 사람이 빈번히 있게 되었습니다. 이는 아이를 죽이는 것과 다름이 없습니다. 원컨대, 한(漢)나라 제도에 따라 금령(禁令)을 엄하게 만들어 그 죄를 명백히 다스려야 하겠습니다. 만약 고발해 잡는 사람이 있으면 이내 범인의 가산을 충당해주도록 하시옵소서."

상정소(詳定所)❶에 명을 내려 이를 의논하게 했다. 이때 의논에서 나온 이 야기는 다음과 같았다.

"마땅히 『대명률(大明律)』에 의해 조부모와 부모가 고의로 자손을 죽인 조문에 따라 장형(杖刑) 70대와 도형(徒刑) 1년으로 정하고, 고발해 서 잡게 도움을 준 사람은 관(官)에서 상으로 베 12필을 주도록 할 것 입니다."

이에 따라서 형조에 명을 내렸는데, 형조에서는 상정소의 의논한 바에 따라 시행하기를 청했다. 이에 세종이 말했다.

"이것이 좋은 법이 아니니, 다만 전교(傳敎)를 형조에서 공문으로 보내는 것이 옳겠습니다."

그래서 형조를 통해 알렸다.

---

❶ 법규 · 법전을 제정하거나 정책 및 제도를 마련하기 위해 설치한 임시 기구

삼. 약자를 위한 경영

"근년에 경중과 외방의 사람이 어린아이를 길에 버리게 되는 일이 많아졌습니다. 비록 자기가 낳은 자녀가 아니지만 그 잔인함이 아주 극심한 일입니다. 서울은 한성부에게, 지방은 수령에게 아이를 버린 자들을 끝까지 찾아 잡도록 하고, 고발해 잡는 데 공로를 세운 사람에게는 특별히 상전(賞典)을 베풀도록 하십시오. 서울과 지방에 널리 효유해 모두 두루 알도록 하겠습니다."

아이나 노인과 같은 약자의 이마에 죄를 새기는 자자(刺字)를 금지하는 조치도 세종이 세웠다. 세종 11년(1429) 7월 30일, 노인과 어린아이에 대한 자자를 금했다. 애초에 7월 11일에 이에 대한 논의가 미리 있었다. 형조 판서 김자지(金自知)가 아뢰기를 다음과 같이 했다.

"15세 미만인 사람이 남의 서속(黍粟)을 한 말[斗]쯤 훔쳤습니다. 장형에 처하자니 미성년이고, 자자에 처하자니 이미 장형도 하지 않는 사람입니다. 또한 율(律)에 해당하는 조문이 없습니다. 어떻게 처리하면 좋겠습니까?"

세종이 이 말을 듣고 말했다.

"나이가 어려서 사리를 알지 못하는 사람이 어쩌다가 훔친 일을 따진들 무엇하겠습니까? 또 율(律)에도 이러한 조문이 없으니, 이것이 바로 의심나는 일[疑事]이라는 것입니다. 불문(不問)에 부치는 것이 좋겠습니다."

그들의 죄를 묻지 않는다는 세종의 말에 찬동해 판부사(判府事) 허조(許稠)도 아뢰었다.

"죄가 의심스러우면 오직 가볍게 처리하라고 했으니, 불문에 부치는 것이 좋겠습니다."

하지만 신상(申商)이 이에 반대해 말했다.

"옳지 않습니다. 죄가 의심스러우면 오직 가볍게 처리하라고 한 것은 이런 일을 가리켜 말한 것이 아닙니다. 이미 남의 물건을 훔치고 붙잡혔다면 의죄(疑罪)❶라 말할 수는 없습니다. 또한 지금 자자하지 않는다면 뒤에도 징계하지 않으니 또다시 할 것입니다."

신상의 반대 의견을 듣고 세종이 말했다.

"나도 경의 뜻을 알고 있습니다. 비록 그러하나 율(律)에 해당한 조문이 없으니 이것은 의심스러운 죄인 것입니다. 의정부와 여러 조(曹)가 함께 다시 의논해 보고하십시오."

시간이 흘러 7월 30일이 되었다. 상참을 받고, 정사를 보는데 우대언 정연(鄭淵)이 아뢰었다.

"늙은이와 어린이가 절도를 범했을 때에도 모두 자자하오리까?"

그러자 세종이 말했다.

"어린 자는 뒤에 허물을 고칠 수 있습니다. 늙은이는 여생(餘生)이 얼마 남지 않은 사람입니다. 이마에 죄를 새기는 자자는 적절하지 않습니다."

이러한 말에 반대하는 신하가 있었다. 형조참판 유계문이 말했다.

"자자하는 것은 그의 죄를 표기하는 것입니다. 늙은이와 어린이라 해서 면하게 할 수는 없습니다."

이에 다시 반대하는 신하도 여전했다. 판부사 허조가 반대해 가름했다.

"늙은이와 어린이는 장형도 않고, 속전(贖錢)❷을 받습니다. 하물며 자자의 고통은 태형(笞刑)이나 장형보다도 더합니다. 어찌 자자를 할 수 있겠습니까?"

허조의 말에 동의한 세종은 형조에 전지했다.

"나이가 70세 이상인 자와 15세 이하인 자에게는 자자하지 말 것이다."

❶ 죄가 의심스러움   ❷ 일종의 보석금

어린아이를 버리는 것은 아이를 죽음에 이르게 할 수도 있는 행위였으나 이와 관련한 마땅한 법이 없는 상태였다. 세종은 이를 다른 법령을 전거로 구성하도록 만들었다. 어린 나이에 몸에 도둑놈 자를 새기고 다닌다면 개선의 여지마저 없애는 셈이 된다. 오히려 더 엇나갈 수도 있다. 낙인 효과에 대한 우려인 것이다. 좋은 방향으로 개과천선할 싹을 없애버리는 것이다. 이제 생명이 얼마 남지 않은 노인에게 자자하는 것 역시 가혹하다. 살날이 얼마 남지 않았으니 자자의 효과가 덜할 것이다. 더 이상 개선의 여지가 없으니 자자의 효과도 없으며 그의 생명을 더 단축시킬 것이다.

천한 노인도 대궐 양로연에 참석시키다

35   세종은 나이가 많은 노인들에 대해 극진하게 대하기를 마다하지 않았다.
세종 8년(1426년) 7월 18일 임금이 예조에 일렀다.

> "노인 등을 인애(仁愛)로 봉양하라는 것은 이미 세운 법령이 있는데도
> 중외의 관리들이 이를 소홀히 해 하지 않았다. 그 양로 조건(養老條件)
> 을 의정부와 제조(諸曹)가 함께 의논해 아뢰도록 하라."

세종의 명에 따라 여러 사람이 의논해 다음과 같이 정해졌다. 나이 70세 이상으로 자식도 없고 친척도 없어 타인의 집에 기식하는 자는, 서울의 5부(部)와 외방의 각 고을에서 상세히 조사·고찰하고 그 이름을 기록해 상급 관청에 전보(傳報)해, 의복과 식량을 지급해 기한(飢寒)에 빠지지 않도록 하되, 식량은 국고(國庫)의 쌀과 소금·장(醬)을 아울러서 반년 동안 먹을 것을 지급하고, 옷은 매년 베[布] 2필을 지급하며, 각 고을에서는 그 지방에서 생산되는 어육(魚肉)과 채과(菜果) 등으로 적당히 지급해 봉양하도록 했다. 이를 어기는 자는 서울은 사헌부에서, 외방은 감사가 엄중히 규찰하도록 했다.

8월 17일, 세종은 이조에 이렇게 지시했다.

> "70세가 이미 지난 늙은 어버이가 있는 사람은 먼 지방의 수령으로
> 임명해 보내지 말 것입니다. 만약 마지못해 임명해 보낼 경우에는

그 사연(辭緣)을 아뢰도록 하십시오."

9월 11일, 한양에서 70세 이상으로 남의 집에 기식하는 노인들에게 옷과 식량을 주도록 했다.

36 또한 세종 10년(1428) 9월 12일, 친척 없이 기식하는 90세 이상의 노인에게 의복과 삭료를 주도록 했다. 호조에 전지했다.

"지금부터 경외(京外)에 일가와 친척(親戚)이 없이 남의 집에 기식(寄食)하고 있는 90세 이상 된 노인에게는 사철(四節) 의복과 삭료(朔料)를 주도록 하라."

37 세종 11년(1429) 9월 18일, 조종생(趙從生)이 수전패(受田牌)❶ 안에서 82세 노인의 군기(軍器) 점고(點考)❷ 면제를 건의했는데, 세종이 그대로 따르게 했다. 병조참판 조종생이 말했다.

"신이 어제 수전패의 군기를 점고했는데, 경기도 양성(陽城)에 거주하는 검참의(檢參議)로 나이 82세 된 자도 참가한 일이 있습니다. 늙은이를 편안하게 하는 도리를 잃은 것입니다. 원컨대, 점고하지 않도록 하십시오."

세종이 칭찬하고 그의 의견을 받아들였다. 그리고 말했다.

"과전(科田)은 충신인 선비를 대접하려는 것입니다. 늙은 사람이 비록 점고에 참여하지 않고 그 전지(田地)❸를 경작해 먹은들 도리에 어떤 해로움이 있겠습니까?"

드디어 병조에 전지했다.

"지금부터는 수전패 안에 70세 이상의 나이에 이른 자는 봄과 가을에 군기 점고를 면제해 노인 우대의 뜻을 보이게 하라."

---

❶ 과전을 받은 3품 이하의 한량관. 거경시위의 의무를 지던 승추부의 군인

❷ 명부에 일일이 점을 찍어가며 사람의 수를 조사하는 일

❸ 논과 밭. 경작하는 땅

三. 약자를 위한 경영

세종 14년(1432) 8월 1일, 세종이 노인들이 잔치에 들어오면 몸소 일어나 기다리겠다고 말해 대신들을 놀라게 만들었다. 세종은 노인들을 위한 잔치인 양로연(養老宴)을 앞두고 말했다.

"지금 양로연은 비록 옛날의 삼로 오경(三老五更)❶의 법에는 미치지 못하지만, 여러 노인이 들어올 때, 내가 자리에서 내려서서 기다리려 합니다. 이것에 대해서 어떻게 생각합니까?"

맹사성과 허조 등이 말했다.

"마땅히 어좌(御座)에 서서 기다려 경로(敬老)의 의(義)를 나타내십시오."

안숭선 등이 말했다.

"여러 노인이 100명에 가깝습니다. 만약 뜰에 들어올 때부터 서서 기다리신다면 몸이 피로하실 것입니다. 여러 노인이 섬돌을 오를 때에 서서 기다리시는 것이 편할 것입니다."

나라의 법규·법전을 제정하거나 정책 및 제도를 마련하기 위해 설치한 임시 기구인 상정소에 이를 다시 의논하게 했다. 다시 맹사성 등이 말했다.

"마땅히 섬돌을 오를 때부터 서서 기다리도록 하소서."

8월 14일 다시 세종이 정척(鄭陟)에게 말했다.

"양로연에 사대부 연로자(年老者)는 올 수 있지만 봉작을 받은 명부(命婦) 연로자는 들어오지 못하게 되니 참으로 옳지 못합니다. 또한 양로연이라 한다면 서민(庶民)의 남녀들도 마땅히 모두 들어올 수 있게 해야 합니다. 제조에게 의논해보십시오."

황희가 연로한 부녀자에 대해서 따로 말했다.

"연로한 부녀자는 움직이기가 어려우므로 대궐 안에 출입하기가 불편할 것 같습니다. 마땅히 술과 고기를 그 집에 보내야 될 것입니다."

이 말을 듣고 세종이 다음과 같이 말했다.

"옛날에는 대궐 안에 말을 타고 온 사람도 있었습니다. 교자(轎子)를

❶ 늙은이들의 기체를 잘 봉양하면서 그들의 좋은 말을 기록함

타고 바로 자리에 들어오게 하고, 여종이 곁에서 부축해오게 하는 것이 좋을 것입니다. 왕비가 직접 나가서 연회를 베푸는 것이 맞습니다. 사대부와 명부, 서민의 남녀에게 연회를 베푸는 절차에 대해 의논해 말하십시오."

8월 17일, 이러한 세종의 견해에 승정원이 반대했다. 신분 차이에 대해 승정원에서 말했다.

"노인 가운데 천한 자는 양로연에 나오지 못하게 하십시오."

그러자 세종이 말했다.

"양로(養老)하는 까닭은 그 늙은이를 귀하게 여기는 것이 아닙니다. 양로할 때 그 높고 낮음을 구별하는 것이 아닙니다. 비록 천한 사람이라도 모두 들어오도록 해야 합니다. 다만, 장죄(贓罪)를 범해 죄를 입어 자자(刺字)한 자는 제외하십시오."

마침내 8월 27일 세종이 근정전(勤政殿)에서 나이 80세 이상이 된 노인에게 잔치를 베풀었다. 여러 노인들이 전정(殿庭)에 나아오니, 지신사 안숭선에게 명해 배례(拜禮)는 하지 말도록 했다. 4품 이상의 노인이 차례대로 전(殿)에 오르니, 세종이 자리에서 일어나고, 2품 이상의 노인은 전 안의 동서쪽에 나누어 앉게 했다. 우의정을 마친 유관(柳寬)과 검교 좌의정(檢校左議政)을 마친 이귀령(李貴齡) 등 6인이 있었다. 4품 이상의 노인으로 월대(月臺) 위에 앉은 사람이 17명이고, 5품 이하와 서인(庶人)·천례(賤隸)에 이르기까지 전정에 앉은 사람이 무릇 86명이었다.

세종이 대언 등에게 말했다.

"오늘은 아침 날씨가 맑고 화창해 잔치를 잘 열어 기뻤습니다. 내일 노부(老婦)들에게 연회를 베풀 적에도 이와 같이 할 것입니다."

이듬해인 세종 15년(1433) 8월 28일, 세종은 다시 연회를 열기로 하고 각 도 감사에게 알렸다.

"늙은이를 공경하는 것은 국가의 아름다운 일입니다. 그러므로 지난임자년(1432)에 처음으로 양로 연회를 베풀고 대소의 늙은 신하들에게 몸소 손수 대접했습니다. 각 고을 수령들은 나의 뜻을 따르지 않고 비록 대접한다 해도 혹은 친히 대하지 않고, 비록 친히 대접할지라도 반찬 수가 매우 간단해서 늙은이를 공경하는 뜻을 어겼습니다. 이제부터는 마음을 쓰지 않는 자 가운데 벼슬이 수령이면 중죄로 논할 것이고, 감사도 그 책임을 면하지 못할 것입니다."

39 그해 윤8월 3일, 세종이 근정전에서 양로연을 베푸는데 여러 노인에게 자신에게 절하지 말라고 했다. 4품 이상이 올라올 때 임금이 일어나서 맞고, 2품 이상은 전내에서 동서로 서로 향해 자리 잡게 했다. 동쪽에는 전 사직(司直) 조의(趙義) 등부터 천인(賤人)을 모두 합쳐 66명이고, 서쪽에는 전 중랑장(中郞將) 차막삼(車莫三) 등부터 천인까지 65명으로 모두 합쳐 155명이었다. 잔치가 끝나고 여러 늙은이가 술에 취해 노래를 부르면서 서로 붙들고 차례로 나갔다.

잔치가 열리는 가운데 이귀령이 자리를 옮겨 와 세종에게 말했다.

"신의 나이 88세이옵니다. 역대 임금 가운데 오늘같이 늙은이를 공경한 분이 없었습니다. 전하께서 성대한 예의로 지난해에 늙은 신에게도 잔치를 베풀어주셨습니다. 또 이번에도 성대한 잔치를 베푸시고 늙은이들이 오르고 내리는 데에 전하께서 몸소 일어서셔서 대해주시니, 신들은 갚을 바를 몰라 어찌할 길이 없습니다. 오직 오래오래 무강하시기만 거듭 바랄 뿐이옵니다."

세종이 그를 기억하고 말했다.

"지난해에는 경의 용모가 수척하더니 금년에는 용모가 윤택하고 기력도 강건해 보이니, 내가 매우 기쁩니다."

잔치가 끝날 즈음 다시 이귀령이 세종에게 말했다.

"신의 나이에 열두 해를 더해 더 오래 사시기를 바라옵니다."

세종이 그 말에 응대했다.

"경의 아름다운 뜻을 알겠습니다."

귀령이 그대로 물러나 갔다.

40   또 세종은 노인에게 관직을 주었다. 세종 17년(1435) 6월 21일, 90세 이상
인 사람에게 봉작(封爵)과 관직을 주었다.

"지금 나이 90세 이상 백신(白身)❶에게는 8품, 원직(元職)이 9품 이상인
사람에게는 각각 1급을 올려 주고, 100세 이상은 백신부터 원직이
8품인 사람에게까지는 6품을 줄 것입니다. 원직이 7품인 사람에게
는 각각 1급씩을 올려주십시오. 다만 모두 3품 이상 줄 수 없습니다.
부인(婦人)의 봉작은 여기에 준합니다. 천인일 경우 90세 이상의 남녀
는 각각 쌀 2석을 내려 주고, 100세 이상인 남녀는 모두 천인을 면해
줄 것입니다. 남자에게는 7품을 주고, 여자에게는 봉작해 늙은이를
늙은이로 존중하게 합니다."

그러나 제대로 관직이 주어지지 않자, 몇 해 뒤(1439) 5월 3일, 세종이 이
조와 병조에 명했다.

"90세 이상인 노인에게 제수한 고신(告身)❷과 작첩(爵牒)❸을 속히 주십
시오. 또 친히 받지 말게 하고, 서울 안에서는 아들 · 사위 · 동생 · 조
카에게 대신 받게 해야 합니다. 먼 지방의 경우에는 관찰사에게 노인
이 있는 고을에 보내게 하십시오. 역시 서울의 예와 같이 대신 받게 하
고, 이에 대해 노인들이 사은(謝恩)하는 일이 없게 해야 합니다."

41   세종은 노인에게 지급되는 식량도 중요하게 생각했다. 세종 18년(1436)
7월 27일, 강원도 감사가 경비가 부족한 이유로 100세 된 노인 김 씨에게
주는 요식(料食)을 5석(石) 줄이자고 청했다.

❶ 벼슬 못 한 사람   ❸ 작위를 봉하는 사령장
❷ 직첩(職牒)의 다른 이름

세종이 말했다.

"100세가 된 노인은 세상에 항상 있지 않습니다. 의로운 이치를 볼 때 마땅히 후하게 구휼해야 합니다. 전에 주던 수량대로 10석을 주어야 옳습니다."

결국 100세 노인 김 씨의 요식을 줄이지 못하게 했다. 또한 예조에 말했다.

"지금 관직에 제수된 노인들은 벼슬 등급에 따라 모두 사모(紗冒)와 품대(品帶)를 착용하게 하지만 만약 원하지 않으면 강요할 필요는 없습니다."

여기에 또한 덧붙였다.

"지난번, 90세 이상의 노인을 모두 기록해 올리게 했는데, 벼슬을 받은 사람과 하사한 쌀을 해당자에게 알리지 않는 관리가 있을 것입니다. 벼슬을 받은 90세 이상 및 100세 이상인 사람과, 하사한 쌀을 받은 90세 이상의 천인들을 각 도에서 꼭 기록해 아뢰게 하십시오."

이미 세종 17년(1435) 4월 20일에는 옥구에 사는 104세 노파에게 의복을 주기도 했다. 세 철[三節] 의복을 주었는데, 이는 감사의 보고에 따른 것이었다. 노파의 나이는 104세였는데, 이가 빠졌다가 다시 나고, 또 검은 머리가 났다고 한다.

42 세종 22년(1440) 8월 11일, 세종은 양로 연로회 법의 영구 시행을 명했다. 이날 근정전에 나아가 조회를 받고 세종이 말했다.

"무릇 법은 세우기가 어려운 게 아니라 시행하기가 어렵습니다. 기왕 법을 세웠으면, 부득이한 이유가 있더라도 폐지할 수 없습니다. 옛날 고려의 팔관회(八關會)와 우리 조정(我朝)의 강무(講武)❶는 비록 가물어서 흉년을 당했어도 항상 시행해 폐지하지 않았습니다. 지금 양로연의 법도 참으로 아름다운 법이니 오래도록 시행해서 폐하지 않

❶ 사냥을 통한 군사훈련

게 하겠습니다."

43 세종 23년(1441) 4월 19일, 특별히 행궁(行宮) 가까운 지방에 사는 70세 이상의 노인들에게 곡식을 주었다. 또 농민의 빈궁한 자와 감역인(監役人)에게도 주식(酒食)과 곡포(穀布)를 각각 차등 있게 주었다. 인마(人馬)가 짓밟아 놓아 곡식을 상하게 한 것은 쌀로 주고, 행궁 소재의 집마다 환상(還上)❶ 2석을 각각 감하게 했다.

44 특히, 100세 이상 산 사람을 중히 여겼다. 세종 30년(1448) 7월 20일, 충청도 남포현(藍浦縣)에 사는 숙인(淑人) 김씨의 나이가 108세였는데, 달마다 술과 고기를 주었다. 숙인은 정3품 당하관의 아내에게 내리던 외명부의 품계인데 영인(令人)의 지위를 지녔다. 숙인에 관계없이 오래도록 산 것에 대해서 치하하고 소중하게 여겼다. 이어 11월 28일, 100세 이상의 노인들의 혜양(惠養)❷ 여부를 보고토록 전국의 감사들에게 유시했다.

여러 도의 감사에게 전한 내용은 다음과 같았다.

"선덕(宣德) 10년(1435) 교지(敎旨)에 '100세 된 노인에게는 쌀 10석을 주고, 또 감사에게 연달아 술과 고기를 주게 하라' 했다. 이 법을 지키고 있는지의 여부를 올려라.

남양의 장인려는 102세이고, 강화의 이수의 아내 이 씨, 용인의 정부개, 온양의 김길, 여산의 양의금, 나주의 이원, 제주의 석주의 아내 소근차니(召斤次尼) 등은 모두 다 100세이며 남포의 최택의 아내 김씨는 108세, 합천의 박 씨는 103세다. 이들 늙은이는 법에 따라 혜양하고 있는지의 여부를 아울러 보고하라. 이뿐만 아니라, 기타 나이가 100세 된 사람도 이 법에 따라 존휼(存恤)하라."

❶ 각 고을의 사창에서 백성에게 꾸어주었던 곡식 ❷ 은혜를 베풀어 기름
을 가을에 받아들이는 일

45 세종 31년(1449) 3월 26일, 100세 된 노인을 혜양토록 예조에 전지했다.

"100세 된 노인은 세상에 드물다. 마땅히 긍휼(矜恤)❶해야 한다. 한 해에 쌀 10석을 주고, 또 감사에게 계속 고기와 술을 주도록 일찍이 이미 법을 만들었다. 그러나 관리들이 준행(遵行)❷을 하지 않는다. 이 뒤로는 세초(歲抄)❸에 이미 100세가 된 자와 이듬해에 100세가 되는 자를 미리 뽑아 기록했다가, 봄이 되면 예(例)에 따라 쌀을 주어 혜양하라."

또한 노인을 봉양하는 효자에게 관직을 제수했다. 세종 21년(1439) 10월 4일, 경상도 곤양(昆陽) 사람인 진겸(陳謙)이 대표적으로 꼽혔다. 그의 아비가 간질(癎疾)로 고생했는데, 진겸이 손가락을 잘라서 태워 가루로 만들어 물에 타서 먹였다. 그랬더니 즉시 나았으므로, 그 사실이 보고되었다. 이에 세종이 관직을 내렸다.

46 세종 21년(1439) 11월 7일, 전라도 태인(泰人) 사람 노석안(盧石安)의 나이 3살에 아비가 죽었다. 13살이 되자 어미도 죽었다. 무덤 앞에 여막을 짓고 3년 동안 흙을 져다가 봉분(封墳)을 만들었다. 아비의 '계수족(啓手足)❹하라'는 말을 듣지 못한 것을 한스러워하며 울기를 그치지 않자, 전라도에서 이 같은 사실을 알렸다. 이에 사섬(司贍)❺ 부직장(司贍副直長)❻을 제수하도록 명했다.

---

❶ 불쌍히 여겨 돌보아줌
❷ 전례나 명령 따위를 그대로 좇아서 행함
❸ 한 해 첫머리
❹ 부모가 임종에 하는 유언을 뜻하는 말로, 효도를 다한다는 뜻이다. 즉 사람이 상처 없이 죽은 것을 아름답게 칭하는 것으로, 증자(曾子)가 임종 시 제자들에게 손발을 펴보도록 하면서 항상

부모님이 물려준 몸을 조심히 할 것을 유언으로 남긴 데서 나온 말이다.
❺ 사섬시(司贍寺). 조선시대 저화(楮貨)의 발행과 보급, 노비로부터 공급되는 면포를 관리하던 관청
❻ 각 서(署)에 소속된 정8품 관직

노인은 젊은 사람에 비해 생산성이 떨어지기 때문에 자칫 외면할 수 있다. 세종은 집 권 내내 노인에 대한 예우 정책은 물론 사회복지 정책을 적극 실시했다. 노인을 귀하 게 여기는 것만이 아니라 공경을 했기 때문이다. 비록 천한 노인이라고 해도 노인은 그에게 공경의 대상이었다. 그러므로 양인과 천인의 구분 없이 극진한 예우로 대했 다. 사람이 오래 사는 것만큼 경이롭고도 소중한 일은 없다. 사람이 오래 건강하게 살 도록 나라를 운영한다면 사람들이 그 운영에 마음 편히 안정되게 따를 것이다. 노인 이 되어서도 사회·문화적으로는 물론 제도적으로 존중을 받는다면, 젊은이도 노인 이 되는 것에 대한 두려움이 없이 열심히 생업에 종사할 수 있게 된다.

아이를 강간한 자를 사형에 처하다

47   세종은 아이들의 구휼에 힘쓰게 했고, 유아에게 성범죄를 저지른 자를 사형에 처했다. 세종 4년(1422) 10월 15일, 굶주린 아이를 진휼하도록 명 해 2, 3세 이하의 굶주린 아이들도 5세 이상의 예(例)에 따라서 진휼(賑恤) 하라고 했다.

48   세종 8년(1426) 11월 17일, 어린아이를 강간한 평해의 김잉읍화(金仍邑火)를 교형에 처하게 했다. 전에 형조에서 아뢰었다.
    "평해(平海)에 있는 죄수 김잉읍화는 여덟 살 난 계집아이를 강간했습 니다. 교형에 해당합니다."
세종이 그대로 시행하게 했다.

49   또한 죄인의 아이일지라도 굶주리게 하지 않게 했다. 세종 14년(1432) 11월 18일, 좌대언 김종서가 조인(造印)으로 도망 중인 김수강(金壽崗)의 어린아 이에 관해 말했다.
    "죄인으로 도망 중에 있는 김수강에게는 어린아이가 있사온데 거두 어 기를 사람이 없고, 그 족친(族親)들은 관가에서 김수강의 거처를 추궁할까 두려워서 거두어주는 것을 좋아하지 않습니다."

이 말을 듣고 세종이 자애롭게 말했다.

"빨리 형조가 그 일가 사람에게 부탁해 아이를 춥고 주리게 하지 말
도록 하십시오."

50 세종 11년(1429) 11월 4일, 형조에서 사노 원만(元萬)과 간통한 주인집 처녀
고음덕(古音德)의 참형을 건의하는데, 세종이 간통해서 낳은 아이를 배려
했다.

형조에서 아뢰었다.

"광주(廣州)에 사는 사노 원만이 그 주인집 처녀 고음덕과 사통해 자
식을 낳고는, 그들을 거느리고 도망해 순천까지 갔다가 목매어 자살
했습니다. 고음덕은 참형에 해당합니다."

그렇게 하라고 하며 다음과 같이 따로 시행토록 했다.

"간통해서 낳은 아이는 거두어 굶주리거나 추위에 얼어 죽지 않게
하라."

비록 간통해서 낳은 아이라 해도 그 아이가 잘 자랄 수 있도록 배려했던
것이다.

51 정신병을 얻은 아이에 대한 배려에서도 아동복지 정책을 엿볼 수 있다.
세종 12년(1430) 3월 1일, 호조에서 고아인 미친 계집아이의 구휼을 건의
했다. 호조에서 전라도 감사의 보고에 따라 아뢰었다.

"고창현(高敞縣)에 나이 8, 9세 된 계집아이가 있는데 미친병을 얻었습
니다. 그런데 부모와 족친이 없습니다. 양미(糧米)를 하루에 한 되씩을
주게 하소서."

세종이 그대로 하게 했다. 아울러 수령에게 일러 항상 존휼(存恤)해 춥고
굶주리지 않도록 하게 했다.

52 세종 17년(1435) 9월 6일, 어린아이를 버린 자를 고발하는 사람에게 상을 주게 했다. 형조에서 고했다.

> "어린아이를 버린 자를 현장에서 고발하는 사람에게는 면포 12필을 상으로 주게 하고, 이를 일정한 법식으로 삼게 하소서."

세종이 그대로 따르게 했다.

53 고아가 된 아이를 급히 구휼하게도 했다. 세종 19년(1437) 1월 13일, 이해에 전라도가 조금 풍년이 들었으므로, 여러 도의 주린 백성들이 모두 가서 얻어먹었다. 그런데 어린아이를 먹이지 못해 길가에 버리고, 나무에 매어놓고 가고, 남의 집에서 하룻밤 자다가 밤에 아이를 버리고 달아났다. 남녀 어린아이가 모두 32명이나 되었다. 세종이 호조에 그 도에 공문을 보내 급히 구휼하도록 했다.

또한 보통 길가에 버려진 아이를 잘 보살피게 했다. 세종 26년(1444) 12월 23일, 한성부에서 아뢰었다.

> "보제원(普濟院) 길가에 어린아이가 알몸으로 말똥 속에 묻혀 있기에 이미 구호해 기르도록 했습니다. 또 각 부(部)에 이첩(移牒)해 그 부모를 널리 찾게 했습니다."

이에 세종이 말했다.

> "젖 있는 자에게 그 아이를 기르도록 해 아이가 죽지 않게 하십시오."

54 죄를 지었어도 어린아이는 죽이지 않았다. 세종 29년(1447) 5월 12일, 도적 이영산(李英山)·김춘(金春)·은산(銀山) 등에 대한 처벌 문제로 대신들과 논란을 벌였다. 형조에서 아뢰었다.

> "평양부(平壤府) 대성산(大城山)의 강도 안거금(安巨金) 등 10여 명은 도망했고, 김용철(金容哲) 등 14명은 장형으로 죽었습니다. 이운(李雲) 등 13명은 이제 이미 문초해 모두 자복을 받았습니다. 수범과 종범을 가릴

것 없이 모두 참형해야 하고, 평양의 형방 주사(刑房主事) 손효숭(孫孝崇)
은 뇌물을 많이 받고 도적의 귀와 눈이 되어 도망시켰으니, 참형함
이 마땅하옵니다."

세종이 다른 제안은 그대로 따랐는데, 하나만은 따르지 않았다. 이영산
은 다르게 체결했다. 그는 나이가 13세였고, 어린 나이에 형을 따라 도적
의 무리에 들게 되었다. 그러므로 법률상 연좌(連坐)에 해당되는데, 세종은
이영산이 나이가 어리니 특별히 용서하게 했다. 그러나 대신들이 법대로
하기를 세 번이나 되풀이해 아뢰었다.

김춘과 은산은 나이가 같은 18세인지라, 세종이 또한 한 등을 감하
기를 명했다. 형조에서 아뢰었다.

"김춘과 은산을 만일 장형과 유배 3천 리에 그치게 한다면 죄악을 징
치하는 명분이 없습니다. '강도'라는 두 글자를 자자해 거제현 관노
로 보내야 합니다."

이는 그대로 따랐다. 그런데 영의정 황희 등이 반대하며 말했다.

"이 도적은 다른 도적의 비교가 안 됩니다. 큰 산성(山城)을 점령하고
그 안에 집을 짓고 편한 생활에 처자를 거느리고 살면서, 병장기를
가지고 도적질을 했습니다. 매우 위험한 초적입니다. 나이가 어리다
고 감형함은 옳지 못합니다. 또 율에 강도는 수범·종범을 물론 모
두 참형하게 되어있습니다. 만약 사형을 강등해 '강도'라는 두 글자
만을 자자한다면 법에 맞지 않습니다."

그러나 이 말을 듣고 세종이 달리 말했다.

"강도라고 자자하는 것이 왜 불가합니까! 그리고 이 도적만 용서하
자는 것입니다."

그러나 다시 황희 등이 반대해 말했다.

"이 같은 극심한 도적을 만약 나이가 어린 이유로 모두 죽음을 면하
게 하면, 뒷날에 이를 본받아서 나이를 속여 살기를 꾀하는 방자한
행동이 거리낌 없이 나올 것입니다."

황희는 훗날을 염려한 것이다. 우참찬(右參贊) 정갑손도 말했다.

"당나라 이적(李勣)이 이렇게 말한 적이 있습니다. '나는 열세 살 때에 부랑한 도적이 되어 사람을 만나면 죽이고, 열대여섯 살 때에는 당할 수 없는 도적이 되어 비위에 틀리는 일이 있으면 죽였다.' 사람이 악한 짓을 하는 것이 반드시 장년(壯年)만이 아닙니다. 사형의 면함은 적절하지 않습니다."

일단 세종이 사형을 내리자는 의견을 따르기로 했다. 그런데 조금 있다가 다시 전지했다.

"김춘 등은 내 처음부터 마음에 살려주고 싶었기 때문에 특별히 사형을 면하기로 했다. 그런데 대신들이 반대해 사형에 처했는데, 이제 다시 생각해보니 죽일 수 없다."

드디어 평안도에 공문을 보내어 김춘 등의 사형을 감면하라고 했다. 그러나 대신들도 가만있지 않았다. 의정부에서 여러 날 동안 다시 반대 의견을 냈으나, 세종은 듣지 않았다. 의정부에서 반대하는 의견을 아뢰었다.

"절도는 자자하는 일이 있으나, 강도를 자자한다 함은 일찍이 듣지 못했습니다. 이제 만일 권도(權道)를 좇아 하시려거든 마땅히 유서(諭書)를 평안도에 내리십시오. '김춘과 은산은 내 생각에 나이 어린 조그만 백성이기에 모르고 범법한 것이니 특히 가벼운 법에 따르게 했더니, 대신들이 법에 의거해 굳이 청하므로 고쳐서 법의 율대로 따르기로 한다. 만약 전일에 내린 교지대로 이미 처결했으면 필요가 없고, 만일 처결하지 않았다면 율에 따라 시행하라'고 이렇게 유서를 내리시면, 유서가 필시 처결한 후에 도달될 것입니다. 그러니 아래 백성들은 전하의 사람 살리기 좋아하시는 덕을 잘 알게 될 것이고, 법도 또한 어그러짐이 없을 것입니다."

이를 대하고 세종이 달리 말했다.

"임금이 되어 아랫사람 대접하기를 이같이 좋지 않게 하고, 가혹하게 하는 것은 옳지 않습니다."

세종은 자신의 주장대로 김춘 등은 끝까지 죽이지 않았다. 어린아이는 되도록 죽음에 이르지 않게 하려는 뜻이 확고했다.

55 　범마(犯馬)❶를 했을 때도 나이가 어리면 그 죄를 묻지 않았다. 세종 10년 (1428) 4월 21일, 사정(司正) 이계인(李繼仁)의 범마를 논죄하지 말라고 했다. 우선 좌대언 김자가 사헌부의 고발장을 가지고 아뢰었다.

"사정 이계인이 길에서 왕세자를 보고 범마했으니 죄를 주소서."
이 말을 듣고 세종이 그 이유에 대해서 물었다.

"세자를 보고도 범마하는 것은 있을 수 없는 일입니다. 일찍이 이러한 사람이 있으면 치죄하게 했는데, 이번에 계인이 범마하게 된 것은 어떤 연유 때문입니까?"
이에 신하가 말했다.

"계인이 왕세자의 행차를 보고 말을 세우고 숨어 서서 지나가기를 기다렸습니다. 그런데 그의 하인이 돌아다니다 붙잡히게 되었습니다. 그러자 비로소 말에서 내렸습니다. 불경함이 이루 말할 수 없습니다. 마땅히 엄중하게 징계해야겠습니다."
이 말을 듣고 세종이 말했다.

"나이 어린 철없는 사람이 아니겠습니까?"
대신들이 이에 대해서 달리 말했다.

"나이가 이미 18, 19세는 되었습니다.
사리를 판단하기에 충분한 나이라는 것이다. 그러나 세종은 범마를 해도 충분한 사유를 우선 보았다. 미숙하거나 어림으로 인해 인지하지 못할 경우에는 엄하게 법으로 다루는 것을 되도록 삼가려 했던 것이다.

❶ 말에서 내려야 할 때 내리지 않는 죄

사람을 어떤 존재로 상정할 것인가? 완성된 존재일까, 아니면 끊임없이 고치고 바로잡아 성장해가는 존재일까? 성장하고 완전한 상태로 나아가는 존재로 볼 경우에 앞으로의 개선의 여지에 더 초점을 맞추어야 한다. 그 성장의 잠재력은 어린이에게 충만하다. 그래서 그들은 한 사회의 현재가 아니라 미래이다. 어린이는 씨앗이다. 앞으로 어떻게 자라 어떤 재목이 되고 열매를 맺을지 알 수 없다. 씨앗이 처음부터 완벽하게 자랄 수는 없다. 우선 보호하고 길러내야 한다. 잘못이 있더라도 그것이 전부가 아니므로 잘못을 딛고 새롭게 나아가도록 해야 한다. 잘 먹고 잘 입히며, 어린아이를 해하는 이들은 중하게 그 죄를 벌해 알려야 한다.

종에게 너무 가혹한 것 아닌가

56 세종은 사적인 징벌에 대해서 너무 과도하지 않아야 한다고 보았다. 세종 16년(1434) 6월 3일, 밤에 몰래 뽕잎을 따던 종 화산(禾山)을 죽인 윤삼산(尹三山)의 처벌 문제를 논의했다. 동부 학당(東部學堂)의 종 화산이 밤을 타서 윤삼산의 집 동산에 몰래 들어가 뽕잎을 땄다. 윤삼산이 이를 알고 종을 시켜 잡아 오게 했다. 윤삼산이 직접 화산의 머리, 목과 몸에 화살을 쏘아 10일 만에 죽게 했다.

세종이 우승지 정분(鄭苯)을 통해 의정부에서 의논하도록 했다.

"윤삼산은 광망(狂妄)함이 매우 심하므로, 내가 크게 벌주고자 합니다. 예전에 정승(政丞) 정탁(鄭擢)이 제 마음대로 사람을 죽였습니다. 곧 직첩(職牒)을 거두고 외방으로 내쫓은 일이 있었습니다. 정탁은 비록 공신이었으나 오히려 이같이 벌을 주었습니다. 윤삼산은 비록 공신의 후손이나, 정탁과 비교해본다면 그는 공신에서 먼 후손입니다. 무슨 율로 처단할 수 있겠습니까?"

영의정 황희 등이 논했다.

"죄에 적용할 만한 바른 조항이 없습니다. 경(經)에 이르기를 '범죄한 사실에 의심될 만한 점이 있으면 오직 가볍게 벌하라'고 했습니다. 가벼운 벌을 주소서."

또한 이어 말했다.

"이미 동산 안이라고 하면, 한집 안입니다. 마땅히 장(杖) 100대, 도(徒)❶ 3년을 주어야 합니다."

우승지 정분이 회계(回啓)❷하고서 아뢰었다.

"얼마 전 김달지(金達枝)가 사람을 죽였는데, 원종공신(原從功臣)의 후손 이므로 장 100대에, 도 3년에 처했으나, 모두 돈을 받고 수속(收贖)❸하 게 하셨습니다."

이 말을 듣고 세종이 말했다.

"달지(達枝)가 비록 사람을 죽였지만, 자기가 직접 죽인 것이 아니고, 사람을 시켜 때려 죽인 것입니다. 이제 삼산은 직접 자기가 쏘아 죽 였으니, 달지에 비하면 죄가 조금 더 무겁습니다. 그러니 장 100대 에, 도년(徒年)❹은 돈으로 대신하게 함이 옳겠습니다."

이에 정분이 또 아뢰었다.

"그 종에게도 각각 장 90대에, 도년은 『육전(六典)』에 따라 속(贖)바치 게❺ 함을 허락하소서."

세종이 이에 다음과 같이 말했다.

"종들의 죄로는 너무 무겁지 않겠습니까? 비록 화산을 때렸을지라 도, 화산의 죽음은 오로지 윤삼산이 쏘아서 상했기 때문입니다. 도년 을 속바치는 것으로 면제하게 하지 말고, 각각 장 90대만을 치도록 하십시오."

! 비록 종이라도 사람이다. 가혹하게 행형을 부과하는 것은 타당하지 않다. 종이라도 다른 이의 죄를 대신 부당하게 줄 수는 없다. 따라서 아랫사람이라고 해서 윗사람의 죄상을 부당하게 전가할 수 없다. 도둑질을 하다가 걸렸을지라도 마음대로 사람을 살

❶ 노역
❷ 신하들이 심의해 숙의함
❸ 빚진 것이나 지은 죄를 씻기 위해 돈·물품, 노력 따위로 대신 갚도록 함. 속(贖)은 그 재물이

나 노력을 말한다.
❹ 노역을 하는 기간
❺ 돈을 내고 죄를 사함

상해 죽음에 이르게 할 수 없으며, 신분이 미천한 사람일지라도 이는 반드시 지켜야 할 원칙으로 생각했다. 만약 이를 지키지 않는다면 미천한 신분의 사람이라는 이유로 함부로 대할 것이고, 그렇다면 그 미천하다는 것이 상대적이기 때문에 전체 질서가 유지되지 못할 것이다.

여자를 성희롱한 유생에게

57 세종 20년, 1438년 8월 1일, 여자를 성희롱한 생원(生員) 최한경(崔漢卿) 등에게 장형 80대를 주었다. 희롱에 관한 상황은 다음과 같았다.

당초에 이날은 성균관(成均館) 문묘(文廟)에 전알(奠謁)❶하기 위해 치재(致齋)하던 날이었다. 치재는 제관이 제사를 시작하는 날부터 제사를 마친 다음 날까지 사흘 동안 몸을 깨끗이 하고 삼가는 것을 말한다.

생원 최한경과 정신석(鄭臣碩)이 반수(泮水)에서 목욕하던 중, 한 앳된 부인이 편복 차림으로 여종 둘을 거느리고 도보로 반수의 길을 건너는 것을 보았다. 이때 최한경이 홀랑 벗은 채 갑자기 뛰어나가 앳된 부인을 쓸어 잡고 희롱하며 욕을 보였다. 부인이 완강히 항거하고, 그의 계집종이 크게 부르짖었다.

"우리 집 안주인이에요."

이를 본 정신석이 두 여종을 때려서 쫓아버리고는, 최한경을 도와 힘으로 여자를 억눌렀다. 뒤이어 부인의 입자[笠]를 빼앗아서 재실[齋]로 돌아왔다. 두 계집종이 집으로 달려가 이 사실을 고해 그 집에서 사내종을 시켜 와서 본즉, 부인은 이미 풀려나왔으나, 그 썼던 입자를 잃어버렸다. 또 밤도 이미 깊었고 최한경도 또한 벌써 도망가버렸다. 그 사내종이 즉시 성균관 직숙관(直宿官)에게 고했다.

"나는 홍여강(洪汝康)의 종입니다. 아직 출가하지 않은 여주인이 미복

❶ 참배

(微服) 차림으로 피병(避病)해 어린 계집종을 데리고, 장차 그 대모댁(大母宅)으로 가려고 반수를 지나가다가, 불의의 두 유생에게 침핍(侵逼)을 당해서 옷이 벗겨지고 강제로 욕을 당했습니다. 어리석고 나이 어린 계집종들은 유생에게 두들겨 맞고 쫓겨서 집으로 달려와 이 사실을 고했습니다. 그런 까닭으로 달려왔으나 미처 보지는 못했습니다. 또 유생이 입자를 빼앗아갔으니, 이를 찾아서 돌려주기를 바랍니다."

정록(正錄)[1]이 이 말을 듣고 즉시 재생(齋生)에게 물어보니, 최한경·정신석 두 사람이 함께 스스로 털어놓았다.

"우리들은 다만 희롱만 했을 뿐입니다."

그들은 강간을 하지는 않았다고 말한 것이다. 직숙관이 홍여강의 집종을 불러서 다시 물으니, 종이 이렇게 대답했다.

"다만 겁을 주려고 한 말입니다. 사실은 여주인이 아니고 주인의 유모(乳母)의 딸입니다."

정록이 거짓으로 아는 척하며 떠보는 듯이 말했다.

"네 주인의 유모는 본래 딸이 없는데 어찌해 이런 소릴 하느냐?"

그 종은 다시 말을 바꾸어 말했다.

"아닙니다. 바로 주인의 비첩(婢妾)입니다. '비첩'이란 소리가 싫어서 숨긴 것입니다."

비첩은 노비의 신분으로 첩이 된 여자를 말한다. 직숙관은 그 말이 세 번이나 변한 데에 의아해서 다시 물었다.

"첩과 두 어린 계집종이 다 있느냐? 장차 대질시켜 물어보려 하는데, 네가 불러올 수 있겠느냐?"

종이 말했다.

"오늘 아침에 일이 있어서 모두 문밖으로 나갔으므로 지금은 집에 없습니다."

[1] 성균관 기록기관 정록청의 관리

종이 이렇게 말하니 직숙관은 더욱 이를 의심했다. 이때에 이르러 홍여강의 아들인 우명(友明)의 첩 소앙(召央)이란 자가 사헌부에 고소했다. 처음에는 강간 미수라고 했다가, 나중에는 단지 희롱당했을 뿐이라고 해서, 당시 사람들이 이를 의심했던 것이다. 그러나 그 일이 사대부 집과 관련된 것이어서 아무도 감히 말하는 자가 없었다. 이때 사헌부에서 세종에게 아뢰었다.

"우명의 사노(私奴) 원만(元萬)이 처음에는 여주인이라 일컫다가, 다음에는 유모의 딸이라고 일컬었고, 그다음에는 비첩이라 일컬었습니다. 말을 세 번 뒤바꾸어서 사람들의 귀를 혹란(惑亂)시켰습니다. 신석은 자신이 제향의 집사(執事)가 되어서 부인의 입자를 빼앗고 희롱한 죄는 마땅히 태(笞)형 40대를 시행해야 합니다. 그리고 최한경이 소앙을 강간하려고 침핍(侵逼)한 죄는 장(杖) 80대에 해당하옵니다."

이 같은 조사 내용을 듣고 세종이 말했다.

"들리는 바로는 단지 그 같은 내용만은 아니었다고 합니다. 다시 진상을 조사해 아뢰도록 하십시오."

이처럼 희롱이 아니라 강간의 죄가 있는 지 더 살피게 했다. 이 같은 지시에 사헌부에서 아뢰었다.

"이번 사건은 순전히 고소한 사람의 말로써 결단할 수밖에 없으므로, 거듭거듭 조사하고 추궁해도 소앙의 말이 처음부터 끝까지 이와 같습니다. 다시 그 이상의 죄상을 규핵(糾劾)할 수가 없습니다."

그리하여 최한경에게 장형 80대를 시행하도록 했다.

『대명률』에 따르면 강간 미수는 장 100대에 유배 3천 리에 해당한다. 강간한 자는 교수형에 처했다. 태종 4년(1404) 사노 실구지 형제의 처남 박질은 주인 딸 내은이를 집단 성폭행했는데, 그들은 모두 능지처사했다. 세종 11년(1429) 11월 27일 칠원(漆原) 사람 정경(丁耕)이 선군(船軍) 안승로(安升老)의 딸인 처녀 연이(燕伊)를 강간하려고 밤새도록 때렸는데 연이가 완강히 항거하다가 죽었다. 율문에 따라 정경은 교수형에 처하고, 연이의 정문(旌門)을 세워 그 정절(貞節)을 표창하게 했다.

세종은 최한경이 성희롱을 한 것으로 여겨 장 80대에 처했다. 장형은 태형보다 중한 벌로 60대에서 100대까지 5등급이 있었다. 성희롱도 장 80대라는 큰 죄였다. 피해자가 비첩이라 해도 적용은 엄격했다. 1차 조사가 희롱죄로 판단되었지만 세종은 강간 여부에 대해서 철저하게 조사하도록 해서 이 같은 죄에 대해서는 엄하게 다루려 했다.

四.

원칙은 무엇을 위해 있는가

왕이 사냥할 때 몰이꾼을 3면에 배치하고 1면은 열어놓고 열린 곳으로는 짐 승을 쫓지 않는다. 이와 같이 도망하는 자를 쫓지 않는 관대한 마음으로 대한 다면 백성은 안심하고 따른다. 어린아이에 대한 훈육을 예로 들어, 너무 엄격 하면 아이에게 해를 준다. 오히려 외부에서 오는 해를 막아주는 데 마음을 쓰 면 안고는 자와 이끌리는 자의 마음이 서로 화합하게 된다.

원칙은 그 자체를 지키는 것이 목적이 아니다. 그 목적은 원칙을 통해 무엇을 이루고자 하는 것이다. 따라서 그 원칙이 중요한 것이 아니라 본래 달성하려 는 목적이 중요한 것이다. 그 목적을 위해서라면 원칙은 변할 수 있으며, 다 르게 적용될 수 있다.

대개 목적이 되는 것은 사람들이 행복하게 사는 것이다. 그 수단에 이르는 것 은 원칙, 나아가 법이나 제도의 형태로 존재하게 된다. 법이나 제도를 우선시 하는 가운데 그것들의 토대가 무엇인지 항상 견지해야 한다. 세종은 항상 견 지해야 할 가치가 무엇인지 고민했다. 그런 고민에 대한 인식이 퍼질수록 사 람들은 따르기 마련이다. 그러나 목적과 수단의 적절한 균형을 유지하는 가 운데 현실적인 설득력을 높이는 것이 무엇보다 중요하다.

1 　*不識事理者, 不可一依法律治之.*
사리를 알지 못하는 자를 다른 자들과 똑같이 법률에 따라 다스릴 수 없습니다.
- 세종 30년(1448) 4월 9일, 수양아비의 재산 상속을 둘러싼 분쟁을 대하며

2 　*法以變通爲貴, 不可執一.*
법은 변통(變通)을 귀(貴)히 하는 것이니, 원칙 한 가지로 고집할 수 없습니다.
- 세종 22년(1440) 9월 24일, 좌정언 박적선이 상피법의 엄격 시행을 아뢰자

3 　*小人孰無要名陰譖之計? 然情狀未現, 詎忍逆探其心而加其罪乎? 使之言而又從而加罪, 則後誰有敢言之者乎?*
소인이 누구라 이름을 내고 싶어하는 간사한 계교가 없으리요마는, 정상(情狀)이 드러나지 않은 것을 어찌 그 속마음을 넘겨짚어 죄를 줄 것입니까? 말을 시켜 놓고서 말한 내용에 따라 죄를 주면 감히 위에 말할 사람이 누가 있겠습니까?
- 세종 25년(1443) 2월 3일, 의정부와 예조에서 최양선을 벌할 것을 다시 청하자

4 　*擧劾, 不直指其人, 此皆庸劣憸人所爲, 非法之正也. 且有言責者, 義當彈紏, 則死且不避, 何憚後患乎?*
사람을 탄핵(彈劾)할 때, 그 사람을 바로 지목하지 않는 것은 모두 용렬하고 간사한 사람의 짓입니다. 바른 법도 아닙니다. 또 말할 책임이 있는 자는 의로운 이치에 따라 마땅히 규탄해야 할 것입니다. 이는 죽어도 피하지 못할 것인데, 어찌 후환을 두려워하겠습니까?
- 세종 22년(1440) 3월 5일, 풍문으로 죄인을 지목하지 않도록 아뢰자

5 雖立法, 行之爲難.

무릇 법을 세우는 것은 시행하기 위해서인데, 시행할 수 없는 법은 세울 수 없습니다.

- 세종 25년(1443) 9월 2일, 장령 조자가 무당을 쫓아낼 것을 말하자

6 窮推而得其情則可矣, 終不得情, 而虛加拷訊, 予實憫焉.

실상을 알게 된다면 합당하겠지만, 실상은 캐내지 못하면서 괜히 고문만 하는 일은 정말 민망스럽게 여깁니다.

- 세종 6년(1424) 4월 20일, 의금부와 삼성에서 곽장의 판결에 관해 아뢰자

7 近日守令, 非法過刑者, 頗多有之. 罪如簡孚, 則宜加拷訊, 若因忿怒枉法濫刑, 則甚爲不可. 汝等勿效此輩, 哀矜折獄.

근래에 수령 가운데 법을 무시하고 지나친 형벌을 주는 자가 많습니다. 만일 죄가 확실했다면 고문을 해도 되겠으나, 자기의 분노 때문에 법을 어겨가며 지나친 형벌을 주는 일은 매우 옳지 못합니다. 그대들은 이러한 무리를 본받지 말고 불쌍히 여기는 마음으로 죄수를 다루십시오.

- 세종 12년(1430) 윤12월 25일, 창원 부사 양활 등을 불러 말하며

8 獄者, 本以懲惡, 非致人於死, 而司獄官吏不用心糾察, 繫獄之人, 或罹疾病, 或因凍餓, 或因獄卒侵逼栲掠隕命致冤者, 不無有之.

옥(獄)이라는 것은 본래 악한 것을 징계하려는 것입니다. 사람을 죽게 만드는 것이 아닌데, 옥을 맡은 관리가 마음을 써서 규찰하지 않고, 옥에 갇힌 사람들이 병에 걸리고, 얼고, 굶주리거나, 옥졸(獄卒)의 핍박과 고문 때문에 원통하게 생명을 잃는 자가 종종 있습니다.

- 세종 19년(1437) 1월 23일, 외방의 옥수로서 치사한 자에 대해

四. 원칙은 무엇을 위해 있는가

9 論諸道監司: "犴獄, 所以囚繫有罪, 然不庇護, 則或有橫罹夭札者矣. 故其庇護條件, 載在《六典》, 且累降傳旨, 節目纖悉. 然官吏或不致意, 奉行未至, 使囚徒致有疾患, 遂至殞命, 誠爲可慮. 卿其體予至意, 各年頒降條章奉行與否, 嚴加檢覈, 勿使廢弛. 其合行事件, 又錄于後. 一. 每年自四月至八月, 新汲冷水, 數數易置獄中. 一, 五月至七月, 十日一次, 從自願浴身. 一, 每月一次, 從自願沐髮. 一. 自十月至正月, 厚鋪蒿草于獄內. 一, 沐浴時, 官吏獄卒, 親自檢察, 以防其逃."

옥은 죄 있는 사람을 가두는 곳이다. 그러나 덮어주고 보호하지 않아 횡액으로 병에 걸려 일찍 죽는 사람이 있다. 그러므로 비호(庇護)하는 조건이 『육전(六典)』에 실려 있고, 또 여러 번 전지를 내려 절목(節目)이 세밀하다. 하지만 관리가 유의하지 않고 행하는 것이 철저하지 못해, 죄수들이 질병에 걸려 생명을 잃게 되니 참으로 염려된다. 나의 지극한 뜻을 받아서 각 해에 반포해 내린 조장(條章)을 받들어 행하는가, 행하지 않는가를 엄하게 검사하고 해이하지 않게 하라. 마땅히 행할 조건을 또 뒤에 기록한다.

- 4월부터 8월까지는 새로 냉수를 길어다가 자주자주 옥 가운데에 바꾸어놓을 것
- 5월에서 7월 10일까지는 한 차례 자원에 따라 몸을 씻게 할 것
- 매월 한 차례 자기가 원하면 두발을 감게 할 것
- 10월부터 정월까지는 옥 안에 짚을 두텁게 깔 것
- 목욕할 때는 관리와 옥졸이 친히 스스로 검찰해 도망하는 것을 막을 것

– 세종 30년(1448) 8월 25일, 여러 도의 감사에게 옥의 관리에 대해

10 予前此不畏暑, 自年前始中暑, 以手弄水, 暑氣自解。因念罪囚在牢獄, 暑氣易著, 或致殞命, 誠可哀也。當其暑時, 以盆盛水置獄中, 屢更其水, 使囚人或盥其手, 俾暑氣不得着如何? 前有此法歟?

내가 전에는 더위를 무서워하지 않았는데, 몇 년 전부터 더위가 들기 시작해, 손으로 물을 어루만졌더니 더운 기운이 저절로 풀렸습니다. 이로

말미암아 생각하건대, 죄수가 옥에 있으면 더위가 들기 쉬워서 생명을 잃는 수가 있으니, 참으로 불쌍한 일입니다. 더운 때가 되면 동이[盆]에 물을 담아 옥중에 주고 자주 물을 갈아서, 죄수에게 손을 씻게 해, 더위 먹지 않게 하는 것이 어떠하겠습니까? 전에 이 법이 있었는지 상고하여 아뢰도록 하십시오.

– 세종 30년(1448) 7월 2일, 죄수가 더위 먹지 않는 법을 찾으라 집현전에 내리며

11 《六典》之法, 乃爲下而言, 非爲上.

『육전』의 법은 아랫사람을 위해 말한 것이고, 윗사람을 위한 것이 아닙니다.

– 세종 30년(1448) 7월 19일, 불당 설치 불가 건의를 듣지 않으며

12 治民莫如事簡.

백성을 다스리는 데는 일을 간소하게 하는 것이 가장 중요하다는 것을 명심해야 할 필요가 있습니다.

– 세종 8년(1426) 2월 1일, 지개천군사 조곤, 지울진현사 김익상, 하동 현감 신희충 등을 불러 말하며

四. 원칙은 무엇을 위해 있는가

의복 잃은 사람에게 변상까지 시킨단 말인가

58 세종은 무리한 원칙 적용으로 가혹하게 책임을 묻는 것에 대해서 경계했
다. 세종 10년(1428) 윤4월 11일, 조운(漕運)할 때 물품이 유실되었는데 유
실된 물품을 운송하는 아전에게 변상시키라는 의견이 올라왔다. 강원도
감사가 조운 물품 변상에 대해 아뢰었다.

"무릇 조운할 때에 나라에 공납하는 곡식과 잡공(雜貢)이 바다에 침몰
해 유실한 것들은 운송하는 아전에게 변상시키게 하소서."

세종이 이 내용을 대하고 이렇게 달리 말했다.

"가난한 사람이 물에 빠져 의복을 잃는 것도 정말 가엾은 일입니다.
하물며 또 변상까지 시킨단 말입니까?"

59 비록 매우 중한 조운선의 피해가 있더라도 관련자들에 대한 배려를 우선
으로 했다. 세종 30년(1448) 4월 6일, 복몰(覆沒)한 조운선(漕運船)으로 피해
입은 사람을 구제하도록 했는데 이때 경기 감사에게 유시했다.

"이 4월 초일 일에 큰 바람이 불어 전라도 조운선 6척이 교동(喬桐)에
서 파손되고, 충청도 조운선 2척이 남양(南陽)에서 파선되었습니다.
배를 압령한 사람이 옷과 식량을 잃어서 혹 굶주림과 추위[飢寒]로 인
해 죽을까 염려되니, 옷과 양식을 알맞게 주고 그 부서진 배를 수리
할 수 있는 것은 수리하도록 해주어 처소를 잃는 일에 이르지 않게
하라."

또한 충청도 감사에게 이르기를 다음과 같이 명했다.

"전라도 조운선 1척이 안흥량(安興梁)에 이르러 깨어져서 전선이 복몰
해 배를 압령하는 사람이 옷과 양식을 다 잃었으니, 굶주림과 추위
로 고생할까 염려된다. 옷과 양식을 알맞게 주어 처소를 잃지 않도
록 호송하라."

일이 잘못될 경우 책임을 물어야 한다. 이 사례처럼 물품을 운반하는 사람은 물품의 유실에 대해서 책임을 져야 할 것이다. 하지만 정작 그가 책임을 질 수 있는가를 살펴보는 것도 중요하다. 또한 그가 인위적 의도를 가지고 행한 일이 아니라면 이러한 점들을 고려해야 한다. 무엇보다 위험 상황이나 어려운 지경에 있는 경우에는 일이 잘못된 것만 묻지 말고 그 당사자들이 안전하고 어려움이 없이 지낼 수 있는 방안을 같이 모색해야 한다. 물질적 사항이 잘못되었다고 그 책임자의 생명을 함부로 할 수는 없다. 그래야 향후 더 안전한 운송의 결과를 낳을 수 있다.

백성이 법률을 알면 안 된다는 견해에 대해

60   세종은 모든 이들에게 법령을 반포해 알게 해야 한다고 생각했다. 신하들 가운데는 반대하는 이들이 있었다. 세종 14년(1432) 11월 7일, 세종이 율문(律文)을 이두문으로 번역해 반포했다. 이에 신하들이 반대했다. 편전에 들어 상참을 받은 뒤 정사를 보며 세종이 좌우 근신(近臣)에게 이두문을 사용한 법조항 기재에 대해서 말했다.

"비록 사리(事理)를 아는 사람이라도, 율문에 따라 판결을 해야 죄의 경중(輕重)을 알게 됩니다. 마찬가지로 어리석은 백성도 율문을 알지 못하면 어찌 죄의 크고 작음을 알아서 스스로 고치겠습니까? 비록 백성들이 모든 율문을 알게 할 수는 없을지라도 따로 큰 죄에 해당하는 조항만이라도 뽑아 적게 해, 이를 이두문으로 번역하고 민간에 반포해야 한다고 봅니다. 그래서 우부우부(愚夫愚婦)들도 범죄를 피할 줄 알게 함이 어떻겠습니까?"

세종의 이 말에 이조판서 허조(許稠)가 말했다.

"제 생각에는 그렇게 하시고 나서 그 뒤에 폐단이 일어나지 않을까 두렵습니다. 간악한 백성이 진실로 율문을 알게 되면, 죄의 크고 작은 것을 헤아려서 두려워하고 꺼리는 바가 없어지게 될 것입니다. 법을 제 마음대로 농간하는 무리가 일어날 것입니다."

이는 법을 알면 그것을 역이용해 자신들의 이익을 챙길 것을 염려하는 바이다. 하지만 세종이 반대해 말했다.

"그렇다면 백성이 알지 못하게 하고 죄를 범하게 하는 것이 옳겠습니까? 백성에게 법을 알지 못하게 하고, 그 범법한 자를 벌주게 되면, 조사모삼(朝四暮三)의 술책에 가깝지 않겠습니까? 더구나 조종(祖宗)께서 율문을 읽게 하는 법을 세우신 것은 사람들이 모두 알게 하려 했기 때문이었습니다. 경들은 고전을 참고하고 의논하고 그것을 모아 보십시오."

허조가 물러가고 나서, 세종이 말했다.

"방금 말한 허조의 생각을 이미 알고 있습니다. 그는 백성들이 율문을 알게 되면 쟁송(爭訟)이 그치지 않을 것이고, 윗사람을 능멸하는 폐단이 점점 더 많아질 것이라 보는 것입니다. 그러나 세민(細民)들이 금법(禁法)을 알아 두려워서 죄짓기를 피하게 함이 옳겠습니다."

마침내 집현전에 명해 옛적에 백성에게 법률을 익히게 한 사례를 찾아 상고해 아뢰게 했다.

세종은 무지한 소인은 죄를 줄 수 없다고 말했다. 그래서 널리 법령을 알릴 수 있는 방안을 모색했는지 모른다.

61 법률을 모르고 행한 잘못에 대해서는 죄를 묻지 않는 모습도 보였다. 세종 23년 3월 20일, 병을 치료하기 위해 온천 행궁(行宮)에 도착했다.

대가(大駕)가 온천의 행궁에 이르자 경중(京中)의 군사와 번휴(番休)❶를 당한 자는 모두 놓아 돌려보냈다. 그러자 호종하는 자는 겨우 300기(騎)뿐이었다. 행차에 사녀(士女)가 구름처럼 모여들었고, 더벅머리 아이들과 흰머리의 늙은이들이 세종이 탄 거가(車駕)를 바라보았다. 어떤 자는 말을 타고 거가의 곁을 지나갔다.

❶ 태평할 때에 나라에서 번을 쉬게 하던 일

유사(有司)가 이 자에게 죄주기를 청했다. 그러자 세종이 말했다.

"무지한 소인을 어찌 죄주겠습니까?"

알면서 죄를 행하는 것이 더 나쁜 법이다. 세종은 백성들에게 우선적으로 해야 할 일은 법을 널리 알게 만드는 것이라고 본다. 많이 알게 한다면 그들이 법을 어기지 않으리라고 생각했다. 이를 위해 이두법에 따른 정책을 추진했다.

> ⚠ 세종의 시각에서는 법을 모르면서 법을 지킬 수는 없다. 법을 알아야 법을 지킨다. 특히 새롭고 세세한 법은 더욱 그러하다. 법을 모른다면 그것이 어떻게 죄인지 알고 조심하겠는가 하고 생각한 것이다. 사람들에게 알리고 나서 저지르는 법에 대해서 치죄를 하는 것이 순서다. 법은 처벌을 위해서 있는 것이 아니기 때문이다. 처벌할 일이 없도록 하는 데 목적이 있다. 법은 사전에 죄를 막기 위해서지, 죄인을 많이 처벌하기 위해서 존재하는 것이 아니다. 그렇다면 법을 어떻게 알려야 하는가? 우선 법이 쉽게 적혀 있어야 한다. 법의 악용이 염려되면 그에 대비하면 될 일이다. 법을 알면 그것을 악용할까 염려해 백성들에게 널리 알리지 않는다면 이는 구더기 무서워 장 못 담그는 꼴이다.

죄 있는 자에게서 징수하지 않느니만 못하다

62   세종은 죄 없는 이들에게 관리 소홀을 물어야 하는 상황에서, 함부로 전체에 책임을 묻는 일은 신중해야 한다고 보았다. 세종 1년(1419) 9월 19일, 대사헌 신상(申商, 1372-1435)이 창고 물품을 손상시킨 내자시(內資寺)❶ 관리에게 그 값을 징수하길 청했다. 우선 신상이 다음과 같이 말했다.

"지금 살펴보니, 내자시의 옷감과 재물이 비가 자주 새어서 많이 썩었습니다. 이것은 과거의 관리가 감독·감찰하지 못한 데서 비롯한 것입니다. 썩은 물건의 값을 내자시를 역임한 관리에게도 징수하도

---

❶ 호조에 속해서 대궐에 쓰는 여러 가지 식품, 직조와 내연에 관한 일을 맡아보던 관아

록 해주십시오."

앞서 역임한 내자시 관리에게 물건 값을 받아내자는 말을 하니 세종이 반대했다.

"과거 내자시를 거쳐 간 관리가 한 사람이 아니니, 어찌 한 사람 한 사람한테서 받아낼 수 있겠습니까? 더구나 그중에는 그 자리에 오래 있지 않은 자들이 무척 많지 않겠습니까?"

세종의 이 같은 말에 신상이 반대해 다시 아뢰었다.

"지난해 여름에는 비바람이 심했는데, 관리 노릇을 하는 자가 그것을 감독·감찰하지 못한 것은 큰 죄입니다. 법률 조문에 '모든 창고의 재물은 그것을 지키는 소임을 맡은 사람이 만약 손상과 파괴를 낳게 하면, 그를 절도범으로 다룬다'고 했습니다. 또한 손상·파괴된 재물을 다 배상해 물어내도록 한다고 했습니다. 만약 훼손된 물건 값을 거두지 않으면 뒷사람들에게 본보기를 보여주지 못하고 맙니다."

하지만 세종이 다시 이견을 피력했다.

"그렇다면 내자시 벼슬을 근무한 일수의 많고 적음에 따라 거두면 되지 않겠습니까?"

이에 의문점을 김점(金漸)이 지적했다.

"만약에 벼슬 산 일수의 많고 적음을 구분해 징수한다면 혹 5, 6일만 근무한 자도 있겠는데 5, 6일 안에 어찌 창고에 들어있는 재물을 감독·감찰해낼 수 있겠습니까? 마땅히 15일 이상 벼슬 산 자한테서 거두어야 합니다."

이 말을 듣고 신상이 다시 말했다.

"벼슬 산 일수의 많고 적음을 가지고 징수하는 것은 그래도 괜찮다고 하겠습니다. 하지만 만약에 전혀 징수하지 않는다면, 관리 노릇을 하는 자들이 겁낼 것이 없어질 것입니다."

"그런 점을 생각한다면, 징수하는 일을 그만둘 수 없겠소."

세종이 이렇게 일단 말하고, 대신들이 편전에서 물러가자, 원숙에게 일렀다.

"지금 사헌부에서는 내자시의 손상된 물건들을 배상받으려 하는데, 만약에 징수하려면 다 해낼 수 없을 것입니다. 죄 있는 자를 골라서 징발하려는데 손상과 파괴를 불러일으킨 자가 누구인지 모르겠으니, 이 일을 장차 어떻게 처리해야 하겠습니까?"

이에 원숙이 말했다.

"전하께서 즉위하신 뒤 자주 관대하신 은혜를 내리셨습니다. 지난날 관리들은 고의로 손상과 파괴를 초래한 것이 아닙니다. 그 정상은 참작해 용서해줄 만합니다."

이에 세종이 말했다.

"모두 다 징수한다면, 죄 없는 이가 반드시 포함될 것입니다. 죄가 없는 자들에게서까지 다 징수하느니, 차라리 죄 있는 자에게서 징수하지 않느니만 못합니다. 징수하지 못하도록 해야 합니다."

단지 그 직책에 있었다는 이유만으로 책임을 묻는다면 형평성의 문제가 발생한다. 오래 근무한 자와 적게 근무한 자의 비중을 엄밀하게 산출해내야 하기 때문이다. 책임의 소재를 구분하고 그에 맞는 책임을 지게 하는 것이 원칙에 맞다. 단지 그 직책에 있었다는 이유만으로 직접적인 책임을 요구하기에는 무리가 있다. 현실적으로 그 원칙을 실행시키는 데 문제가 생긴다. 원칙이 지니는 명분이 훌륭해도 그것의 적용에서 형평성이 맞지 않는다면 불만이 생기니 후에 따르는 자들이 없을 것이다. 오히려 사적 이익을 취하기 위해 그런 전례를 이용하려 들 것이다.

직접 대면시키지 않으니 실정을 모른다

63 세종은 직접 대면하지 않고 들은 이야기만 가지고 섣불리 판단을 하려 하지 않았다. 세종 4년(1422) 10월 9일, 이날 세종이 의천(宜川) 백성 임성부(林成富)의 옥사(獄事)를 직접 처리했다. 임성부가 궁궐의 종[婢] 원장(元莊)이

고을 아전에게 욕을 당하는 것을 보고 웃으며 말했다.

"세력을 믿는 자도 또한 남에게 욕을 당하는가?"

원장이 이 말을 듣고 임성부를 미워해, 임성부에 관한 말을 거짓으로 꾸며서 관(官)에 호소했다.

"임성부가 태상왕(太宗) 전하께서 돌아가시던 때에 '근본이 이미 흔들렸으니 네가 위세하고 날뛰던 것도 이제부터는 그만이다.'라고 했습니다."

이 말을 듣고 지군사(知郡事) 이진(李震)이 말했다.

"이 사실은 불충(不忠)에 해당한다."

엄한 형벌로 임성부가 공초(供招)를 받았고 세종에게 이 같은 사실을 아뢰었다. 하지만 세종은 사헌부에 명해 다시 심문하게 했다. 사헌부에서는 옥사(獄事)가 이미 끝난 사안이라며, 성부와 원장을 대질(對質)시키지 않고 그대로 국문했다. 또한 임성부는 없는 죄가 있다고 거짓 자백했는데, 이를 그대로 올린 상황이었다.

그러자 의문을 품은 세종이 말했다.

"이 공초에는 틀린 것이 있습니다. 고발한 사람과 대질시키지 않았습니다. 그러니 그 실정을 바로 얻지 못한 것이 아닙니까?"

그러고는 의금부에 다시 명령을 내려 국문하게 했다. 과연 알려진 것과는 다른 그 실정을 알게 되었다. 이는 곧 원장이 거짓으로 죄를 꾸며 임성부를 얽어 넣은 말이었다.

일이 낱낱이 밝혀지자, 원장이 옥중에서 뉘우쳐 말했다.

"임성부가 이미 죽기를 면했으니 한이 없다."

사람들이 모두 세종의 명단(明斷)에 탄복했다. 임성부를 석방해 집으로 보내고, 임성부를 무고한 원장에게 곤장 100대를 치게 했다. 이에 그치지 않고 대사헌 성엄(成揜)과 장령 신정리와 지평 신계삼·송저와 판내섬사(判內贍事) 박안신 등을 의금부에 가두었다. 또 강원도 경차관 권맹손과 지의천군사 이진을 잡아 오도록 했다. 이같이 한 이유는 안신이 집의(執義)

로, 맹손이 장령이었을 때에 이 일을 참예해 들었기 때문이었다.

10월 24일, 의금부에서 성엄 등을 국문하고, 공초(供招)**❶**했다.

"신들이 고의로 그런 것이 아닙니다. 원장이 무고한 것을 임성부가 고문도 받지 않고 자복한 까닭으로, 미처 상세히 조사하지 않고 있을 뿐입니다."

세종이 이를 듣고 말했다.

"옥사를 듣는 법은 마땅히 공평무사한 마음으로 공정, 명백히 물어야 할 것이며 죽을죄는 살릴 수 있는 도리를 구할 것이요, 중한 죄는 가볍게 할 수 있는 단서를 찾을 것입니다. 실정을 잘 살펴 죄를 처단해도 오히려 실수함이 있습니다. 하물며 이제 사헌부에서는 죽이고자 하는 마음을 가지고 실정과 거짓을 잘 살피지 않고 힘으로 핍박해 죄 없는 사람을 극형에 처하게 했습니다. 만약 이를 믿고 죄를 처단한다면 이 어찌 함부로 무고한 사람을 죽인 것이 아니겠습니까?"

송저 · 신계삼 · 신정리 · 박안신 · 권맹손 등에게는 도형(徒刑)을 면하고 대신 매로 다스려 각각 속장(贖杖) 70대에 처하도록 했다. 성엄은 그 관직만 파면했고, 이진은 곤장 70대를 받고 도(徒) 1년 반(一年半)으로 처결했다.

64   세종 7년(1425) 3월 24일, 법을 어긴 수령은 죄가 사소할 경우 벌하지 않겠으나, 일단 체임(遞任)**❷**할 것을 정했다. 이날 세종이 이렇게 지시했다.

"찰방 황보인이 탄핵한 창원 부사 안종약의 죄를 사헌부에서 다시 조사해 보고하십시오."

세종이 바로 이어 말했다.

"지난번에 그 관하의 일반인이 수령을 고소하는 일이 풍습상 아름답지 못합니다. 그리하여 부민(府民)이 수령을 고소하는 것을 금지하는 법을 세웠습니다. 이는 좋은 기풍입니다. 그러나 탐혹한 관리들이 그

---

❶ 취조   **❷** 벼슬을 갈아냄

금령(禁令)을 믿고 함부로 행동했습니다. 이에 내가 다시 찰방에게 민간에 가서 징험·탐문하게 했습니다. 그 뒤에 법을 어겨 탄핵을 입은 수령이 많았습니다. 그 어긴 죄는 비록 작아도 그 자리에 그대로 두어 백성을 다스리게 하는 것은 타당하지 않을 것입니다. 내 생각에는 아주 작은 일은 묻지 않겠지만, 모름지기 일단 모두 바꾸고 별도로 다시 기용하는 것이 어떠합니까?"

이조판서 허조가 대답해 아뢰었다.

"죄가 가벼우면 경솔히 바꿀 수 없습니다."

가벼운 죄에 대해 교체는 과하다고 말한 허조의 견해에 세종은 반대했다.

"나는 바꾸는 것이 옳다고 봅니다."

> 사안의 본질을 밝히려면 그 사안에 관련된 사람들을 직접 대면시키고 물어보는 과정이 있어야 한다. 그 과정을 거치지 않고 진실을 정확하게 이끌어내기는 힘들다. 더구나 한쪽의 말만을 무조건 믿고 판단하는 것은 위험한 일이다.
> 겉으로 드러나는 사안은 가라앉아있는 사안의 일부분에 불과할 수 있다. 작은 잘못은 그에 맞게 작은 처벌을 내려야 한다. 그런데 법리는 그렇다 해도 조직 운영은 다를 수 있다. 작은 힘이라도 가지고 있는 이들은 자신에 대해서 부정적인 행위를 하는 이들을 가만두지 않으려고 한다. 세종이 작은 일을 저지른 수령들을 애써 갈아버린 이유는 자신을 고소한 백성들에게 보복할 수 있기 때문이다. 상위에 있는 관리자들은 이같은 점들을 잘 헤아릴 필요가 있다.

사형에 해당하는 자를 수사할 때 : 사형죄 수사 원칙

65 세종은 형벌 집행을 신중하게 하려 했으며 합동 조사도 실시하게 했다. 세종 12년(1430) 12월 3일, 대언 윤수(尹粹)에게 사형에 해당하는 범죄자는 처음부터 두 고을의 수령이 합동 신문케 하도록 했다. 세종이 윤수에게 말했다.

"내가 항상 생각하는데 형벌은 조심하지 않으면 안 될 것이니, 사람의 생명이 여기에 달려있기 때문입니다. 이를 가볍게 여기면 되겠습니까?

고려 말기에 안렴사(按廉使)와 병마사(兵馬使)가 모두 마음대로 사람의 생명을 죽였으니, 그중에는 억울하게 죽은 사람도 없지 않습니다. 태조께서 개국하신 뒤 그 법을 없애버리고, 군사와 행정의 모든 일을 모두 직접 결재했습니다. 그러나 그중엔들 어찌 잘못된 일이 없다 할 수 있겠습니까? 더구나 형벌이란 사람마다 고통스럽게 여기는 것입니다.

죽은 사람은 다시 살아날 수 없으며, 형을 받은 자는 다시 벗어날 수 없습니다. 지난번에 강간을 범한 자가 처음에 강간을 했다고 자백했다가, 사형을 받게 되자 사실상 강간한 사실이 없다고 했습니다. 그 이유를 물으니 '만일 강간을 했다 하면 그 여자를 자기에게 주리라고 생각해 그렇게 자백했다'는 것입니다. 그러니 형벌을 철저히 추핵(推覈)하지 않아서 되겠습니까?

지금 함길도에 구속되어있는 방화범도 전후에 자백이 일치하지 않으니 매우 의문스럽습니다. 그러므로 모두 잡아 올려서 형조에 묻고 싶지만, 끌어대는 사람이 너무 많으므로 죄다 올려보낼 수 없기 때문에 다시 그 도의 감사에게 차사원(差使員)❶의 수를 늘려 상세히 그 이유를 추궁하게 했습니다. 하지만 한두 명의 차사원으로서는 모자랐습니다.

지금부터는 사형에 해당하는 범죄자는 처음부터 두 고을의 수령이 합동 신문하고, 끝난 다음에는 또 이웃 고을에 옮겨서 가두고, 다시 다른 고을의 수령을 정해 그 사실을 신문하게 하도록 항구적으로 법을 세우라 하십시오."

❶ 중요한 죄인을 잡기 위해 보내던 관원

　　　　　　　　　　　　　　四. 원칙은 무엇을 위해 있는가

66 세종 13년(1431) 6월 2일에는 법을 집행하는 관리들에게 전례를 들어 공평하고 신중한 옥사 판결을 명했는데, 이때 다음과 같은 사례를 들어 주의하도록 했다.

"당나라 때에 회서(淮西)의 오원제(吳元濟)가 반역하자, 황제는 모든 군사 지휘를 승상(丞相) 무원형(武元衡)에게 위임해 토벌하게 했습니다. 성덕왕(成德王) 승종(承宗)이 사람을 보내어 중서부(中書府)에 나아가 원제를 위해 원형에게 유세(遊說)했습니다. 그 사람의 말이 불손(不遜)하므로 무원형이 꾸짖어 내쳤습니다. 아울러 승종도 글을 올려 원형을 꾸짖었습니다. 그런데 이때, 원형이 죽임당하는 일이 벌어졌습니다. 이에 왕사칙(王士則)이 무원형을 죽인 것은 승종이 보낸 군사 장연(張宴)의 짓이라고 해 그를 잡아 국문했습니다. 장연 등이 함께 자복하자 왕사칙은 장연을 곧 베었습니다. 그 뒤에 노(虜)를 평정하게 되었고 이사도(李師道)가 왕명을 거역한 죄로 사형을 당했는데, 이사도의 문적을 펴보니, 원형을 죽인 자에게 상 준 것이 있었다. 그때서야 원형을 죽인 것은 승종도 장연도 아닌 이사도라는 것을 알았습니다."

징벌을 이미 잘못 내렸으니 그로 인해 죽은 사람을 살릴 수 없고 형벌을 되돌릴 수가 없기 때문에 신중해야 하는 것을 말해준다.

> **!** 죄를 밝히는 일은 신중을 기해야 한다. 죄가 없는 사람이 벌을 받을 수 있기 때문이다. 다른 벌도 아니고 사형은 한번 받으면 더욱 되돌릴 수 없다. 그렇기 때문에 사형에 해당하는 죄는 신중하게 수사하는 것이 원칙이다.
> 한 사람이 단독으로 판단해 진실을 알지 못하니 올바른 결정이 나오지 못할 수 있다. 사안의 본질을 알기 위해서는 여러 사람의 견해를 바탕으로 종합적으로 접근해야 한다. 마찬가지로 사형죄와 같이 중죄에 해당하는 경우 한 사람이 수사하는 것은 한계에 이를 수 있으므로 여러 사람이 같이 판단하는 것이 필요하다.

구휼 재물로 썼는데 부정행위인가

세종은 재물을 자의적으로 쓴다고 해도 구휼과 같은 백성에 관한 일에는 융통성을 발휘해야 한다고 보았다. 세종 7년(1425) 11월 14일, 수령이 재물을 사용해도 괜찮은 조목을 나열해 법을 제정하는 방안을 논의했다.

정사를 보며 대사헌 김익정에게 일렀다.

"수령은 100리 되는 지방의 한 고을 주인이 되었습니다. 그 전곡(錢穀)을 모으고 흩고 베풀기를 마음대로 할 수 있는데, 늙고 병든 이에게 은혜를 베풀어 기르고, 홀아비[鰥]와 홀어미[寡]에게 구휼하는 일이며, 부조하고 은혜 베푸는 일들을 모두 부정[贓]으로 모는 것은 정말 옳지 못한 일입니다.

만약 법으로써 궁하고 가난한 사람을 구호하는 일도 할 수 없게 하면 고을을 위임한 뜻에 맞지 않는 것입니다. 이지강이 대사헌이 되었을 때에 법을 세우기를 청했으나 지금껏 정하지 못했습니다. 수령의 구호와 부조하고, 상 주는 일과 의(義)로써 당연히 해야 할 일은 논하지 못하도록 법을 만드는 것이 어떠할까 합니다."

이렇게 말을 하니 김익정이 말했다.

"법을 세우는 것이 옳겠습니다."

세종이 여러 신하들에게 말했다.

"경들도 말하라."

참찬 최윤덕이 대답했다.

"수령들이 재물을 쓰는 것은 오로지 한 가지 이유 때문만이 아닙니다. 경내의 백성 가운데 만약 환과고독(鰥寡孤獨)과 병든 자가 있으면 모두 장부를 만들어두고 구호해야 합니다. 길거리에 굶주리고, 옷 없고 늙고 병든 자가 있으면 역시 다 구호해야 하며, 혹은 호랑이를 잡는 사람까지도 쌀·무명·염장 등을 주어야 합니다. 신이 일찍이 임명되었던 안주 한 고을에서도 명나라에 들어가는 사신의 행차에 어찌 법령 때문에 술과 음식으로 위로하지 않을 수 있겠습니까? 이렇다면 법을 범하지 않은 이가 거의 없습니다."

이조판서 허조가 대답했다.

"이 일은 조목을 나열해 법을 제정해도 됩니다. 그렇지 않으면 점점 부정의 시작이 될까 두렵습니다."

세종이 이에 말했다.

"경들의 말이 옳습니다. 조목을 정해서 진휼에 물자를 쓰는 것에 대해서 허용을 해야 합니다."

세종은 진휼에 그만큼 진력을 다했다. 백성을 진휼하는 것을 지방 수령의 중요한 역할이라고 생각했기 때문이다. 그렇기 때문에 물자가 없어지는 한이 있어도 진휼이 우선이라고 생각했던 것이다.

67 한편 진휼에 관해서는 관리들에게 엄혹한 면도 있었다.

즉위년(1418)에 세종이 이렇게 말했다.

"각 고을의 수령이 만약 진휼할 때를 놓쳐 필부(匹夫)와 필부(匹婦)가 굶어서 구렁에 죽어있다면, 반드시 견책(譴責)과 형벌을 행할 것입니다."

이 외에도 몇 가지 사례가 있다. 세종 18년(1436) 11월 15일, '흉년을 구제하지 못하는 수령은 속전(贖錢) 거두는 것을 제외하고는, 그 죄상의 경하고 중한 데 따라 죄를 결정'하도록 했다.

68 세종 19년(1437) 1월 13일, 세종은 관리의 승진을 진휼의 성과에 따르기로 해 다음과 같이 명했다.

"수령이 게으르고 부지런하지 않은 자와 진휼을 잘하지 못해 부황이 나서 굶어 죽게 한 자는, 3품 이상은 계문(啓聞)해 과죄(科罪)하고, 4품 이하는 공신과 그 자손을 물론하고 모두 범한 바의 경중에 따라서 장 100대 이하에 처하되, 수속(收贖)하지 말고 차등에 따라 논죄해 도로 근무하게 하도록 하라."

1월 22일, 세종이 다시 이런 말을 했다.

"지난번에 이명덕(李明德)이 강원 감사가 되었을 때에 굶주려 죽은 자가 겨우 한두 사람이었어도 죄책을 면하지 못했는데, 하물며 지금 경기에는 죽은 사람이 23명에 이르고 충청도의 죽은 사람은 25명에 달하는데, 임금이 된 자가 근심이 없을 수가 있겠습니까? 위에 말한 감사(監司)를 국문하고자 하는데 어떠합니까?"

! 세종은 관리들이 백성들이 굶주리는 상황을 타개하는 데 진력하게 만들었다. 진휼에 대해 책임을 다하지 않은 관리들에 대해서는 강력하게 처벌했다. 거꾸로 진휼을 다한 관리는 물자를 낭비해도 좋다는 입장이었다. 세종이 생각한 것은 원칙 자체가 아니라 그것이 달성하려는 목적이었다. 바람직한 목적을 위해 원칙이 있는 것이지 원칙을 위해 원칙이 있는 것은 아니다. 또한 조목을 나열하지 않으면 점점 원칙이 없어져서 부정부패라는 커다란 강의 시발점이 될 수 있다. 백성이 잘살고 행복하기 위해 나라의 원칙이 있으며 이를 위해 나라에서 관리들을 임용하고 녹을 주는 것이다.

신문고는 누구를 위해 울리나

69 세종은 이미 원하는 바를 이루지 못한 채 죄만 입는다면 불쌍히 여겼다. 세종 14년(1432) 7월 18일, 좌대언이 신문고를 잘못 친 이에게 죄를 주어야 한다고 청했다. 경상도의 진군(鎭軍)❶이 관직을 받고자 신문고를 치자, 이에 대해 죄줄 것을 아뢴 것이다. 좌대언 김종서가 말했다.

"경상도의 진군이 기선군(騎船軍)❷의 예에 따라 관직을 받고자 두세 번 신문고를 쳤습니다. 이것은 원통하고 억울한 일이 아닌데도 번거

❶ 지방의 병영과 수영에 속한 각 진에 둔 지방   ❷ 배를 타고 싸우는 군병
군대

롭게 했으니, 이를 죄주는 것이 옳지 않겠습니까?"

이에 대해 세종이 말했다.

"이미 소원을 잃었는데 또 죄를 입게 된다면 정말로 불쌍합니다. 번
거롭게 했어도 죄를 다스리지 말게 해야 할 것입니다. 옛날에 원숙(元
肅)이 지신사(知申事)가 되었을 때 맞지 않는 일을 당했다며 신문고를
친 사람이 있었습니다. 원숙이 논죄하기를 청했으나, 내가 죄주지 않
았습니다. 하지만 불순한 일로 연달아 번거롭게 신문고를 치는 사람
이 있으면, 캐어묻고 나서 죄주는 것이 옳을 것입니다."

70 세종 10년(1428) 5월 24일, 신문고 치는 것을 금지한 의금부의 당직원(當直
員)을 사헌부에게 국문하게 했다. 사비(私婢) 자재(自在)가 광화문의 종을 치
고 자기의 원억(冤抑)❶한 일을 호소했기 때문이다. 승정원에서 그 까닭을
물었다. 그러자 자재가 대답했다.

"의금부의 당직원이 신문고 치기를 금했기 때문에 종을 쳤습니다."

이 말을 전해 듣고 세종이 말했다.

"신문고를 설치한 것은 사람들이 마음대로 칠 수 있게 해, 아래 백성
들의 사정이 위에 통할 수 있게 하려는 것입니다. 그런데 무슨 까닭
에 금했습니까? 만약 사실이 아니라면 죄는 그 사람에게 있는 것입
니다. 이렇다면 북을 관리하는 이에게 무슨 상관이 있겠는가 싶지만
이처럼 신문고 치기를 금지당한 사람이 반드시 여러 사람일 것입니
다. 그 의금부의 당직원을 사헌부가 국문하게 하십시오."

마침내 김중성·유미(柳渼)의 의금부 관직을 파면시켰다. 세종이 대언 등
에게 말했다.

"지난번에 '신문고를 함부로 치는 자에게 죄를 주라' 했는데, 이제 다
시 생각했습니다. 이렇게 하면 생각이 있어 아뢰고 싶은 사람도 법

❶ 원통한 누명을 써서 억울함

을 두려워해 말하지 못할 것입니다. 또 어리석은 사람은 이것을 모르고 치게 될 것입니다. 그러므로 나는 그들에게 죄를 주지 않겠습니다."

> **!** 신문고를 모두에게 치게 하니 아무나 함부로 치고, 아무나 함부로 치지 못하게 하니 두려워 못 친다. 여기에서 신문고가 왜 있는지를 생각해야 한다. 신문고의 목적은 억울한 일이 있는 사람들의 사정을 살펴 행복한 삶으로 이끌기 위함이다. 북은 누구나 칠 수 있게 해야 억울한 일을 당한 이들이 그 억울함을 풀 수가 있다. 만약 북을 칠 때는 그만한 사연이 있어야 하며 그렇지 않으면 죄를 준다는 원칙을 부여한다면, 사람들이 꺼려져 정말 억울한 사람들도 신문고를 이용하지 않을 것이다. 그렇다면 신문고가 설치된 명분과 실리가 사라지는 셈이 된다.

감옥은 왜 만드나

71   세종은 감옥을 만드는 이유는 죄수에게 형벌을 주는 것을 좋아해서가 아니라고 밝혔다. 세종 14년(1432) 7월 18일, 세종이 옥(獄)을 만들면 그 재앙과 화가 임금에게 미친다는 말에 대해 이야기했다. 세종이 먼저 말했다.

"사람들의 말에 '옥을 만들면 그 재화(災禍)가 임금에게 미친다'고 하니, 이 말이 어디에 근거한 것인가요?"

이에 김종서가 아뢰었다.

"고전에는 없는 것입니다."

이 말을 듣고 세종이 말했다.

"감옥을 수리하는 것은 죄수들에게 그 침식을 편하게 하려는 것입니다. 처음부터 형벌하기를 좋아해서 한 것은 아닙니다. 재화가 될 것이 무엇이 있겠습니까? 이것은 반드시 세속의 말일 것이니 매우 이치에 맞지 않는 말입니다."

72   세종 21년(1439) 7월 4일에는 다음과 같이 형조에 전지했다.

"지금 가을에 들어서 비가 때에 맞지 않게 내리는 것을 생각해보니 죄수가 오래 옥에 체재(滯在)됨이 있어 화기(和氣)를 상하게 한 것이다. 중외(中外)의 상사(常赦)❶에서 용서할 수 없는 죄 이외의 도형(徒刑) 이하 죄수는 모두 보석(保釋)하고 추국(推鞫)하게 하라."

73   세종 25년(1443) 6월 3일, 세종이 다음과 같이 명하기도 했다.

"처결하기를 게을리해 여러 해를 옥에 가두어 두고, 죽을죄도 아닌 자가 혹 옥에서 운명(殞命)하기도 한다. 그들이 원통하고 억울함을 펴지 못해 천지의 화기를 상하게 하는 것이다. 오늘 이후에는 서울이나 외방 관리들은 나의 지극한 마음을 본받아 하라. 모든 사형수는 각 도 감사가 본조에 이문(移文)❷해 본조에서 마감하도록 하라. 만약 다시 추궁할 일이 있으면 즉시 이문하고, 없으면 즉시 의정부에 보고할 것이다."

!   감옥은 본래 죄 있는 자들을 구금하고 그에 맞게 죄를 주는 곳이다. 그런데 어느새 감옥은 그 빈 공간을 채우기 위해 존재하게 되었다. 죄수가 있기 때문에 감옥이 있는 것이 아니라 감옥이 있기 위해 죄수를 만들고 죄수로 채웠다. 그 같은 일을 방지해야 하는 것이 감옥을 만들고 유지·운영하는 이들의 책임과 의무의 하나이다. 만약 감옥 안에 죄수가 많다면 그만큼 사람들이 죄를 저지르게 만든 책임이 나라의 최고 책임자에게 있는 법이다. 죄를 지은 자들이 많은 것을 탓하는 것이 아니라, 그 이유가 자신의 통치 경영에서 빚어진 것은 아닌지 살펴야 한다. 옥에 사람들이 가득 찰수록 민심은 그만큼 흉흉하고 여론은 악화되어있는 것이라 보아야 한다.

❶ 사면령   ❷ 여러 사람이 돌려보도록 쓰는 것

왜 죄를 없애주는지 생각하라

세종은 사면에 대한 원칙을 명료하게 밝히기도 했다. 세종 18년(1436) 1월 15일, 상참을 받고 정사를 보았는데, 대사헌 이숙치(李叔畤)가 말했다.

"조종생(趙從生)은 이촌(李村) 소유의 노비를 부당하게 받아서 지금까지 일을 시키고 있습니다. 받은 노비가 비록 사면(赦免) 전에 주어진 것이라도, 지금까지도 사역한다면 사죄(赦罪)❶ 전의 것으로 여겨 죄를 묻지 않을 수 없다고 생각합니다. 마땅히 벌을 주어야 할 것입니다."

이 말을 듣고 세종이 말했다.

"경은 조종생이 지금까지 일을 시킨 것을 들어 그의 죄를 말하려 합니다. 하지만 가령 예를 들어보지요. 어떤 사람이 사면 전에 포물(布物)❷을 한 사람에게 사사로이 증여했다고 합시다. 받은 사람이 옷을 만들어 입었다가 사면 후에 발각되었다면, 경은 이를 그대로 사면 후라고 해서 죄를 묻겠습니까? 옳지 않은 것이 명백합니다."

74 이런 논의는 세종 18년(1436) 1월 12일에 처음 제기되었다. 노비를 증여받은 조종생의 논죄에 대해서 사헌부에서 아뢰었다.

"고 만호(萬戶) 이촌의 첩이 소장(訴狀)을 올려 고하길, '이촌의 질녀(姪女) 남편 조종생이 대언(代言)이 되었을 때에, 이촌이 노비 2명을 주었는데, 조종생이 후에 충청 감사가 되고, 이촌은 청주에 살다가 병들어 죽었습니다. 조종생이 특별히 그 부의(賻儀)를 후하게 하고, 그 장사지내는 일과 상중(喪中)의 모든 예식에 수용(需用)되는 물건을 주니, 이촌의 아들 이자온(李自溫)이 이를 매우 감사하게 여기어, 또한 나의 비(婢) 1명을 빼앗아주었습니다.'라고 했습니다. 이에 신들은 생각했습니다. 조종생이 이촌에게 본디 수양(收養)된 것도 아닌데, 한 지방의

❶ 사면   ❷ 천이나 천류 따위를 이르는 말

중임(重任)으로서 노비를 함부로 받았습니다. 이것이 비록 일이 사죄(赦罪) 전에 있지마는 경계하지 않을 수가 없습니다. 또한 청컨대, 그 노비는 그전의 예에 따라 관청에 소속시키소서."

이 말을 듣고 의문이 들어서 세종이 말했다.

"이른바 그전의 예란 무슨 예입니까?"

장령 황수신(黃守身)이 그 예에 대해서 말했다.

"그 예는 지난번에 조말생이 증여받은 노비를, 사죄 후에 일이 발각된 것으로 추핵해 논죄하면서도, 그 노비는 모두 관청에 소속케 한 것입니다."

세종이 이에 대해 반대해 말했다.

"조종생이 감사가 되었을 때는 범한 일이 나타나지 않았습니다. 그리고 또 사문(赦文)❶에 '감히 유지(宥旨) 전의 일로써 서로 알리고 말하는 사람은 그 죄를 준다.' 했습니다. 이는 백성에게 신뢰를 보이려는 까닭인데, 지금 그대가 법을 지키면서 사죄 전의 일로 허물을 들어 논박하려 함이 옳겠는지 의문입니다."

75 세종은 죄를 범하기 전에 있던 일을 벌하는 것은 마땅치 않다는 입장이다. 또한 사면 후에 다시 불러들이는 것은 신뢰에 맞지 않다고 보았다. 세종 7년(1425) 10월 15일, 자기 주인을 때린 과천에 사는 종 백동(白同)의 죄를 처리할 방안을 논의했다. 사헌부에서 아뢰었다.

"경기도 과천에 거주하는 사삿집 종 백동은 주인을 구타한 죄로 인천 군옥(郡獄)에 가두고 국문한 지 2년이 되어도 실정을 밝히지 못했습니다. 그런데 유지 별감(宥旨別監) 이종규(李宗揆)가 강상❷에 관계되는 사항을 살피지 않고 그냥 놓아 보냈으니 매우 부당합니다. 백동의 일

---

❶ 나라의 기쁜 일을 맞아 죄수를 석방할 때에, 임금이 내리던 글

❷ 삼강(三綱)과 오상(伍常)을 아울러 이르는 말. 곧 사람이 지켜야 할 도리를 이른다.

에 대해 다시 조사를 해서 끝내도록 하는 것이 어떠하겠습니까?"

이 내용을 대하고 세종이 말했다.

"죄인을 사하는 것은 허물을 완전히 씻어서 그 사람에게 스스로 새로운 길을 열어주기 위함입니다. 사하고서 다시 그 죄를 추급해 다스리는 것은 타당하지 못합니다.

처첩이 남편을 죽이고, 가손이 부모나 조부모를 모살하고, 노비가 주인을 모살하는 등의 일은 사문에 실려 있으나 처첩이 남편을 구타하고 노비가 주인을 구타한 일은 사문에 실려 있지 않으므로 응당 사면한 예에 비추어 다루어야 합니다. 그 교지(教旨)를 상고해 아뢰게 하십시오."

76 세종 22년(1440) 4월 25일, 가뭄으로 죄인을 사면할 방책을 논의했다.

영의정 황희가 사인(舍人) 이의흡(李宜洽)을 시켜 아뢰었다.

"전하께서 가뭄을 근심하시어 산천에 기도해 죄수를 보석하고 감선(減膳)●까지 하시니, 그 하늘의 뜻을 삼가 두려워함이 지극합니다. 다만 비는 얻지 못해 비가 내리지 않았습니다. 신이 생각하건대 사유(赦宥)❷는 소인의 다행이고 군자의 불행이기는 합니다. 하지만 재앙을 부르는 것은 형벌과 옥(獄)이 중도를 잃어서 원통하고 억울한 것을 해소할 수 없기 때문입니다. 또 한 사람이 옥에 갇히면 온 집이 폐하게 되는데, 지금 농사철을 당해 폐단이 더욱 적지 않습니다. 그러니 국내의 도형(徒刑) 이하의 죄인을 풀어주어 가뭄을 그치게 하소서."

사면의 효과에 대해 세종은 다음과 같이 말했다.

"내가 즉위한 이래로 22년이 되었는데, 한발(旱魃)의 재앙이 없는 해가 없었습니다. 천재를 없애려고 매번 은사(恩赦)를 내리고, 노인에게

---

❶ 나라에 변고가 있을 때, 임금이 몸소 근신하는   ❷ 죄를 용서해줌.
뜻으로 수라상의 음식 가짓수를 줄이던 일

　　　　　　　　　　　　四. 원칙은 무엇을 위해 있는가

작(爵)을 주고 임기가 끝난 이서를 다시 벼슬시키기로 했으나 한 번도 하늘의 응험을 얻지 못했습니다. 생각하건대 사유라는 것이 재앙을 구제하는 데에 도움이 없는 것인가 합니다.

또 내가 들으니, 요행을 바라는 무리가 형벌과 법을 피하려고 반드시 '하늘이 왜 가물지 않나?' 하고, 벼슬을 얻지 못하면 반드시 '하늘이 왜 가물지 않나?' 한다고 합니다. 이것으로 본다면 사유는 본래 재앙을 그치고자 한 것인데, 오히려 사람들이 가뭄을 원하게 합니다. 그러니 재앙을 그치게 하는 방도에서 벗어나는 것입니다. 그러나 사유는 사람마다 기뻐하는 것이니, 만일 부득이하거든 곤장을 때릴 죄인 이하를 용서하는 것이 어떠합니까?"

의흡을 시켜 정부에 의논하게 했다. 여러 사람이 말했다.

"전하의 결정이 매우 훌륭합니다."

드디어 형조(刑曹)에 전지했다.

"지금 농사철을 맞아 비가 올 시기인데, 때에 맞지 않게 오지 않고 있다. 형벌이 중도를 얻지 못해 원통하고 억울함을 펴지 못함이 있는 듯하다. 이제 4월 26일 이전의 장죄(杖罪) 이하는 이미 결정한 것이나, 아직 결정하지 않은 것을 모두 사면(赦免)한다. 이미 일찍이 도역(徒役)에 처한 자도 모두 놓아 보내라."

! 사면은 죄를 없애주고 새롭게 길을 열어주는 것이다. 세종의 눈에 사면해준 이후에 그전의 일로 죄를 주는 것은 타당하지 않다. 또한 사면은 사람마다 기뻐하는 일이니 그것을 통해 사람들이 즐거움을 가지면 온 나라의 분위기가 나아질 것이고 이는 치세의 도가 확립되는 계기가 된다. 원칙의 적용은 사람들의 삶을 풍요롭게 하는 데 더 가중치를 두어야 한다. 무엇보다 사면의 원칙은 백성들에 대한 약속이다. 약속을 지키지 않으면 신뢰를 잃는다. 신뢰를 잃으면 따르지 않는다. 사면의 원칙을 지키지 않는 것은 백성들에 대한 신뢰를 잃는 것이고 이는 백성들이 통치 경영에 따르지 않게 됨을 의미한다.

유생이나 승도나 죄가 있다면

세종은 무리하게 제도를 적용시켜 부작용을 일으키는 것을 경계하기도 했다. 세종 8년(1426) 10월 27일, 사헌부의 계에 따라 혁파한 절에서 경작하던 토지를 모두 평민들에게 주게 했다. 사헌부에서 아뢰었다.

"석씨(釋氏)❶의 도(道)는 맑고 깨끗하고 욕심이 적은 것을 종지(宗旨)로 삼아, 산사(山寺)에서 심신(心神)을 닦고 가르침을 계승하는 것입니다. 이제 각 종(宗)의 승도들이 가르침을 돌보지 않고, 큰 절에 살기만 하고 여색을 범간(犯奸)하고 마음대로 음란한 짓을 합니다. 그리하여 스스로 그 도를 무너뜨려서 여러 번 나라의 법을 어깁니다. 마땅히 모두 머리를 길러서 군역(軍役)에 보충시켜야 할 것입니다. 다만, 백성의 불교에 대한 습속이 오래되어 차마 갑자기 없애지 못하고, 각 종파(宗派)를 혁파해 두 종파로 나누어서 소속의 각 절을 상정(詳定)❷했고 모두 토전(土田)을 주었습니다. 혁파해버린 절에서 경작하던 전지를 절에 사는 중들에게 전과 같이 경작하게 해서 각각 그 생활을 편안하도록 했고, 한양 밖의 승도들을 모두 역(役)을 시키지 못하게 했습니다. 성상의 은혜가 망극했으니, 마땅히 조심조심 제 본분을 지켜 그도에 진력해야만 할 것입니다. 지금 충청도 충주 엄정사(嚴政寺) 중 해신, 전 주지 해명, 억정사(億政寺) 전 주지 성조·해순 등은 종문(宗門)의 도회(都會)에서 살지 않고, 이미 없앤 사찰을 제 마음대로 점령하고 살면서 토지를 경작하고 재물을 늘리며, 이익을 탐하고, 아내를 얻어 자식을 낳는 등 못 하는 짓이 없습니다. 어찌 그 청정의 도에 맞는다 하겠습니까? 청컨대 이미 일찍이 상정한 것 이외의 혁파한 절에 경작하던 토지를 거두어 모두 평민들에게 주도록 하소서."

❶ 석가모니

❷ 나라의 제도나 관아에서 쓰는 물건의 값, 세액, 공물액 따위를 심사하고 결정해 오랫동안 변경하지 못하게 하던 일

四. 원칙은 무엇을 위해 있는가

이 말을 대해 세종이 말했다. 중들의 먹고사는 문제를 중요하게 언급했다.

"중들을 모두 다 속인으로 돌아가게 한다면 혁파한 사사(寺社)의 토지를 빼앗아 평민들에게 주는 것이 옳겠습니다. 하지만 그렇지 않다면 그 중들은 땅이 없습니다. 장차 어떻게 먹고살란 말입니까?"

중들의 잘못은 그렇다 해도 먹고살 수 있을지를 염려하는 세종이다. 대사헌 최사강이 아뢰었다.

"중들이란 본래 농사를 지어 먹고살지 않으니 토지는 무엇에 쓰겠습니까?"

이에 동조해 대언들도 아뢰었다.

"각 종의 중들이 사사로이 사사를 점령하고 농사를 짓는 것이 속인보다 배나 됩니다. 아내와 첩이 마주 앉아있으니 제 마음대로 불의를 행합니다. 이는 맑고 깨끗한 도에 어긋남이 있습니다."

이에 대해 세종이 말했다.

"그렇다면 각 종파의 중들이 사사로이 점령한 절 토지를 농토 없는 평민들에게 주는 것이 옳겠습니다. 또 그 죄를 범한 중은 법에 따라 장형에 처해 환속시키고, 60세 이상이 된 자는 다만 장형에 처하지만 속인을 만들지는 말도록 하라 하십시오."

77 세종은 무조건 불교를 배척하고 유교를 우선시하지 않았다. 중을 백성의 관점에서 대하고자 노력했을 뿐이다. 세종 24년(1442) 5월 10일에는 다음과 같이 명했다.

"중들을 명부에 기록하는 일을 규찰(糾察)하지 말라고 예조에 전지하라. 대저 법령은 반드시 백성에게 편리하고 행하기 쉬워야만 장구히 좇아 행할 수가 있다. 그런데 지금 생업(生業)도 없이 문(門)을 따라 양식을 구걸하는 중으로 하여금 한곳에 매여있게 하고 다른 곳에 가지 못하게 한다면, 생업을 얻을 길이 없게 될 것이다. 한갓 정사를 하는 대체(大體)에만 어긋날 뿐만 아니라 또한 산골짜기에 흩어져 거주하는 사람도 낱낱이 들어 검사하기도 어려운 일이다. 이 법이 이처럼 실행하기가 어렵고 한갓 법문(法文)의 형식만이 될 뿐이니, 지금부터는 중들을 명부에 기록하는 일은 규찰하지 말라."

78 승려들을 구타한 유생들에 대해 엄정한 법 집행을 한 일이 있다. 이때 세종은 대신들의 반발이 매우 심했음에도 자신의 주장을 굽히지 않았다. 세종 24년(1442) 7월 28일, 윤사윤이 경차관 파견 중지와 승도와 싸운 유생들의 보석(保釋)을 건의했는데, 사윤(士昀)이 또 아뢰었다.

"유생들이 중의 무리를 구타한 것은 미친 아이들처럼 나라의 법을 알지 못했기 때문입니다. 지금 옥에 구속되어 열흘이 지났으니, 비록 보석으로 풀어주고 그 후에 신문해도 실정을 알 수 있을 것입니다."

이 말을 듣고 세종이 반대해 말했다.

"유생의 무리는 본래부터 당연히 공순(恭順)한 태도로 자신을 길러야 할 것입니다. 지금 유생들이 국법을 지키지 않고 떼를 지어 산에 놀러 다니면서 미치고 망령된 행동을 감히 제멋대로 했습니다. 유생은 성인의 도를 배우는 자들인데, 성인의 도가 어찌 미치고 망령된 행동을 일삼는 것이겠습니까? 지난번에 유생들이 내가 산에 놀러 다니는 것을 금지한 법을 실없는 말로 놀리기를, '전하께서는 선비를 사랑하는지 중들을 사랑하는지 알지 못하겠다'고 했습니다. 이 비방(誹謗)하는 말로 보아 유생들의 광망(狂妄)한 행동의 시작은 오랜 것입니다. 그대들은 무엇을 듣고서 이러한 말을 하는 것입니까? 나는 유생이나 승도나 간에 죄 있는 자를 추문(推問)하게 할 뿐입니다. 내가 특별히 무슨 다른 뜻이 있겠습니까?"

사윤이 다시 유생을 옹호하며 아뢰었다.

"신들은 유생들이 비방하는 말은 들은 적이 없습니다. 유생들에게 죄가 없다고 하는 것은 아닙니다. 다만 유생들이 광망하고 나라의 법을 알지 못해 그렇게 한 것일 뿐입니다. 중의 무리가 떼를 지어 북

四. 원칙은 무엇을 위해 있는가

을 치고 떠들면서 함부로 싸우고 구타를 감행해 그 난폭함이 더할 수 없이 심했습니다. 그러므로 감히 유생의 보석을 청하는 것입니다."

중의 무리에 더 잘못이 있다는 이 같은 지적을 듣고 세종이 말했다.

"나는 그대들이 비방하는 말을 알고 있으면서 이런 말을 하는 것이라고 여기지 않습니다. 유생들이 산에 놀러 다니면서 폐단을 일으키는 것은 이미 금지했는데, 이제 유생들이 금령을 이와 같이 위반했습니다. 그들의 광망한 죄를 그대들이 마땅히 처벌하기를 청해야 했습니다. 그런데 또 보석하라고 하는 것이 옳겠습니까?

옛날에 장횡거(張橫渠)가 거문고를 안고 돌아가는데 중 한 사람이 거문고를 만지니, 횡거가 '거문고는 성인이 만든 것인데 이단자가 잡는 것은 상서롭지 않다'고 하고, 줄을 끊어 물에 던졌지만 조금도 함부로 성내지는 않았다고 합니다. 성현이 이단(異端)을 배척하는 것은 본래부터 지금의 유생들과 같지는 않았습니다.

옛날부터 이제까지 성현들도 갑자기 승도를 없애지 못했는데, 어찌 유생의 필부(匹夫)가 완전히 배척할 수 있겠습니까? 형조에 수금(囚禁)된 것을 의금부에 옮겨 하옥한 것도 특별한 은혜입니다. 그대들이 보석을 청하는 것은 과연 무슨 뜻입니까? 인재를 배양하는 것은 장차 쓰기 위한 것입니다. 그대들은 이 미치고 망령된 무리에게 제멋대로 스스로 방자하게 해서 앞으로 어디에 쓰려고 하는 겁니까?"

세종은 형조에서 의금부로 옮긴 것이 이미 배려한 것이며 보석을 청하는 것은 받아들일 수 없다는 주장이었다. 인재 육성에도 도움이 되지 않는다고 보는 것이 세종의 생각이었다. 이에 대해 다시 신하들은 말했다.

"신들이 유생들의 광망한 행동을 옳다고 하는 것은 아닙니다. 다만 선비와 중이 서로 싸워서 오래도록 감옥에 갇혀 있으니, 그것이 역사의 기록에 오점(汚點)으로 남을까 염려스럽기 때문입니다."

79 7월 29일, 세종은 우헌납(右獻納) 윤사윤(尹士昀)을 불러 소란을 피운 유생들

에 대한 책임을 물었다.

"내가 들으니, 중의 무리가 종(鍾)을 쳐서 무리를 모은 뒤 몽둥이로 유생을 때려 쫓았다고 합니다. 이대로라면 중들의 죄가 진실로 큰 것입니다. 나는 그 진실을 모르겠습니다. 유생 20여 명이 떼를 지어 절에 가서 함부로 광망한 행동을 했으니 유생의 뜻도 또한 매우 타락했습니다. 속담에 송아지가 멍에를 꺾으면 반드시 좋은 소가 된다고 한 것은 무사(武士)에게 비유한 말입니다. 그러나 유생이라면 공순한 도리로 성인의 학문에 잠심(潛心)할 뿐입니다. 학업을 폐하고 한가롭게 놀러 다니며 불경을 훔쳐내고 중의 기물을 파괴했으니, 이것이 어찌 도를 배우는 선비가 할 짓이겠습니까? 국가가 교관(教官)❶을 설치한 것은 한갓 장구(章句)나 가르치기 위한 것은 아닙니다. 유생들의 광망함이 이와 같은 것을 교관이 살피지 않았으니, 교관도 또한 죄가 없다고 할 수는 없습니다."

80 이해 11월 30일, 중을 구타한 유생을 처벌한 것이 불교를 숭상하기 때문이 아님을 설명했다. 정사를 보다가 세종이 승지 등에게 일렀다.

"앞서 유생들이 산속의 절에서 떼 지어 놀다가 중을 때렸습니다. 내가 그들을 의금부에 가두어 추핵(推劾)하게 했더니, 유생들이 모두 내가 불교를 숭상한다고 합니다. 하지만 내가 어찌 불교를 숭상해 유생들을 억울하게 죄주겠습니까? 나라의 임금은 사람이 범죄를 저지른 것을 들으면 마땅히 시비를 분변해야 되고, 유생의 도리는 마땅히 심성을 수양해 사설(邪說)을 물리쳐야 되는 것인데, 어찌 중을 때려 이단을 물리친다고 하겠습니까? 교관도 충분히 가르쳐서 엄하게 금지시키지 못했습니다. 나는 전혀 그런 뜻이 없었습니다. 그대들이 이 뜻을 가지고 대신에게 효유(曉諭)❷하십시오."

❶ 교육기관   ❷ 깨달아서 알아듣도록 타이름

조선은 숭유억불(崇儒抑佛) 정책을 취했기 때문에 승려보다는 유생들에게 우호적이어야 할 것이다. 하지만 이는 법 원칙에서도 항상 적용되는 것은 아니다. 유생들이 승려들을 구타했는데, 구타한 행위들을 징벌하지 않는다면 법 원칙이 무너지게 된다. 또한 세종은 유생들의 도리를 강조하고 있다. 무조건 유생들을 옹호하는 것이 아니라 우선 그들 자신의 행동을 돌아보기를 원하고 있다. 자신의 행동을 보고 다른 이들의 행동을 비추어 판단하는 것이 중요하다. 비록 이단의 논리라 하더라도 그것 이전에 원칙에 맞게 폐단을 볼 줄 알고 판단·행동하면서 스스로 살펴서 문제를 해결해야 한다. 불교나 승려보다 뛰어난 것이 유학이자 유생이라면 그에 걸맞은 언행을 해야 한다. 무엇보다 아무리 미운 상대 세력이라도 공정한 원칙을 적용하는 것이 필요할 것이다.

五.

영성(靈性)

과학과 기술이 발전할수록 오히려 사람들은 영적인 교감에 대해서 관심을 더 가질 수밖에 없다. 경외의 힘에 따라 자신의 꿈을 실현하려는 마음이 강해질 것이다. 사람을 이끄는 것은 마음과 마음으로, 나아가 영혼과 영혼으로 합일할 때 근원적인 모습을 보인다. 영성(靈性)은 영(靈)스럽고 총명한 품성, 또는 그 성질을 말한다. 영은 알 수 없는, 보이지 않지만 정신적으로 매우 중요한 근본적인 힘이다. 성리학자들뿐만 아니라 동양의 사상가들은 하늘의 도를 실현하는 자신을 통해서 영적으로 많은 사람들을 이끌고자 했다. 자신이 하늘과 영적으로 교감하는 존재가 되려 했고 그렇게 해야 했다. 이 과정에서 사람들의 정신적 세계를 하나의 도의 경지에 이르게 하면서 세상을 경영하고자 했다. 이 과정에서 자연에 대한 순응과 알 수 없는 세상의 도에 의지하려 했고, 그것이 치세를 이루는 명분이 되었다. 과학적 사고와 합리주의를 추구하는 현대인들이 가장 많이 잃어버린 것이 이 영성이며 가장 많이 필요로 하고, 갈구하는 것이다. 인간이 알 수 없고 가늠할 수 없는 영성이 세상을 움직이고 있고 인간 세상도 그 안에 있기 때문이다. 세종은 보이지 않는 어떤 힘을 믿으며 사람들의 현실을 바꾸고자 했다. 스스로 보이는 행동으로 보이지 않는 영의 힘으로 사람들을 이끈 세종이었다.

1 　人君代天理物, 以安養斯民爲心.

인군(人君)이 하늘을 대리해서 만물을 다스리는 것은 백성들을 편안하게 양육하고자 마음먹는 것입니다.

– 세종 6년(1424) 6월 16일, 환상곡 출납의 보고와 수령들에 관해 논의하며

2 　人君代天理物, 當順天道.

임금은 하늘을 대신해 만물을 다스리지만 마땅히 천도(天道)에 순응해야 합니다.

– 세종 12년(1430) 3월 2일, 사죄에 간여된 자의 처벌 시기에 대해 말하며

3 　惟民之生, 衣食不足, 飢寒迫切, 必有怨咨. 天氣不順, 以此也, 民心和則天意亦順矣.

백성들의 생활에 의식(衣食)이 부족해 굶주림과 추위가 절박하게 되면 반드시 원망함이 있는데, 천기(天氣)가 불순한 것은 이 때문입니다. 백성들의 마음이 화순하면 하늘의 뜻도 순조로울 것입니다.

– 세종 7년(1425) 12월 9일, 경기 도사 배권, 문화 현령 홍여공과 청양 현감 윤상 등을 불러 말하며

4 　雖古豊平之世, 重其守令之任, 而况近年水旱, 民生孔艱乎? 自古人君不能獨治, 賴守令以保民. 今者愼簡守令, 親見以送, 重其任也.

옛날 태평한 세상에서도 수령을 임명시키는 일은 극히 신중히 했는데, 근년에 수재와 한재로 백성의 생활이 극히 곤란한 시기에는 더구나 더 중요하지 않겠습니까? 옛적부터 임금이 혼자서 다스릴 수는 없어서, 수령을 신뢰해 백성을 보호하게 했던 것입니다. 이제 수령을 신중히 선발해 내가 직접 보고 보내는 것은 그 책임이 중대하기 때문입니다.

– 세종 8년(1426) 2월 26일, 연풍 현감 권심과 임실 현감 탁희진을 불러 말하며

5 且予德不及古人, 天譴屢見, 夜不安寢, 爾等體予至懷, 以愛民爲心, 勿傷民力, 以修人事.

내가 덕을 옛사람만큼 쌓지 못해, 하늘의 꾸지람이 여러 번 나타나 밤에도 잠을 편히 자지 못합니다. 그대들은 나의 지극한 심정을 받아들여, 백성을 사랑하는 마음으로 백성의 힘을 해치지 말고 사람이 할 일을 닦도록 하십시오.

– 세종 8년(1426) 2월 26일, 연풍 현감 권심과 임실 현감 탁희진을 불러 말하며

6 守令, 民之父母, 汝往敬哉! 近來雨暘不順, 然人事順, 則天道亦順, 益礪厥職, 以副予敬天憂民之意.

인사(人事)가 순리(順理)로우면 천도(天道)도 또한 순조로워지는 법입니다. 더욱 그 직책에 힘써서 하늘을 공경하고 백성을 근심하는 내 마음에 부응하도록 하십시오.

– 세종 9년(1427) 2월 22일, 거창 현감 모순이 사조하니 불러 말하며

7 天心譴怒, 大旱若玆, 予恐懼修省.

하늘의 뜻이 꾸짖고 노하는 것이 큰 가뭄입니다. 나는 두려워하고 반성하느라 어찌할 바를 모르겠습니다.

– 세종 9년(1427) 7월 18일, 사조한 관리들에게 백성들을 구휼하는 데 힘쓰라며

8 以義理反覆窮詰.

의로운 이치로써 반복해 추궁해 물으면 마침내 모두 스스로 털어놓을 것입니다. (의리로써 물으면 스스로 실토하게 될 것이다.)

– 세종 30년(1448) 3월 12일, 서부 학당의 생도를 구타한 것을 국문하게 하며

9 창제(創制)라는 것은 예로부터 어려운 일입니다. 임금이 하고자 하는 것을 신하가 저지하기도 하고 신하가 하려는 것을 임금이 듣지 않기도 합니다.

五. 영성(靈性)

또한 임금과 신하가 모두 하려 해도 시운(時運)이 불리한 수도 있습니다.

– 세종 10년(1428), 『연려실기술』 제3권 세종조 고사본말(世宗祖故事本末)

10 타고난 착한 마음을 잘 지켜가는 것은 모든 백성이 다 같이 해야 할 일이고, 윤리를 잘 이루고 풍습을 바로잡는 것은 임금이 먼저 힘써야 할 일입니다. 옛날의 훌륭한 임금들은 직접 신교(身敎)를 실천해 따르도록 해서 모든 사람을 훌륭한 인격자로 만들었습니다. 나는 박덕해 하나도 그것을 기대할 수는 없지만 뜻만은 지녀왔습니다. 그래서 밤낮으로 마음을 쏟은 결과, 비로소 어리석은 백성들이 나아갈 방향을 모르고 있는 것은 본받을 것이 없기 때문이라고 생각했습니다.

– 세종 16년(1434), 『국조보감』 제6권 세종조 2

11 노비가 아무리 천해도 이들 역시 하늘이 내린 우리 백성인데, 어찌 죄 없이 무고한 자를 함부로 죽일 수가 있겠습니까? 임금의 덕은 살리기를 좋아하는 것일 뿐입니다. 무고한 자가 피살되는 것을 앉아서 보고만 있는다면 어찌 가슴 아프지 않겠습니까? 앞으로는 죄를 지은 노비를 관아에 고발하지 않고 매를 때려 죽게 하는 자는 예전의 사례에 따라 단죄할 것입니다. 만일 포락(炮烙)❶, 의형(劓刑)❷, 이형(刵刑)❸, 경면(黥面)❹, 고족(刳足)❺ 및 칼이나 나무와 돌을 사용해 한결같이 참혹하게 함부로 죽인 자가 있을 경우에는 그 집의 식구는 율문에 따라 속공(屬公)❻하게 하라 하십시오.

– 세종 26년(1444), 『국조보감』 제7권 세종조 3

12 봄에는 생장시키고 가을에는 익게 만드는 것이 하늘의 도입니다. 나라를 통치하는 자는 하늘의 도를 체득해 모든 백성을 사랑으로 기릅니다. 천

❶ 불에 달구어 지짐
❷ 죄인의 코를 베는 형벌
❸ 죄인의 귀를 자르는 형벌
❹ 자자(刺字). 피부에 먹물로 죄명을 찍어넣는 형벌
❺ 발가락을 베는 형벌
❻ 임자가 없는 물건이나 금제품, 장물 따위를 관부(官府)의 소유로 넘기던 일. 또는 죄인을 관아의 노비로 넘기던 일

리를 어기고 인륜을 어지럽히는 도적과 간사한 자에게 주벌을 가하는 것은 반드시 할 일입니다. 하지만 불쌍하게 여기는 뜻이 언제나 그 사이에 있습니다.

– 세종 2년(1420), 『국조보감』 제5권 세종조 1

13 옥(獄)에 사람의 생사가 달려있습니다. 진실을 캐내지 않고 매만 때려서 죄가 있는 자는 요행으로 면하게 하고 죄가 없는 자에게 누명 씌우면, 형벌은 그 죄에 맞지 않고 원한만 쌓여 끝내 원한을 풀 수가 없게 될 것입니다. 이는 천지의 화기를 손상시키고 수해와 한해와 같은 재해를 일으키는 결과가 됩니다. 이것이 예나 지금이나 공통된 걱정거리입니다.

법을 집행하는 자는 정결하고 깨끗한 상태에서 마음을 비운 다음, 자기의 사견에 구애되지 말 것입니다. 또한 선입견에 따른 말을 주장하지도 말 것입니다. 주관 없이 남의 말에 따르지도 말 것입니다. 구차하게 머뭇거리지도 말고, 죄수가 쉽게 자복하는 것을 좋아하지도 말 것이고, 옥사가 빨리 이루어지는 것을 요구하지도 말아야 합니다. 여러 방법으로 물어보고 반복해서 찾아 억울하게 죽지 않게 하고, 살아난 자에게 원한을 사는 일이 없게 해야 합니다. 그러면 사람들은 서로 기뻐하고 감옥이 텅 비게 될 것입니다. 온화한 기운이 감돌아서 기후가 계절에 잘 맞게 될 것입니다.

– 세종 13년(1431), 『국조보감』 제6권 세종조 2

14 옛날 주(周)나라의 경대부(卿大夫)들은 덕행(德行)과 도예(道藝)를 상고해 천거했고, 한(漢)나라의 주군(州郡)은 효행과 염치와 재주를 살펴서 인재를 천거해 과거 급제 선비와 함께 등용했습니다. 그래서 훌륭한 사람을 많이 얻을 수 있었습니다. 우리나라에는 과거로만 선비를 가려 뽑고 덕행을 보아 선발하는 법이 없어 경쟁하는 풍조만 점점 심해졌습니다. 염치와 겸양의 도리는 거의 사라졌습니다. 이 점이 한탄스럽습니다. 만일 몸가짐

이 바르고 절의를 지닌 자, 강개(慷慨)하는 마음으로 충직한 말을 하는 자, 평소 선비로서 행실이 뛰어나 고을에 소문이 난 자, 재주가 특이해 남에게 신임을 받는 자가 있거든 관찰사는 수소문해 보고하라 하십시오.

– 세종 20년(1438), 『국조보감』 제7권 세종조 3

15 臣愛君, 欲格君心, 當以直道行之, 而先懷詐諼以欺君, 如此憸小不肖之人, 吾不能容也. 君臣以義合, 故道不合則去, 若以予爲不合, 引身而去, 則予何言哉? 人臣而欺君至此, 其可容忍乎?

신하가 임금을 사랑해 임금의 마음을 바로잡고자 한다면 마땅히 바른 도리로써 행해야 될 것입니다. 그런데 먼저 간사한 마음으로 임금을 속이니, 간사하고 불초(不肖)한 사람은 용납할 수 없습니다. 임금과 신하는 의로운 이치로 하나가 되어야 하는 까닭으로 도가 일치하지 않으면 서로 떠나게 됩니다.

– 세종 28년(1446) 10월 9일, 사헌부 집의 정창손이 불사를 정지시키기를 상소하자

나라 경영을 위해 금주하다

81 세종은 함부로 술을 마시지 않았는데, 이를 통해 나라를 좀 더 잘 경영할 수 있다고 믿었기 때문이다. 세종 5년(1423) 5월 3일, 임금이 복약(服藥)하는 술까지 물리치고 염탕(鹽湯)으로 대신하니 영의정 유정현(柳廷顯), 예조판서 김여지(金汝知), 대사헌 하연(河演) 등이 청했다.

"전하께서 부왕(父王)의 상(喪)에 너무나 슬퍼하고 정성을 극진히 하시어, 근심이 쌓여 병환이 나셨습니다. 만일, 술을 드셔서 복약하지 않으시다가, 병환이 깊어지시면 종사(宗社)와 생민(生民)이 어찌 되겠습니까?"

그들은 이같이 눈물을 흘리면서 아뢰었다. 이에 세종이 말했다.

"다시 말하지 않았으면 좋겠습니다. 내가 덕이 부족한 사람으로 백성 위의 임금이 되었으니, 가뭄의 재앙은 나를 꾸짖는 것입니다. 어찌 한 몸만 위해 술을 마시겠습니까?"

유정현 등이 사직하기를 청하면서 말했다.

"이제 성상께서 임금이 되셨으나, 가뭄이 이와 같은 것은 실로 신이 재주가 없는 몸으로서 백료(百僚)의 어른이 된 데에 기인한 것입니다. 그러니 엎드려 바라건대, 삼가 신의 관직을 파면하시어 재앙을 물리치게 하소서."

이렇게 대신들이 극진하게 말했지만, 세종은 허락하지 않았다.

5월 6일, 세종에게 찬성 유관(柳觀) 등이 술로 복약할 것을 건의했지만 허락하지 않았다. 찬성 유관, 판서 김여지 등이 아픈 몸을 고치고자 음주를 청했다. 이에 세종이 말했다.

"술 한 잔이 비록 하늘의 뜻을 돌릴 힘은 없으나, 마음속으로 정말 미안합니다."

가뭄이 드니 술 마시기를 삼갔던 것이다.

五. 영성(靈性)

82 세종 8년(1426) 4월 13일, 세종이 한재(旱災)[1]를 염려해 술을 들지 않으므
로, 대제학 변계량이 대궐에 나아가 술을 청했다.

　　"술은 사기(邪氣)를 물리치고 혈맥을 통하게 하는 정말 좋은 약입니
　　다. 만약 이른 아침부터 밤늦게까지 근심하고 두려워해 조금도 술을
　　드시지 않으신다면, 기운이 손상될 것입니다. 술을 드시어 기맥(氣脈)
　　을 기르십시오."

그대로 따랐지만 4월 15일, 한재를 근심해 술 마시기를 그만뒀다.

83 4월 16일, 이직 등이 세종의 건강을 걱정해 술을 금하지 말 것을 청했지
만 역시 허락하지 않았다. 의정부와 육조에서 단 이슬[2]에 대한 하례(賀禮)
를 청했다. 그러자 세종이 말했다.

　　"하늘이 상서를 내린 것이 내릴 시기에 내리지 않았습니다. 상서가
　　아니고, 재변(災變)으로 생각되니 하례하지 마십시오."

다시 청해 이직(李稷) 등이 세종에게 아뢰었다.

　　"주상께서 한재를 근심해 술을 드시지 않으시니, 전하의 두려워하시
　　고 반성하시는 마음은 당연합니다. 하지만 술은 풍랭(風冷)을 치료하
　　고 기맥을 통하게 합니다. 한재가 있다고 술을 드시지 않으신다면,
　　신들은 성체(聖體)에 병이 생길까 두렵습니다."

세종은 본래 술을 즐기지는 않았지만 아예 안 마시는 것은 아니었다. 그
런데도 나라를 위해 약이 된다는 소리를 모두 물리쳤다.

　　"내가 본디 술을 즐기지 않으나, 술을 금할 때가 아니더라도 한두 잔
　　은 마셨습니다. 또 기체(氣體)가 편안하니 비록 술을 마시지 않더라도
　　무슨 병이 있겠습니까? 만약 약으로 먹는다면 염탕(鹽湯)이 좋을 것입
　　니다. 따르지 않겠습니다."

　　"전하께서 오늘 기체가 편안하시고 술을 드시지 않는다면, 아침저녁

---

❶ 가뭄으로 인한 재앙　　　　　　❷ 감로

으로 풍습(風濕)의 독기가 병이 될는지 알 수 없습니다. 약을 복용하실 때 술 한두 잔 드시는 것이 무엇이 불가하겠습니까? 신들의 말은 술을 많이 드시고 근심과 두려움을 잊으시라는 것이 아닙니다."

"경들은 내가 연전(年前)에 근심과 걱정으로 병을 얻었기 때문에 이같은 말을 하는 것이나, 내가 그때에는 선(膳)❶을 반이나 줄였기 때문에 병을 얻은 것이요, 지금은 술만 마시지 않을 뿐인데, 어찌 병이 생길 수 있겠습니까? 또 다른 사람에게는 술 마시는 것을 금하고, 나만 홀로 마신다면 되겠습니까?"

84 5월 11일, 다시 대신들이 임금의 풍기(風氣)를 걱정해 술을 드시라고 했으나 허락하지 않았다. 그 전에 지신사 곽존중과 대언 조종생, 김맹성, 김자, 정흠지 등이 아뢰었다.

"성상의 옥체에는 본래 풍기가 있습니다. 그런데 요사이 한재 때문에 술을 드시지 않으셨습니다. 근일의 기후가 음습(陰濕)하다가 어제 비가 내리기 시작했습니다. 천기를 보니 장차 흙비 장마가 질 것 같으니 술을 드십시오."

"내가 술을 마신다면 대궐 안에서 모두 술을 쓰게 될 것입니다. 어찌 조금 비가 왔다고 해서 금주(禁酒)를 어길 수 있겠습니까?"

"전하께서 몇 해 전에 한재를 염려하시다가 병이 나셨습니다. 금년에도 한재 때문에 술을 들지 않으신다면 병이 다시 발생될까 두렵습니다. 위로는 조종(祖宗)을 생각하시고, 아래로는 생령을 위로하시어 굽어 따르소서."

"나는 술을 마시면서 다른 사람의 음주를 금하는 것이 옳겠습니까?"

85 5월 18일, 좌의정 이직 등이 또 술을 마시기를 청했다.

❶ 반찬

五. 영성(靈性)

"전하께서 한재를 근심해 술을 거두시니, 신들은 근심하시고 과로로 병이 나실까 두려워 술을 드시기를 청했습니다. 마침내 윤허를 얻지 못했으므로 항상 마음으로 근심하고 두려워했습니다. 어제는 비가 흡족하게 내렸으니, 조금 술을 드시어 신들의 마음을 위로하소서."

비가 조금 왔으니 이제는 들어도 괜찮다는 신하들의 말을 받아들일 만했다.

"비가 조금 내렸다고 뒤따라서 곧 술을 마신다면 마음에서 미안합니다. 그러나 경들이 굳이 청하니 그대로 따르겠습니다."

이직 등이 물러나자, 세종이 대언들에게 말했다.

"나만 홀로 술을 마시면서 신민이 술 마시는 것을 허락하지 않는 것은 옳지 못합니다. 그러나 술 마시는 것을 허락한다면 반드시 술에 취해 방종하는 폐단이 있을 것입니다. 어찌하면 좋겠습니까?"

곽존중이 말했다.

"성상께서 잠시 술 드시기를 허락하셨을 뿐인데, 어찌 신민들이 모두 다 술을 마시도록 하겠습니까?"

86 세종 18년(1436) 4월 27일, 비가 내렸으나 흡족지 않아 술을 마시지 않았다. 의정부 참찬 신개(申槩)와 예조참의 황치신(黃致身) 등이 향온(香醞)❶을 올리면서 아뢰었다.

"방금 비가 내리니 술을 드셔서 옥체를 보존하소서."

"비록 비가 내려도 흡족하지 못하니, 어찌 술을 마시겠습니까?"

"오늘 내리는 비는 형세가 많이 내릴 것 같습니다. 전하께서 가뭄 때문에 반찬 등 음식을 간소화하신 지 여러 날이 되었습니다. 전하의 기력이 좋지 못할까 걱정되옵니다."

❶ 향온주. 조선시대 궁중의 양온서에서 어의가 직접 빚은 술이다. 그윽한 녹두 향이 일품으로 알코올 도수가 43도지만, 해독 효과가 있고 부드럽다. 궁중에서도 귀하게 여겨 외국의 사신을 접대할 때나 국가의 큰 행사에만 사용했다.

"작년 가을부터 이제까지 비가 내리지 않아 대단히 가물었으니, 민생이 염려스럽습니다. 어찌 이번 비를 흡족하게 여기고 마음 놓고 술을 마시겠습니까?"

87 5월 5일, 신개 등이 술을 마실 것을 청하나 허락하지 않았다. 영의정 황희, 참찬 신개 등이 주정소(晝停所)❶에 나아가 술 마시기를 청해 말했다.

"능소를 참배한 뒤에는 마땅히 음복(飲福)하셔야 하고, 오늘은 세속 명절이니 음주하시기 바랍니다."

"한재가 너무 심하고, 또 지금 지진(地震)이 있어서 재변(災變)이 거듭됩니다. 그런데 어찌 술을 마시고 스스로 즐거워하겠습니까?"

황희 등이 또 아뢰었다.

"아침 일찍 일어나 멀리 오셔서 능소를 참배하시고, 새벽 기운과 안개를 쏘이셨습니다. 지금 술을 드시지 않으시면 병이 나실까 염려되옵니다."

"내가 술을 마시지 않는 것은 백성들에게 본받게 하고자 함입니다. 또 재변을 두려워하는 뜻에 합당합니다."

신개가 울면서 굳이 청했지만, 세종은 끝내 허락하지 않았다.

88 세종 18년(1436) 6월 2일, 신인손 등이 술을 마시기를 청했지만 세종은 거절했다. 도승지 신인손 등이 말했다.

"지금 비가 왔습니다. 술을 드시기를 청합니다."

"금년의 가뭄은 근래에 드물게 있던 것이며, 재변이 여러 번 있어서, 이제 비록 비가 내렸어도 만약에 내일 다시 갠다면 어떻게 하겠습니까? 우선 기다리도록 하십시오."

이에 앞서 이미 술을 올리게 했다가, 수일이 못 되어 비가 멎었던 적이 있

❶ 임금이 행차하는 도중에 잠깐 머물러 점심을 먹는 곳

었다.

89 세종 22년(1440) 5월 8일, 의정부 우찬성 하연과 예조판서 민의생(閔義生) 등
이 말했다.

"요즘 전하께서 가뭄을 근심해 술을 드시지 않으니, 건강을 잃으시
어 신민에게 근심을 끼칠까 두려워합니다. 또 어제의 비가 흡족하지
는 못하지만, 화곡은 다시 소생할 수 있으니 조금 염려를 놓으실 수
있습니다. 원컨대, 술을 드셔서 신민의 마음을 위로하소서."

이에 술을 올렸지만 세종이 거부하며 말했다.

"을사년(1425)에 내가 가뭄을 근심해 술을 때가 지나도록 먹지 않아
병을 얻었기에 신하들이 염려합니다. 나도 역시 매번 하늘의 재앙을
당하면 비록 음식을 줄였으나 줄인 것을 참지는 않고, 기운이 불편
하면 술을 마시기도 합니다. 또 근일에 복약으로 술을 마시니 이것
으로 족합니다. 어찌 다시 술을 내올 것인가요? 경들은 말하지 마십
시오."

하연 등이 다시 말했다.

"술이라는 것은 오곡(五穀)의 정기이니 적당하게 마시고 그치면 참으
로 좋은 약입니다. 정부 대신이 신들에게 기필코 술을 드리도록 했
습니다. 제발, 신들의 청을 굽어 좇으소서."

세종이 또 허락하지 않았다.

하연이 군이 청하기를 네댓 번을 하고 민의생은 눈물까지 흘리고,
또한 승지들이 아뢰었다.

"신들이 술을 청하고자 했으나 천위❶가 엄중해 감히 못 했습니다. 지
금 대신의 말을 따르지 않을 수 없습니다."

"내가 마땅히 감안해 마시겠습니다."

❶ 임금의 위세

세종 29년(1447) 6월 18일, 비가 와서 술을 진상하게 했다. 의정부와 육조에서 말했다.

"근일에 비록 가문 것 같지만, 금천·과천·수원 등지에는 약간의 비가 오고 있습니다. 어젯밤의 비에도 벼가 소생될 만하오니, 염려를 조금 놓으시고 약주를 드시옵소서."

향온(香醞) 10병을 올리니, 세종이 말했다.

"근년에 수재와 한재가 겹쳐 백성들이 궁하고 굶주려 매우 염려했는데, 다행히 금년에는 곡식이 꽤 잘 자랐습니다. 그런데 갑자기 한창 다 자라게 될 시기에 비가 오지 않아 깊이 걱정이 되었는데, 이제 이렇게 비가 내리니 나도 매우 기쁩니다. 이제 술을 마시겠습니다."

드디어 술을 진상하게 허락하고, 각궁(各宮)과 각전(各殿)에도 그전대로 들이게 했다.

> ❗ 술의 절제는 국가 중대사에 임하는 수장의 자세를 상징한다. 세종은 그러한 행동을 통해 국가 구성원들이 당대의 최고 난제들을 해결하는 데 진력하게 만드는 보이지 않는 힘을 만들고자 했다. 술은 대개 즐김의 대상이다. 거꾸로 이 때문에 나라에 좋지 않은 일이 있을 때 이 술을 경계하도록 했다. 무엇보다 스스로 그 절제의 모범을 보이고자 했다. 리더의 역할은 솔선수범이며, 리더가 그러한 태도를 보일 때 전 구성원이 따를 수밖에 없다. 한편 술은 이렇게 절제와 영성의 대상이므로 그만큼 의미와 가치를 갖게 된다. 만약 술을 아무 때나 먹을 수 있다면 가치가 없을 것이다. 무엇보다 세종은 술을 예를 갖추어 표해야 하는 중요한 상징이자 실체로 보았다.

술의 철학, 술의 경영

세종은 술에 대해 그 나름의 철학과 원칙을 가지고 있던 임금이었다. 세종이 평소에 신하들과 연회(宴會)를 가질 때는 4, 5잔 이상의 술은 마시지 않았다. 세종 15년(1433), 세종이 다음과 같이 말한 바 있다. 이에는 세종의 술에 대한 세계관이 담겨있었다.

"예로부터 술자리는 실컷 마시자는 것이 아니라 신명을 받들고, 손님을 접대하고, 나이 많은 사람을 봉양하기 위한 것이라 했다. 그러므로 제사로 마실 때에는 헌수(獻酬)❶를 절목으로 삼고, 화살을 쏘며 마실 때에는 읍양(揖讓)❷을 예로 삼는다. 따라서 향음례(鄕飮禮)❸는 친목을 가르치기 위한 것이며, 양로례(養老禮)는 나이 많고 덕망이 높은 사람을 존경하기 위한 것이다.

그러나 오히려 '손님과 주인이 절을 100번 하는 동안 술은 세 번 돌린다.' 했고, 또 '온종일 술을 마셔도 취하지 않는다.' 했다. 술이 목적이 아니라 사람에 대한 예가 우선이니 천천히 온종일 술을 마셔 취하지 않는다. 선왕이 술에 대한 예절을 만들어 술로 일어나는 화란을 대비한 것이 완벽하다고 하겠다.

후세로 오면서 풍습이 그전 같지 않았다. 마구 술을 마시는 데만 힘쓰기 때문에 금주하는 법을 아무리 엄격하게 해도 결국 일어나는 화란을 대비하지 못했으니 매우 한탄스럽다. 대체로 술로 일어나는 화란은 매우 크다. 어찌 곡식과 재물을 허비할 뿐이겠는가? 안으로는 심지(心志)를 어지럽히고 밖으로는 위의(威儀)를 잃게 하며, 부모의 봉양을 폐기하게 되고, 또 남녀의 관계도 문란하게 한다. 크게는 나라와 가정을 망치고, 작게는 자기 본성과 인생을 망친다.

윤리에 때 묻히고 풍습을 어지럽게 하는 것을 하나하나 거론할 수는 없을 지경이다. 우선 한두 가지 법으로 삼고 경계로 삼을 만한 것을 말하기로 하겠다.

상나라 주왕(紂王)과 주나라 여왕(厲王)은 술 때문에 나라를 망쳤고, 동진(東晉)은 술로 남의 나라를 망쳤다. 정(鄭)나라 대부 백유(伯有)는 집에다 굴을 파놓고 밤이면 술을 마시다가 결국 자석(子晳)이 놓은 불에

❶ 환갑잔치 등에서 주인공에게 장수를 비는 뜻으로 술잔을 올림
❷ 읍하는 예를 갖추면서 겸손한 태도를 보임
❸ 온 고을의 유생이 모여 향약을 읽고 술을 마시며 잔치하던 일

타서 죽었다. 전한(前漢)의 교위(校尉) 진준(陳遵)은 매번 손님과 크게 술자리를 벌여 문을 잠그고 손님을 붙들더니 흉노(凶奴)에게 사신으로 갔을 때 술에 취해 살해당했다. 후한(後漢) 사예교위(司隷校尉) 정충(丁沖)은 자주 장수들을 찾아다니면서 술을 마시다가 창자가 녹아서 죽었다. 진(晉) 상서우복야(尙書右僕射) 주의(周顗)는 평소 한 섬의 술을 마시는데 우연히 친구를 만나 기뻐하며 함께 잔뜩 술을 마시고 취해 잠들었는데, 문득 깨어보니 친구는 이미 늑골이 썩어서 죽어있었다. 이는 위험한 일이니 정말 경계해야 할 일이다.

주 무왕(周武王)은 「주고(酒誥)」라는 글을 지어서 상(商)나라 백성을 경계시켰고, 위 무공(衛武公)은 「빈지초연(賓之初筵)」이라는 시(詩)를 지어서 스스로 경계했다. 진 원제(晉元帝)는 술 때문에 일을 망치고 있었는데 왕도(王導)가 심각하게 말하자, 원제가 술잔에 부은 술을 쏟게 하고 드디어 술을 끊었다. 원 태종(元太宗)은 날마다 대신들과 술을 마셨는데, 야율초재(耶律楚材)가 술통의 쇠로 만든 주둥이를 올리면서 말하기를, '이런 쇠도 술에 닿으면 이렇게 녹아나는데 더구나 사람의 오장(五臟)이야 손상되지 않을 수 있겠습니까?'라고 했다. 이에 태종이 깨닫고 좌우 신하들에게 하루에 술을 석 잔만 올리라고 칙령을 내렸다.

진(晉)나라 도간(陶侃)은 매번 술을 마실 때면 양을 정해놓고 마셨다. 누가 조금 더 마시기를 권하면 도간은 한동안 슬픈 표정을 짓고 있다가 말했다. '젊어서 술을 마시고 실수를 해 돌아가신 아버님과 약속을 했기 때문에 감히 정해진 술의 양을 넘길 수가 없다.'

유곤(庾袞)의 아비가 생전에 항상 술을 조심하라고 유곤에게 경계시켰다. 그 뒤에 매번 취하면 갑자기 자책을 했다.

'내가 선친의 훈계를 저버리고 어찌 남을 가르칠 수 있겠는가!'

이렇게 말하고는 선친 묘 앞에서 스스로 20대의 매를 맞았다. 이는 정말 법으로 삼을 만한 일이다.

五. 영성(靈性)

우리나라에서도 신라가 포석정(鮑石亭)에서 패배한 것과 백제가 낙화암(落花巖)에서 멸망한 것도 모두 술 때문이었다. 고려 말기에는 상하가 서로 닮아 술에 빠져 방탕한 생활을 하다가 결국 패망했다. 이 역시 오래지 않은 거울로 삼아야 할 일인데 어찌 경계하지 않을 수 있겠는가?

아, 술이 재앙을 빚어내는 것이 이렇게 참혹한데 오히려 깨닫지 못하고 있으니 도대체 무슨 마음을 먹고 있는 것인가? 비록 국가를 위한 염려는 하지 못해도 유독 자신의 생명마저 돌아보지 않는다는 말인가? 식견이 있는 조정의 신하들이 이 모양인데 시골의 백성들이야 무슨 짓을 못 하겠는가? 따지고 보면 옥송(獄訟)이 발생하는 것도 대부분 술에서 비롯한다. 처음에 삼가지 않으면 결국에 가서 그 폐단은 정말 두려운 것이다. 이것이 바로 내가 옛 일을 상고해 오늘에 보이면서 반복해 훈계하는 이유다.

아, 중외의 대소 신민들에게 내 간절한 마음을 전해 옛사람의 잘잘못을 보아서 오늘날의 경계로 삼고, 술 마시기를 좋아해 일을 그르치지 않도록 할 것이다. 술을 지나치게 마셔서 병에 걸리지 말도록 하라. 그리고 각각 행동을 주의해 술을 드러내놓고 마시지 말라는 교훈에 따라서 술 마시는 것을 삼간다면 아마도 새로운 기풍을 일으킬 수 있을 것이다.”

어떤 이들은 세종이 술을 매우 좋아한 군주였다고 말한다. 하지만 실록이나 『국조보감』의 기록에 따르면 이는 사실과 다르다. 세종은 술을 절제의 대상으로 여겼다. 술의 돈독한 기능은 상대적으로 간과한 면이 있다. 그것은 바로 술은 예와 불가분이라는 점이다. 그것은 술에 대한 철학이다. 술에 대한 절제와 예의 지킴은 백성 이전에 상류층 사회에서 모범을 보여야 한다는 것이 세종의 생각이었다. 지도층들의 음주문화를 경계한 측면이 강하다.

한편 술을 빚을 때는 많은 곡식이 들어간다. 생산을 하는 이들과는 별도로 생산하지 않는 자들이 술을 지나치게 마신다면, 누군가 굶고 있는 것이 아닌가!

고기를 먹지 않는 이유

92 나라에 상제가 있거나 가뭄·흉년 등과 같은 재해가 있을 때 세종은 고기를 먹지 않았다. 자신의 건강과 질병의 악화를 불러오는데도 고기를 먹지 않는 원칙들을 지켰다.

세종 4년(1422) 11월 1일, 세종이 허손병(虛損病)❶이 있었는데 이를 고치기 위해 대신들이 육선(肉膳)❷들기를 청했다. 세종이 허손병을 앓은 지 여러 달이 되어, 정부와 육조에서 육찬(肉饌) 들기를 두세 번 청했다. 세종이 신하들의 이런 청을 듣지 않았고, 병세는 점점 깊어져 약이 효험이 없었다. 이때 태종의 상(喪)을 당해 세종은 그 상을 지내기 위해 고기를 먹지 않고 있었다. 이때 유정현·이원·정탁 등이 육조 당상과 대간과 함께 말했다.

"평인들이 만사를 제폐(除廢)하고 상제(喪制)를 지켜 행해도 3년 안에 병에 걸려버립니다. 더구나 전하께서 지존(至尊)의 몸으로 소찬(素饌)만 드시고 3년의 상제를 마치고자 하신다면, 병이 깊어 치료하기 어렵게 될 것입니다.

옛 사람이 '죽은 이를 위해 산 사람을 상해(傷害)하지 말라'고 했고, 또 '육즙(肉汁)으로 구미(口味)를 당긴다'는 말도 있습니다. 이제 세자가 어린데, 전하께서 상경(常經)❸만 굳이 지키고, 병환이 깊어져 정사를 보지 못하시게 된다면 종사(宗社)와 생령(生靈)에 이롭지 않습니다.

태종께서 남기신 말씀에도 '주상은 고기가 아니면 진지를 들지 못하니, 내가 죽은 후 권도를 좇아 상제를 마치라'고 하셨습니다. 이는 곧 전하께서 예법을 지키시고 지나치게 슬퍼하시므로, 건강을 해치실까 미리 아시고 염려하신 것입니다. 왜 위로 조종(祖宗)의 영(靈)을

---

❶ 만성피로증후군. 비정상적인 땀 분비, 식욕감   ❷ 고기반찬
퇴, 소화불량, 체중감소, 불면증 같은 증상이 나   ❸ 사람이 마땅히 지켜야 할 올바른 도리
타남.

위로하시고, 아래로는 신민의 바람을 좇지 않으십니까?"

신민의 바람을 좇지 않는다는 말에도 세종은 여전히 거절했다.

"내가 병이 없고 늙지도 어리지도 않으니, 어찌 뒷날에 병이 날까 봐 고기를 먹겠습니까?"

세종은 이처럼 듣지 않았다. 정현(廷顯) 등이 모두 내정(內庭)까지 나아가 기어이 청하니 이때 세종이 마지못해 말했다.

"여러 경(卿)이 청하기를 마다하지 않았으니, 오늘은 마땅히 소찬을 하지 않겠습니다."

여러 신하들이 세종이 육찬을 드는 것을 꼭 보고자 했다. 이에 세종이 말했다.

"임금은 진실로 필부(匹夫)도 속일 수 없는데 더구나 대신에게는 어떻겠습니까?"

이에 육찬을 들었다. 그리고 교지를 내렸는데 내용은 다음과 같았다.

"이제 흉년이 들어 백성이 굶주리니, 여러 도에 육선을 진상하지 말게 하고, 또 문소전(文昭殿) · 광효전(廣孝殿) 외에 각전(各殿)의 망전(望前) · 망후(望後)의 진상도 아직 정지하라."

세종 26년(1444) 12월 10일, 영의정 황희 등이 식사에 육선 들기를 청했지만, 허락하지 않았다.

"내가 지금 아무런 병환이 없으니 따를 수 없습니다."

세종은 질병이 없는 상황에서 고기를 애써 먹을 필요는 없다고 했다. 이에 우의정 신개가 말했다.

"전하께서 지금은 병환이 없다 하시지만, 그 뿌리가 혹 움트면 뒤에 반드시 후회가 있을 것입니다. 무엇보다 태종 대왕의 남기신 말씀에 따라서 마땅히 육선을 드시옵소서."

신개는 질병이 발생하기 전에 미리 고기를 먹어야 한다고 말했다. 하지만 세종은 이에 반대했다.

"내가 말을 듣지 않는다고 경들은 반드시 무례하다고 할 것입니다. 하지만 따를 수 없습니다."

황희 등이 또 굳이 청했지만, 끝내 허락하지 않았다.

이와 같이 육선을 하지 않은 사례는 많다. 세종 26년(1444) 12월 11일, 의정부 육조 대사헌에서 육선할 것과 왕비의 재최복(齋衰服)❶을 제거하길 청했다. 이때 소헌 왕후의 어머니가 세상을 떴다. 세종은 이에 맞추어 고기를 먹지 않고 있었다. 의정부·육조·대사헌 등이 아뢰었다.

"전하의 몸이 평안하지 못하시니 오래 소찬만 드시면 안 되시는데, 벌써 5, 6일이 넘었는데도 아직껏 평시의 수라(水剌)를 물리치시니, 신들이 정말로 근심하옵니다. 신들의 소망을 좇으소서."

영중추원사 최윤덕과 판중추원사 조말생, 병조판서 한확 등이 또 말했다.

"태종께서 일찍이 '주상이 소선(素膳)만으로는 견디지 못할 터인데 어찌하나' 하시면서 눈물을 흘리시던 일이 아직도 생생하게 귀에 남아 있습니다. 아직도 상선(常膳)을 허락하지 않으시니 하늘에 계신 태종 대왕의 신령이 어찌 편하시겠습니까?"

"만약 병이 있다면 어찌 경들의 청을 기다리겠습니까? 지금 나는 평안하니 경들은 말하지 마십시오."

다시금 황희 등이 말했다.

"성상(聖上)께서 나이 50이 가까우시고, 지금 또 강녕하지 못하십니다. 애통하심이 지나치시고, 태종의 남기신 말씀이 분명하시기 때문에 신들의 말을 따르지 않으실 수 없습니다."

"경들이 아무리 되풀이해서 말해도 내 끝내 허락할 수 없습니다."

재차 황희 등이 말했다.

❶ 옷자락을 꿰매어 마름질한 상복

五. 영성(靈性)

"소선하는 제도는 예법에도 근거가 없습니다. 또 왕비께서는 대부인 복을 입으신 지가 이미 13일이 지났는데 아직도 재최복을 벗지 않으셨습니다. 옛날 원경왕후(元敬王后)의 친상 때는 13일 만에 복을 벗었는데, 지금 왕비의 친상은 이미 13일이 지났습니다. 그런데 오히려 원경왕후의 친상보다 무거운 복을 입으셔서 경중(輕重)의 순서가 없습니다. 왕비의 몸은 위로 지존과 배필 되셨으니 사친(私親)의 상례(喪禮)를 다할 수 없는 것입니다. 최복(衰服)을 벗으셔야 합니다."

"지금 나는 편안하니 육선은 허락할 수 없고, 중궁(中宮)의 탈복(脫服)은 예관(禮官)들과 논의하십시오."

93 세종 28년(1446) 4월 3일, 도승지 유의손이 임금에게 육선 들기를 청했으나, 따르지 않았다. 이때 왕비 소헌 왕후(1395-1446)가 세상을 떴다.

도승지 유의손(柳義孫) 등이 다음과 같이 말했다.

"무릇 사람의 혈기는 50에 쇠합니다. 성상께서 본래 오랜 병환이 있으십니다. 요즘 중궁의 상사(喪事) 때문에 육선을 드시지 않으시니, 신들은 놀랍고 두려움이 큽니다. 두 번이나 육선을 드시기를 청했으나 아직도 윤허를 받지 못했습니다. 엎드려 바라옵건대 종사의 대계(大計)를 위해 신을 굽어 좇으소서."

"이 일은 평생에 두 번 있을 수 없는 것입니다. 내가 지금 병이 없으니 경들은 다시 말하지 마십시오."

3월 27일, 오히려 연로한 대신들에게 육식을 권고하는 전지를 승정원에 내렸다. 승정원에 전지한 내용은 다음과 같았다.

"근일에 70세 이상 되는 늙은 대신이 오랫동안 고기를 먹지 않으므로, 내가 매우 불쌍하게 여긴다. 7일 이후에는 고기를 먹도록 권고하라."

승지들이 아뢰었다.

"주상께서 소찬을 드시는데 대신에게 고기 먹기를 권고해도 누가 감히 먹겠습니까?"

"나이 많은 늙은 대신은 하루라도 고기가 없어서는 안 될 것인데, 어찌 내가 상제를 마치기를 기다리겠습니까? 더구나 나의 말은 임금의 명입니다. 늙은 신하의 자손들에게 이를 권고하게 하십시오."

94　나라의 재난에 관해서는 특히 다음과 같은 사례가 있었다. 세종 7년(1425) 윤7월 9일, 의정부와 육조에서 각 도의 진상을 전례대로 할 것을 청했으나 허락하지 않았다. 의정부와 육조에서 아뢰었다.

"지금은 농극(農隙)❶이 되어 농민이 좀 한가하고, 또 중국 사신에게 접대할 일도 있기 때문에, 보름 전후 각 도의 진상을 전례대로 하기를 청합니다."

각 도에서 올리는 진상을 다시 재개해야 한다는 신하들의 주장이었다. 하지만 세종은 타당하지 않다고 했다.

"한재와 수재가 잇따라 생기니 농사의 앞일을 알 수가 없습니다. 또 들으니 김매기도 마치지 못한 곳이 있다 합니다. 각 도에 진찬(進饌)하게 하는 것은 옳지 않습니다."

의정부와 육조에서 다시 청했다.

"먼 도는 제외하고 충청·황해·강원·경기도에서는 진상해도 해가 없을 것입니다."

세종은 자신의 잘못과 백성에 대한 민폐를 우려해 말했다.

"하늘이 재변으로 나를 꾸짖는데 어찌 진찬하는 것으로 백성을 번거롭게 하겠습니까? 더 청하지 마십시오."

95　세종 27년(1445) 1월 21일, 도승지 이승손 등이 고기반찬을 들 것을 청했

❶ 농사의 여가. 농한(農閑)

五. 영성(靈性)

는데 역시 허락하지 않았다. 이승손 등이 말했다.

"근일에 고기반찬을 드시지 않는데, 여러 예문을 살펴봐도 그런 제도가 없습니다. 또 일기가 차가운데 옥체의 기력이 손상될까 염려됩니다. 고기반찬을 드셔서 여러 사람의 소망을 위로하게 해주십시오."

"내 지금 아무 병이 없으며, 7일을 지내면 청하지 않더라도 내 마땅히 먹을 것입니다. 대신들이 다시 와서 청하지 말게 하십시오."

96 1월 22일, 의정부와 육조에서 고기반찬을 들 것을 청하니 허락하지 않았다. 의정부와 육조에서 아뢰었다.

"근일에 소찬하시는 것이 예문에 제도가 없습니다. 또 일기가 춥고 기후가 고르지 못합니다. 옥체의 오랜 병환에 슬퍼하심이 지나치시옵니다. 오랫동안 고기반찬을 드시지 않으시니, 제발 고기반찬을 드시옵소서."

"어제 승정원에 전지해 7일이 지나면 고기반찬을 먹는다고 했으니, 이것이 내 뜻입니다."

다시 의정부와 육조에서 말했다.

"오늘 아침은 이미 지났습니다. 낮수라와 저녁수라에는 고기반찬을 드셔서 늙은 신하의 소망을 위로해주십시오."

"하루 사이에 이와 같이 할 수는 없습니다. 또 이제 아무 탈이 없으니 만일 오늘만 지나면 그대들이 말하지 않더라도 마땅히 따를 것입니다. 그러니 더 번거롭게 청하지 마십시오."

세종 28년(1446) 8월 4일, 처음으로 세종은 육선(肉膳)을 사용했다.

> ! 고기반찬은 기름진 음식을 상징한다. 또한 가장 좋은 음식이라는 의미를 내포하기에 욕망의 충족을 뜻한다. 한편으로 고기반찬은 살생에서 비롯한다. 개인의 풍요로움만을 추구하기 위해서 살생을 하는 것이다. 세종은 미래의 병을 걱정하며 비용과 자원을 너무 많이 소모해 다른 이들에게 피해를 주지는 않으려 했다. 공적인 일을 맡은 사람이 이러한 모습을 보인다면, 전체에 미치는 영향은 클 수밖에 없다. 8체질론 등에

따를 때 세종은 고기 섭취를 더 해야 하는 체질로 보인다. 이는 태종이 지적한 바이기도 하다. 그러나 나라의 일 때문에 세종은 자주 고기를 끊었다. 그것은 대단히 몸을 해치는 일이었는데도 말이다. 자신의 건강과 목숨을 위해 필요한 것까지 절제하는 그의 모습에 따르지 않을 사람이 없었다.

자신의 병보다 민폐를 우선 생각하다

97 왕이 병을 낫게 하는 데 욕심을 부렸다면 백성은 뒷전일 수도 있는데 세종은 그리하지 않았다. 세종 26년(1444) 7월 13일, 초수(椒水)❶에 거둥하지 않을 것을 승정원에 일렀다. 세종이 승정원에 이른 내용은 이러했다.

"지난해에 농사가 잘 되지 않았고, 금년에 또 가물어 내가 무슨 마음으로 천재지변에 근신하지 않고 내 몸의 병 치료를 위해 초수에 갈 수 있단 말입니까? 병조에서는 준비하지 말도록 하십시오."

그해 1월 27일, 어떤 사람이 와서 아뢰었다.

"청주(淸州) 인근에 물맛이 호초(胡椒) 맛과 같은 것이 있어 이름하기를 초수라 하는데, 모든 질병을 고칠 수 있고, 목천현(木川縣)과 전의현(全義縣)에도 또한 이러한 물이 있습니다."

세종이 이에 거둥해 안질(眼疾)을 치료하려 내섬시윤(內贍寺尹) 김흔지(金俒之)를 보내어 행궁(行宮)을 세우게 하고, 이 물을 얻어와서 아뢴 자에게 목면(木縣) 10필을 하사한 바가 있었다.

98 2월 3일에는 경기도와 충청도 관찰사에게 주의 사항을 유시했다.

"초수리(椒水里)와 도중의 숙소(宿所)며, 주정소(晝停所) 근방 촌락의 민호(民戶)에 혹시 병 기운이 있을까 염려되기 때문에, 소재지 관리로 하여금 미리 알아내어 멀리 떨어진 곳에 초막[廬]을 짓고 옮겨가게 하도

❶ 초정약수(광천수)

174 五. 영성(靈性)

록 하라. 엄하게 고찰(考察)해 구호하고 치료하라고 이미 공문을 보낸 바가 있다. 하지만 이 이동 때문에 살던 백성이 죽고 상하거나 혹은 농사일에 방해가 된다면, 거가(車駕)가 이르는 곳임에도 은택(恩澤)은 입지 못하고 도리어 고통만을 당하게 될 것이다. 이런 점은 내가 심히 진려(軫慮)된다. 경(卿)은 그리 알고 곡진하게 조치하라."

백성들에게 민폐가 가지 않도록 최대한 주의를 하라는 지시였다.

99 세종은 먼저 관리들을 보내 초수가 효과가 있는지 알아보게 했다. 2월 7일에는 전 목사(牧使) 김췌(金萃)와 전 만호(萬戶) 유면(柳沔) 및 전 현감(縣監) 정중건(鄭仲虔)을 청주 초수리에 보내어 목욕으로 안질을 치료해보라 했더니, 이에 이르러 김췌 등이 돌아와서 복명(復命)했다.

"안질이 조금 나았습니다."

이 말을 듣고 마침내 청주 초수리에 거동하기로 했는데 흉년인 것을 염려해 호종하는 모든 일을 힘써 간략하게 했다.

2월 28일에 임금과 왕비가 청주 초수리에 나갔고, 세자가 따랐다. 3월 2일에 도착했고 중간에 충청도 도사(都事) 한질(韓)이 와서 문안하자 간편함을 강조했는데 경계를 넘어 문안을 하는 일은 다시 하지 말라고 했다. 한편 초수리에 가깝게 사는 아이와 노인 등 백성 280명에게 술과 음식을 먹이도록 했다. 또한 근처 농민 38호(戶)에 술과 고기를 주었다. 감고(監考) 박배양(朴陪陽) 등 8명에게는 면포를 차등 있게 분배해주었다. 모두 민폐와 수고에 대한 대가였다.

이때 신하들은 효험을 이유로 더 오래 머물기를 청했다. 여러 대군(大君)들이 승정원에 전했다.

"전하께서 27일에 환궁하시려 하신다. 하지만 초수가 효험이 있으니 여러 승지들이 마땅히 오래 머무르시도록 청하게 하라."

도승지 이승손이 세종에게 청했다. 세종이 이에 말했다.

"내 생각으로는 전과 다름이 없는 것 같습니다, 남들이 볼 때에 조금 나은 것 같다 합니다. 내가 마땅히 다시 머물러서 그 효험을 보겠습니다."

이승손 등이 다시 청해 말했다.

"내월 10일 뒤에 환궁하소서."

이에 대해 세종이 신뢰를 지켜야 한다며 말했다.

"당초에 60일로 한정한 것을 이미 서울과 지방에서 다 알고 있습니다. 신의를 잃어버릴 수 없습니다. 내월 초삼일은 곧 60일이니 내가 마땅히 환궁해야겠습니다."

그리하여 4월 3일까지 초수에 머무르며 치료를 했다.

이후 가을에 다시 방문하는 문제를 논의해야 했다. 도승지 이승손이 말했다.

"전하의 한 몸은 조종께서 부여하신 중책을 받고 있는 것입니다. 지금의 거둥은 오로지 한 몸의 병을 치료하는 일뿐만이 아니라 나라의 한없는 큰 계획을 위한 것입니다. 어찌 한때의 재변 때문에 큰 몸을 생각지 않으시옵니까?"

이에 대해 받아들이지 않으며 세종이 말했다.

"나의 병은 이미 여러 해가 되었습니다. 비록 초수에 가도 반드시 효험을 보지 못할 것입니다. 거둥하는 때에 백성에게 폐해가 많은 까닭에 정지하고자 합니다."

의정부 우찬성 황보인, 좌참찬 권제 등이 의정부의 의견을 말했다.

"금년에 비록 한재가 있지만 실농(失農)에 이르지는 않았으며, 천둥 벼락의 변(變)은 우연이고 하늘의 꾸짖음은 아닙니다. 한해(旱害)를 근심하고, 재변(災變)을 두려워해 초수에 거둥하시는 일을 정지하고자 하신다니, 신들은 마음이 아픕니다. 만약 한 해 흉년이 든 백성들이 거둥에 따라 피해를 받을 것을 염려하셔서 중지하신다면, 시위하는 군사와 공궤(供饋)의 비용을 적당히 감(減)하는 것이 어떻겠습니까?"

행차 규모를 줄이자는 제안을 세종은 받아들이지 않았다.

"금년의 가뭄은 예전보다 더욱 심할뿐더러, 천둥 벼락의 변은 하늘이 경계를 보낸 것인데, 내가 무슨 마음으로 먼 지방에 거둥한단 말인가요? 나의 뜻은 이미 정했으니 그대들의 의견을 들을 수 없습니다."

세종 26년(1444) 7월 16일, 도승지 이승손이 초수에 거둥하는 일을 정지하지 말 것을 아뢰었다.

"충청도 물가의 각 고을은 비록 가문다고 해도, 충주·청주 등지에는 벼이삭이 곧잘 여물었으니 초수에 거둥하셔서 신민들의 마음에 응하십시오."

덜 흉년이니 초수에 행차를 해도 된다는 신하들의 제언이었다. 역시 세종은 받아들이지 않았다. 하지만 조건을 달았다.

"금년의 한재가 병진년보다 심합니다. 거둥할 때에 지방의 수령들이 이를 핑계 삼아 금품을 거두어들이면, 백성들의 폐해가 많을 것이라서 내가 차마 하지 않는 것입니다. 그러나 그대들이 대신과 함께 굳이 청하니, 만약 공급될 비용과 시위하는 병사의 수를 금년 봄에 거행한 거둥 때의 반액으로 줄인다면 내 장차 나가겠습니다."

봄에 갔을 때보다 반쯤 규모를 줄이자는 생각을 말한 것이다. 이에 이승손이 말했다.

"마땅히 간편하게 하는 방법을 만들어 아뢰겠습니다."

하지만 곧 이마저 철회했다.

100 7월 28일, 세종이 근심해 승정원에 전지하기를 다음과 같이 했다.

"3월로부터 이때에 이르기까지 비가 오지 않아서 볏곡이 말랐습니다. 또 동풍(東風)이 달을 이어 불어서 비록 수원(水原)에서는 벼이삭이 나온 곳도 있으나, 거의 다 결실(結實)을 맺지 않았습니다. 또한 바다 연변의 각 고을에는 한재가 더욱 심하니, 도성 안의 사람들은 비록 쌀이 되에 차지 않더라도 다 서로 거래하게 되었습니다. 가뭄이 이와 같고 동풍이 또 부니, 만약 오늘 비가 오지 않으면 나는 초수에 가는 일을 정지하겠습니다. 거둥하는 일 때문에 민간을 동요시킬 수는 없지 않습니까?"

이에 승지들이 아뢰었다.

"거둥하실 날짜가 아직 정해지지 않았는데 백성들이 어찌 동요하는 자가 있겠습니까? 다만 어떤 사람이 와서 말하기를, '태안(泰安) 등지의 한재가 더욱 심해 쌀 한 말[斗]로 소금 21말을 살 수 있고, 대맥(大麥) 한 말로는 소금 17말을 살 수 있는 형편입니다. 그래서 감사나 수령이 어떻게 할 바를 모르고 눈물을 흘리고 있을 뿐입니다.'라고 합니다."

7월 29일, 다시 승정원에서 초수에 거둥하길 간청했으나 허락하지 않았다. 승정원에서 이때 말했다.

"지금 한재 때문에 초수에 거둥하시는 일을 정지하신다고 하셨습니다. 하지만 이미 충청도 홍주로 통하는 길가의 각 고을은 한재가 매우 심해, 비록 지금 비가 오더라도 결실하지 못할 것입니다. 그 나머지의 고을에는 벼가 꽤 잘되었으며, 또 경상·전라·평안·함길도에 밭곡식도 아주 잘되었습니다. 무엇보다 이번 거둥은 유람이나 사냥하는 일도 아닙니다. 만약 금년 가을 초수 행차를 정지하신다면 내년에 치료 목적의 거둥을 하시기는 더욱 어려울 것입니다. 이번에 하지 않을 수 없는 것입니다."

이에 세종이 말했다.

"이 일은 몸과 목숨에 관계되는 것인데, 내 어찌 생각지 않았겠습니까? 옛날 송부필(宋富弼)이 승상(丞相)이 되었을 때에 비록 한때의 기근은 구제했지만 끝내 굶어 죽은 자가 매우 많아서 한곳에 묻었는데, 사람들이 그것을 무더기 무덤[叢塚]이라고 말했습니다. 건문 연간(建文

年間)에는 중국에 큰 흉년이 들어 죽은 자가 길에 서로 바라다보이게 되었습니다. 태종(太宗) 때에 한재가 자못 많았는데, 비록 죽은 사람이 있을지라도 감사·수령 및 이정(里正)·이장(里長) 등이 사실대로 보고하지 않았습니다. 그러나 가령 건문 연간의 천재 같은 것이라면 어찌 마침내 숨기고 알리지 않을 수 있었겠습니까? 나의 병은 여러 가지 방법으로 치료했으나 낫지 못하고, 재변은 또한 천명(天命)인 것입니다. 만약 천명을 어기고 함부로 간다면 어찌 마침내 복을 받을 수 있겠습니까? 내가 그대들의 말을 듣지 않는 것은 이 때문입니다."

승지들이 다시 초수 거둥을 주장하며 다음과 같이 아뢰었다.

"주문사(奏聞使)의 통사(通事)인 김정수가 말하기를, '중국도 또한 한재'라고 합니다. 올 한재는 온 천하에 공통된 것입니다. 우리나라만 그런 것은 아닙니다. 상감께서 커다란 요체를 생각하지 않으시고 민폐만을 생각해 초수 거둥을 정지하시니, 신들이 어찌 작은 폐해일 뿐이라고 주청하지 않을 수 있겠습니까? 작은 폐단을 염려하시지 말고 대의를 생각하십시오."

하지만 끝내 세종이 허락하지 않았다.

101 시간이 흘러 가을이 되었다. 10월 18일, 도승지 이승손 등이 명년에 다시 초수에 거둥할 것을 청하니, 세종이 결국 끝내 거절해 말했다.

"초수에 가는 일은 내 결코 하지 않겠습니다."

그리고 선전 내수(宣傳內竪)에게 다시 말했다.

"감히 와서 청하는 자가 있거든 말하지 못하게 하십시오."

다음 날 이승손 등이 이번에는 세자에게 사뢰었다.

"신들이 어제 초수 거둥을 청했더니, 상감께서 허락하지 않으실 뿐아니라, 도리어 내신(內臣)에게 아뢰지도 못하게 하셨습니다. 마음이 아픕니다. 지난날 초수에 거둥하실 때는 모든 것을 간소하게 하고 소요되는 비용을 다 가지고 가서 충청 지역에는 피해가 없게 했습니다. 신의 말씀을 상감께 올려주소서."

이를 듣고 세자가 들어가서 아뢰니, 세종이 말했다.

"내 몸의 병을 내가 어찌 모르겠습니까? 초수에 갔다 온 뒤부터 병은 역시 조금 낫지만, 이만하고 그만두기로 마음먹었기 때문에 듣지 않은 것입니다."

102 다시 한 달이 흐른 11월 19일, 좌찬성 하연 등이 명년에 초수에 거둥할 것을 청했으나 허락하지 않았다.

"초수에 행행(行幸)하신 후에 이미 효험이 있었으니, 명년에 초수에 거둥하시기를 청하옵니다."

연 등이 두세 번 거듭 청했으나, 끝내 허락하지 않았다.

103 하루 뒤인 11월 20일, 우의정 신개 등이 초수에 거둥하기를 청했으나 병을 이유로 허락하지 않았다. 다시 청하자 세종이 말했다.

"내가 경들의 청을 듣지 아니함은 겸양(謙讓)으로 그러는 것이 아닙니다. 또한 민폐가 있다고 그러는 것도 아닙니다. 만일에 백성들에게 은혜가 미치는 일이라면 해야 할 것이고, 하지 않으며 경들이 굳이 청해야 할 것입니다. 초수에 가는 일 같은 것은 나 한 사람의 병에 관한 일입니다. 옛사람은 그 친구의 아들이 죽어도 울었다는데, 제 몸의 병을 내가 왜 생각지 않겠습니까? 지금 내가 가지 않으려는 것은 효험이 없기 때문이고, 민폐가 있기 때문은 아닙니다.

경들의 말에는 매양 작은 폐에 구애하지 말라고 합니다. 하지만, 내가 만약 폐만 생각한다면 지난해 봄에 천재지변이 거듭 있었어도 오히려 경들이 청하는 대로 따랐을 것입니다. 하지만 금년 겨울에는 아무리 흉년이라 해도 구황(救荒)하는 정책만 다한다면 백성을 살릴 만합니다. 걱정되는 바가 지난 가을같이 심하지 않으니 어찌 경들의 청을 저버리겠습니까?

지난 가을에도 나는 본래 가고 싶지 않았으나, 경들이 굳이 청하므로 내 마지못해 따랐던 것입니다. 지금도 만약 해야 할 일이라면 어찌 따르지 않겠습니까? 또 내가 먹고 입는 것이 다 백성에게서 나오는 것이니 폐가 없을 수 없고, 그 폐가 되는 점을 알면서도 먹고 입지 않을 수 없습니다. 따라서 어찌 오직 민폐를 들어 이 일만 하지 않겠습니까? 중궁의 모친이 병환이 있는데 초수를 마시고자 하므로, 내가 민폐를 헤아리지 않고 가져오게 했는데, 하물며 내 몸의 병을 어찌 소홀히 하겠습니까? 또 내가 전일에 역(驛)에 명해 초수를 실어오게 했더니 물맛이 조금 변했으나 직접 간다면 날짜에 제한이 많아야 60일이나 70일에 미치지 못할 것입니다. 하지만 거꾸로 실어온다면 1년의 360일에 어느 날이고 가져오지 못할 날이 없으니 따라서 직접 가는 것보다 낫지 않은가 싶습니다. 내 결코 직접 갈 수 없습니다."

효험이 없어서 가지 않는 것이라는 세종의 말에 신개 등이 다시 말했다.

"지난 가을에는 바람과 날씨가 차가워 효험을 보지 못했습니다. 내년 봄 날씨가 화창할 때에는 반드시 효험이 있을 것입니다. 전하께서는 비록 민폐는 생각하지 않는다고 말씀하시지만, 가시지 않으려는 것은 실상 폐가 백성에게 미칠까 염려하신 것입니다. 전하의 일신(一身)은 종묘사직의 평안함과 위태함이 연결되어있습니다. 어찌 작은 폐를 염려해 큰 것을 생각하지 않겠습니까? 내년 봄에 가시지 않을 수 없습니다."

신개 등의 입장은 효험이 문제가 아니라 백성들에게 피해가 갈까 봐 가지 않으려 하려는 것이 문제라는 말이다. 이에 세종이 반대해 말했다.

"경들이 종사(宗社)의 안위를 염려해 청하는 뜻이 간절하고 측은해 더할 말이 없습니다. 하지만 나의 대답할 말도 그만하겠습니다."

세종이 거부하자 신개가 울면서 말했다.

"지난 가을에도 분명한 효험이 없었고, 내년 봄에도 또 효과가 없으

시면 다시 무슨 말씀을 드리겠습니까? 한번 더 시험해보신 뒤에 그
만두셔도 좋겠습니다."

세종이 신개가 우는 모습을 보고 말했다.

"경들의 뜻을 내가 잘 알고 있습니다."

11월 23일, 의정부와 육조에서 초수에 행행해 치료하기를 거듭 청하는데
끝내 허락을 하지 않았다. 이에 대신들이 두세 번 굳이 청했는데 세종이
"내 다시 생각해보겠습니다."라고 했다.

104 그런데 세종 30년(1448) 3월 28일, 청주의 초수 행궁(椒水行宮)이 불탔다. 이
는 어떤 자의 방화였고 그 방화범을 잡았다. 죄를 심하게 줄 법한 일이었
는데, 이에 대해서도 세종은 다른 견해를 밝힌다. 즉 방화범을 풀어준 것
이다. 방화의 이유로 행차의 민폐를 생각한 것이다. 5월 21일, 초수에 있
는 행궁 방화범을 바쁜 농사철이라 해서 방면시켰다. 세종이 충청도 감
사에게 유시했다.

"내가 들으니 초수 행궁의 실화(失火)한 사람을 잡아 가두고 국문한다
고 합니다. 지금 농삿달을 맞아 여러 날 옥에 가두어두는 것은 심히
불가합니다. 속히 놓아 보내게 하십시오."

신하들이 왕을 위해 초정을 꾸몄으나 이는 어려움에 처한 백성들에게 곤란한 상황을
만들어 원성을 불러올 수 있었다. 그러했기 때문에 세종은 조심했던 것이다. 세종이
질병의 치료를 위해 사용한 초정 행궁이 불탔는데, 이는 백성의 원망이 있는 것이기
도 하다. 방화범을 잡는 데 치중하면 자칫 더 원성이 일어날 수 있다. 세종은 비록 물
의 효험이 없다는 말을 이유로 들지만, 가뭄으로 백성들에게 폐를 끼치는 것만이 아
니라 자신의 이익을 위해서 사사로이 움직이는 것에 대해서 조심했다.

五. 영성(靈性)

몸과 마음을 깨끗이 한다는데

105 세종은 몸과 마음을 깨끗하게 하는 일에 연관되어있는 승려들에게 밥을 주는 것이 문제 될 것이 없다고 말한 바도 있다. 세종 30년(1448) 7월 17일, 세종이 조종(祖宗)을 위해 창덕궁 근처 문소전(文昭殿) 담 동쪽에 있던 불당을 다시 만들기로 했다. 불당을 다시 만드는 일에는 거센 반대가 있었다. 그러나 세종은 왕실과 왕업의 일이라며 추진했다. 마침내 불당을 완성하게 되어 이때 불승들에게 밥을 주게 되는데 이에 대해서 대신들이 반대했다. 그러나 세종이 이를 받아들이지 않았다.

11월 25일, 의정부 사인(舍人)❶ 박중손이 불당 경찬회❷에서 잡승(雜僧)의 공궤(供饋)❸를 정지하기를 청했다. 의정부에서 박중손을 시켜, 불당 경찬회 때에 잡승에게 밥을 먹이지 말도록 청했다. 이에 세종이 말했다.

"승도(僧徒)에게 공궤함이 나의 덕(德)에 무슨 손해와 이익이 있겠습니까? 그대들이 그 불당이 문소전에 가깝다는 이유 때문이라 말하지만, 인가에서 가까운 곳에 불당이 많이 있는데, 어찌 이 일만 말하는 것입니까? 또 이처럼 비밀리에 아뢰니 나는 그 뜻을 알지 못하겠습니다."

문소전은 조선 태조의 비 신의왕후(神懿王后) 한씨(韓氏)를 모신 사당이다. 이런 유교식 사당 옆에 있는 불당이 복원되는 일에 대신들은 못마땅했다. 다시 박중손이 아뢰었다.

"당상(堂上)들의 뜻은, 그 같은 사실을 다른 이들이 듣고 잇따라 와서 번거롭게 간청할 것을 염려했기 때문에 미리 비밀리에 아뢴 것입니다."

세종은 승려들에게 밥을 주는 것이 문제가 없으며 그들이 죄가 있다면 벌을 받게 되리라 말했다.

---

❶ 의정부 정4품 관직. 관 사무를 정리해 정승의 결재를 받아 육조의 관원에게 나누어주는 업무를 담당했다.

❷ 법당이 새로 낙성되거나 불상이 새로 만들어지면 그 기념으로 여는 법회

❸ 음식을 올림

"대저 재(齋)❶를 베푸는 것은 승속(僧俗)을 가리지 않습니다. 부처에게만 공양하고 그 중들에게는 재반(齋飯)❷을 주지 않는 것이 옳을까요! 저 잡승들이 만약 더럽히는 일이 있다면 스스로 그 허물에 대한 벌을 받을 것입니다. 하지만 공궤해주는 자에게 무슨 화복(禍福)이 있겠습니까!"

11월 25일, 불당 경찬회 때 승려 공궤로 잡승을 금하지 말도록 대사헌 윤형에게 명했다.

"불당 경찬회 때에 내가 외방의 중들에게도 음식을 나누어주고자 하니, 이달 28일에서 내달 11일까지 잡승이 오는 것을 금하지 말라."

하지만 윤형이 반대했다.

"이는 경찬회에 관련됨이 없으니 중지하기를 청하옵니다. 만일 할 수 없다면 액수(額數)를 정해 공궤함이 어떠하겠습니까?"

세종은 이와 같은 건의에 대해서 거절했다. 그리고 다음과 같이 말했다.

"의정부에서 이 때문에 와서 청했으나, 내가 이미 허락하지 않았습니다. 다시 말하지 말고, 이 뜻을 동료 대신들에게 전해주십시오."

대신들은 불승들에게 음식을 주는 일 자체를 금하려 했다. 하지만 세종은 승려들에게 음식을 내리는 일을 추진했는데, 그 이유는 밥이 생명에 관계되는 것이기 때문이다. 불교의 일이라 해서 무조건 유학자, 유자들을 편들 수는 없는 노릇이다. 더구나 마음을 맑게 해 생각하고 행동하는 데 승속이 따로 없는 것이며 유교와 불교가 나뉘는 것도 아니다. 유교와 불교만이 아니라 어떤 사상과 종교도 마찬가지다. 마음을 맑게 하고 영혼을 살찌우는 것에 그 중요함이 있다. 불교는 그 쓰임이 있으므로 존재하는 것이며, 실제로 세종은 왕실 집안의 영혼을 위무하고자 불사를 용인한다. 그는 없어지지 않는 것들은 다 그 의미가 있다고 보았다.

❶ 몸과 마음을 깨끗이 하고 정진함   ❷ 잿밥

六.

자신을 낮추는 절제와 겸양의 치세

겸손함도 그 도가 지나치면 비굴하게 된다. 이를 두려워해 겸손해지지 못하는 사람이 많다. 마음에 진실함이 없으면 그 겸손함은 비난받아 곤경에 빠진다. 겸손이 지나쳐 누구에게나 비열하게 머리를 숙인다면 권위를 잃고 만다. 그것이 비록 옳은 일이라도 흉하다. 지나치게 비굴한 마음을 막는 데도 힘써야 한다.

자기 마음대로 행하면 몸을 보존할 수가 없고 위험하다. 항상 스스로를 경계하고 때를 기다려야 한다. 자기의 힘이 약하다는 것을 알고 솔직한 마음으로 주위의 가르침을 받는다면 궁지에서 벗어날 수 있다.

겸허한 마음은 스스로 말과 행동에 나타난다. 자신을 낮추고 절제하며 겸양의 태도를 보이는 것은 영성 경영과 맞물려 있다. 세상의 경영은 사람에서 시작해서 사람으로 끝난다. 자신을 낮추고 겸양의 태도를 보이는 것은 결국 사람들의 마음을 얻어 안정을 취하려는 것이다. 자신이 오만하고 방자하다면 누가 그를 진심으로 존경해서 따르겠는가 생각해볼 일이다. 또한 절제와 겸양은 맑은 정신과 기운으로 조직구성원이나 조직구성원의 영향을 받는 사람들까지 이끌어가려는 것이다. 오만과 무절제는 그것을 바라보는 사람에게도 오만과 무절제를 불러오게 마련이다.

1 大抵人苦不自知. … 然臣子之於君父, 珍羞異味, 爭先供進, 因而侵擾百姓, 遂致起怨, 甚爲不可. 予欲頓除民弊, 小安予心, 其令忠清監司除已備乾物外, 雖山蔬野菜, 至爲易得之物, 勿令供進.

대개 남의 고생은 겪어보지 않고 스스로 알지는 못한다고 합니다. (중략) 신하로서 임금에게 진귀한 음식과 별미의 것을 서로 먼저 올리려 하기 때문에 백성을 괴롭히고 번거롭게 만들어 원망을 낳는 것은 옳지 못합니다. 내 민폐를 절대로 없게 해 내 마음을 조금이라도 편하게 하려 합니다. 충청 감사가 이미 마른 반찬을 준비한 것 외에는, 비록 산나물이든 들나물이든 쉽게 구할 물건일지라도 올리지 말게 하십시오.

– 세종 25년(1443) 1월 14일, 온천에 가기로 결정하고 민폐를 끼치지 말 것을 충청 감사에게 이르며

2 古人云: "朋友死則哭, 眼暗則哭." 是乃人之大病, 予何不愛其身? 然予在溫井沐浴時, 目瞳有翳膜, 意謂熱氣上攻, 遂致不愈, 至今益暗. 此予終身之疾, 非沐浴所醫. 雖移溫井於京都, 予不浴之.

옛사람이 "붕우(朋友)가 죽으면 곡(哭)하고, 눈이 어두우면 곡한다." 했습니다. 이것은 사람의 큰 병입니다. 내가 어찌 내 몸을 사랑하지 않겠습니까? 그러나 내가 온천에서 목욕할 때에 눈동자를 가리는 막(膜)이 있었는데, 아마 열기(熱氣)가 위로 올라와 그런 것이라 여겼지만, 이내 낫지 않았습니다. 지금은 더욱 어두우니, 이것은 내가 목숨을 다하기까지 가지고 갈 병입니다. 목욕으로 고칠 것이 아닌 것입니다. 비록 온천을 서울로 옮겨와도 목욕하지 않을 것입니다.

– 세종 25년(1443) 8월 29일, 좌찬성 하연 등이 온천 거동을 청하나 물리치며

3 王子, 不可不敬, 然過敬則必生驕慢之心; 都堂, 乃百官之長, 不可不尊, 然不可施其分外之尊.

왕자는 공경하지 않을 수는 없으나, 지나치게 공경하면 반드시 교만한 마음이 생길 것입니다. 도당(都堂)❶은 백관(百官)의 장(長)이니 높이지 않을 수 없으나, 분수 밖의 높은 것을 베풀 수는 없습니다.

- 세종 28년(1446) 4월 28일, 왕자와 의정의 좌차 절목을 의논하며

4 予非以爾等使之去也, 亦非使之留也, 但爾等皆以正道而行者也. 今爾之言, 若賢君則當從之, 予則不賢, 終必不能從也. 如此則我爲爾等之君, 無乃有愧? 爾等以我爲君, 亦豈無可恥者乎? 此予之所嘗與爾等言者也. 予雖不賢之君, 爾等乃曰以死諍之, 似若誓盟, 國雖危亂, 人臣皆可死乎? 予之不聽丁寧, 厥終其何以處之? 君臣之間, 道不合, 則處之甚難, 予意止此耳.

내가 그대들을 가게 하는 것도 아니고, 또한 머물게 하는 것도 아닙니다. 다만 그대들은 모두 정도(正道)를 행하는 사람들입니다. 만일 어진 임금이라면 지금 그대들의 말을 마땅히 좇겠지만, 나는 어질지 못하니 끝내 따르지 못할 것입니다. 이와 같다면 내가 그대들의 임금이 되기에 어찌 부끄러움이 없겠습니까? 그대들이 나를 임금으로 삼는 데에도 어찌 부끄러움이 없겠습니까? 이것은 내가 일찍이 그대들과 함께 말한 것입니다. 군신 사이에는 도가 합하지 않으면 행동하기가 매우 어려운 것입니다. 내 뜻은 여기에 머물 뿐입니다.

- 세종 30년(1448) 8월 2일, 정창손이 불당 설치 불가의 상소를 올리니

5 今人姦詐, 雖見他人所爲, 與己無異, 必欲自達己意以釣名.

지금 세상 사람들은 간사하기만 해서 비록 타인의 소위(所爲)가 자기와 다름이 없음을 보더라도 스스로 자기의 뜻만 이루어 명예를 구하고자 합니다.

- 세종 31년(1449) 12월 24일, 사신 연향을 왕세손이 대행하는 것을 논의하며

❶ 의정부

六. 자신을 낮추는 절제와 겸양의 치세

6 세종이 말년에 내불당(內佛堂)을 지었다. 대신이 간언했으나 듣지 않았다. 또한 집현전 학사들이 간언해도 역시 듣지 않았다. 집현전 학사들이 모두 물러나 집으로 돌아가서 집현전 안이 텅 비었다. 세종이 눈물을 흘리며 황희를 불러 말했다.

"집현전의 여러 선비들이 나를 버리고 가버렸으니, 장차 어떻게 해야 할까요?"

황희가 대답했다.

"신이 가서 달래겠습니다."

곧 두루 모든 학사의 집을 찾아가 간청해서 돌아오게 했다.

– 정암(靜菴)의 연주(筵奏)와 중봉(重峯)의 소(疏)

7 古者國君之葬, 不用金銀者, 慮恐後世有盜竊之患也. 故我祖宗之葬, 皆不用金銀之器, 而但用泥金, 畵成而已. 顯德嬪之喪亦然. 昔漢之葬文帝, 不用金銀器, 而只用瓦器, 後世尙未免盜掘之患, 甚可慮也. 今中宮之喪, 雖金銀畵成之物, 亦欲勿用, 其令國葬都監提調擬議以聞.

예전에 국군(國君)의 장사에 금·은을 쓰지 않았던 것은 후세에 도굴될까 염려한 것입니다. 그러므로 우리 조종(祖宗)의 장사에 모두 금·은의 그릇을 쓰지 않고, 다만 금가루로 그려 만든 것을 썼을 뿐입니다. 현덕빈(顯德嬪)의 상사(喪事)에도 역시 그러했습니다. 옛적에 한(漢)나라에서 문제(文帝)를 장사할 때에 금·은의 그릇을 쓰지 않고, 다만 와기(瓦器)를 썼으나, 후세에 오히려 도굴의 환(患)을 면하지 못했으니 매우 염려됩니다. 지금 중궁(中宮)에서 일어난 상사에는 비록 금·은으로 그려 만든 그릇이라도 또한 쓰지 않으려 합니다.

– 세종 28년(1446) 4월 14일, 조종의 장사에 금·은의 그릇을 쓰지 말게 하며

위에서 하지 않으면서 어찌 아래로 강요하는가

세종은 위에서 모범을 보이면서 아래에 권하게 해야 한다고 생각했다. 세종 10년(1428) 3월 24일, 황보인이 술을 금하기를 청하나 허락하지 않았다. 집의(執義) 황보인이 청하자, 세종이 말했다.

"시행해 충분히 다 이루지 못한 것은 주금(酒禁)입니다. 태종께서 일찍이 명이 있으셨습니다. 아직 금하지 않도록 했습니다."

백성에 대한 술 금지를 반대한 것이다. 이에 황보인이 아뢰었다.

"술을 금한다면 소민(小民)들이 두려워할 줄 알기 때문에 소비(消費)를 줄일 수 있습니다. 또한 가물 기운이 있으니, 술을 금해 반성(反省)하는 뜻을 보이소서."

이러한 황보인의 말을 듣고 세종이 말했다.

"내가 술을 들지 않고 금한다면 옳을 것입니다. 하지만 위에서는 행하지 않으면서, 밑의 백성들만 하지 못하도록 금한다면 어기는 사람이 반드시 많을 것입니다. 이렇게 되면 옥송(獄訟)이 번폐로울 것입니다. 더군다나 형벌을 가볍게 하고 금령(禁令)을 늦추는 것도 한재(旱災)를 구하는 한 가지의 정책이므로, 이를 하게 할 것입니다."

106 세종 3년(1421) 7월 5일, 사헌부에 명해 금주의 영을 범한 자에 대한 처리 지침을 내린 바 있었다. 이는 억울하게 과중한 징벌을 받는 것을 방지하기 위해서였다.

"요사이 수재(水災)가 너무 심하므로, 유사(有司)의 청함을 기다리지 않고 술을 금하는 영을 내렸는데, 어리석은 백성 가운데 금령을 범한 자는, 모두 제서(制書)의 위반한 죄로 중하게 논죄하는 것은 실로 온당치 못하다. 이제부터는 금령을 범한 자는 금령을 어긴 죄로써 논죄하라."

금령을 위반한 것보다 제서를 위반한 경우 더 심한 벌이 내려졌다. 제서

六. 자신을 낮추는 절제와 겸양의 치세

는 임금의 명령을 일반에게 알릴 목적으로 적은 문서인데 이는 어명에
해당한다. 금령은 못 하도록 하는 법이나 명령을 의미한다.

107 세종 4년(1422) 12월 15일, 이때도 흉년이 들었으므로 특별히 교지(敎旨)를
     내려 술을 금하니, 이에 금령을 범한 자는 제서유위율(制書有違律)에 따라서
     중한 형벌로 처단했기 때문에 세종이 이에 대해서 지적했다. 부당한 면
     이 있다는 것이다.
         "술을 금하는 것은 본디 흉년이기 때문인데, 지금 호강(豪强)한 자는
         한 사람도 금령을 범한 자가 없고, 무지한 세민(細民)만이 홀로 중한
         형벌을 받게 되니 매우 부당한 일이다. 이제부터는 술의 금령을 범
         하는 자는 법령을 어긴 죄로만 논죄하라."

108 세종 7년(1425) 4월 17일, 임금이 술을 금하라고 명하고, 사헌부의 장무관
     (掌務官)을 불러 일렀다.
         "금주령을 시행했더니 단지 탁주를 파는 자만 잡힐 뿐이므로, 내가
         전일에 이 금령을 정지시켰습니다."
     세종은 가난한 백성들만이 금주의 법에 걸리고 다른 여유 있는 자들은
     하나도 걸리지 않으니 법이 유명무실함을 지적하고 있다.

     아무리 좋은 원칙이라도 그것이 실질의 효과를 보이는 것은 사람들이 그 원칙을 따를
     때이다. 위에 있는 이들이 모범을 보이지 않으면, 사람들은 따르지 않는다. 위에 있는
     사람일수록 조심하지 않으면 안 되는데 흔히 혼자 잘난 것으로 생각하며 스스로 무너
     지는 경향이 있다. 사람들이 마음으로 존경하지도 않고 지지하지도 않기 때문이다.
     여기에서 무너지는 것은 단순히 개인적인 것만이 아니라 사회적 위치, 그리고 리더의
     자격이다. 윗사람이 먼저 모범을 보이려고 노력한다면 아랫사람은 자연스럽게 따를
     것이다.

쓸데없는 하례는 없애다

109 세종은 허례의식을 멀리하고 자신에게 지나치게 쏟아지는 존중과 그에 대한 예를 받으려 하지 않았다. 세종 즉위년(1419) 1월 6일, 예조에서 고명 (誥命)❶에 각 도 관찰사 등이 하례하도록 청했지만, 세종이 허락하지 않았다. 세종의 왕위 계승이 명나라에게서 인정을 받은 것이다.

예조에서 청했다.

"고명은 나라의 대사입니다. 각 도 관찰사·절제사 및 목사 이상은 다 친히 축하를 드리러 오게 해주십시오."

이에 대해 받아들이지 않은 세종이 말했다.

"내가 처음 즉위할 때 직접 와서 하례(賀禮)할 필요는 없다고 했습니다. 하물며 많은 이들이 말을 타고 와야 하는 등의 폐단이 많을 듯합니다. 그러니 이번에 더욱 할 수 없는 일입니다."

변계량이 말했다.

"전하의 뜻은 폐단을 없애자는 것입니다. 하지만 고명은 나라의 대사입니다. 친히 그들이 하례를 드리는 것이 예의입니다."

세종이 더 이상 듣지 않았다. 필요 없는 하례를 없애겠다는 세종의 의지였다. 이미 전해 12월 19일에도 고명이 오는 것을 신하들이 하례하고자 했으나 받지 않았다.

세종 7년(1425), 흰 꿩[白雉]이 나타나서 예조가 아뢰었다.

"전(傳)에 이르기를, '임금이 종묘를 공경하면 흰 까마귀가 나타난다' 했는데, 지금 흰 꿩이 상서로우니, 하례를 드리고자 합니다."

세종이 스스로 겸양해 허락하지 않았다.

---

❶ 중국의 황제가 제후나 5품 이상의 벼슬아치에게 주던 임명장

六. 자신을 낮추는 절제와 겸양의 치세

110 세종 12년(1430), 함길도 도절제사 하경복(河敬復)이 길들인 사슴을 진상하려 했다. 세종이 듣고 말했다.

"진귀한 새와 기이한 짐승에 대해서는 옛사람도 경계한 바이니, 진상하지 말게 하라."

111 세종 23년(1441) 3월 25일, 흰 꿩을 바친 것에 대해 하연·조서강이 하례를 올리자 역시 받지 않았다. 어떤 사람이 흰 꿩을 잡아 바치므로, 찬성 하연(河演) 등이 도승지 조서강(趙瑞康)과 함께 하례를 올리니, 받지 않았다.

112 세종 20년(1438) 6월 2일, 전라도 감사 이명덕이 백치(白雉)를 바치니 백악산에 놓아 보냈다. 전라도 감사 이명덕(李明德)이 백치를 바쳐오니, 임금이 상서로운 일로 여기지 않고, 명을 내려 백악산(白岳山)으로 놓아 보냈다.

113 세종 27년(1445) 5월 28일, 경상도 도절제사 최숙손이 보기 드문 흰까치[白鵲]를 올렸으나 하례하지 못하게 했다. 예조판서 김종서가 입직(入直)한 당상관(堂上官)과 함께 하례했다.

"앞서 감로(甘露)가 광주에서 내렸고, 이제 들어온 흰까치는 경상도에서 나타났습니다. 상서가 여러 번 나타났으니 이를 하례드리옵니다."
세종이 이를 보고 말했다.

"감로는 방서(方書)❶에 항상 마신다는 글[常飮之文]이 있습니다. 상서라 할 것이 못 되고, 흰까치와 같은 것은 중국에서 이를 상고하면 천하에서 모두 하례했으나, 이 흰까치가 어찌 족히 상서가 되겠습니까? 내가 하례하는 말을 들으니 부끄럽고 무안합니다. 경들은 다시 말을 말고 경중(京中)의 대신들이 알고 와서 하례하지 못하게 하십시오."

❶ 신선의 술법인 방술로 적은 책, 또는 약방문을 적은 책

114 세종 27년(1445) 8월 8일, 강계부에서 흰 노루[白獐]가 잡혔다. 평안도 감사가 강계부(江界府)에서 흰 노루를 잡았다고 했다.

이에 세종이 말했다.

"『오행류(五行類)』에 이르기를, '왕자(王者)의 덕(德)이 성하면 흰 노루가 나온다' 했으나, 내가 본래 기이한 짐승을 좋아하지 않으니 놓아 보내고자 합니다."

이렇게 말하자, 도승지 유의손 등이 아뢰었다.

"이 어린 노루는 길들이기 쉬우니 가지고 와서 바치더라도 2, 3인의 힘에 지나지 않을 것입니다."

그러면서 이를 들어 하례했다.

"흰까치와 흰 꿩은 일찍이 보고 들은 일이 있으나, 흰 노루는 성대(聖代)에 처음 보는 것이니 기쁨을 이기지 못하겠습니다."

이를 보고 세종이 말했다.

"전에 흰 노루를 과천에서 보았다고 하는 사람이 있어, 사복시(司僕寺)에서 가서 잡으려 하기에 내가 허락하지 않았습니다. 지금 흰 노루도 우연히 나온 것입니다. 와서 올리게 하지 말고, 또 예조가 알아서 번거롭게 하례하지 말게 하십시오."

115 세종 16년(1434) 3월 30일, 전 좌랑(佐郎) 홍원용이 소나무 가지에 맺혀 있는 감로 한 소반을 바쳤다. 그러므로 승정원에게 이를 살펴보게 하고, 여러 승지들이 말했다.

"그 감미가 꿀과 같습니다. 진짜 감로입니다."

즉시 사정전(思政殿) 문밖으로 나아가 하례를 청했다. 세종이 이에 대해 말했다.

"어제 내가 헌릉(獻陵)을 배알할 때, 동궁 별감이 감로가 맺힌 소나무 가지를 꺾어서 세자에게 보였습니다. 환궁해 세자가 내시에게 명해서 후원(後園)으로 가보게 했는데, 소나무 가지 위에도 많이 있었다는

六. 자신을 낮추는 절제와 겸양의 치세

것입니다. 내가 이를 듣고 오히려 믿지 않고 있었습니다. 이제 홍원 용이 바쳐온 것을 경들의 말을 듣고 비로소 그 사실을 알았습니다." 세종은 이를 별스럽지 않게 생각했고, 곧 명령해 하례는 모두 없앴다.

세종 18년(1436) 5월 21일, 함길도 감사가 감로를 바쳤을 때도 마찬가지였 다. 함길도 감사가 영흥부(永興府) 선원전(璿源殿)과 정평부(定平府)의 소나무 잎에 엉켜있는 감로를 바쳤는데, 빛깔은 백랍(白蠟) 같았고 맛이 달았다. 승정원에서 하례를 행하기를 청했지만, 세종이 허락하지 않았다.

116 세종 19년(1437) 5월 11일, 신하들이 판막산(板幕山)에 감로가 내린 것에 대 해 하례하고자 했으나 세종이 허락하지 않았다. 평안도 감사가 4월 21일 삭주부(朔州府) 판막산에서 감로가 내린 것을 보고했다. 이에 예관이 하례 하고자 했으나 세종은 받아들이지 않았다.

117 세종이 상서로운 일에 대해서 의견을 일찍이 밝힌 적이 있다. 이 의견을 보면 왜 세종이 이러한 상서로운 일에 대한 하례를 받지 않았던 것인지 알 수 있다. 세종 14년(1432) 3월 17일, 상참을 받고, 윤대(輪對)❶를 하고 나 서 경연에 나갔다. 이때 경연에서 참찬관 등에게 세종이 말했다.

"예로부터 상서로운 물건은 착한 임금의 세상에 감응해 나오는 것입 니다. 지금 중국의 조정에서는 상서를 매우 기뻐합니다. 그러나 우 리나라를 본다면, 전년에 평강(平康)에서 강무(講武)할 때에 흰 꿩이 임 금의 수레 앞에 나타났습니다. 올해는 전라도와 경상도에서 여러 번 청낭간(靑琅玕)❷을 바쳐서, 예조에서 바다의 상서[海瑞]라고 일컬어 가 송(歌頌)을 지어서 회례연에 연주하려 했습니다. 하지만 내 생각에는 성인에게 세상에서 아름다운 상서가 감응했다면 그것은 상서가 분

❶ 업무보고   ❷ 산호와 비슷한 푸른 보석

명하지만, 나 같은 덕이 적은 사람이야 어찌 상서의 감응을 일어나게 할 수 있겠습니까? 상서스러운 물건이 나타난 것은 우연이고, 감응은 아닙니다. 다시는 그런 말을 하지 마십시오."

> **!** 대개 상서로운 일이 있으면 그것이 임금의 치세 때문이라고 하례를 하려는 신하들이 있게 마련이다. 임금도 그 같은 징조들을 들어서 널리 자신의 업적으로 알리면서 사람들의 지지를 끌어모으고자 한다. 하지만 세종은 그러한 하례들을 달갑지 않게 생각했으며 쓸데없는 하례를 들이지 않으려고 했다.
> 리더의 자리에 오른 이들은 다른 구성원들의 이 같은 칭송에 마음이 흔들리기 쉽다. 처음에는 아니었더라도 어느 순간 그 흔들림은 리더 자신을 자만과 도취에 빠지게 한다. 그러므로 언제나 처음부터 신중하게 경계하고 겸양의 치세를 생각해야 한다.

자신이 태어난 날을 비통하게 여겨야 한다

118   사람들은 흔히 자신이 태어난 날을 축하하길 바란다. 그것을 직접 요구하기도 하고 말은 안 해도 그러한 축하를 받기를 은근히 원한다. 그러나 세종은 이에 대해 달리 생각했다. 세종 7년(1425) 4월 10일, 세종 탄신일 하례를 정지하고 각 도에서 하례의 글과 방물을 진상했다. 앞서 예조에서 세종의 탄신일에 군신(君臣)이 함께 잔치를 베풀 것을 청하자 세종이 말했다.

"사람의 아들이 자신이 태어난 날을 당연히 두 배 이상으로 비통해해야 할 것입니다. 어찌 잔치를 열고 즐길 수가 있겠습니까?"

119   또한 세종 16년(1434)에도 이렇게 말했다.

"나의 생일을 맞아 종척(宗戚)과 훈구(勳舊) 대신들이 재(齋)를 설치하고 나의 장수를 비는 것은 비록 신하의 지극한 정이기는 한 듯싶습니다. 하지만 그 예로 비추어보면 옳지 못합니다. 이를 실시하지 말게

196   六. 자신을 낮추는 절제와 겸양의 치세

해야 합니다."

> 흔히 사람이 세상에 태어난 날을 기념해 자축한다. 세종은 자신의 생일에 크게 대접받는 일을 경계했다. 생각해보면 인간의 탄생은 수많은 생명체 가운데 하나로 태어나는 것일 뿐이다. 임금이라고 해서 수많은 생명체 가운데 하나가 아닐 수 있겠는가? 인간만큼 자신의 생일을 중요하게 떠드는 생명체도 없다. 이는 세상의 근본에서 인간만이 요란한 것이니 겸손하지 않은 행위이다. 하늘의 도, 생명의 도를 실현시키는 제왕일수록 오히려 자신을 낮추어야 한다. 맨 위에 있는 사람이 스스로 이러니 다른 이들이야 말할 것도 없다. 인간이야말로 다른 많은 생명체를 취하며 존립할 수 있으니 그 민폐가 됨을 항상 성찰해야 한다. 그것이 자신이 태어난 날을 비통해해야 하는 이유이겠다.

말이 벼 한 줌을 먹자 쌀 1석을 내리다

120 왕이기 때문에 백성의 것을 함부로 취하거나 망쳐도 상관없을 것처럼 생각되지만 적어도 세종은 이와는 거리가 멀었다. 세종 14년(1432) 9월 29일, 양주에 강무 사냥❶을 나아가 양주(楊州) 월개전(月介田)에 머물러 농부에게 쌀 1석을 내렸다. 사정은 이랬다. 양주 월개전에 다다라 세종이 탄 말이 다른 이의 벼 한 줌을 먹었다. 그러자 세종이 말했다.

"농부가 농사짓기에 매우 고생했을 터입니다. 내 말이 이를 먹었으니 마땅히 그 대가를 주어야 할 것입니다."

그러고는 농부에게 쌀 1석을 내리도록 했다.

121 길가의 밟힌 곡식도 세밀하게 보상해주었다. 세종 4년(1422) 11월 22일, 헌릉(獻陵)❷ 길가의 밟힌 곡식 보상 문제에 대해 의논했다. 정사를 볼 때,

---

❶ 사냥을 통한 군사훈련

❷ 세종의 아버지 태종과 어머니 원경왕후의 능 (서울 서초구 내곡동 소재)

호조에서 아뢰었다.

"헌릉 길가에 밟아서 손해를 입힌 밭은 한 짐[一卜] 되는 땅에 콩 석 되씩 물어주기를 청합니다."

세종에 이에 대해 말했다.

"그건 너무 적지 않습니까? 한 짐에 석 되라는 것은 어떻게 계산했습니까?"

좌우에 있는 신하들이 말했다.

"이것은 조세로 받는 숫자입니다."

"기름진 밭 한 짐에서 소출은 얼마나 되겠습니까?"

좌우에 있는 사람이 대답하지 못했다. 이에 세종이 말했다.

"우리나라의 조세법은 철법(徹法)❶이라, 소출의 10분의 1을 취하는 것입니다. 즉 한 짐에서 소출은 서 말[三斗]이 되었기 때문입니다. 그런고로 이번에 길을 닦을 때에 밭에는 모두 푸른 싹[靑苗]이었으므로 손실을 분간할 수는 없습니다. 하지만 매 한 짐에서 실수(實收)를 서 말로 쳐서 그의 절반인 한 말 닷 되[一斗五升]를 주도록 하십시오."

122 세종 7년(1425) 9월 28일, 세종이 강무를 나가 경안역(慶安驛)❷ 아래쪽 평지에 유숙했다. 이곳에서 세종이 사냥하는 가운데 느낀 바를 말했다.

"대신이 된 자는 마땅히 백성을 구휼하는 마음을 가져야 하는 것입니다. 그런데 내 이제 장군 절제사 전흥과 조모(趙慕)의 군사로, 곡식 밭을 밟아 손해를 주니 어찌 백성을 사랑하는 마음이라 하겠습니까?"

곧 병조에게 이를 조사해 아뢰도록 하고, 장군 절제사는 여산군(礪山君) 송거신과 첨총제 최보로로 대체하게 했다.

---

❶ 10분의 1을 징수하는 세법　　　　　　❷ 경기도 광주

왕은 최고로 높은, 그리고 강력한 권력을 가진 존재이니 백성의 곡식을 훼손한들 책임이 없을 듯싶다. 그러나 하나의 콩대를 밟으면 무수한 콩이 수확되지 못한다. 곡식을 생산하지도 않으면서 오히려 그것을 망치는 것이 대개의 모습이다. 반면 세종은 곡식을 훼손했을 때 그냥 지나치지 않았다. 그 보상을 하는 데도 형식적이지 않고, 실정에 맞게 해주었다. 그것은 단순한 시혜가 아니라 생산하는 사람에 대한 마음 씀씀이었다. 무엇보다 이러한 일련의 조치들은 백성들이 왕을 믿고 따르게 하려 함이었다. 이는 왕뿐만이 아니라 모든 리더가 다 함께 해야 하고 항상 생각해야 할 일이다.

임금 욕한 자를 오히려 살리려 하다

123 임금을 욕하면 응당 그에 상응하는 엄혹한 벌이 내려질 법하다. 세종 15년 (1433) 3월 13일, 의금부에서 이천(伊川) 사람 전남기(全南己)의 난언(亂言)을 중형에 처하고 재산을 적몰(籍沒)할 것을 청했다. 우선, 의금부에서 고했다.

"이천 사람 전남기가 이렇게 말했다고 합니다. '지금의 임금이 얼마나 오래갈 것이냐? 서해도(西海道)에도 임금을 세울 수 있다.' 그 난언이 위를 범해 인정과 도리에 해가 큽니다. 중형을 내리고 재산을 적몰해야 합니다."

이 말을 듣고 세종이 달리 말했다.

"당연히 난언한 죄에 극형을 처함이 마땅합니다. 그러나 나는 다르게 생각합니다. 예로부터 그 뜻을 얻지 못하면 원망하는 말이 있었습니다. 『서경(書經)』에도 있듯이 '이 세상은 언제 망할까'[時日曷喪] 한 것입니다. 이와 같은 일이 많이 있었습니다. 지금 전남기가 관리들이 환상곡(還上穀) 바치기를 독촉하니 생활이 곤란해 이런 원망하는 말을 했을 것입니다. 무엇이 내게 손상되고 해로움이 있을까 싶습니다. 예전에 이와 같은 난언을 한 사람이 있어서, 허성(許誠)을 시켜 추핵해 실정을 밝히게 했지만, 극형에 처하지 않았습니다. 전남기도 특별히 전례를 좇아 죽이지 않는 것이 어떨까 싶습니다."

신상이 아뢰었는데 난언한 자들을 엄벌에 처해야 한다는 주장이었다.

"고려 말기에 난망한 말들이 분분했습니다. 난잡스러운 말들을 좇다가 나라가 쇠약해졌습니다. 고려처럼 되는 것을 경계해야 합니다. 난언한 자를 처단해서 그 기미(幾微)를 막는 것이 당연합니다. 또 이 자의 난언은 가볍지 않아 예사로 논할 수 없습니다."

이렇게까지 말하자 세종이 말을 따랐으나, 세종의 본래 뜻은 정남기를 살리고자 한 것이었다.

124 세종 11년(1429) 3월 26일, 어가(御駕)에 뛰어든 자를 율문에 따라 처리하게 했는데, 비록 왕의 가마 가는 길에 뛰어들었다고 해도 그 형을 적게 했다. 이때 정사를 보는 가운데 우대언 정연(鄭淵)이 말했다.

"어가 앞에 뛰어들어온 어떤 자가 있습니다. 율에 따라 교형에 처함이 마땅할 것입니다."

이에 세종이 반대해 말했다.

"이는 정말 옳지 않습니다. 만일 그런 법률이 있는 줄을 알고도 감히 뛰어들었다면, 율이 응당 이와 같아야 합니다. 하지만 무지한 사람이 어리둥절해 갈 바를 모르고 뛰어든 일에 죄를 준다면 어찌 옳겠습니까? 다시 율문을 참조해 상고해주십시오."

125 또 세종은 임금을 비방한 조원(曺元)이란 사람을 용서하기도 했다. 세종 6년(1424) 4월 4일, 난언을 한 조원을 의금부에서 옥에 가둔 일이 벌어졌다. 당초 조원이 강음현(江陰縣)의 전지 소송(田地訴訟)을 했다. 그는 현관(縣官)이 오랫동안 미루면서 결단하지 않는 것을 분하게 여겨 이렇게 말했다.

"지금 임금(세종)이 착하지 못해서 이런 수령을 보냈다."

소송이 진행되는 게 더디니 세종을 욕한 것인데, 마침 본궁(本宮) 노자(奴子)가 옆에 있다가 그 말을 듣고 의금부에 알린 것이었다.

4월 17일 의금부 제조 및 삼성(三省)에서 세종에게 장계했다.

"조원에게 비방한 연유를 신문했더니 조원이 '내가 전지(田地) 송사를 내서 관에서 판결하기를 기다리는데, 수령이 손님과 술을 마시면서 판결하지 않았습니다. 그러므로 분하고 성이 나서 이 말이 나왔습니다.'라고 답했습니다."

세종이 이 장계를 보고 명했다. 조원을 풀어주라는 말이었다.

"다시 묻지 마십시오. 무지한 백성이 나를 착하지 못하다 한 것은 바로 어린아이가 우물에 들어가려는 것과 같은 것입니다. 차마 어찌 죄를 주겠습니까? 속히 조원을 놓아 보내라 하십시오."

세종의 이 같은 말에 지신사 곽존중과 다섯 대언이 들어와서 반대해 말했다.

"조원의 무지한 망발을 어린아이가 우물에 들어가는 것에 비유하시고 놓아주시니 이것은 성상의 미덕이십니다. 하지만 이와 같은 죄를 논하지 않으시면 무엇으로 후인을 징계하겠습니까?"

조원을 놓아주면 안 되고 벌을 주어야 한다는 주장이었다. 하지만 세종이 허락하지 않았다.

4월 25일, 우사간 이반·사헌부 장령 정연 등이 상소문을 통해 조원의 처벌을 청했다. 육조와 의정부에서 조원을 법대로 처치해 후인을 경계하도록 청했다. 그러자 세종이 말했다.

"조원의 말이 내게 누를 미치기 때문에 경들이 다 치죄(治罪)하기를 청하고 있습니다. 의로운 이치에는 진실로 맞아 보입니다. 그러나 나를 욕한 죄로 조원을 죄주는 것은 마음속으로 차마 못하겠습니다. 또 근래에 수재와 한재가 서로 잇따라 백성이 매우 간고(艱苦)했습니다. 그런데 조원이 사는 고을 관원이 이런 간고함을 생각하지 않고 손님과 마주 앉아서 술을 마시면서 전지 소송을 오랫동안 미루고 결단하지 않았습니다. 그러므로 조원의 말은 관원의 행동을 미워해 나온 것이니 경들은 그를 죄주라고 더 이상 간언하지 마십시오."

다시 5월 1일에 우사간 이반(李蟠), 장령 정연(鄭淵)이 교대로 글을 올려 조원을 벌할 것을 간언했다.

"신들이 전일에 조원의 불충 불경한 죄를 상소를 갖추어 법대로 처단하기를 청했습니다. 전하께서는 논죄하지 말게 하셨습니다. 이것은 전하께서 모두 포용하시는 큰 도량을 보이신 것입니다. 하지만 악을 징계하고 후일을 경계하는 뜻에는 안타까움이 있습니다. 또 『예기(禮記)』에 '노마(路馬)의 꼴[芻]을 차고 노마의 나이를 헤아려도 죄를 묻는다' 했는데, 이것은 대개 임금의 물건을 업신여김을 경계한 것입니다. 군신의 분별을 엄하게 한 것입니다. 그러므로 불충 불경한 죄는 마음속에 감추어 겉으로 나타내지 않아도 오히려 죄를 법대로 처리하는 것입니다. 조원은 불충 불경함이 마음속에 쌓여 말로 튀어나온 것이 아니겠습니까? 전하께서는 대의에 따라 조원을 죄주시면, 도리에 맞을 것입니다."

허락하지 않으면서 세종이 다음과 같이 말했다.

"내 어찌 자손만대의 계책을 생각하지 않겠습니까? 하지만 조원에게 죄주는 것은 대단히 마땅하지 않은 일이라 여기는 바입니다."

5월 6일, 차유·이견기가 조원에게 죄주기를 청했으나 살고 있는 고을에 정배하도록 했다. 헌납(獻納) 차유, 지평(持平) 이견기가 조원에게 죄주기를 청하자 세종이 전교했다.

"조원이 일찍이 절도죄를 받았으니, 도(徒) 2년에 처하는 것이 옳다. 살고 있는 고을에 유배해 생업(生業)을 잃지 말게 하라."

126 한편, 세종은 왕 앞에서 코를 골고 잔 신하에게 벌을 주어야 한다는 청을 거절하기도 했다. 세종 5년(1423) 2월 12일, 사헌부에서 양봉래(梁鳳來)를 탄핵했다.

"예문 대교(藝文待敎) 양봉래가 조회에서 아뢸 때에 코를 골고 침을 흘려 불경했으니, 죄주기를 청합니다."

하지만 세종은 이를 용서하도록 했다.

　　　　　　　　　　　　　　六. 자신을 낮추는 절제와 겸양의 치세

대개 임금에게 불경한 말을 하면 중죄에 처한다. 생각해보면, 불경한 말이 임금을 직접 해치는 것은 아니지만, 질서의 유지를 위해 죄를 묻는 것이다. 하지만 그것은 자발적인 질서의 유지와 멀어질 수 있다. 그렇기 때문에 신중하고 통찰력 있는 판단과 결정이 이루어져야 한다.

세종은 단순히 불경한 말을 했다고 해서 죄를 줄 수는 없다고 했다. 중요한 것은 그 원인이다. 왜 그가 그러한 말을 하게 되었는가 따져 묻는 것이다. 불평불만에는 항상 원인이 있는 것이고 그것을 제거하는 데 더 초점을 맞추어야 한다. 근본 원인을 제거하지 않으면 난언은 언제든지 나올 수밖에 없고 죄받는 사람이 계속 생길 것이다.

궁궐을 고치다가 죽은 병사 때문에 괴로워하다

127 세종은 궁궐을 고치다가 죽은 병사에 대해서 책임감을 느끼는 모습도 보였다. 세종 15년(1433) 9월 18일, 세종이 강녕전(康寧殿)을 영건할 즈음 공사장에서 죽은 강인수(康仁壽)를 위해 상가(喪家)에 부조하게 했다. 세종이 이때 말했다.

"이제 들었는데 강녕전의 돌을 뜨던 군인 강인수가 돌에 맞아서 죽었다고 합니다. 이는 다 내 탓입니다. 매우 뉘우치고 있습니다. 일전에 들으니 고려에서는 궁실이 갖추어지지 않아 임금이 신하의 집에 거처하기도 했다는데, 나는 우리 태조께서 궁궐을 지으시어 내가 이 궁궐에 편안하게 있게 되었습니다. 다만, 내 몸을 위하는 일은 일체 하지 않으려 했는데, 단지 강녕전이 좁고 비가 새기 때문에 잠깐 수리하고 곧 돌려보내려 했습니다. 그것이 공사가 계속되어 지금까지 끝나지 않았습니다.

무릇 세상이 태평하고 백성이 편안하면 사치스런 마음이 생겨 집 짓고 수리하는 일이 일어납니다. 이제 조종이 세운 계획으로 이만큼 융성하고 태평하게 되었습니다. 마땅히 삼가고 조심해서 그대로 옛 집에 있는 것이 옳았습니다. 그런데 좁고 비가 샌다고 수리하려다가 사람의 죽음을 불러왔으니 뉘우친들 무슨 소용이 있겠습니까? 궁실 영건이 이미 내 부덕함이고, 또 사람을 죽게 했으니 나의 과실이 더욱 큽니다. 비록 부의로 쌀 100석을 주어도 어찌 그 부모와 처자의 애척한 마음을 충분히 위로할 수 있겠습니까! 보통보다는 더 주고자 합니다."

이에 신하들은 반대 의견을 보였다. 개별적으로 한 사람 한 사람 조문하고 진휼을 더하는 것은 맞지 않다는 것이다. 안숭선이 말했다.

"신하가 임금의 일에 나섰다가 죽는 것은 보통 강인수뿐만이 아닙니다. 어찌 한 명마다 특별하게 조문과 진휼을 더해줄 수 있겠습니까? 더구나 보통 백성으로 나랏일 때문에 죽은 자에게 제사와 부의를 내리는 것에는 따로 나라가 정한 법규가 있지 않습니까?

다만, 강인수가 궁궐 짓는 일에 나왔다가 제명에 죽지 못한 일이 다행히 위에 알려졌습니다. 마땅히 보통 준례에 더해 많게 쌀 10석을 주어서 상장(喪葬)의 비용으로 크게 하고, 부모와 처자의 마음을 위로하게 하옵소서."

"그렇게 하라 하십시오."

그리하여 쌀과 콩을 합쳐 10석을 주었다.

세종은 궁궐을 고치는 일에 한 명의 병사가 죽었다고 괴로워한다. 사적인 욕망을 채우기 위해 공사를 시작한 것으로 여기기 때문에 더욱 그러한 생각을 하는 것이다. 공적인 위치에 있는 사람의 마음가짐이 이와 같다면 아랫사람들은 그에게 더 신뢰가 갈 것이다. 한낱 병사들에게라도 일을 시키고 그것 때문에 잘못되었음을 반성하고 뉘우치는 모습은 살아있는 다른 모든 이들에게도 긍정의 영향을 미칠 수밖에 없다. 자신이 잘못되었을 때에도 그러한 조치가 취해질 것이기 때문이다. 그러므로 이런 리더가 하는 일이라면 능히 따를 것이다.

六. 자신을 낮추는 절제와 겸양의 치세

승리를 기뻐하지 않고 도리어 두려워하니

세종은 항상 두려워하는 마음을 갖고 매사에 임했다. 그것은 일이 잘되고 공적이 잘 이루어졌을 때도 마찬가지다. 즉위년(1418) 11월 9일, 세종은 중앙과 지방의 죄수를 사면서 "이른 아침이나 깊은 밤에도 항상 공경하며 두려워한다"[夙夜祗懼]고 말했다. 세종 12년(1430) 윤12월 9일에도 이런 말이 보인다.

세종 15년(1433) 5월 3일, 만주족 토벌에 관한 논의를 했다. 영의정 황희, 좌의정 맹사성, 우의정 권진, 이조판서 허조, 판중추 원사 하경복, 호조판서 안순, 예조판서 신상 등을 불러 정사를 논의했다.

"내가 왕위에 오른 뒤로 계속 문치에 힘을 쓰고 군사의 일에는 마음을 두지 않았습니다. 애써 내가 왜 큰일을 벌이기를 좋아하고, 공을 이루기를 즐겨 야인을 정벌하겠습니까? 적이 먼저 우리에게 해를 끼치므로 할 수 없이 토벌하게 된 것입니다. 다행하게도 파저강 정벌에서 크게 승리했습니다.❶ 이는 정말 기쁜 일입니다. 하지만 역시 두려운 것입니다. 지금은 비록 성공했어도 어떻게 이 성공을 지켜내 영원히 후환을 없게 할 것인가, 이것이 중요합니다."

이에 모두 말했다.

"자랑하고 기뻐하는 것은 옛사람이 경계한 점입니다. 전하께서 크게 승리한 일을 기뻐하지 않으시고 도리어 두려워하시니, 이는 어느 무엇보다 진실로 아름다운 뜻이시옵니다. 성책(城柵)을 굳게 지키고 군량을 충분히 준비하며, 불의에 일어날 사변을 경계하는 한편, 공경하고 두려워하는 마음을 지니면 후환이 없을 것입니다."

❶ 1433년 5월 7일 평안도 도절제사 최윤덕(崔潤德)이 평안도와 황해도 군사를 이끌고 파저강(婆猪江) 일대의 여진족 이만주(李滿住)를 토벌해 대승했다.

세종은 무력보다는 문을 통한 치세를 중요하게 생각했다. 그렇다고 해서 문치만 내세웠던 것은 아니다. 그는 무력의 중요성을 알고 있었으나 그것을 중심에 두고 공적을 취하려고 하지는 않았던 것이다. 또한 공적을 세워도 그것을 계속 추구하는 행태를 견제했다. 단기적으로는 무력에 따른 공적이 클 수 있지만, 그에 따른 역작용도 있는 법이다. 이에 대한 준비가 항상 필요한 것도 사실이다. 이를 생각하지 않고 무력을 사용하면 반드시 후환이 발생할 것이다.

세종은 자신의 업적이 크게 있어도 항상 겸손하고 조심스러운 모습을 보인다. 조그마한 공이 있어도 크게 내세우는 다른 군주들과 다른 점이다. 이로써 겸양과 영성으로 사람들의 지지를 모았다.

나의 허물이다

129 세종은 일이 계획대로 안 되고 지체되었을 때 자신의 책임을 먼저 생각했다. 세종 9년(1427) 1월 20일, 세종이 노량(路梁)을 건너 금천(衿川)에 행차해 매사냥을 구경하고 돌아오다가 강 위에 이르렀을 때, 마침 눈바람이 갑자기 일어났다. 물결이 세차서 배가 통행할 수 없어 언덕 위의 새로 만든 큰 배 뒤에 어가(御駕)를 머물게 했다. 금천현(衿川縣)의 미두(米豆)를 가져와 어가를 따라온 군사들에게 식료(食料)로 나누어주게 했다. 해가 지고 땅거미가 질 때에 이르렀다. 밤에도 바람이 그치지 않고, 흰 기운이 은하수처럼 동서로 하늘에 뻗쳤다. 우의정 황희와 호조판서 안순이 세종 임금의 가마가 강을 건너지 못해 들에서 멈췄다는 말을 듣고, 문안을 하려 강어귀에 나갔지만 미처 강을 건너지 못했다.

이 때문에 문제가 생겼다. 1월 21일, 세종이 파루(罷漏)❶ 때에 강을 건너서 환궁했다. 좌의정 이직은 풍질(風疾)을 앓아 휴가 중에 있었는데도 직접 나가서 세종의 대가(大駕)를 남대문 밖에서 맞았다. 그러나 백관들이 모

---

❶ 조선시대, 서울에서 통행금지를 해제하기 위해 종각의 종을 서른세 번 치던 일. 새벽 4시경인 오경 삼점(伍更三點)에 쳤다.

六. 자신을 낮추는 절제와 겸양의 치세

두 당도하지 못했다. 바로 이것이 문제가 되었다. 이직 등이 길 위에서 문안드리니, 세종이 말했다.

"태종께서는 매사냥을 구경하시려고 강을 건너지 않으셨습니다. 그 지략이 지극하셨던 것입니다. 나는 남의 말을 잘못 듣고, 강을 건너가서 놀다 이런 눈보라의 변을 만났습니다. 이는 하늘이 나를 책망한 것입니다. 이제부터는 자중해 아예 강을 건너가서 매사냥을 구경하지 않을 것입니다."

그리고 배 부린 이에게 미두를 차등 있게 주었다. 하지만 사헌부에서는 관련자들을 탄핵했다. 관련자는 판서 신상과 정랑 정갑손이었다. 세종이 들판에서 갑작스런 바람을 만나 머물렀던 것인데도, 예조에서는 백관들을 모아 세종의 안부를 묻지 못했다며 신상과 정갑손을 탄핵했던 것이다.

세종이 사헌부의 장무를 불러서 전했다.

"오늘 일은 내 허물입니다. 이제 그만두십시오."

> 임금이 외출을 나갔다가 옴짝달싹 못한 상황이 되었다. 국가체제의 과정에서 볼 때는 매우 위험한 상황일 수도 있었다. 더구나 이에 대해서 대신들이 미처 제대로 다른 조치를 취하지 못했다. 또한 대신들이 그곳으로 가지도 못하고 말았다. 이런 상황에서는 문책이 불가피할 것으로 보인다. 그러나 강을 건넌 것은 세종의 결정이 없었다면 이루어지지 않았을 것이다. 세종은 스스로 자신의 허물을 이유로 삼아 이유 없이 잘못 없는 이들에게 죄주기를 원치 않았다.

임금에 대한 예는 간단하게

130 세종은 대신과 접하는 공간에서도 지나친 예법은 간소히 하게 했다. 세종 10년(1428) 9월 17일, 임금 앞에서 신하가 절하는 것을 간소화할 것에 대해 의논하게 했다.

이조참판 정초(鄭招)가 말했다.

"옛날에 인신(人臣)이 임금께 나아갈 때는 반드시 절을 했는데, 지금은 조계(朝啓)❶ · 윤대(輪對)❷ · 배사(拜辭)❸ 때에만 땅에 엎드릴 뿐이고, 전하는 예를 하지 않으니, 참작해 정하소서."

이 말을 듣고, 세종이 말했다.

"임금 앞에서 신하가 절하는 것은 비록 전해 내려오는 예법이지만, 너무 번잡하지 않습니까? 무릇 예법이란 간소한 것을 귀하게 여깁니다. 의리에 해롭지 않은 것이라면 세속을 좇는 것이 옳습니다. 또 우리나라의 예법은 다 옛 제도에 맞지도 않는데, 어찌 이 예법만을 옛날 제도대로 실행해야 하겠습니까?"

판부사 허조가 아뢰었다.

"신하가 임금을 뵙는 데는 예의와 법도가 없을 수 없습니다. 조계(朝啓) · 입참(入參)❹하는 자는 네 번 절한 뒤에 들어가게 하소서."

"태종께서 조회를 받는 날에 이내 정사를 보시다가, 재삼 시험해보고서 조계하는 예의와 법도를 없앴습니다. 경들은 다시 의논하십시오."

최고 자리에 있는 사람의 권위를 높이는 방법 가운데 하나가 예법을 복잡하게 만드는 것이다. 권위가 없을수록 이러한 일이 빈번해진다. 또한 시간이 흐를수록 예법의 원래 취지와는 관계없는 사항들이 덧붙기도 한다. 더구나 예법은 시대에 따라 변한다. 변화는 당대의 가치를 반영하는 것이다. 그러나 이런 맥락에서는 다시금 복잡다단해지기 마련이다. 그럴수록 원래의 취지에서 벗어나기 쉽다. 예법은 간편할수록 좋다. 비록 그것이 국가의 최고 수장에 관련된 것이라도 말이다. 오히려 예법이 리더십을 해치는 일은 방지해야 하기 때문이다. 다만 그 정신과 의미는 살아있을 필요가 있다.

---

❶ 중신(重臣)과 시종신이 편전에서 벼슬아치의 죄를 논하고 단죄하기를 임금에게 아뢰던 일
❷ 백관(百官)이 차례로 임금에게 정치에 관한 의견을 아뢰던 일
❸ 숙배(肅拜), 서울을 떠나 임지(任地)로 가는 관원(官員)이 임금에게 작별을 아뢰던 일
❹ 궁중의 잔치나 제례에 참여하던 일

六. 자신을 낮추는 절제와 겸양의 치세

옛날부터 왕족은 몸가짐이 가장 어려운 것이니

131 세종은 왕족들의 몸가짐에 대해서도 항상 주의와 겸양이 필요하다고 생
각했다. 세종 11년(1429) 8월 7일, 부원윤(副元尹) 석(碩)과 부정윤(副正尹) 기(順)
등이 거짓으로 병을 핑계 대고 사직한 것에 대한 처벌을 의논했다. 사헌
부에서 세종에게 글을 올렸다.

    "부원윤 석과 부정윤 기 등은 모두 거짓으로 병을 핑계 삼아 관직에
서 물러나 문밖에서 유숙(留宿)하고 있습니다. 임금을 속였으니, 그들
에게 죄를 주어야 합니다."

이 말을 듣고 세종이 죄주는 것을 반대해 말했다.

    "옛날부터 종실(宗室)은 몸가짐이 가장 어려운 것입니다. 그 까닭은
다른 것이 아닙니다. 부귀(富貴) 속에서 나고 자랐기 때문에 어렵고 괴
로운 일을 알지 못하기 때문입니다. 승정원에서 두 사람을 불러다가
내 말이라고 하고 깊이 꾸짖도록 하십시오."

132 그렇다고 해서 그들을 두둔하는 데 신경을 쓴 것은 아니다. 세종 13년
(1431) 4월 8일, 종부시(宗簿寺)에서 종친 가운데 태만한 이들을 고했다.

    "원윤(元尹) 이덕생(李德生) · 이녹생(李祿生)이 연고를 칭탁(稱託)❶하고
종학(宗學)❷에 나아가지 않는 일이 많습니다. 부원윤 이석(李碩)과 부정
윤 이기(李頎)는 연고를 칭탁하는 일이 더욱 많습니다."

세종은 이미 세종 10년(1428) 7월 12일에 처음으로 종학(宗學)을 세워, 대군
이하 종실의 자제들이 배우게 한 바 있다. 앞선 말을 듣고 세종은 다음과
같이 조치했다.

    "이덕생과 이녹생의 구사(丘史)❸를 거두고, 석과 기 등의 벼슬을 파면

❶ 사정이 어떠하다고 핑계를 댐.
❷ 왕족 학교
❸ 조선시대, 임금이 종친이나 공신에게 내려 주
    던 관노비

시키라. 또한 기가 또 말에서 떨어졌다고 칭탁하고 출근하지 않으므로 의원에게 명해 진찰했더니 거짓이었으니, 직첩을 거두라."

세종 18년(1436) 10월 23일에는 임금에게 거짓으로 보고하고 사냥을 즐긴 이복생을 귀양 보냈다. 먼저 종부시에서 고했다.

"원윤 이복생(李福生)이 처음에 해주의 온정에서 목욕한다고 혼동스럽게 주상께 보고하고는, 공정 대왕(恭靖大王)의 기신(忌辰)❶일에 기생이 있는 춘천에 가서 순평군(順平君)이라 사칭했습니다. 그 뒤 여러 날 동안 유숙하면서 매를 놓아 사냥을 했으니, 이에 죄주기를 청합니다."

이에 세종이 복생의 직첩을 회수하게 하고 외방에 귀양을 보냈다. 복생은 순평군 이군생(李群生)의 아우였다.

133 세종 15년(1433) 9월 30일, 강무에 나선 세종의 행차에 따라온 복을 입은 종친들에게 짐승을 쏘지 못하게 하기도 했다. 이때에 부원윤 석이 죽으니, 종친이 각각 친소(親疎)를 따라서 상복을 입었는데, 세종이 행차에 따라온 종친들에게는 다만 고기를 먹게 하고 짐승을 쏘지 못하게 했다. 종친들은 모두 말을 달려 짐승을 쏘고 싶었다. 하지만 세종의 눈치를 보며 두려워해 감히 하지 못했다. 이에 병조판서 최사강과 참판 정연과 황보인 등이 말했다.

"강무(講武)는 무술을 익히는 것입니다. 종친들에게 짐승을 쏠 수 있도록 특명하시어 무술을 익히게 하시기를 청합니다."

이 말을 듣고 있던 세종이 다음과 같이 말했다.

"강무는 군사들의 무술 익히기를 위함이지 종친의 무술 익히기를 위함이 아닙니다. 예전에 총제 조정(趙定)이 누이의 복을 입고서도 금수를 쏘았으므로 태종께서 그를 책망하셨습니다. 이제 종친으로 하여

❶ 기일(忌日)을 높여 이르는 말

금 짐승을 쏘게 하면 후일에는 비록 나의 명령이 없더라도 아무 꺼림이 없이 마음대로 할 것입니다. 장차 뒷세상의 웃음거리가 될 것이니, 경들이 청하는 것도 사람들이 반드시 비평할 것입니다. 다시는 말하지 마십시오."

사강 등이 굳이 다시 청해도 세종이 듣지 않았다. 하지만 그냥 길을 가다가 짐승 몰이를 하는 곳에 이르러서 고민하던 세종이 말했다.

"내가 길을 오면서 생각하니, 『예기(禮記)』에, '대공(大功)❶ 이상의 복을 입는 상중에는 노는 잔치에 참예하지 못한다' 했으나, '시마(緦麻)❷나 소공(小功)❸의 상중에는 노는 잔치에 참예하지 못한다'는 조문이 없습니다. 그러니 종친들에게 명해 짐승을 쏘게 하는 것이 어떠할까 싶습니다."

도진무 신상(申商)이 아뢰었다.

"종친의 상사는 그것이 소공 이하의 상사입니다. 이에 짐승을 쏘게 명한들 무엇이 의리에 해가 되겠습니까?"

이는 종친에 관한 적절한 기준이 필요함을 의미했다. 그 나름의 권위를 인정받아야 하지만 왕가의 사람들이 함부로 할 수 없으니 말이다.

134 각종 송사에 시달리는 일들은 관련 기관에서 참조할 만한 기준이 필요했다. 세종 21년(1439) 6월 20일, 종친의 과실을 규찰하는 사목을 만들도록 했다. 의정부로 하여금 계목(啓目)을 만들어 올리게 했다. 종부시에서 종친의 사송(詞訟)을 수리해 그 옳고 그름을 판단하게 하고, 유사(攸司)❹에서는 종친의 과실을 들으면 종부시로 이문(移文)❺하게 하려고 하는 것이었다.

---

❶ 굵은베로 지은 상복으로, 대공친(大功親)의 상사(喪事)에 아홉 달 동안 입는다.

❷ 가는베로 지은 상복으로, 종증조, 삼종형제, 중현손(衆玄孫), 외손, 내외종 따위의 상사에 석 달 동안 입는다.

❸ 약간 가는베로 지은 상복으로, 소공친(小功親)의 상사(喪事)에 다섯 달 동안 입는다.

❹ 해당 관청

❺ 돌려보도록 글을 쓴 것

> 왕가의 사람들은 왕과 떼어놓을 수 없는 이들로, 그 신분에 맞게 행동해야 한다. 이는 그 신분이 지니는 권력적 지위의 행사만을 의미하는 것이 아니라 의무와 책임도 함께 행사하는 것을 말한다. 그들의 행실은 왕이 이끌어가는 나라 전체의 통치 경영과 밀접하게 연관되어있다. 신분이 높으면 행동거지를 조심해야 하지만, 그만큼 교만해지기도 쉽다. 왕가 사람들은 세상에 도움도 되지 않으면서 신분이 높아 교만하기 쉬우니, 백성들 역시 그들을 존경하는 마음이 자연스럽게 생겨나기 힘들다. 따라서 적절한 원칙과 규칙을 마련하는 것이 당사자나 그들을 대하는 관련 기관들의 일 처리에도 도움이 된다. 왕이 아무리 혼자 모범을 보인다고 해도 이들이 따라주지 않는다면 전체 리더십이 훼손된다.

병이 매우 많음에도

135   세종은 병이 많아져 국사(國事) 일부를 세자에게 맡기려 했던 일이 여의치 않았음에도 국정에는 최선을 다했다. 세종 20년(1438) 4월 28일, 세종이 임금의 직무를 대신하게 할 세자 섭정(攝政)**❶**을 논의했다. 이때 세종이 말했다.

"내가 전에 '사람을 쓰는 일, 군병의 동원, 사형수 판결 등의 일을 제외한 그 나머지의 모든 일은 모두 세자에게 다스리게 하려 한다'고 했습니다. 이에 대신들이 모두 '불가하다'고 하기에, 그만둔 적이 있습니다.

그러나 내가 병이 깊습니다. 전부터 물을 자주 마시는 병**❷**이 있고, 또 등 위에 부종(浮腫)을 앓는 병이 있는데, 이 두 가지 병에 걸린 것이 벌써 2년이나 되었습니다. 그러나 그 병의 뿌리가 다 근절되지 않았는데 또 임질(淋疾)을 얻어 열하루가 되었는데, 번다한 업무에 관해 듣고 이에 대해 재가(裁可)하고 나면 기운이 없고 노곤합니다.

---

❶ 왕이 어려서 즉위하거나 병 또는 그 밖의 사정   **❷** 소갈병
이 생겼을 때 임금을 대신해서 국가의 통치권을
맡아 나라를 다스리는 일 또는 그 사람

이 병을 앓은 자는 모두 '비록 나았다가도 다시 발작한다'고 했습니다. 또 의원이 '이 병을 치료하려면 너무 기뻐하거나 노여워하지 말고 마음을 깨끗이 해서 화평하고 즐거워야 한다'고 했습니다.

또 근일에는 기억력이 전보다 많이 떨어져 무슨 일을 말하려고 사람을 부르고는 막상 그 사람이 오면 갑자기 말하려던 것을 잊어버립니다. 모든 일이 전과 같지 않습니다. 옛날 임금이 미리 계획하지 못하고 일을 위태롭게 만들어 아들에게 주어 풍자당하는 일이 제법 많았습니다.

이제 사소한 일은 다스리지 않고 세자에게 이를 맡기려 합니다. 맡기려는 것은 내가 편히 놀려는 것이 아니라 일을 더 잘 이루기 위해서입니다. 단지 병을 치료하려 해도 일이 너무 복잡해서 이를 듣고 결정하기가 어려운 상태이기 때문입니다. 그러나 세자에게 모든 서무(庶務)를 처리하게 할 필요는 없을 것입니다. 어떻게 하면 일도 간략하면서 듣고 결정하기가 편리한 것인지 이를 찾는 것이 아니겠습니까?"

세종의 이 말을 듣고 황희 등이 대답했다. 섭정에는 반대 의견을 보이며 치료를 위해 잠시 쉴 것을 말했다.

"아직 매우 급한 일은 없습니다. 전례에 따라 행하는 일들은 잠시 지체해도 무슨 지장이 있겠습니까? 전하께서 치료하시는 동안은 계사(啓事)❶를 그치는 것이 마땅합니다. 그렇게 하면 되오니 동궁(세자)에게 섭행해 국정을 다루게 할 수는 없습니다."

이 말을 듣고 세종이 다시금 말했다.

"삼대(三代) 때에도 병 때문에 역시 전위한 사실이 있었습니다. 만약 성심으로 임금을 사랑하고 병을 근심한다면, 내가 명하는 바에 따라 세자에게 섭정하게 하는 것이 옳을 것입니다. 그러나 우리나라 풍속

❶ 임금에게 일을 아룀.

이 본래 이러하니 어찌하겠습니까? 긴급하지 않은 일은 내 병이 낫기를 기다려서 하고, 시기를 놓쳐서는 안 될 긴급한 일은 매일 그치지 않게 해서 지체하는 일이 없게 하십시오."

136 이렇듯 세종은 비록 병이 많을지라도 아직 늙지 않았다며 계속 일했다. 하지만 세종의 질병은 계속 악화되어 업무의 위임이 필요했다. 세종 21년(1439) 6월 21일, 강무(講武)를 세자에게 위임하도록 논의했다.

세종이 김돈에게 강무를 세자에게 위임하는 이유에 대해 말했다.

"내가 젊어서부터 한쪽 다리가 아파서 10여 년 뒤에야 조금 나았는데, 또 등의 부종으로 오랫동안 아팠습니다. 아플 때면 마음대로 돌아눕지도 못해 그 고통을 참을 수가 없었습니다.

지난 계축년(1443) 봄에 온정(溫井)에서 목욕하려 했으나, 대간(臺諫)에서는 그렇게 하면 폐가 백성에게 미친다고 말했고, 대신 가운데에서도 그 불가함을 말하는 이가 있었습니다. 그러나 내가 두세 사람의 청 때문에 온정에서 목욕했더니 과연 효험이 있었습니다. 그 뒤에 간혹 다시 발병할 때가 있지만, 그 아픔은 전보다 덜했습니다. 또 소갈증은 열서너 해가 되었습니다.

그러나 이제는 역시 조금 나았습니다. 지난해 여름에 또 임질을 앓아 오래 정사를 보지 못하다가 가을, 겨울에 조금 나았습니다. 지난봄 강무한 뒤에는 왼쪽 눈이 아프고, 안막(眼膜)이 가려졌고, 오른쪽 눈도 어두워서 한 걸음 사이에 사람이 있는 것만 알아볼 수 있고, 누가 누구인지를 알지 못하겠습니다. 지난봄에 강무한 것을 후회합니다. 한 가지 병이 겨우 나으면 한 가지 병이 또 생기니 내 몸의 쇠약함이 심합니다.

그래서 나는 큰일만 다루고 작은 일은 세자에게 처결하게 하고자 합니다. 하지만 그대들과 대신들이 모두 말리기에 내가 다시 생각했습니다. 내가 비록 병이 많을지라도 나이가 아직 늙지 않았으니, 내가 가볍게 말한 것을 후회합니다."

137 세종 21년(1439) 7월 3일, 의정부에서 세자의 강무 대행의 부당함을 고했
다. 의정부에서는 다음과 같이 말했다.

"세자는 조석으로 수라를 보살피고 안부를 묻는 것을 자기의 직책으
로 삼기 때문에, 군사를 거느리고 밖에 나가는 것은 그 직무가 아닙
니다. 예전의 사책(史策)을 살펴보아도 이런 시행이 없었습니다. 그러
니 어찌 하나의 당 태종(唐太宗)의 일을 법으로 삼겠습니까. 이러한 일
은 비록 요(堯)·순(舜)이 한 일이라도 본받을 수 없는 것입니다. 성상
께서 만일 병이 있으시면 아직 1년을 정지하더라도 무엇이 해롭습
니까? 만일 정지할 수 없다고 하면 성체(聖體)가 편하고, 좋은 때를 골
라 근교에 나가서 다만 갑병(甲兵)을 사열(査閱)하는 것이 온당할 것입
니다."

이렇게 말하니 세종이 반대해 말했다.

"옛날과 지금은 형편이 다릅니다. 다른 형편이니 마땅히 때에 따라
서 적합하게 할 뿐입니다. 어찌 예전 사람이 한 일에만 구애되겠습
니까? 내가 다만 올가을에만 행하려고 하는 것이 아니라, 지금 이후
부터 내가 만일, 병이 있으면 마땅히 세자로 하여금 대행시켜 상례(常
例)로 삼으려는 것입니다. 또 내가 늙으면 부득이 세자로 하여금 자차
분한 일들을 섭행(攝行)하게 할 것입니다. 늙지 아니해 세자로 하여금
이리 작은 일들을 섭행하게 하는 것이 좋지 않겠습니까? 빨리 병조
에 전교(傳敎)하십시오."

김돈(金墩) 등이 다시 이에 대해서 다른 의견을 말했다.

"전하께서 말씀하신 당 태종이 태자에게 군사를 거느리게 한 것은
평상시에 한 일이 아니었습니다. 또 고종(高宗)이 진왕(晉王)으로서 태
자가 되었으니, 그 군사를 거느린 것은 익위(翊衛)를 엄하게 하자는 계
책이었습니다. 대신들의 말이 매우 합당하오니 듣지 않을 수 없습니

다. 원컨대, 전하께서는 다시 생각하소서."

이러한 의견을 듣고 있던 세종이 자신의 의견을 여전히 굽히지 않았다.

"내 뜻이 이미 결정되었으니 고칠 수 없습니다."

그리고 빨리 병조에 하교하기를 재촉했다. 세종이 그렇게 할 때 병조판서 황보인(皇甫仁)과 참판 신인손(辛引孫)이 대궐에 나아가 아뢰었다.

"전일에 전하께서 신들에게 이르시기를, '고전(古典)을 상고해서 하라' 하셨습니다. 저희는 알지 못하거니와 전하께서 이미 고전을 상고하셨는지요? 이제 교지를 받아보오니 신들은 할 바를 알지 못하겠습니다. 비옵건대, 이 거행을 정지하소서. 또 행해야 할 사의(事宜)는 의정부에 보고합니까, 직접 아룁니까?"

세종이 이에 대해서 말했다.

"내 뜻이 이미 결정되었고 또 이미 대신에게 의논했으니, 어찌 경의 말을 듣고 고칠 수 있겠습니까? 빨리 사건을 갖추어 직접 내게 알려주십시오."

황보인 등이 다시 말했다.

"원하옵건대, 승정원과 함께 의논하게 하소서."

세종은 결국 "좋습니다."라고 했다.

138 어쨌든 세종은 몸이 아프고 기력이 쇠해 업무의 효율성을 높이기 위해 세자에게 위임하려 했지만 대신들은 쉽게 용인하지 않았다. 세종 24년(1442) 5월 3일, 눈병이 심해 세자에게 서무를 처결하게 하려는 뜻을 조서강에게 일렀다. 영의정 황희, 우의정 신개(申槪), 좌찬성 하연, 좌참찬 황보인, 예조판서 김종서, 도승지 조서강을 불렀다.

"나의 눈병이 갈수록 심해 직접 기무(機務)를 결정할 수 없으므로, 세자에게 서무를 맡게 하려 합니다."

황희 등이 이에 반대해 말했다.

"비록 눈병을 앓으시지만 연세(年歲)가 한창이신데 갑자기 세자에게

서무를 맡기신다면, 온 나라 신민들이 실망할 뿐 아니라, 후세에 모범 삼을 수도 없습니다. 또한 중국 조정이나 남북의 이웃 나라가 이를 듣는다면 어떻게 하겠습니까? 옳지 못하다고 생각합니다."

"경들의 말이 이와 같으니, 내가 다시 말하지 않겠습니다."

마침내 조서강을 불러 말했다.

"옛날에 '문왕(文王)이 정사에 근심하고 부지런해서 3년의 수명을 감손(減損)시켰다' 하나 어찌 정사에 근심하고 부지런해서 수명이 줄어들 리가 있겠습니까? 후세에 아첨하는 사람이 이를 빙자해 임금에게, '너무 지나치게 정사에 근심하고 부지런해 타고난 수명을 감손시키지 마셔야 합니다'라고 한 것입니다. 이것은 본받을 만한 말이 아닙니다. 오히려 군주가 정사에 태만하면 타고난 수명을 누리지 못할 걱정이 생깁니다."

세종 스스로 몸이 아파도 업무를 계속하려 했으나 신하들의 요구 수준은 매우 높았다. 세종의 괴로움은 말할 수 없었지만 그대로 따랐다. 어쩌면 그것이 그의 생명을 단축했을지 모른다. 그러므로 군주의 자리는 편한 것이 아니다.

! 최고 지도자(군주)는 병이 있다고 해서 쉴 수 있는 존재가 아니다. 그래서 최고의 음식과 의원을 대동하게 한다. 그것은 단순히 그가 고귀한 존재이기 때문이 아니다. 위에 있는 사람은 군림만 하는 이가 아니라 일하는 사람이다. 그것도 다른 이들보다 더 열심히 일하는 사람이다. 전체 구성원들을 위해서 대리하는 사람이기 때문이다. 그러지 않을 때, 그를 바라보고 있는 수많은 사람들이 어찌 일을 할 수 있겠는가? 이는 오늘날에도 마찬가지다.

그게 어찌 의원의 탓이겠는가

139   어쩔 수 없는 경우에도 흔히 의원의 책임을 물어 죄를 주는 경우가 많은
데 세종은 그러하지 않았다. 세종 28년(1446) 4월 2일, 대간에서 노중례(盧
重禮)❶의 징계를 청했으나, 따르지 않았다. 이전에 대간이 아뢰었다.

"노중례가 오로지 의술로 성상의 은혜를 지나치게 입었습니다. 그래
서 벼슬이 첨추(僉樞)❷에 올랐습니다. 마땅히 마음을 다하고 힘을 다
해 성은의 만분의 일이라도 갚아야 할 터입니다. 지금 중궁(中宮)께서
병환이 있을 때에 방서(方書)❸를 고루 살피지 않았습니다. 대신 '이럴
까 저럴까' 우물쭈물하고 입을 다물고 말하지 않다가, 반드시 성상의
분부를 기다린 뒤에야 약을 썼습니다. 죄가 더 큽니다. 법에 따라 뒷
사람을 징계하소서."

이에 대해 세종이 말했다.

"노중례가 약을 쓴 것이 만일 잘못된 일이 있으면, 내가 어찌 아끼겠
습니까? 다만, 노중례는 그 마음이 본래 게으른 데다 태만해서 조금
완만(頑慢)한 태도가 있기 때문에, 직첩(職牒)을 회수해 징계했습니다.
대개 죽고 사는 것은 명(命)이 있으니, 어찌 의원 한 명이 모두 구제할
수 있겠습니까? 다시 말하지 말라 하십시오."

대신들이 다시 청했으나, 허락하지 않았다.

140   다음 해 1월 3일, 세종이 노중례의 직첩을 돌려주기를 명하니, 사간원에
서 반대해 아뢰었다.

"노중례는 중궁이 병세가 위중할 때에 약을 받들면서 근신하지 않았

---

❶ 조선 세종 때의 의관(醫官). 여러 대군 및 중궁
　(中宮)의 병을 치료해온 공을 세웠다. 1431년
　『향약채취월령(鄉藥採取月令)』, 1433년에는
　『향약집성방』의 편찬에 참여했다.

❷ 첨지중추부사. 중추원에 속한 정3품 벼슬. 중추
　원은 왕명의 출납, 병기, 군접, 숙위 등의 일을
　맡아본 기관이다.

❸ 약방문을 적은 책

　　　　　　　　　　　六. 자신을 낮추는 절제와 겸양의 치세

으니 죄를 용서할 수 없습니다. 이 명을 거두시기를 청합니다."

세종이 이에 대해 말했다.

"노중례는 이미 징계했으며 또 끝내 쓰지 않을 수 없습니다."

141 세종 26년(1444) 12월 11일, 승정원과 사헌부에서 광평대군(廣平大君)❶을 치료한 의원 배상문(裵尙文)❷에게 죄줄 것을 청했다. 광평대군이 병으로 죽었기 때문이다. 이에 승정원과 사헌부에서 왕에게 광평대군의 병을 잘 다스리지 못한 의원에게 벌주기를 청했던 것이다.

우선 승정원에서 아뢰었다.

"의원 배상문이 광평대군의 병환을 치료하며 큰 상사를 당하게 했으니 국문하소서."

사헌부에서도 죄주기를 청했다. 세종이 말했다.

"배상문이란 자는 본디 맹랑한 사람임에는 분명합니다. 그러나 배상문의 죄가 아니고 죽은 자의 운명인 것입니다. 옛날 성녕대군께서 돌아가셨을 때 의원에게 죄주었더니 사람들이 비웃었습니다. 그러나 그 의원은 병 증세를 알지 못하고 치료를 옳게 하지 못했기 때문에 내가 그의 죄를 다스려야 한다고 청했습니다. 태종의 생각으로 하신 것은 아니었습니다. 지금 배상문의 경우는 이와 다릅니다. 예로부터 임금 된 이가 사랑하는 첩이나 아들의 죽음 때문에 의원을 죄주는 일이 많은데, 나는 잘못이라 생각합니다."

끝내 세종은 의원 배상문에게 벌주는 것을 허락하지 않았다. 궁궐 안의 사람이 생명을 잃으면 의관이 큰 벌을 받았을 것으로 생각되지만 세종은 과실 여부를 가려 신중하게 결정했다.

❶ 세종의 다섯째 아들　　❷ 조선 세종 때 내의원 의관. 세종 22년(1440) 전의감정(典醫監正)으로 있을 때 금성군유(錦成君瑜, 세종의 여섯째 아들)의 병을 완치시켰다.

> 대개 왕실의 사람이 죽으면 담당하는 의원이 죄를 받는다. 하지만 세종은 사람의 생명이 오로지 의원의 뜻대로 되는가 하고 묻는다. 현실적으로 의술의 수준에는 질병에 따르지 못하는 면이 충분히 존재한다. 죄 없는 의원에게 죄를 주면 오히려 아까운 인재들만 못 쓰게 되는 셈이다. 이는 다른 위급한 상황을 더 악화시킬 수도 있다. 책임의 소재와 영역을 명확히 따지고 이에 상응하는 죄를 논해야 한다.

진선을 심히 부끄럽게 느낀다

142 세종은 백성에게 민폐를 끼친다는 이유로 자주 진선(進膳)❶을 금지시켰다. 세종 4년(1422) 11월 14일, 정부 · 육조에서 문소전(文昭殿) · 광효전(廣孝殿) 외 각전(各殿) 진선을 폐지하라는 세종의 지시가 부당하다고 청했다.

"전일에 교지를 내리셔서 각 도에 문소전과 광효전 외의 각전의 진선은 모두 폐지하라 하셨습니다. 그런데 그렇게 하신 이유는 진선의 폐해가 대체로 백성들에게 미치게 될 것을 염려하신 때문입니다.

하지만 한 달에 한두 차례 진선하는 것이 백성에게 어떤 손해가 있겠습니까? 또 장차 중국의 사신이 오게 되옵는데, 각 도 관찰사가 진선 때문에 한양에 와서 사신을 접대하는 일을 알게 하는 것이 좋습니다. 또한 진선 때문에 임금의 체후(體候)가 강녕하심을 듣게 되는 것이 좋습니다. 각 도에 그전대로 진선하게 하시옵소서."

진선하는 일이 백성들에게 민폐를 끼치는 일이 적으며, 관찰사들이 진선하는 업무를 실제로 보아 알게 하는 것도 중요하다고 말한 것이다. 그러나 세종은 이에 대해서 다른 의견을 말한다.

"그대들 뜻은 이미 알겠습니다. 그러나 또한 외방 각 도에서는 사무를 아뢰기 위해 오는 사람도 있을 것입니다. 어찌 진선을 해야만 나랏일을 알게 되겠습니까?"

❶ 진귀하고 맛 좋은 음식을 올리는 일

六. 자신을 낮추는 절제와 겸양의 치세

"전하는 자봉(自奉)❶은 박하게 하시면서 인민(人民)에게는 후하시니, 지극하시고 극진하십니다. 감히 다시 청하지 못하겠습니다. 다만 신물(新物)이 있으면 공진(供進)하는 것이 백성에게 무엇이 해롭겠습니까?"

"백성이 밥을 먹기 어려움이 올해 같은 해가 없습니다. 어찌 반드시면 지방의 물건을 기다린 뒤에야 자봉을 하겠습니까? 비록 주방(廚房)에 없더라도 저자[市]에서 사서 먹을 수 있습니다."

세종은 끝내 허락하지 않았다. 세종은 백성들이 궁에 바치는 음식을 기다려 먹는 것이 아니라 스스로 시장에서 구입해 먹을 수 있다고 했는데, 이는 어려운 살림살이에 처한 백성들에게 피해를 주지 않으려 함이었다.

143 수재(水災) 같은 재난이 없는 상황에서도 진선을 금하라 한 적도 있었다. 세종 3년(1421) 8월 2일, 의정부와 육조에서 다시 진선을 허락할 것을 청하는 글을 올렸다.

"지난날 수재로 여러 도의 진선하던 것을 파하라고 명하셨습니다. 신들은 유감으로 생각했습니다. 그러나 전하께서 보이시는 하늘을 두려워하고 백성을 불쌍히 여기시는 마음이 지극한 정성에서 나온 것이라 하셨습니다. 이에 저희가 감히 청하지 못했습니다. 하지만 이제 수재도 없는데 오히려 진상하지 못하게 함이 이미 여러 달이 되었습니다. 전하께서는 비록 담박한 음식에 그대로 지내시려 하시는 것이지만, 상왕의 수라에는 어떻게 하시려는지요? 원하건대, 여러 도에 명해 전과 같이 진상하게 하소서."

대신들이 다시 허락하기를 청했지만 세종이 끝내 허락하지 않았다.

144 세종 19년(1437) 1월 22일, 경기의 각 관·전에서 반찬[膳] 올리는 일을 중지시켰다. 세종이 승정원에 일렀다.

❶ 몸을 스스로 잘 보양함

"임금의 직책은 오로지 백성을 사랑하는 것입니다. 지금 백성이 굶주려 죽는데, 차마 여러 도에서 바치는 반찬을 받을 수 있습니까? 전에 흉년 때문에 이미 하삼도에서 바치는 반찬을 없앴고, 오직 경기·강원 두 도만 없애지 않았습니다. 그런데 지금 들으니 경기도에도 굶주려 죽는 자가 많다고 합니다. 나는 이가 몹시 부끄럽습니다. 두도에서 바치는 반찬도 없애는 것이 어떠합니까?"

이 말을 듣고 반대하는 승지들이 대답했다.

"만일 두 도에서 바치는 것까지 없앤다면 어선(御膳)을 공급할 수가 없습니다. 부득이하시다면 마땅히 따로 조처가 있어야 하겠습니다. 이렇게 한다면 또 폐단이 있을까 두렵습니다. 그만둘 수 없다면 다만 경기 남도의 풍년이 아닌 고을만 바치지 않도록 하는 것이 어떠합니까?"

세종은 동의하지 않았다.

"한 도 내에서 이렇게 구분할 수는 없습니다."

결국 세종은 이렇게 전지했다.

"문소전 이외에 경기에서 각 전과 각 관에 바치는 반찬은 모두 바치지 말게 하고, 오직 각 포(各浦)에서는 예전대로 하라."

이미 세종은 진선을 심히 부끄럽게 느낀다고 했다. 백성들에게서 좋은 음식을 받아 자신을 위해 사용하는 것에 대해서 언제나 자신을 낮추어 말했다.

> ! 세종은 백성 위에 군주가 있으니 군주된 자는 백성이 바치는 음식을 항상 풍족하게 먹는 것이 당연하다고 여긴다. 하지만 세종은 그러한 풍족함을 바라지도 않았고, 백성의 진상 자체를 부담스럽게 생각했다. 더구나 백성이 어려운 지경에 있는데 고통과 피해가 가지 않을까 우려했다. 백성이 먹을 것이 없어 굶주리고 있을 때, 군주가 삼가지 않고 절제를 모르면 그 군주의 영위의 힘은 떨어지게 마련이다. 스스로 몸을 삼가며 지지를 유지하려는 이유도 있다. 최고 리더가 그 안의 구성원들의 노고에 힘입어 사치스럽게 생활한다면 리더십을 발휘하기 곤란한 지경에 이르기 쉽다.

六. 자신을 낮추는 절제와 겸양의 치세

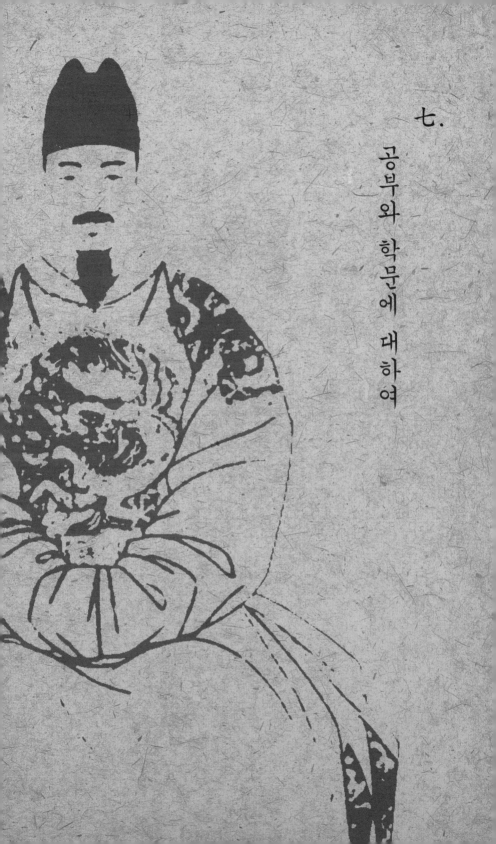

七.

공부와 학문에 대하여

뛰어난 재능을 안으로 간직하고 자기의 도를 지키며 때가 오기를 기다려라.

비록 실력을 인정받아 명예로운 지위에 오를지라도 화려한 성공을 바라지 말

고 최후 크게 이룸을 위해 마음을 기울여라. 주머니의 주둥이를 꽉 졸라매라.

함부로 재능과 지혜를 자랑하지 말고 몸을 삼간다면 허물도 재해도 받지 않

는다.

세종의 탁월한 소양과 자질은 끊임없는 독서와 공부, 그리고 학문의 탐구에

있었다. 특히 그가 뛰어난 자질을 보일 수 있었던 것은 정치적인 권력에 대

한 감각이 아니라 인문학적 소양 덕이었다. 인문학적 공부를 통한 성찰의 깊

이는 경영하는 이들에게는 필수적이다. 학문은 단지 자신만의 즐거움을 위해

존재하는 것이 아니라 세상과 호흡하며 변화하기 위한 데 있다.

1 今之士大夫, 在家則鬼神地理之事, 無所不爲, 出於朝則皆爲高論以斥之.

요사이 사대부들이 집에 있으면 귀신이나 지리에 관한 일들은 모두 하면서 조정에 나오면 모두 고상한 이론만 말하고 나머지는 멀리 배척합니다.

– 세종 15년(1433) 윤8월 29일, 못을 파는 일에 대해 논하다가

2 나는 경사(經史)를 두루 읽어 보았습니다. 비록 지금은 늙어 다 기억할 수가 없으나 글 읽기를 그만두지 않는 이유는 살펴보면 얻는 것이 상당히 많고, 그것을 국정에 적용할 수 있기 때문입니다. 이렇게 보면 글 읽는 것이 어찌 유익하지 않다고 할 수 있겠습니까?

– 세종 1년(1419), 『국조보감』 제5권 세종조 1, 경연에 거둥해 좌우에 일러

3 且設科策士, 將以求直言不諱之士也. 雖極論寡人過失, 其言若當, 則當置上列矣. 豈以此爲罪而不取哉?

과거를 통해 선비에게 대책을 묻는 것은 장차 바른말을 은휘(隱諱)❶하지 않는 선비를 구하려는 데 그 목적이 있습니다. 그러니 비록 과인의 과실을 적극 논했다면, 그 말이 만약 적절한 것이라면 마땅히 상위 열에 올려놓아야 합니다. 어찌 그 때문에 죄를 주고 취하지 않겠습니까?

– 세종 20년(1438) 4월 14일, 황희가 사직전을 올리자

4 오늘날 역사를 기록하는 자는 이미 성인(聖人)이 쓸 것은 쓰고 삭제할 것은 삭제한 취지를 파악하지 못할 것이면, 사실대로 정직하게 써야 합니다. 그리하여 잘잘못이 그대로 드러난다면 신뢰가 후대에 전해지게 될 것입니다. 반드시 전대의 임금을 위해 잘못을 숨기려 하거나 경솔하게

❶ 꺼리어 감추거나 숨김

고쳐서 사실을 인멸시켜서는 안 됩니다.

- 세종 4년(1422), 『국조보감』 제5권 세종조 1

5 사관(史官)은 당연히 한 번의 행사라도 그 흔적을 모두 기록해 후세에 남겨야 합니다. 임금이 어찌 사관에게 좋은 일만 기록하고 좋지 않은 일은 기록하지 말게 하겠습니까? 이는 타당하지 않습니다. 그런 말을 한 사람은 실언을 한 것입니다.

- 세종 11년(1429), 『국조보감』 제6권 세종조 2

6 경서(經書)의 구두나 따지는 일은 학문에 도움이 되지 않습니다. 반드시 마음에 관한 공부를 해야 그 유익함이 있습니다.

- 『해동야언』

7 글 읽는 것이 유익하지만, 글씨를 쓰거나 글을 짓는 것은 임금이 관심을 기울일 필요가 없습니다.

- 『해동야언』

七. 공부와 학문에 대하여

학문이란 무궁한 것 : 사서(史書)의 중요함

145 흔히 성리학에서는 경전 공부를 열심히 하게 되고 역사서는 외면하게 된
다. 이 점을 세종은 학문적 관점에서 지적했다. 세종 7년(1425) 11월 29일,
세종이 윤회에게 물었다.

"내가 집현전 선비들에게 모든 『사기(史記)』를 나누어주어 읽게 하
려 합니다."

신하들은 세종의 이 같은 말에 반대의 뜻을 폈다.

"옳지 않습니다. 대체로 경학(經學)이 우선이고, 사학(史學)은 그다음입
니다. 오직 사학만을 해서는 안 됩니다."

세종이 다시 말했다.

"내가 경연에서 『좌전(左傳)』·『사기(史記)』·『한서(漢書)』·『강목(綱目)』·
『송감(宋鑑)』에 기록된 옛일을 물으니, 다 모른다고 말했습니다. 만약
한 사람에게 읽게 한다면 분명 골고루 볼 수 없을 것입니다. 지금 선
비들은 말로는 경학을 하지만, 이치를 밝히고 마음을 바르게[窮理正心]
한 사람이 거의 없습니다."

마침내 정인지 · 설순 · 김빈에게 『사기』를 읽게 했다. 대제학 변계량에
게 사학을 읽을 만한 자를 뽑아 계문(啓聞)❶하라고 했다. 계량이 직집현전
(直集賢殿) 정인지, 집현전 응교(集賢殿應敎) 설순, 인동 현감 김빈(金鑌)을 천거
했다. 임금이 즉시 빈에게 집현전 수찬(集賢殿修撰)❷을 제수했다. 3인에게
모든 『사기』를 나누어 읽게 해 세종의 물음에 대비(對備)하게 했다.

146 세종은 사학에 대해서 관심을 갖지 않는 것에 문제의식을 갖고 있었다.
세종 8년(1426) 12월 10일, 윤대를 하고, 경연에 나아가서 사학에 대한 이

❶ 신하가 글로 임금에게 아뢰던 일, 계달(啓達),　　❷ 서책을 편집 · 간행하는 업무를 맡은 정6품 관리
계주(啓奏)

야기를 했다. 세종이 검토관(檢討官) 설순에게 일렀다.

"내가 이학(理學)에 대해서 비록 능통하지는 못하지만, 이미 모두 보기는 했습니다. 다만, 유독 사학만은 익숙하지 못합니다. 일찍이 『통감강목(通鑑綱目)』은 읽어서 근원을 참고했고, 여러 가지 책을 읽어서 내 아는 바에 거의 의심 없는 수준이라고 생각했습니다. 그런데 이제 이 책을 읽어보니 궁금증이 일어나는 부분이 많이 있습니다. 이러니 학문은 정말 무궁한 것이구나 싶습니다."

> ! 세종은 그동안 상대적으로 소외되었던 사서에 대한 관심을 보였다. 경학 공부도 중요하지만 예전의 일을 적은 사서가 중요하기 때문이다. 무엇보다 세종은 자신이 역사서에 대한 공부를 해왔는데 새로운 책을 보니 자신이 모르고 있던 사실이 많다고 하며, 이러니 학문이라는 것은 끊임없고 끝을 알 수가 없다고 했다. 이렇듯 공부하는 사람은 지식 앞에 겸손한 자세를 갖고 있어야 한다. 그렇지 않으면 오만해지고 아집에 빠질 수 있다. 배우고자 하면 새로운 분야는 얼마든지 발견되니, 평생 공부에 끝이 어디 있겠는가.

직무에서 벗어나 독서만 하라: 고요한 독서

147 직무에 힘을 쓰다 보면 책을 읽지 못하고 학문에도 집중을 할 수가 없게 된다. 이 때문에 직무와 별개로 독서하는 제도를 시험하기도 했다. 세종 10년(1428) 3월 28일, 시범적으로 젊은 인재 두 사람이 조용한 곳에서 독서를 하게 한 제도의 효용에 대해서 물었다. 윤대 뒤 경연에 나가 세종이 말했다.

"변계량이 일찍이 태종에게 아뢰어, 젊고 배울 만한 한두 사람의 유생을 택해, 일하지 말고 조용한 곳에서 독서하게 한 바가 있었습니다. 정통(精通)하면 크게 쓸 것을 청했지만, 태종이 옳게 여기셨으면서도 실행하지 못했습니다. 나도 이를 옳게 여기고 허락했는데, 지금 독서하고 있는 사람이 누구인가요?"

좌대언(左代言) 김자가 말했다.

"신석견(辛石堅)과 남수문(南秀文)입니다."

이에 세종이 권채(權採)에게 일렀다.

"경도 일찍이 독서하는 반열(班列)에 있었는데, 그 두 사람이 읽은 것이 무슨 글인지 말해줄 수 있습니까?"

권채가 말했다.

"『중용』과 『대학』입니다."

다시 세종이 독서의 효과에 대해 물었다.

"고요한 곳에서 글을 읽었을 때 무슨 효과가 있습니까?"

"다른 효과는 없더라도 마음이 산란하지 않을 뿐입니다."

김자도 독서하기 좋은 곳을 말했다.

"집에 있으면 사물과 빈객을 접대하지 않을 수 없기 때문에 산속에 있는 한가하고 고요한 절만 못합니다."

세종이 이 말을 그대로 따랐다.

148 또 이전에도 독서를 전적으로 시켰다. 세종 8년(1426) 12월 11일, 집현전 부교리(集賢殿副校理) 권채와 저작랑(著作郎) 신석견, 정자 남수문 등을 불러 명했다.

"내가 그대들에게 집현관을 제수한 것은 나이가 젊고 장래가 있어 글을 읽혀서 실제 그 효과가 있게 하려는 것이었습니다. 그대들은 맡은 각각의 직무 때문에 아침저녁으로 독서에 전력 전심할 겨를이 없었습니다. 지금부터는 본전(本殿)에 출근하지 말고 집에서 마음을 집중해 글을 읽어 성과를 내어 내 뜻에 맞게 하십시오. 글 읽는 규범은 변계량의 지도를 받도록 하십시오."

독서당(讀書堂)은 세종 때에 처음 만들었는데, 나이 어리지만 문장에 능숙하고 명망이 있는 자를 뽑게 했다. 독서당에서는 '장가독서(長暇讀書)'를 실시했다. 이는 오랫동안 휴가를 주어서 학문을 닦는 데에 전심하게 하는 제도였다.

149 세종은 인재를 양성하는 일에는 옛 임금들보다 뛰어났다. 집현전 선비들
이 날마다 번갈아 숙직했고 세종이 그들을 사랑함과 대우의 융숭함을 사
람들이 칭송했다. 어느 날 밤 이경(二更)쯤에 내시를 시켜 숙직하는 선비가
무엇을 하는가를 엿보게 했다. 신숙주(申叔舟)가 촛불을 켜놓고 글을 읽고
있었다.

내관이 돌아와서 아뢰었다.

"서너 번이나 가서 보아도 글 읽기를 끝내지 않다가 닭이 울자 그대
로 잠들었습니다."

세종이 이를 가상히 여겨 담비 갖옷을 벗어 그가 잠이 깊이 들었을 때에
몰래 등 위에 덮어주었다. 신숙주는 아침에 깨어 일어나서야 자기 등에
갖옷이 있는 것을 알았고, 뒤늦게야 세종이 덮어준 것임을 알게 되었다.
선비들은 이 일을 전해 듣고 더욱 학문에 힘쓰게 되었다.

> **!** 조선시대 관리는 학문에 힘써 현실 구제 방안을 마련해야 했으므로 학문과 업무를 병
> 행해야 했다. 치열한 독서로 학문을 닦는 것을 병행하는 것이 본분이지만 업무에 치
> 중하다 보면 현실의 소소한 일에 너무 많은 주의를 기울이게 되고 학문도 하지 못하
> 고 만다. 이러한 측면에서 세종은 관리에게 따로 시간을 들여 학문에 진력하게 했다.
> 그러나 그 독서는 혼자 유유자적하며 즐기라는 의미가 아니다. 일정한 성과를 기대하
> 는 일이다. 완전히 자유스러운 독서는 아니기 때문에 부담스러웠을 법도 하다. 독서
> 는 취미가 아니라 치열한 현실 적용을 위한 행위였고 이는 오늘날도 마찬가지다.

지식은 파는 것보다는 나누는 것이라지만

150 백성들이 알아야 할 지식이나 책에 대해서는 대중화 사업을 진행했다.
그러나 단지 읽게만 하는 것이 아니라 수익과도 연결 지었다. 세종 17년

(1435) 4월 8일, 세종은 상참을 받고 정사를 보았다.

이때 판중추원사(判中樞院事) 허조가 아뢰었다.

"『집성소학(集成小學)』❶이 하루하루 매우 중요한 글인데 배우는 자들이 얻지 못해 애를 쓰고 있습니다.❷ 원컨대, 혜민국(惠民局)의 약을 파는 예에 따라 혹은 종이, 혹은 쌀·콩을 알맞게 주어 밑천으로 삼게 하십시오. 한 관원과 한 공장이 그 일을 맡게 해 1만여 본을 찍어내어 팔아서, 밑천은 관에 도로 바치게 하는 것이 어떻겠습니까? 이렇게 하면 그 이익이 끝이 없고, 배우는 자에게 도움이 있을 것입니다."

허조의 말을 듣고 세종이 말했다.

"내가 『사기』를 읽어 보니, '나누어주는 것은 대단히 좋은 일이지만, 파는 것은 잘못이라'는 말이 있었습니다. 그러나 경의 말이 참으로 좋으니 내가 앞으로 시행하겠습니다."

곧 도승지 신인손에게 명했다.

"허조의 말과 같이 한결같이 하지만, 『소학』뿐 아니라 무릇 주자소(鑄字所)에 있는 책판(冊板)을 모두 찍어 내는 것이 좋을 것 같으니, 의논해 말하라."

! 소학은 기본적인 지식을 쌓을 수 있는 책이라 할 수 있다. 정부가 해야 할 일은 국민이 알아야 하는 기본적인 지식과 정보를 널리 익히고 학습하는 데 아낌없는 투자를 하는 것이다. 여기에서 말하는 것은 백성이 지식도 쌓고, 수익도 올리는 계책이다. 지식은 공유하는 것이 좋지만 누군가의 생명을 보전하는 중요한 수단이 되기도 한다. 이렇듯 지식은 생명이다.

---

❶ 1425년(세종 7)에는 조선에서 간행된 『소학』이 음훈주해(音訓註解)가 미비해 명나라에 파견하는 사신에게 『집성소학(集成小學)』100권을 구입해 오도록 했고, 3년 후에는 주자소(鑄字所)에 이를 인쇄, 간행하도록 했다.

❷ 1576년 간행된 『고사촬요』에 따르면 『소학집성』은 면포 반 필, 쌀 한 말 닷 되였다. 면포 한 필은 4만 원으로, 조선시대에 책은 아무나 살 수 없었고 일반 백성들은 엄두도 내지 못했다.

학문을 일으킬 방법 : 글쓰기냐, 고전 읽기냐

151 세종은 학문을 어떻게 하면 더 활성화할 것인가를 끊임없이 모색했다.
특히 과거시험은 경학의 부실과 연관성이 있어 항상 고심의 대상이었다.
세종 11년(1429) 1월 4일, 학문진흥책을 의논했다. 세종이 황희와 변계량
에게 물었다.

"전일 상소한 학문을 진흥시킬 조건에 대해 들었습니까."

변계량이 말했다.

"신은 아직 듣지 못했습니다."

세종이 이에 다시 말했다.

"옛날에는 경대부(卿大夫)의 적자와 준수한 평민만이 대학에 입학할
수 있었는데, 이제 유음자제(有蔭子弟)❶를 모두 성균관에 들어가게 하
려 한다면 인원이 너무 많지 않겠습니까?"

"너무 많을까 우려됩니다. 경관직(京官職) 3품 이상의 자제들만 모두
입학시키는 것이 옳겠습니다."

세종은 또한 다음과 같이 더 말을 했다.

"무과(武科)도 또한 문과와 다름없이 사패(賜牌)❷ · 사개(賜蓋)❸ · 사연(賜
宴)❹하며 유가(遊街)시키는 것이 부당하다고 판부사가 여러 번 말했습
니다. 이는 태종께서 이미 법으로 세워 놓으신 것이므로 가볍게 고
칠 수 없습니다. 다만, 시취(試取)할 때에 사서삼경이 아닌 사서이경(四
書二經)을 고강❺하는 것이 어떻겠습니까?"

황희와 변계량이 말했다.

"활 쏘고 말 타는 재예는 3천 명의 갑사(甲士)도 다 능한 것입니다.

---

❶ 조선시대에, 궁가(宮家)나 공신(功臣)에게 나
　라에서 산림 · 토지 · 노비 따위를 내려 주던 그
　소유에 관한 문서를 주던 일 또는 그 문서

❷ 선조의 공덕으로 음관직을 받은 자의 자제

❸ 과거에 장원급제를 한 사람에게 임금이 어사화
　와 함께 주던 장식품

❹ 나라에서 잔치를 베풀어주는 일, 또는 그 잔치

❺ 강경(講經) 과목을 채점해 등수를 매기던 일

　　　　　　　　　　　　　　　　　七. 공부와 학문에 대하여

무(武)과가 갑사와 다른 것은 다만 병서를 고강(考講)하기 때문입니다. 그러나 삼사서(三四書)를 대략적으로 시험하는 데 불과합니다. 그런데도 문(文)과와 다름없이 대우를 받는 까닭에, 선비들이 모두 문과를 버리고 무과로 가고 있습니다. 이제부터 사서(四書)와 일경(一經)을 고강하게 하는 것이 옳을 것입니다."

이에 세종이 다른 안을 말했다.

"벼슬을 제수하는 것은 어찌할까요?"

그러자 변계량이 말했다.

"나이 25세가 되면 벼슬을 주는 것이 타당할 것입니다. 지금 18세에 벼슬 주는 법은 박석명이 그의 자식에게 벼슬을 제수하려 했던 술책에서 비롯된 것입니다."

황희가 말했다.

"이 법은 곧 태종 대왕 때 하윤 등이 정한 것입니다."

"나 역시 일찍이 박석명이 그의 아들을 위해 이 법을 세웠다는 말을 들은 적이 있습니다. 다른 나머지의 조건은 따라 하겠지만, 무과를 제학(諸學)과 똑같이 시험을 치러 인재를 뽑는 일은 하지 않겠습니다."

변계량이 옛 제도를 우선해 말했다.

"신은 어떤 것이 좋은지 알지 못하겠습니다. 윤회가 신에게 말하기를, '무과는 곧 다른 여러 학의 예와 같다' 했습니다. 이제 원전을 살펴보니 방방(放榜)❶ · 사개 · 3일 유가(遊街)❷의 법이 없습니다. 옛날 제도에 따르는 것이 어떨까 합니다."

세종이 이 말을 듣고 말했다.

"내가 다시 생각해보겠습니다."

변계량이 경서를 다시 말했다.

---

❶ 급제자의 이름을 부름

❷ 과거에 급제한 사람이 3일 동안 사관과 선배, 친척을 방문하던 일

"과장(科場)에서는 반드시 경서의 본문을 살펴야 글을 지을 수 있습니다. 이제 경서의 본문을 보지 못하게 한다면, 경서를 왼 연후에야 글을 지을 수 있을 것입니다. 하지만 사서오경을 완전히 다 욀 수 있는 자가 있을지 우려됩니다."

경서를 외워서 글을 짓게 하는 것일 때 사서오경의 방대한 양을 다 외우고 시험을 보는 것은 불가능하다는 견해였다. 사서삼경을 모두 외우는 시험 준비생들에게는 엄청난 부담이었다. 그래서 중국에서도 사서 외에 일경만을 시험 과목에 넣었다. 한자 실력이 그에 못 미치는 조선의 준비생들의 어려움은 더했다. 그러자 세종이 다시 말했다.

"만일 본문을 보지 못하게 하면 학자들이 반드시 매우 우려할 것입니다. 다만, 경서의 범위를 삼경(三經)만 정해 그 안에서 글의 주제를 내는 것이 어떠할까요?"

변계량이 아뢰었다.

"그러합니다. 옛 제도에 따라 행함이 옳겠습니다."

152 글을 짓는 것은 강경(講經)❶하는 것보다 쓰임이 적은 것인지에 대한 고민도 여전했다. 세종은 경서 공부와 글짓기 공부 중에 학문을 더 낮게 하고 인재를 잘 가려 뽑는 방법에 대해 숙고했다. 세종 19년(1437) 9월 3일, 과거 볼 때에 글을 외우게 해서 세종이 친히 심사하기로 했다. 정사를 보는데 판중추원사 허조가 말했다.

"국학의 유생들은 사장(詞章)❷만 익히고 경서는 읽지 않아서 이제 그 폐단이 정말 많습니다. 이는 과거에서 강경하지 않는 까닭입니다. 강경법을 시행하면 자연스럽게 학문에 힘쓰지 않을 수 없습니다."

이 같은 말을 듣고 동의하면서도 세종은 이렇게 말했다.

"내가 항상 이를 염려했지만 아직도 결정짓지 못했습니다. 태조 때

---

❶ 시험관이 제시하는 사서오경 중 지정된 부분을 읽고 해석한 뒤, 시험관의 질문에 답하던 일 ❷ 문장(文章)과 시부(詩賦)의 통칭, 문학작품

七. 공부와 학문에 대하여

처음 과거에서 경서를 외우게 하는 법을 세웠습니다. 나도 태조 때에 권양촌(權陽村)이 번번이 강경을 없애야 한다고 주장하는 것을 자세히 들었습니다. 그 뒤에 변계량도 강경하는 법이 잘못이라고 강하게 말했습니다. 강경을 할 때에는 폐단이 있어 심한 자는 비밀스럽게 과거를 보는 자[擧子]에게 몰래 알려주기도 했다고 합니다.

만약에 한때의 정승, 집정 대신(執政大臣), 혹은 친구의 자제라면 어찌 이런 편법을 쓰지 않겠는가 싶습니다. 결국 강경하는 법이 폐단이 있어 선비들을 뽑을 때에 쓰지 않게 되었습니다. 이제 강경으로 선비를 뽑게 되면 반드시 글 읽는 실제 효과가 있을 것입니다. 무릇 경서에 익숙한 것이 귀중한 것입니다. 문장 따위는 나라에 아무 이로움이 없고 다만 외교 문서에만 이를 버리지 못할 따름입니다. 만약에 대체를 알고 예의에 실수만 하지 않는다면, 비록 문장에 소활(疏闊)❶해도 무엇이 해롭겠습니까?"

예조판서 권제가 말했다.

"지금의 학자들은 열심히 글을 읽지 않습니다. 문선(文選)❷도 과거 보는 데 맞지 않다고 할 뿐입니다. 한때 제배(儕輩)❸가 지은 글이 제일 좋다고 해 외우기를 마다하지 않았습니다. 이로써 학술(學術)이 갈수록 낮아지는 것이 오늘날보다 더 심할 때가 없을 것입니다."

세종이 이 말을 듣고 방안을 논의해보자고 했다.

"내가 이 일을 어떻게 하면 옳겠습니까? 학문을 일으키는 방법은 모두 경들에게 맡기겠습니다. 대신들과 함께 의논해 결정되는 것에 내가 마땅히 따르겠습니다."

찬성사 신개가 아뢰었다.

"신들이 일찍이 사관(史官)을 시험할 때, 경서와 사기를 외우게 하고 함께 그 말하는 것을 들었습니다. 의향(意向)이 각각 달라서 혹은 통

❶ 크게 뚫린 거문고 밑구멍   ❸ 같은 무리
❷ 좋은 글을 가려 뽑아 놓은 책

(通)이라 하고 혹은 약(略)이라 하며 혹은 조(粗)라고 했습니다. 그 조와 통과는 정말 큰 차이가 있는 것입니다. 강경으로 사람을 뽑는 것은 참으로 어려웠습니다."

세종이 옳게 여겨 말했다.

"내가 무과를 친강(親講)했을 때에도 조와 약의 사이를 정하기 어려웠습니다. 그것은 일정한 원칙이 없었기 때문입니다."

권제가 또 말했다.

"강경은 폐단을 낳습니다. 정말 과장에 쓸 수가 없었습니다. 보통 때에 성균관이나 예조·대성과 함께 여러 유생들이 경서를 읽고 외우게 해, 『대학』에서 오경까지 일일이 문서를 두고, 사서와 오경에 모두 통하는 자에게 다시 물어야 합니다. 그래서 이에 모두 통하고 깨우친 자라면 천거해서 쓰는 것이 어떻겠습니까?"

사서와 오경 등에 두루 통달한 자를 뽑아야 한다는 주장이었다. 이에 세종은 반대 의견을 냈다.

"반드시 사서와 오경에 모두 통한 뒤에 쓸 것이 아니라, 사서와 이경(二經)이나 삼경의 대의에만 통해도 좋습니다. 경들은 함께 학문을 일으킬 방법을 의논하십시오."

허조 등이 물러가니, 세종이 여러 승지들에게 일렀다.

"과거 볼 때마다 먼저 제술(製述)❶로써 취하기는 하지만, 궁궐(闕庭)에 나아가 내가 친히 글을 외우게 해 그 학문을 보게 하는 것은 어떤가요?"

권채가 대답했다.

"전시(殿試)❷에는 글 짓는 것은 없애고, 외우는 것으로 등급을 정하는 것이 좋습니다."

등급을 매기자는 말에 세종은 달리 말했다.

"어찌 단지 등급으로만 할까요? 그 통하지 못한 자는 뽑지 않는 것이

❶ 시나 글을 지음   ❷ 임금 앞에서 보던 최종 과거시험

좋겠습니다."

이때 신인손이 세종의 건강을 걱정했다.

"그렇게 시험을 치르면 전하의 건강에 해로울까 염려되옵니다."

"무엇이 해롭겠습니까? 하루 동안 할 것이 아니라, 비록 5, 6일이라도 좋을 것입니다."

153　9월 14일, 강경에 힘쓸 것을 의논하게 했다. 자선당(資善堂)에 나아가 정사를 보았는데 세종이 말했다.

"학교의 정사는 여기에 비하면 더 큰일입니다. 그런데 국학이 날로 공허해지고 유생들이 경서에 힘쓰지 않습니다. 그 학문을 일으키는 방법은 또 어떻게 하는 것이 좋을까요? 이에 의논하는 자가 '과장에서 경서를 외우게 하면 학문을 일으킬 수 있다'고 합니다. 나는 '경서를 외우게 하는 것이 어찌 학문을 일으키는 것인가' 하고 말했습니다.

고려 때에 강경하는 법을 세우지 않았지만, 학문하지 않는 것이 오늘날처럼 심했다는 말을 듣지 못했습니다. 또 권근과 변계량도 모두 강경이 옳지 못하다고 했습니다. 옳지 못했다고 하는 대신들이 다음과 같이 말했습니다. '과장에서 강경한 뒤로 의관 자제들이 모두 무예를 익히려고 달려간다. 앞으로 경서를 외우게 하는 것은 옳지 않다.'

그런데 이제는 이를 반대하니 어찌된 일입니까? 만약에 학문을 일으키고자 하려 한다면 반드시 강경을 해야 되겠습니까?"

이에 영의정 황희가 학문에 힘쓰지 않는 풍토를 고치려면 강경을 해야 한다고 말했다.

"지금의 학자들은 실제 학문에 힘쓰지 않는 일이 매우 심합니다. 그 폐단을 없애자면 강경만 한 것이 없습니다."

강경을 옹호하는 말에 세종이 다른 의견을 냈다.

"강경을 글 읽는 본보기로 삼으면 총명한 자들은 숙독하지도 않을 것입니다. 과거시험 때 과목을 두루 본다 해도 오히려 요행으로 합격할 것입니다. 이것이 어찌 학문을 일으키는 방법이 되겠습니까?"

예조판서 권제가 말했다.

"성균관에서 보통 때에 예조·대간과 함께 재생(齋生)들에게 『논어』, 『대학』을 외우게 해, 두 책의 세 곳을 모두 통하게 되면 문서에 적어 둡니다.

『맹자』·『중용』은 물론 오경도 모두 『대학』과 『논어』의 경우와 같이 외우게 하고 기록해, 시년(試年)에는 기록한 문서를 상고해 경서에 모두 통하는 자가 과거에 참여하도록 하면 될 것입니다.

과거에 응하고자 하는 자는 학문의 실함이 모두 공허하다는 탄식이 없어지고, 유생들도 모두 미리 숙독하기 때문에 시험 때가 닥치면 그때서야 두루 보는 폐단이 없게 할 수 있을 것이니 그렇게 하소서.

이렇게 되면 배우지 않을 때가 없고, 익히지 않은 책이 없을 것입니다. 고관(考官)·시관(試官)도 한 사람이 아니고 취재하는 날도 하루가 아니니 역시 사정❶을 용납하는 폐단이 없어질 것입니다.

또 외방의 교생(校生)을 모두 성균관에서 시험 보게 하면 왕래하는 폐단이 있지만, 이 문제는 또 따로 해결할 방법이 있을 것입니다."

세종도 그렇게 생각했다.

154 세종 21년(1439) 1월 13일, 이때 세종이 경연에 나아가 참찬관(參贊官)❷ 김돈에게 과거시험 방식에 관해 말했다.

"과거는 본래 좋은 사람을 얻기 위한 것입니다. 그런데 근년 이래로 배우는 자가 성경(聖經)을 연구하지 않고 오직 사장(詞章)❸만을 배웁니다. 대신들이 그 폐해를 바로잡으려고 계책을 말하는 것이 분분합니

---

❶ 사사로운 정
❷ 경연(經筵)에 속한 정3품 관직. 승지 및 부제학
이 겸임했다.
❸ 문장과 시가

다. 그런데 모두 '인재가 비루하고 풍속이 효박한 것은, 모두가 경서를 강하지 않고 제술로 시험 보는 까닭에 그러하다'라고 말합니다. 하지만 나는 다르게 생각합니다. 한(漢) · 당(唐) 이래로 사부(詞賦)로 사람을 뽑았고, 고려에도 역시 그렇게 해 어진 인재가 배출되었습니다. 오늘에만 제술로 뽑기에 인재가 예전만 못하다고 볼 수는 없습니다.

또 권근 · 변계량은 모두 당대의 명유인데 여러 번 경서를 강하는 잘못을 말했고, 나도 그 폐해를 다 알기에 강경을 강조하는 대신들의 의견을 배격하고, 아직은 저술(著述)로 사람을 뽑고자 합니다."

! 문장 짓기는 실제 쓰임이 있다. 경서는 현실에서 실제 쓰임이 없는 것으로 보인다. 하지만 문장을 관통하는 사유의 바탕이 되는 데서 그 쓰임을 얻는다. 문장만을 잘 짓는다고 학문을 잘하는 것도, 경전만을 잘 외운다고 학문을 잘하는 것도 아니다. 그것을 자유자재로 하며 현실에 적용할 수 있는 독창적인 사고를 하는 능력이 중요하다. 인재를 뽑는 방식은 제술이냐 강경이냐 양자택일의 문제가 아니라 더 다양한 방식의 도입을 의미할 수 있어야 한다. 그대로 외운 지식이 우선인가, 아니면 지식을 활용해 새로운 담론을 만들어내는 것이 우선인가. 이분법적인 것만은 아니다. 경전도 창조적 해석이 중요하고 글짓기도 형식의 모방이 아니라 새로운 내용의 창작이 중요하다. 오늘날에도 학교 성적이나 드러난 역량만으로 평가할 수 없는 인재의 능력 요소는 여전하다.

다 안다는 자는 '용류(庸流)'

155   모르는 것이 어디 창피한 것일까. 세종은 그렇게 생각하지 않고 오히려 다 안다고 생각하는 태도를 더 경계했다. 세종 14년(1432) 12월 22일, 세종이 신하들에게 모르는 것을 이상하게 여기지 말라고 했다. 세종이 경연에 나갔는데 의문스럽고 이해하기 어려운 대목이 있었기에 경연관(經筵官)에게 물었다. 그러나 모두 대답하지 못하자 세종이 말했다.

"이 말은 의심할 만하나 강론하지 않는 게 낫겠습니다. 대개 그 의심할 만한 것을 알려고 더욱 연구하면 반드시 얻음이 있을 것입니다. 무릇 배우는 자들이 스스로 모른다고 하는 일은 옳은 것이라 여기겠습니다. 하지만 스스로 모르는 게 없다고 하는 자는 이른바 '용류(庸流)'❶ 이니, 그대들은 그 알지 못하는 것을 괴이하게 여기지 마십시오."

> 공부를 한 사람은 어느 단계에 가면 세상 모든 것을 다 아는 것 같은 생각이 든다. 그러나 스스로 모든 것을 다 안다고 생각하는 이는 오히려 모르는 이다. 모르는 것을 모른다고 말하고, 그것에 머물지 않고 알려고 노력하는 사람이 더 많이 알게 된다. 따라서 모르는 것이 있다고 이상하게 여길 필요는 없다. 다른 사람의 경우도 마찬가지다. 다른 사람이 모른다고 비난할 필요는 없다. 모르는 것을 아는 체하고 배우지 않으려고 하는 것이 더 비판의 대상이 되어야 한다. 모르는 것을 아는 체하면 당장에는 잘 넘어가겠지만, 스스로 발전과 성장이 없다. 나중에는 자신은 물론 누구에게도 도움이 되지 않을 뿐만 아니라 큰 과오를 낳는다.

하나에 관통하라

156   세종은 두루두루 학문을 하는 것의 한계를 지적하기도 했다. 과연 그것을 관통(貫通)할 수 있겠는지 의문을 가졌다. 세종 15년(1433) 2월 2일, 세종이 경연에 나아가서 강론하다가 다음 대목에 이르렀다.

"지금 사람들이 글을 읽어서 한나라 유학자[漢儒]만큼 얻음이 있다면 좋겠다. 한유들은 각각 한 가지 학문에만 일심했기 때문에 극히 자세히 깨우쳤다. 지금 사람은 겨우 이것저것 보기를 원하기 때문에, 나중에 도무지 학문을 연구해서도 얻는 것이 없다."

세종이 이를 대하고 다음과 같이 말했다.

"이것이 내가 학자들을 위해 근심하는 점입니다. 사서(四書)·오경(五經)·백가 제사(百家諸史) 등을 어떻게 하나같이 정밀하고 익숙하게 할

❶ 사람이 변변하지 못하고 졸렬함

수 있을까 합니다. 지금 학자들이 사서·오경을 두루 익히려 하니 얻음이 없는 것은 불을 보듯 환합니다. 반드시 정숙(精熟)해 관통하려면 경전(經傳)에 전심(專心)하는 학문보다 나은 것이 없습니다."

두루두루 아는 것은 하나에 관통하는 것만 못하다는 것이다.

157 세종 16년(1434) 12월 11일, 『자치통감훈의(資治通鑑訓義)』에서 잘못된 곳을 교정했다. 대제학 윤회 등이 날마다 편찬하는 『자치통감훈의』를 매일 저녁 궐내에 들였다. 세종이 친히 오류(誤謬)를 교정하다가 밤중이 되었다. 이날 세종이 윤회 등에게 말했다.

"근래 이 글을 보면서 독서가 유익한 것을 새삼 깨달았습니다. 총명함이 날마다 늘고 잠이 매우 달아났습니다."

윤회 등이 말했다.

"밤에 가는 글씨를 보시니 눈병이 나실까 두렵습니다."

"경의 말이 옳습니다. 조금 쉬겠습니다."

158 세종 16년(1434) 7월 1일, 『자치통감훈의』를 찬집(撰集)하는 관원들에게 음식 대접하기를 명했다. 그 뒤부터 15일마다 한 차례씩 음식을 베풀었다.

!▶ 여러 책이나 학문을 섭렵하면 많이 아는 듯싶지만 깊이가 없다. 하나에 관통하고 나야 다른 것에 관통할 수 있다. 얕게 많이 아는 것보다 하나를 깊이 아는 것이 제대로 공부하는 것이다. 유학 경전을 모두 다 통달한다면 좋지만 물리적으로 불가능한 측면이 있다. 이러한 점은 일반 사상이나 실용 학문에서도 마찬가지다. 한 사람이 여러 분야를 달통하는 것은 어려운 일이다. 그렇기 때문에 각자 전문 분야를 살리도록 이끌어주는 역할이 중요하다.

八.

세상을 경영할 때는

세종은 단지 조정만을 이끄는 사람은 아니었다. 세상을 함께 이끄는 존재였다. 세상을 경영하려면 조직이나 인재를 바탕으로 세상을 어떻게 움직여야 할지 생각해야 한다. 같은 행동 방안이라도 시간의 흐름에 따라 전혀 다른 결과를 낳는다. 또한 존재하는 것에는 그 나름의 이유와 맥락이 있다. 그 이유와 맥락을 생각하지 않고 무조건 움직이는 것은 원하는 바를 이루지 못할 뿐만 아니라 오히려 역효과를 낼 뿐이다. 세상의 경영법에는 세상의 원리에 대한 인식도 포함되며, 그것에 어떻게 대응해나갈 것인지도 모색해야 한다.

무엇보다 세상은 큰 흐름 속에서 장기적인 관점으로 이끌어가는 경영의 요체가 필요하다. 이 와중에는 단기적인 시야나 가치관으로 이의를 제기하는 이들이 있기 마련이므로 이들에게서 소통과 회유로 동의를 이끌어내야 한다.

1 予謂斂民無節, 則君之所用無極.
백성에게서 거두어들이는 것이 절도가 없으면 임금이 소비하는 것도 끝이 없게 됩니다.

- 세종 28년(1446) 4월 30일, 조용조법과 큰 성·소보 쌓음을 의논하며

2 戶曹掌錢穀之出納, 省費節用, 固其宜也. 然知斂而不知散; 當用而不知用, 亦非也.
돈과 곡식의 출납을 맡았으니, 비용을 절약하는 것은 매우 당연합니다. 그러나 거두는 것만 알고 나눌 줄을 모르며, 당연히 쓸 데에 쓸 줄을 모르는 것도 잘못입니다.

- 세종 7년(1425) 10월 16일, 도량에서 보시가 너무 야박하다는 계를 보고

3 食爲民天, 農爲政本, 故守令近民之職, 莫重於勸農.
먹는 것은 백성에게 으뜸이 되고, 농사는 정치의 근본입니다.

- 세종 19년(1437) 7월 23일, 백성에게 『농사직설』 등의 경작법을 권유하도록 각 도 감사에게 명하며

4 백성은 국가의 기반이며, 먹는 것은 백성들에게 하늘처럼 소중한 것입니다.

- 세종 1년(1419), 『국조보감』 세종조 제5권

5 국가는 백성을 근본으로 삼고, 백성은 먹는 것을 하늘처럼 여깁니다. 그러므로 농사는 의식(衣食)의 원천이며, 왕정(王政)의 최우선입니다. 오로지 백성들의 목숨과 관계가 되기 때문에 세상에서 지극히 수고로운 일을 하는 것입니다. 위에서 다스리는 사람이 성실한 마음을 가지고 이끌어주지 않고서 어떻게 백성들이 농사일에 최선을 다해 살아가는 즐거움을 누릴 수 있을까요.

- 세종 26년(1444), 『국조보감』 제7권 세종조 3

6 凡事常加戒愼, 恐不能爲, 則必無敗事.

모든 일에 항상 조심하고 못 해낼까 두려워한다면 실패하는 일이 없습니다.

- 세종 22년(1440) 8월 26일, 경원 판관 송석동이 하직한다 하니

7 自古建大事則浮言必起.

예로부터 큰일을 세우자면 뜬 말이 반드시 일어났습니다.

- 세종 23년(1441) 10월 17일, 평안 · 함길 두 도의 성을 쌓는 일에 관해 논의하며

8 且人君灼知而陷於人臣之所言, 何以維持國家乎?

인군(人君)이 환하게 알고 있으면서 신하의 말에 빠지게 된다면 어찌 나라를 유지하겠습니까?

- 세종 24년(1442) 12월 17일, 이영견이 수원 부사 안기와 과천 현감 최영순 파출을 건의하니

9 大抵人情, 憚於新作.

무릇 사람들은 새로 만드는 것을 꺼리는구나.

- 세종 15년(1433) 4월 8일, 수차를 전국에 배치했으나 성과가 좋지 않으니

10 大抵治事, 要得大體, 不可淺薄. 今日將信怨民之言, 加罪於宣, 則後誰肯剛明而不陷於豪右之術者哉!

무릇 일을 다스리는 데는 일이나 내용의 기본적인 큰 틀을 가지고 하는 것이 필요하고, 천박하게 해서는 안 됩니다. 오늘에 원망하는 백성의 말을 믿고 죄를 준다면, 뒷날에 누가 능히 강직하고 명석하면서 부호(富豪)의 술책에 빠지지 않을 자가 있을 것입니까!

- 세종 29년(1447) 윤4월 7일, 직권을 남용한 병조판서 이선의 벼슬을 파면하며

11 대체로 정치를 잘하려면 반드시 앞 시대의 치란(治亂)의 흔적을 귀감으로 삼아야 합니다.

- 세종 27년(1445), 『국조보감』 제7권 세종조 3, 정인지에게 말하다

12 옛날의 제왕은 안전할 때에도 위험을 잊지 않았으며 잘 다스려질 때에도 난리를 잊지 않았습니다.

- 세종 12년(1430), 『국조보감』 제6권 세종조 2

기다리면 늦다

159 세종은 환곡 제도의 근본 지향이 백성이라는 점을 잊지 않았다. 세종 7년 (1425) 4월 13일, 세종이 볍씨의 환자(還子)❶를 더 주는 것이 옳은지 신하들에게 물었다. 백성들의 삶이 궁핍한 것이라 여겨 더 저렴하게 빌려줄 필요가 있다고 본 세종이었다. 이때 영돈녕 유정현이 아뢰었다.

　　"신의 집종이 밖에서 돌아와 말했습니다. '장리(長利)를 꾸어가는 사람이 없습니다.' 이를 볼 때, 백성들이 심하게 궁핍하지는 않은 줄 알고 있습니다. 다시 더 주지 말고, 궁핍하다고 할 때까지 더 기다려 보아야 합니다."

이 말을 듣고 세종이 말했다.

　　"만약 고할 때를 기다린다면 늦어서 쓸모 있을 때를 맞추지 못할까 염려됩니다."

유정현은 재물을 모으기 때문에 다른 이들에게 인색하게 굴어왔다. 매번 가을이 되면 종들을 내보내 각박하게 빚을 독촉하므로, 백성들이 그 집에서 꾸어가기를 원하지 않을 뿐이었고, 백성들이 넉넉해서 꾸어가지 않는 것은 아니었던 것이다.

> ❗️ 어떤 현상이 일어나기까지는 많은 과정이 있게 마련이다. 사람 사는 세상도 다르지 않다. 밖으로 불거질 때면 이미 너무 늦을 때가 많다. 사람들이 말하기 전에 미리 파악해서 조치를 취하거나 배려하는 것이 더 중요하다. 미리 그 전체의 인과관계를 파악하고 이에 대비해야 한다. 그러지 않으면 문제를 악화시킬 뿐만 아니라 이를 이용해 사익을 취하려는 이들이 득세하게 된다.

❶ 환곡

아주 오래 생존한 것은 나름대로 이유가 있다

160 　불교에 대한 성리학자들의 비판은 세종을 항상 곤란하게 만들었다. 이
때 세종은 오래 지지를 받는 것은 다 이유가 있음을 헤아렸다. 세종 23년
(1441) 윤11월 10일, 홍천사(興天寺) 사리각(舍利閣) 경찬회(慶讚會)❶에 반대하는
집현전 부제학 최만리의 상소문이 있었다.❷ 태조 4년(1395) 신덕왕후 강씨
(神德王后康氏)가 죽으니 1396년 능지(陵地)를 정릉(貞陵)에 정하고, 능 동쪽에
170여 칸의 절을 세워 홍천사라 했다. 1435년 사리각을 중수했고, 1437
년 왕명으로 이 절을 중수(重修)했으며, 1440년 9월 대장경을 봉안했다. 세
종은 홍천사 중수에 대해 다음과 같이 말한 바 있다.

　　"홍천사는 조종(祖宗)❸께서 창건한 것인데, 허물어지는 것은 내가 차
　　마 보지 못해 지금 중수했습니다. 이에 경찬회를 개설(開設)하는 것이
　　마땅합니다. 비유하건대 신주(神主)를 만드는 것 같은데, 신주를 만들
　　어놓고 제사하지 않는다면 옳겠습니까? 그런즉 지금에 비록 경찬회
　　를 해도 의리에 무엇이 해롭겠습니까?"

161 　1441년 3월, 이 절의 중수공사가 끝나자 5일 동안 경찬회를 개최했다. 이
에 대해서 대신들이 반대했다. 이에 세종이 받아들이지 않고 다시 말했다.

　　"내가 그대들의 말을 아름답게 여깁니다. 그러나 그대들이 지금 불
　　교의 해가 커서 화(禍)가 일어나 구제하기 어렵다고 하지만, 나는 그
　　렇지 않다고 생각합니다. 역대의 제왕도 이를 숭상하지 않는 이가
　　없습니다. 나는 혹해서 그대로 믿지는 않았으나 이미 절을 수리했으
　　니, 제사 지내는 일은 예(禮)의 당연한 바입니다."

❶ 사리각 완성에 따른 법회
❷ 세종은 불교를 반대하면서도 급하게 없앨 수는
　없다는 입장이었다. 무엇보다 왕실 입장에서는
　불교를 배척하지 않았다. 세종 14년에 효령대
　군이 한강에서 수륙재를 행한 것을 막지 않았

　고, 세종 17년에서 24년까지 홍천사의 사리각,
　석탑 중수, 안거회 등의 개최를 대신들의 반대
　에도 불구하고 강행했다.
❸ 태조 이성계

162 윤11월 11일, 사리각 경찬회에 관해 집현전 부제학 최만리 등이 다시 반대해 말했다. 이에 세종이 말했다.

"내가 그대들의 말을 들어보니, 말뜻이 곡진(曲盡)합니다. 그대들이 하는 말은 내가 이미 알고 있습니다. 그러나 사리각을 이미 수리해 완성했으니 어찌 치제(致祭)하지 않을 것이며, 또 불교가 천하에 두루 퍼졌으니, 모두 배척할 수 없습니다."

163 윤11월 14일, 사리각 경찬회 중지를 요구하는 사헌부와 사간원의 상소문에 관해 세종이 승정원에 일렀다.

"역대 이래로 불교를 좋아하는 임금이 언제나 있었고, 우리 조정에서는 태종께서 성품이 굳세고 과단하셔서, 이단(異端)을 배척했습니다. 하지만 다 개혁하지는 못하셨습니다. 내가 즉위한 뒤로 숭상해 믿는 마음이 조금도 없고, 다만 사리각을 수리한 것은 실로 조종을 위한 것입니다. 이제 의정부·대간·집현전에서 경찬회를 반대해 상소를 여러 번 올렸으나, 이는 그만둘 수 없는 일입니다. 빨리 하는 것이 좋겠습니다."

세종은 연거푸 자신이 불교를 믿어서 이렇게 용인하는 점이 있는 것이 아니라고 말했다.

"내가 숭상해 믿는 것이 아니며, 또 그대들이 반대할 것을 모르고 이 일을 행하는 것이 아닙니다."

또 이렇게 말하기도 했다.

"이같이 간략하게 베푸는 불사(佛事)는 어느 시대인들 없으리오."

164 윤11월 15일, 경찬회에 내릴 물건에 대해 승정원에 전지했다.

"내가 이전에 없었던 바를 한 것이 아닌데, 경들은 나를 불교에 혹해 있다고 말합니까?"

이날, 다시 육조에서 사리각 경찬회에 관해 상소했던 것이다.

八. 세상을 경영할 때는

또한 29일 대간에서 경찬회의 일로 파면하기를 청했다. 그러나 승정원에서 세종에게 그 같은 내용을 전달하지 않자, 억지로 세종에게 말했다.

> "근래에 신들이 경찬회 파하기를 말씀드렸습니다. 그러나 전하에게 상달(上達)되지 못했습니다. 이는 신들이 그 임무를 다하지 못한 것입니다. 어찌 편하게 벼슬자리에 있겠습니까? 신들을 파면해주십시오."

파면까지 시켜달라는 말에도 세종은 이렇게 말했다.

> "그대들의 말을 들어보니, 결국 나는 잘못을 옳은 듯이 꾸미고 옳게 간언하는 말을 거부하는 임금이 되었습니다. 옛사람이, '세 번 간해도 듣지 않거든 버리고 가라'고 했습니다. 그대들이 스스로 가면 내가 금할 수 없습니다. 나갈 이유가 없는데, 내가 애써 파면하겠습니까?"

박중림(朴仲林) 등이 반대해 말했다.

> "옛사람은 열국(列國)❶에 벼슬하기 때문에 세 번 간해 듣지 않으면 버리고 다른 나라로 갑니다. 신들은 본국 외에는 다시 갈 만한 나라가 없습니다. 벼슬을 파직해 신들의 소망을 들어주십시오."

대신들의 강력한 반대에도 불구하고 세종이 말하려는 것은 시종일관이었다.

> "내가 말할 것은 없습니다."

! 대신들이 불교에 대한 강력한 의지를 표명했어도 세종은 이에 대해서 자신의 의지를 굽히지 않았다. 세종의 견해로는 없어지지 않고 생존해 있는 것에는 나름의 이유가 있다고 한다. 불교 역시 오랫동안 생명력을 가진 것에는 이유가 있을 것이다. 그 이유에 대해서 탐색하지 않으니, 결국에는 사람들의 마음을 알지 못하는 것이 된다. 사람의 마음을 알지 못하고서야 어떻게 세상의 경영을 할 수가 있을까. 조선은 유교와 성리학을 기본으로 삼는 나라였지만, 세종은 편협한 사상적 체계를 국가 경영의 기본으로 삼지는 않으려 했다. 나름의 이유와 맥락을 파악하는 데 주목한 것이다.

❶ 여러 나라

믿음을 보이는 것이 가장 중요한 것

조선왕조는 물품을 대신해 화폐를 유통시키려고 노력했다. 세종도 마찬가지였다. 태종 1년(1401)에는 저화(楮貨)❶를 발행했다. 세종 5년(1423)에는 조선시대 최초의 동전(銅錢)인 조선통보(朝鮮通寶)를 발행해 유통했다. 세종 7년(1425) 4월 14일, 동전과 저화의 교환에 대해 논의했다. 세종이 여러 신하에게 일렀다.

"전날에 돈과 저화를 같이 쓸 것을 정부와 육조에 널리 물어서 시행했습니다. 대체로 저화의 사용은 송나라에서 시작했습니다. 원나라에서는 돈과 저화를 겸용하려 했지만, 채 하지도 못하고 나라가 망해버렸습니다. 명나라에서도 역시 같이 쓰지 못하고 있습니다. 전폐(錢幣)❷를 만들려고 의논할 때 같이 쓰는 법을 세우려고 했습니다. 하지만 나는 그때에 분명히 겸용할 수 없음을 알았습니다. 하지만 돈을 주조(鑄造)해 반포하기 전에 저화를 쓰지 않으면 백성이 더욱 싫어할 것이기 때문에 우선 같이 쓰게 했습니다."

세종이 참찬 탁신(卓愼)을 돌아보고 말했다.

"전날 의논할 때 경의 뜻은 어떠했습니까?"

탁신이 대답했다.

"신은 그때에 춘추관에 있었기에 그 의논에는 참예하지 못했습니다. 그러나 신의 어리석은 생각으로는 전날 포폐(布幣)❸를 쓸 때에 먹고 쓰는 것을 사고파는 데 물가의 높고 낮음은 모두 백성의 편리한 대로 따르고 나라에서 단정하는 법이 없었으므로, 백성이 모두 그것을 편안하게 여겼습니다. 이제 백성에게 전폐를 즐겨서 쓰게 하려면 전폐나 미곡, 포목을 모두 백성이 원하는 대로 시험하는 것이 좋을 것

---

❶ 조선 전기에 닥나무 껍질로 만들어 쓰던 종이돈 ❸ 포목으로 화폐 단위로 삼음
❷ 동전 화폐

八. 세상을 경영할 때는

입니다.

전날에 저화를 백성들이 매우 싫어했는데, 오히려 이를 엄격하게 금하는 법을 만들어 어기는 자는 벌을 주어서, 백성들이 곤란을 겪는 폐해가 많았습니다."

이 같은 지적에 찬동해 세종이 말했다.

"경의 말이 옳습니다. 나라를 다스리는 법은 믿음[信]을 보이는 것이 가장 중요한 것입니다. 처음에는 백성들에게 저화를 보물처럼 삼아 쓰게 했다가, 이제 오로지 동전만을 쓰게 하고 저화를 버리게 한다면 어찌 하겠습니까? 백성 중에 저화를 가지고 있는 이들이 어찌 근심하고 한탄하지 않겠습니까? 돈을 주고서 저화를 거두어들이는 것이 옳을 것입니다. 그러나 저화는 많고, 돈은 적을까 염려됩니다."

167 동전을 하루빨리 백성들이 많이 쓰게 하려면 이미 사용하고 있는 저화를 폐기해야 하지만, 그렇게 하면 백성들의 고통이 더 심할 수밖에 없다. 세종은 이러한 점을 우려했다.

세종 7년(1425) 7월 18일, 정사를 보는데 백성들이 동전을 즐겨 사용하지 않는 까닭을 논했다. 이때 세종이 말했다.

"백성이 동전을 즐겨 쓰지 않아서, 가치(價値)가 없어져서 6, 7일 새 면포(綿布) 한 필 값이 돈 600~700백 문(文)이나 됩니다. 왜 이런 일이 일어났겠습니까? 이것은 다른 게 아니라 법을 자주 고쳐서 일어난 폐단입니다."

호조참판 목진공(睦進恭)이 대답했다.

"돈이 천해지고 백성이 즐겨 쓰지 않는 것은 민간에 퍼진 돈이 많기 때문입니다. 이는 대신들의 과실입니다. 대신 가운데 돈에 관한 법을 폐지하기를 청한 자가 많아 법을 세운 것이 일관되지 않았습니다. 이에 민심이 의혹하는 마음이 생겨서 동전을 즐겨 사용하지 않습니다. 장구한 법을 세워서 백성들이 돈을 쓰지 않을 수 없다고 생각하도록 민심을 굳게 하면 백성이 많이 사용할 것입니다."

목진공은 백성들 사이에 돈을 많이 풀어서 돈의 가치가 없기 때문이라고 말한다. 그는 돈의 가치를 높여야 백성들이 많이 사용하게 된다는 논리를 폈다. 세종이 목진공의 말을 듣고 말했다.

"경의 말이 옳습니다. 그러나 관에서 나간 돈이 몇천 관(貫)뿐인데, 어찌 많다 하겠습니까? 백성에게 많이 사용시키려 하면서 돈을 귀하게 하는 것은 옳지 못했습니다."

168 세종은 돈의 값어치를 높게 하면 백성들이 오히려 돈을 사용하지 못할 것이라 생각했다. 세종 8년(1426) 2월 26일, 의정부와 육조의 대신들과 논의할 때 세종이 이렇게 말했다.

"취지는 좋지만, 법을 세우는 것은 백성에게 믿음을 나타내는 것인데, 어찌 백성이 좋아하거나 싫어한다고 해서 다시 변경하겠습니까? 화폐의 법이 관청에서만 실시되고 민간에서는 실시되지 않는다면, 백성에게 믿음을 나타내는 것이 아닙니다.

옛적에 세 발 장대[三丈之木]❶를 세워 놓고 백성에게 신용을 보인 일도 있었습니다. 지금 화폐법의 실시도 그것을 그만둔다면 모를까 이를 사용한다면 어떻게 이렇게 수시로 변경할 수 있겠습니까?"

169 행형(行刑)도 백성에 대한 신뢰를 보이는 것이다. 세종 12년(1430) 12월 16일, 형조판서 김자지(金自知)가 세 번 이상 절도죄를 범한 자는 무조건 법대로 집행할 것을 아뢰었으나 세종이 듣지 않았다. 이때 김자지가 아뢰었다.

"절도죄를 세 번 범한 자에게는 사면 전후를 막론하고 모두 법대로

❶ 중국 전국 시대의 상앙(商鞅)이 진 효공(秦孝公)에게 법령을 개정할 것을 권해, 법의 초안을 작성하고 법령을 아직 선포하기 전에, 먼저 세 발되는 장대를 남문에 세워 놓고, "이것을 북문에 옮겨 놓는 사람이 있으면 10금(金)을 준다"라고 했으나, 백성이 이상히 여겨 아무도 옮기는 사람이 없었는데, 다시 "50금을 준다"라고 했더니, 어떤 사람이 이를 옮겨 놓았으므로, 곧 50금을 주어서 백성에게 신의를 증명했다.

　　　　　　　　　　　　　　八. 세상을 경영할 때는

집행해야 합니다. 그리하여 장래의 범죄를 방지하게 하시옵소서."

세종은 사면 전후를 막론해야 한다는 말에 다른 의견을 내보였다. 그것은 신뢰의 문제였다.

"한때의 나쁜 행위를 미워하는 마음에서 사면 이전의 죄까지 소급해 추궁한다면 신의를 잃게 될 것이 매우 염려됩니다. 더구나 사면은 과거의 잘못을 깨끗이 청산하고 새로운 길을 열어주기 위한 것인데, 만일 이전에 지은 죄까지 따진다면, 백성을 용서해준다는 본의에 어긋나며 백성에게 신뢰를 보이는 일이 아닙니다. 또한 절도라는 것은 궁한 백성이 범하는 것이니, 큰 죄악이 아니며 또한 그의 사정이 딱한 것입니다. 그런데 이것을 모두 사형에 처하는 것은 내가 차마 못할 일입니다."

세종은 신뢰를 보이는 것이 정책을 시행해 일정한 결과를 내는 데 중요하다고 보았다. 특히 백성들이 따라야 정책 효과를 낼 수 있는 사안일 때는 더욱 그러하다. 신뢰는 일관성에서 비롯한다. 정책의 일관성은 신뢰의 중요성을 담고 있다.

한번 시행한 정책이 중지되거나 폐지되기를 반복하면, 그것이 비록 다시 올바로 실시되어도 믿고 따르지 못하게 된다. 의미와 가치가 옳아도 믿고 따르지 못한다. 우려와 경계심이 증대하기 때문이다. 우려와 불안을 해소하기 위해 신뢰를 보이는 것만으로도 정책의 효과는 놀라울 수 있는 것이다.

편안한 때일수록 늘 위태로운 것을 잊지 않아야

170 세종은 평온한 시기에 오히려 위기를 대비하는 데 최선을 다했다. 세종 14년(1432) 10월 10일, 권진이 각 도의 성(城)을 쌓는 데 동원되는 인부 수효를 줄일 것을 아뢰었다. 이때 권진이 아뢰었다.

"각 도의 성을 쌓는 데 인부를 동원하게 하되, 전지 1~2결(結)을 가진 집은 1~2인을, 3~4결을 가진 집은 2~3인을 내게 해야 합니다. 그런데 백성들이 매우 괴롭게 여기니, 그 수효를 줄이게 하셔야 좋을 것입니다."

백성들의 괴로움을 덜어주자는 말이었다. 그렇다면 세종이 찬성해야 했다. 그런데 세종이 이 말을 듣고 성을 쌓는 이유에 대해서 말했다.

"사람들은 모두가 '승평(昇平)한 세상에서 어찌 성 쌓기에 급급히 구는가'라고 하지만 나는 그렇게 생각하지 않습니다. 편안한 때일수록 늘 위태로운 것을 잊지 않고 경계함이 나라를 위하는 도리입니다. 도적이 침범한 후에야 성을 쌓는 것이 이치가 맞겠습니까? 성을 쌓는 일은 늦출 수 없는 것입니다. 그러나 경작하는 농토의 많고 적음에 따라 군정(軍丁)❶을 내게 하는 것은 이미 국령(國令)으로 정해져 있습니다. 그것이 과연 경의 말과 같다면 너무 지나친 것입니다. 병조가 다시 전례를 거듭 잘 살펴 시행하게 하라 하십시오."

171 세종은 '자주 평안한 때에 위태로움을 대비해야 한다'는 말을 했다. 세종 12년(1430) 5월 16일, 세종은 다음과 같은 고사를 들어 말하기도 했다.

"물에 있어 배[舟]에게 구당(瞿塘)만큼 어진 것이 없고, 계간(溪澗)만큼 어질지 못한 것이 없다."

이는 험한 물에서는 조심하기 때문에 안전하고, 얕은 물에서는 조심하지 않기 때문에 실수한다는 뜻이다. 구당은 중국에 있는 가장 배가 통과하기 어려운 협곡이고, 계간은 시냇물이다.

이어 세종은 이런 말을 남겼다.

"그렇기 때문에 예전 제왕(帝王)들은 모두 나라가 편안할 때에는 위태로움이 있을 것을 잊지 않고, 나라가 태평할 때는 어지러움이 있을 것을 잊지 않았다."

❶ 군적에 있는 지방의 장정

八. 세상을 경영할 때는

세종이나 대신들이 항상 화두로 삼았던 것이 편안할 때 위태로운 지경을 대비하는 것이다. 편안할 때 그것에 익숙해지면 둔감해져 방심하게 되어 편안함이 없어진다. 편안할 때 오히려 편하지 않음을 생각해야 편안함이 계속된다.

하지만 실제로는 편안한 때 편안함만을 생각해서 편안하지 않은 상황을 불러온다. 아무런 문제가 없을 때에도 문제가 있는 상황에 대한 정확한 인식, 그리고 그에 대한 대비가 언제나 필요하다. 그럴 때일수록 위기 상황을 돌파할 수 있는 리더십이 크게 효과를 발휘한다.

격구: 어찌 음란한 여자가 없겠는가

세종은 표면적인 현상을 보지 않고 진정한 원인에 주목하려 했다. 세종 7년(1425) 11월 20일, 격구(擊毬)❶를 폐하자는 사간원의 청을 윤허하지 않았다. 정사를 보는데 사간원에서 격구에 대한 문제를 아뢰었다.

"신들이 가만히 병조의 공문서를 살펴보니, 무과의 시취(試取)와 봄·가을의 도시(都試)에 모두 격구의 재주를 시험하는데, 이것은 사졸들에게 무예를 연습하게 하려는 깊은 생각에서 나온 것입니다.

그러나 우리나라의 격구 유희는 고려가 왕성하던 때에 시작된 것인데, 그 말기에는 한갓 놀며 구경하는 실없는 유희의 도구가 되어, 풍습이 날로 성해졌으나, 나라에 도움 되는 것이 없었습니다.

한나라와 당나라의 축국(蹴鞠)❷ 격환(擊丸)이 다 이와 비슷한 것입니다. 비록 전투를 익힌다고 하지만 다 유희할 뿐 만세의 본보기는 아닙니다. 선유(先儒) 주희(朱熹)도 타구(打毬)는 무익한 것이라 해서는 안 된다고 했습니다.

우리 태조 강헌 대왕과 태종 공정 대왕께서 무예의 기술을 훈련

❶ 젊은 무관이나 민간의 상류층 청년들이 말을 타거나 걸어 다니면서 공채로 공을 치던 무예. 또는 그런 운동. 아랍에서 당(唐)나라를 거쳐 고구려·신라에 전해졌으며, 고려시대에 성행했다.

❷ 장정들이 공을 땅에 떨어뜨리지 않고 차던 놀이. 중국 고대 황제가 병사들을 훈련시키기 위해서 시작했다는 설이 있다. 당나라 때 신라, 고구려, 백제에 전해져 일본에 이르렀다.

시키는 데 갖추어 실시하지 않는 것이 없었지만, 이 격구는 갖추지 않았습니다. 무익하다고 생각되어 실시하지 않았던 것입니다. 이제 우리나라는 무예를 훈련하는 데 이미 기사(騎射)와 창(槍) 쓰는 법이 있습니다. 어찌 격구의 유희를 해야 하겠습니까? 유익함이 없을 뿐만 아니라, 뒷세상에 폐단을 끼칠까 두렵습니다. 격구를 정지해 장래의 폐단을 막으소서."

격구가 폐단이 많으므로 없애야 한다는 사간원의 주장에 세종이 말했다.

"나는 격구가 이렇게까지 극언(極言)할 대상은 아니라고 생각합니다."

격구 폐지를 옹호하는 지사간(知司諫) 고약해(高若海, 1377-1443)가 답했다.

"격구를 폐지하자는 것은 뒷세상에 폐단이 생길까 두려워하기 때문입니다. 지금은 폐단이 없지만, 뒷세상에 어리석은 임금이 나서 오로지 이 일만에 힘쓴다면, 그 폐단이 적지 않을 것입니다."

이어 옛 시[古詩] 한 구절을 외우니, 세종이 말했다.

"격구는 중국 고대의 황제 때에 처음 시작해 한나라와 당나라를 거쳐 송나라·원나라 시대에 이르기까지 다 있었던 것입니다. 그들이 폐단이 있음을 알지 못하고 했겠습니까? 다만 유희가 아니라 격구로 무예를 익히고자 했을 뿐입니다. 전조의 말기에도 이 일을 시행했으나, 그들이 나라를 멸망하게 한 것이 어찌 격구의 탓이겠습니까? 내가 이것을 설치한 것은 유희를 위한 것이 아니라, 병사들에게 무예를 익히게 하려 한 것입니다. 또 격구하는 곳이 성 밖에 있으니, 무슨 폐단이 있겠습니까?"

의정부·육조·사헌부·사간원의 관원들이 나간 뒤에, 세종이 대언들에게 말했다.

"내가 잠저(潛邸)❶에 있을 때 보았는데, 말타기를 익히는 데에 참으로 도움이 되므로, 태종 때에 하려 했으나, 마침 유고(有故)로 실행하지

❶ 용상에 오르기 전

八. 세상을 경영할 때는

못했던 바가 있습니다.”

좌부대언(左副代言) 김자가 말했다.

“전조의 말기에 모여서 격구를 보았는데 음란한 풍습이 있었습니다.”

이 말을 듣고 마침내 세종이 말했다.

“지금 비록 격구를 하지 않아도, 어찌 음란한 여자가 없겠습니까.”

격구와 음란함의 발생은 직접적인 인과관계가 없다는 말이다.

173   세종 12년(1430) 9월 21일, 격구의 금지에 대한 세종의 견해를 밝혔다. 세종이 대언들에게 일렀다.

“격구는 조정 신하들이 고려조(高麗朝)의 폐해를 들어 폐지를 청한 자가 많았습니다. 그러나 격구는 무예를 연습하기 위한 것입니다. 단순히 희롱, 유희하는 것이 아닙니다. 옛날의 일을 살펴보아도 이러한 일들이 제법 많습니다. 예전의 일들을 보아도 모두 무예를 습득하기 위해서 격구를 한 것입니다. 내가 비록 직접 격구를 치지는 않았으나 그 치는 이치를 보면, 말을 잘 타는 자가 아니면 능히 하지 못합니다. 그 달리는 재능은 반드시 기사(騎射)보다 두 배나 능해야만 칠 수 있습니다. 이 때문에 무예를 연습하는 데는 격구보다 나은 것이 없습니다. 고려조의 전성기에도 무예를 연습하기 위해 했습니다. 단지 그 말기에는 놀고 즐기는 유희하는 것으로 변했고, 그 복장의 장식과 안장 갖춘 말[鞍馬] 등을 앞다투어 화려하고 사치스럽게 했습니다.

지난번에 내게 대신 고약해가 ‘고려[前朝] 말기에는 군왕까지도 구(毬)를 희롱하는 폐단이 있었다’고 한 바 있습니다. 이렇게 말한다면, 임금이 희롱하고 즐기는 것은 이뿐만이 아닙니다. 비록 격구는 아니더라도 심지어 악공(樂工)과 광대 등의 희롱을 즐겨 하는 이도 있으니, 어찌 격구를 자체의 인주(人主)❶의 폐단으로 삼을 수 있겠습니

❶ 왕

까? 다만, 그 마음을 어떻게 쓰는가에 있을 것입니다. 격구하는 법을 육전(六典)에 담기가 타당하지 않다면 등록(謄錄)❶에 남기는 것은 어떠합니까? 뒤에 만약 비난하는 자가 있다면 스스로 하지 않는 것이 옳을 것입니다."

안숭선이 대답했다.

"격구는 무과의 삼장(三場)❷에 대비하려는 것입니다. 그것이 육전에 실린다 해서 안 될 이유가 되겠습니까?"

대신들이 모두 아뢰었다.

"전하, 기록할 만한 일이라 여겨집니다."

"나도 그럴 것이라 생각합니다."

> ❗ 격구가 놀이와 유희의 대상이 되므로 이에 대해서 폐지를 주장하는 대신들의 주장이 있었다. 격구가 만들어내는 부정적인 효과를 음란함에 견주고 있다. 그러나 격구가 음란함을 만들었겠는가? 격구에 관계없이 언제나 음란함은 있었다. 격구의 본질은 무엇인지와 그 긍정적인 효과를 우선 생각한 세종이었다. 격구의 본질은 무예 훈련이었지, 유희가 아니었다. 유희 요소가 남용된다고 해서 격구의 본질을 놓칠 수는 없다. 세상에 벌어지는 일의 원인과 결과를 놓치면 안 될 것이다. 정확한 원인 진단이 해결법의 정확성을 만든다. 사소한 일로 큰일의 가능성을 막을 수도 없다.

이방인 포용

174   세종은 귀화하는 이들을 적극적으로 포용하는 정책을 구사했다. 세종 5년(1423) 7월 9일, 병조에 명했다.

"지금부터는 귀화한 야인(野人)이 휴가를 얻어 집에 돌아가는 자는, 귀화한 지가 오래되지 않아서 생계(生計)가 어려우면 포마(鋪馬)❸를 주고,

---

❶ 전례(前例)를 적은 기록   ❸ 역마
❷ 전시, 임금 앞의 최종 시험

귀화한 지가 조금 오래되어 생계가 조금 튼튼하면 초료(草料)와 죽·반(粥飯)을 주어야 한다. 귀화한 지가 이미 오래되어 생계가 이미 튼튼하면 본국 사람의 예로써 이를 대우함이 옳을 것이다. 그들의 시위(侍衛)한 시일이 오래되고 오래되지 않은 것과 가난하고 부자인 것을 3등으로 나누어 아뢰라."

175 세종 7년(1425) 10월 18일, 귀화인들에게 살림살이는 물론 벼슬을 주었다. 왜인(倭人) 종금(宗金)들이 도서(圖書)를 만들어달라고 해서 그렇게 해주었다. 귀화한 김호심파(金好心波)와 김대양(金大陽) 등에게 옷·갓·신·세간·하인과 안장 갖춘 말 등을 주었다. 또한 장가를 들게 하고 벼슬을 주었다.

176 세종 8년(1426) 12월 28일, 세종이 이방인들을 대궐로 불러들여 환대하는 행사를 가졌다. 전지해 이전에 귀화한 왜인·야인들과 지금 온 왜인·야인들을 모두 대궐에 들어오게 해서 제야(除夜)의 불꽃놀이를 보도록 했다.

177 세종은 귀화한 이들을 직접 궁에 불러 보았다. 따라서 궁에 들어올 사람을 선발할 기준이 필요했다. 세종 9년(1427) 4월 18일, 야인들 가운데 궁에 내조(來朝)할 자격을 지휘(指揮) 이상으로 정하게 했다.
예조판서 신상이 아뢰었다.
"야인 가운데 저희에게 상 주고 물건 주려고, 올봄에 와서 뵙겠다는 자가 160여 명에 이릅니다. 의복을 주는 것이 부족할까 염려됩니다. 궁에 와서 뵙는 자들의 숫자를 제한하소서."
이에 세종이 일정한 지위 이상의 귀화인을 보겠다고 말했다.
"여러 종족의 야인들 가운데 만약 지휘하는 자 이상으로만 한다면 숫자를 정하지 않더라도 오는 자는 많지 않을 것입니다. 그 나머지는 내조할 만한 자만 가려서 올려보낸다면 1년에 100사람이 넘지 않을 것입니다. 변장(邊將)에게 이렇게 관례를 삼도록 하십시오."

178 　세종 6년(1424) 7월 17일, 귀화인들의 조세와 요역에 대한 조치를 발표했다.

　　　"새로 귀화해 온 사람에게는 토지 조세는 3년을 기한으로, 요역(徭役)
　　　은 10년을 기한으로 면제해주라."

　　또한 세종 17년(1435) 11월 12일에는 귀화해 관직을 받은 사람은 3년간
　　일을 익히도록 했다.

> **!** 세종 시기에는 이방인을 적극적으로 포용하는 정책을 취했다. 이방인들을 무조건 적
> 대시하지 않으면서 통합하려는 정책을 취한 것이다. 하지만 포용에는 분별이 있어야
> 한다. 분별이 없으면 원칙과 선을 지키는 이들의 원성을 산다. 일하지 않는 자는 일하
> 는 자의 어깨에 앉아 자신의 이익을 취할 것이며, 능력 없는 이들은 능력 있는 이들의
> 업적을 취하며 기득권을 유지할 것이다. 분별없는 이방인의 포용은 내부 구성원뿐만
> 아니라 이방인들에게서도 원성을 살 것이다.

전해 들은 이야기로 국문하지 말라

179 　세종은 직접 조사하고 확증하는 작업을 통해 판단하고자 했다. 세종 11
　　년(1429) 7월 21일, 장령(掌令) 최문손(崔文孫)이 술법을 가르친 자들을 국문
　　하자고 건의했으나 세종이 듣지 않았다. 이때 최문손이 아뢰었다.

　　　"호초(胡椒)가 김씨에게 가르친 술법은 박신의 첩 중가이(重加伊)와 정
　　　효문(鄭孝文)의 첩 하봉래(下蓬萊)에게서 배웠다고 했습니다. 그들을 국
　　　문하게 하소서."

　　이를 세종은 거절했다.

　　　"호초가 직접 들은 것이 아니고 전해 들은 일이니 그들을 국문하지
　　　말라."

180 　이때 술법이란 무엇일까? 어떤 술법이길래 크게 문제가 된 것인가? 이에
　　대해서는 세종 11년(1429) 7월 20일의 기록에 나온다. 그 술법으로 인해

휘빈 김씨가 폐출된다. 근정전에서 세종이 휘빈 김씨의 폐출에 관해 하교했는데 그 자세한 내용은 다음과 같다.

"뜻밖에도 김씨가 미혹시키는 방법으로써 압승술(壓勝術)❶을 쓴 단서가 발각되었다. 과인이 듣고 매우 놀라 즉시 궁인(宮人)을 보내어 심문하게 했다. 김씨가 이렇게 말했다.

'시녀 호초가 나에게 가르쳤습니다.'

이에 곧 호초를 불러들여 친히 그 사유를 물으니, 호초가 말했다.

'거년(작년) 겨울에 주빈(主嬪)께서 부인이 남자에게 사랑을 받는 술법을 묻기에 모른다고 대답했습니다. 하지만 주빈께서 강요하기에 비(婢)가 드디어 가르쳐 '남자가 좋아하는 부인의 신을 베어다가 불에 태워서 가루를 만들어 술에 타서 남자에게 마시게 하면 내가 사랑을 받게 되고 저쪽 여자는 멀어져서 배척을 받는다고 해서, 효동(孝童)·덕금(德金) 두 시녀의 신을 가지고 시험해보는 것이 좋겠습니다.'라고 말했습니다.'

효동·덕금 두 여인은 김씨가 시기하는 자이다. 김씨는 즉시 그 두 여인의 신을 가져다가 자기 손으로 베어내어 스스로 가지고 있었다. 이렇게 세 번이나 그 술법을 써보고자 했으나 틈을 얻지 못했다고 한다. 호초가 또 말했다.

'그 뒤에 주빈께서 다시 '그 밖에 또 무슨 술법이 있느냐?'고 물으시기에 비가 또 가르쳐 '두 뱀[兩蛇]이 교접(交接)할 때 흘린 정기(精氣)를 수건으로 닦아서 차고 있으면, 반드시 남자의 사랑을 받는다' 했습니다. 가르친 두 가지 술법의 전자는 박신(朴信)이 버린 첩 중가이에게서 전해 들었고, 후자는 정효문의 기생첩 하봉래에게 전해 들었습니다.'

또 세자궁(世子宮)에 순덕(順德)이라는 시녀가 있는데, 본래 김씨의 집종

---

❶ 주술을 쓰거나 주문을 외어 음양설(陰陽說)에서 말하는 화복(禍福)을 누르는 일. 염승술(厭勝術). 남자의 사랑을 받는 술법, 즉 '사랑의 묘약'을 쓰는 것을 뜻하기도 한다.

[家婢]이었다. 일찍이 김씨의 약낭(藥囊) 속에 베어 넣은 가죽신의 껍질이 있는 것을 발견하고 괴이하게 여겨, 호초에게 보이며 말하기를, '우리 빈(嬪)께 이런 짓을 하라고 가르친 자는 누구냐?' 하고 즉시 그것을 꺼내어 감춰버렸다 한다. 과인은 이 말을 다 듣고 즉시 순덕을 불러다가 거듭 물으니 다시 다른 말이 없었으며, 또 말하기를, '비가 일찍이 주빈의 어머니 집에 가서 가죽신의 껍질을 내보이고 이어 그 까닭을 말했습니다. 그 가죽이 아직도 비에게 있습니다.' 하고 꺼내어 바치는 것이었다. 이에 과인은 중궁(中宮)과 같이 김씨를 불러다가 친히 정상과 사유를 물으니 하나하나 털어놨고, 베어낸 신의 가죽이 갖추어져 있고 증언이 명백해 전세(前世)의 애매하고 의사(疑似)한 일에 견줄 것이 아니었다.

슬프다, 정말 이런 일이 있었구나. 아아, 세자를 정하고 그 배필을 간택한 것은 정말 앞으로 종묘의 제사를 받들며, 남의 어머니로서의 궤범(軌範)이 되어 만세(萬世)의 큰 복조를 이으려 한 것이었다. 지금 김씨가 세자빈이 되어 아직 두어 해도 못 되었는데, 그 꾀하는 것이 감히 요망하고 사특함이 이런 나쁜 지경에 이르렀다. 어찌 앞으로 투기하는 마음이 없고 삼가고 화합하는 덕을 드러내며, 닭이 세 차례 울어 새벽이 되었다고 알려 안으로 내조를 이룩하는 것은 물론이고, 종사의 상서를 불러들일 수 있기를 과연 바랄 수 있겠는가? 이러한 '부덕(不德)한 자가 받드는 제사'는 조종(祖宗)의 신령이 흠향하지 않을 것이며 왕궁 안에 용납할 수 없는 바이다. 도리에 따라 당연히 폐출시켜야 할 것이다. 내 어찌 그냥 둘 수 있겠는가?

이미 선덕(宣德) 4년 7월 20일에 종묘에 고하고 김씨를 폐빈(廢嬪)해 서인(庶人)을 삼았으며, 책인(冊印)을 회수하고 사가로 쫓아 돌려보내 마침내 박행(薄行)한 사람에게 우리의 가법(家法)을 더럽히지 못하게 했다. 폐빈의 비위를 맞추어 아첨해 죄에 빠지게 한 시녀 호초는 유사(有司)에 넘겨서 법과 형벌을 바르게 밝히도록 했다. 생각건대, 이 같은 일은 상례(常例)에 벗어난 일이다.

이에 실로 백성들의 귀와 눈에 놀라움을 줄 것이며 더더구나 모든 관료(官僚)들도 아직 그 일의 시말(始末)을 자세히 알지 못하는 것을 염려해 이를 교서를 통해 알리노라."

> **!** 세자빈을 폐출하는 초유의 사태가 벌어졌을 때 세종은 객관적이고 합리적인 태도를 유지했다. 전해 들을수록 정보와 사실은 왜곡된다. 이는 진실과 본질의 왜곡을 말한다. 세종은 이미 자신이 직접 해당자들을 조사해 진실을 알고 있었다. 만약 세종이 직접 조사하지 않았다면, 더욱더 미혹되었을지도 모른다. 조직이 복잡할수록 간접성이 낳는 문제가 더 많아질 수 있다. 중요한 사안일 경우 이러한 복잡성에 따른 정보 왜곡 현상을 대비해야 한다. 직접 들은 이야기가 아니면 섣불리 움직이거나 행동하지 말라. 들은 이야기로 자신이 알고 있는 사람을 죄주면 사람도 잃고 원칙도 잃는다.

한 가지 일의 득실로 흥쇠가 달렸다 하겠느냐

181 세종은 이방인들이 어떻게 하면 자연스럽게 이민을 올 수 있을지 고민했다. 세종 16년(1434) 6월 20일, 도승지 안숭선이 판중추원사 허조를 대신해 아뢰었다.

"옛날에 사마온공(司馬溫公)이 한밤중에 의관을 단정히 하고 앉았더니, 어떤 사람이 그 까닭을 물었습니다. 그러자 온공이 '나는 이제 나랏일을 생각하고 있노라. 천지의 마음은 곧 사람의 마음이라, 요순(堯舜)이나 도인(塗人)이 처음에는 조금도 다름이 없다'라고 했다 합니다.

밤새도록 생각해보았습니다. 지난번에 중국에서 온 사신 이기(李錡)가 평안도에 와 도사(都事) 조극관에게, '이 땅은 어찌하여 쑥밭[蓬蒿]이 되었소?' 하고 물었습니다. 이에 조극관이 사람들이 산골짜기에 모여 사는 까닭에 길가는 쑥밭이 된 것이라고 했습니다.

전에 김자환을 받아들여 틈[釁]이 생겨, 임자년 겨울에 파저강 야인들이 우리 땅에 침략해 평안도의 백성들이 적지 않게 해를 입었습니다. 이제 온 야인 김산(金山)은 본래가 우리나라 사람이라 해도 본토로 돌려보내 문제의 소지를 없애서 평안도 백성을 편안하게 하시기 바라옵니다."

이 말을 듣고 세종이 말했다.

"말한 것이 모두 옳으나, 나라를 다스림에 하필 한 가지 일의 득실로 나라의 흥쇠가 달렸다고 하겠습니까? 오늘날 김산을 받아들인다고, 곧 내일 야인들이 크게 군사를 일으켜 침략해 해를 입힌다 말할 수 없습니다."

182 세종이 말하기를 다음과 같이 한 바 있다.

"김산이 본국인이라고 자청했는데, 국가에서 이를 거짓이라 해서 돌려보내게 되면, 진짜 본국인으로 저 땅에 살고 있는 사람이 이 말을 듣고 이르기를, '우리나라에서 받아들이지 않는다'고 합니다. 그들은 장차 나오지 않을 것입니다. 이는 본국인이 나오는 길을 막는 것입니다. 그러니, 비록 가칭(假稱)이라 해도 아직은 머무르게 해, 본국인이 나오는 길을 열어주는 것이 어떻겠습니까? 다시 의논해 아뢰게 하십시오."

이에 황희가 말했다.

"국가에서 김산을 머물게 하고 옷과 벼슬도 준 것은 본국인으로 여겼기 때문입니다. 그런데 지금 와서 말하는 야질다야상합(也叱多也相哈)의 말에 따르면, '김산은 내 동성 삼촌숙(同姓三寸叔)이다'라 합니다. 즉 우리 조선 본국인이 아니라는 점이 명백하옵니다. 그가 사칭한 정황과 도망해온 자취가 그대로 드러났습니다. 이제 이미 그것이 거짓임을 알았는데 어떻게 또한 본토로 돌려보내지 않겠습니까?"

병조판서 최사강(崔士康)은 말했다.

"본국인이라 하며 나온 자의 진위(眞僞)를 분명히 구변해 거취를 정하면, 본국인이라 사칭하는 자는 반드시 나오지 않을 것입니다. 진짜 본국인이면 어찌 뒤를 이어 우리에게로 오지 않겠습니까?"

중요한 것은 일단 그가 정말 조선 출신인가였다. 임금이 이 말을 듣고 말했다.

"김산의 출처(出處)를 예조에게 다시 핵실(覈實)해 아뢰게 하시오."

183 예조에서 아뢰었다.

"야인 김산은 본래 우리나라 인민이 아니옵고, 또 이만주를 배반하고 도망 왔습니다. 사리로 보더라도 본토에 돌려보내는 것이 옳겠나이다."

세종이 그대로 하게 했다.

> **!** 큰일은 여러 가지 요인이 복합적으로 겹쳐 일어난다. 한 가지만 따질 수 있는 일이 아니다. 결정적인 원인은 수많은 요인의 가운데에 있으나 결정적인 원인만 주목하기 쉽다. 이렇듯 김산 한 사람을 받아들인다고 해서 전쟁이 일어난다고 볼 수는 없다. 그렇게 본다면 이방인 어느 누구도 포용할 수 없게 된다. 중요한 것은 그가 과연 본국인이었는가였다. 만약 본국인이라는 사실이 맞다면 그 때문에 다른 복잡다단한 일들이 일어나지는 않을 것이다. 사안의 핵심을 파악하는 것, 그것이 여러 인과관계를 파악하는 우선 요건이다. 비록 김산을 돌려보내기는 했지만 이방인을 위한 적극적이고 실질적인 정책에 대한 고민은 세종에게서 여전했다는 점을 알 수 있다.

신분에 관계없이 상을 주는데

사회적 기여를 한 이는 백정(白丁)이라 해도 상을 더해주었다. 세종 29년 (1447) 4월 29일, 도망간 강도를 잡도록 도운 백정 박두란에게 자급(資級)❶을 더해 벼슬을 주었다.

---

❶ 벼슬아치의 직품(職品)과 관계(官階). 조선시대는 정(正)·종(從)의 각 품마다 상·하 두 자급이 있었으므로 총 36자급이 있었다.

의금부에 가두었던 평양 강도 미륵(彌勒)이 도망해 고양현(高陽縣) 여석현(礪石縣)에 이른 것을 어떤 길 가던 사람이 보았는데, 때마침 황해도 신천(信川) 사람 양소(楊蘇)가 감사의 계본(啓本)을 가지고 역말을 타고 서울로 오고 있었다. 그 사람이 차고 있던 활과 살을 양소에게 주면서 평양 강도 미륵을 붙잡도록 지시해 마침내 옥에 가두었다. 세종이 그 사람에게 상을 주려고 유서(諭書)를 내려 물색해 찾으니, 재령(載寧) 백정 박두란(朴豆蘭)이었다. 그리하여 그에게 자급을 더해 벼슬을 주었던 것이다.

184   세종 31년(1449) 12월 27일, 요동에 들어가 성식(聲息)❶을 탐후(探候)한 자에게는 관직을 주도록 했다. 당시 요동에는 만주족이 침입하고 있었다. 세종이 승정원에 전지해 알렸다.

"지금 이후로는 요동에 들어가 성식을 탐후하고 빨리 나온 자 가운데 국가의 중대한 일에 관계되었다면, 무직자(無職者)에게는 관직을 주고, 유직자(有職者)에게는 자급을 올리도록 한다. 만일 중대한 일이 아니더라도 마필(馬匹)과 의복을 적당히 요량해주게 하라."

세종은 백정에게도 공적에 대응하는 상을 내렸다. 큰 물질적인 보상이 아니라 해도 공을 세우면 신분 고하를 막론하고 상응하는 대가를 주는 것이 타당하다. 신분에 따라 상을 주지 않는다면, 수많은 이들이 긴급한 일을 외면할 것이고, 나라는 불안해지게 마련이다. 위기 상황일 때는 누구라도 그와 같은 일을 보고하도록 하는 것이 중요하고, 그에 상응하는 대가가 주어지게 하는 것이 당연하다. 그럴수록 나라는 확립되고, 민생은 안정되며 국정은 잘 관리된다. 그러지 않으면 위기 상황에서 아무도 나서지 않을 것이다.

❶ 음신(音信)이나 소문을 말한다.

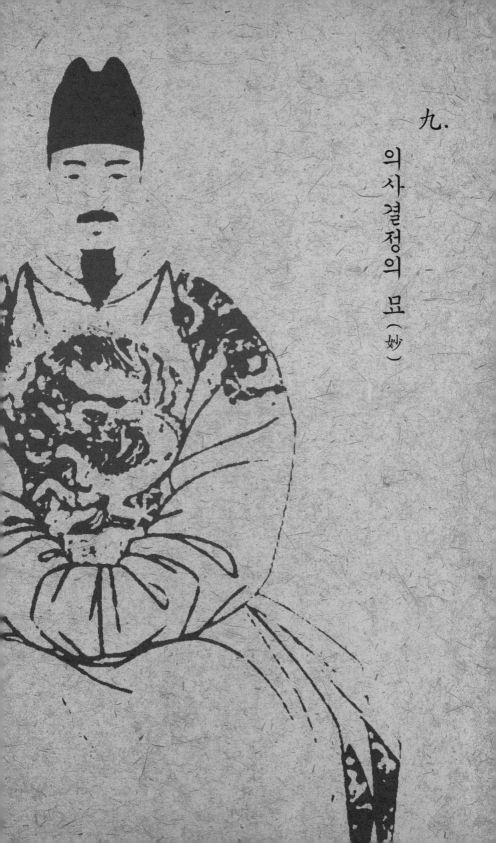

九.

의사결정의 묘 (妙)

생각하기에 스스로 결단해 행하는 일이 올바르다 해도 실행 과정의 위험은 언제나 있는 법이다. 따라서 가능하면 할수록 신중을 기해야만 한다. 우선 과거의 실천을 돌이켜보고 미래의 길흉을 고찰해본다. 그리고 때를 따라 움직이면 나가든 돌아오든 장애가 덜하다. 때를 기다리거나, 때에 맞추어 행동을 하고 하지 않음이 결정되어야 한다.

최고 책임자는 중요한 결정을 혼자서 내려야 할 때가 많다. 그 결정이 한 번씩 단절되어있는 것도 아니다. 그는 끊임없는 의사결정의 연속에 있다. 개인적인 차원에서, 국가적인 차원에서 이루어지는 의사결정에는 책임이 따르게 마련이다. 최고 책임자는 피하려고 해서도 안 되고 피할 수도 없다.

세종은 총체적이고 전체적인 차원에서 바라보고 의사결정을 하려 했다. 그리고 그러한 과정에서 끊임없이 다른 이들의 말을 참고했다. 무엇보다 세종은 듣는 기술을 잘 활용했던 것이다.

1 古今異宜, 當隨時合宜而已, 豈拘於古人之所爲乎?

옛날과 지금은 형편이 다르니 마땅히 때에 적합하게 할 뿐입니다. 어찌 예전 사람이 한 일에만 구애되겠습니까?

– 세종 21년(1439) 7월 3일, 의정부에서 세자의 강무대행의 부당함을 아뢰니

2 天變雖曰未知, 人事不可不盡, 各就乃職, 務盡勸課之道.

천변(天變)❶은 비록 알 수 없다 해도, 사람의 일은 다하지 않을 수가 없으니, 각각 직책에 나가서 힘써 권과(勸課)의 방도를 다하십시오.

– 세종 21년(1439) 7월 28일, 지안성군사 신균, 제천 현감 이흥손을 보며

3 窮治曖昧之事, 則吹毛求疵之弊, 亦不細矣.

애매한 일을 끝까지 잡고 있으면 취모구자(吹毛求疵)❷의 폐단이 많습니다.

– 세종 21년(1439) 9월 16일, 정지담·정차공이 김하에게 죄주기를 청하니

4 古人云: '從其治命, 不從其亂命.' 雖君上之命, 若不出於正, 則不可從也.

옛사람이 "이치에 합당한 유명(遺命)은 좇고, 죽음에 가까워 정신이 혼란한 때 내린 유명은 좇지 않는다." 했습니다. 비록 군왕의 분부일지라도 정당한 의리에서 나온 것이 아니면 좇을 수 없습니다.

– 세종 12년(1430) 9월 18일, 아버지의 가재와 노비를 아들에게 균등히 주게 하는 법에 대해 의논하며

5 犬牙相入之論, 旣不得擧行.

개 어금니처럼 서로 나오고 들어간 논의는 옮길 수 없습니다.

– 세종 15년(1433) 6월 23일, 경기 수원부의 속현 영신을 진위에 이속하라 할 때

❶ 자연의 변동

❷ 상처를 찾으려고 털을 불어 헤친다는 뜻으로, 억지로 남의 작은 허물을 들추어냄을 비유적으로 이르는 말

6 古人當大事, 必云: '臨事而懼, 好謀而成.' 臨事而懼, 謂不可無畏也; 好謀而成, 謂不可徒畏也. 故今不可過畏而騷擾, 亦不可無畏而忘備, 當量其二者之間.

옛사람이 큰일을 당할 때 반드시 '일 앞에서는 두려워하고 지혜를 내어 성사시켜라'라고 했습니다. 일을 맞아 두려워하는 것은 두려울 것이 없지 않다는 것이요, 지모로 해결하는 것은 두려워하기만 할 것이 아니라는 것입니다. 그러므로, 지금 너무 두려워해 소란스러울 것도 없고, 두려워하지 않아 방비를 잊어서도 안 되는 것입니다. 이 두 가지를 요량해 알맞게 처리하십시오.

– 세종 31년(1449) 9월 2일, 변란 시의 방비책 등에 대해 논의하며

7 守令之政, 其目非一, 而仁民爲重. 以此存心, 於治民乎何有?

지방 관리는 백성들에게 어질게 하는 것이 중요합니다. 그 마음을 가지면 백성을 아우르는 데 무슨 어려움이 있겠습니까?

– 세종 7년(1425) 12월 24일, 군위 현감 노호를 보며

스스로 만드는 덫

185 세종은 앞일을 살피지 않고 당장에 급급해 스스로 덫에 빠지는 일을 경
계했다. 세종 1년(1419) 1월 9일, 경연에서 동지사(同知事) 이상의 모든 관리
가 다 결석해 다들 정강(停講)❶하기를 청했다. 그러나 세종은 강의를 중단
시키지는 않았다. 세종은 좌부대언(左副代言) 윤회에게 특명을 내려 『대학
연의(大學衍義)』를 읽게 했다. 강하는 과정에서 왕길(王吉)❷이 창읍왕(昌邑王)
을 간하는 상소에 이르렀다.

그러자 세종이 말했다.

"들짐승이 아무리 빠져 달아나도, 사냥꾼은 반드시 잡고 맙니다. 그
짐승이 험한 곳으로만 내달리며, 넘어져 죽게 될 것은 생각지 않은
때문입니다. 지극히 어리석다고 말할 수밖에 없습니다."

험한 곳으로만 내달리면 결과적으로 자신이 험한 길에서 넘어져 잡히게
되어있다는 말이다.

> 위기에 빠지면 냉정함을 잃기 쉽고 그 상황 자체를 모면하려는 경향이 강해진다. 그
> 러나 위험에서 벗어나기 위해서는 근본적인 원인을 찾아 해결해야 한다. 상황을 모면
> 하기 위한 방책은 스스로를 위험에 빠뜨릴 뿐, 자신도 감당할 수 없는 치명적인 결과
> 를 불러오게 마련이다.
> 한 예로, 어떤 인부가 짐이 너무 무거워 수레를 이용한다면, 직접 짊어지고 옮길 때보
> 다 도적의 표적이 되기 쉽다. 그러므로 인부는 수레를 선택할 때부터 미리 도적에 대
> 비해야 한다. 스스로 초래한 일이라면 누구를 비난할 수도 없다. 정도(正道)를 간다
> 고 해도 곤경에 빠져 비난을 받게 된다. 홀로 가는 길에 그 길을 주시하는 이들을 항
> 상 의식하고 경계해야 무사히 도착할 수 있다.

❶ 휴강

❷ 한(漢)나라 낭야(琅邪) 고우(皐虞) 사람으로,
자는 자양(子陽)이다. 창읍왕(昌邑王) 중위(中
尉)로 있을 때 창읍왕이 사냥키를 좋아해 시도
때도 없이 말을 타고 전국을 돌아다니자, 상소
해 사냥을 그만두고 학문에 힘쓰라는 뜻으로 간
했다. 『한서(漢書)』, 권72 「왕길전(王吉傳)」.

전체를 보는 사고법

186 세종은 시기에 맞게 백성의 일을 조치하는 것에 중점을 두었다. 세종 1년 (1419) 4월 13일, 구호미를 나누어주는 시기를 의논했다.

정사를 보는데 이때 세종에게 계사(啓事)하는 여러 신하들이 말했다.

"대소맥(大小麥)이 익으면, 백성에게 먹을 것이 생기게 될 것입니다."

세종이 이 말을 듣고 구호 시기에 대해서 말했다.

"대소맥이 익으면, 백성이 죽음에 이르지는 않을 것입니다. 그러나 백성이 먹다 식량이 떨어질 경우에는 반드시 구호미를 나누어주어야 굶주려 죽지 않을 것입니다."

식량이 떨어질 시기를 대비하자는 말에 신하들이 말했다.

"대소맥이 떨어지게 되면, 이른 곡식이 계속해서 익을 것입니다. 애써 구호미를 나누어주지 않아도 백성들이 굶주리지 않을 것입니다."

이 말을 듣고 세종이 말했다.

"나는 대소맥이 떨어져갈 무렵에 다시 구제해주어야 할 줄로 생각합니다."

> 이른 곡식을 먹는 사람이 얼마나 될 것이며, 그 이른 곡식이 모든 사람의 굶주림을 해결할 수 있을 것인가? 더구나 백성들은 빚이 있으므로 수확기에 그 빚을 갚느라 먹을 양식을 취하지 못한다. 대소맥이 익는다는 사실이 중요한 것이 아니고 익은 대소맥이 얼마만큼이며 그것이 굶주린 백성을 다 구제할 수 있는지가 관건인 것이다. 따라서 대소맥이 익을 때라도 다시 구제해야 마땅하다. 때를 미리 내다보고 그때를 기다려 조치를 취해야 본질적인 효과가 날 것이다.

九. 의사결정의 묘(妙)

한 사람만으로도 단안을 내릴 수 있다

187 세종 1년(1419) 2월 17일, 정사를 보다가 세종이 격고(擊鼓)[1]하는 일을 언급하기에 이르자, 참찬 김점이 말했다.

"우리 조정에서 격고하는 법을 만든 지도 이미 여러 해가 되었습니다. 지금 전하께서 총명하시고 인자하시기 때문에, 매번 아랫사람의 심정을 막힘없이 위로 통하게 하십니다. 하지만 때로는 북을 두드리는 자가 순서를 밟지 않고 직접 위로 하소연하다가 법을 어기고 죄를 입기도 합니다. 이는 성조(聖朝)에서 백성에게 불만이 없게 하자는 뜻에 맞지 않는 일입니다. 이제부터는 시비를 막론하고, 격고하는 것을 허락해 모두 위로 통하게 하는 것이 옳습니다."

그러자 이에 반대해 지신사 원숙이 말했다.

"그렇게 한다면, 격고하는 자가 많아져 이렇다 저렇다 말들이 많을 것입니다. 그것은 매우 불가한 일입니다."

"우리나라는 중국처럼 사람도 많지 않고, 사무도 복잡하지는 않습니다. 따라서 법관이 격고하는 자의 하소연을 듣고, 올바른 자는 바르게 처리하며, 그른 자는 죄를 가(加)하면 됩니다. 그렇게 하면 격고하는 일도 저절로 드물어지고 옥사(獄事)도 지체되는 일이 없을 것입니다. 만약 죄를 다스리라는 명령이 내려진다면, 어찌 감히 지체할 수 있겠습니까? 다만, 의금부가 전원이 모이지 않으면 단안을 내리지 않는 것이 지체되는 이유입니다."

대신들의 말을 듣고 있던 세종이 말했다.

"그렇습니다. 그러나 의금부의 구성원 전원이 모이고, 안 모이는 것은 사건의 크고 작음에 있을 것입니다."

이에 원숙이 다시 말했다.

[1] 신문고를 두드리는 일

"사건이 있으면, 이를 판결하기 위해 전원이 모이는 것은 이미 전례를 따른 것입니다."

세종이 결론지어 말했다.

"사건이 전원에게 공통적으로 알 수 있는 사안이라면, 한 사람만으로도 단안을 낼 수 있을 것입니다."

> 항상 모든 사람이 모여야 좋은 판단을 내릴 수 있는 것은 아니다. 사안에 따라 통찰력이 있다면, 한 사람이 내린 판단도 훌륭한 법이다. 번잡스럽게 항상 모여야 하는 것이 옳은 판단을 그르칠 수도 있다. 모두가 모여야 한다는 형식주의가 의사결정의 본질을 해칠 수도 있다. 중요한 것은 여러 사람이 모여 더 좋은 판단이 가능한지 정확히 헤아릴 수 있는가이다. 이는 오랫동안의 경험과 지식의 축적에서 비롯한다. 사람들이 모두 공유하는 사안이라면 모두가 모임에 관계없이 현명하고 적절한 결정을 할 수가 있을 것이다. 문제는 그렇게 생각하지 않으려 할 때 분란이 일어난다는 것이다.

있는 그대로를 말하라

188   세종은 긍정적인 점과 부정적인 점을 항상 함께 보려 했다. 세종 1년(1419) 7월 25일, 경연에서 『춘추(春秋)』[1]를 강(講)했다. 상서와 재변에 대한 의논을 하게 되었다. '가을에 대수(大水)[2]하다'라는 대목에 이르러 『호전(胡傳)』[3]에는 "후세의 사람이 착하지 않은 일을 하다가 물이 범람하는 재앙을 부르게 된 것을 반드시 치수에서 재변이 있었던 요(堯) 임금을 인용해 해명하려 하는 것은 잘못이다."라고 되어있었다. 그러한 인용이 타당하지 않다고 한 이유는 요 임금이 잘못해 물이 범람한 것은 아니기 때문이었다.

이러한 내용을 보고 세종이 말했다.

[1] 경(經)과 사(史)를 겸한 대표적 경전. 공자(孔子)가 밝혀 놓은 도덕적 원리에 입각해 정치 행위의 판단 규범을 정리했다.
[2] 큰물의 범람

[3] 송나라 호안국(胡安國)이 쓴 『춘추호씨전(春秋胡氏傳)』을 세칭 『호전』, 또는 『호씨춘추(胡氏春秋)』라 한다. 호안국은 평생 『춘추(春秋)』 연구에 전념했다.

"이와 같은 자가 반드시 많습니다. 신하 가운데에는 상서(祥瑞)로운 현상만 말하기 좋아하는 자도 있고, 재변(災變)을 말하기 좋아하는 자도 있습니다. 하지만 상서만 말하고 재변을 말하지 않으면 어찌 옳겠습니까? 상서를 만나면 상서를 말하고, 재변을 만나면 근심과 두려움을 말하는 것이 옳습니다."

이 말을 듣고 변계량이 말했다.

"인주(人主)가 상서는 기뻐하고 재변을 잊어버림은 옳지 않습니다. 그래서 재변은 근심할 것이고, 상서를 덜 신경 쓰는 것입니다."

어질기로 이름 높은 요 임금도 이루지 못한 것이 있었는데 바로 다년간 계속된 홍수를 이길 치수였다. 처음에 요 임금은 곤이라는 자에게 치수를 담당시켰다. 그러나 곤은 9년 동안 치수를 하지 못했다. 순 임금이 섭정하면서 곤을 죽이고 그 아들 우(禹)에게 치수를 맡겼다. 우는 13년간 집을 떠나 있는 동안 치수를 잘해 순 임금으로부터 왕위를 물려받았다. 중국 역사상 최초의 왕조인 하(夏)나라는 이렇게 치수를 잘했던 우가 열었다.

물의 재앙을 논할 때 오랜 옛날에 있었다는 요 임금의 치수 문제를 이야기하는 것이 중요한 것이 아니다. 지금의 홍수 그 자체에 대해서 이야기를 해야 한다. 홍수는 자연 현상과 법칙에 따르기 때문이다.

189 세종은 안 좋은 일에 관련된 예식인 흉례(凶禮)에 관한 일도 정확히 기재하라고 했다. 세종 10년(1428) 9월 4일, 세상을 떠난 태종의 상장례(喪葬禮)를 행했던 사실대로 기재할 것을 세종이 명했다.

여러 정사를 보는데 예조판서 신상이 아뢰었다.

"허조가 '흉례에 관한 일은 보고할 수 없다' 했습니다. 상장 의궤(喪葬儀軌)를 못 이룬 지 오래되었습니다. 태조의 상사는 너무 갑자기 일어난 일이라 미비한 것이 제법 많았습니다. 이거(輀車)❶도 너무 커 성문을 나가기에 어려웠습니다. 정안 왕비(定安王妃)의 상사 때에는 태조의 상례에 따라 더하고 덧붙였으나 역시 미비한 점이 많았습니다. 공정왕(恭靖王)의 상사에는 왕비의 상례에 견주어 더하거나 덧붙였습니다. 그러나 임금과 왕비의 예(禮)는 같지 않기에 대략 서로 비슷하게 제정했던 것입니다. 태종의 상사 때 예법이 옛 제도에 맞지 않는 것이 많았기 때문에 다시 고쳐 일대(一代)의 전례(典禮)로 만들었습니다."

이 말을 듣고 세종이 말했다.

"흉례에 관한 일을 보고할 수 없다는 말은 어떤 근거에 따른 것입니까?"

신상이 말했다.

"그것은 대신 허조가 말한 것에 따른 것입니다."

세종은 궁의 예식에 관한 기록 보고서라 할 수 있는 의궤의 중요성을 강조했다.

"그가 필시 본 것이 있어서 말했겠지만, 의궤는 비단 한때에만 행하는 것이 아닙니다. 이는 만세에 오랫동안 쓸 수 있는 제도입니다. 선왕 태종의 상장례는 당연히 그때에 이미 행했던 사실대로 기재해야 합니다. 또한 옛 제도에 맞지 않는 것은 고쳐 추가 수록하도록 하십시오."

190 세종 11년(1429) 4월 9일, 윤대를 행하고 경연에 나가 '행했으면 기록을 해야 한다'는 말을 논했다. 윤대 뒤 경연이 열렸는데 『좌전(左傳)』❷을 강하다

---

❶ 상여. 장례 때 시체를 운구하는 수레. 보통 상여는 장식물이 많이 들어가기에 다른 수레에 비해 무거워 상여를 이차라 했다. 이차는 '이차(輀車)'로 쓰기도 한다.

❷ 『춘추좌씨전(春秋左氏傳)』, 『좌씨전(左氏傳)』이라고도 한다. 『춘추』는 중국 노(魯)나라의 사서이다. 노나라 은공(隱公) 원년에서 애공(哀公) 14년에 이르는 12공(公) 242년간의 춘추시대 열국(列國)의 역사를 편년체(編年體)로 기술했다.

가, 관중(管仲)이 제후(齊侯)에게 말한 대목에 이르렀다.

"적을 불러서 설득하는 데는 예의로 하고, 먼 지방을 회유(懷柔)하는 데는 덕으로써 합니다. 덕과 예를 번갈아 바꾸지 않으면(變易) 사람이 사모하지 않는 이가 없을 것입니다."

이 한 구절에 이르러 살피고는 세종이 탄식하며 말했다.

"공자가 '진 문공(晉文公)은 속이고 바르지 못하며, 제 환공(齊桓公)은 바르고 속이지 않는다'라고 했습니다. 두 사람이 어떠했는지 내가 두 임금의 사적을 살펴보았습니다. 환공이 천하를 바로잡고 제후를 모아 제후의 우두머리[諸侯伯]가 된 것은 오직 관중 한 사람의 어진 이가 이를 보필했기 때문입니다. 그런데 문공의 신하는 관중과 같은 사람이 한 사람도 없었는데도 천하의 우두머리가 되어 환공보다 오래갔으니, 설령 문공이 관중을 얻었더라면 그 매우 높은 큰 공적이 어찌 환공에 그쳤겠습니까?"

또 강하다가 '행하고 기록하지 않는 것은 성(盛)함이 아니다'라는 말에 이르러 세종이 말했다.

"이 말은 무엇을 말한 것인지 알 수 없습니다. 사관(史官)은 당연히 한 시대 행사의 흔적을 모두 기록해 뒷세상에 보일 뿐인 것입니다. 임금 된 사람이 어찌 사관에게 선한 것은 기록하게 하고, 선하지 못한 것은 기록하지 못하게 하겠습니까?"

세종은 모두 자세하게 기록해야 함을 말했다. 이에 검토관(檢討官) 설순이 대답했다.

"당연히 '실행해서 법이 되지 않으면 후사(後嗣)가 무엇을 보겠느냐'는 말과 같이 원칙이 될 만한 것을 적어놓아 임금이 깨닫게 해야 할 것입니다. 사신**❶**은 마땅히 옳고 그른 것을 구분하지 않고 다 기록해야 된다고 한 것은 그 말을 한 사람이 실언한 것입니다."

❶ 사관

세종이 이 말을 듣고 한마디로 가름했다.

"옳습니다."

> ! 기록하는 사람은 그대로 적어 남겨야 한다. 언젠가 뒷사람이 그것을 보고 의사결정을
> 할 것이기 때문이다. 그런데 무조건 모두 기록하는 것이라도 특정한 기준과 관점이
> 필요하다. 가치와 의미, 그리고 이를 위한 실제적인 효과를 위한 기준과 관점이다. 그
> 대로 적는다는 의미는 수많은 사람들이 시행착오를 겪지 않도록 분별해서 적는다는
> 의미다.
> 다만, 모든 것을 그대로 적으면 수많은 이들이 계속 옳고 그름을 판단하느라 시간을
> 허비할 것이다. 그렇다면 가용자원의 소모도 그렇지만 일을 매번 그르치게 된다. 리
> 더가 해야 할 일은 바로 그러한 점들을 이끌어주고 분변해주는 것이다.

마음에 불편하게 여기는 것은 반드시 옳은 일이 아닌 것

세종은 어버이 봉양을 위해 궁의 음식을 사사롭게 내가던 이들을 대하
고 원칙을 밝히기도 했다. 세종 5년(1423) 2월 9일, 내수(內竪)❶ 김부 · 윤덕
인과 반감(飯監)❷ 김오마지 등이 내선(內膳)❸을 훔쳐 나가다가 문을 지키는
사람에게 잡혔다. 이에 의금부에 가두고 승정원에 왕의 교지를 작성하게
했다. 아울러 전후에 그들이 범한 죄를 국문한 내용까지 쓰게 했다. 지신
사 조서로(趙瑞老)와 대언(代言) 곽존중(郭存中) · 한혜(韓惠) 등은 말이 자기에
게 미칠까 두려워했다. 그들에게도 책임을 물을 수 있기 때문이었다. 그
래서 그들이 먼저 스스로 말했다.

"신들은 어버이를 봉양하기 위해 가져다 쓴 것도 많았습니다."
어버이 봉양이라고 하면 책임이 가벼워질 수 있기 때문이다. 세종이 이
에 대해서 말했다.

---

❶ 내시
❷ 음식 조리 책임자
❸ 궁중에서 차린 반찬

"그대들은 대궐 안에 있으니, 주부(主婦)와도 같습니다. 주부가 쓴 것을 어찌 문초할 사람이 있겠습니까? 이것은 그대들이 공적으로 쓴 물건을 지적한 것이 아니라, 저들이 암암리에 도적질해서 쓴 물건을 말하는 것입니다."

191 2월 11일, 의금부에서 윤덕인 등이 범한 죄를 국문하니, 윤덕인이 말했다.
"일찍이 환자(宦者) 이촌(李村)도 승정원에 청해 술 다섯 병을 얻어 그의 어머니를 봉양한 일이 있습니다."
의금부 제조 조말생 등이 대궐에 나아가서 서로(瑞老) 등을 함께 국문하기를 청했다. 세종이 허락하지 않고, 서로 등 여럿에게 물었다.
"윤덕인의 말이 과연 맞는 것이오?"
"처음에 신들도 또한 옳지 않게 여겼습니다. 다만, 간절히 청했기 때문에 마음이 움직였습니다. 또한 승전색(承傳色)❶이므로 술을 주었습니다."
이에 세종이 말했다.
"마음에 불편하게 여기는 것은 반드시 옳은 일이 아닌 것입니다. 그대들은 대궐 안의 모든 일을 맡고 있으니, 그대들이 쓰는 것을 내가 어찌 옳지 않다고 하겠습니까? 다만 궁 밖으로 술을 금하는 영을 엄하게 세웠는데, 궁 안의 술을 내관의 집에 주는 일이 과연 옳겠습니까? 그대들이 다른 사람이 법을 어기는 일을 규찰하는 것이 직책인데, 오히려 이와 같은 일을 하는 것은 무슨 까닭입니까? 납언(納言)❷의 중책(重責)으로 오히려 탄핵을 당하니, 추국하는 벼슬아치의 면모가 없습니다."
세종이 이렇게 말하니 그들이 부끄럽게 여겨 세종 앞에 머리를 조아렸다.

❶ 내시부 소속 잡무 담당 부서로, 임금의 전교와 관련된 사사로운 일들을 담당했다. 정사와 관련한 중요한 일들은 승정원에서 담당했다.
❷ 간관

세종은 마음에서 이미 그것의 옳고 그름을 판단해 행동해야 한다고 보았다. 마음에 편하면 그것은 옳은 것이라는 말은 사람에 대한 기본적인 생각을 엿보게 한다. 법과 원칙을 논하기 전에 이미 스스로 그것이 옳고 그름을 알고 있는 것이다. 마음에 불편하다면 이미 옳지 않은 것이다. 혼자만의 판단이 아니라 조직의 의사결정을 할 때도 마음이 불편하다면 이미 옳은 일이 아니다. 비록 상황과 관계에 따라 행동으로 옮겨 그것을 합리화하거나 정당화해도 그 불편함이 가시지 않는다. 불편한 마음은 행동을 하는 데 영향을 미치게 마련이다. 따라서 일이 제대로 되지 않는 것이다.

자리 한 장이 아니라 전례를 만들까 두렵다

192   세종은 사소한 일이 번폐(煩弊)한 제도가 될 수 있음을 경계했다. 세종 16
년(1434) 11월 11일, 세종이 아파서 세자에게 백관을 거느리고 천추 하례(千秋賀禮)를 대신하게 했다. 또 세자가 사신을 전송하는 잔치를 대신 베풀도록 했다. 먼저 도승지 안숭선을 시켜 세 사신에게 대신 전송하는 사유를 말했다.

"전별연은 중요한 예절이니 와서 위로하는 것이 마땅합니다. 그러나 전하께서 근래에 요통을 앓으시고, 또 어깨와 등에 종기가 나셨습니다. 요통은 지금 조금 나으셨으나, 종기는 호전 기미가 없어서 움직이시기가 어려울 것 같습니다. 오늘 천추절 하례도 세자에게 대행하게 하고, 또 세자에게 전송연을 베풀게 하려는데 실례됨을 깊이 송구하게 생각합니다."

사신이 말했다.

"전하께서 편찮으시니 어찌 움직여 수고하실 필요가 있겠습니까."

두목(頭目)❶ 김홍(金洪)이 안숭선에게 말했다.

"소인은 원래 조선 사람인데 전하의 덕에 도움이 된 것이 없습니다. 그러나 제게 딸 하나가 있는데, 딸애를 위해 부디 전하께 아뢰어 화

❶ 중국 국사(國使) 일행 가운데 무역을 목적으로 따라온 북경 상인(商人)을 일컫는 말

석(花席)❶ 한 장만 주십시오."

안숭선이 이런 요구에 반대해 세종에게 아뢰었다.

"중국에서 보내거나 국가 용무인 경우 외에는 화석은 줄 수 없으니 무늬 있는 자리를 주는 것이 어떻겠습니까?"

세종이 말했다.

"어찌 자리 한 장을 아끼겠습니까? 그러나 지금 만일 주어 한번 그 시초를 열어놓으면, 뒤에 반드시 전례를 삼아서 청해 요구하는 자가 또 있게 될 것입니다. 무심코 한 장 준 것이 이로 인해 반드시 번폐가 적지 않을 것입니다. 주지 않는 것이 좋겠습니다."

> **!** 돗자리 한 장을 주는 일이 임금에게 어려운 일일까? 의사결정은 단기간 목표 달성이 아니라 먼 미래에 어떤 결과를 낳을지도 고려해야 한다. 요구를 들어주는 것도 마찬가지다. 지금 들어주기 쉬운 일일지라도 나중에 큰 부담이 될 수 있다. 지금 별것 아닌 일이 나중에 커다란 손실을 불러오는 전례로 굳어질 수 있다. 따라서 사소한 행위가 나중에 폐해가 되는 점을 잘 헤아리는 것이 리더가 판단해야 할 일이다. 누구를 위해 원칙을 무너뜨리고 누구를 위해서는 그렇지 않다면 그 무너진 신뢰와 형평성의 가치는 회복하기가 힘들 것이다.

요즘 사람은 옛날만 못한가

193 항상 나오는 말이 인재가 없다는 말이다. 예전에는 인재가 많았다는 것인데 과연 그러한지 세종은 궁금했다. 세종 7년(1425), 세종이 정부와 육조에 일렀다.

"금년 여름은 가물었고 겨울은 따뜻합니다. 12월은 얼음을 저장하는 달이라 추워야 하는데 기온이 봄처럼 따뜻합니다. 또 어제는 겨울 같지 않게 안개도 많이 끼었습니다. 가만히 그 이유를 생각해보니

❶ 꽃무늬를 수놓은 돗자리. 세종 11년(1429)에 중국에 보내거나 나라에서 사용하는 것 이외에는 금했다.

잘못이 내게 있었습니다. 이는 하늘이 나를 꾸짖는 것입니다. 간언하는 말을 들어서 하늘의 꾸짖음에 보답하려 합니다.

　지난달을 살펴보면 비록 태평스러워 보여도 대신이 옷소매를 잡고 간절히 간하는 자도 있었고, 그들이 말한 것에는 사람의 마음을 감동시키는 면이 있었습니다. 요즈음 비록 조금 안정된 시기라지만, 틀림없이 옛날에 미치지 못합니다. 진실을 거침없이 말하거나 앞에서 솔직히 간쟁하는 이를 보지 못했습니다. 또 그 말도 매우 적절하지 못합니다. 어째서 요즘 사람은 옛날만 못한 것입니까?"

좌의정 이원이 대답했다.

"몰라서 말씀드리지 못한 경우는 간혹 있겠지만, 어찌 감히 알고서도 감히 말씀드리지 않겠습니까?"

좌의정은 일부러 말을 안 하거나 간쟁하지 않는 것은 아니라고 말했다. 이 말을 듣고 세종이 말했다.

"내가 옛날만 못하다고 말한 것은 그것을 말하는 것이 아닙니다. 무슨 일을 논의할 때에 한 사람이 옳다고 말하면 모두가 따라서 옳다고 합니다. 또한 한 사람이 틀리다고 말하면 모두가 따라서 틀리다고 말하는 것을 말합니다. 누구 하나 여러 사람의 논의에 맞서서 논쟁을 벌이는 이가 없었습니다. 이 때문에 내가 요즘 사람이 옛날만 못하다고 말한 것입니다."

이는 소신 있게 자신의 의견을 말하는 것이 아니라 다른 이들의 눈치를 보거나 무리를 지어 유유상종하는 것을 말한 것이다. 또 세종이 신하들에게 말했다.

"한나라 선제(宣帝)를 세상 사람들이 명분과 실제를 종합한 임금이라고 칭합니다. 안으로는 관리들이 맡은바 직무에 적절하게 했고, 백성들도 생업을 중시했습니다. 밖으로는 흉노가 스스로 번국(藩國)이라고 칭하면서 하급 신하로 삼아달라고 했습니다. 그러나 후세에 이를 논하는 이들은 그를 두고 화(禍)를 자초한 임금이라고 했습니다.

송나라 왕안석이 재상이 되자, 자신이 나라를 보좌하고 백성을 안정시킬 것이라고 했고, 신종(神宗)도 정신을 가다듬어 정치를 잘한다고 했습니다. 그러나 후세의 비난을 면치 못했습니다.

이는 두려운 일이 아닙니까? 세상이 태평스러워도 이 태평스러운 것만 믿고 의지하는 것은 난리의 원인이 되어 큰 화를 일으키게 됩니다."

한상덕(韓尚德)이 세종의 이 같은 말에 찬동해 말했다.

"전하께서 오늘 하신 말씀은 정말 종묘사직과 백성들의 복입니다."

태평스러움에 의지하는 것이 환란의 시작이라는 세종의 말에 허조가 찬동하며 아뢰었다.

"하늘의 꾸짖음은 사람 때문에 나타납니다. 근래에 천기(天氣)가 순조롭지 못합니다. 아무래도 화란이 일어날 조짐인 듯싶습니다. 원컨대, 전하께서는 날마다 두려워하는 마음을 가지옵소서."

세종이 보기에 의사결정을 할 때 중요한 것은 다양한 찬반 의견들이 개진되어야 하는 점이다. 하지만 대개는 논쟁이나 다툼을 싫어해 자신의 의견을 내지 않고 다른 이들의 의견에 동조한다. 이렇게 되면 올바른 의사결정을 할 수가 없다. 한편으로 의사결정을 하는 이가 다양한 의견을 수용하는 모습을 보이고 논쟁을 즐겨 벌이도록 만들어야 한다.

일이 잘되어 순조로울 때에는 이에 대한 이의 제기나 반론이 없을 수 있다. 하지만 일이 잘되어갈 때 위태로운 상황을 대비해 항상 문제점과 대안 모색을 논의하도록 분위기를 만들어주는 것이 리더의 역할이다. 태평스러운 때일수록 그 반대의 위험 요인을 지적하는 목소리가 상대적으로 배제될 수가 있다. 그럴수록 더욱 부정적인 요인에 대해서 자유롭게 의견을 개진할 수 있도록 해야 한다.

十.

조직 경영과 앞에 있는 사람

굳센 사람은 잠시 때를 기다리고 절대로 무도한 폭주를 하지 않는다. 그래서 물 가운데에서 오도 가도 못하는 지경에 이르지 않는다. 굳세다는 것은 물리적·정신적인 굳셈을 관통하는 것이다. 가는 것은 반드시 돌아온다. 태평성세도 언젠가는 기운다. 나라를 다스림에 난(亂)을 잊지 않는 마음을 가진다면, 허물이 없다. 한결같은 일관된 마음이라면 탈이 없다.

조직을 이끌어가는 사람 앞에는 아무도 없다. 자신의 앞에 아무도 없다는 것은 좋은 일이기도 하지만 외롭고 힘든 일이기도 하다. 그의 행동과 말을 지켜보는 사람이 많으며 그들이 그에게 원하는 것도 많다. 그 사람의 역할이 중요하기 때문에 의무와 책임에 대한 부담이 크다. 권력을 휘두를 수 있되 그에 대한 책임도 따른다. 외부의 기준보다도 자기 스스로 속이지 못하는 점이 많아진다. 그에 대한 외부의 기준이나 평가와 별개로 스스로 엄격성을 포기한다면 짧은 순간의 즐거움을 맛보면서 퇴장하게 될 것이다.

1 且吹毛求疵, 非爲政之體.

억지로 남의 잘못을 찾아내는 것은 정치를 하는 체통이 아닙니다.

– 세종 15년(1433) 2월 29일, 김자돈 추핵에 대한 사간원의 상소문에 대해

2 聖人蓋言其循常, 君子惟貴於適變.

성인은 무릇 상도(常道)에 따르기를 중요시했고, 군자(君子)는 오직 변례(變禮)에 맞게 하려는 것을 귀하게 여깁니다.

– 세종 15년(1433) 3월 15일, 벼슬 제수한 것을 거두기를 청하니

3 凡事, 在上之人, 雖以爲是, 在下之人心知其非, 則進言無隱, 宜矣.

모든 일은 위에 있는 사람이 비록 옳다고 할지라도, 아래에 있는 사람이 마음속으로 그른 것을 알면, 나아가 말해서 숨김이 없어야 마땅합니다.

– 세종 31년(1449) 3월 29일, 사헌부 해당 관리들을 의금부에게 추핵하자고 할 때

4 守成之君, 大抵不好遊畋聲色, 則必好大喜功, 自古及今, 繼體之主所當戒也.

수성(守成)하는 임금은 대체로 사냥놀이나 성색(聲色)①을 좋아하지 않으면, 반드시 큰 것을 좋아하고 공(功)을 세우기를 즐겨 하는 폐단이 있습니다. 이것은 예로부터 지금까지 임금이 마땅히 경계해야 할 일입니다.

– 세종 15년(1433) 11월 19일, 영토를 확장할 것을 논의할 때

5 古諺云: 人君長在深宮, 不令外人相見可矣. 若於白日出外, 則其國有凶. 此夷狄蒙蔽其君之說也. 於受朝時, 坐于殿內, 群臣不能見我顏色, 況野人, 倭客焉能見之?

① 음악과 여색

옛 속담에 '임금은 항상 깊은 궁 안에 있으므로 바깥사람과 서로 보지 못하게 하는 것이 좋다. 만일 대낮에 밖에 나오면 그 나라에 흉한 일이 생긴다'라고 했습니다. 이는 오랑캐들이 그 임금을 덮어씌우고 가리는[蒙蔽] 말입니다. 내가 조회를 받을 때에 전내(殿內)에 앉아있으면, 여러 신하들이 내 얼굴빛을 볼 수 없는데, 더구나 야인(野人) · 왜객(倭客)이야 어떻게 보겠습니까?

- 세종 21년(1439) 8월 5일, 영토 확장을 논의하며 김돈에게 이를 때

6 대체로 사람들의 정서는 앞에서 통솔을 하면 스스로 힘을 내고, 놓아두면 게을러지게 마련입니다. 선철(先哲)의 말은 '선비가 사물을 사랑하는 마음을 정말 갖고 있으면 사람들을 위해 반드시 구제해주는 바가 있을 것이다'라고 했습니다. 더구나 지금 감사와 수령의 책임을 맡고 있는 자는 모두 무슨 일이든지 할 수 있는 권한을 갖고 있어서 한 지방의 기쁨과 슬픔이 그의 한 손에 달렸습니다. 만일 성심으로 돌봐준다면 어찌 옛사람만큼 못 하겠습니까?

- 세종 26년(1444), 『국조보감』 제7권 세종조 3

十. 조직 경영과 앞에 있는 사람

직접 전한 문서의 효과

194 교서(教書)의 중요성을 간파한 세종은 칭찬 일색을 버리고 그 안에 민생에
도움이 되는 내용을 채우기로 한다. 세종 12년(1430) 12월 16일, 각 도에
감사를 파견할 때 교서를 주어 보내기로 했다. 세종이 말했다.

"각 도에 감사를 파견할 때, 태조께서 실시하던 좋은 법을 따라 교서
를 주어 보내기로 했습니다. 벌써 초안을 만들게 했지만, 미처 대신
들과 상의하지 못했습니다."

찬성 허조 등이 모두 같이 말했다.

"좋습니다."

그리고 허조가 말했다.

"각 도의 감사의 품계가 3품 이하에 해당하면 직접 처결하고, 2품 이
상은 보고해서 하도록 이미 규례가 있습니다. 근래에 전라 감사 신
개가 정례(定例)를 따르지 않고, 순천 부사(順天府使) 김위민(金爲民)에게
죄를 줄 것을 청해 왔습니다. 신의 생각에는 신개가 이 규례가 육전
(六典)에 기록되지 않은 줄 알고 한 듯싶습니다. 스스로 처결할 수 있
는 규례를 모른 것입니다."

부사는 정3품에 해당한다. 세종은 이 말을 듣고 교서가 무엇보다 중요하
다고 말한다.

"교서를 썼다면 육전에 기록되지 않았더라도 의심할 것이 없습니다.
감사에게뿐만 아니라, 수령에게도 모두 교서를 내리는 것이 어떠하
겠습니까?"

우선 교서에 의거해서 처벌하거나 시행할 수 있다는 말이다. 수령에게도
교서를 내려야 한다는 세종의 말에 반대하는 신하는 "수령의 수가 매우
많으니 너무 번폐스러울 듯합니다."라고 말했다. 이 말을 듣고 세종이 길
게 말했다.

"옛사람의 말에, '언제나 눈으로 보고, 언제나 마음으로 조심해야 자

기의 마음을 바로잡는 방법을 얻는다' 했습니다. 수령이 된 사람이 마음으로 성찰하며 법을 만드는 일에 나라에서 특별히 교서를 내리는 일이 가장 좋은 방법입니다. 또한 이전의 교서에서는 칭찬 일색의 말이 너무 많고, 실정에 맞지 않는 일이 많습니다. 이것은 매우 옳지 못합니다.

내가 옛 책을 보니, 교서라는 것은 임금이 신하에게 권유하는 의의를 가진 것이라고 했습니다. 교서를 쓸 때 실정에 맞지 않는 칭찬을 전부 버리겠습니다. 이제 백성을 다스리는 직책을 받드는 데 관련된 말만을 적게 해야 합니다. 자기의 명분을 돌아보고 의의를 생각해 공경히 직책을 다하게 해야 합니다."

이에 신하들이 동의해 말했다.

"좋습니다."

> 왕의 교서를 하급 관리에 이르기까지 직접 준다면 그 통치와 행정의 뜻과 의미가 전달될 것이다. 다만 그 수가 너무 많으니 대개 생략하는 일이 많다. 하지만 가능한 한 모든 이들에게 직접 문서로 전달한다면 최고 리더의 뜻이 남을 수밖에 없다. 한편 그 내용을 기재할 때 형식적인 면을 생각해 미사여구가 많고 추상적인 형식을 갖출 수 있는데, 이는 현실에 대한 실제적인 기준이나 지침이 되지 못한다. 또한 너무 부담스럽게 만들면 자유재량이 부족해 오히려 일을 그르칠 수도 있다. 교서 안에 직책에 대한 중요성이나 가치를 언급하기보다는 어떤 역할과 의무를 다하고 그것을 위해 권한을 사용할 수 있는지를 밝혀주는 것이 더 중요한 것이다.

규제의 역설

195 세종은 손실이 적다고 책임을 묻는 것은 거짓 보고를 증가시킨다는 사실을 경계했다. 세종 15년(1433) 2월 15일, 호조에서 경상도의 조세 내역을 적은 장부를 올렸다. 손실이 많고 실한 것이 적기 때문에 추핵할 것을 고했다. 호조에서 아뢰었다.

"경상도 감사가 일찍이 풍년이라고 했는데, 지금 세안(稅案)을 살펴니 손(損)이 많고 실(實)이 적습니다. 관련 담당 기관에서 진실을 밝히도록 해야 합니다."

세종이 말했다.

"만약 손이 많고 실이 적다고 해서 죄를 준다면, 손을 실로 속이는 자가 반드시 많이 생기지 않을까 두렵습니다. 이 때문에 생기는 폐단이 이루 헤아릴 수 없을 것인데 앞으로 이 같은 일을 어떻게 할 것입니까?"

이 말을 듣고 지신사 안숭선 등이 대답했다.

"말씀이 타당합니다."

! 대신들은 손실이 많은 것에 대해서 죄를 주어야 한다고 말하지만 세종은 그 반대로 생각했다. 세종의 생각에 손실이 많다고 죄를 물으면, 손실이 없는 것처럼 속일 것이다. 이것은 규제의 역설을 말하는 것이다. 엄격한 규제만이 능사는 아니다. 오히려 사실 그대로를 적은 이들에게 정확하게 그에 상응하는 평가나 보상을 주는 것이 합당하며 그것이 애초에 추구하던 정책 효과를 낳을 수 있다. 처벌을 우선시하는 조직은 잘못을 숨기기 때문에 겉으로는 실적이 좋아 보여도 나중에 큰 사고가 나기 쉽고, 한순간에 조직이 붕괴될 수 있다. 부정적인 결과라 하더라도 그때그때 말하도록 하는 것이 오히려 좋은 결과를 낳게 만든다.

기밀

196 세종은 기밀에 관한 중요성을 인식하고 어떻게 관리할 것인지 생각했다. 특히 그것을 지방 관아에 전하는 것은 중요한 문제였다. 세종 27년(1445) 12월 26일, 비밀에 관한 일은 사목(事目)❶에 적지 말 것을 일렀다. 이때 세종이 승정원에 말했다.

❶ 구체적인 일을 할 때의 시행세칙

"옛날에 한승순(韓承舜)이 입조(入朝)하다가 도둑에게 물건을 강탈당했습니다. 그 뒤에 형부에서 그 도둑을 잡아 물건을 모두 찾았습니다. 그때 작은 조각편지[片簡]까지도 나왔습니다. 만일 비밀문서가 있었다면 도둑에게 빼앗기고 후회한들 무슨 소용이 있겠습니까?

조극관이 일찍이 '비밀의 일은 사목에 적어서는 안 됩니다' 하기에, 내가 이를 옳게 여겼습니다. 지금 경들은 이 뜻을 알지 못하고 천문(天文)과 같은 비밀도 모두 사목에 적으니 이는 매우 옳지 못한 일입니다. 지금부터 기밀은 사목에 적지 말고 이와 달리 한 본(本)을 써서 통사(通事)가 가는 중[路中]에 외워서 익히고, 의주(義州)에 닿거든 머물러 두고 가게 하십시오."

> 세종이 정보 관리에 대한 태도를 어떻게 견지했는지 알 수 있다. 정말 중요한 정보라면 그것을 기록한 바에야 언제든 노출될 수 있다. 먼 길을 떠나면서 이러한 노출이 더 심하게 될 수 있는 상황에서는 더욱 유의해야 한다. 정보 노출이 염려되는 상황이라면 그것을 기록하는 것이 아니라 다른 방법을 모색해야 한다. 진정한 기밀은 문서로 남기지 말고 머릿속에 남기는 것이 좋다.

위임

197 세종은 일하는 데 있어서 위임도 중요하게 생각하고 있었다. 세종 28년 (1446) 8월 11일, 신하들이 평안도와 함길도의 성을 쌓는 역사를 그만두자고 했으나 허락하지 않았다. 사간원에서 아뢰었다.

"신들이 듣자오니, 평안도와 함길도는 실농(失農)이 더욱 심하다고 합니다. 청하옵건대, 성 쌓는 일을 그쳐 백성의 힘을 펴게 하소서."

이 말을 듣고 세종이 다음과 같이 말했다.

"내가 이 일을 대신에게 위임했는데, 만약 유학자(儒學者)의 말을 듣고 모두 고치게 한다면 큰일을 어찌 성공시키겠는가?"

> 대신에게 위임을 했는데 그것을 반대한 이는 대신이 아니라 유학자였다. 따라서 위임을 받은 자의 말이 아니다. 위임을 한 자는 위임을 받은 자를 믿고 그것을 실행하도록 해야 한다. 그 사항에 대해서는 위임을 받은 자에게 신뢰를 주어야 하는 것이다. 정말 큰일을 성공시키려면 외부의 말을 사사로이 듣지 말고 위임한 이를 믿어야 한다. 더구나 실무 책임자의 말이 아니라면 더욱 삼가 들어야 한다. 유학자는 관리직에 있지 않은 이이다. 유사하거나 관련 직무에 있지도 않은 이의 말을 듣고 결정할 수는 없는 일이다.

공치사와 희롱을 경계

198   임금이 가볍게 행동하는 것에 대한 경계도 있었다. 세종 12년(1430) 11월 18일, 세종이 신하들과 송 태종(宋太宗)에 대해 이야기했다. 윤대를 행하고 경연에 나아가서 『자치통감속편(資治通鑑續篇)』을 강의하는 가운데, '큰 잔치를 사흘 동안 베풀었다'[賜大輔三日]는 대목에 이르렀다. 세종이 말했다.

"송 태종은 정말 어진 임금입니다. 그러나 더러는 공치사도 하고 또 희롱을 좋아했습니다. 이런 것은 제왕이 할 일이 아닙니다."

이 말을 듣고 정인지가 말했다.

"두루두루 알기에 힘쓰고, 시(詩) 짓기를 좋아한 점도 제왕이 갖추어야 할 학문은 아니었습니다. 고기 낚는 것을 좋아해 4품 이상은 모두 하게 했습니다."

정인지의 말을 듣고 세종이 말했다.

"그때 간언을 한 사람은 없었던가요. 만일 간한 사람이 있었다면 그의 넓은 아량으로 어찌 받아들이지 않았겠습니까?"

"간언을 한 사람은 기록에 나타나지 않습니다. 다만, 당시 사람의 시에 '꾀꼬리는 임금의 수레에 놀라서 꽃 속으로 숨어들고, 물고기는 임금의 얼굴을 무서워해 낚시에 걸리기가 어렵도다'라고 한 바가 있습니다."

세종이 이 말을 듣고 물었다.

"그는 시를 잘 짓는 사람입니다. 간하며 풍자하는 뜻을 내포했으니 말입니다. 글을 지은 사람이 누구인가요?"

"정위(丁謂)입니다."

"정위가 시는 잘했습니다."

그러고는 다시 이어 말했다.

"그의 마음씨는 바르지 못했습니다."

이렇게 말한 이유는 그가 직언으로 간언을 하지는 않았기 때문이다.

199   세종 12년(1430) 5월 21일, 정위에 대해 직언으로 상소한 장영(張詠)의 글을 강론 시간에 보다가 깊이 탄복한 일이 있었다. 이날 조참을 받고, 정사를 보고, 경연에 나아가 강론하다가 장영의 상소에, "천하의 재물을 앗아다가 토목 공사에 다 써 버렸으니, 이는 모두 적신(賊臣) 정위가 임금의 마음을 미혹하게 한 때문입니다. 바라옵건대 성문에서 그의 목을 베어 전하의 마음에 사례하시옵소서."라고 한 대목에 이르렀다. 이때 세종이 깊이 탄식하며 말했다.

"이와 같이 곧은 신하는 옛날이나 지금이나 드물도다."

> 군주는 진실을 말하는 신하를 만나기 힘들다. 신하는 대체로 자신의 입지를 먼저 생각하기 때문이다. 마음에서 진실이 우러나는 말을 하지 않을 때 간언하는 이들이 그나마 옆에 있어야 한다. 그것을 보장하는 군주가 있을 때 그것이 가능하다. 만약 그와 같이 간언을 하는 사람이 없다면 그것은 군주의 잘못일 것이다. 진실을 간언하는 이를 알아보는 군주도 드물다. 많은 군주들이 아름다운 말에만 취하기 십상이며 그러함에 따라 큰일을 당하기 마련이다.

                                                  十. 조직 경영과 앞에 있는 사람

거동에 절도가 없다면

군주에게는 일정한 절도가 필요하다. 그것은 형식이나 권위에만 빠지는 것과는 다르다. 세종 10년(1428) 9월 8일, 중국 황제들의 절도 없는 거동에 대해서 신하들과 논했다. 세종이 대언 등에게 일렀다.

"윤봉(尹鳳)이 갑작스럽게 나에게 '홍희황제(洪熙皇帝)와 지금 황제는 모두 작난(戲事)을 좋아했다' 하고, 홍희는 일찍이 안남(安南)이 모반을 일으켰다는 말을 듣고 밤새도록 잠을 자지 못했다고 했습니다. 내가 생각해보니 참으로 담력이 없는 임금이었습니다."

지신사 정흠지(鄭欽之)가 대답했다.

"윤봉이 저에게 '홍희는 주색에 빠져서 때 없이 정사를 들어, 백관들은 아침과 저녁을 가리지 못했으며, 지금 황제도 궁 안에서 잔치를 벌이고 늘 잡스러운 장난(雜戲)만 하고 있소이다. 영락황제는 비록 실절(失節)한 일은 있었지만, 정사를 함에 부지런하고 위엄이 있어 가히 두려워할 만했소'라고 했습니다. 윤봉은 태종황제(太宗皇帝)를 늘 흠모하고 지금의 황제는 만족스럽게 생각하지 않는 것 같습니다."

세종은 이렇게 말했다.

"인주(人主)의 거동에 절도가 없다면, 어찌 아름다운 일이겠습니까?"

앞에서 여러 사람과 조직을 이끌어가는 사람은 담력과 절도가 있어야 한다. 잡스러운 장난을 삼가고 사리분별을 정확하게 할 때 위엄은 저절로 생긴다. 억지로 꾸민다고 할 수 있는 것도 아니다. 그것은 자신의 진심에서 나온다고 할 수 있다. 그러할 때 절도의 아름다움이 사람들을 이끌어가는 힘이 된다. 물론 그것만을 추구한다면 오히려 사람들을 이끌어갈 수 있는 힘이 더 이상 생기지 않을 것임이 분명하다.

장수 된 자의 도리

세종은 장수의 역할은 반드시 앞으로 질러 나가는 데만 있지는 않다고
보았다. 이런 점에서 세종의 리더십 스타일이 드러나기도 한다. 세종 19
년(1437) 12월 19일, 함길도 도절제사에게 변방 방어책을 전지했다.

"예로부터 장수 된 자의 도리는 반드시 들판에서 교전해 승리하는
것만을 중요하게 여기는 것이 아닙니다. 우선 상대편과 우리 편 군
사의 많고 적음을 잘 파악하고 판단해야 합니다. 아군에게 완전해
조금도 빠진 것이 없는 형세가 아니어서 좋지 않으면 성을 굳게 지
켜야 합니다. 그리고 식량 같은 것이 없도록 들을 말끔히 치워서, 적
에게 이득이 없게 해 후일에 당하는 후환을 막는 것이 옳습니다.

옛적에 삼랑강(參浪姜)이 침입했을 때 한나라 광무제는 변경 관리
에게 조서(詔書)를 보내, 적과 대치한 상황에서 머뭇거리면서 진군하
지 않음에 죄를 받을 것이라 염려하지 말라고 했습니다. 유무주(劉武
周)가 반란을 일으켰을 때에 당 태종은 지키는 무리들에게 해자를 깊
이 파고 성을 높이도록 해서 적의 예봉을 꺾었습니다. 이 두 임금은
수많은 싸움을 겪었지만, 그 계책이 오히려 이와 같았습니다. 그 상
황에서는 싸우는 것을 좋아하는 것이 해가 되기 때문입니다.

제갈량이 사마의와 위수 남쪽에서 대진했을 때 제갈량이 여자의
의관(巾幗)을 보내어 '여자처럼 밖에 나오지 않는다'고 욕했지만 사마
의는 끝내 나오지 않았습니다. 예나 지금이나 사람들은 '량은 속전(速
戰)하고자 했으나 의는 고의적으로 자중해, 그 성공과 실패가 이와 같
았다'고 했습니다.

제갈량은 세상에 드문 재주를 지녔으나, 마침내 사마의 때문에
이익을 보지 못했습니다. 또한 속전하는 것이 해가 됨을 알 수 있습
니다.

지금 홀라온 · 수빈강 · 파저강의 적들은 국경 가까이 거주하면

서 해마다 침범합니다. 논의하는 사람은 비록 많으나, 그 요점은 공격이냐 수비냐 두 가지입니다. 그러나 내가 수비하는 것이 이롭다는 것을 깊이 알고, 적이 올 때에는 성을 굳게 지키고, 들을 말끔히 치우도록 하라는 교지를 여러 차례 내렸던 것입니다. 그러나 봉행(奉行)[1]하는 자는 내 뜻을 본받지 않아 조명간(趙明干)의 백성이 매양 노략질을 당했고, 신진보(辛晉保) 등이 경솔하게 출전했다가 패했습니다. 그 수비를 엄하게 하지 않았기 때문입니다. 옛날에 이목(李牧)이 안문군(雁門郡)에 있으면서, 장수와 군졸을 잘 먹이며 말타기와 활쏘기를 연습시키고, 봉화(烽火)를 삼가고 간자를 많이 이용하고, '적이 오거든 곧 보(保)에 들어오라. 감히 포로 되었던 자는 참한다'라고 했습니다. 흉노(匈奴)가 이목을 비겁하다고 했는데, 이 말을 듣고 조왕이 화를 내며 이목 대신 다른 사람을 장수로 보냈습니다.

흉노가 침입해올 때마다 나아가 싸웠으나 번번이 불리했고 군사와 군기를 잃은 것이 많았습니다. 조왕이 다시 이목을 억지로 장수로 삼았고, 이목은 예전대로 했습니다. 그러자 변방 병사들이 모두 전투에 나서길 원했습니다. 결국 이목이 흉노 10여만 기를 격파했고, 이후부터 10여 년 동안 적이 변경을 침범하지 못했습니다.

그 밖에도 굳게 지키는 이로움과 적을 가볍게 여기다가 해를 받은 것은 다 기록할 수는 없습니다."

> 공격을 잘하는 것이 장수 된 자의 도리라고 생각하는 경우가 매우 많다. 그러나 공격하는 것보다 지키는 것이 더 중요할 때가 많다. 또한 지금의 상태를 그대로 유지하는 것이 확장하는 것보다 어려울 수 있다. 명예와 위신이 중요한 것이 아니다. 분수에 넘치지 않게 자신이나 조직의 역량을 생각해야 한다. 이를 생각하지 않고 확장이나 공세의 의사결정에 치우치면 도리어 치명적인 손실을 입게 된다. 장수와 마찬가지로 리더의 역할은 앞으로 치고 나가는 공격적인 경영만을 하는 것이 아니다. 상황과 실정

[1] 웃어른이 시키는 대로 받들어 행함

을 감안해 이에 맞는 경영을 하는 것이 중요하다. 불리하면 불리한 대로, 유리해도 항상 경계하고 조심히 임해야 한다. 나서지 않는다고 결코 비겁하거나 옹졸하다고 할 수 없으며, 이에 연연하는 것이 오히려 큰 잘못으로 돌이킬 수 없는 결과를 낳는다.

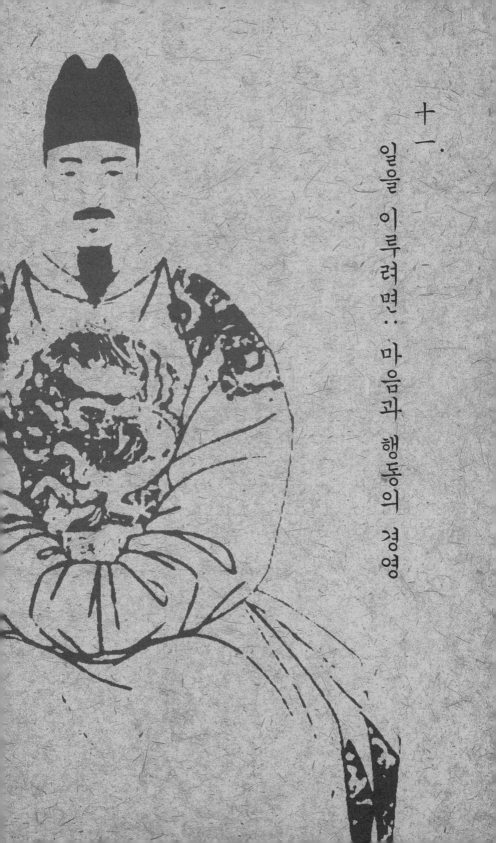

十一.

일을 이루려면: 마음과 행동의 경영

용이 마침내 하늘을 날기 시작할 때, 한 번 솟았다가 다시 못 속으로 잠겨 힘을 축적한다. 나아가고 물러남을 이같이 신중하게 삼간다면 위태로워도 그것을 넘길 수 있다. 용은 쉽게 모습을 드러내지 않는다. 큰 하늘의 덕도 그것을 과시하지 않는다. 그렇지만 사람에게 영향을 미칠 때는 길다. 위대하기 때문에 오히려 한 걸음 뒤로 물러나는 겸손한 마음가짐이 필요하다. 안정될 때 경계하며, 과거를 반성하고 자기를 경계하면 머지않아 허물을 면할 것이다.

자신이 원하는 바를 이루는 데도 심리적 태도가 중요하게 작용한다. 마음이 실제로 세상일을 바꾸게 한다. 이른바 '마음 경영'이다. 때로는 자신이 바라는 대로 일이 이루어지기도 한다. 하지만 그렇다고 반드시 좋은 것만은 아니다. 선입견을 가지면 선입견을 가진 대로 세상이 보이고 그렇게 세상을 보는 대로 움직일 것이다. 긍정적으로 보면 일의 진척은 긍정적일 것이다. 하지만 원하는 일은 그 반대로 조심할 때 성취되는 일도 많다. 물론 마음만 먹는다고 해결되는 것은 아니다. 그 마음을 행동으로 옮겨야 한다. 적극적이고 능동적으로 일을 이루려면 소극적이고 수동적인 태도로 임하는 것도 필요하다. 따라서 무서워하지 않으려면 무서워해야 한다.

1 雖然人事必待天時, 而後可成, 古人所謂相時而動是已.

사람의 일은 반드시 천시(天時)를 기다린 뒤에야 성공할 수 있습니다. 옛사람이 '시기를 보아서 행동한다'는 것이 이런 것입니다.

– 세종 19년(1437) 4월 13일, 김종서에게 야인 토벌의 천시를 기다릴 것을 명하며

2 凡事戒愼則終吉, 卿之如恐不勝之意則善矣. 以書契難答爲辭, 非矣.

모든 일에 조심하면 마침내는 길(吉)한 법입니다. 경이 직임을 이기지 못할까 두려워하는 뜻은 좋으나, 문서에 응답하기도 어렵다고 사양하는 일은 옳지 않습니다.

– 세종 22년(1440) 12월 4일, 함길도 관찰사 한확이 직임을 사양하니

3 諺曰: '一日之延, 十日之延; 十日之延, 一歲之延也.' 若今年以爲不可築, 明年又以爲不可築, 大事何時而成乎?

속담에 '하루가 늦어지면 10일이 늦어지고, 10일이 늦어지면 한 해가 늦어진다'고 합니다. 만약 올해 쌓을 수 없다 하고, 내년에 또 쌓을 수 없다고 한다면, 이 큰일을 어느 때에 완성하겠습니까?

– 세종 26년(1444) 7월 16일, 우정언 허추가 함길도의 행성을 쌓는 일을 정지할 것을 건의하니

4 凡作法, 以漸爲貴, 當先試於一處, 矧此事欲驗其便否, 非遽以爲萬世永久之策也? 若試之而有弊於民, 則予當勿行矣. 予本無與民爭利之心, 昔占膏腴之地, 號爲國農所, 予卽位罷之, 以業農民. 予豈有好利之心哉? 卿等悉知予意.

대개 법을 만드는 것은 점차로 하는 것을 귀히 여깁니다. 마땅히 먼저 한 곳에서 시험해보고 해야 합니다. 더구나 이 일은 편하고 편하지 않은 것을 시험하자는 것이지, 갑자기 만세의 영구한 계책을 만들려는 것은 아닙니다. 만일 시험해 백성에게 폐단이 있다면 내가 마땅히 행하지 않겠습

니다.

　나는 본래 백성과 이익을 다툴 마음은 없습니다. 옛날에 기름진 땅을 점령해 국농소(國農所)❶라 불렀는데, 내가 즉위한 뒤에 혁파해 농민에게 주었으니, 내가 어찌 이익을 좋아하는 마음이 있겠습니까? 경들은 다 내 뜻을 명심하십시오.

– 세종 27년(1445) 9월 8일, 염법을 급히 시행할 것을 아뢰니

5 然凡事聽此言而以爲是, 聽彼言而亦以爲是, 則何以成大事手?
모든 일에서 이 말을 듣고 옳게 여기다가 저 말을 듣고 또 옳게 여긴다면, 어찌 큰일을 성공시킬 수 있겠습니까?

– 세종 24년(1442) 11월 24일, 평안도 연변의 행성을 쌓을 인원 동원에 대해 이휘가 아뢰니

6 予嘉爾等之言, 但大事不可輕易可否也.
내가 그대들의 말을 아름답게 여기나, 다만 큰일은 쉽사리 가부(可否)를 말할 수 없습니다.

– 세종 24년(1442) 11월 26일, 행성을 쌓는 데 대한 사간원의 상소문에 대해

7 農家播種, 若未適中而太早, 則蕎麥之類, 結實未多. 然去年因晚種, 禾穀不實. … 寧失之於早, 不可緩也.
농가에서 파종할 때, 시기가 만약 적중하지 못해, 너무 이르면 메밀〔蕎麥〕류는 그 결실이 많지 않은 법입니다. 그러나 지난해는 늦게 파종했기 때문에 곡식의 결실이 좋지 않았습니다. (중략) 차라리 일찍 심어 실수하더라도 늦출 수는 없는 것입니다.

– 세종 11년(1429) 2월 13일, 농가 파종 시기에 대해 논하며

❶ 국가의 농장, 국둔전이라고 했다. 군인이 경작해 그 수확을 군자곡에 보충하는 토지였다.

　　　　　　　　十一. 일을 이루려면: 마음과 행동의 경영

두려워하면 이루어질 것이다

202 지방의 관헌들은 사실상 지방의 왕이라고 할 수 있다. 하지만 오히려 지방관들이 두려움을 가지면 오히려 그 직책의 소임을 다할 수 있을 것이라 강조하기도 했다. 세종 8년(1426) 12월 24일, 조양진 첨절제사 안종렴, 연사 도호부사 서침 등을 세종이 불러놓고 말했다.

"근래에 백성들이 수재와 한재로 생활이 말이 아니라서 매우 걱정됩니다. 아직도 충분히 하늘의 뜻을 돌리지 못하고, 또 백성들을 직접 잘 다스리지 못했기 때문에 백성들의 근심을 나누고자 그대들을 보내는 것입니다. 그대들은 내 극진히 하려는 마음을 당연히 따라 농사를 권하는 것과 진제와 환상, 분급 등의 일에 정성을 다해서 백성들이 굶주려 죽는 일이 없도록 하라 하십시오."

안종렴이 대답했다.

"신이 여러 해 동안 시위(侍衛)❶직에 있어서 외방의 일은 알지 못합니다. 이제 처음으로 두 가지 중요한 책임을 맡으니, 항상 그 직임을 감당하지 못할 듯싶어 두렵습니다."

세종이 말했다.

"그런 두려운 마음을 가지면 그 직임이 이루어질 것입니다."

세종이 생각하기에는 두려워하면 조심하게 되므로 실수가 적어질 것이고, 이루고자 하는 바를 더욱 잘 이룰 수 있다는 것이다.

203 또 다른 사례도 있다. 세종 9년(1427) 11월 17일, 홍산 현감 조담이 세종 앞에 사조했는데, 세종이 그를 불러놓고 말했다.

"그대는 수령을 지낸 적이 있었습니까?"

조담이 대답했다.

---

❶ 임금을 호위함. 또는 그 직책을 맡은 사람

"없습니다. 이제야 백성에 대한 직임을 해야 하니 더욱 황공하옵니다."

이렇게 말하자, 세종이 말했다.

"그대가 모든 일을 대할 때 두려워하고 조심하면 실수가 적어질 것입니다. 그대는 그 고을에 가서 더욱 삼가고 조심해 굶주리는 백성이 없도록 하십시오."

204 두려워하고 조심하면 실수할 일도 적게 되지만, 그렇다고 겁을 먹으라는 말은 아니다. 이에 대해서 세종이 언급한 적이 있다. 세종 31년(1449), 명나라의 북쪽 지방에 관한 소식이 있었다. 세종이 좌우에 일렀다.

"내가 알고 있는 고사(古事)만 해도 적지 않습니다. 옛날의 훌륭한 신하들은 나이가 아무리 어리다고 해도 큰일을 해냈습니다. 이를테면 등우(鄧禹)는 광무(光武)의 사람됨을 알고 그에게 일을 맡겨 대업을 이루었습니다. 우리나라에서 이숙번(李叔蕃)도 역시 태종을 도와서 큰공을 세웠는데 이들은 모두 지략이 남보다 뛰어난 이들입니다. 나는 나이도 적지 않고 본 것도 적지 않습니다. 그런데 일을 처리하는 것은 옛사람만큼 하지 못합니다. 이를 부끄럽게 생각합니다.

옛날에 동진(東晉)의 노순(盧循)이 남쪽 지방에서 반란을 일으켰는데 당시에 이 사람은 일개 졸개에 지나지 않았습니다. 맹창(孟昶)은 그들을 막지 못할 것을 두려워해 왕을 피신시키려 했습니다. 유유(劉裕)가 '피하지 말고 굳게 지키는 게 낫다' 했습니다. 맹창이 이를 믿지 않고 죽으려 했는데, 유유가 '전쟁에서 패할 때 죽더라도 늦지 않다' 했습니다. 맹창은 이 말을 듣지 않고 죽었는데, 그 뒤에 유유가 결국 승리했습니다. 사안(謝安)은 부견(符堅)이 대군으로 공격해 오는데도 당시에 손님을 마주 보고 바둑을 두면서 아주 태연하게 있었습니다. 바둑을 두고 나서는 들녘에 나가 사냥까지 했으니, 진(晉)나라 사람들이 이에 힘입어 안정이 되었습니다.

오(吳)나라 손호(孫晧)는 적국을 우습고 가볍게 여기고 염려하지 않

十一. 일을 이루려면: 마음과 행동의 경영

은 탓에 적병이 성에 들어와 임금 손호를 잡아갔는데도 나라 안의 사람들이 그 사실을 몰랐습니다. 고려 공민왕 때에 홍건적이 쳐들어온 적변을 알리는 자가 있었지만, 개성은 결국 함락되고, 공민왕은 목숨을 겨우 이을 수 있었습니다.

이러한 사실에 비추어보면, 맹창은 지나치게 겁을 먹어 성공하지 못한 사람입니다. 사안은 겁을 먹지 않아 성공한 자였고, 손호와 공민왕은 두려움이 없어 실패한 이였습니다. 지금 처음으로 광녕(廣寧)의 소식을 듣고 사람들은 모두 두려워하고 있는데 내 마음 한쪽으로는 두렵고, 한편으로는 겁먹을 것이 없다는 생각이 듭니다.

옛날 사람은 큰일을 당하면 반드시 '일에 앞서 두려워하고 도모하기를 좋아해 성사시킨다' 했는데, '일에 앞서 두려워한다'고 한 것은 두려워할 줄을 몰라서는 안 된다는 것입니다. '모의하기를 좋아해 성사시킨다'고 한 것은 겁만 먹어서도 안 된다는 점을 말한 것입니다. 그러므로 지금 지나치게 겁을 먹거나 혹은 전혀 겁먹지 않는다 해도 안 됩니다. 모든 상황에 적절하게 대비해 두 가지 가운데 중도를 택해야 합니다."

! 사람들은 대개 겁을 먹는 사람을 조롱하는 경향이 있다. 하지만 소심하고 걱정이 많은 사람들이 오히려 매사에 조심해서 위험을 피하고 큰일을 이루는 방책을 찾아낸다. 다만 막상 행동을 할 때 지나치게 겁을 먹고 두려워하지 말아야 일을 성취할 수 있다. 그러나 겁을 먹고 두려워하지 않으면 내부 단결이 방만해지고 주의를 게으르게 할 수 있다. 적절한 위기의식과 공포감은 스스로의 판단과 행동만이 아니라 조직을 운영하는 데 필요한 요소이다.

처음에는 부지런하다가도

세종은 일을 이루려면 끝까지 일관될 수 있는 마음의 토대를 쌓아야 한다고 보았다. 세종 12년(1430) 11월 25일, 송진종(宋眞宗)❶ 등에 대해 이야기했다. 세종이 상참을 받고, 경연에 나아가 송진종의 천서(天書)❷에 대한 사실을 보다가 문득 말했다.

"명재상으로 명철하던 왕단(王旦)의 마음이 천서 편찬을 할 때 비로소 굽혔습니다. 대체로 인간의 성정은 처음에는 부지런하다가도 시간이 흐르면 게을러지며, 아무리 강한 사람도 마침내는 해이해지는 것입니다."

이에 참찬관(參贊官) 윤수(尹粹)가 대답했다.

"마음의 자세가 바르면 끝까지 변하지 않고, 겉으로 가장하는 사람은 처음에는 충성을 다하는 듯해도 나중에는 권태와 태만에 빠지게 됩니다."

세종이 말했다.

"송나라 진종은 거짓되고 미덥지 못한 허탄한 것을 좋아했으니, 정말 어리석은 임금입니다. 만일 좀 더 오래 살았다면 자기가 좋아하는 일만 했을 것이 아닌가요?"

시강(侍講) 권채가 아뢰었다.

"그것은 알 수 없습니다."

"한 무제(武帝)가 상서(祥瑞)로운 것을 좋아했으나, 나중에는 후회하고 깨달았습니다. 이는 앞의 시제보다 낫다고 할 수 있습니다."

이어 세종이 왕의 덕에 대해 말했다.

"임금은 부지런하고 검소한 사람이라야 나라의 정치를 잘할 수 있습

❶ 송진종(宋眞宗, 968-1022). 중국 북송 제3대   ❷ 하늘의 예지서
의 황제

십일. 일을 이루려면: 마음과 행동의 경영

니다. 문제(文帝)와 경제(景帝)는 부지런하고 검소해 성공했고, 무제는
방종하고 욕심이 많아 실패했습니다."

206 세종 16년(1434) 11월 22일, 종친의 친영(親迎) 의식❶에 능라(綾羅)❷와 채
백(綵帛)❸ 대신 우리나라에서 나는 주포(紬布)❹만을 쓰는 문제를 논의했다.
도승지 안숭선이 아뢰었다.

"종친의 친영 의식에 능라와 채백을 쓰지 말고 우리나라에서 나는
주포만 쓰게 하소서."

세종이 이 말을 듣고 말했다.

"검소한 것이 비록 미덕이지만, 억지로 강요할 수는 없는 것입니다.
옛적에 공손홍(公孫弘)의 베이불(布被)과 왕망(王莽)의 교정(矯情)❺이 검소
의 자연스러움은 아닙니다. 종친과 귀척(貴戚)들의 상복(常服)이 채백인
데 친영할 때만 억지로 주포를 입게 한다면, 그것이 인정과 도리에
맞겠습니까?

예(禮)는 친영보다 더 큰 것이 없으므로, 옛적에 주문공(朱文公)이
사서인(士庶人)의 혼례를 정할 때에 평소에 입지 않는 의관을 갖추게
했습니다. 이렇게 만들어놓은 것은 대혼(大婚)의 예를 중하게 여긴 때
문입니다.

또 예라는 것은 집 재산의 유무에 맞게 하는 것인데, 만일 종실로
서 혼례에 비단을 쓰지 않는다면, 이것은 공손홍과 왕망의 검소
한 것입니다.

다만 내 마음속으로 헤아려보면, 궁중의 금침(衾枕)도 명주를 쓰고
있는데, 금침은 규방(閨房)에 놓는 것입니다. 혼례에 명주를 써도 좋을

---

❶ 신랑이 신부 집에서 예식을 올리고 신부를 맞아   ❹ 명주
　오는 예   ❺ 마음속에서 우러나는 감정을 억눌러 나타내지
❷ 얇은 비단과 두터운 비단   않음
❸ 단청 비단

것입니다. 대신과 잘 의논하십시오."

검소함의 중요성은 말할 것도 없다. 하지만 검소함이 미덕이어도 강제할 수는 없다. 스스로 느껴야 한다. 그것은 사람의 마음에 따라 다른 것이다. 마음은 그 사람이 처한 상황에 따라 달라지는 것이다. 스스로 그 상황에 맞게 움직여야 마음도 검소함으로 움직인다. 단순 모방은 웃음거리가 된다.

207　대개 다른 사람의 그럴듯한 평가나 그에 따른 눈치를 보아서는 자신의 일을 이룰 수 없다. 세종 12년(1430) 10월 18일, 세종은 주척관을 만드는 일을 중지시켰다. 세종이 일렀다.

　　"주척(周尺)❶ 제도는 시대에 따라 모두 같지 않습니다. 황종(黃鍾)의 관(管)도 다릅니다. 옛사람은 소리에 따라서 음악을 제작했는데, 우리나라 사람의 소리가 중국과 다르기 때문에 아무리 옛 제도를 조사해 관을 만들어도 올바르게 된다고 볼 수 없습니다. 그러므로 만들어 뒷사람들의 웃음거리가 되기보다는 차라리 만들지 않는 편이 낫습니다."

세종은 명을 내려 정인지(鄭麟趾)와 정양(鄭穰) 등이 주척관을 만드는 것을 중지시켰다.

208　세종 12년(1430) 12월 7일, 음악에 대해 이야기했다. 이날 상참을 받고, 윤대 뒤에 경연에 나아갔는데, 세종이 음악에 대해 이야기하면서 말했다.

　　"박연(朴堧)이 조회(朝會)의 음악을 바로잡으려 하는데, 바르게 한다는 것은 어려운 일입니다. 『율려신서(律呂新書)』❷도 형식만 갖추어놓은 것

---

❶ 자의 하나. 주례(周禮)에 규정된 자로서, 한 자가 곱자의 여섯 치 육 푼, 즉 23.1cm임
❷ 1419년(세종 원년)에 우리나라에 처음으로 전래된 채원정의 『율려신서』는 1415년 명나라의 영락황제 때 『성리대전』에 포함된 것이다. 이 『율려신서』의 강의가 처음으로 경연에서 있었

던 때는 1430년(세종 12년) 8월이었고, 그 이후 지속적으로 세종이 경연에서 강의를 듣고 공부함으로써 아악정비 때 중요한 영향을 미치는 원전의 하나가 되었다. 그뿐 아니라 『악학궤범』의 편찬 때에도 중요한 중국 원전의 하나로 인용되었다.

뿐입니다. 우리나라의 음악이 비록 다 잘되었다고 할 수는 없으나, 반드시 중국에 부끄러워할 것은 없습니다. 중국의 음악인들 어찌 바르게 되었다 할 수 있겠습니까?"

집현전 부제학(副提學) 정인지와 봉례(奉禮) 정양에게 명해 집현전에서 주척을 상고해 이를 바로잡게 하고, 악보를 지으라고 명했다. 이는 세종이 『율려신서』와 여러 악서(樂書)를 보고 그 제작의 묘(妙)를 알았기에 이를 지으라고 명한 것이었다.

> **!** 일을 이루려면 항상 같은 마음을 유지해야 하며 그것은 겉으로 꾸민다고 할 수 있는 것이 아니다. 군주의 덕이 어떠해야 한다는 것은 몸으로 그것이 체화되어야 가능한 것이다. 자신이 스스로 그렇게 있을 때 단순히 남을 따라 하는 일의 폐해는 없어질 것이다.
> 모방은 그 대상과 운명이 같다. 대상이 없으면 모방도 없으며, 원본에 흠집이 있으면 모방도 그 한계를 벗어나지 못한다. 한계를 벗어나면 원본보다는 완벽하겠지만, 그것은 이미 원본과 닮지 않았으므로 의미가 없다. 원본을 뛰어넘는 순간 생명력을 잃는 것이 모방의 운명이다. 그러나 아무리 모방 능력이 뛰어나도 모방이 창조만큼 힘들지는 않다. 창조는 힘들기 때문에 더욱 의미와 가치가 있는 것이다.

움직여야 이루어진다

세종은 무엇이든 움직여야 이루어지는 것이라고 생각했다. 안 된다고 생각하면서 가만히 손 놓고 있으면 무엇이 이루어지겠는가. 황충(蝗蟲)의 피해도 결국 사람이 움직여야 없어진다. 세종 29년(1447) 4월 7일, 각 도 감사에게 흉년 뒤의 멸구·메뚜기의 작물 피해를 제거하도록 했다. 각 도의 감사에게 알린 내용은 다음과 같았다.

"흉년을 구제하는 와중에 멸구나 메뚜기가 작물 피해를 입히는 것은 예로부터 있었다. 그런데 어떤 이가 말했다.

'해충이 처음 내릴 때는 안개 낀 날에 해충 덩어리가 반드시 논에 내려서 가느다란 그물로 싸고 있다. 만약 처음에 그것을 묻어버리면 노력을 들이지 않고도 쉽게 충재를 없앨 수 있다. 그런데 민간에서 이런 이치를 모르고 처음에 제거하지 않아서 끝내 큰 우환이 된다.'

내가 생각건대, 안개를 따라 해충이 내린다는 것이 세속에 흔히 있는 말이다. 그렇다면 예방해야 당연할 것이다. 그런데 어찌 손을 놓고 있을 것인가.

또 민간에 그릇된 말들이 있다. '벌레를 많이 죽이는 것은 불길하다.' 이런 말 때문에 해충을 본 사람이 있어도 일부러 다 잡지 않고 있다. 옛날 당(唐)나라 때에 산동(山東)에 황충의 피해가 크게 있었는데, 황충이 곡식 갉아 먹는 것을 앉아서 보고만 있고 잡지는 않으며 백성들이 제사 지내고 절을 했다. 이 때문에 요숭(姚崇)❶이 어사(御史)를 포황사(捕蝗使)로 보내자고 제안했다.

자사(刺史) 예약수(倪若水)가 임금에게 말했다. '천재(天災)를 이기는 것은 당연히 덕으로써 해야 합니다. 유총(劉聰)❷이 황충을 제거하려다가 오히려 하지 못하고 그 피해가 더욱 심했습니다.'

이 말을 들어 어사를 거부하면서 명령에 응하지 않았다. 요숭이 글을 보내어 질책했다.

'유총은 가짜 임금이었기에 덕이 요망한 기운을 이기지 못했지만, 지금은 거꾸로 요망한 기운이 덕을 이기지 못한다. 옛적에 어진 수령이 있는 곳에는 황충이 그 지경을 피할 수 있다고 했는데, 덕을 닦으면 그 지경을 피할 수 있다는 것이다. 그럼 수령이 덕이 많으면 황충이 자연 해결된다는 것인가. 황충이 지금 모를 갉아먹는데 이를

❶ 요숭(姚崇, 650-721). 당 현종(唐玄宗) 때의 현명한 정승
❷ 유총(劉聰, ?-318). 중국 5호16국(伍胡十六國) 시대 한나라 제3대 황제. 흉노족(匈奴族). 유연(劉淵)의 넷째 아들로, 재(載)라고도 하며, 자는 현명(玄明)이다. 녹려왕(鹿蠡王)을 지냈

다. 311년 서진(西晉)의 도읍 뤄양을 공략·함락시켰고, 316년에는 서진을 완전히 멸망시켰다. 유총은 잔인한 성격으로 주색에 탐닉했으며, 그의 재위 기간 동안 이상한 자연현상이 끊이지 않았다고 한다.

十一. 일을 이루려면: 마음과 행동의 경영

앉아서 보고 잡지 않아 흉년이 되면 자사는 어떻게 말할 것인가?'

이 말에 약수(若水)가 두려워했고 곧 영을 내려 황충을 잡게 했는데 그 양이 14만 섬이나 되었다. 이때, 말하는 자들이 시끄럽게 뭐라고 했다. 이에 임금이 의구심에 다시 숭에게 물으니, 그가 대답했다.

'용렬한 선비들은 글자에서만 얻은 걸 생각하니 변통할 줄을 모릅니다. 일이란 글에 어긋나면서 도리에 맞는 수가 있고, 도리에 어긋나면서도 권도에 맞는 수도 있습니다. 옛적에 위(魏)나라 산동 땅에 황충이 있었는데 사소하게 여겨 제거하지 않았다가 사람끼리 서로 잡아먹기에 이르렀습니다. 황충을 미리 왕에게 아뢰었으나 결국 잡지 않아 초목이 다 없어지고 소와 말이 서로 털을 뜯어먹기에 이르렀습니다. 이제 날아다니는 황충이 곳곳마다 가득 차고 더 멀리 번져 가면, 하남(河南)과 하북(河北)에는 집집마다 양식이 없어질 것입니다. 한번 수확(收穫)한 식량이 없게 되면 백성들이 이리저리 흩어져 떠돌아다녀서 나라의 안위가 위태롭습니다. 황충을 비록 다 없애지는 못해도 많아지게 해 우환을 만드는 것보다는 낫지 않겠습니까?'

그러자 황제가 그렇게 생각했다. 황문감(黃門監)[1] 노회신(盧懷愼)이 말했다. '하늘의 재앙을 어찌 사람의 힘으로 모두 없앨 것입니까? 황충을 많이 죽이면 반드시 천지 화합을 깨는 것이니, 바라는데 공(公)이 잘 생각하길 바랍니다.'

이에 요숭이 말했다. '초왕(楚王)은 황충을 삼키고 병이 나았고, 손숙오(孫叔敖)는 뱀을 베어 죽이고 복을 받았다. 지금 황충은 다행하게도 제거할 수 있는데, 하지만 제거하지 않고 만일 그냥 두면 곡식을 다 갉아 먹어 백성들이 굶어 죽으면 어찌할 것인가. 황충을 죽여서 화가 내게 올지라도 그대에게 떠밀지 않으리라. 사람들을 구할 수 있으면 전부이다.'

[1] 내시 책임자

그렇게 하니 황충의 재해가 그만 그쳤다.

이는 옛사람이 이미 행한 경험의 일이다. 만일 이런 재난이 있거든 경들은 요숭 때의 일을 따라 마음을 다해 황충을 잡아 백성의 폐해를 없도록 할 것이다. 또 황충이 나타나는 처음의 상황을 조사해 찾아서 올리라."

기도를 하고 착한 일을 한다고 질병이 없어지는 것은 아니다. 질병에는 그에 대응하는 약을 써야 한다. 살이 갈라졌으면 꿰매야 하고 혹이 튀어나왔으면 그것을 제거해야 한다. 아무리 착한 사람이라도 바이러스에 노출되면 감염되어 그에 따른 증상이 나타난다. 증상을 없애려면 바이러스를 없애야 한다. 즉 리더가 덕이 높다고 해서 반드시 모든 조직의 문제가 자연스럽게 해결되지는 않는다. 실제로 적용하거나 실험해보지 않고 전해 내려오거나 관습적으로 알고 있는 말에 연연해서 실패하는 경우가 많다. 실행한 경험을 통해 행동으로 옮겨 다시금 좋은 결과를 이끌어내도록 해야 한다.

十一. 일을 이루려면: 마음과 행동의 경영

十二.

사람을 보고 쓰기: 인재 경영

세상와 경영은 사람을 위한 것이며, 사람을 위하려면 사람을 통해 이루어야

한다. 사람에서 사람으로, 사람에서 출발해서 사람으로 도착한다. 이렇듯 경

영은 사람을 통해서 하기 때문에 사람을 보고 쓰는 일이 무엇보다 중요하다.

말을 타고 갔으나 주저하며 돌아오는 것이 사람이다. 자신 스스로 혼자되는

일이 없기 때문이다. 자기의 재능이 부족함을 알고 동지를 구해서 곤란을 극

복해가는 과정이 현명하다. 그것이 인간이다. 따라서 사람을 통해, 사람을 위

해서 하는 일들은 여러 사람들을 모아서 해야 한다. 비록 부귀의 몸으로 자기

만족에 빠질 수도 있지만 남과 함께 가르침을 구하면 해법은 절로 일어난다.

자신이 불운하다고 생각하지 말고 이웃과 사귀고 서로 경계하지 않고 진실의

마음으로 가르침을 받아야 한다. 만일 스스로 어떤 사람들을 써야 하는지 안

절부절못해서 침착성을 잃든다면 따라오는 것은 그런 종류의 사람들뿐이며,

결국에는 사람을 위해 해야 할 큰 영향력을 갖지 못하게 된다. 그러나 처음부

터 너무 상대를 알려고 하는 것은 좋지 않다. 화합이 목적이며 그 사람 개인

에 대한 평가가 목적은 아니기 때문이다.

1 是非之間, 所言順則然矣, 曲意巧飾之辭, 予不樂聞.

시비지간(是非之間)에 말한 바가 순리(順理)이면 옳게 여기지만, 뜻을 굽혀 교묘하게 꾸민 말은 내가 듣기를 좋아하지 않습니다.

– 세종 28년(1446) 10월 6일, 사헌부 장형 강진이 불사를 정지시키기를 청하자

2 古人云: "何代無人?" 今亦必有其人矣, 但不能知而用之耳.

옛사람이 말했습니다. '어느 시대인들 사람이 없으랴?' 지금도 역시 사람은 반드시 있을 것입니다. 다만, 몰라서 못 쓰는 것입니다.

– 세종 20년(1438) 4월 28일, 경원을 지킬 장수와 세자 섭정을 문의하며

3 久然後可以察民之利害, 一期之間, 焉能宣化成俗乎? 二周猶少也, 予欲三期而遞.

임기가 오래된 뒤 백성들의 이로움과 해로움을 살필 수 있을 것인데, 1년 동안에 어찌 교화(敎化)로 풍속을 이룰 수 있겠습니까? 2주년도 오히려 적으니, 나는 3주년으로 체임하려 합니다.

– 세종 17년(1435) 9월 16일, 주군 병합과 손실 경차관 파견에 대해 의논하며

4 知汝質美, 不爲則已, 若用心力, 何事不能也?

나는 그대의 자질(姿質)이 아름다움을 알도다. 하지 않으면 그만이겠지만, 만약 마음과 힘을 다한다면 무슨 일인들 하지 못하겠는가?

– 세종 22년(1440) 7월 21일, 함길도 경력 이사철이 하직하자

5 好爵則欲爲之, 薄宦則欲避之, 此常人之情也. 如此輩, 予甚惡之, 若等豈不惡之乎?

좋은 관작은 하려 하고, 보잘것없는 벼슬은 피하려고 하는 것이 대개 사람의 심정이다. 이와 같은 무리를 내가 매우 미워하는데, 그대들은 어찌

이를 미워하지 않는가?

- 세종 28년(1446) 1월 21일, 박충지의 임명에 대해 서경하지 않음을 문답하며

6 大抵善人當途管事, 愈久愈愼, 能者善爲方圓, 以濟其私.

대저 착한 사람은 일을 맡게 되면 오래갈수록 더욱 조심하고, 능수능란
한 자는 모나다가 둥글다가를 잘해서 제 사사로운 이익을 구합니다.

- 세종 29년(1447) 4월 21일, 우부승지 김유양이 아들의 관직 청탁에 이순지 등의 직첩을 환수하며

7 大抵人之常情, 始勤終怠, 初雖銳意, 未保其終.

사람의 상정(常情)이 처음에는 부지런하다가 나중에는 게을러져서 처음에
비록 열을 내어 하다가 끝을 완수하지 못합니다.

- 세종 29년(1447) 9월 9일, 이조 당상의 제수 문제를 의논하다가

8 若用賢才, 則豈拘於未試京官而不用乎!

만일 어진 인재를 쓴다면 어찌 과거시험에 통과되지 않았다고 해서 적극
적으로 불러다가 쓰지 않겠습니까!

- 세종 31년(1449) 5월 12일, 김유의 3품직 제수 환수를 사간원에서 아뢰며

9 정사에서 가장 중요한 문제는 적합한 사람을 얻는 데에 달려 있습니다.
관리가 그 직무에 맞아야 모든 정사가 다 잘되는 법입니다.

- 세종 4년(1422), 『국조보감』 제5권 세종조 1

10 戰之勝負, 係一人勇怯.

싸움에서 이기고 지는 것은 한 사람의 용맹하고 비겁함에 달려 있습니다.

- 세종 4년(1422) 10월 8일, 야인 막을 계책을 의논하며

十二. 사람을 보고 쓰기: 인재 경영

11 雖不諳鍊, 質美則庶可當之.

비록 익숙하지 못할지라도 사람의 본바탕이 좋으면 거의 감당할 수 있습니다.

– 세종 23년(1441) 윤11월 12일, 박경 · 정종 · 금이성 등 감찰 임명에 관해 논의하며

12 傳旨于吏曹: "爲政之要, 得人爲最, 官稱其職, 則庶事咸治. 其令在位東班六品, 西班四品以上, 不拘時散, 各擧智勇過人, 可守邊塞者; 公正聰明, 可備守令者; 諳鍊詳明, 可處煩劇者三人, 以充任用. 其或人〔村〕〔材〕難知, 不必每科各求一人, 但以所知通擧三人, 如有循私謬擧, 致使貪汚亂政, 害及生民者, 按律科罪, 毋或有貸.

정치하는 요체는 인재를 얻는 것이 가장 급선무다. 그 직무에 적당한 자라면, 모든 일이 잘 다스려진다. 만약 그 인재를 알기 어렵거든 과목마다 반드시 각기 한 사람씩을 구할 것 없이 아는 대로 괜찮은 3인을 천거하게 하라. 만약 사정에 따라 잘못 천거해, 재물을 탐하고 정사를 어지럽혀, 그 해로움이 생민에게 미치게 한 자는 율문을 살펴서 죄를 부과하되, 조금도 가차 없이 하라.

– 세종 5년(1423) 11월 25일, 인재 등용의 중요성에 대해 이조에 전지하며

13 觀其容止, 可知存心. 使臣之不肖, 豈有如今來范榮等耶? 皇帝之不遣内官, 而傳授此輩者, 正爲除弊也. 此輩不顧此意, 計其錙銖之利, 屢發於口, 眞市井輕薄之徒也.

그 몸가짐을 보면 그 마음가짐을 알 수 있습니다. 사신의 불초(不肖)함이 범영 등이 보인 것과 같을 수 있겠습니까? 황제가 내관을 보내지 않고 이들에게 전해준 것은 분명 폐단을 없애려는 것인데, 이들은 이 뜻을 잊고 조그마한 이익을 위해 여러 번 입을 여니 정말 저잣거리의 경박한 무리와 같습니다.

– 세종 9년(1427) 10월 30일, 여러 신하들과 범영의 무례함과 탐욕스러움을 논하며

14 敎議政府: 古昔帝王每下求賢之詔, 益弘理國之規. 周之卿大夫, 考其德行
道藝而賓興之; 漢之州郡, 察孝廉茂才而辟擧之, 與科目之士同於擢用, 此
得人之多, 而後世之未講也. 我國家以科擧取士, 而無德行選擧之法, 浮躁
爭競之風漸成, 淳朴廉讓之道幾息, 以此成風, 漸不可長也. 如有持身方正,
有節氣廉恥者; 立心慷慨、能直言極諫者與夫士行卓然, 素聞於鄕者; 才藝
特異, 見信於人者, 京中漢城府, 外方監司守令常加搜訪, 不計職之有無, 不
拘數之多少, 具其行迹, 悉皆申報. 無則不須强擧, 有則期於必薦, 予當付諸
有司, 參覈敍用. 夫十室之邑, 必有忠信, 況擧一國之內, 何患無人? 第恨求
之不誠, 薦之不謹爾.

옛날 제왕은 매번 어진 이를 구하는 조칙을 내려서 나라 규모를 더욱 넓
혔다. 주나라 경대부(卿大夫)는 그 사람의 덕행과 도예를 상고해 천거했고,
한나라는 주·군에서 효도하는 청렴한 인재를 과거에 합격한 선비와 함
께 뽑아 썼다. 그래서 인재를 많이 얻었지만 이후에는 시행되지 않았다.

　　우리나라에서는 과거로만 선비를 뽑을 뿐이고 덕행 있는 사람을 천
거하는 법이 없어졌다. 이에 경쟁만 있고 순박하고 겸양하는 도리는 거
의 없어졌다. 이것이 풍습이 되게 할 수는 없다. 만약 몸가짐에서 절조와
염치가 있는 자와, 마음이 강개(慷慨)하며 바른말로 지극히 간하는 자와,
선비로서 우뚝한 행실이 고을 안에 알려지고 특이한 재예(才藝)가 남에게
믿음을 주는 자는, 서울에서는 한성부가, 지방에서는 감사와 수령이 항
상 찾아서 직품의 유무를 헤아리지 말고, 수효가 많고 적은 것도 구애되
지 말고 모두 알려라. 없는 것을 억지로 천거할 수는 없다. 있다면 기필코
천거하라. 내 마땅히 참작한 다음 서용하겠다. 대저 열 집이 사는 고을에
도 반드시 충직하고 신실한 사람이 있다. 하물며 온 나라 안에 어찌 사람
없음을 걱정할까 것인가? 다만 한스러운 것은 구하기를 정성껏 안 하고
천거를 조심하지 않는 것이다.

– 세종 20년(1438) 3월 12일, 어진 이를 천거하는 제도를 넓히라 하교하며

사람 얻기가 어려운데 어찌 가벼이 바꿀 수 있는가

210   세종은 사람을 쓰는 일이 쉽지 않기 때문에 바꾸는 일에 대해서도 신중
해야 한다고 보았다. 세종 10년(1428) 5월 19일, 사헌부의 피혐(避嫌)❶을 거
두고 김효분(金孝芬)만을 국문하게 했다. 사헌부의 서리(書吏) 등이 말을 올
렸다.

"대개 대성(臺省)❷을 탄핵할 경우에 해당하는 일원(一員)만 추문하라는
교지가 전에 있었습니다. 지금 형조에서는 김효분이 자기 죄를 모면
하려는 말만을 믿고, 대원 전부의 죄를 따져 묻습니다."

이 말을 듣고 세종이 말했다.

"내가 처음에 의금부에 말하면 상례(常例)에 따라 마땅히 가두고 국문
할 것이라 생각했습니다. 그러나 형조에 편의상 추핵하게 했더니, 어
떻게 사헌부를 곤욕(困辱)스럽게 함이 이렇게 되었단 말인가요?"

지신사 정흠지가 대답했다.

"사헌부에 죄가 있을 때에 형조에서 담당하는 것은 옛날에는 전례가
없었는데, 이는 전에 하연이 대사헌이 되었을 때부터 시작했습니다.
사헌부는 풍기를 맡은 관청인데 두 번 세 번 피혐하고 욕(辱)을 당했
습니다. 다시 벼슬에 나갈 수 없겠습니다."

이 말을 듣고 세종이 다음과 같이 말했다.

"사람 얻기가 어려운데 어떻게 가볍게 바꿀 수 있겠습니까? 형조에
명해 대장(臺長)에 대해서는 논하지 말게 하라 하십시오. 다만, 김효분
만 국문하게 하라고 해야 합니다."

! 세종은 "인재를 얻기 어려움은 예나 지금이나 같은 것이다."[人材之難, 古今所同。世
宗 40卷, 10年(1428) 6月 25日]라고 말한 바 있다. 좋은 인재를 갖추는 것은 쉬운

❶ 혐의가 풀릴 때까지 벼슬길에 나가지 않는 것   ❷ 사헌부(司憲府)·사간원(司諫院)의 합칭. 대간
(臺諫)이라고 한다.

일이 아님은 분명하다. 그 훌륭한 인재를 잘 활용하는 것이 무엇보다 중요하다. 따라서 훌륭한 리더는 좋은 인재의 가치를 알아보고 그들이 활동할 수 있도록 하며 전체에 도움이 되도록 만들어야 한다. 그렇기 때문에 최고 리더는 인재가 자신의 능력을 펼 수 있도록 노력해야 한다. 그러나 많은 리더들은 그러한 훌륭한 인재들 위에 군림하거나 그들보다 자신이 뛰어남을 드러내는 데 치중하며 그들을 짓눌러 버린다. 그것은 각 개인에게도 전체에게도 도움이 되지 않는 일이다. 당연히 리더 자신에게도 도움이 되지 않는다.

재주 있는 자이면 어느 부서든

세종은 재주가 있는 자라면 벼슬을 언제든 높여주려고 했다. 세종 28년 (1446) 12월 1일, 도역인❶에게 소금·쇠·탄목 등의 일을 시키고, 서반(西班)❷에게도 품계를 높여 가자(加資)❸했다.

이때 세종이 말했다.

"도화원(圖畵院)·상의원(尙衣院)❹·사복시(司僕寺)❺의 여러 관원들은 그대로 그 직무에 있게 되면 품계가 높아질 수 없지만, 거관(去官)❻한 뒤에 혹시 다른 기예(技藝)를 시험한다면 비록 3, 4품이 되어도 옳은 것이겠습니까?"

하연 등이 벼슬을 높이는 것에 반대해 말했다.

"여러 관원은 직책이 천한 사람이니 품계에 따라 직위를 채우면 족할 것인데, 어찌 벼슬을 올릴 필요가 있겠습니까?"

김종서가 아뢰었다.

❶ 부역자
❷ 무반(武班)을 달리 이르는 말. 궁중의 조회 때에 문관은 동쪽에, 무관은 서쪽에 서 있었던 것에서 유래한다.
❸ 조선시대에 관원들의 임기가 찼거나 근무 성적이 좋은 경우 품계를 올려주던 일. 또는 그 올린 품계
❹ 조선시대에, 임금의 의복과 궁내의 일용품, 보물 따위의 관리를 맡아보던 관아
❺ 궁중의 가마나 말에 관한 일을 맡아보던 관아
❻ 벼슬아치가 임기가 차서 다른 벼슬자리로 옮김. 또는 그 벼슬아치

"본디부터 천인이 아니고 쓸 만한 재주가 있다면 가문의 한미(寒微)함과 출신의 미천함 때문에 벼슬길에 나가지 못하게 할 수는 없습니다. 계속 올라가면 비록 금대(金帶)·은대(銀帶)를 띠게 해도 사람을 쓰는 법에는 매우 편리하고 유익할 것입니다."

이렇게 김종서는 미천한 신분에 관계없이 사람을 쓰는 것이 중요하다고 말했다. 세종이 말했다.

"내가 다시 이를 생각해보겠습니다."

211 세종 15년(1433) 9월 16일, 장영실(蔣英實)에 대한 관직 수여는 재능을 가진 자들에 대한 적극적 천거 의지를 알 수 있게 한다. 세종은 장영실에게 호군(護軍)의 관직을 더해줄 것을 의논하게 했다. 안숭선으로 하여금 영의정 황희와 좌의정 맹사성에게 의논하게 했다. 세종은 다음과 같은 맥락의 말을 전했다.

"행 사직(行司直) 장영실은 그 아비가 본래 원(元)나라의 소주(蘇州)·항주(杭州) 사람이고, 어미는 기생이었는데, 공교(工巧)한 솜씨가 보통 사람보다 뛰어났기 때문에 태종께서 보호하셨고, 나도 역시 이를 아껴 왔습니다.

임인·계묘년 무렵에 상의원(尙衣院) 별좌(別坐)를 시키려고 이조판서 허조와 병조판서 조말생에게 의논했던 적이 있습니다. 이때 허조는, '기생의 아들을 상의원에 임용할 수 없다'고 했습니다. 조말생은 '이런 무리는 상의원에 더욱 적합하다'고 했습니다.

이런 두 의논이 일치되지 않았습니다. 내가 끝내 하지 못했다가 그 뒤에 다시 대신들에게 의논했습니다. 유정현(柳廷顯) 등이 '상의원에 임명할 수 있다'고 했습니다. 그래서 내가 별좌에 임명했습니다. 장영실은 공교한 솜씨만 있는 것이 아니라 그 똑똑함이 보통을 훨씬 뛰어넘습니다. 매양 강무할 때에는 내 곁에서 내시를 대신해 명령을 전하기도 했습니다. 그러나 어찌 이것을 공이라고 하겠습니까? 이제

자격궁루(自擊宮漏)❶를 만들었는데 비록 나의 가르침에 따른 것이지만, 만약 장영실이 아니었더라면 아무도 만들어내지 못했을 것입니다. 전에 들어보니 원나라 순제(順帝) 때에 저절로 치는 물시계가 있었다지만, 그 정교함이 아마도 장영실이 만든 자격루의 정밀함에는 닿지 못했을 것입니다. 만대에 이어 전할 기물을 이렇게 만들었으니 그 공이 크므로 호군의 관직을 더해주고자 합니다."

이 말을 듣고 황희 등이 찬성해 말했다.

"김인(金忍)은 평양의 관노였는데, 날쌔고 용맹한 점이 보통 사람보다 낫기 때문에 태종께서도 특별히 그에게 호군을 내리신 적이 있습니다. 그것만이 특별한 사례가 아니었습니다. 이 외에도 호군 이상의 관직을 받은 자가 매우 많습니다. 유독 장영실에게만 어찌 불가할 것이 있겠습니까?"

이 말을 듣고, 세종이 장영실에게 호군의 관직을 주었다.

> ❗ 부서나 관아에 관계없이 능력 있는 자를 쓸 수 있어야 한다. 장영실의 경우에는 그 출신이 미천했지만 그 공에 따라 적극적으로 기용된 사례임로 잘 알려져 있다. 물론 이에 대해서 반대하는 세력이 있었음도 우리는 잘 알고 있다. 능력 있는 사람을 그 출신 등으로 배제하려는 자들은 그를 경쟁자로 여기거나 자신의 기득권이 위협받을 수 있기 때문에 그렇게 한 것이다. 그들은 자신의 이해관계에 따라서만 움직이므로 진정한 리더라고 할 수 없다. 진정한 리더는 자신의 이익을 넘어서서 전체의 이익을 생각하기 때문이다. 전체 조직이나 공동체를 생각하는 이들은 특정 사람을 인위적으로 배제하지 않고 그 능력을 잘 쓰는 데 목적을 둔다.

---

❶ 자격루를 말한다. 1434년(세종 16) 왕명으로 장영실·김조·이천 등이 제작했다. 시(時)·경(更)·점(點)에 맞추어 종과 북·징을 쳐서 시각을 알렸으며, 경복궁 경회루 남쪽 보루각에 있는 것은 4개의 파수호(播水壺)와 2개의 수수호(受水壺), 12개의 살대, 동력전달장치와 시보장치로 구성되었다.

十二. 사람을 보고 쓰기: 인재 경영

6년 동안 한곳에 근무해야 하는 이유

수령들을 6년 동안 근무하도록 규정한 육기(六期)법에 대해서 그것이 과연 타당한 것인지 논란이 있었다. 세종 22년(1440) 3월 18일, 정사를 보았는데, 형조참판 고약해(高若海)가 수령 육기법(六期法)❶을 무례하게 말해, 그 죄를 탄핵당했다. 여러 신하가 겨우 자리 잡았는데, 고약해가 자리를 피해 낮은 소리로 '소인'이라고 두 번 말했다. 전상(殿上)이 조용했다. 세종이 말했다.

"높은 소리로 말하시오."

그러자 고약해가 다시 말했다.

"소인이 오랫동안 전하의 천안(天顔)을 뵙지 못했으므로, 일을 아뢰고자 했지만 하지 못했습니다."

"해가 될 것이 없으니 우선 말하시오."

"소인이 충성이 부족해 전하의 천의(天意)를 돌리지 못하옵니다. 전일(前日)에 수령의 육기법 혁파를 청했으나 허락하지 않으셨습니다. 또 청했으나 다시 허락을 받지 못했습니다. 만약 제가 말할 만한 일을 말하지 않으면, 누가 기꺼이 전하를 위해 말하려 하겠습니까?

육기법을 실시하면서 죄를 짓고 얻은 재물인 줄 알면서도 사고파는 수령들이 많아졌습니다. 또 신하가 6년 동안이나 밖에 있는 것은 좋지 않습니다. 중신(重臣)과 시종신이 편전에서 벼슬아치의 죄를 논하고 단죄하는 것을 전하에게 아뢰는 조계(朝啓)와 상참(常參)에 참여하지 못하면, 신하 된 자에게는 좋지 않아 안타까운 일입니다. 육기법은 비록 예전 사람이 이미 시행한 적이 있지만 지금은 시대와 상황이 다릅니다. 모두 때를 따라야 합니다. 굽어살펴 신의 청을 좇으시

---

❶ 지방 수령의 임기를 6년으로 하던 법이다. 세종 때 종래의 삼기법(三期法)을 고쳐 만든 것이다. 수령이 자주 갈려서 일어나는 폐단이 없어, 한 지방을 오래 다스리게 되어 큰 성과를 거두었다.

기를 바라옵니다."

육기법으로 6년 동안 근무를 하면 부정부패가 늘어난다는 말이다. 고약해의 말에 세종이 분노해 말했다.

"신하 된 자는 군부에게 망령되게 말하지 않는 것이다. 수령이 되어 죄를 짓는 재물인 줄 알고서도 범장(犯贓)[1]한 자가 누구인가?"

세종의 말이 끝나지 않았는데, 고약해가 말하려 하니, 세종이 말했다.

"내 말을 자세히 듣지 않고 말하시오? 경은 끝까지 들으시오. 열두어 고을에 걸쳐 수령을 지낸 자도 있소. 먼 지방에 근무하라는 명을 받더라도 어렵고 험한 것을 피하지 않고 죽을지라도 다른 마음을 먹지 않는 자는 충신인데 말이오. 다만, 그 경중(輕重)이 다를 뿐이오. 그대는 겨우 한 고을에서 있다 와서는 육기법을 싫어함이 이 정도이니 어찌 된 일이오?"

고약해가 다시 반대해 대답했다.

"그 범장한 자를 신이 아무아무라고 지적할 수는 없습니다. 다만, 지금 헌사(憲司)의 탄핵을 받아 조사 과정에서 장물(贓物)이 이미 드러난 자가 2, 3인입니다. 6년 동안 어찌 범장하는 자가 없겠습니까? 수령인데도 어질지 못한 자는 그 직임에 오래 있으면, 생민(生民)에게 폐해를 주는 일이 많습니다. 신이 어릴 적부터 독서하고 성명(聖明)하신 임금을 만나 세상에 도를 행하고자 했습니다. 그래서 신이 처음 육기의 법을 혁파할 것을 청했습니다. 전하께서 윤허하지 않으셨고, 두 번째에도 윤허하지 않으시니, 매우 안타깝습니다. 전하께서 만약 성명하지 않으시다면 신이 어찌 감히 벼슬을 하겠습니까? 또 어찌 감히 공을 자랑하고 제 한 몸의 이익을 위해 거짓 진술하겠습니까? 제가 육기법의 폐해를 목격했기에 감히 말씀드리는 것입니다. 대간(臺諫)과 재보(宰輔)[2]가 다 좌우에 있는데, 어찌 감히 한 몸의 사사로운 정

---

❶ 관리가 부정하게 재물을 탐함   ❷ 재상

              십이. 사람을 보고 쓰기: 인재 경영

으로 함부로 여기에서 떠들겠습니까? 이제 비단 허락하지 않으실 뿐만 아니라 도리어 신더러 그르다 하시니, 신은 정말 상심했습니다."

고약해의 그 말이 많이 공손하지 못했다. 이에 세종이 말했다.

"내가 이미 그와 같은 사실을 다 알고 있소."

세종이 다시 고약해에게 앉으라고 했다. 여러 신하가 일을 보고하고 나서 다 물러가자, 세종이 도승지 김돈(金墩)을 불러 앞으로 오게 하고 손을 흔들어 내시를 물렸다. 그리고 김돈에게 말했다.

"참판 고약해가 뜻은 크지만 행실은 가릴 것을 가리지 못합니다. 예전에 주공(周公)을 성인이 아니라 했습니다. 또 '문공(文公)의 가례에는 의심스러운 곳이 많다'고 했습니다. 지금까지 의혹을 풀지 못했습니다. 내가 태종께 천거해 6품에서 4품으로 올렸고, 그 후에 내가 등용해 재보에까지 이르렀습니다. 전에 대사헌이 되어 장령 민신(閔伸)과 서로 합하지 않아 모두 파면당하게 되었습니다. 그때에 논했던 이들은 민신의 견해가 옳다고 했습니다.

내가 효령대군에게 들은 바도 좋지 않은 내용이었습니다. 유계문(柳季聞) 등이 경주를 사면할 때, 고약해가 효령의 집에 와서 이렇게 말했다고 합니다. '만약 나를 경주에 보내주면 내가 사면하지 않을 것이다. 그러나 수령의 육기는 괴로운 것이다. 3년이면 된다.' 고위직에 있는 이가 거짓을 억측하는 것은 타당하지 않습니다. 내가 생각하기를 이조(吏曹)에서 경주 부윤 임명자를 모색할 때 고약해도 함께 추천했는데, 고약해는 외임에서 교대된 지가 오래지 않았다 해서, 다른 사람을 추천했으니 이 같은 사실을 고약해가 어찌 듣지 못했겠습니까? 고약해가 오늘 한 말은 이러한 사정을 염두에 두고 반드시 미리 지방 임명을 대비하기 위한 것입니다.

신하는 험하거나 편하거나[險夷] 피하지 않을 것입니다. 고약해가 수령직을 싫어하고 꺼려하면서 여러 가지로 아뢰는데 그것들은 모두 신하가 임금을 섬기는 뜻이 매우 아니었습니다. 내가 이를 탄핵하려 합니다. 하지만 사람들이 내 뜻을 알지 못하고, 오히려 나더러 간언하는 것을 싫어한다고 할까 염려됩니다. 신하는 진실하게 마땅히 극간(極諫)하고, 세 번 간(諫)해 듣지 않으면 그치는 것이 예전의 의에 맞는 이치였습니다. 내가 어찌 신하의 간언을 꺼리겠습니까?"

김돈이 이 말을 듣고 대답했다.

"고약해가 평일에 하는 말은 고상합니다. 하지만 말이 행실과 다르므로, 사림(士林)에서 높이 존경해 따르는 사람이 없습니다. 일전에 강원도, 충청도 관찰사를 할 때 항상 기생을 대동하거나 따르게 하면서도, 위로는 창기(娼妓) 혁파를 말했습니다. 이 말도 평소 행실과 다른 것이었습니다. 다른 것도 모두 이와 같습니다. 오늘의 고약해의 말은 무례함이 많았습니다. 신도 역시 그 죄를 청하려고 했습니다."

세종이 말했다.

"다만, 효령대군의 집에 와 말한 것은 다른 사람에게 들리지 않게 하십시오."

이에 김돈이 다시 말했다.

"이조에서 고약해를 함께 추천했으면, 고약해가 어찌 듣지 못했겠습니까? 그렇지만 그것은 추측하는 것이니 더 이상 논하지 않는 것이 좋을 것입니다. 언사의 불공함만 벌을 주어야 합니다."

세종이 이 말을 듣고 다시 말했다.

"그대가 이 뜻을 담아 전지를 사헌부에 내려 추핵(推劾)하게 하십시오."

213 3월 18일, 사헌부에서 전지해 수령 육기법을 무례하게 아뢴 고약해를 추국하도록 했다. 사헌부에서 세종의 뜻을 알렸다.

"형조참판 고약해는 수령의 육기법 혁파를 원하고 두세 번 친히 아뢰었다. 신하가 애써 간언하는 것은 옳은 일이다. 그러나 고약해가 겨우 한 번의 수령을 하고서 육기법을 싫어해 말한 것이었다. '수령의 육기는 범장하는 자만 많게 된다' 했다. 또 '6년 동안 조계와 상참

十二. 사람을 보고 쓰기: 인재 경영

에 참여하지 못하면 신하가 임금을 생각하는 정이 막힐 것'이라 했다. 고약해가 한 번 수령을 지내고 이를 이렇게 매우 싫어했는데, 수령을 열두서너 번이나 지낸 자도 이런 마음을 갖기 쉽지 않다. 나라 안의 수령이 300여 명인데, 비록 한양 안에 있어도 어찌 다 조계와 상참에 들어오겠는가! 고약해가 조계와 상참에 들지 못하는 점을 이유로 드는 것은 분명 사사로운 감정 때문이다. 범장하는 수령이라면 3년이든 6년이든 상관없을 것이다. 육기의 법은 이미 육전(六典)에 기재되어있고 큰 폐해가 생기지 않았다. 고약해가 제 몸을 위해 반대하니, 이것은 사생(死生)을 걸고 맞서야 할 의에 맞지 않는 행동이다. 또한 그 일을 아뢸 때 말[言辭]이 무례했기 때문에 추국한다."

214 그러나 이러한 조치에 반대하는 목소리도 있었다. 언로(言路)를 막는 조치라는 것이다. 3월 19일, 사간원 우헌납(右獻納) 김길통(金吉通)이 고약해를 죄주지 말고 언로를 넓혀야 한다고 말했다. 김길통이 다음과 같이 말했다.

"사헌부를 통해 고약해의 언사의 무례를 죄로 탄핵하게 하셨습니다. 이렇게 천위(天威)❶가 엄중하시오니 앞으로 신하가 감히 진언을 할 수 있을지 우려가 됩니다. 만약 고약해에게 죄를 준다면 누가 감히 전하게 말하려 하겠습니까? 더구나 고약해는 그가 생각한 바를 솔직히 말했으므로, 전하께서 일찍이 충직(忠直)하다고 말씀하신 바 있습니다. 이제 육기의 법을 혁파할 것을 청하면서, 그 폐해를 진솔하게 진술했는데, 비록 그 말이 무례했다고 하나 추국하시면 옳지 않습니다. 추국하지 마시옵고, 오히려 언로를 넓히소서."

세종이 이 말에 대답했다.

"그대들의 말이 옳습니다. 나도 그와 같은 점을 생각하지 않은 것이 아닙니다. 그러나 고약해가 한 번 수령을 지내고는 오랫동안 임지에

❶ 제왕의 위엄

있는 것을 싫어한 언사가 매우 예에서 벗어났기 때문입니다. 직언을 미워하는 것이 아니라 그 예가 아닌 것을 미워하는 것입니다. 그대는 정녕 내 뜻을 모르는 것입니까?"

215 3월 19일, 사헌부 지평(持平) 송취(宋翠)를 불러 고약해를 추국하게 하고, 드디어 관직을 파면했다. 세종이 송취를 불러 말했다.

"고약해가 벼슬하기 시작한 후에 한 번 수령을 지내고는 오래 외직하는 것을 꺼려해, 3년·육기의 법에 대해 자신 한 몸의 편함을 위해 말했습니다. 수령의 육기가 어찌 큰 폐가 있겠습니까? 자신이 반드시 밝은 임금을 만나 세상에 도의를 실행하는 것으로 말했지만, 그 불공 무례(不恭無禮)함이 심했습니다. 나의 전교(傳敎)한 뜻을 알고서 그를 추핵해 아뢰게 하십시오."

세종이 시헌부 지평 송취를 불러 뜻을 말하자, 송취가 말했다.

"고약해를 추문하니, 고약해가 '소신이 지성으로 아뢰느라고 불순한 언사인 것을 알지 못했습니다'라고 했습니다. 간할 때 정신이 피로해 말이 불순했습니다. 또 신하가 항상 수십 가지의 말을 생각하고, 임금 앞에 들어가서 말하면 열에 일고여덟은 잊습니다. 지금 고약해를 죄주시면, 앞으로 진언하려는 자가 말을 기피할 것이니, 관대하게 용서해야 합니다."

더 이상 진언을 하려는 신하들이 없어질 것이라는 말이었다. 하지만 세종이 양보하지 않고 물리치며 말했다.

"고약해가 육기를 싫어해 그 대의(大義)를 잊고, 임금을 생각한다거나 그 부모를 생각한다는 말도 하며 그 말을 억지로 만들어냈습니다. 그가 눈물을 흘리며 감히 진술했는데, 그것이 군자의 정대(正大)한 의리이겠습니까? 고약해는 일이 자신의 몸에 불편하면 반드시 고치려고 합니다. 그러므로 부모의 상복을 입는데 예문(禮文)에 따르지 않았고, 그 후에 문공가례(文公家禮)를 고치려 대신에게 청한 적도 있었습니

十二. 사람을 보고 쓰기: 인재 경영

다. 이제 육기법을 싫어해 다시 3년으로 줄여 시행하자고 했던 것입니다. 내가 일찍이 '고약해는 행실은 비록 중도(中道)가 아니지만, 마음은 정말 충직하기에, 어려운 일을 당하면 그가 어렵고 험한 것을 피하지 않을 것'이라 생각했는데, 이제 그것도 아닌 것을 알았습니다. 그 뜻도 곧지 못한 것을 알았기 때문입니다. 그러므로 꼭 그를 징계해야 하겠습니다. 하지만 그대들이 그 죄를 벗겨주려 하니, 어떻게 추핵하겠습니까?"

논의한 뜻에 따랐고, 마침내 고약해의 관직을 파면했다.

> ❗ 임기는 너무 길어도 문제지만, 너무 짧아도 문제가 된다. 너무 짧으면 실정을 모르니 제대로 일을 할 수가 없다. 업무 내용이나 실정을 파악하기 벅차기 때문이다. 아무리 훌륭한 인재라도 그 짧은 기간 내에 원활한 직무 수행을 하기에는 버거운 것이다. 또한 한 지역의 전문가로 성장하는 데는 일정한 시일이 필요하다.
> 무엇보다 고약해의 사례는 임기의 짧고 길고의 문제가 아니라 자신의 불편함을 대의의 명분으로 위장해 그럴듯한 이유로 만들어 제조를 사사로이 고치려 했기 때문에 세종이 지적한 것이다. 최고의 리더는 사사로운 이익 때문인지 실제 문제로 인한 것인지 구분하고 판단 · 실행해야 한다. 세종은 끝까지 고약해의 사사로운 위장 행위를 처벌했다.

얼굴빛을 보고 사람을 판단하는 법

216　세종은 흔히 옳음을 주장하는 와중에 얼굴빛이 달라짐을 통해 얻을 것이 있다고 보았다. 세종 1년(1419) 1월 11일, 중국 황제 법도를 따르라는 김점(金漸)과 반드시 그럴 것은 없다는 허조(許稠)가 공방했다. 이날 편전에서 정사를 보고, 술상을 마련해, 여섯 순배를 나누고 자리를 파했다.

이때 참찬 김점이 아뢰었다.

"전하께서 정사를 당연히 금상황제(今上皇帝)의 법도에 따라야 될 줄로 압니다."

예조판서 허조가 말했다.

"중국의 법은 본받을 것도 있지만, 본받지 말아야 할 것도 있습니다."

이에 김점이 말했다.

"신은 황제가 친히 죄수를 끌어내어 자세히 심문하는 것을 보았습니다. 전하께서도 이는 본받으셔야 합니다."

이에 세종이 말했다.

"그렇지 않습니다. 관청은 각기 맡은 바가 달리 있습니다. 만약 임금이 직접 죄수를 결제하고 크고 작은 일을 가리지 않고 다룬다면, 관청을 두는 이유가 무엇이겠습니까?"

허조의 말에 김점이 반박해 말했다.

"전하께서 두루두루 정사를 직접 살피시는 것이 당연합니다. 신하에게 맡기시는 것은 부당합니다."

이에 다시 허조가 말했다.

"그렇지 않습니다. 어진 이를 구하기 위해 노력하고, 인재를 얻으면 편안해야 하며, 맡겼으면 의심을 말고, 의심이 있으면 맡기지 말아야 합니다. 전하께서 대신을 선택해 육조의 수장으로 삼으신 이상, 책임을 지워 일을 이루도록 하시는 것이 당연합니다. 몸소 신하가 해야 할 자잘한 일도 하시려 해서는 안 됩니다."

김점이 다시 말했다.

"제가 직접 황제를 대하니, 황제의 위엄과 용단이 헤아릴 수 없이 놀라웠습니다. 육부의 장이 정사를 말할 때 착오가 생기면, 즉시 금의(錦衣)의 위관(衛官)을 시켜 모자를 벗겨내고 끌어내렸습니다."

이에 허조가 다시 말했다.

"대신을 존중하고 작은 허물을 포용하는 것은 군주의 넓으신 도량입니다. 말 한마디의 착오에 대해서 대신들을 가차 없이 냉혹하게 팽개친다면 매우 부당한 일입니다."

김점은 다시 반대해 말했다.

"황제는 불교를 존중하고 믿습니다. 중국의 신하들은 모두 이른바 가곡(歌曲)을 외고 읽습니다. 그 가운데 이단으로 배척하는 선비가 있 겠지만, 황제의 뜻을 본받기 위해서 따릅니다."

허조가 다시 말했다.

"불교를 존중하고 믿는 것은 제왕의 성덕에 맞지 않습니다. 이에 신 은 그것을 취하지 않습니다."

김점은 말을 할 적마다 지루하고 번거로웠다. 또한 노기만 얼굴에 나타 났다. 반면 허조는 서서히 반박하고, 낯빛이 화평하고 말이 간략했다. 세 종은 허조를 옳게, 김점을 그르게 여겼다.

이처럼 세종은 얼굴빛을 보고 옳고 그름을 판단했다. 주장을 함에도 그 얼굴빛으로 사람들에게 호감을 줄 수도, 공감을 불러일으킬 수도 있 으며 얼굴만으로 그 사람의 사람됨을 알 수 있다.

217　몇 달 뒤인 6월 7일, 형조판서 김점이 송사를 제기한 자가 판결 전에 헌 사에 다시 송사를 넣지 못하게 하도록 아뢰었지만, 세종은 감안해서 들 었다. 김점이 말했다.

"근래에 형조가 도망한 종의 일을 추궁하고 있는데, 미처 추궁이 끝 나기도 전에 소송을 제기한 자가 사헌부에 소(訴)를 제기했습니다. 그 러자 사헌부는 추궁 중인 형조 관원들을 비난하고 있습니다. 이는 매우 불편한 일입니다. 이제부터는 형조에 송사하는 자는 판결이 끝 나기를 기다려 소를 제기하게 만드는 것이 합당합니다. 그 뒤에 정 말 잘못이 있거든 사헌부에 송사할 수 있도록 해야 합니다."

이 말을 듣고 조사를 지연하는 경우에 대해 의문이 들어 세종이 말했다.

"그대의 말을 들어본다면 만약 형조가 사건을 오래 끌고 해결하지 않을 때 어떻게 해야 합니까? 그때 사헌부에 송사하지 말라고 시킨 다면, 그것이 옳은 일이겠습니까?"

김점은 업무가 너무 많다는 점을 다시 강조했다.

"형조가 바쁘지 않은 것처럼 보여도 지금 형조 안에 쌓인 송사 관련한 것이 1천여 건이 넘습니다. 소장을 묵혀두고 해결하지 못해 송사가 없는 것처럼 된 때문입니다. 신도 매일 송사가 없는 것이 우려됩니다. 이제부터는 지연, 미결이 있으면 형조 관원 전부를 파직함이 옳겠습니다."

이 말을 들은 대사헌 신상이 형조 관원을 나무란 이유에 대해 말했다.

"신들이 형조 이속들에게 물은 것은 오결(誤決)❶했다는 것이 아닙니다. 송사하는 자가 '형조가 판정하기 전에 불법과 형의 남용을 자행'한 점이 있다고 해 물어본 것입니다. 이는 형조좌랑 정승서(鄭承緒)에 해당한 일입니다. 신은 송사하는 자가 판결 이전에 오결함을 송사하지 말도록 하길 바랍니다."

세종은 "이미 경의 뜻을 알았노라."라고 하자, 김점이 그제야 물러났다. 세종이 지신사 원숙(元肅)에게 말했다.

"사헌부가 형조의 아전에게 물은 것이 당연한 것 아닙니까?"

원숙이 김점을 비판하며 답했다.

"신들도 그렇게 생각합니다. 사헌부가 각 사(各司)에 있는 아전들을 다루지 못한다면 백관을 규찰(糾察)할 수 없습니다. 김점이 매번 앞에서 발언함이 적절하지 못합니다."

이에 세종이 말했다.

"내가 김점의 본성을 알기 때문에 매번 넉넉하게 받아들여 듣습니다."

218 며칠 뒤인 6월 26일, 형조판서 김점이 형조좌랑 정승서가 하옥된 것에 대해 변명했다. 정승서가 잘못 벌을 주었기 때문이다. 김점이 스스로 세종에게 하소연했다.

"좌랑 정승서가 일이 많아서, 모르는 사이에 잘못 형벌을 주었습니

❶ 잘못 판결

다. 한두 대 볼기 친 일은 있지만, 그것도 일부러 한 것이 아닙니다. 내은이(內隱伊)들이 형벌을 잘못한 것인데, 신문고를 울려 다시 제소한 것은 정말로 유감스러운 일입니다.

또 신들이 다 판결하기도 전에 망령되게 오결했다고 사헌부에 말해서, 사헌부가 도관(都官)❶에 이송했으니, 안타깝게 생각합니다. 신이 망극하게도 양상(兩上)❷의 은덕을 입어 벼슬이 형조판서에 이르렀습니다. 이에 먼지만큼이라도 도움이 되도록 밤낮으로 노력하고 있는데, 어찌 털끝만큼이라도 게으른 마음이 있겠습니까? 사헌부에서 도관에 이송한 것은 당치 않다고 생각합니다. 신문고를 울린 사람들을 가두시고, 신들이 판결을 마치게 하시옵소서. 만일 잘못됨이 있다면, 신이 그 죄를 받겠습니다."

김점은 정승서의 억울한 점을 호소했지만 이에 대해 세종이 달리 말했다.

"정승서가 비록 한두 대의 장(杖) 정도라도 그릇된 형벌을 내렸는데 어찌 그것에 죄가 없다고 하겠습니까?"

그러자 김점이 말했다.

"전하, 사안에 대해 충분히 알겠습니다. 하지만 신의 성품이 곧아 아는 바를 모두 말하기 때문에 사람들의 미움을 받고 있습니다. 사헌부는 신의 미결 처리에 관해 오히려 알 수 없는 말을 더 믿어 도관에 이송까지 했습니다. 그러니 신은 정말 어찌해야 할지 모르겠습니다."

"만약에 미결했다면, 당연히 형조에 위임해 사실대로 조사하게 하십시오."

제신들이 나가자, 세종이 원숙들에게 일렀다.

"정승서의 죄는 판서가 이미 복죄했습니다. 송사하게 된 일은 곧 형조를 시켜 끝내는 것이 옳겠습니다."

---

❶ 노비 문서와 호적, 그에 관한 소송을 담당하던 ❷ 태종과 세종
관아

김점의 말이 물 흐르듯 했는데, 매번 세종 앞에서 고금의 일을 끌어대며 충성되고 곧다고 자칭하는 것을 보고, 좌우의 사람들이 속으로 웃었다.

219 10월 24일, 염한(鹽干)❶의 소금 공납을 줄이는 것에 대해 의논했는데 이때도 김점의 사람됨이 언급되었다. 황해도 감사가 먼저 장계를 올렸다.

"소금을 만드는 염한들은 1년에 매 호당 소금 24섬을 공납했는데, 그들이 매우 괴로워합니다. 공사 노비(公私奴婢)의 공납은 매년 추포(麤布)❷ 한두 단에 불과합니다. 그런데 이를 비교해본다면, 염한의 공납은 너무 부담이 큽니다. 반으로 줄여주시기 바랍니다."

이 장계에 대해서 김점이 말했다.

"물고기와 소금의 이익 소출이 끝이 없습니다. 비록 20여 섬을 받아도 지나치게 무거운 것은 아닙니다. 더구나 그 공납량은 나라에서 필요한 양에 미치지 못합니다. 도저히 줄일 수 없습니다."

세종이 이 말을 듣고 말했다.

"그 일은 더 의논해야 할 필요가 있겠습니다."

김점은 세종에게 백성들의 소송하는 말과 여러 가지 보고 들은 자질구레한 일들을 말했다. 때로는 자기가 유능한 것을 자랑도 하며, 시간이 늦도록 국사를 고했는데 잠시도 말을 멈추지 않았다. 이에 전상(殿上)의 사람들은 다 그를 싫어했다. 하지만 세종만은 그를 잘 받아주었다.

> **!** 김점의 사람됨을 알고 헤아리는 세종의 모습이 인상적이다. 세종이 처음에 김점의 얼굴과 발언 태도를 통해 감별했듯이, 당시 김점 주변 사람들의 인식은 같았다. 다만 세종은 모두를 포용하는 지도자력 역량을 갖추었기 때문에 그에게 관대할 수 있었다. 당장에 겉으로 사람에 대한 호오(好惡)를 나타내는 것은 경영을 위해 도움이 되지 않을 것이다. 따라서 얼굴에 자신의 감정을 잘 드러내는 김점은 훌륭한 리더의 표상으로 언급하기에는 한계가 있어 보인다.

❶ 조선시대 염전에서 소금을 만들던 사람. 신량   ❷ 발이 굵고 거칠게 짠 베
역천으로 신분은 양인이나 역은 천했다.

작은 일로 자주 간다면 어찌 사람을 얻어 쓰겠는가

220 세종은 사람을 쓰는 데 있어 자주 갈지 않고 믿고 맡기는 것을 중요시했다. 세종 7년(1425) 2월 22일, 장령 송기(宋箕)와 지평 김자이(金自怡)를 불러 말했다.

"꺼려하지 말고 직책에 나와 집무하십시오."

송기 등이 굳이 사양해 말했다.

"감찰 전충(全衷) 등이 먼저 모욕을 주고, 이어 이영간(李英幹) 등이 죄를 청했습니다. 그래서 신들이 이에 사직했습니다. 그런데 전하께옵서 나와 집무하라고 특별히 명하셨습니다. 하여 신들이 곧 사무를 집행했지만, 마음속으로 심히 부끄러웠습니다. 어제 간원(諫院)에서 또 신들에게 죄주기를 청했습니다. 여전히 매우 부끄럽습니다. 이는 신들의 혼미한 소치 때문입니다. 이렇게 혼미한 사람으로 다시 풍화와 법도를 담당하는 관직을 더럽힐 수는 없으니 그만 자리에서 물러나겠습니다."

직임에서 물러나겠다는 말을 듣고 세종이 말했다.

"이런 조그마한 일 때문에 사헌부의 관원을 자주 갈아치운다면, 어떻게 좋은 사람을 얻어 쓸 수 있겠습니까? 여러 말 말고 가서 그대 직무에 충실하십시오."

221 세종 9년(1427) 6월 17일, 좌의정 황희가 한재(旱災)의 책임을 지고 사직을 청했는데, 세종이 허락하지 않았다. 황희가 사직을 청하며 아뢰었다.

"신이 도량이 좁고 지식이 얕아 재상감으로는 맞지 않는데, 국정을 다스리는 직위에 있었습니다. 그런데 기력이 날로 쇠퇴하고 기억력이 흐릿해 잘 잊고, 좋은 안을 세우고 명확하게 만드는 힘이 없습니다. 소신은 정말 작은 도움도 못 됩니다. 이번 한재는 예년보다 몇 갑절 심합니다. 이는 신하 된 자가 그 직분에 알맞지 않아 일어난 결과입니다. 신의 관직을 파면해주십시오."

황희가 한재의 책임을 스스로 지며 자리에서 물러나겠다는 말을 듣고 세종이 말했다.

"지금 상황에서 조정에 있는 신하 그 누가 제 직분을 다했다고 말할 것이겠습니까? 이렇게 나간다면 조정이 아주 비게 될 것입니다."

이런 뜻으로 집현전 관원을 시켜 그의 집에 가서 사직을 못 하도록 설득하게 했다.

이날 교지를 내려서, 흉년이 들어 백성들이 먹고살기가 곤란하게 되었으니, 함길도 본궁(本宮)에 소속된 연수입 어전(魚箭)❶을 가난한 백성에게 모두 나누어주도록 했다. 그것으로 물고기를 잡아 허기를 면하게 하려는 조치였다.

! 황희는 도의적인 책임을 지고 자리에서 물러나려 했다. 이렇듯 관리자들은 비록 자신이 잘못을 하지 않았어도 스스로 항상 책임의식을 지니고 있어야 한다. 그렇지 않다면 정작 책임을 지는 사람이 하나도 없게 된다. 그러나 세종은 이에 대해 반대의견을 내비쳤다. 작은 일로 인물을 자주 바꾸거나 내친다면 직무에 맞는 인재를 길러낼 수 없다. 안정성을 통해 전문성을 담보할 수 있어야 한다. 사람의 능력을 쓰는 일은 오랜 기간 이루어지는 일이다. 당장 작은 일의 시비를 가리는 것을 넘어 전체 조직의 목표 달성을 염두에 둔 사람 경영이 고려되어야 한다.

사람이 어쩔 수 없는 것이 있다

222　세종 7년(1425) 11월 29일, 노복(奴僕)에게 신문고를 치게 한 이를 탄핵하라는 청이 있었지만 세종은 이를 반대했다. 이미(李枚)가 이조판서 허조의 집

---

❶ 어살(魚箭). 어망의 일종. 싸리 · 참대 · 장목 따위를 개울 · 강 · 바다 등에 날개 모양으로 둘러 꽂고 그 가운데에 그물을 달아서 물고기가 들어가면 빠져나가지 못하게 하는 장치이다.

에 들러 분경(奔競)❶을 범했다고 했다. 사헌부에서 탄핵하니, 이미가 노복에게 신문고를 치게 했다. 억울한 일이 있다는 것이다.

세종이 사헌부에 명령했다.

"이미가 근일에 장죄(杖罪)를 받았으니, 어찌 벼슬을 구하기 위해 분경했겠는가? 억울함이 있어 호소했을 것이다. 이 때문에 탄핵하지 말라."

집의(執義) 정연(鄭淵)이 대답했다.

"이미가 노복을 시켜 신문고를 치게 해 전하께 들리게 했습니다. 이는 매우 무례한 일을 저지른 것입니다. 그를 탄핵하게 하소서."

세종이 말했다.

"이미는 진실로 무례합니다. 그러나 내 생각에 그가 사헌부의 탄핵을 받았기 때문에 직접 신문고를 칠 수 없었을 것입니다."

정연이 대답했다.

"전일에 탄핵을 받았을 때 이미 직접 신문고를 쳤기에, 지금 직접 치지 않고 노복을 시킨 일에 불과합니다."

"내 다시 생각해보겠습니다."

조금 뒤에 생각해본 세종은 다시 거론하지 말라고 했다. 대언 등이 이에 아뢰었다.

"이미가 글씨를 잘 쓰고 글도 능하며, 또 관리에 필요한 사무 처리 능력도 뛰어납니다. 이전에는 그의 행동이 잘못됨이 없더니, 요즘에는 착오와 잘못이 많습니다."

"이것이 액운(厄運)❷이다."

이렇듯 근본이 좋은 사람도 어쩔 수 없는 상황이 있다.

---

❶ 벼슬을 얻기 위해 엽관 운동을 하던 일   ❷ 액을 당할 운수(運數)

> 사람의 근본을 보려는 세종이었다. 이처럼 근본을 잘 헤아려야 사소한 행동을 들어 인재 자체를 폐하는 일이 없을 것이다. 사람도 어쩔 수 없는 일이 있으니, 모든 것이 고의거나 사람의 능력 탓은 아닐 것이다. 능력이 있고 덕이 있으며 행실이 바르다고 해도 상황이 그 사람을 좋지 않은 지경으로 몰아넣을 수 있다. 모든 것을 사람의 탓으로 여기면 사리분별에 따른 엄정한 기준이 없어질 수도 있다. 따라서 최고 리더는 이를 잘 헤아려야 한다.

정무를 오래 하면 정실이 발생한다

223 사람을 쓰게 되면 그 사람이 능력이 있을 때 오랫동안 일정한 직위에 머물게 되면서 생기는 문제들이 있기 마련이다. 이에 대해서 세종은 고민하지 않을 수 없었다. 세종 8년(1426) 3월 7일, 정무를 지나치게 오래 잡게 했을 때 나타나는 폐해를 조말생(趙末生)의 사례를 들어 살펴보았다. 정사에 관한 일을 보며 세종이 여러 신하에게 일렀다.

"옛적에 오랫동안 권력을 잡고 있으면 안 된다는 말을 한 이가 있었는데, 이제야 왜 그런 말을 했는지 이해가 갑니다. 보통 관원을 임명할 때, 임금이 각 관원 모두의 사람됨을 알지 못하기 때문에 정무를 맡은 대신에게 이를 맡깁니다. 대신이 사람을 쓸 때는 과거부터 알던 사람을 쓰게 됩니다. 그러므로 정무를 오래 잡으면 아무리 마음이 정직한 사람이어도, 남들이 그가 사사로운 관점에서 정실을 행사한다고 의심할 수 있습니다. 지신사에서 병조판서까지 10여 년간이나 정무를 오랫동안 본 사람은 조말생같이 긴 사람도 없는데, 과연 오늘과 같은(뇌물 수뢰) 사건이 터지고 말았습니다."

세종의 말을 듣고 유정현이 대답했다.

"공자는 '네가 아는 사람을 등용하라' 했기에, 정무를 잡은 사람이 반드시 그 사람을 잘 알아보고서 써야 됩니다. 그러나 오랫동안 정무를 맡는 것 자체가 매우 옳지 않습니다."

224 세종 8년(1426) 3월 14일, 신하들에게 조말생 등의 뇌물 수수를 예로 들면서 권세에 아부하는 시류를 비판했다. 정사를 보면서 세종이 여러 신하에게 말했다.

"경들은 나의 말을 들으십시오. 조말생 등이 뇌물을 받은 죄가 그 사람 개인에게만 그쳤다면, 내가 어찌 이렇게까지 처리하겠습니까? 지금 이 문제는 관계가 가볍지 않습니다. 전조(前朝)에서 이런 뇌물로 나라가 망하게 된 일은 경들도 본 일입니다. 전대의 일에 대해서는 그 옳고 그름을 잘 판단하는데, 어찌 자기 자신에 대해서는 그 잘잘못을 알지 못합니까? 정실과 뇌물이 이렇게 횡행한다면, 곧 나라의 쇠란(衰亂)이 가까워질 것입니다. 그 이유를 보자면 다 내 부덕함의 소치일 것입니다."

세종이 또한 대간에게 말했다.

"모든 대소 조신(朝臣)들 가운데에서 옳지 못한 사건이 일어나 발견되면 곧 그 사실을 단단히 조사해 내 결정을 받는 것이 옳겠습니다. 어찌해 대간들은 사실이 이미 드러났는데도, 가만있는 것입니까? 권력 있는 자가 관련되어있으면 즉시 다시 추궁해 심문해야 하는데 하지 않으니, 이것이 무슨 뜻이란 말입니까?"

세종이 이렇게 말한 것은 지난 일에서 그들이 조말생 등의 사실을 알면서도 이를 뒤로하고 추궁하지 않은 것을 좋지 않게 생각했기 때문이었다.

225 세종 8년(1426) 4월 4일, 조말생에게 뇌물을 주고 관직을 제수받은 서철(徐哲) 삼부자(三父子)의 직첩을 회수하게 했다. 사헌부에서 세종에게 아뢰었다.

"조말생이 부자(富者) 보충군(補充軍) 서철에게서 은병(銀瓶)과 필단(匹段)을 받고 그의 아들인 서문수(徐文殊)·서문명(徐文命)에게까지 관직을 주었습니다. 그런데 이 범죄가 사면 전에 있었으니, 서철 삼부자의 직첩만 회수해 보충군에 도로 소속시키도록 하시옵소서."

이 말을 듣고 세종이 그대로 따랐다.

> 가장 신뢰할 수 있는 사람을 직임에 맡겨야 하지만 신뢰보다는 개인의 사사로운 이해관계에 따라서 임명할 수도 있다. 세종은 한곳에서 오래 정무를 보면 부정부패의 여지가 많다고 말한다. 직위에 있으면 반드시 그가 아는 사람이 많아질 것이고, 아는 사람이 많아지면 객관적인 원칙이 아니라 사람의 말에 따라 판단하게 된다. 또한 시간과 전문성은 비례하고 전문성에 따라 긴장감이 없어지니 오만하고 게을러질 것이며, 결정적일 때 실수가 생길 것이다. 이로써 사소한 일을 통해 크게 불미스러운 일이 생길 수 있다. 오래 직임에 머물지 못하게 하거나 부정을 저지르는 일을 경계하도록 조절·통제해야 한다.

과실만 적고 공은 폐기해서야

226 세종은 과실에만 집중하는 인사 정책은 하지 않았다. 왜냐하면 사람에 대한 근본을 중시했기 때문이다. 세종 9년(1427) 2월 15일, 전시귀(全時貴)와 정원서(鄭原緖)의 파출(罷黜)❶을 다시 청하니 윤허하지 않았다. 장령(掌令)❷ 이안경이 고했다.

"신들이 어제 상소한 시귀(時貴)와 원서(原緖) 등의 관직 파면안을 허락해주시옵소서."

세종이 이에 동의해 말했다.

"그대들의 말은 옳습니다. 그러나 전시귀는 장수(邊將) 될 재주가 있습니다. 지금 관직을 준 것은 장래에 변방에 잘 쓰려는 때문입니다. 어찌 작은 죄 때문에 그를 영원히 폐하겠습니까? 정원서는 당연히 다시 임명하겠습니다."

이안경이 다시 아뢰었다.

"신하의 죄 가운데 임금을 속이는 것이 가장 큰 죄입니다. 전시귀는 특별히 은혜를 입어 목숨을 보전하게 되었습니다. 이는 진실한 마음으로 큰 다행이라 생각합니다. 그런데 관직을 받게 되니 악을 징계

❶ 파면 ❷ 사헌부 소속 정4품 벼슬

하는 의로운 이치에 부합하지 않습니다. 어쩔 수 없이 쓰게 되어도 당연히 그를 변방에 두어, 그가 공을 세운 후에 기용한다면, 상벌(賞罰)이 명백하게 됩니다. 이런 뒤에 비로소 사람을 쓰는 것이 타당합니다."

세종이 말했다.

"예로부터 변방의 장수가 이런 죄를 범하고도 기용된 사람이 많았습니다. 만약 전시귀가 적군과 접전(接戰)할 때 태만했다면 경들의 말이 타당하겠습니다. 하지만 그가 마음을 다해 싸움터에 나가 싸웠으니, 공을 논할 때 조금 틀린 것이 있습니다. 그러므로 다른 죄가 되는 것이 아니라 생각됩니다. 만약 이런 이유 때문에 쓰지 않는다면, 이는 남의 과실만 기록하고 남이 세운 공적을 폐하는 것이 됩니다."

! 과실만 기록해 이를 중심으로 치죄를 한다면 누가 공을 세우려 할까? 공을 세우는 과정에서 과실은 언제든지 있기 마련이다. 애써 모험을 하지 않고, 과실을 하지 않는 데 치중해야 할 것이다. 작은 일 때문에 벌을 받는 경우도 있지만 그것보다 더 중요한 일이 있을 때 최고 리더는 그를 헤아려주고 쓰임을 보전할 필요가 있다. 이렇듯 큰 리더는 인재를 쓸 때 장기적인 안목과 계획을 가지고 운용할 심산을 갖고 있어야 한다.

훗날을 위해 인재를 쓸 요량이다

227 전시귀에 대한 일화는 일전에도 또 있었다. 세종 5년(1423) 1월 24일, 의금부에서 야인 방비를 제대로 하지 않은 전시귀·주맹인(周孟仁)을 탄핵했다. 의금부에서 아뢰었다.

"올적합(兀狄哈)과 거을가합(巨乙加哈) 등 40여 명이 임인년 9월 24일에 경원부(慶源府)의 경계의 땅인 고랑기(高郞岐)·아산(阿山) 등지에 쳐들어 왔습니다. 그런데 절제사(節制使) 전시귀는 즉시 군사를 거느리고 친히 나가지 않았습니다. 다만, 관하(管下)의 군관만 보내 응전(應戰)하게 했습니다. 이 때문에 좋은 기회를 놓쳐버렸습니다.

　또 10월 2일에 경원부의 경계 지역인 부회환(釜回還)의 땅에 적이 쳐들어왔는데, 서로 싸웠는데 공이 없었습니다. 전후로 적이 쳐들어와서 사람과 말이 많이 죽고 사로잡혀 갔지만, 전시귀는 이를 숨기고 사실대로 보고하지 않았습니다. 이는 중한 죄이니 참형에 처해야 합니다. 지단천군사(知端川郡事) 주맹인은 명령을 받고 경원(慶源) 지역에 이르렀으나, 미처 나가서 싸우지 않았습니다. 주맹인도 곤장 100대를 칠 것입니다."

주맹인은 그대로 곤장 100대를 치게 하고, 전시귀는 뒷날에 다른 사형(死刑)을 집행할 때에 다시 고하도록 했다. 그러나 전시귀는 사형에 처해지지 않았다.

　9월 13일, 전시귀를 곤장 100대를 쳐서 고성(固城)으로 귀양 보냈다.

　그런데 경원 사람이 대궐로 와서 신문고를 치며 말했다.

　"전시귀 같은 장수는 쉽사리 얻을 수 없습니다. 한 번 패전한 것으로 그를 죽일 수는 없습니다."

이 말을 듣고 세종이 동의해 한 등(等)을 감형시켰다.

228　또한 세종 9년(1427) 2월 14일, 첨총제(僉摠制) 전시귀 등의 파출을 사헌부에서 상소했으나 허락하지 않았다.

　사헌부 집의(執義) 우승범(禹承範) 등이 상소했다.

　"상 주고 벌하는 것은 임금의 큰 전례(典禮)❶입니다. 이 때문에 서한(西漢) 가의(賈誼)가 '상으로 선(善)을 권장하고, 형벌로 악을 징계한다'라고 했습니다. 선왕(태종)께서 이 영(令)을 잘하셔서 그 신뢰가 사시(四時)같아서 어김이 없었으니, 이것은 고금의 다스림에 맞는 좋은 원칙입니다. 첨총제 전시귀는 한미한 출신인데, 벼슬은 현질(顯秩)❷에 이

---

❶ 일정한 의식　　　　　　　❷ 높은 벼슬

르렀습니다. 마땅히 마음을 다해 만분의 일이라도 보답해야 합니다. 그런데 전시귀는 일찍이 변방의 장수가 되었을 때에 자기의 공을 망령되게 속였습니다. 그 죄로 옥에 갇혔는데, 특별히 성상(聖上)의 두 번 살려 주시는 은혜를 입어 머리를 보전해 오늘날까지 연명했습니다. 또 작(爵)을 주어 조정의 반열에 오르게 했으니, 악을 징벌하는 도리가 아닙니다. 파출시켜 선비의 기풍을 세우고 나라 법을 엄격하게 하소서."

그러나 세종은 허락하지 않았다.

229 이 뒤에도 몇 가지 기록이 남아있다. 세종 14년(1432) 6월 3일, 경상좌도 처치사(處置使) 전시귀가 사조(辭朝)하니, 세종이 불러보고 말했다.

"경의 나이가 많다는 것을 듣고 고쳐 이 직임을 주었으니, 가서 직무를 부지런히 하십시오."

230 세종 16년(1434) 12월 11일, 판안주목사 전시귀, 지곤양군사 김상녕 등이 하직하니 전시귀를 불러 직무를 다할 것을 당부했다.

"평안도 백성들이 1년 전에 전쟁에 나선 뒤에 힘이 들었는데 금년에 곡식이 흉년으로 어려움이 겹쳐, 내가 이를 매우 걱정하는 바입니다. 경은 백성을 잘 보듬고 살펴서 내 뜻에 맞게 하십시오."

231 세종 20년(1438) 10월 27일, 전라도 처치사 전시귀가 왜적의 배 한 척을 추격해 사로잡았다. 이 같은 사실을 곧 호조 정랑 이영상(李寧商)에게 명령해 널리 알리게 했다. 마침내 전시귀는 세종의 믿음에 보답했던 것이다.

❗ 크게 쓰일 사람을 알아보고 그를 후원하는 것도 조직의 책임자, 지도자가 해야 할 중요한 일이다. 크게 쓰일 사람이 쫓겨난다면 조직 전체에 이득이 될 것이 없다. 다만 작은 잘못에 대한 비판도 당연히 해야 한다. 잘못에 대한 책임을 묻되 사람 자체를 폐

하는 일은 삼가야 한다.

무엇보다 사람이 능력을 발휘하는 데는 누군가의 지지가 매우 필요하고 이것을 인식하는 사람은 함부로 행동하지 못한다. 그 지지에 대한 보답을 해야 한다고 생각하기 때문이다. 그러나 결정적인 잘못을 저질렀을 때 그동안 지지해준 것에 몇 배로 큰 책임을 져야 하기 때문에 신중할 필요는 언제나 존재한다. 이렇듯 믿어주는 사람이 있다면 언젠가 그 믿음에 보답하려는 것이 보통 사람의 심성이다. 그 근본이 제대로 된 사람은 더욱 그러하다. 그래서 그러한 근본을 볼 수 있는 리더가 중요한 것이다.

그대가 과인을 보는 것도 또한 좋은 일이다

232 일을 하면서 사람과 사람이 만나는 일은 그 자체로 좋은 일이다. 세종 9년(1427) 7월 26일, 봉상 소윤(奉常少尹) 이심(李審)과 함께 인심(人心)을 화목하게 하는 것에 대해서 논의했다. 이심이 윤대했다. 세종이 말했다.

"그대가 근일에 대원(臺員)❶이 되지 않았습니까?"

이심이 대답했다.

"신이 갑진년에 사헌부 지평❷이 되었습니다."

"그대가 제사 때에 자리를 지키지 못한 일로 사직하지 않았습니까?"

"신이 그때에 잘못 생각해 제사에 늦어 이르지 못했습니다. 신은 아뢰올 일이 없습니다."

"과인이 조정의 대신(朝士)을 접견하는 것은 좋은 일입니다. 그대가 과인을 보는 것도 또한 좋은 일입니다."

이심이 아뢰었다.

"전하께서 끝에 이르러도 처음과 같이 하시옵소서. 예로부터 임금이 그 처음은 삼가다가 끝까지 이를 지키지 못한 이가 많았습니다."

"그렇다고 생각합니다."

"인심과 풍속은 단시일(短時日)에 바뀌는 것은 아니옵니다. 인심을 화

❶ 사헌부의 관헌   ❷ 정5품 관직

十二. 사람을 보고 쓰기: 인재 경영

목하게 하고 풍속을 후하게 하는 것을 법령으로 어떻게 다 이루겠습
니까? 지금은 법령이 상세하고, 기강(紀綱)이 나름 엄격한데도, 인심
과 풍속이 순후(淳厚)하지 못합니다. 당연히 인심을 화목하게 하고 풍
속을 후하게 하는 일에 힘쓰시옵소서."

"그렇게 생각합니다."

세종은 그의 말을 계속 듣고 있었다. 다시 이심이 말했다.

"전조(前朝) 때부터 지금까지 법을 마련하고 제도를 정할 때는 반드시
대간에서 서경(署經)❶한 뒤에 시행했는데, 이를 의첩(依貼)❷이라 했습
니다. 곧 경솔히 법을 마련하지 못하게 하고자 한 것입니다."

세종이 역시 말했다.

"그렇습니다."

> ❗ 얼굴을 마주 보고 격의 없이 대할 수 있는 관계가 얼마나 될까? 이러한 관계는 쉬운
> 듯 보이지만, 마음과 마음이 통한 경지에 이르러야만 가능한 일이다. 그래야만 서로
> 의 말을 격의 없이 듣고 받아줄 수 있다. 그것은 그대로 소중한 일이다. 이때 아무리
> 원론적인 말이나 쓴소리를 해도 들어주지 않을 수 없다. 변화와 행동은 이러한 관계
> 에서 출발한다. 사람이 만나고 말을 주고받으면서 일하는 것은 인간의 본질이자 운명
> 이다.

채용과 승진에서 시험의 기준

233 세종은 인사관리를 할 때 채용은 글짓기로, 승진은 경서의 숙지 여부로
판단했다. 세종 10년(1428) 2월 22일, 대신들에게 과거를 제술(製述)❸로만
치르는 것에 대한 보강책을 물어보았다. 세종이 정사를 보고 경연에 나

---

❶ 고려·조선시대 관리의 임명이나 법령의 제정   ❷ 의정부의 의안에 대해 예조에서 대간의 서경을
   등에서 대간(臺諫)의 서명을 거치는 제도   상고하고 나서 내주던 공첩
                                          ❸ 시나 글을 지음. 제술과(製述科)의 준말

가 말했다.

"요즘 말하는 사람들이 과거에서 제술만 하므로 문제가 있다고 말합니다. 성균관의 학생이 경서는 읽지 않고 초(抄)❶해 모으는 것만 익히게 된다고 합니다. 이러한 것은 전혀 인재를 기르는 뜻이 아닌 것입니다. 선비를 뽑는 방법에 관해 양촌(陽村)만큼 아는 사람이 없다고 합니다. 그런데도 그가 상서(上書)에서 '마땅히 제술로써 시험해야 된다'고 했으나, 강경(講經)은 조종(祖宗)의 성헌(成憲)❷이므로 경솔히 고칠 수 없습니다. 다만 근래에 흉년이 들었기 때문에 제술로써 시험했습니다. 앞으로 어떻게 하면 옳겠습니까?"

좌대언(左代言) 김자(金赭)가 아뢰었다.

"양촌의 말대로 평상시에 재(齋)❸에 거처할 때는 구재(九齋)로 나누어 고강(考講)❹해 승진시키고, 시취(試取)❺할 때에 제술을 사용하는 것이 옳습니다."

세종이 이를 옳게 여겼다. 관리들은 실무행정 서식 능력도 필요하지만 학문의 소양도 여전히 필요하기 때문이다.

❗ 경서를 그대로 외워내는 것을 시험할 것인가, 시문을 짓는 능력을 우선으로 할 것인가. 시험으로 인재를 뽑을 때는 제술을, 교육기관에서는 경학을 중심에 둔다. 당장에는 쓸모 있는 인재를 뽑지만, 차후에는 사고와 통찰력을 우선하는 경서에 중심을 두어 원칙을 바로 하는 인재를 승진시킨다. 이는 학습의 단계를 잘 말해주고 있다. 초기 단계에서는 기존의 좋은 내용을 외우고, 그다음 단계에서는 그것을 바탕으로 시문을 짓는 등 자유롭게 창조하는 것이 중요하다. 기본 소양 지식을 철저히 학습하고 그것을 응용하는 창조적인 역량을 가진 인재가 필요하다.

❶ 필요한 것을 '조금[少]' 추려서 '베끼다[抄]'라는 뜻
❷ 성문헌법
❸ 전통적 교육기관에 딸린 학생들의 숙소 또는 학습 장소

❹ 경서(經書)를 외우는 것을 시험함. 강경과(講經科)의 성적을 살펴서 등수를 매기던 일. 강경과는 경서(經書)에 정통(精通)한 사람을 뽑는 과거(科擧)
❺ 시험으로 뽑음

사람을 알아보기 어렵다

234 사람을 잘 본다고 말하는 것이 오히려 잘못 보게 만드는 원인이 될 수 있을 것이다. 세종 12년(1430) 8월 30일, 이명덕·노한 등에게 관직을 제수했다. 이때 사람을 겉으로 판단하는 것의 옳고 그름에 대한 이야기가 나왔다. 이명덕을 공조판서로, 노한을 도총제로, 이순몽을 총제(摠制)로, 최견(崔蠲)을 개성부 유후(開城府留後)로 삼았다. 세종이 우대언 김종서에게 일렀다.

"경은 최견을 아십니까?"

"그 사람됨을 잘 압니다."

"이제 그의 모습을 보니 우졸하게 생겼습니다. 말도 더듬는 품이 분명 거짓을 꾸미지는 않을 것입니다."

"그 모습만을 보고 그 행실을 살피지 않는다면 그 말씀이 옳을 것입니다. 최견이 겉으로는 유자(儒者)의 이름을 꾸미면서도 속으로는 간사 교활해, 주군(州郡)을 수령 역임할 때 재물을 탐했습니다. 뿐만 아니라, 임소(任所)의 창기(倡妓)를 마구 사통한 사실이 세인 이목에 널리 알려졌습니다."

세종이 웃으며 말했다.

"말씀을 듣고 보니 사람을 알아보기 어렵다는 말을 어찌 믿지 않을 수 있겠습니까?"

> **!** 사람의 겉모습은 어느 정도 그 사람의 됨됨이를 판단하는 기준이 된다. 그러나 겉모습만으로 사람됨을 판단했을 때 그 예상이 빗나가는 경우도 매우 많다. 겉모습과 실제 행동을 같이 판단해 결론을 내려야 한다. 겉과 속을 다 함께 파악하는 일을 게을리할 수는 없다. 겉만 판단해 좋은 인재를 제대로 평가하지 못하고 쓸 수 없는 것은 개인이나 모두에게 불행한 일이 된다. 무엇보다 겉만 그럴듯한 이들의 농단하는 일이 빈번해질 것이다.

큰 공로도 당연히 해야 할 일인가

235 마음을 다해 공을 세우는 일에는 크고 작음에 관계없이 상을 내려야 한다고 보았다. 세종 12년(1430) 8월 25일, 공로에 대한 치하 문제가 나왔다. 이때 왜인을 사살한 제주도 사람에게 상을 줄 것인지 논의했다. 상참을 받고 정사를 보았는데, 병조판서 조계생이 아뢰었다.

"이번에 제주에서 왜인을 잡은 사람은 논공할 수 없을 것으로 생각됩니다. 이 왜인은 갑옷과 병기 등 전구(戰具)가 없었습니다. 그렇기 때문에 해적의 선박이라 말할 수 없습니다. 왜인이 싸우지 않고 항복했으면 반드시 사로잡아야 하는데, 다 죽여버렸습니다. 이상한 일입니다. 이것은 혹시 한 사람이라도 살려두면 그 싸움에서 왜인이 항복했다는 점을 말할 것이라고 생각해서 그런 듯 보입니다. 다 죽여서 항복한 사실에 관해 입을 막고 자신들이 잡은 것처럼 나라에 상을 요구한 것입니다. 그 같은 계책이 간사하고 잔인합니다. 따라서 상을 주지 말아야 하겠습니다."

이 말을 듣고 세종이 말했다.

"병란 중 세상이라면 이런 미세한 공은 포상(褒賞)할 만한 것도 못 되지만, 지금은 태평한 날이 계속된 지 오래고 사방에 근심거리가 없는 때이니, 비록 이 같은 미세한 공일지라도 상을 줄 만합니다. 더욱 이 제주는 왜인들이 행상하는 곳이 아닌가요? 다만 생포하지 않았으니, 이것이 진실로 죄가 되는 것입니다. 그러나 도리어 죄를 준다면 뒷사람에게 권장·격려하는 의의가 없게 될 것입니다."

"비록 그런 공이 있으나 직분상 당연히 할 일입니다. 일부러 상을 줄 필요가 있겠습니까?"

이에 세종이 다시 말했다.

"그렇다면 비록 큰 공로라도 모두가 신하의 직분으로 당연히 할 일이 아니겠습니까? 마음을 다해 공을 세우는 것은 신하의 일이며, 공로를 논의해 상을 주어야 합니다. 그것은 인주(人主)의 권한입니다. 때문에 옛날 밝고 어진 제왕들이 모두 없애지 않은 것입니다."

> **!** 공을 세운다는 것에 담긴 마음이 무엇인지 헤아리는 것이 중요할 것이다. 공이 작다고 상을 주지 않으면 사람들은 큰 공만을 세우려고 자신의 일을 잘 수행하지 않을 것이다. 다만, 작은 일이라도 공을 이루기 위해 잔인무도한 행동을 한 것은 분명 잘못이다. 그러나 공을 과장하기 위해서 지나친 행동을 했을 경우, 그들이 세운 공적 차체를 모두 무시하고 죄만 주는 것은 맞지 않다. 과장하는 것이 통하지 않는다는 점을 보여주어야 하되, 공을 세우는 것 자체에 대해서는 적절한 평가를 해주어야 한다.

말을 더듬는다고 사람을 버릴까

236 사람의 겉모습보다는 내면이나 그 능력을 생각하지 않을 수 없다. 세종 24년(1442) 1월 11일, 세종이 언어장애인 인재를 옹호했다. 야인에게 붙잡힌 포로의 송환 문제와 윤삼산에 관한 일을 대신들과 의논했다. 박추(朴崷)를 불러 대신들이 의논한 것을 일러주고 윤삼산에게 장령 벼슬을 주었다. 박추가 인사에 대해서 문제를 제기해 말했다.

"우리 부에서 전에 윤삼산의 벼슬을 다시 주기를 청했습니다. 그런데 우리가 벼슬 주기를 청하기 이전에 윤삼산이 스스로 장령이 된다는 말을 이미 듣고 있었습니다. 이로 미루어보면, 윤삼산을 장령에 임명하는 것은 전하의 뜻에서 나온 것이 아닙니다. 누군가 이미 내정한 것이라 생각합니다. 다시 주시기를 바랍니다."

박추는 이미 내정된 일이라는 의혹을 제기한 것이다. 세종이 이에 반대하며 말했다.

"전조(銓曹)에서 장령으로 삼으려고 숙의할 때 본래 한 사람만 후보자로 삼는 것이 아니고, 반드시 세 사람 가운데 낙점(落點)을 받았습니다. 어찌 처음부터 정해진 한 사람이 꼭 된다고 내정할 수 있겠습니까? 그런 말을 하는 것은 잘못입니다. 그대들은 어찌 그런 법에도 없는 말을 하는 것입니까?"

이 말에 다시 박추가 아뢰었다.

"신들은 모두 상관없으나, 우리 부로서는 관련이 큽니다. 삼산은 말을 더듬습니다. 그가 한성부 소윤(小尹)으로 있을 때에 송사하는 사람들이 말 더듬는 것을 병폐로 생각했습니다. 전하께 말씀을 드릴 때에도 분명히 밝히지 못할까 싶어 우려됩니다."

이 말을 듣고 세종이 반박하며 말했다.

"옛적에 한나라 주발(周勃)이나 장상여(張相如)와 주창(周昌)이 다 말을 잘 못했지만, 후세에까지 이름이 남았습니다. 말을 더듬는다고 사람을 버렸다는 말은 예전에도 지금도 듣지 못했습니다. 다시는 그 같은 일을 말하지 마십시오."

> ! 말을 유창하게 잘하는 사람이 일 처리도 훌륭한지는 모르는 일이다. 말을 더듬는 사람은 반드시 일 처리가 미흡할까? 말을 더듬는다고 사람을 버린다면 말 잘하지 못하는 사람 역시 버려야 마땅하다. 말을 잘하고 못하고보다는 사람의 품성이나 지식을 더 중히 여겨야 한다. 오히려 말 잘하는 것을 믿고 번잡한 말로 주변을 현혹시키는 이들이 더 많으니 말이다.

성인이 아닌 바에야 실수는 있다

237 인재를 쓰다 보면 그 사람이 잘못을 할 때가 있다. 이를 어떻게 대하는가는 중요한 문제이다. 세종 15년(1433) 윤8월 19일, 세종이 사헌부 관리의 과실을 의금부에서 잘 알아내라 하며 과실은 누구나 할 수 있다고 말한다. 세종이 승정원에 말했다.

"사람이 성인(聖人)이 아니면 누가 과실이 없을 수 있으랴! (중략) 강한 자를 누르고 약한 자를 도와준다는 것은 실로 아름다운 법이다."

十二. 사람을 보고 쓰기: 인재 경영

238 세종 16년(1434) 5월 15일, 대간(臺諫)이 실수할 경우 복직하지 못하게 할 것을 사간원에서 청했다.

"대간은 임금의 눈과 귀입니다. 그 직책이 가볍지 않습니다. 이 관직에 있는 자는 반드시 제 몸을 바르게 해야 임금의 마음을 바르게 할 수 있습니다. 또한 그래야 백관을 규찰할 수 있습니다. 한 번이라도 실수가 있는데 어떻게 다른 사람을 바르게 할 수 있겠습니까?

『대학』의 '자기가 허물이 없어야 남을 그르다고 할 수 있다'는 말이 진실인 이유입니다. 근래 헌사(憲司)에서 판결한 조상(曹尙)의 밭 싸움은 다시 형조가 조사하게 하게 하시다가, 이번 달 초팔일에 다시 헌사에 맡기셨습니다. 헌사가 그의 직임을 사퇴하게 하기를 청했지만 허락받지 못했습니다.

전하께서는 이를 하도록 해 조정의 기강을 바로잡으십시오. 또 이제부터는 대간이 실수하는 일이 있거든 복직하지 못하도록 하십시오."

세종이 이 말을 듣고 말했다.

"자신이 성인이 아닌데 어느 누가 작은 실수도 안 하겠습니까! 갑자기 다른 이로 바꾸어 추천할 때 과연 완전한 사람이 있겠습니까!"

어느 사람이나 완벽한 사람은 없다는 말이었다.

239 세종 2년(1420) 9월 13일, 사헌부 장령 허성이 윤회(尹淮)의 불경을 말했다. 허성이 상소했다.

"병조참의 윤회는 책보사(冊寶使)이기에 백관을 이끌고 종묘에 나갔습니다. 이때, 술에 취해 있었으니 그 직임의 본래 뜻을 저버리고 불경스러웠습니다. 마땅히 그에 대한 죄를 주시옵소서."

"윤회는 술을 마시면 곧 취합니다. 취중의 일은 말할 것이 아닙니다. 내가 윤회를 불러서 책하겠습니다."

240 9월 14일, 세종이 술 마시기 좋아하는 윤회의 결점을 책망했다. 세종이
윤회를 불러 말했다.

"그대는 총명하고 똑똑한 사람인데, 음주가 도에 넘치는 것이 그대
의 결점이다. 이제부터 대전과 중궁전에서 내리는 술 외에는 과음하
지 마시오."

> 허물을 품으면서 가야 하는 것이 리더이다. 그러나 그 허물은 사람들에게 크게 위해
> 를 가하거나 법령에 위배되어서는 곤란할 것이다. 다만 사람인 바에야 실수하지 않는
> 이는 없다. 실수를 인정하지 않으니 고통은 심화되고 실수를 은폐하려는 술수가 나오
> 게 된다. 실수를 하지 않으려고 오히려 일을 망치기도 한다. 그때마다 엄혹하게만 대
> 한다면, 조직 목표는 얻겠지만 사람을 잃을 것이다. 사람을 잃고 기강만 남으면 사람
> 이 없는 성취는 어떤 의미가 있겠는가. 사람에 대한 신뢰가 없다면 작은 실수도 크게
> 생각해 그 앞길을 막고 인재를 제대로 못 쓸 것이다.

한번 임명하면 의심을 말라

241 세종은 임용 전에 매우 고심해 결정하고 일단 임용을 하면 의심하지 말
아야 한다고 생각했다. 세종 15년(1433) 7월 27일, 신개 · 송포 · 홍상검 등
을 불러 사헌부에서 올린 글에 대해 말했다.

"임금은 포용하는 것을 아량으로 삼아야 하기 때문에, 비록 꼴을 베
는 사람의 말이라도 역시 반드시 들어봐야 합니다. 말한 바가 옳으
면 택해 받아들이고, 비록 맞지 않아도 역시 죄주지 않는 것이 맞습
니다. 그것이 아래의 사정을 얻어 알고 자신의 총명을 넓히게 되는
것입니다. 이제 말을 올린 사람을 죄주려 하는 것은 내게 아래의 사
정을 듣지 못해 몽매한 데로 빠지게 하자는 것이 아닌가 합니다. (중략)
한 도(道) 내의 권한은 오로지 감사에게 맡겼습니다. 한 고을의 임
무는 수령에게 위임했는데, 오히려 의심을 해 조사관을 보내 조사하

고 살펴보게 하는 것이 정말 치도의 큰 원칙에 합당한 일이겠습니까?

전에 의정 유정현이 의견을 올려 암행어사를 파견해보았는데 실행하는 수년 동안 많은 폐단이 있었습니다. 이조판서 허조가 당나라 태종 때 종이 상전을 고발하면 참형했다는 법률을 참고해 태종께 여러 번 강력히 고해서, 곧 태종께서 아랫사람이 윗사람을 능멸하는 것을 방지하는 법을 만드셨으니, 그것이 곧 풍수 교화에 도움이 되었던 것입니다."

이에 대해 이숭선이 아뢰었다.

"허조의 그 말은 정말 지극히 유익한 것이었습니다."

또 이어 말했다.

"임금의 직분은 오직 사람을 잘 알아보고 그에 맞게 잘 임용하는 일일 뿐입니다. 당연히 임용 전에 잘 택하고, 임용한 뒤 의심하지 않고 상하가 모두 굳게 믿어야 문제없이 원만해질 것입니다. 이제 감사와 수령을 이미 임용하셨으니, 어떤 사람이 헐뜯거나 칭찬하는 것 때문에 그 진퇴를 가볍게 결정할 수 없는 것입니다. 하물며 사람을 내보내서 백성들의 고소할 사유를 만들겠습니까?"

세종이 말했다.

"그대의 말이 내 뜻에 매우 합당합니다."

선택하고 임명한 사람이라면 믿어야 한다. 그 전에 믿을 만한 사람을 택하고 뽑는 것 역시 중요하다. 믿지 못할 사람을 뽑아놓고 전적으로 믿으려고 하는 것은 모든 이들에게도 고통스러운 일이다. 누군가를 믿어주면 상대에게 신뢰감을 주며, 이 신뢰감은 상대가 자신의 능력을 발휘해 일하도록 만드는 밑거름이 된다. 그렇게 하지 않으면 다른 이들이 믿고 따르지 않을 것이며 힘써 일하지도 않을 것이다.

착한 사람을 천거한 상을 주자는 견해에 대해

242 인사 천거는 매우 중요한 역할을 한다. 그러나 그 중요성에 비해 그에 부합하는 제도적인 포상은 없는 경우가 많다. 다만 이를 위한 법의 규정은 신중할 필요가 있다고 보았다. 세종 19년(1437) 9월 7일, 이조판서 하연이 착한 사람을 천거한 자에게 상을 주어야 한다고 청했다.

"이제 보거(保擧)❶의 법을 만들어 '천거한 사람이 용렬하면 그 죄가 천거한 사람에게 미친다'라고 했습니다. 그런데 반대로 착한 사람을 천거한 상은 없습니다. 이제 법을 만들어 착한 사람을 천거하는 길을 넓히시옵소서."

세종이 이 말을 듣고 말했다.

"경의 말이 뜻은 좋습니다. 하지만 법을 세우는 것은 옳지 못합니다. 우선 수령은 기한이 차면 옮겨가는 자가 많습니다. 이것도 또한 착한 이를 천거한 것이라 할 만합니다. 그런데 어찌 다 상을 줄 것인가요? 상을 다 줄 수는 없습니다. 만일 특별한 일이라면 한 번 임시변통으로 상을 주는 것은 옳습니다. 하지만 오래갈 법으로 세우는 것은 옳지 못합니다."

우의정 노한이 아뢰었다.

"전하의 말씀이 맞습니다."

> **!** 상을 주는 것은 어떤 일에 대한 치하를 의미하는 것은 물론 앞으로 좋은 일을 하도록 권장하고 격려하는 의미를 지녔다. 그러나 착한 것의 기준은 모호하다. 수많은 일들 모두 착하다고 상을 주면 상의 의미도 반감된다. 상을 주는 것이 많은 사람들에게 동기를 부여하는 것은 그것의 가치가 희소하기 때문인 점도 생각해야 한다. 그래야 상을 받은 사람에게도 가치가 부여되기 때문이다.

---

❶ 높은 벼슬자리의 관원이 담당 관아의 관원 가운데서 재주가 많거나 특별한 공로가 있는 사람을 골라 자신이 책임지고 임금에 천거하던 일, 책보

十三.
가족 경영

가족 경영에는 사적인 가치와 공적인 가치가 혼재되어 있다. 가족을 우선시하는 것은 모든 사회 단위의 근간이기 때문이다. 가족을 작은 사회라고 보는 이유일 것이다. 가족은 사회에서 충족시키지 못하는 것들을 주기도 하고 박탈하기도 한다. 가족이 사회의 출발점이자 사회의 종착점이라는 말도 이 같은 맥락에서 알 수 있다. 가족 해체가 많을수록 가족 경영은 더 중요해지며, 가족이 홀로 살고 아이가 없을수록 오히려 많은 사람들이 사는 가족, 아이가 있는 가족의 경영이 매우 가치 있게 부각될 수밖에 없다.

조선이라 해서 가족을 통해 단순히 장유유서나 남녀유별의 차원만을 강조하는 치세가 이루어진 것은 아니다. 당시에는 합리적인 정도를 넘어서 비합리적으로 비칠 수 있을 정도로 가족에 관한 가치를 중심에 두었다. 세종은 최고수장의 처지에서 스스로 모범적인 가족 경영을 이루어야 했다.

1 連宗室者, 宜自念吾於國家有何功德, 享此富貴? 尤當戒愼, 以保安榮.

종실에 관련 있는 자는 당연히 스스로 생각해야 하는 점이 있습니다. '내가 무슨 공덕이 있어 이런 부귀를 누리나' 생각해야 합니다. 그래서 더욱 경계하고 근신해 편안하고 영화로움을 보전함이 당연합니다.

– 세종 6년(1424) 7월 18일, 의산군 남휘가 윤자당의 첩 윤이를 간통 폭행한 것에 대해 꾸짖으며

2 學者尚未知道理邪正, 况愚民不知學問, 其爲親惑於佛事, 惑於巫覡, 以至斷指之類, 雖不合於正道, 然其爲親心切者則取之可也.

배운 자라도 아직 도리의 그릇됨과 올바름을 잘 알지 못합니다. 더구나 어리석은 백성이 학문을 알지 못하기 때문에, 그들이 어버이를 위해 불사(佛事)와 무당에게 미혹하게 됩니다. 손가락을 자르는 것은 정도(正道)에 부합하지 않았습니다. 그러나 그 어버이를 위하는 마음이 진실한 자는 취하는 것이 옳겠습니다.

– 세종 14년(1432) 11월 28일, 효자의 등급을 구분해 정표하고 관직을 제수할 것을 아뢰자

3 今後齋戒日, 病親相見軍士, 卽時給暇, 隨後啓達, 以爲恒式.

지금부터 재계일(齋戒日)❶에 병든 어버이를 보려는 군사들은 우선 즉시 휴가를 주고, 뒤에 보고 이를 일정한 법률로 만들 것입니다.

– 세종 5년(1423) 2월 11일, 재계일에 병든 부모를 보려는 군사는 즉시 휴가를 주며

4 壽夭之期, 雖關理數, 骨肉之愛, 無間幽明.

오래 살고 일찍 죽는 것은 운명이지만, 골육 간의 애정은 죽거나 살거나 같습니다.

– 세종 6년(1424) 10월 14일, 정혜옹주의 빈소에 사제하며

❶ 종교적 의식 따위를 치르기 위해 몸과 마음을 깨끗이 하고 부정(不淨)한 일을 멀리함

5 其言遠父母兄弟, 必召怨傷和, 則予甚嘉之.

부모와 형제를 멀리하면 반드시 원망을 불러와 화기를 상하게 한다는 말은 내가 매우 아름답게 여깁니다.

– 세종 8년(1426) 4월 9일, 태종 때 죄 얻은 대사헌 홍여방의 은사를 청하니

6 且更納, 有甚不可. 古者諸侯一娶九女, 國君年老, 則妃嬪亦老, 色衰愛弛, 人情之常. 若更娶年少者, 鍾愛必矣. 幸而有子, 則或有奪嫡之(斬)(漸). 古人制禮, 諸侯不再娶, 豈無深意乎! 卿等知之.

또다시 궁중에 사람을 간택하는 것은 매우 옳지 못합니다. 옛적에 제후(諸侯)는 한 사람이 아홉 여자를 취했으나, 임금이 나이가 늙으면 비빈(妃嬪)도 늙어서, 얼굴빛이 나빠져 총애가 점점 없어지는 것은 사람의 상정(常情)입니다. 만약 다시 연소(年少)한 자에게 장가들면 둘 사이에 애정이 깊어지는 것은 틀림없습니다. 다행히 아들이 있으면 탈적(奪嫡)[1]하는 기미가 있을 것입니다. 옛 사람이 예(禮)를 제정해 제후는 두 번 장가가지 못하게 했으니, 어찌 깊은 뜻이 없겠습니까!

– 세종 30년(1448) 10월 29일, 의정부 예조의 중궁 간택 청을 허락하지 않으며

---

[1] 종손이 끊어지거나 아주 미약해진 때에 유력한 지손이 종손을 누르고 종손 행세를 함 ≒ 탈종

十三. 가족 경영

차마 죽이지 못하였다

243 세종은 가족의 측면을 중요시해 죄와 벌을 판단했다. 세종 22년(1440) 8월 29일, 좌정언(左正言) 박적선이 박호문에 대해 중형에 처할 것을 말했지만 세종은 거부했다. 이때 박적선이 말했다.

"박호문의 죄는 무거운데 그 벌이 가볍습니다. 율(律)대로 과죄(科罪)❶해야 합니다."

세종은 그가 공훈이 있고, 독자(獨子)라는 이유를 들어 단죄를 반대했다.

"박호문의 불충한 죄는 이전에 없던 것입니다. 박호문은 파저강(婆猪江) 전투에서 세운 공이 있고, 독자입니다. 독자이니 살아서 어버이를 봉양해야 합니다. 하지만 그 죄가 커 살려주어 어버이를 봉양하게 하는 것이 예(例)에 맞지 않습니다. 그러나 내가 차마 죽이지 못하겠습니다."

그러나 박적선은 죄가 무거운 자를 독자라고 살려 어버이 봉양을 하게 할 수는 없다고 보았다.

"박호문을 참(斬)해야 할 이유가 셋입니다. 율문(律文)을 보면 살려두어 어버이를 봉양하게 할 수 없습니다. 그만큼 죄가 무겁습니다. 독자이기 때문에 벌을 주지 않거나 죄를 가볍게 할 수는 없습니다."

"그대의 말이 나의 처음 생각과 정확하게 일치합니다. 그러나 되풀이해서 생각해보니 차마 죽이지 못했습니다."

> ❗ 강상의 도리를 중요하게 생각했던 가치관을 그대로 받아들이자면, 어버이를 봉양해야 할 독자를 죽이는 일은 곤란한 일이다. 독자를 죽이면 독자만 죽는 것이 아니라 독자가 모셔야 할 부모도 죽는 것이다. 설령 죽지는 않더라도 얼마나 고통스러운 여생을 보내겠는가. 자식이 먼저 죽는 것을 보는 어버이의 마음은 가족을 우선하는 세계관에서는 매우 중요한 문제이다. 세종은 독자로 어버이를 섬겨야 하는 관리를 결국 죽이지 못했다.

❶ 단죄

출산휴가

244 세종이 노비에게도 출산휴가를 준 일은 너무나 잘 알려져 있다. 세종 12
년(1430) 10월 19일, 관노에게 출산 1개월 전부터 일하는 것을 면하게 해
주라고 했다. 세종이 대언 등에게 말했다.

"옛적에 관가의 노비에게 아이를 낳을 때에는 꼭 출산 뒤 7일이 지
난 이후에 다시 나와 일하라고 했습니다. 그렇게 한 이유는 아이를
내버려두고 관가에 나와 일하면 아이에게 해가 될까 염려했기 때문
입니다. 일찍이 100일간의 휴가를 더 주게 했습니다. 그러나 산기에
임박해 일하다가 몸이 지치면 미처 집에까지 가기 전에 아이를 낳는
경우가 있었습니다. 만일 산기가 있을 즈음에 한 달 동안 일을 면하
게 해주면 어떻겠습니까? 만약 그가 속여도 한 달을 넘을 수 없을 것
입니다. 그러니 상정소(詳定所)에 명해 관련한 법을 제정하게 하십시오."

> ! 출산 직후 관노에게 7일 동안 휴가를 주는 것은 태어난 아이의 건강을 염려했기 때문
> 이다. 세종은 여기서 나아가 총 100일 동안의 출산휴가를 지급하라는 명을 내렸고,
> 이중 한 달은 출산 전에 사용하도록 했다. 산기가 있는 산모가 자칫 열악한 환경에서
> 아이를 낳을까 염려하여 시행한 정책이었다. 한 생명이 태어난다는 것은 가족과 나라
> 의 새로운 시작이었다. 그래서 세종은 아동의 성장을 위해 국가가 최선을 다해야 한
> 다고 생각했다. 이는 오늘날의 복지정책에 견줄 만큼 앞선 것이었다.

90세 노모를 생각해 벼슬을 주다

245 부모를 잘 모시는 이들에게는 벼슬을 주고 반대로 부모를 멀리하는 이들
에게는 죄를 묻거나 관직을 파면했다. 세종 12년(1430) 10월 7일, 전인로
(全仁老)가 스스로 관직에 채용해줄 것을 상언했다. 상참(常參)을 받고 정사

十三. 가족 경영

를 보았는데, 이때 가각고(架閣庫)[1]의 녹사(錄事)[2]인 전인로가 상언했다.

"신이 종사한 지 34년이나 되고 노모가 지금 나이가 94세입니다. 관
직을 내려주시기를 바라옵니다."

이를 이조에 회부해 논의토록 했는데, 이조에서 말했다.

"노모가 94세이나 전인로는 외아들인데도 집에 가서 늙은 어머니를
봉양하지 않은 것이 잘못입니다. 만약에 이대로 벼슬을 준다면 다른
사람들도 반드시 따라 할 것입니다. 따라서 벼슬을 주지 말아야 합
니다."

세종이 끝내 이렇게 말했다.

"90세 노모가 있으면서 벼슬하는 사람이 적고, 또 지방에 사는 사람
가운데 자신이 늙었기 때문에 아들에게 벼슬 살기를 청하는 사람이
많다. 특별히 전인로에게 벼슬을 주고 돌아가 노모를 봉양하게 하라."

이렇게 하는 이유는 나이가 많은 부모를 봉양하지 않는 이들이 그만큼
많았기 때문이었다. 세종이 가족에 대한 도리를 매우 중요하게 우선시했
다는 점을 알 수 있다.

246 한편, 병든 노모를 뵙지 않는 관리는 파면시켰다. 세종 14년(1432) 8월 2일,
이명덕(李明德)의 관직을 파면시켰는데 부모를 봉양하지 않았기 때문이었다.

세종이 말했다.

"상의원 제조(尙衣院提調)는 비록 전직(前職)이라도 봉직(奉職)[3]하게 되는
데, 이명덕은 이천(伊川)에 사는 어머니 연세가 90이 넘습니다. 당연히
이천에 내려가서 약(藥)시중을 하고, 명일(名日)[4]에는 서울에 와서 나
를 봐야 될 것입니다."

---

[1] 고려 말기와 조선 초기에 문서의 보존과 관리를
   맡아보던 관아. 고려 충렬왕 6년(1280) 이전
   에 설치되었다가 조선 세조 14년(1468)에 폐지
   되었다.

[2] 각급 관아에 속해 기록 관련 일을 맡아보던 하
   급 실무직

[3] 공직에 종사

[4] 명절과 국경일을 통틀어 이르는 말

마침내 그를 파직시키고 상의원 제조까지 파직시켰다. 이명덕은 직위를 탐내고 녹(祿)을 생각해, 늙어서 병든 어머니를 뒤로하고 내려가지 않았다. 세종은 그가 자신의 어버이에게 하루 동안의 사랑이라도 있는 사람인가 했다.

247 세종 21년(1439) 10월 4일, 효자 진겸(陳謙)에게 관직을 제수했다. 경상도 곤양(昆陽) 사람 진겸의 아비가 불충하는 간질(癎疾)로 고생했는데, 진겸이 자신의 손가락을 잘라 태워서 가루로 만들고 물에 타 먹였다. 즉시 아비의 간질이 나았으므로, 그 사실이 보고되었기에 관직을 주게 했다.

248 세종 29년(1447) 윤4월 9일, 부모 상사에 지극 정성을 다한 함길도 경성(鏡城)의 백성 최중부(崔重富)에게 벼슬을 내렸다. 의정부에서 예조의 공문에 따라 아뢰었다.

"함길도 경성 백성 최중부가 부모의 상을 당해 부모를 한 무덤에 합장하고 거적 베개를 베고 울면서 흙을 져다가 날마다 무덤 봉분을 쌓고 아침저녁으로 제사 지내기를 담제(禫祭)❶까지 게으르지 않고 부지런했습니다. 정문(旌門)❷을 내리시고 복호(復戶)❸해주시옵소서. 또한, 토관직(土官職)❹을 주어서 뒷사람들에게 권장하게 하옵소서."
세종이 그 말을 듣고 그대로 하게 했다.

249 세종 29년(1447) 12월 10일, 80, 90세 이상의 부모를 모시는 자는 부모가 사는 곳을 벗어난 곳에서 관직을 받지 못하도록 했다. 의정부에서 아뢰었다.

---

❶ 대상을 치른 다음에 다다음 달 하순의 정일(丁日)이나 해일(亥日)에 지내는 제사
❷ 충신, 효자, 열녀들을 표창하기 위해 그 집 앞에 세우던 붉은 문
❸ 조선시대 충신, 효자, 군인 등 특정한 대상자에게 부역이나 조세를 면제해주던 일
❹ 향촌 말단 벼슬

十三. 가족 경영

"속병전(續兵典)에 '부모가 80세 이상이면 그 아들을 보필하는 자로 삼아 봉양하게 해야 한다. 만일 부모가 원하는 자도 한두 사람은 돌아가서 봉양하게 하고, 여러 자식이 먼저 죽은 자는 친손자에게 봉양하게 해야 한다. 90세 이상은 여러 자식에게 모두 시정(侍丁)❶을 주고, 비록 봉양하는 자가 있어도 함께 돌아가 봉양하게 한다' 했습니다. 위의 조항의 사의(事宜)❷를 혹 살피지 못하고, 전조(銓曹)❸에서도 이를 살피지 않고 기용해 풍교(風敎)❹에 어긋났습니다. 이제부터는 80세, 90세 이상의 부모가 있는 자는 서울 안에 모시고 서울 안에서 일하는 자는 문제가 없지만, 이들을 제외하고 부모가 외방에 있는데 서울 안에서 일하는 자, 부모가 서울에 있는데 외방에 부임한 자는 속병전에 기록한 대로 시행하고, 전조에서도 쓰지 못하게 하소서."

세종이 그대로 하게 했다. 부모를 봉양할 수 있도록 일하는 곳을 배려한 점이 인상적이다.

250 세종 3년(1421), 집의 심도원(沈道源)이 난신(亂臣) 임군례(任君禮)의 아들 맹손(孟孫)을 처벌해야 한다고 했지만, 세종이 허락하지 않았다. 난언을 한 것을 고하지 않았기 때문이다. 이때 심도원이 아뢰었다.

"맹손은 다른 자들과는 다릅니다. 아비가 난언을 할 때에 옷을 끌어당겨 말렸으니, 난언한 바를 잘 알고 있었고 막지 못했으니 용서해서는 안 됩니다."

죄를 주자는 말에 세종이 반대해 말했다. 그는 부모와 자식의 관계를 우선시했다.

"그대의 말이 틀렸습니다. 군신의 의리가 비록 귀한 것이어도 부모의 은혜를 생각해야 할 자식의 도리 역시 큽니다. 어찌 군신의 의리

---

❶ 조선시대에 나이가 많은 부모를 봉양하기 위해 군역에서 면제된 사람
❷ 일이 형편에 알맞은지 여부
❸ 육조 가운데 인사에 관한 일을 맡아보던 관아
❹ 풍속

때문에 부자의 은혜를 폐하겠습니까? 맹손이 아비의 옷을 끌어당겨 난언을 말렸으니, 그는 효자입니다. 어찌 그가 아비의 난언한 일을 알고 고하지 않았다 해서 죄를 주겠습니까?"

도원이 나간 뒤에 세종이 다시 말했다.

"도원은 법리(法吏)로서 다만 맹손에게 죄가 있는 것만 알고, 아비를 사랑하는 효성을 알지 못하고 있으니 어찌 그가 법을 정말 안다고 하겠습니까?"

251　세종 29년(1447) 3월 12일, 아버지에 관한 일을 고하지 않은 교리(校理) 박팽년(朴彭年)을 처벌하지 않았다. 사헌부에서 박팽년에 관해 다음과 같이 아뢰었다.

"교리 박팽년이 아버지의 의롭지 못한 일을 간(諫)하지 않았습니다. 과실을 범한 것입니다. 또 아버지가 죄 없음을 모호하게 글을 올려 이야기했습니다. 군부를 섬겨야 할 도리에 어긋났으니 박팽년에게 벌을 주어야 합니다."

사간원에서도 박팽년의 죄를 벌해야 한다고 했다. 세종이 말했다.

"박팽년이 아버지의 원통함을 알렸습니다. 그가 원통함을 알린 것은 부자간의 정(情) 때문에 그렇게 한 것입니다. 그런데 어찌 이를 처벌하겠습니까?"

부자간의 정에 따른 이치를 좇는 것도 중요하다. 세종은 이를 더 우선시했다.

252　한편, 아들의 증언으로 아비에게 죄를 주는가 하며 사건을 다시 돌려보내 조사하게 한 일도 있었다. 세종 12년(1430) 12월 29일, 형조에서 아내를 때려 죽인 최중기(崔仲奇)의 교형(絞刑)을 상언했다. 형조에서 평안도 감사의 관문에 따라 아뢰었다.

"수천(隨川) 사람 최중기가 그의 아내 건이가이(件伊加伊)를 때려 죽이고, 스스로 목매어 죽은 것처럼 위장하기로 마음먹고 나무에 매달아 속였습니다. 이는 교형에 해당합니다. 벌을 주십시오."

세종이 부자 관계의 정을 생각해 말했다.

"아버지와 아들과의 사이에는 정리(情理)에 따라 서로 숨겨주는 것이 도리입니다. 아들의 증언으로 아비의 죄를 결정하는 것은 이런 대의(大義)에 맞지 않습니다. 다시 다른 방법으로 객관적으로 증거를 잡아서 국문하고 그 결과를 올리십시오."

> **!** 부모가 잘못한 일을 자식이 고해야 하는 것은 가족의 도리라는 관점에서 맞지 않는다. 아비와 아들 간에는 정리가 있을 수밖에 없고, 이 때문에 고하지 않는 일을 처벌하는 것은 가혹하다. 가족의 잘못을 다른 가족에게서 실토하게 하는 것은 가족을 중요시하는 가치관에서는 생각할 수 없는 일인 것이다. 손쉽게 가족을 통해 죄를 실토하게 하는 것이 아니라 다른 객관적인 방법으로 증거를 확보하라고 말하는 세종의 조치는 가족 간의 강상의 도리를 중요하게 생각했기 때문이다. 현대의 법체계로는 맞지 않을 수 있지만 세종이 중요하게 생각한 가족 간의 가치관은 오늘날에도 생각해볼 필요가 있다. 법적인 잘못을 가족에게 증언하게 하는 리더는 일을 잘 처리할지는 모르지만 사람들의 마음을 얻지는 못할 것이다.

혼례 예물이 적다고 여자를 버리니 처벌하다

253 혼인을 거부하는 명분과 실제는 얼마든지 다를 수 있다. 세종 27년(1445) 10월 9일, 혼례 예물이 적은 것을 이유로 여자를 버린 박연(朴堧)의 아들 박자형(朴自荊)을 처벌했다. 사헌부에서 박자형에 관한 사안을 아뢰었다.

"전 현감 정우(鄭瑀)가 고한 것입니다. '행사정(行司正) 박연의 아들 박자형을 사위로 삼았는데, 박자형이 예물이 부족한 것을 불만족스럽게 생각하고 다른 핑계를 대었습니다. 여자가 뚱뚱하고 키가 작으며, 좋지 못한 행동을 했다고 핑계 대며 여자를 버렸습니다'라고 했습니다. 의금부를 시켜 박자형을 국문하고 있으나 시간이 오래되었는데 그 실상을 밝히지 못했습니다."

세종이 이러한 내용에 대해서 다르게 말했다. 다른 진실이 있었기 때문이다.

> "옥사를 판단할 때는 대강(大綱)❶에 따라야 합니다. 의금부에서 한갓 박자형이 술에 만취해 술주정을 한 것 등을 들어 판결하면 모두 끝입니다. 만일 그 여자가 정말 좋지 못한 행동을 했다면, 박자형이 그날 밤에 당연히 곧 버리고 갔을 것입니다. 하지만 박자형은 그대로 그 집에서 잤습니다. 아침이 밝아 박자형의 유모가 전 현감 정우 집에 오자, 예물을 주어 보냈습니다. 예물을 보냈으니 혼례는 이루어진 것입니다. 그런데 박자형이 이불 · 요와 의복이 화려하지 못한 것을 보고, 빈한(貧寒)하다고 생각해 이를 싫어하고 여자의 좋지 못한 점을 핑계 댄 것이 분명합니다."

이에 의금부에서 다시 국문해보니, 과연 세종이 말한 그대로 맞았다. 박자형은 무고(誣告)죄에 해당되어 장(杖) 60대에, 도(徒) 1년에 처해졌다.

> ❗ 겉과 실제가 다른 파혼 사례를 세종이 정확하게 간파한 사례이다. 실제로는 혼수가 빈약한 것이 마음에 들지 않았는데, 겉으로는 신부의 외모와 행동에 문제가 있다면서 이를 이유로 신부를 버렸다. 혼인의 목적이 재물에 있었고, 그것에 욕심을 내어 거짓으로 신뢰를 깨어 인륜의 대사를 그르쳤고 사람을 버렸으니 죄가 충분하다. 오늘날도 이 같은 일이 여전하지만 벌은 미약하다.
>
> 자못 사람들은 겉으로는 돈을 밝히지 않는 것처럼 말하지만 속으로는 경제적인 측면을 많이 생각하는 경향이 있다. 이렇듯 많은 사안들이 겉의 명분과는 달리 경제적인 문제 때문에 벌어지는 경우가 많다. 리더는 이 같은 점을 정확하게 간파하고 조치를 취할 필요가 있다.

❶ 기본 원칙

十三. 가족 경영

밥을 굶는 세종

태종이 세상을 뜨자 세종은 아예 곡기를 끊어버렸다. 세종 4년(1422) 5월 10일, 태상왕❶이 연화방(蓮花坊) 신궁(新宮)에서 훙(薨)했다. 식음을 전폐하자 신하들이 죽 먹기를 간청했으나 세종은 거부했다. 5월 11일, 연사종·변계량이 다시 아뢰었다.

"전하께서 태상의 병을 간호한 때부터 지금까지 음식을 하나도 들지 않으셨습니다. 성체(聖體)가 상하실까 매우 걱정입니다."

"어제 정부와 육조에서 청하고, 또 경들이 청했습니다. 내 오늘 저녁에는 음식을 들겠습니다."

석전(夕奠)❷ 뒤에 정부와 육조가 모두 나와 울면서 말했다.

"전하가 부왕(父王)의 병환이 위중할 때부터 지금까지 음식을 들지 않으셨습니다. 성인의 훈계를 보면, '죽은 이를 위해 생명을 상하게 하지 말라' 했습니다. 전하께서는 애통한 마음을 이제 억누르시고 음식을 드셔야 합니다. 음식을 먹지 않는 것은 작은 효도입니다. 몸을 상하시면 큰 불효입니다. 이제 큰 효도를 온전하게 하십시오."

이에 세종이 묽은 죽을 조금 들었지만, 하루 한 끼에 그쳤다.

13일이 되어서야 세종이 비로소 죽을 제대로 먹었다. 18일, 정부와 육조에서 술 들기를 청했는데, 역시 거절했다. 의정부와 육조에서 안개가 너무 심하기에 건강을 위해 술을 조금 들기를 청했는데, 세종이 마시지 않았다. 세종이 승정원을 꾸짖어 말했다.

"상중에 술을 마시는 것은 예가 아닌 것이다. 그대들이 예가 아닌 말을 어찌해서 하는 것인가!"

지신사(知申事) 김익정(金益精) 등이 청했다.

---

❶ 태종

❷ 상례(喪禮)에서, 염습 때부터 장사 때까지 매일 저녁에 신위 앞에 제물을 올리는 의식

"전하께서 태상의 병환이 위독한 뒤에 전혀 찬을 들지 않으셨습니다. 벌써 이미 20여 일이 지났습니다. 지금 서습(暑濕)해졌고, 띳집[茅茨]❶ 아래에서 거처하셔서, 성체에 해가 있을까 염려됩니다. 대비의 초상 때는 태상왕이 날마다 사람을 보내 찬과 술을 권하고, 전하께서도 태상왕의 명령을 따라 끝내 애통한 마음을 억누르고 찬을 드셨습니다. 지금은 그때와 다릅니다."

"술을 마시라는 청은 끝내 듣지 않겠습니다. 이 뒤로 다시는 나에게 계하지 마십시오."

5월 26일, 정부와 육조가 다시 음주를 청했다.

"내 성품이 술을 좋아하지 않습니다. 술을 마시지 않는 것이 오히려 편합니다. 그러나 대신이 재삼 청하니, 최대한 그 말을 따르겠습니다." 소주를 올리라 하고 반 잔쯤 마시고 나서는 더 들기를 그만두었다.

신하들이 이 같은 세종을 보고 높이 평가했다. 어떤 사람이 세종이 거상(居喪)하는 일을 판부사(判府事)로 은퇴한 조용(趙庸)에게 전했다. 그러자 조용이 눈물을 흘리면서 말했다.

"한(漢)나라 문제(文帝)의 역월(易月)❷ 이후, 오직 송(宋)나라 효종(孝宗)만이 3년의 예제를 치렀습니다. 그러나 효종의 효가 어찌 우리 주상의 효성과 같겠습니까? 내가 요행하게도 늙은 목숨을 보전해, 천년 동안 절대로 없었던 일을 지금 볼 줄은 미처 생각하지 못했습니다. 나는 오늘 죽어도 여한이 없습니다."

세종 4년(1422) 9월 21일, 성산 부원군(星山府院君) 이직 등이 소선(素膳)❸을 금하고 육선을 권했지만 세종이 들지 않았다. 성산 부원군 이직과 좌의정

---

❶ 지붕을 이는 짚, 혹은 모옥(茅屋)을 뜻함
❷ 상복 입는 기한을 다 지키지 않고 한 달 기간을 하루로 계산해 상복 입는 기간을 줄이는 것
❸ 생선이나 고기류가 없는 간소한 반찬

이원, 병조판서 조말생, 공조판서 최윤덕, 총제(摠制) 박영, 예조참판 이맹균, 이조참판 원숙 등이 육선을 청했다.

"졸곡(卒哭)❶ 뒤에도 오히려 소선을 하셨습니다. 이 때문에 성체가 파리하고 검게 되었습니다. 이를 보고 여러 신하들이 놀랍게 생각하지 않는 이가 없습니다. 또 전하께서 평일에 육식이 아니면 수라를 드시지 못하시는데, 소선을 한 지도 너무 오래되어 병환이 나실까 걱정됩니다. 옛날 원경왕후 초상에 태종께서 육선을 권하시면서 말씀하셨습니다. '주상의 한 몸이 종사(宗社)의 안위에 관계되는 것입니다. 전하의 몸은 자신의 마음대로 할 수 없는 것입니다.' 신들이 이렇게 청하는 것도 종사와 민생을 위한 것입니다."

고기를 먹으라는 대신들의 말에 세종이 반대해 말했다.

"상중에 고기를 먹는 것이 예에 맞는 것입니까? 그대들은 내가 소식(蔬食)에 익숙하지 못해 병이 날까 염려한 것입니다. 하지만 내가 이제 병도 없으니 어찌 예를 범할 수가 있겠습니까? 승려는 항상 소식만 해도 오히려 살찐 자가 있습니다. 어찌 나만 소식을 못한단 말입니까? 다시 그 말을 하지 마십시오."

세종이 조금 뒤에 다시 말했다.

"태조의 초상에 역월한 뒤에 백관들에게 고기를 먹으라는 명령이 있었습니다. 이제 백관들에게는 고기를 먹으라고 하려는데, 어떠합니까?"

조말생이 임금의 몸이 종사와 불가분의 관계라며 말했다.

"주상의 몸은 종사와 생령(生靈)에 연관되면서도 오히려 소선하시는데, 어찌 무병한 신하가 되겠습니까? 다만, 늙고 병든 자라면 고기를 먹는 것도 가할 것입니다."

그제야 이 말을 세종이 따랐다.

---

❶ 사람이 죽은 지 석 달 만의 정일(丁日)이나 해일(亥日)에 지내는 제사

세종 5년(1423) 5월 3일, 영의정이 임금에게 술의 복약(服藥)을 건의했지만, 거부했다. 세종이 복약하는 술까지 물리치고 염탕(鹽湯)❶으로 대신하게 되자, 영의정 유정현, 예조판서 김여지, 대사헌 하연 등이 술을 복약으로 삼기를 청했다.

"전하께서 부왕의 상(喪)에 너무나 슬퍼하셔서 병환을 얻으셨습니다. 만일, 술로 복약하지 않으시고, 이 때문에 병환이 깊어지시면 종사와 민생이 어찌 되겠습니까?"

다들 같이 눈물을 흘리면서 계하자, 세종이 말했다.

"술을 먹은 일에 다시 말하지 마십시오. 내가 덕이 부족한 사람인데, 백성의 위에서 임금이 되었습니다. 가뭄의 재앙은 이런 나를 꾸짖는 것입니다. 어찌 내 한 몸만 위해 술을 마시겠습니까?"

> ❗ 태종의 죽음으로 세종은 음식과 술을 삼갔다. 이 때문에 몸이 약해지고 병은 더욱 깊어졌다. 더구나 이 와중에 날씨가 순탄치 않아서 농사에 지장이 있었다. 이 때문에 더욱 세종은 음주를 삼갔다. 개인의 몸을 희생해 공공의 가치를 지향하고 실현하려는 노력은 공적 인물의 책무다. 더구나 자신이 평소에 잘하는 것을 못 하는 것만큼 어려운 일도 없다. 그런 것을 억제할수록 사람들은 그를 다르게 평가할 수밖에 없다. 자신이 하고 싶은 것, 좋아하는 것을 모두 누리려고 하는 리더는 인정할 수는 있겠지만 존경할 수는 없다. 그것을 억제하는 것이 리더에 대한 경외감을 낳으며, 그를 따르게 만든다. 그러한 맥락에서 세종의 행동을 전근대 사회의 행위라고만 할 수는 없다.

며느리의 죽음에 고기를 먹지 않다

257 고모나 며느리가 죽었을 때도 마찬가지였다.

세종 8년(1426) 3월 25일, 세종이 경신공주의 상 때문에 소식(素食)했다. 지신사 곽존중, 우대언 정흠지, 대제학 변계량 등이 아뢰었다.

❶ 소금국

"경신공주가 죽은 지 벌써 3일이 지났는데, 전하께서는 지금까지 소선(素膳)을 드십니다. 퍽 두렵게 여기는 것은 몸을 그렇게 두시면 안 되기 때문입니다. 모든 일을 살피느라 고생하시는 몸에 해가 됩니다. 더구나 태종께서 항상, '주상께서는 하루라도 적게 먹어서는 안 된다'라고 하신 바가 있습니다. 고기반찬을 다시 드시옵소서."

이에 세종이 말했다.

"내가 보통 때에 성(姓)이 다르고 복(服)이 없는 사람의 초상에도 반드시 3일간은 소찬(素饌)을 했습니다. 더구나 같은 성의 고모가 아닙니까? 가깝고 먼 관계는 그 차이가 없을 수 없는 법입니다."

같은 성의 고모이기 때문에 소찬을 해야 한다는 세종의 말에 변계량 등이 다시 말했다.

"전하의 말씀이 옳습니다. 그러나 태종의 마음에서는 비록 부모상을 당했을 때라도 여러 날 동안 소찬을 해서는 안 된다고 생각하셨습니다. 그런데 그 밖의 상사에야 당연히 소찬을 하면 안 됩니다. 태종의 혼령께서 밝게 하늘에 계시고, 태종의 말씀이 귀에 생생하게 남아있습니다. 이를 어길 수 없습니다. 성상의 귀중하신 몸이 하루라도 상하거나 허술하면 안 됩니다. 위로는 태종의 뜻을 받드시고, 아래로 신하와 백성의 바람을 받아주시옵소서."

"며칠 소식해서 태종의 뜻을 거스르는 것은 아닙니다. 그러니 더 이상 말하지 마십시오."

258 세종 23년(1441) 7월 24일, 왕세자빈 권씨가 세상을 떠나 조례(弔禮)를 행했다. 세종이 친히 문병하기를 짧은 기간에 두세 번에 이르렀다. 마침내 빈(嬪)이 죽게 되어 양궁이 모두 매우 슬퍼했다. 세종은 수라를 들지 않았다. 이에 궁중의 시어(侍御)❶들이 눈물을 흘리며 모두 울었다. 신하들이 올린

❶ 임금을 옆에서 모시는 사람

내용을 보고, 세종이 말했다.

"상례의 수준을 원경왕후보다 감하고, 정소공주보다 1등을 더하게 하라."

곧 염빈도감(斂殯都監)을 설치했다. 예조에서 아뢰었다.

"발상은 외조모의 예에 따르게 하시옵소서."

"빈은 나와 한집에 살던 며느리인데, 어찌 차마 밖에 나가 거애(擧哀)❶ 하겠습니까? 하물며, 빈이 죽어서 거애하는 것은 예전에 정례(正禮)가 없는 것인데 말입니다."

259 다음 날인 7월 25일, 자선당(資善堂) 밖에 궁을 따로 지어 세자를 살게 했다. 세종이 승정원에 일렀다.

"궁중에서 모두 '세자가 거처하는 궁에서 생별(生別)한 빈이 둘이고, 사별한 빈이 하나니 매우 좋지 못하다. 마땅히 헐어버려 다시 살게 하지 말자'고 한다.

살기가 불편할 뿐만 아니라 여러 가지 일이 많은 곳으로 지붕이 얕고 살기 마땅치 않다. 자선당 밖에 따로 궁을 지어서 살게 하려고 한다. 이에 대해 깊게 논의해 다시 말하라."

도승지 조서강과 예조판서 민의생, 참판 윤형 등이 의논하고 말했다.

"그 말씀이 옳습니다. 급하지 않은 역사를 정지시키고 빨리 경영(經營)하소서."

세종이 승정원에서 말한 그대로 따랐다.

260 7월 26일, 우부승지(右副承旨) 강석덕에게 왕세자빈의 장례를 부탁했다.

빈의 구(柩)를 창덕궁 의정부청으로 옮겼다. 길에서 눈물을 흘리지 않는 자가 없었다. 세종이 강석덕에게 명했다.

❶ 국상에 조선시대 조정에서 공식적으로 행하는 애도식(哀悼式)

"빈에게 다 큰 아들이 없으니 정말 불쌍합니다. 경이 여러 가지 일을 보살펴서 회한이 없게 하십시오."

261 　7월 27일, 왕세자빈의 아버지 권전을 불러 위로했다.

"대체로 며느리가 시부모에게 사랑받기는 어려운 일입니다. 빈은 이미 나와 중궁에게 사랑을 받았습니다. 그런데 이렇게 되었습니다. 다시 무슨 말을 하겠습니까? 그러나 원손(元孫)의 탄생이 내 마음을 기쁘게 할 수 있습니다. 명(命)이 길고 짧은 것은 사람의 마음대로 할 수 없습니다. 경은 나를 위해서도 슬픔을 참으십시오."

262 　7월 29일, 왕세자빈의 복이 끝났어도 세종이 고기를 들지 않았다. 좌승지 (左承旨) 민신 등이 아뢰었다.

"세자빈의 복이 이미 끝났습니다. 또 더운 때인데 오랫동안 소찬[素膳]을 드셨으니, 이제 육찬[肉膳]을 드십시오."

"비록 상복 입지 않는 사람도 인정(人情)에 연해 차마 고기를 먹지 못합니다. 더구나 빈의 복 입는 기간이 20일이라고 예문(禮文)에 뚜렷합니다. 우선, 권도(權道)를 따라 5일 만에 해제는 했습니다. 그런데 내가 병이 없는데 어찌 고기를 먹겠습니까?"

대신들이 재차 청했지만, 세종이 허락하지 않았다.

263 　또한 염려하는 의생 등이 말했다.

"지금은 때가 매우 혹독하게 덥습니다. 오랫동안 소선만 진어(進御)하시면 병환이 나실까 걱정됩니다. 만일 뒤늦게 후회하면 무엇 하겠습니까?"

여전히 세종이 반대해 말했다.

"내가 지금 쇠약해 늙은 것도 아니요, 또 병도 없습니다. 어찌 감히 고기를 먹어 옛 제도를 어기겠습니까?"

늙지도 병들지도 않았고, 무엇보다 옛 제도를 따를 뿐이라고 했다. 의생 등이 다시 말했다.

"태종께서 '주상의 체질은 소선을 하지 못한다'라고 하셨고, 이런 태종의 유언이 귀에 생생합니다. 그 유언을 따르지 않으시니 어찌합니까?"

태종이 육선(肉膳)을 하도록 유훈을 남긴 사실을 들어 말하자 세종이 또한 말했다.

"선왕의 유언은 큰일을 위해 하신 것입니다. 이런 작은 일을 위한 것이 아니었습니다. 다시 더 말하지 마십시오."

264 7월 30일, 의정부와 육조, 영의정 황희 등이 간청하자 세종이 고기를 들었다. 먼저 의정부와 육조에서 아뢰었다.

"어제 육선을 허락받지 못했습니다. 이제 한창 혹독한 더위에 오랫동안 소선만 드셨습니다. 육선을 드셔서 신들의 바람을 들어주시옵소서."

"빈이 동궁(東宮)의 배필이 되고부터 한 가지의 잘못도 없었고 정과 사랑이 더욱 두터웠습니다. 내가 어찌 급하게 차마 고기를 먹을 수 있겠습니까?"

세종의 견해에 동의는 하면서도 황희 등이 육선을 청하며 말했다.

"매우 감동스러운 일입니다. 하지만 잇달아 국기(國忌)를 당했고, 또 더운 때에 오랫동안 소선만 드시니 상체(上體)❶에 병환이 나실까 걱정되옵니다."

"경들이 간절하게 청하니, 좋습니다. 다만 내가 마땅히 10일이 지난 뒤에 먹겠습니다."

세종이 조금 양보하는 듯했다. 하지만 영의정 황희 등이 또 말했다.

❶ 임금의 몸

"10일은 전례가 없는 일입니다. 옛날에는 천자나 제후는 본래 복제(服制)가 없었습니다. 후세에서 복제가 제정된 것입니다. 10일로 기한을 정하는 것은 근거가 없습니다. 이제 7일이 지났으니 비록 육선을 드셔도 전하의 성덕(聖德)에 어찌 해가 되겠습니까?"

이에 세종이 신하들의 말을 받아들였다.

이 같은 일은 또 있었다. 세종 27년(1445) 2월 28일, 대부인 안씨(安氏)의 장례 후에 김종서 등에게 중궁의 예법에 대해 말했는데, 예조판서 김종서가 아뢰었다.

"신이 대부인 안씨의 장사하는 곳에서 돌아왔습니다. 모든 장례 절차가 완전무결하게 다 끝났습니다."

곧 도승지 이승손 등과 함께 말했다.

"대부인께서 이미 장례가 지나고 졸곡(卒哭)도 지났습니다. 중궁께는 원래 오랜 병환이 있기도 하니 이제 고기반찬을 드셔야 합니다."

이에 세종이 말했다.

"100일이 지나면 고기반찬을 먹도록 내 이미 전했습니다. 100일이 멀지 않은데 어찌 그리 촉급하게 구는 것입니까? 또 기년(朞年)❶의 몽상(蒙喪)❷은 예법에서 폐할 수 없는 것입니다."

> ❗ 부모의 상을 당해서 식음을 전폐하거나 줄이는 것은 대개 있는 일이다. 그런데 세종은 며느리가 죽었는데도 극진하게 음식을 줄여 자기 절제를 했다. 가족의 죽음을 위해 자신에게 꼭 필요한 음식 섭취를 억제하는 모습에 가족 구성원들의 리더인 사람이 어떤 입지를 갖게 될지는 충분히 상상할 수 있다. 이는 죽음과 영혼을 위무하면서 살아남은 이들을 이끌어가는 영성 경영과 연결된다. 무엇보다 이렇게 시아버지가 며느리를 생각한다면, 며느리 역시 시아버지를 생각하지 않겠는가? 그것이 사회 전체로 확장되는 것이다.

❶ 만 1년이 되는 날   ❷ 부모상을 당하고 상복을 입음.

266 불교에 대한 배척이 매우 심한 상황에서 세종은 불교에 우호적인 행동을 취하게 되는데, 그것은 가족 때문이었다. 세종 28년(1446) 10월 4일, 우참찬 정갑손이 불사(佛事)를 정지시켜야 한다고 주장했다.

"불교는 명확합니다. 고려 왕조의 말기에 불법(佛法)이 크게 성했는데, 우리 태조 때 비로소 이를 제거했지만, 그래도 다 없애지 못했습니다. 태종께서는 사사(寺社)의 노비와 전지(田地)를 모두 회수해 거의 없어지게 했습니다. 전하께서도 더욱 그리하셨습니다.

얼마 전에는 사대부와 서인이 어버이가 죽으면 모두 부처를 공양하고 중에게 재계했지만, 지금은 모두 사당(廟)을 세워 제사를 받들게 하고, 서인은 사당을 세우지 못해도 신주를 모두 세워 제사 지내게 했기 때문에 불법이 거의 없어지게 될 것이라 생각되었습니다.

그런데 지난번에 중궁께서 병환이 나시자 불사를 궁중에서 베풀어 내시었고 마침내 금은으로 불경을 쓰고, 등롱(燈籠)까지 금은과 주옥(珠玉)으로 꾸몄습니다. 또한 과천 등지에 큰 절을 창건했다고 합니다. 지금 또 전경(轉經)❶하려고 대자암(大慈菴)❷에서 불사를 개최하려고 하십니다. 그간 궁중의 불사는 가족에 대한 애틋한 정 때문이라 여겨 미처 이를 말씀 못 올렸습니다. 전경은 이미 한 번 했으니, 이 일은 정지시키소서."

불사의 정지에 관한 이 말을 듣고 세종이 자신의 과실을 언급하며 말했다.

"궁중의 불사는 예로부터 그렇게 했던 것입니다. 내가 시작한 것은 아닙니다. 옛날에 태종께서 성녕대군(誠寧大君)을 위해 사경(寫經)❸과 등

---

❶ 불경을 띄엄띄엄 가려 읽는 일
❷ 성녕대군을 위해 지은 절. 성녕대군은 원경왕후 민씨의 소생으로 태종의 넷째 왕자다. 14세에 홍역으로 죽자, 경기 고양현 산리동에 장사 지내고 그 옆에 대자암을 지었다.
❸ 후세에 전하거나 축복을 받기 위해 경문을 베끼는 일

롱에 황금 2정(錠)을 사용한 바가 있습니다. 그때에는 주옥을 다듬어 만들어내는 방법을 몰라서 등롱도 금을 사용했습니다. 그러나 지금은 등롱은 다듬어 만들어내는 주옥을 사용하고 있습니다. 다만, 사경에만 금을 사용할 뿐입니다. 하지만 그 양이 얼마나 되겠습니까? 또한 대군들이 왕비를 위해 하기에 내가 금지시키지 못했습니다. 이것은 내 과실입니다.”

정갑손이 백성들에게 확산될 것을 우려해 아뢰었다.

“지금 전하께서 불법을 숭상해 믿으신다고 할 때, 백성들은 모두, ‘임금께서도 오히려 이와 같이 하시는데’ 하면서 다투어 이를 본받게 될 것입니다. 불법이 많이 퍼지게 되면 통제할 수가 없을 것입니다. 비록 대군들이 한 일이라 하시지만, 나라 안의 사람들은 그 일의 중심에 모두 전하를 가리키고 있습니다. 어찌 대군의 행위라고 자세히 알겠습니까?”

이 말을 듣고 세종이 수양대군(首陽大君)을 통해 갑손을 힐책(詰責)했다.

“우리 임금이 할 수 없다는 것을 적(賊)이라 이릅니다. 당초 사경할 때에 세 번이나 불사를 일으켜 이미 정해진 것입니다. 지금 일이 거의 이루어지려고 합니다. 그런데 지금에서야 그 일이 옳지 않다고 한단 말입니까? 임시변통으로 굽혀 쫓는 것이 이렇게 심합니다. 지금 이 말은 경이 혼자 말하는 것입니까, 아니면 여러 사람이 의논한 일입니까?”

여러 사람이 논의한 내용이냐는 질문에 정갑손이 말했다.

“여러 사람이 의논한 것이옵니다.”

이에 세종이 다시 반박해서 말했다.

“우의정이 그른 것입니다. 처음에 이미 이를 찬성해놓고 물러가서 뒷말을 한단 말입니까. 이것은 소신(小臣)일지라도 하지 않을 일입니다. 그런데 어떻게 대신이 이런 행동을 한다는 것입니까! 지금 등롱 등의 물건이 이미 만들어졌습니다. 장차 이를 불살라버린단 말입니까? 또는 그만 그칠 수 있습니까?"

이에 정갑손이 다시 말했다. 단지 불사를 중지할 것을 원할 뿐이라고 했다.

"만약 이미 만든 물건을 버릴 수 없다면 부처 앞에 두면 됩니다. 만약 주옥이 아까워 그냥 버릴 수 없다면 등롱은 부수고 주옥만 취하면 됩니다. 불사르지 않는 것은 전하의 결정 여부에 있을 뿐입니다. 다만, 불사를 정지하기를 원할 뿐입니다."

세종은 정갑손의 말에 대해 이렇게 말했다.

"지금 등롱을 불사른다면 마땅히 다 불살라야 합니다. 불경과 대자암도 불사르고, 그 중들도 모두 속인을 만든 뒤에 해야 합니다. 어떻게 이를 그렇게 처리하겠습니까? 불경은 이미 완성되었고, 대자암은 조종(祖宗)께서 세운 것인데, 어떻게 갑자기 이를 불사르겠습니까? 또 중들의 환속과 불법의 흥폐(興廢)도 스스로 그 운수가 있으니, 갑자기 변경시킬 수는 없습니다. 등롱을 부처 앞에 달고, 또 불경도 부수지 않고 다만 불사만 정지시킨다면, 나의 덕에 어떠한 보탬이 있겠습니까?"

정갑손이 이렇게 말했다.

"불사를 하시다가 이를 정지시킨다면, 그것은 좋은 일이 됩니다."

그러나 세종은 불사 정지를 받아들이지 않았다.

"경이 불경과 등롱은 모두 부수지 않고, 유독 불사만 정지시키기를 원합니다. 이는 이른바 한 자를 굽혀 여덟 자를 곧게 하는 것[枉尺直尋]입니다."

정갑손이 다시 반론을 제기했다.

"제가 아뢴 것은 한 자를 굽혀 여덟 자를 곧게 한 것이 정말 아닙니다. 성상께서 불경과 등롱을 부수려고 하지 않으시기에, 뜻을 받들어 차마 모두 배척하기보다는 불사만 중지해달라고 말씀드렸을 뿐입니다."

세종은 애초에 불사가 이루어진 경과를 들어 다시 말했다.

"내가 처음에 당나라 태종(太宗)이 장손황후(長孫皇后)를 위해 고종(高宗)에게 절을 창건하게 했던 고사(故事)를 들어, 대군에게 왕비를 위해 불경을 만들게 하려는 의향을 보였습니다. 이때 대신들이 모두 옳다고 해서 그대로 했습니다. 이미 임금과 의논해놓고 찬성을 한 뒤에 물러가서는 이미 결정한 일을 알지 못한 체하고는 경들은 나에게 책임을 돌립니다. 이것이 어찌 대신의 도리이겠습니까? 예전에 의논해 중들을 승적(僧籍)에 등록시키려 하니, 대신들이 모두 '중이 미록(麋鹿)과 같은 짐승이 아니니 그렇게 짐승과 같이 등록하게 할 수는 없습니다' 했습니다. 이에 마침내 이를 중지시켰습니다. 그런데 그 후에 대신들은 도리어 내게 그 책임을 돌렸습니다. 그대들은 중의 서울 출입 금지를 청했습니다. 내가 이미 불교를 좋아하는 임금인데, 경들이 모두 버리고 이를 잊었지만, 나는 이단(異端)이라며 경들을 탓하지 않은 것을 알 것입니다."

끝내 세종은 받아들이지 않았다.

세종 30년(1448) 12월 5일, 불당이 다 지어졌다. 이에 불당 경찬회를 베풀었다. 경찬회를 베풀고 5일 만에 행사를 파했다. 불당의 화려함이 가득해 금과 구슬이 눈부셨고, 단청이 햇볕에 빛나며, 붉은 비단으로 재봉(裁縫)해 기둥에 입혀서 주의(柱衣)라고 이름 지어 더럽혀짐을 방지했다. 향나무를 새겨 산(山)을 만들고 금부처 셋을 그 가운데 안치했다. 그 금부처는 안평대군(安平大君)이 성녕대군(誠寧大君) 집에서 감독해 만든 것이다. 근장(近仗)에게 관대(冠帶)를 갖추고 대가(大駕)를 호위하는 의식과 같이 대내(大內)에 메고 들어가게 해, 세종이 친히 관람한 뒤에 불당에 안치했다.

267 세종 30년(1448) 12월 9일, 불당에 안치된 금불 등의 보호책을 논했다.
"경들은 일찍이 의정부와 함께 불당을 파하기를 청했습니다. 이미 지어서 이루었으니, 어찌 남의 집 일처럼 보고 보호해 지킬 계책을

안 할 수 있겠습니까? 내 집 일처럼 보고 보호해 지킬 계책을 내야
해야 합니다. 상의해 모아주십시오."

좌승지 조서안 등이 아뢰었다.

"좌우에 경수를 두시고 주위에 가시나무를 심으십시오. 또 각 사(各
司)의 종(奴) 가운데 부실(富實)한 여섯 사람을 택해 조라치[照剌赤]❶로 정
해, 세 번(番)으로 나누어 숙직하게 하십시오. 또한 궐내의 각 색장(色
掌)의 예(例)에 따라 월급을 주게 하소서."

세종이 정리해 형조에 전지했다.

"문소전 불당의 조라치 여덟 사람을 서울에 사는 종이면서 부실한
자로 골라서 배치하라. 만약 결원이 생기면 다시 세세하게 골라서
보충하라."

! 세종이 불사를 일으킨 것은 조종의 뜻을 지키려는 뜻이 있었으며, 가족들의 안녕을
위해서였다. 그래서 신하들의 반대에도 불구하고 불당 사업과 경찬회를 연 것이다.
불교는 세종에게 가족을 위한 하나의 수단이었는지 모른다. 그는 가족들을 위한 것이
므로 그것이 국가적으로 불사를 일으키는 것이 아니라고 말했다. 무엇보다 중요한 것
은 신하들이 처음 뜻과는 관계없이 말을 바꾸는 행태를 세종이 정확하게 지적하고 있
다는 점이다.
세종이 신하들을 이길 수 있었던 것은 불사가 개인적인 욕심 때문에 이루어진 것이
아니라는 점을 적극적으로 내보였기 때문이다. 만약 개인의 욕심 때문에만 불사를 추
진했다면 세종은 매우 어려운 지경에 이르렀을 것이다. 물론 세종은 불교에 대해서
좋은 뜻을 가지고 있었지만, 동시에 불사에 대해서 공공적 명분을 잘 들고 있었다. 리
더에게는 이런 공공적 명분과 사적인 측면이 결합되는 것이 중요하다. 그것이 공공의
명분 리더십이다.

❶ 왕실이나 나라에서 세운 절이나 불당에서 청소하던 이

十四.

모순 그리고 진퇴양난

세종을 앞에 둔 글들은 세종이 모든 것을 잘한 것으로 평가하기 쉽다. 그러나 세종이 모든 일을 잘 결정하고 치적만을 쌓았다고는 볼 수 없다. 최고 지도자는 수많은 가치와 목표들 사이에서 결정을 내려야 한다. 이런 점 때문에 항상 옳은 결정을 하는 것은 아니기에, 무조건 모든 결정 행위를 좋게 평가할 수만은 없다. 의사결정뿐만 아니라 말과 행동에서도 같다.

이러한 점은 세종도 마찬가지다. 그 역시 상호 모순되는 결정과 행동을 하기도 했다. 인간이기 때문이다. 또한 그는 어쩔 수 없는 조선이라는 군주국의 수장이었고, 성리학적 세계관에서 벗어날 수 없었다. 세종이 어떤 모순과 곤란한 지경 속에 있었는지도 그를 이해하는 데 중요하게 살필 사례들이다.

1 臣之紀綱行, 而君之紀綱不行, 豈其禮乎? 宜勿復言.

신하의 기강은 실행되는데 임금의 기강은 실행되지 않는다면, 어찌 그것을 예절이라 하겠습니까?

– 세종 21년(1439) 11월 2일, 김하에게 성절 사신을 맡기니 부당함을 아뢰자

2 況汝等使人君欲從吾言而不從君令可乎?

그대들은 임금에게 그대의 말을 따르게 하려고 하고, 임금의 명령을 따르지 않는 것이 옳겠습니까?

– 세종 21년(1439) 11월 3일, 김하의 사신 파견 논쟁을 대하며

3 人君施特恩, 而於理有所不合, 則執法之臣, 據法來諫可也. 不啓於君, 擅自推劾, 是有敬君之心乎? 先自不敬, 而欲正人之不敬可乎? 今日若等之事, 非徒不可播聞於當時臣子之耳目, 亦不可傳示於後世也. 當世之人, 其以若等爲敬君乎? 後世之人, 亦以若等爲敬君乎? 若等之心以爲有禮乎? 以爲無禮乎?

임금이 특별한 은혜를 베푼 것이 이치에 맞지 않는 것이 있으면 법을 맡은 신하가 법에 따라서 간하는 것이 옳습니다. 먼저 제가 불경하고 남의 불경을 비판하는 것이 가합니까? 오늘날 그대들의 일은 지금 신하의 본보기가 될 수 없을 뿐 아니라, 또한 후세의 모범도 아닙니다. 당세 사람들이 그대들이 임금을 공경했다고 하겠습니까? 후세 사람들도 그대들이 임금을 공경했다고 하겠습니까? 그대들의 마음에 예가 있다고 생각합니까, 예가 없다고 생각합니까?

– 세종 27년(1445) 7월 19일, 사헌부가 이순몽의 일을 임금에게 알리지 않고 추핵한 것에 대해 담당자들을 옥에 가두면서

4 若等之諫, 誠可嘉也. 然在予之言, 可否兩端而已. 若賢君則固當聽之, 我則
不賢, 焉能從之.

그대들이 간하는 말이 참으로 아름답습니다. 그러나 내가 할 말은 가(可) ·
부(否) 두 가지뿐인데, 만일 어진 임금이라면 마땅히 들어야 하겠지만, 나
는 어질지 못하니 어떻게 좇겠습니까?

– 세종 30년(1448) 7월 21일, 모든 대신들이 불당 역사 정지를 거듭 상소하자

5 如今集賢殿, 擧司罷去, 而儒生亦且散去, 臺省亦當從此逝矣, 予今已爲獨
夫矣. 人君有過, 爲臣者可棄而去之耶.

지금 집현전이 온 관사가 피해가고, 또한 유생이 흩어져갔고, 대성(臺省)도
이를 좇아갈 것입니다. 이제 내가 이미 독부(獨夫)가 되었습니다. 임금이
허물이 있다고 신하 된 사람이 버리고 갈 수 있는 것입니까.

– 세종 30년(1448) 7월 23일, 학업을 파한 유생들을 국문할 것을 명하며

왕은 왕이다

세종이 백성을 생각하는 마음이 크다고 해서 신분질서를 완전히 뛰어넘고자 했다고 생각하면 곤란할 것이다. 세종 27년(1445) 9월 4일, 백관들이 길에서 왕자를 만났을 때 갖추는 예의에 대해 알렸다. 승정원에 전지한 내용은 다음과 같았다.

268

> "태조 고황제(太祖高皇帝) 때에는 신료(臣僚)가 친왕(親王)을 만났을 때 말을 피한 자는 죽이고, 범한 자도 또한 죽였다. 우리나라에는 백관과 왕자가 서로 접하는 예(禮)가 없기에 지난번에야 특별히 법을 만들었다. 지금 백관들이 왕자를 길에서 만나면 모두 멀리 피하고 대성(臺省)까지도 마찬가지다. 모두 예를 지키지 않는 것이다. 스스로 높은 체해 말에서 내리려고 하지 않기에 미리 멀리 피한다. 무릇 사람은 태어나면서부터 저절로 귀한 것이 없고, 임금이 벼슬시킨 뒤에 높아지는 것이다. 만일 벼슬시키지 않았다면 보통 사람이다. 따라서 미리 피하고 말에서 내리지 않는 것은 잘못이다. 임금이 그 법을 세운 것을 매우 부끄러워한다."

승정원에서 이를 수용해 아뢰었다.

> "백관이 모두 말에서 내리는 법은 알겠습니다. 다만 말을 피하는 것이 그른 줄은 알지 못하고 있습니다."

! 아무리 수평적인 관계를 보이고, 배려하고 포용하는 모습을 보인다고 해도 왕은 왕이다. 사람들은 왕에게서 권위와 힘을 기대하고 자신들이 할 수 없는 일을 이루는 능력을 기대하고 복종했다. 수평적인 리더십을 보일 때 혼동할 수 있는 것은 바로 이러한 조직의 질서이다. 거기에는 각자의 역할에 맞게 예의와 존중이 존재한다. 그것을 간과하면 위기 상황에서 더 부정적인 결과를 낳을 수 있다.

왕가의 사람이라

269 세종이 항상 고민해야 할 이들은 왕족이나 근친이기도 했다. 세종 26년
(1444) 11월 23일, 좌정언(左正言) 신자승이 돈녕부❶ 주부(敦寧府注簿) 이의산(李
義山)을 파면할 것을 간했으나 세종이 허락하지 않았다. 좌정언 신자승이
아뢰었다.

"지금 이의산을 돈녕부 주부로 삼으셨으나, 이의산은 강상(綱常)의 죄
를 범한 자입니다. 이의산은 파면하소서."

세종이 말했다.

"이 벼슬은 높은 벼슬[顯官]이 아니니 무방합니다."

다시 신자승이 말했다.

"돈녕부가 비록 높은 벼슬은 아니어도 무방하지 않습니다. 만약 이
사람이 이런 벼슬을 하게 되면 죄지은 자를 징계할 길이 도무지 없
게 됩니다."

이에 세종이 말했다.

"의산은 왕가의 근친이기에 이 벼슬을 준 것입니다. 그대들은 다시
말하지 마십시오."

270 그해 12월 20일, 대간들이 왕의 근친 문승유(文承宥)를 탄핵했다. 음욕을
자행했기 때문이었다. 장령 김소남, 우정언 허추 등이 문승유에 대해 말
했다.

"문승유의 죄가 큽니다. 마땅히 극형에 처해야 합니다. 그런데 전하
께서 특별히 가볍게 처리하셨습니다. 승유의 죄는 전고(前古)에도 듣지
못한 것입니다. 따라서 용서할 수 없습니다. 법에 따라 처단하소서."

세종이 이에 대해 달리 말했다.

❶ 조선에서 왕실의 친척을 이르던 돈령의 친목을 위한 사무를 맡아보던 관아

　　　　　　　　　　　　　　　十四. 모순 그리고 진퇴양난

"승유는 신의왕후(神懿王后)의 근친입니다. 어찌 극형에 처할 수 있겠습니까? 형조에 시켜 세 번 복심(覆審)해 벌하려 했지만, 혹시 문승유가 놀라 겁내어 자살할까 염려되었습니다. 그래서 특별히 한 등(等)을 줄여 벌을 준 것입니다. 그대들은 이제 말하지 마십시오."

김소남 등이 다시 말했으나 허락하지 않았다. 대간(臺諫) 전원이 나와[闕司]서 말했다.

"문승유의 죄는 만 번 죽어 마땅합니다. 죽어도 여전히 남은 죄가 있습니다. 특별히 왕후의 근친이라는 이유로 죄를 줄여주시니, 신들은 통분함을 이기지 못하겠습니다. 간혹 남녀가 섞여 살면 색욕을 못 이겨 서로 간통하는 일이 있습니다. 하지만 문승유의 행위는 천고(千古)에도 듣지 못한 일입니다. 승유가 감히 대궐 안에서 음욕을 자행했습니다. 비록 하늘에 계신 왕후의 영혼도 죄를 반드시 주려 하실 것입니다. 지금 용서하시면 뒤에 왕실의 친척이 아닌 자가 문승유와 같은 행위를 할 때는 반드시 죄를 줄 것입니다. 『서경(書經)』에 '공(公)을 취하고 사(私)를 버리면 백성들이 다 품에 들어오리라' 했습니다. 사사로운 은혜[私恩] 때문에 공의(公義)를 버리지 마시옵소서."

세종이 동의하면서도 어려움을 말했다.

"그대들의 말이 매우 옳습니다. 하지만 나는 끝까지 들을 수 없습니다."

소남 등이 다시 아뢰었다.

"일전에 신의군(愼誼君) 이인(李仁)을 용서하셨는데, 지금 또 문승유의 죄를 가볍게 용서해주신다면, 우리나라 억만년 강상의 도리가 어찌 될지 걱정스럽습니다."

"그대들이 비록 반복해 다시 말해도 내 차마 문승유에게 죄를 주지 못하겠습니다. 다시 말하지 마십시오."

세종 28년(1446) 3월 7일, 이웃 민가를 사들인 효령대군에 대해 지평 유첨 (柳瞻)과 논해 말했다. 이때 효령대군이 이웃의 민가를 샀고, 사헌부에서 이를 조사한 일이 있었다.

세종이 유첨을 불러 말했다.

"무엇을 근거로 조사했으며, 어찌 내게 알리지 않았습니까?"

유첨이 알리지 않은 이유에 대해서 아뢰었다.

"신들이 상시 연지동(蓮池洞)을 지나가는데, 민가 10여 호가 텅 비어 있었습니다. 이상하게 여겨서 신들이 우리 사헌부에 공문을 보내 까닭을 물었습니다. 그러자 '효령대군이 산 것입니다'라고 했습니다. 집주인을 불러 물으니 모두 대군이 샀다며 이렇게 말했습니다. '대군이 사람을 시켜 일러, '내가 이곳에 집을 지으려니, 너희가 이를 팔라' 했습니다. 곧 나무와 돌을 가지고 들어왔기에, 마지못해 집을 팔고는 부모 · 친척의 집에 의탁하거나, 다른 곳에 막(幕)을 치고 거처합니다.' 결국 그들이 원해서 집을 판 것이 아니라는 사실을 신들이 알았습니다."

세종이 효령대군의 집 짓는 일에 대해서 말했다.

"남의 집을 사서 집을 짓는 것은 사대부들도 합니다. 더구나 대군이 이를 못 하겠습니까?"

"대군이 민가를 강제로 사는 바람에 사람들이 굶주리고 추위에 떨고 갈 곳이 없게 했습니다. 매우 옳지 못한 일입니다. 종부시(宗簿寺)에 시켜 추핵하게 하시옵소서."

유첨의 말에 세종이 말했다.

"집을 판 사람이 만약 원통한 바가 있으면 반드시 각기 소장(訴狀)을 내면 될 것입니다. 따로 그것을 추핵하지 말게 하라 하십시오."

당시 여러 대군들의 집들이 모두 제도에서 벗어나 그 정도가 지나쳤다. 이때 한성부(漢城府)를 헐고 평원대군(平原大君)의 집을 지었는데, 웅장하고 화려함이 극에 달했다. 또 안국방(安國坊)의 민가를 밀고 영응대군(永膺大君)

의 집을 건축하려고 했다. 이 때문에 건축 비용이 모두 다 기록할 수가 없었다.

> ⚠️ 왕실은 또 하나의 가족이기도 하지만 그에 맞는 격을 갖고 있어야 했다. 그런데 세종은 왕실이나 종친들을 대표하는 사람이기도 했다. 왕실 친척 수많은 사람들이 일을 벌이니 그것을 형평성 있게 처리하는 것은 난제 가운데 하나일 수밖에 없었다. 왕실 사람들을 보호하려는 행동은 결국 자기모순에 빠져들게 할 수도 있었던 것이다. 그럼에도 세종은 대신들과 왕가 사람들과의 중간에서 리더십을 발휘해야 했다. 물론 백성을 위해야 한다는 근본적인 가치를 끝까지 지향해야 했다.

공신과 재상을 봐주다

272 세종이 공신의 자식은 죄를 줄 수 없다고 한 점도 마찬가지다. 세종 8년 (1426) 11월 18일, 권도(權蹈)를 엄벌하자는 주청에, 자기가 원하는 곳으로 귀양 보내라고 했다. 이때 지평 정갑손이 아뢰었다.

"권도의 죄는 율이 장 100대에, 유 3천 리에 해당합니다. 그런데 어제 그 직(職)만 파면시키셨습니다. 이는 타당한 것이 아니라고 생각합니다. 비록 무식한 소인배라 해도 만일 이 같은 죄를 범한다면 정말 용서할 수가 없습니다.

권도는 이미 대신이므로 다른 소인배들과 비할 수 없습니다. 더구나 호부(虎符)❶는 중요한 물건이므로 경솔하게 취급할 수 없는 것입니다. 그런데 권도가 법을 어기고 가벼이 밖에서 주고받고 했습니다. 또 상황에 맞추어 말을 만들어 거짓으로 보고했습니다. 알면서도 고의적으로 범한 것이 분명하고, 그 심지가 곧지 못합니다. 그를 법에 따라 처리하소서."

❶ 조정에서 군사 이동을 비준하는 증빙, 증표

세종이 이에 대해서 반대했다.

"권도는 공신의 아들입니다. 파직하는 것으로 충분합니다."

"아무리 큰일이라도 죄가 될 줄 모르고 범한 자라면 오히려 용서해 줄 수 있습니다. 하지만 권도는 스스로 잘못인 줄을 알면서도 일부러 임금을 속였습니다. 권도가 성상을 속인 죄를 용서할 수 없습니다. 그를 법대로 처치해서 뒤에 오는 자들을 경계하게 해야 합니다."

"권도는 공신의 아들이니, 자기가 원하는 곳으로 귀양 보내도록 하라 하십시오."

세종은 결국 그를 귀양 보냈다.

273 또한 세종은 재상의 죄는 가볍게 해야 한다고 말했다. 세종 8년(1426) 11월 27일, 이명덕과 조종생의 징계를 거부했다. 사간원에서 상소했다.

"착한 것을 상을 통해 권하고, 벌로 악한 것을 징계하는 것은 나라의 분명한 법으로 살펴야 합니다. 이명덕은 일찍이 병조참판이 되어 그 전형(銓衡)❶을 맡아볼 때, 자못 위복(威福)❷을 폈습니다. 또한 함부로 사사로운 정[私情]을 개입시켰습니다. 또 남의 재물을 받았는데 사헌부에서 이를 들어 탄핵해도 자기의 죄를 면하려고 했고 이에 도리어 대강(臺綱)❸을 욕되게 했습니다. 전하께서 의금부를 시켜 그 죄상을 밝히게 하고 그 벼슬을 정파(停罷)시키셨습니다. 그런데 그 뒤 몇 달이 되지 않아 한성부 윤을 제수(除授)하셨습니다. 이는 악한 것을 징계하고 착한 것을 권하는 뜻이 없어지는 것이었습니다. 이에 대해 온 조정에서 놀라고 해괴하게 여겼습니다. 전하께서는 도로 그 벼슬을 파해 뒤에 따를 사람들에게 경계 삼도록 하시옵소서."

세종이 이 말을 거부하며 말했다.

❶ 사람의 재능을 시험해 뽑음. 또는 그런 일을 맡은 관원
❷ 위력으로 억압하기도 하고 복덕을 베풀어서 사람을 달래기도 하는 일
❸ 사헌부의 기강

"전일에 사헌부에서 사면 전의 일을 들어 석방하지 않고 지루하게 국문했습니다. 결국 그 단서를 잡아내지 못했습니다. 이제 그대들도 사헌부의 뜻을 받아서 상소하는 것입니까? 나는 그렇게 생각하지 않습니다."

정언 민효환(閔孝懽)이 아뢰었다.

"신들은 지난번에 조종생이 여러 재집(宰執)들과 제주 목사가 보낸 물건을 받은 죄를 고했으나 처벌받지 않았습니다. 조종생 같은 자는 항상 전하를 지척에 모시고 있으므로 수령이 재물을 탐하거나 백성들이 어려움을 겪는 일을 숨김없이 모두 전하께 아뢰어서 성상의 총명을 넓혀 드려야 합니다.

　그런데 이런 것을 하지 않고 공공연히 뇌물을 받았습니다. 마침내 숨길 수 없게 되자 자기 집 사람이 몰래 받았다고 핑계를 댑니다. 비록 집 사람이 몰래 받았다지만 가장이 어떻게 이를 알지 못했겠습니까? 꾸미고 속여서 거짓으로 아뢰었습니다. 이를 용서할 수 없습니다. 근간에 권도가 호부(虎符)❶를 주고받은 것을 거짓으로 아뢰었기에 공신의 아들인데도 불구하고 파직해서 부처(付處)❷시켰습니다. 조종생에게는 그 직위만 파면했습니다. 권도와 비교해볼 때 죄는 같은데 벌이 다릅니다. 또 재상의 직책은 국맥(國脈)을 유지하고, 임금의 덕을 보양하는 것입니다. 그런데 조연 등은 함부로 뇌물을 받았으니 이는 재상의 직위에 맞지 않았습니다."

세종은 조종생과 권도를 비교하는 것은 마땅하지 않다고 말했다.

"조종생의 죄는 권도와는 다릅니다. 옛사람의 말에도 '형벌이 대부(大夫)에게 올라가지 못한다' 했습니다. 내가 대신들의 조그만 허물이라도 용서하지 않는다면 어찌 되겠습니까? 사간원이 해야 할 일은 '죄

❶ 군 지위권의 표식

❷ 중죄에 대한 형벌로 죄인을 먼 곳이나 섬으로 귀양 보냄

가 의심되거든 가볍게 하라'는 교훈으로 나를 깨우치는 것입니다. 조그마한 허물도 심각하게 처벌하니 말입니다. 대개 대신이 비록 장죄를 범해도 그대로 두고 논죄하지 않는 것입니다. 더구나 이 일은 율문을 살펴보아도 태형(笞刑) 20대에 지나지 않습니다. 그런데 어찌 이같은 작은 죄를 재상에게 가할 수 있겠습니까?"

세종 29년(1447) 9월 13일, 사간원이 황수신(黃守身) 등의 처벌이 가벼움을 지적했다.

"황수신이 임원준(任元濬)을 매우 은밀[綢繆]하게 써서 집정자에게 청탁해 요구했습니다. 그 죄가 큽니다. 특별히 벌을 감해도 고문만을 그대로 두십시오. 그가 부당하게 사람을 썼는데, 이조 당상은 오히려 석방해서 죄를 주지 않았습니다. 또한 변효문(卞孝文)은 범죄를 한 바가 매우 중합니다. 그런데 특히 도형과 장형을 줄이시고 어미의 집인 직산으로 내치기만 하시면 악한 자를 징계할 수가 없습니다."

이조 당상이 늙은 대신의 아들이라는 점을 생각한 세종이 이 말을 듣고 다음과 같이 말했다.

"이조 당상은 본디 죄가 없습니다. 대신을 여러 날 붙잡아 가두었으니 징계가 이미 되었습니다. 늙은 대신의 아들인데, 어찌 늙은 사람을 우대하는 의리가 없겠습니까? 또 근시(近侍)하는 신하는 다른 외신(外臣)과 비교할 바가 아니기 때문에 특별히 은전을 베푼 것입니다. 임원준은 청탁을 요구한 사실이 드러나지 않았기에 고문을 거두는 것이 좋을 것입니다. 변효문은 어미의 나이가 90이므로 곧 있을 어미의 임종(臨終)에 봉양할 수 있게 하려고 그 같은 처분을 한 것입니다. 그 어미가 만약 서울에 있다면 변효문을 당연히 서울에 있게 해 임종까지 봉양하게 하고, 외방까지 내보내지 않았을 것입니다."

十四. 모순 그리고 진퇴양난

275 세종 29년(1447) 7월 17일, 사간원 · 사헌부에서 조유례(趙由禮)의 판통례(判通禮)❶ 제수를 반대했으나 세종이 허락하지 않았다. 사간원에서 조유례에 대해 아뢰었다.

"선비의 탐욕함과 여자의 음탕함은 한가지입니다. 조유례는 음탕한 여자의 후손입니다. 그런데 판통례의 벼슬을 제수하셨습니다. 전일에 사헌부에서 그것이 부당함을 강력하게 말했지만, 전하께서는 아직 바꾸지 않으셨습니다."

사헌부에서도 또 청하니, 세종이 말했다.

"조유례 형제가 문무과 출신으로 동반(東班)을 지냈는데, 이제 이 벼슬을 주는 것이 괜찮을 것 같아 그렇게 한 것입니다. 또 악을 미워함은 그 본인에게만 해당해야 성인(聖人)의 법입니다. 이 뜻을 가지고 사람 쓰는 길을 넓히려는 것입니다. 다시 말하지 마시기 바랍니다."

세종이 이렇게 판단했지만 당시 조유례는 좋은 평가를 받지 못했다. 그가 아첨하는 경향이 있었고 남의 나쁜 점을 들추기를 잘했으며 권세 있고 높은 사람을 쫓았다는 것이다. 제 분수를 생각지 않고 음란하고 탁한 집안으로 동궁(東宮)의 군주(郡主)를 봉양하게 해, 사람들이 모두 비웃었다고 한다.

276 세종 29년(1447) 8월 21일, 사간원에서 양후(楊厚)의 파직을 청하나 세종이 허락하지 않았다. 이때 사간원에서 간했다.

"양후는 게을러서 직책을 잘못하고, 사죄(私罪)를 범했습니다. 이함장(李諴長)도 마찬가지로 사죄를 범했습니다. 그런데 죄주지 않으셨으니 이제 징계하지 못합니다. 이함장이 대관(臺官)이 되었고, 버젓하게 직책에 나갔습니다. 그에게 별로 뉘우치는 기색도 없습니다. 또한 서장관(書狀官)으로 북경에 가게 되니 매우 옳지 못한 일입니다."

❶ 나라의 의식에서 절차에 따라 임금을 인도하며 모시던 벼슬아치

이에 세종이 말했다.

"양후가 잘했다고 하는 것이 아닙니다. 다만 대신을 어찌 이런 하찮
은 죄 때문에 갑자기 버릴 수 있겠는가 싶은 것입니다. 이함장은 파
직시키겠습니다."

양후는 궁인(宮人)의 친척이라는 까닭에 현질(顯秩)❶을 여러 번 지냈고 승지
(承旨)가 되었으며, 또 감사가 되었다. 하지만 재능이 부족해 직책에 맞지
않아 모두 비웃었다.

277 세종 28년(1446) 6월 28일, 사헌부에서 음란한 행동을 한 강릉 부사 유수
강(柳守剛)의 징계를 요구했으나, 세종이 또한 따르지 않았다. 사헌부에서
유수상에 대해서 아뢰었다.

"유수강이 경상도 감사가 되어서 기생을 끌고 음란한 행동을 거리낌
없이 자행했습니다. 우리 사헌부[本府]에서 추핵(推劾)했는데, 사면 때
문에 죄를 면하게 되었습니다. 그런데 다시 강릉 부사를 제수하셨습
니다. 그 고을은 유벽(幽僻)한 곳에 있기 때문에 분명 백성을 괴롭히고
욕심을 낼 것이니 임명을 거두셔야 합니다."

세종이 그가 대신의 자손이라는 점을 들어 말했다.

"수강은 대신의 자손입니다. 마땅히 우대해야 합니다. 또 일찍이 근
신이 되어 나를 시종(侍從)한 지 오래입니다. 갑자기 이런 관계들을 끊
을 수 없습니다. 옛날에도 재상이 어질지 못하면 밖으로 보내어 자
사(刺史)를 삼았습니다. 수강이 어질지 못하므로 밖으로 강릉을 지키
게 하는 것입니다. 그러니 부끄러움이 없겠습니까? 징계하는 것은
그만하면 충분합니다."

❶ 높은 벼슬

세종 10년(1428) 윤4월 4일, 최부가 조말생을 경성에 들어오지 못하게 해야 된다는 내용을 건의했다. 정사를 보는데 대사헌 최부가 아뢰었다.

"조말생은 욕심이 많고 추잡함이 너무 지나친 자입니다. 쫓겨 귀양을 간 지가 얼마 안 되었는데 용서하셨습니다. 서울에는 들어오지 못하게 하소서."

이에 이의를 제기하며 세종이 말했다.

"사령(赦令)❶은 옛일을 버리고 스스로 새로워지게 만드는 것입니다. 비록 오늘 범죄를 저지르고 내일 사면해도 좋은 것입니다. 어찌 범죄의 오래된 것과 가까운 것을 구별할 수 있겠습니까? 어찌하여 그것을 그렇게 곡해해서 의심하는 것입니까?"

세종이 대언 등에게 말했다.

"조말생은 장죄(贓罪)에 처하는 것이 분명합니다. 그러나 김점(金漸)이 벼슬을 팔고 옥사를 팔아먹은 것과는 다릅니다."

그러자 김자가 조말생의 다른 죄를 들어 대답했다.

"조말생은 양주(楊州) 사람들과 서로 결탁해 60명에게나 벼슬을 제수하고 그들의 전지(田地)를 받아 챙겼습니다. 또 큰 상인인 서철(徐哲)에게 대부(隊副)❷를 주고 그가 주는 뇌물을 받았습니다."

조말생의 죄에 대해서 열거하자 세종이 대답하지 않았다.

> 세종은 공신의 자식이거나 재상인 경우, 그리고 대신의 자손인 경우 법률에서 가벼운 것을 취했다. 이는 정리(情理) 차원에서는 타당해 보이지만, 형평성에서는 어긋난다. 그는 인정의 도리와 법률의 이치 사이에서 끊임없이 고민하지 않을 수 없었다. 자신을 오랫동안 옆에서 모신 근신이나 자신의 사람에 대한 죄를 두고 끊임없이 판단을 해야 했다. 사면은 사람을 새롭게 하는 것이지만, 죄를 없애주는 것도 사실 끊임없이 고민의 대상이 되게 마련이다. 잊힐 권리도 있지만 잊지 말아야 할 의무도 있는 것이다. 더구나 공신이나 측근에 이르러서는 더욱 그러했다. 공신을 배제하면 공을 세우려 하지 않을 것이고 측근을 배제하면 끝까지 충성을 다하지 않을 것이기 때문이다.

❶ 사면   ❷ 조선시대 종9품 무반 잡직 벼슬

중국에는 없으니 하지 말라

다른 조선의 군주들과 다름없이 세종은 명나라의 여러 제도와 법칙을 매우 중요하게 여겼다. 황제가 있는 곳은 세상의 중심이었으며, 조선보다 발전된 그곳의 여러 제도와 법을 받아들이는 것에 대해 거부감이 없었다. 무엇보다 황제의 명을 거역하는 것을 매우 큰일이라고 생각한 것도 마찬가지였다.

세종 9년(1427) 1월 26일, 정사를 보다가 왕비의 칭호에 대해서 의논했다. 세종이 여러 신하에게 말했다.

"동전(東殿)이라는 칭호를 어느 시대부터 부르게 되었습니까? 만약에 '중궁(中宮)'이라고 한다면 황후와 비슷하게 되어 참람한 듯했습니다. 따라서 칭호를 고치는 것이 옳겠습니다. 또 왕비에게 아름다운 칭호를 더하게 되어 덕비(德妃)·숙비(淑妃) 같은 호칭은 옳지 못하다고 생각합니다. 전조(前朝)에 왕비가 많아서 6, 7명에 이르렀기에 각기 아름다운 칭호로 이를 구별했는데, 중원(中原)의 제도에서는 '황후'라고만 일컫고 아름다운 칭호가 없었습니다. 그러니 우리나라에서도 '왕비', '왕세자비(王世子妃)'라고 일컫는 것이 어떻겠습니까?"

이조판서 허조와 예조판서 신상이 대답했다.

"맞는 말씀이십니다. 동전의 칭호는 창덕궁(昌德宮)에서 비롯되었습니다. 예전에는 이런 칭호가 없었습니다. 왕비에게 아름다운 칭호를 더하는 것도 또한 고례(古禮)에 없습니다."

또한 중국 황제에 대한 복종은 미덕이었다. 세종 9년(1427) 7월 28일, 진헌할 백응을 잡는 것에 대한 찬반 논의가 있었다. 사헌부 장령 윤수미(尹須彌)가 아뢰었다.

"지금 진헌하는 백응(白鷹)❶을 잡는 일 때문에 채방(採訪)하는 관원❷을 각 도에 나누어 보냈습니다. 중국을 섬기는 지성으로서 마땅히 해야될 것입니다. 다만 올해 가뭄이 심해 백성들의 생계가 걱정스럽습니다. 그러니 채방하는 관원을 보내면 어찌 백성들에게 폐해가 없겠습니까? 강원도 · 함길도 · 평안도 · 황해도에는 백응이 가끔 나오니 잡을 수 있겠지만, 그 나머지 각 도에는 원래 백응이 없으니 어렵습니다. 혹시 나오게 되면 감사와 수령들이 반드시 임금의 뜻을 알아서 잡아 바칠 것입니다. 채방하는 관원을 보내지 마시고, 그 폐해를 막아야 합니다."

채방 관원을 보내지 말라는 대신들의 말에 세종이 답했다.

"간원(諫院)에서도 그런 말을 하고 있는데, 그대들은 어찌 이 일만을 급급(汲汲)하게 말하는 것입니까? 백응을 잡는 일이 백성에게 폐해를 끼치는 것은 말을 안 해도 이미 알고 있습니다. 백성에게 폐해를 끼치는 것만 생각하고 진헌하는 일을 그만둘 수 있겠습니까? 만약 폐해를 논한다면 말을 2만 5천 필이나 바꾸며 처녀를 간택한 때도 백성에게 끼친 폐해가 막심했지만, 진헌하는 일이 중했기 때문에 힘을 다해 처리했던 것입니다. 이것과 비교한다면 만분의 일도 안 됩니다. 전년에도 진헌하지 못했고 지금 또 진헌하지 못한다면 안 되는 일입니다."

280 세종 10년(1428) 11월 19일, 해청(海靑)❸을 바치는 것에 대해 변계량과 논의했다. 당시에는 해청을 잡아 명나라에 바치는 것이 조선의 매우 큰 중대사였다. 정사를 보는데 판부사 변계량이 아뢰었다.

"전하께서 지성으로 사대(事大)해 받들고 해청을 잡으면 즉시 바치십니다. 하지만 옛날에는 포획하기가 쉽지 않았는데, 지금은 잡은 것이

❶ 흰매   ❸ 매
❷ 채방사, 지방의 실정을 조사하던 임시 벼슬

조금 많아졌습니다. 좋은 것을 택해 바치시고 많이 바치지는 마시옵
소서. 또한 해청 포획 작업이 매우 괴롭습니다. 앞으로 잡히지 않으
면 어떻게 할 것이며, 많이 바칠수록 더욱 많이 바치라 한다면 어찌
감당하겠습니까?"

이 말을 듣고 세종이 말했다.

"황제께서 많이 포획한 것을 들었는데도, 우리가 다 바치지 않는다
면 옳지 않습니다."

281 세종 10년(1428) 11월 9일, 역대에 출현했던 상서로운 동물들에 대해서 논
했다. 이때 명 황제의 의중을 깊이 고려해 언급했다. 정사를 보며 세종이
대언들에게 일렀다.

"의주에서 돌아온 참판 이명덕이 창성(昌盛)❶이 흑호(黑狐)❷와 백안(白
雁)❸을 보고 '이것은 모두 상서로운 물건이다. 천하에서 반드시 와서
하례할 것이다'라고 했다 합니다. 내가 역대의 일을 살펴보니, 흑호 ·
백안 · 백치(白雉)는 모두가 상서로운 동물이 아닙니다. 주나라 때에
도 흑호를 바친 적이 있고, 수(隋)나라 양제(煬帝) 때에도 흑호를 바친
적이 있습니다. 또 기린(麒麟)도 성창한 시대에 나오기도 하고, 쇠잔한
시대에 나오기도 했습니다. 따라서 동물이 상서라는 것은 믿을 것이
못 됩니다.

그러나 명나라 환관 윤봉의 말에 따르면 지금 황제께서 상서를
너무 좋아해 백서(白鼠)❹ · 백토(白兎)❺까지도 모두 길들여 기르면서 애
완(愛玩)하신다니, 만약 이번에 바치는 흑호와 백안, 해청을 보신다면
반드시 매우 기뻐하실 것입니다. 인종황제(仁宗皇帝) 때 기린이 산골에
나와 노닐었는데, 두 사슴은 앞에서 이끌고, 다른 사슴이 뒤따라 다

❶ 명의 사신
❷ 검은 여우
❸ 흰 기러기

❹ 흰 쥐
❺ 겨울에 털빛이 하얗게 변하거나 흰 점이나 무늬
　 가 촘촘한 토끼

녔다고 합니다. 잡지는 못하고 종이에 이를 그렸는데, 그 생김새가 매우 이상했다고 합니다. 이것이 상서인 것입니다. 또 태종황제 때에도 기린이 들에 나온 것을 잡아서 길렀다고 합니다."

좌대언 김자(金赭)가 아뢰었다.

"고라니[麕]의 몸에 쇠꼬리와 말굽과 같은 것이 있어야 기린이라 한다고 합니다. 태종 때에 나온 기린은 그 발굽이 소와 같았다고 합니다."

이에 세종이 말했다.

"그렇지만 대체로 기린과 같고 몹시 기이하게 생겼습니다. 이것도 기린이라고 하는 것이 옳을 것입니다."

> ! 백성들에게 해청잡이가 끼친 피해는 막심했다. 황제에게 진헌하는 것이었으므로 세종은 각별하게 신경을 썼다. 이러한 점은 백성에게 자애로운 세종의 태도와 모순되는 것이기도 했다. 사대의 고충이 여기에 있었다. 해청을 많이 잡아주면 다시금 더 요구할 수 있는 가능성이 많다는 점을 생각해야 했다. 황제에게 솔직할수록 백성들에게는 어려움이 있을 수 있었으므로, 세종은 황제를 의식하지 않을 수 없었다.

정승은 담배하지 말라: 원전(元典)주의

예를 중시하는 조선에서는 인사 예절 또한 중요시했다. 세종 9년(1427) 11월 8일, 높은 관직에 있는 이가 아랫사람에게 답배하는 것에 대해서 논했다. 정사를 보는데 세종이 말했다.

"예전에 정승이 9품관의 절에 답배했다는데, 그런 일이 있었습니까?"

이조판서 허조가 대답했다.

"비단 9품만이 아니라 직품이 없는 녹사(錄事)❶의 절에도 역시 답배합니다."

---

❶ 각급 관아의 기록 업무를 맡아보던 하급 실무직

"그 까닭은 무엇입니까?"

"임금만은 답배하는 예가 없지만, 정승은 미천한 자의 절이라도 반드시 답배하는 이유는 임금과 예절을 구별하기 위해서입니다. 이는 『예기(禮記)』에 따른 것입니다. 『예기』에서 '위에서 공경 안 하면 아래에서 태만하고, 위에서 신(信)을 안 지키면 아래에서 의심하기에 아래에서 태만하고 의심하면 일이 못 이루어진다'고 했습니다. 지금은 한 계급 차이만 나도 답배하지 않는데 이는 아래를 누르려는 뜻입니다. 그러나 위를 높이고 아래를 누르는 법이 강할수록 아래에서는 더욱 위를 공경하지 않게 됩니다."

세종이 말했다.

"아무리 그래도, 답배하지 않는 법은 이미 원전(元典)에 실렸습니다. 다시 고칠 수 없습니다."

> **!** 정승이라도 하급 관리에게 답배를 해야 하지만, 세종은 원전에 그렇게 되어있지 않다는 이유로 불허했다. 이는 원칙을 강조하는 것으로 보일 수 있다. 구분과 분별을 엄격하게 해서 기강을 세우려는 것이다. 원전에 따라 적용하는 일은 맞는 것이기도 하지만 현실에 융통성이 없는 고답적인 것으로도 보인다. 윗사람이 아랫사람에게 예의를 지키는 것은 긍정적인 효과를 낸다는 지적도 옳다. 높은 사람이며 고귀한 대접을 받는 사람이 아랫사람에게 예의를 다하면 마음을 움직이게 되는 것이다.

법률이 더 중요한 이유: 원칙과 예외의 곤란함

283 무조건 천한 사람이라고 두둔하는 일은 없었다. 세종 10년(1428) 11월 3일, 도라대(都羅大)와 그의 주인의 아내 내은지(內隱之)의 간통죄를 논했다. 형조에서 도라대와 내은지에 관해 아뢰었다.

"예천(醴泉) 사람 장영기(張永己)의 비부(婢夫) 도라대는 그의 주인의 아내 내은지와 간통했습니다. 율에 따라 도라대는 교수형에 처하고, 내

十四. 모순 그리고 진퇴양난

은지는 장형 100대를 속(贖)으로 대신하게 하시고 3천 리 밖으로 유배시키소서."

세종이 말했다.

"도라대는 항상 장영기의 아내와 같이 김도 매고 방아도 찧는 등의 일을 하면서 그 가운데 서로 정을 통하게 되었습니다. 반드시 천한 집 출신이라면 도라대의 죄는 용서할 만할지 모르나, 율문에 '고용된 이가 가장의 아내와 간통한 자는 교형에 처한다' 했습니다. 만약에 천한 자라고 이를 관대하게 한다면 뒤에 다시 이와 같은 자가 있을 것입니다. 율에 따라 죄준다면 법을 쓰는 것이 고르지 않을 것입니다. 그러나 마땅히 율에 따라 죄를 처벌해 후일을 경계하는 것이 좋을 것입니다."

마침내 그대로 율에 따라 시행했다.

284 그런데 세종 10년(1428) 11월 14일, 도라대와 내은지의 사건을 다시 의논하게 했다.

이때 정사를 보는데 찬성(贊成) 권진(權軫)이 아뢰었다.

"도라대는 내은지의 비부(婢夫)가 아니고 바로 의모(義母)의 비부라 합니다. 또 내은지와 항상 천한 일을 같이 해왔다는데, 이제 사형으로 논한다면 타당하지 않은 일입니다."

세종이 말했다.

"유독 이 사람만이 항상 천한 일을 같이 했다고 죽음을 면하게 한다면 삶과 죽음의 가르는 판결 기준이 무너지게 될 것입니다. 만약에 살릴 만한 도리가 있다면 죽음을 면하게 함도 좋을 것입니다. 다시 의논해 말하는 것이 좋겠습니다."

285 형벌의 불가피함과 남용의 불가함 사이에서 항상 고민은 있었다. 세종 11년(1429) 1월 13일, 이에 대해서 논했다.

경연에 나아가서 『서경(書經)』「대우모(大禹謨)」편을 강하다가 '내게 하고자 하는 대로 다스리게 해 사방이 바람에 움직이듯이 미연(靡然)❶히 따르게 한다면 그것은 오직 너의 아름다움이다'라는 한 구절에 이르렀다.

그러자 세종이 말했다.

"이 한 편에서 권권(拳拳)마다 형벌은 마땅히 삼가야 한다고 말한 것은 형벌은 비록 아름다운 일도 못 되는 것임은 맞지만, 성인(聖人)도 역시 형벌을 쉽게 그만두지 못하신 점을 말해주는 것이기 때문입니다."

검토관(檢討官) 김돈이 말했다.

"형벌은 비록 없을 수 없는 것이나 또한 남용할 것도 못 되는 것입니다. 이에 여기에서 계속 말하는 것입니다."

286 세종 12년(1430) 11월 24일, 허조가 형조의 형 집행을 신중하게 할 것을 건의했다. 이에 세종이 말했다.

"형벌은 성인이 매우 중히 여겼습니다. 이에 어쩔 수 없을 때에 이를 사용하는 것입니다. 그러나 덕으로 감화시키는 정치를 하지도 못했습니다. 또 형벌을 쓰지도 않는다면 질서가 무너질까 우려됩니다."

찬성 허조가 말했다.

"전혀 형벌을 쓰지 않으면 안 되고, 이를 명백함에 따라 신중히 할 것을 노력할 뿐입니다."

이 말에 세종도 그렇다고 했다.

> ❗ 형벌을 쓰지 않고 치세를 이룬다면 좋을 것이다. 그러나 현실적으로 형벌을 전혀 쓰지 않을 수는 없다. 형벌을 쓰지 않을 수도 없고, 그렇다고 많이 쓸 수도 없는 가운데 행형을 집행해야 한다. 세종은 되도록 사람을 살리는 방향으로 형벌을 사용하려 했지

---

❶ 1. 바람에 풀이나 나무 따위가 흔들리는 모양
　 2. 어떤 세력을 붙쫓아 따르는 모양

404　　　　　　　　　　　　　　　　　　　　　　十四. 모순 그리고 진퇴양난

만, 율에 따라 사람을 죽일 수밖에 없는 경우에 고민을 할 수밖에 없었다. 다만 되도록 살릴 수 있는 방안을 최대한 모색했다.

접대비를 백성에게 거두어들이게 해서 되겠느냐

287　세종 12년(1430) 10월 1일, 손실 답험관(損實踏驗官)의 접대 문제에 대해 의논했다. 조참을 받고 정사를 보는데, 호조판서 안순(安純)이 말했다.

"손실 답험관을 이전대로 민간에서 접대해야 합니다."

세종이 민간에서 접대해야 한다는 말에 반대해 말했다.

"나라에서 법을 집행하는데 어떻게 백성에게 거두어서 하겠습니까?"

안순이 이조판서 권진과 함께 대답했다.

"비록 손실 답험관에게 음식을 줄 때, 그 비용을 국고에서 사용해도 그 비용은 백성에게서 나온 것입니다. 손실 답험관들이 동리마다 돌아가면서 먹는 것이 오히려 백성에게 폐가 될 것입니다. 이전대로 하는 편이 나을까 합니다."

세종이 이에 따랐다.

> ❗ 모든 것이 백성에게서 나온다. 세금으로 이루어진 예산도 백성들에게서 나온 것이다. 백성의 힘을 빌리지 않고 국고에서 충당하려 하나 역시 국고의 내용물도 결국 백성들의 피와 땀이다. 동리마다 돌아가면서 음식을 제공하면 당장 눈에 보이는 백성들의 민폐이다. 백성에게 피해를 주지 않으려 하지만 결국 그것이 오히려 백성에게 피해를 줄 수 있는 것이다. 따져보면 모두 백성에게 나오는 것인데, 중요한 것은 음식을 직접 제공하는 백성들에게 민폐가 가지 않도록 최대한 노력하는 것이다.

부녀자와 환자의 내정 간섭에 대해

288 세종 19년(1437) 11월 12일, 『시경(詩經)』을 강독하다가 부녀자와 환자(宦
者)❶의 국정에 대한 참여를 논했다. 경연에 나아가서, 『시경』 소민(召旻)의
「철부성성 철부경성(哲夫成城哲婦傾城)」장을 강독하다가 세종이 말했다.

　　"중국에서는 부녀자도 문자를 알았던 때문에 간혹 정사에 관여했습
니다. 또한 환자가 정치를 멋대로 해 나라를 망친 적도 있었습니다.

　　우리 동방은 부녀자들이 문자를 알지 못한 때문에 부인이 정사에
관여하지 않았습니다. 그러나 환자가 정사를 어지럽게 하는 일은 두
려운 것입니다. 또 부인이 정사에 참예하지 못하지만, 임금의 마음을
미혹하게 하는 경우는 있습니다. 이에 임금이 부인의 말을 듣고 나
라를 그르치게 되는 것도 우려스럽습니다."

289 세종 12년(1430) 11월 21일, 환관들의 화에 대해 이야기했다.

　　조참을 받고 윤대를 행하고, 경연에서 강(講)하다가 다음 대목에 이르
렀다.

　　'태종 때 조정의 신하가 환자인 왕계은(王繼恩)이 적(賊)을 이겼기에 이
에 대한 공로를 치하하는 상을 주었는데 이때 상으로 그에게 정권을
주려 하니, 태종은 따르지 않았고 다만 선정사(宣政使)라는 관직을 만
들어주었다.'

세종이 탄식해 말했다.

　　"환관들의 화가 없었던 시대가 없었습니다. 한(漢)과 당(唐)의 역사적
사실을 통해서도 교훈을 얻을 수 있습니다. 이런 것을 경계하지 못
하고 계은(繼恩)에게 이 벼슬을 주었습니다. 이는 정말 탄식할 노릇입
니다. 전쟁에서 승리한 공로는 아무리 천한 사람이라도 후한 상을

❶ 내관

내려야 합니다. 더구나 환자야 말할 나위가 있겠습니까. 그러나 당에서 군사의 권리를 준 것이 잘못이었습니다. 책무를 주고 나서 공을 세운 뒤인데 어떻게 상을 베풀지 않을 수 있겠습니까?

예로부터 임금이 환관들을 신임한 것은 그들이 자손을 낳지 못하며, 권신들이 일으킬 변을 그들을 통해 막고자 했기 때문이었습니다. 그러나 어찌 그런 소인의 무리들에게 위엄과 복을 마음대로 하는 권한을 준단 말입니까? 지금 중국에서도 환자를 너무 신뢰하는 바람에 황제의 명령을 받은 환관이 가는 곳마다 조정의 관리를 노복처럼 다루고 있습니다. 황제께서 부리는 사람을 존경하는 것은 좋은 법이지만, 기존 법대로 아랫사람을 대하는 것이 나라를 위하는 도리입니다."

! 왕실의 부인들이 정사에 참여하는 것에 대해서 부정적으로 보고 있는 대목이다. 세종은 문자를 알지 못하는 여성들이 국정에 간여하면 그것이 정사를 망치게 할 수 있다고 말한다. 임금이 부인들의 말을 듣고 정사를 운영하는 것에 대해서도 바람직하지 않게 보고 있다. 하물며 환관들의 영향력도 꺼리고 있다. 환관들에게 권력을 주는 것에 대해서 경계하는 것이다. 그들의 임무는 대신들이 권능을 함부로 하는 것에 대해서 경계를 하는 것이기 때문이다. 그들 때문에 미혹되어 국정이 이루어질 것을 우려하고 있는데, 전문적으로 일심하는 이들이 정치와 국정을 논하는 것이 맞다는 세계관을 보이고 있는 것이다.

과학적 · 합리적인가

290 세종의 과학적인 업적을 들어 그가 과학적 · 합리적인 행동만을 했을 것으로 평가하는 경향이 있다. 그러나 세종은 불행한 일을 막으려고 주술적인 행동을 하기도 했다. 세종 17년(1435) 7월 25일, 도마뱀을 모아 비를 비는 의식을 행했다. 이때 무당과 중들을 모아 비 오기를 빌도록 했다. 세종 27년(1445) 5월 9일에는 무당과 중을 모아 기우제를 행했다.

291 세종 28년(1446) 4월 15일, 장의문(莊義門)이 경복궁을 누르고 해한다고 해서 출입을 제한했다.

승정원에 전지했다.

"술사(術士) 이양달(李陽達)이 '장의문이 경복궁을 누르고, 또한 해를 주고 있으니, 사람이 통하는 것이 좋지 않다'라고 했습니다. 그러므로 길을 막아서 소나무를 심고 항상 잠가두고 열지 않은 지가 오래입니다. 지금은 항상 통행하니 이는 대단히 좋지 못합니다. 이제부터는 명령을 받고 출입하는 일 외에는 항상 닫아두고 열지 말게 하십시오."

> ! 이는 세종이 음양(陰陽)과 풍수(風水)의 말을 믿어 이렇게 한 것이었다. 그러나 이를 전적으로 비판만 할 일은 아니다. 이 역시 사회적 상황의 소산이기 때문이다. 또한 최고의 리더는 구성원들이 바라는 바를 일정하게 수행해주는 면모를 보여주는 것도 중요하다. 그것은 심리적인 효과를 기하는 측면도 있기 때문이다. 하지만 항상 그것에 과하게 의존하는 것은 바람직하지 않다. 리더는 과학적·비과학적인 것을 모두 알고 있으면서 심리적인 위안 효과를 통해 구성원들을 이끌어야 하는 때도 있는 것이다.

주인과 종이냐, 부자 관계냐

292 사안에는 여러 가지 판단 기준이 복합적으로 얽혀 있는 경우가 많다. 세종 28년(1446) 11월 4일, 김삼(金三)과 천장명(千長命)이 한 아이를 두고 서로 자기의 아들이라고 주장하는 소송이 일어났다. 처음에 나이 11세나 12세 정도의 어느 사내아이가 마을에 다니며 빌어먹다가 우연히 좌승지 박중림(朴仲林)의 집에 이르니, 박중림의 노복(奴僕)이 아이를 보고 놀라면서 말했다.

"이 아이는 주인집의 종 김삼의 소생인 김산(金山)이다. 나이 9세 때에 이 아이를 잃었는데 간 곳을 알지 못했다."

곧 살고 있는 곳을 물었는데, 아이가 죽산 현감 송중손(宋重孫)의 비부(婢夫)

十四. 모순 그리고 진퇴양난

천장명의 집을 가리켰다. 김삼이 가서 내 아이라고 다투니, 천장명이 말했다.

"이 아이는 내 아들 천보(千寶)이다."

그는 아이를 내놓지 않았다. 이렇게 되자 김삼이 형조에 소송했고, 형조에서 양가 부모와 마을 사람을 국문했다. 사람들은 그 아이가 김삼의 아들이 맞다고 했다. 안건이 거의 종결되었는데 참판 성염조(成念祖)가 이를 의심했다. 이때에 형조에서 삼성(三省)❶에게 번갈아 국문하기를 청해서, 의금부를 시켜 삼성과 함께 이를 처리하게 했다.

293 더 심한 경우도 있었다. 세종 29년(1447) 3월 7일, 의금부 제조 이선(李渲)·이견기·이승손, 위관(委官) 정갑손, 대사헌 이계린, 지사간(知司諫) 정지담이 말했다.

"박중림이 천장명의 아들 천보를 그의 종 김삼의 아들 김산으로 삼으려고 했습니다. 간사한 행동이 다 드러나서 이제 숨길 수가 없습니다. 하지만 그럼에도 온갖 방법으로 진실을 숨기려 교묘히 꾸며 아직도 죄를 인정하지 않고 있습니다. 마땅히 이들을 고문해서 그 실정을 알아내야 될 것입니다. 지금 증거에 따라 볼 때도 부끄러워해야 할 것인데도, 오히려 한 목숨이 아직 남았다고 하면서 맹세코 죄를 자복하지 않고 있습니다. 그가 임금의 은혜를 알지 못하고 언사가 거칠고 거만합니다. 그런 언사가 이보다 다른 어느 것보다 심할 수가 없습니다. 더구나 의금부에서 어찌 박중림 한 사람의 공초를 받지 못하겠습니까? 고문을 해서 진실을 알아내어 간사하고 거짓이 많은 그를 징계하소서."

세종이 고문의 필요성을 언급하며 말했다.

"박중림은 나이가 많고 또한 구신(舊臣)입니다. 갑자기 고문하는 것은

❶ 의정부, 사헌부, 의금부를 이름

가련하나 일이 부자의 변고(變故)에 관계되는 것입니다. 그러니 고문을 해야만 그 진실을 알 수 있다면 해야 할 것입니다."

이선 등이 다시 이를 청하니, 세종이 말했다.

"내일 육조 참판 이상의 관원을 정부에 모아서 의논하게 할 것입니다." 우의정 하연, 이조판서 한확, 참판 유의손, 병조판서 안숭선, 참판 조극관, 형조판서 윤형, 참판 강석덕, 호조참판 민신 · 이선 · 이견기 · 이승손 · 정갑손 · 이계린 · 정지담이 의논했다.

"모든 증거가 이미 명백해 변명할 수 없는데도 죄를 인정하지 않고 있습니다. 마땅히 고문을 해야 되겠습니다."

예조판서 정인지만은 이렇게 말했다.

"이 옥사는 부자 관계의 진위를 판별하기 위한 것입니다. 그 부모가 이미 일의 내용을 사실대로 말하고 있고 모든 증거가 갖추어졌습니다. 반드시 박중림이 공초를 받고 난 뒤에 판결될 것이 아닙니다. 다만 박중림이 소송을 뒤에서 꾸며 옳고 그름을 흐린 죄는 끝까지 추문해야 되겠지만, 이 일은 종과 주인에 관계되는 것입니다. 마땅히 고문을 가하지 않아야 될 것입니다."

세종이 정인지의 의견에 따랐다.

294 고문을 하지는 않았지만 여전히 박중림은 옥에 가두었다. 박중림은 박팽년의 아버지였다. 세종 29년(1447) 8월 23일, 박팽년이 문과 중시에 합격해 그의 아비 박중림의 부처(付處)❶를 풀어주었다. 이때 전라도 감사에게 유시했다. "집현전 교리(集賢殿校理) 박팽년이 이번 문과 중시(文科重試)❷에 합격했는데, 그 아비 박중림이 여산(礪山)❸에 부처되어있으니, 말을 태워 올

---

❶ 벼슬아치에게 어느 곳을 지정해 머물러 있게 하던 형벌.
❷ 당하관 이하인 문무관에게 해마다 한 번씩 보이던 과거시험. 성적에 따라 관직 품계를 올렸고,

당상관까지 올랐다. 당하관은 정3품 이하를 말한다.
❸ 전북 익산

十四. 모순 그리고 진퇴양난

려보내라."

> ⚠️ 박중림은 다른 아이를 자신의 노비의 아이로 만들어주는 데 관여를 했고, 끝까지 자신이 한 일을 부정했다. 그런데 세종은 박중림에게 고문을 가하자는 것에 대해서 반대했다. 무엇보다 박중림은 오랫동안 벼슬을 통해 국정에 참여했던 인물이었기 때문이다. 그러한 공로를 인정하는 차원을 세종은 생각했다. 또한 그가 이미 나이가 많은 점도 생각하고 있었다. 하지만 부자의 변고에 관한 것이며 고문이 있어야 진실을 알 수 있다면 고문을 해야 한다고 말한다. 고문을 완전히 금지한 것은 아니고 필요할 때는 써야 한다는 입장이었던 것이다.

첩보다 어미 봉양을 최우선에 두다

295 첩이 우선인가 어미가 우선인가는 쉽지 않은 판단일 수 있다. 세종 25년(1443) 2월 25일, 지평 이영경이 김진(金墐)·조극관(趙克寬)·이근전(李根全)의 징계를 청했다. 이때 이영경이 아뢰었다.

"전하께서는 신들이 탄핵했던 김진의 본처 소박의 죄를 용서하셨습니다. 신들은 그가 어미를 봉양하는 효도와 아내를 대우하는 예절을 갖추어 지켜야 할 것인데 그러지 못했기 때문에 탄핵을 했습니다. 그는 아내를 다른 집에다 버려두고 첩을 데리고 와 어미의 집에 살고 있습니다. 그 같은 일이 분명한 사실인데도 죄를 주지 않으시는 것은 매우 옳지 못합니다.

또 제사는 소중한 일입니다. 그런데 조극관의 죄를 특별 사면하시고 오히려 참판으로 승진시키셨습니다. 그렇게 하시는 바람에 상벌의 의미가 사라졌습니다. 이근전은 특별한 공로도 없이 두 달 사이에 연거푸 두 번이나 가자(加資)❶를 주셨습니다. 마땅히 직첩을 회수하셔서 뒷날 그런 일이 생기지 않도록 경계해야 할 것이옵니다."

❶ 조선시대 품계를 올리는 일 또는 정3품 이상의 품계

이 말을 듣고 세종이 말했다.

"부부는 비록 삼강(三綱)의 하나이나 부모 자식은 강상(綱常) 가운데에서도 더 중요합니다. 김진의 어미 나이가 90이 넘어 죽을 날이 얼마 안 남았습니다. 그런데도 김진이 어미 집에 살면서 아침저녁으로 봉양했습니다. 어미를 아침저녁으로 봉양한 마음이 아름답지 않습니까. 또 세상 사람이 처자만 보살피고 부모의 봉양을 돌아보지 않는 자가 많습니다. 그런지라 제집에 나가 살면서 부모에게 찾아가지도 않는 자를 나는 매우 그르게 생각합니다. 그렇기 때문에 진에게는 죄줄 수 없습니다."

이영경이 다시 아뢰었다.

"며느리가 시어미를 섬기는 것은 당연한 예절입니다. 아내와 어미를 봉양하는 게 김진이 당연히 할 일입니다. 이제 어미의 집에 첩을 두고 아내를 다른 집에 쫓아내고는, 어미를 봉양한다고 핑계대고, 실제는 첩에게 빠진 것입니다. 어찌 이런 핑계로 아내를 내쫓는 것이 가능한지요? 이는 용서할 수 없습니다. 더구나 김진은 벼슬이 3품에 이르렀고, 나이도 꽤 노년에 가깝습니다. 이는 다른 무지한 자와는 비교할 수가 없습니다. 만일 진을 용서하시면 무지한 사람들이 서로 다투어 본받아서 할 것이니 결국 나쁜 풍속을 이루게 될 것입니다. 죄주지 않을 수 없사옵니다."

이 말을 듣고 세종이 말했다.

"김진의 일은 내가 그 진실을 알지 못합니다. 늙은 어미를 봉양하는 일은 차라리 후하게 해도 될 것입니다. 그러니 무엇이 걱정될 것입니까?"

296 세종이 아내에 대한 도리도 중요하게 생각하고 있음은 물론이다. 부모 자식 간의 관계도 그렇지만 부부간의 정리도 중요한 것이다. 세종 8년 (1426) 6월 28일, 먼 지방에 안치한 곡산 부원군(谷山府院君) 연사종(延嗣宗)의

서울 출입을 허락한 문제를 논의했다. 사헌부에서 아뢰었다.

"근일에 곡산 부원군 연사종이 병든 아내를 만나기 위해 특별히 서울에 올라오는 것을 허락하셨습니다. 처음에 먼 지방으로 보낸 것은 그의 탐오를 징계한 것입니다. 이미 보내셨다면 비록 부모의 병이라 할지라도 쉽게 와서 볼 수 없는 것입니다. 그런데 하물며 그 아내의 병 때문에 서울에 오갈 수 있도록 하는 것은 바람직하지 않습니다."

세종이 말했다.

"부부는 부모와 비하면 비록 가볍다 하겠으나 부부간의 정의(情義)도 중한 것입니다. 아내의 병을 와서 보고 돌아가는 것이 왜 의리를 상하게 하는 것이겠습니까?"

신하들은 첩을 들여 아내를 쫓아낸 일을 비판했고 세종은 부모를 봉양하는 점을 들어서 죄를 줄 수 없다고 말한다. 부부의 도리와 부모 봉양이 서로 충돌하고 있는 상황에서 세종은 부모 봉양을 부부에 앞선 것으로 여겼다. 세종은 부모를 잘 모시는 일이 드물기 때문에 부모 모시는 일을 더 장려하려는 점을 강조하고 있는 셈이다. 그러나 여성주의 관점에서 보자면 세종의 판단은 바람직하게 여겨지지 않을 것임이 분명하다. 당시의 관점에서 보면 효도를 우선시하는 가치가 있었음을 생각할 때 이는 오늘날과 다른 점이 있다. 리더는 이처럼 충돌하는 가치 사이에서 어떤 것을 우선하고 이를 잘 설득할 것인지에 대해서 고민해야 한다. 물론 가치와 이를 뒷받침하는 논리가 타당해야 한다.

十五.
세종시대 별난 일, 별난 사람들

세상사에는 전혀 생각지 않은 일들이 일어난다. 황당한 일, 어이없는 일들은 당황스럽게도 하고, 실소하게도 만들며, 두렵고 노여워하게 만들기도 한다. 통치나 조직의 운영에서는 진지하고 의미 있는 과제보다 이런 일들이 다반 사다. 국정 운영에서는 대단하고 거창한 일만 다루기만 하는 것이 아니라 생 각하지 못한 의외의 일들을 마주해야 하는 것이다. 별난 일도 많고 별난 사람 들도 많으니, 언제나 그들에 유연하게 대응할 준비가 필요하다. 그렇게 하지 못하면 차칫 치명적인 결과가 일어날 수도 있다. 큰 환란은 작은 것에서 오는 경우가 많고, 오히려 일어날 것이라 생각해서 방비를 한 것에서는 나지 않는 경우가 많기 때문이다.

납철 조각 사기단

297 세종 8년(1426) 4월 7일, 사노(私奴) 박막동(朴莫同), 악공(樂工) 최대평(崔大平), 백성 김유(金宥) 등이 결당(結黨)해 사기한 죄로 처분했다.

박막동 · 최대평 · 김유 등이 결당한 것은 사기극을 벌이기 위해서였다. 이들은 납철(鑞鐵)로 조각을 만들어 일부러 길 가운데 버렸다. 길 가는 사람에게 이것을 줍도록 잘 보이게 했다. 그러고는 다른 일당이 뒤따라가서 말했다.

"값비싼 은 조각을 우연히 길 가운데서 잃었는데, 만약 이것을 주운 사람이 있으면 적당한 값으로 사례해주겠습니다. 혹시 줍지 않았습니까?"

이 말을 듣고 주운 사람이 납철 조각을 내어 보이면, 반가운 척하면서 말했다.

"이것이 바로 내가 잃은 은 조각입니다. 그러나 보답할 물건이 없습니다. 어떻게 하지요?"

당황하면서 답답해하는 표정을 지으면, 그 무리 중 한 사람이 옆에 있다가 길 가는 사람처럼 한 패거리인 물건 주인에게 말했다.

"당신의 중한 보물은 이미 길에서 잃어버려 당신의 소유가 아닙니다. 벌써 다른 사람이 이를 얻은 것과 같습니다. 당신의 보물은 아니고 곧 다른 사람의 보물입니다. 그러니 조각을 주운 사람에게 비록 반값을 받고라도 이를 주는 것이 옳습니다."

이미 손을 떠난 것이니 조각을 주운 사람에게 반값을 받고 주어야 한다는 말이었다. 이 말을 듣고 물건 주인은 그렇게 하자고 했다. 주운 사람은 이 말을 믿었고 은 조각이라 생각해 그에 해당하는 값을 치르려고 가졌던 의복과 잡물을 다 주고 교환하게 되었다. 물론 은 조각이 아니라 쇳조각이었다.

그들은 길에서 사람들을 상대로 이런 일을 여러 번 했다. 그러나 일이 발각되어 의금부에서 이를 추문했다. 그러자 모두 죄를 털어놓았다. 형률에 따라 두목인 박막동은 곤장 100대에 처한 뒤 수군으로 충원하고 가산은 관청에서 몰수했다. 공범인 최대평과 김유는 곤장을 치게 하되, 차등 있게 치도록 했다.

> ! 사기는 경제적인 가치, 돈을 둘러싸고 벌어진다. 물론 사기를 당하는 이들은 대개 물적 욕심을 내다가 이에 휘말리게 된다. 이처럼 다른 사람을 상대로 사기를 치는 일은 동서고금에 항상 있는 일이다. 다만 그것을 누구와 같이 하며 어떤 대상을 가지고 누구에게 하는가가 다를 뿐이다. 앞으로도 이러한 행태는 계속 있을 수밖에 없을 것이다.

주문을 외어 살인한 이

298   세종은 아무리 술법으로 현혹한 자에게라도 혹독한 추국으로 거짓 자백을 받아내려 한 것에 대해서 경계시키기도 했다. 세종 15년(1433) 7월 19일, 형조에서 곡산(谷山)에 사는 양민 여자 약노(藥奴)의 살인죄를 법대로 처리할 것을 아뢰었다. 형조에서 약노의 살인죄에 말했다.

"곡산에 사는 양민 여자 약노가 주문(呪文)을 외어서 사람을 죽였다고 처음에 자복했습니다. 그런데 그 술법을 닭과 개에게 행해보았지만 죽지 않았습니다. 그 까닭을 물었더니 약노가 대답했습니다. '갇혀있은 지가 여러 해 되어서 주문 접하는 귀신이 몸에 붙어있지 않기 때문에 영험이 없다.' 이를 법대로 처치해야 합니다."

세종이 좌부승지 정분(鄭苯)에게 명했다.

"유정현이 이전에 내게 한 말이 생각납니다. '주문 왼다는 일은 참으로 허망한 것입니다. 만약 이런 술법을 믿는다면 무고한 백성이 애매하게 죽는 자가 많을 것입니다. 믿지 말기를 원합니다.' 나도 그런 이치가 없다고 생각했습니다. 이제 약노의 사건을 의금부에 보내게 할 것입니다. 그대가 가서 제조와 함께 약노를 문초하고 보고하십시오."

가서 문초하니, 약노가 조금도 숨기는 짓이 없이 주문 외는 술법을 다 설명하고는 다시 말했다.

"빨리 나를 죽여주시오."

정분이 다시 문초를 했다.

"전번에 곡산 유후사와 형조에서 처음 물을 때에는 모두 숨겼다. 왜 지금은 쉽게 자복하느냐?"

약노가 이렇게 대답했다.

"처음에는 죽기를 면하려고 애서 변명을 했지만, 이제는 덮을 수가 없게 되었습니다."

두 번, 세 번 따져 물어도 끝내 말을 똑같이 했고, 그 말씨가 애처롭고 간절했다. 갇혀 있은 지 10년이 되어, 약노를 보호해 부양할 자가 없었다.

예빈시(禮賓寺)❶에 명해 먹을 것을 주게 하고, 제용감(濟用監)❷에 명해 입을 것을 주게 하고, 정분에게 명해 다시 추궁해 따져 물었는데 대답이 처음과 같았다.

"임금께서 네가 여러 해 동안 갇혀서 때리는 매에 고통스러워하는 것을 불쌍하고 딱하게 여기셔서 실상을 알고 싶어 하신다. 네가 정말 주문 외는 술법으로 사람을 죽였으면 사형을 받아도 마땅하겠지만, 만약 매에 못 이겨 거짓 자복했다면, 진실로 가엾고 안된 일이다. 그러니 사실대로 대답하라."

약노가 하늘을 우러러보고는 크게 울며 말했다.

"본래 주문 외는 일은 알지도 못합니다. 그 사람이 죽은 것이 마침 내가 밥을 먹여주었던 때였고, 이에 나를 의심해 강제로 형벌을 수없

---

❶ 손님의 연향과 재신의 음식 공제를 맡았던 관아 ❷ 조선시대에 각종 직물 따위를 진상하고 하사하는 일이나 채색, 염색, 직조 등의 일을 맡은 관청

이 가해 꼭 자백을 받으려 했습니다. 고문과 매 때림을 견디지 못해 거짓 자복했습니다. 이제 비록 사실대로 말한다고 해도 형장을 쓸 것이므로, 내가 어떻게 견디겠습니까? 죽기는 마찬가지입니다. 태장(笞杖)을 당하는 것이 한 번 죽는 것보다 고통이 심하니 빨리 나를 죽여주십시오."

그가 통곡하므로 정분이 돌아와 이를 말했다. 세종이 듣고 측은하게 여겼다.

지신사 안숭선 등이 아뢰기가 이러했다.

"이제 약노가 이미 문초하는 형장을 11차례나 맞았고, 의금부에서 또 15차례나 형장을 쳤습니다. 그 실제를 알기 위해 그 같은 혹독한 형벌을 할 수가 있습니까? 또 옛사람이 '죄가 의심스러운 것은 아무쪼록 가볍게 해야 한다'고 했습니다. 그냥 덮어두고 논하지 않는 것이 옳지 않겠습니까?"

세종이 옳다 생각해 그대로 따랐다. 약노를 제집으로 돌려보내라 하고 도중에 먹을 죽과 밥을 주게 했다.

> **!** 세종이 생각하기에 주문을 외어 사람을 죽이는 일은 가하지 않았다. 그러나 약노는 자신이 사람을 주문을 외어 죽였다고 거듭 주장했다. 세종은 가하지 않은 일이므로 다른 이유가 있다고 판단했다. 마침내 밝혀진 진실은 처음에 거짓말로 자복한 것을 인정하면 더욱 형을 받을까 두려워 계속 거짓말을 했던 것이었다.
> 약노는 주문을 외어 사람을 죽였다는 이유로 10년을 옥에 갇혔고, 그 세월 동안 가족은 없어졌다. 거짓으로 자복을 해 억울한 옥살이를 했으니 불쌍한 일이다. 이처럼 죄를 주려 할 때는 황당한 일을 진실인 것처럼 몰아가는 경향이 있고, 죄가 안 될 때는 아무리 진실해도 진실이라고 여기지 않는다. 이는 사물의 이치에 맞게 추정해 진실을 드러낸 사례였고, 결국 세종의 혜안으로 억울하게 옥살이한 이를 무죄로 풀어주게 되었다.

十五. 세종시대 별난 일, 별난 사람들

칡 뿌리도 못 먹는 사람들

299 당시의 구황책이 어떠했는가를 다음의 일화를 통해서도 알 수 있다. 세종 18년(1436) 12월 22일, 왜통사(倭通事)❶ 윤인보(仁甫) 등을 시켜 백성에게 칡뿌리 캐 먹는 법을 전수했다. 왜통사 윤인보·윤인소(仁紹) 등이 가뭄으로 일어난 흉년 구제의 계책을 진술하면서 아뢰었다.

> "왜인들은 상시로 칡뿌리와 고사리 뿌리를 먹습니다. 만약 이것을 사용해 흉년을 구제한다면 방도가 있을 듯합니다."

세종이 그렇게 여겨서 윤인보를 경상도에 보내고, 윤인소를 전라도·충청도에 보내, 칡뿌리를 캐어 먹는 방법을 가르치게 했다. 이는 당시에는 칡뿌리조차 먹지 못하고 있었다는 말이 되는 것이다. 이때서야 이르러 왜의 칡뿌리 먹는 법에 따라 구황하고 있었다.

300 또한 세종 5년(1423) 3월 13일, 함길도 화주(和州)에 빛깔과 성질이 밀(蠟)과 같은 흙이 있어 이 흙으로 음식을 만들어 굶주림을 면하게 했다. 굶주린 사람들이 이 흙을 파서 떡과 죽을 만들어 먹어, 굶주림을 면하게 되었다. 그 맛은 메밀[蕎麥] 음식과 비슷했다. 일종의 먹는 흙을 통해 구황을 했던 것이다.

301 또한 저화로 환곡을 대신하게 했다. 세종 4년(1422) 11월 28일, 혼자 사는 맹인(盲人) 여자들이 저화(楮貨)❷로 환자[還上]❸ 갚기를 청했다. 서울 안의 맹인으로, 혼자 사는 여자 29인이 북을 치고 호소했다.

> "일찍이 환자를 받아먹었습니다. 하지만 가난한 탓으로 갚지 못하겠습니다. 대신 저화로 빌린 것을 올리기를 원합니다."

---

❶ 왜인들의 통역을 맡아보던 벼슬아치
❷ 돈

❸ 조선시대 각 고을의 사창(社倉)에서 백성들에게 꾸어주었던 곡식을 가을에 이자를 붙이어 받아들이 는 일. 환사(還賜), 환자(還子)

이렇게 말하자, 세종이 호조에 그들의 소원을 들어주라고 명했다.

> ⚠ 굶주림을 면할 수 있다면 그것이 어느 나라 것이라도 상관이 없을 것이다. 흙으로 대신 구황을 할 수 있다는 사실은 오늘날에도 잘 알려져 있지 않다. 그만큼 흉년을 당한 상황에서 구황책은 절실했다. 흙에도 영양분이 있으니 구황을 할 수 있었던 것이다. 농민도 아니니 어찌 쌀을 쉽게 구할 수 있을까. 맹인 여성들도 그것을 갖고자 간곡하게 북을 치고 호소했다. 이렇듯 칡뿌리도 먹지 못하고 흙으로 연명하는 삶은 여전히 존재했다. 세종이 항상 해결해야 할 대민 구제책이었다.

꽃을 받들고 있던 늙은이

302 온천이 있는 온양(溫陽)에 세종이 종종 나아갔는데 그때 백성들에게 배려를 특히 더했다. 민폐를 준 것에 대한 미안함 때문이었다. 세종 23년(1441) 3월 19일, 비 때문에 길이 질고 날씨도 추웠다. 세종이 인마(人馬)가 굶주리고 고단한 것을 염려해 대가(大駕)가 수헐원(愁歇院)❶에 이르자마자 유숙하게 했다. 진무(鎭撫)❷ 두 사람에게 시켜 술과 밥을 싣고 연도(沿道)❸로 가서 그들을 구제하게 했다.

303 세종 25년(1443) 4월 3일, 세종이 탄 어가의 행렬이 온정을 출발해서, 직산현(稷山縣) 수헐원의 남쪽에 있는 들에 도착할 때 꽃을 든 노인을 만났다. 이날 세종이 직산현 수헐원의 남쪽 들에서 유숙했다.
   거가(車駕)가 온정을 출발했을 때, 도중에서 한 늙은이가 꽃을 받들고 길 왼쪽에 꿇어앉아 있었다. 세종이 그 늙은이를 아름답게 여겼으므로 목면(木綿) 한 필을 내렸다.

❶ 직산현 인근
❷ 조선 전기 의흥친군위 · 삼군진무소 · 오위진무
   소 · 의흥부 등에 둔 3품 이하의 무관
❸ 큰 도로 좌우에 연해 있는 곳

十五. 세종시대 별난 일, 별난 사람들

세종 24년(1442) 11월 27일, 그해에 온양에서 목욕할 때, 접대 때문에 백성에 폐가 미치지 못하게 했다. 세종이 충청도 관찰사에게 다음과 같이 전했다.

> "올해에 온양에서 목욕하려 합니다. 접대에 필요한 잡물(雜物)은 본도(本道) 각 고을의 상공물(常貢物)에서 필요한 수량을 헤아려 지대(支待)하십시오. 그래서 민간에 소란을 일으켜 폐단이 없게 하십시오."

온천에 거동한 것이 백성들에게 미치는 폐로 이어지는 것을 방지하는 조치였다.

304 세종 24년(1442년) 5월 3일, 세종은 온양의 온천물에 대해서 다음과 같이 말한 바 있다.

> "몇 해 전에 온양에서 목욕을 한 후에는 병의 증후(證候)가 조금 나았기 때문에 내 생각에는 그 뒤에 완전히 나을 것이라고 여겼다."

세종은 이 때문인지 온양에 자주 나간 것이다.

305 세종 24년(1442) 11월 24일, 세종이 병 때문에 온양에서 목욕하려고 승정원에 전했다.

> "내가 병이 든 뒤로 계축년(癸丑年)에 온양에서 목욕했습니다. 또한 신유년(辛酉年) 봄에 온양에서 목욕했으며, 올해에 또 이천(伊川)의 온정에서 목욕했더니, 내 병이 거의 조금 나았습니다. 다만 완전히 낫지는 않았습니다. 이는 내가 죽을 때까지 지닐 병입니다. 그러니 목욕만 한다고 다 치료할 수 없습니다. 그러나 목욕한 후에는 나은 듯하기에 또 온양에 가서 목욕하려 합니다. 그 시위(侍衛) 군사는 간편하게 따르도록 하십시오. 그대들이 마감(磨勘)❶해 아뢰길 바랍니다."

---

❶ 일을 잘 살펴서 심사해 끝을 맺음

306 세종 25년(1443) 1월 25일, 병조(兵曹)에서 온양 행궁 밖에 군사 100명을 주
둔시킬 것을 아뢰었다.

"이제 온양에 나가시는데 바다 어귀가 멀지 않습니다. 전례에 따라
그 도의 절제사(節制使) 군영에 소속한 군사 100명을 도진무(都鎭撫)❶에
게 압령(押領)해 행궁 서편 10리 밖에 주둔, 대령하게 하시옵소서."
이 말대로 하게 했다.

307 세종 25년(1443) 3월 1일, 세종이 왕비와 더불어 충청도 온양군 온천에 나
갔는데 왕세자가 따르고 대군 및 여러 군(君)과 의정부 · 육조 · 대간의 각
한 사람씩을 호가(扈駕)❷하게 했으며, 광평대군(廣平大君) 이여(李璵)와 수춘군
(壽春君) 이현(李玹)에게 궁을 지키게 했다. 대군과 여러 군을 번을 돌아 왕래
하게 했다. 이날 용인현 도천(刀川)의 냇가에 머물렀는데, 악공[伶人] 15인이
저녁때부터 이고(二鼓)❸에 이르도록 풍악을 연주했다. 온양에 이르는 길에
각 수령들은 모두 고을 경계에서 영알(迎謁)❹했다. 왕의 행렬을 구경하는
백성들이 길에 넘쳤다.

308 세종 25년(1443) 3월 19일, 세종이 온양군 사람들에게 치하했다. 대신들
에게 명해 온양군 사람에게 환자[還上]를 매 호에 2섬씩 감해 바치게 했다.
그 고을의 노인 25인에게 곡식을 차등 있게 하사했다. 또한 온정 감고(溫
井監考)❺ 6인에게도 면포를 차등 있게 하사했다.

309 세종은 온천에 가는 것이 민폐를 끼칠 것이라 생각해 자제했다. 실제로
임금이 온궁에 행차할 때마다 막대한 비용이 소요되었다. 세종 25년(1443)

❶ 고려 말 원수나 도순문사(都巡問使) 밑에 설치   ❹ 출영해 배알함.
　한 군직. 군기(軍機)에 참여하고 군령을 전달하   ❺ 조선시대 정부의 재정 부서에서 전곡(錢穀) 출
　며 제반 군사 업무를 총괄했다.　　　　　　　　　　납의 실무를 맡거나 지방의 전세 · 공물 징수를
❷ 임금의 거가(車駕)를 호위하며 좇음.　　　　　　　담당하던 하급 관리
❸ 오후 10시 전후

8월 29일의 기록에 다음과 같은 대목이 있었다.

"이때에 여러 가지 의방 방문[醫方]에 목욕하면서 눈을 치료한다는 말이 없었다. 그런데, 두 번이나 온천에 거둥해 공궤(供饋)해 이바지하는 데에 괴로움을 다 기록할 수 없었다. 임금이 비록 다시 거둥한다해도 오히려 마땅히 간(諫)해서 그치게 할 것인데, 이제 아첨하느라고 공교롭게 말을 꾸미는 것이 이와 같기에 이르렀다. 또 승손이 전에 대가를 호종(扈從)해 온천에 갔다가, 수령들이 주는 것을 많이 받아서 배[船]에 실어 집으로 보냈기 때문에 이때 사람들에게 비난을 받았다."

> **!** 늙은이가 들고 있던 꽃이 크고 화려한 것이었겠는가. 아마도 들꽃이었을 것이다. 그 모습을 그냥 무시할 수도 있지 않았을까. 그러나 아름다운 마음으로 꽃을 들고 있으니 그 모습을 아름답게 여겨 목면을 준 것이 더욱 아름다운 정경을 만든다. 어떤 행동과 말을 해도 그것은 알아보는 이가 있어야 의미가 생긴다.
> 한편 세종은 병이 있어 온천을 자주 갔으며 그 온천으로 효험을 얻으니 그 주변 백성들에게 좋은 일을 많이 베풀려 했다. 최고의 리더들은 베푸는 존재일 때 더욱 그를 따르는 이들이 많을 수밖에 없다. 하지만 그 가운데에서도 자기 이익을 챙기려는 이들이 있음을 세종이 모르지 않았기 때문에 항상 조심하기도 했던 것이다.

아까운 담대한 점술가

310 점술은 중요하게 대접받기도 했는데, 세종은 이를 이용해 오만하게 행동한 지화(池和)라는 인물을 벌주기도 했다. 세종 26년(1444) 12월 11일, 점술가 지화를 귀양 보내게 했다. 본래 장님 지화가 운명을 점치는 법을 조금 알고 있었는데, 세종이 일찍이 어떤 일을 점쳐 보려고 내수(內竪)❶를 보내 데려오게 했다. 지화가 집에 있지 않아, 내수가 사람을 시켜 찾아 호군(護

---

❶ 궁중의 대수롭지 않은 벼슬아치 또는 내시

軍)[1] 김윤(金閏)의 집에서 마침내 만났다. 지화가 술에 몹시 취해 횡설수설하고 내수에게 대하는 말씨가 매우 교만했다. 지화가 또 말했다.

"오늘은 술에 취해 점칠 수가 없다."

내수가 지화의 언행을 그대로 아뢰니, 세종이 크게 화를 냈다. 의금부에 잡아다가 문초하게 했다. 의금부에서 아뢰었다.

"지금 성상께서 슬퍼하시는 때에 지화가 김윤과 함께 술과 고기를 먹고 크게 불경했습니다. 그런데 사실을 바른대로 말하지 않고 있습니다. 그러니 고문을 하겠습니다."

세종이 이 말을 듣고 말했다.

"지화가 음흉하고 간교하기 짝이 없습니다. 그가 운명을 좀 알 수 있는 능력 때문에 태종 때부터 은혜를 입어 벼슬을 받았습니다. 지금도 역시 벼슬에 있는데, 그가 그렇게 불경하게 행동할 수 없는 것입니다. 무거운 법으로 죄를 주어도 조금도 가련할 것이 없습니다. 김윤은 본래 여럿이 모여서 마신 것이 아니라 그때 마침 지화가 왔기에 술을 마신 것이라, 죄를 묻지 않는 것이 옳습니다."

곧 지화를 진도로 귀양 보냈다. 사헌부에서 다시 회령부(會寧府)로 귀양 보내라고 해서 그렇게 했다.

> **!** 합리적인 군주도 점쟁이에게 의존할 수밖에 없는 절박함이 있다. 다만 여기에서 점은 미신적이거나 삿된 것이 아니라 그 나름의 논리적인 측면을 가진 점이라고 할 수 있다. 그러나 세종은 겸손하지 못하고 오만하고 태만한 것을 옳게 생각하지 못하는 성정인데, 지화가 그 같은 행동을 했다. 고금을 막론하고 사람은 미래를 내다보는 능력을 갖기를 원한다. 이에 대해서 능력이 있는 이들이 있기 마련인데, 그들이 권력을 행사하며 많은 이들에게 곤혹스러움을 줄 수 있다. 인간의 약점인 미래에 대한 불안을 담보로 그들이 군림하는 것을 최고 리더는 일정하게 견제해야 한다. 오늘날의 미래학도 마찬가지일 것이다.

---

[1] 조선시대 오위에 속한 정4품 벼슬. 현직이 아닌 정4품의 무관이나 음관 가운데 임명했다.

한양 기녀 100인

311 여성이 음악을 연주하는 유일한 나라였던 조선이었다. 세종 29년(1447) 3월
18일, 한양의 기녀 숫자를 줄였다. 이때 의정부에서 예조의 정장(呈狀)❶에
따라 아뢰었다.

> "한양의 기녀가 125명이나 됩니다. 그 수효가 지나치게 많습니다.
> 대개 사신 접대와 내연(內宴)❷할 때에 여악(女樂)이 40명입니다. 비록
> 1부(部)를 더해도 80명에 지나지 않을 것입니다. 연화대(蓮花臺)❸ 6명
> 에 14명을 보충해 모두 100명을 정원으로 하고, 그 나머지 25명은
> 줄이소서."

기녀 숫자를 줄이자는 말에 세종이 그대로 따랐다.

> ❗ 궁 안에 기녀들이 있는 것은 조선에만 있는 제도였다. 이는 중원이나 일본에도 없는
> 독특한 제도였다. 여성들이 예술 분야에서 적극 활동할 수 있는 영역이기도 했다. 많
> 은 대신들이 이 제도를 없애고자 했으나 그 제도의 기능을 유지하자는 쪽도 만만치
> 않았다. 이 기녀들의 삶은 예술인의 삶이었다. 비록 크게 대접을 받지 못해 줄인다고
> 는 하나 그들의 역할은 매우 중하고 무시할 수 없으므로 아주 없앨 수는 없는 일이
> 었다.

종의 불알을 깐 주인

312 세종은 지나친 사적 징벌은 항상 경계시켰다. 세종 31년(1449) 5월 13일,
종을 자기 마음대로 치죄한 익녕군(益寧君) 이치(李袳)를 국문하라 명했다.
그 치죄가 통상적인 정도를 벗어났기 때문에 문제가 되었다. 이치는 종
계동(桂同)이 자신과 내연 관계에 있는 계집종과 간통했다는 사실을 알게

❶ 소장을 관청에 냄 ❸ 나라 잔치 때에 추는 춤의 한 가지
❷ 내빈(內賓)을 모아 베푸는 진연(進宴)

되어 계동의 불알을 까버렸다. 이에 세종이 종부시(宗簿寺)❶에 명해 국문하
도록 했다.

　　왕족의 행동이지만 이는 정도가 지나쳤음이 분명하다.

313　세종 20년(1438) 1월 27일, 적 수백 명이 벽단 구자(碧團口子)에 침입했고 이
　　에 적을 쫓아갔는데 적은 우리 군사를 사로잡으면 반드시 불알을 까면서
　　"이것은 사람을 낳는 물건이다."라고 했다. 적들의 잔인하고 횡포한 짓이
　　이러했다. 불알을 까는 것은 적들에게나 하는 짓인 것이다.

> 이치는 자신의 내연의 계집종과 간통한 남자 종의 생식기를 못 쓰게 만들어버렸다.
> 간통에 대해서는 형률에 따라 적용하면 될 것인데 이치는 그러지 않고 사적인 벌을
> 주었다. 이는 사적인 감정이 들어간 사적 복수에 해당했다. 아무리 종이라고는 하지
> 만 주인이 사사로이 종의 불알을 깠으니 왕족이라도 이것은 그냥 지나칠 일이 아니
> 다. 종도 사람이고 생명이므로 자신의 권력에 힘입어 사적으로 복수할 수는 없는 노
> 릇이다. 이런 방식이 그대로 방치되면 그 누구라도 감정이 실린 사적 복수의 대상이
> 된다.

억울한 죽음

314　수많은 일들이 벌어지는 정국에서 억울하게 죄를 입어 벌을 받고 심지어
　　죽음을 맞는 사람들도 많다. 세종 1년(1419) 5월 10일, 왜적을 방비하지 못
　　한 충청좌도 도만호(忠淸左道都萬戶) 김성길(金成吉)이 참형을 당했는데 억울한
　　죽음이었다.

　　사정은 이러했다. 처음에는 이렇게 알려졌다. 전라도 감사가 김성길
　　에게 왜적이 그의 경내를 지나간다고 빨리 알렸다. 왜선은 50여 척에 이

❶ 왕실의 계보를 기록하거나 왕실 사람들의 허물을 감독하던 기관

르렀다. 김성길은 이 같은 사실을 알고도 방비하지 않고 있다가 결국 패하게 되었다. 그래서 체복사(體覆使)[1]가 그를 벤 것이었다. 이후에 해주 목사 박영이 한 왜인을 사로잡아 병조가 사문했는데, 그 왜인이 다음과 같이 말했다.

"나는 대마도에 사는 사람입니다. 섬사람들이 다 굶어 죽을 정도로 궁핍해, 배 수십 척을 끌고 절강(浙江) 등지에서 노략질하려고 했습니다. 하지만 양식이 떨어져서 일단 비인(庇仁)[2]을 털고자 했습니다. 다음에 해주에서 도적질할 것을 엿보다가, 물을 길으려고 조그만 배에 타고 언덕에 올랐다가 관병(官兵)에게 사로잡혔습니다. 우리 두목은 도두음곶이[3]를 털 때, 만호의 화살에 맞아 죽었습니다."

여기에서 만호는 김성길이었다. 두목이 만호의 화살에 맞아 죽었으니 이로써 김성길이 전투에 열심히 임했던 사실이 드러났다. 김성길은 비록 처음에 방비하지는 않았으나, 적을 만나 부자가 서로 힘껏 싸웠다. 그러나 아들도 죽고 결국 아비도 함께 죽었다. 이를 아는 사람들이 매우 슬퍼했다.

> **!** 만약 왜적이 잡히지 않았다면 진실을 알 수 없었을 것이다. 이처럼 수많은 사안이 한 곳으로 집중되는 탓에 어떤 것이 진실인지 알 수 없는 경우가 많다. 직접 사람을 보고 판단하는 문제도 아니기 때문이다. 이렇게 간접적인 인지체계는 진실을 알 수 없게 만들고 그에 따라 억울하게 진실을 호도당하는 일이 벌어지게 마련이다. 따라서 중간 매개자들이 매우 중요하다. 그들은 진실을 밝히기 위해 각고의 노력을 반복할 수밖에 없다.

[1] 임금의 명령을 받고 지방에 가서 벼슬아치들의 군무에 관한 범죄 사실을 조사하는 임시 벼슬이나 벼슬아치

[2] 충남 서천군 비인면

[3] 비인현의 서쪽 서면, 세종 이후에 도두음곶이 되었다.

궁을 넘나든 사람들

315 궁을 넘나들며 사익을 취하는 이들은 항상 있었다. 세종 4년(1422) 1월 17
일, 창덕궁(昌德宮)의 뒷구멍으로 미친 할멈이 들어온 책임을 물어, 사약(司
鑰)❶ 한득경(韓得敬)을 파면했다. 이날 미친 할멈이 창덕궁 뒷간 구멍으로
들어왔다. 할멈을 잡아서 돌려보내고, 사약 한득경을 의금부의 옥에 가
두고 그 직무에서 파면했다. 궁의 보안이 그와 같았기 때문이다. 할멈 때
문에 엄한 사람이 파면당한 것이다.

316 세종 4년(1422) 1월 18일, 관원의 종자(從者)들에게 자기 그릇을 가져와서
먹다 남은 밥을 받아먹도록 했다. 이에 앞서 병조에서 관원의 식사에 대
해서 아뢰었다.

> "모든 관원이 대궐 안에서 밥을 먹다가 남은 밥을 그들의 종자에게
> 줍니다. 그런데 종자들이 밥을 먹다가 그릇을 가져가 버립니다. 그
> 래서 궐의 그릇을 잃게 됩니다. 또한 주인과 노복이 같은 그릇으로
> 먹는 것은 적절치 못합니다. 지금부터는 종자들이 각자 자기 그릇을
> 가져와서 먹다 남은 밥을 먹도록 할 것입니다."

세종이 병조에서 말한 대로 따르게 했다.

차를 쓰지 않은 대궐 사람들

317 흔히 조선시대에 차를 많이 마신 것으로 알려져 있다. 그러나 세종 시기
에는 그렇지 않았음을 알 수 있다. 세종 12년(1430) 12월 8일, 차의 전매법
에 대해 의논했는데 이때 우리나라에서 차를 많이 마시지 않는 이유를

---

❶ 조선시대 궁궐 내 각 문의 자물쇠와 열쇠를 관리하던 잡직

말했다. 경연에 나아가 강(講)하다가 차를 전매하는 법[榷茶法]에 이르러 임금이 말했다.

"중국에서는 차를 왜 그렇게 좋아해 차의 단속을 엄히 하는 것입니까? 우리나라에서는 대궐 안에서도 차를 쓰지 않으니, 좋아하는 것이 서로 달라서 이러했습니다."

시강관(侍講官) 김빈(金鑌)이 아뢰었다.

"중국 사람은 모두 기름진 고기를 먹으므로, 차를 마셔서 기름기가 빠져 내려가게 하려는 것입니다. 또한 보통 때에 손님을 접대할 때에도 반드시 차를 먼저 내고 뒤에 술을 들입니다."

! 흔히 중국을 의식해서 인위적으로 조선의 차문화를 부각시키곤 한다. 차는 취향의 문제일 수도 있지만 음식문화의 소산일 수 있다. 음식문화가 다르니 차 문화도 그러한 맥락에서 판단해야 할 것이다. 한편 중국과 같이 차 문화가 없다고 부끄러워할 일은 아니다. 기호는 인위적으로 만들어지는 것이 아니라 자발적인 동기에 따라 이루어져야 오래갈 수 있다. 그럴듯해 보이는 문화적 품격도 실제 토대와 다르면 정착을 하지 못하고 만다.

꿈에 나타난 형

318 조선 시대에도 과거시험에서 부정행위는 있었기에 이를 막기 위해 노력할 수밖에 없었다. 세종 14년(1432) 3월 4일, 한성시(漢城試)에 합격한 생도 강여옥(姜汝玉)의 회시 응시를 금했다. 그가 시험 부정행위를 했기 때문이다. 이때 사헌부에서 말했다.

"한성시에 합격한 생도 강여옥은 답안을 낼 때 의(疑)와 의(義) 두 편을 지어서 한 편에 이미 죽은 자기의 족형(族兄) 권약로(權約老)의 이름으로 답안을 냈습니다. 청컨대, 회시 응시를 허락하지 마소서."

족형을 위해서 대리 답안을 낸 강여옥이었다. 이렇게 말하니 세종이 그대로 따르게 했다. 그렇다면 도대체 그는 왜 그런 일을 한 것일까? 여옥이 평소 꿈에서 권약로를 보았는데, 그 꿈에서 권약로가 탄식해 말했다고 한다.

> "여옥아, 너는 장차 생원(生員)이 될 것이나, 나는 평생의 뜻을 이루지 못했다."

이와 같은 꿈이 자주 있었는데, 여옥이 이상히 여기고 종형의 원한을 풀어주고자 마침내 이러한 짓을 한 것이다. 종형의 소원을 들어주기 위해서 그의 이름으로 답안을 냈던 것이다. 이뿐만이 아니라 강여옥은 뒤에 희(曦)로 이름을 고쳤다. 종형을 생각한 그의 마음이 그러했다.

> **!** 꿈이란 때로는 예지의 기능을 가지고 있다는데, 현재도 실체가 아직도 다 밝혀지지 않았다. 또는 마음에 응어리가 남으면 그것이 꿈으로 등장하기도 한다. 그만큼 당대의 과거는 사대부들에게 명운이 걸린 중대사였다. 과거를 둘러싸고 원한이 충분히 쌓이고도 남을 일들이 얼마든지 있었을 것이다. 과거라는 획일적인 시험은 개인만이 아니라 가문의 운명을 좌우하는 것이었고 그렇기 때문에 수단과 방법을 가리지 않았다. 그러나 나라 전체로 볼 때 효율적인 인재 선발 방식이기도 했다. 한편으로 그런 맥락에서 세종은 항상 인재 선발 방법에 대해서 고민하지 않을 수 없었을 것이다.

기이한 현상

세종 시기에 기이한 현상도 많았다. 세종은 이에 대해 객관적·합리적인 판단을 하려고 노력했다. 그런 가운데 나쁜 일은 자신의 언행에서 비롯한 것은 아닌지 조심하는 성찰의 기준으로 삼았다. 세종 19년(1437) 6월 24일, 충청도 해미현(海美縣) 전 교수관(前教授官) 강제로(姜齊老)의 집에서 암탉이 수탉으로 바뀌어 해괴제(解怪祭)❶를 지냈다. 이때 강제로의 집에서 암탉이 수탉으로 변했는데 벼슬, 발톱, 깃털은 물론이고 날고 우는 것이 모

---

❶ 조선시대에 나라에서 이상한 일이 일어났던 경우에 지내던 제사

두 수탉과 같았다. 이에 명해 해괴제를 지내고, 환자(宦者)를 보내어 이를 살펴보게 했다.

319 세종 18년(1436) 윤6월 27일에 강녕전(康寧殿)에 기이한 현상이 일어났다. 세종이 기이한 현상에 대해 말했다.

> "내가 강녕전에 나갔더니, 밤에 한 시녀가 와서 '뱀이 궁 안으로 들어와 기둥을 타고 재삼 오르내리더니 홀연 숨어버렸다'고 했습니다. 내가 몹시 괴상히 여겨 내시와 시녀에게 함께 이를 찾게 했지만 발견하지 못했습니다. 내가 더욱 놀라 일어나 궁전 문밖으로 나와 사람을 시켜 불을 밝혀 찾게 했습니다. 그런데 그 뱀이 책상 위에 숨어있었습니다. 내가 왜 그런지 세밀히 살펴보니, 올해는 한기(旱氣)가 너무 심하고 재변이 몇 차례 나타났기 때문입니다. 이유를 더 따져 보면 반드시 하늘의 꾸짖음이 내게 있을 것으로 봅니다. 옛사람은 거처의 방향을 바꾸어 화를 면한 일도 있었습니다. 나는 진양대군(晉陽大君)의 집으로 옮기려 합니다."

320 검은 여우에 대해서는 포상금을 걸어 받으라고 했다. 세종 10년(1428) 2월 12일, 각 도의 감사와 도절제사에게 전지했다.

> "검은 여우[黑狐]를 산채로 잡아 바치는 사람이 있으면 쌀 50석을 상주고, 면포로는 50필을 줄 것이다. 검은 여우를 보고 관에 알려 잡게 한 사람은 쌀 30석을 상주고, 면포로는 30필을 줄 것이다."

321 세종 10년(1428) 3월 10일, 평안도에서 검은 여우를 잡아 바쳤다. 그러자 상림원(上林園)에서 이를 기르라고 했다. 그렇다면 왜 검은 여우를 잡으라고 한 것일까?

세종 13년(1431) 1월 24일, 황해도 감사가 검은 여우를 바쳐오니, 승정원에 전지하기를, 도로 놓아주라고 했다. 그 이유는 다음과 같았다.

"앞서 검은 여우를 생포한 이유는 중국에 바치기 위한 것이었다. 작년에 평안도에서 생포해 바친 것을 즉시 도로 놓아주게 했는데, 이제 황해도에서 또 바쳐 온 것은 반드시 모르고 한 일이니, 이를 각 도 감사에게 널리 알리라."

> **!** 기이한 현상이 일어났을 때 세종은 그것을 자신에게 하늘이 꾸짖는 것으로 여겨 잘못한 것이 없는지 반성하는 모습을 보였다. 기이한 현상을 단순히 요상한 일로 치부하지 않았던 것이다. 한편 상서로운 동물을 잡아야 하는 경우가 있었는데 바로 명나라에서 잡으라고 하기 때문이었다. 이렇듯 진기한 대상은 반드시 그것을 통해 괴로움을 당할 수밖에 없다. 하지만 명나라의 요구가 아니라면 그러한 동물을 잡지 않았으니 그 사례가 바로 검은 여우였다.

벼락 칼을 얻다

322 벼락 칼이나 벼락 화살은 곧잘 진상되었다. 세종 25년(1443) 10월 4일, 전라도 영광군 사람 김원기(金元奇)의 처가 벼락 칼[雷劍]을 얻어 세종에게 바쳤다. 처음에 김원기의 처가 밤에 문밖에 나갔는데, 갑자기 천둥이 치며 비가 쏟아지고, 벼락이 치고 번개 때문에 세상이 널리 환하게 밝았다. 김원기의 처가 기절해 땅에 쓰러졌다가 한참 만에 다시 깨어났다. 이튿날 나가보니 무슨 물건이 말 매는 말뚝에 박혔는데, 한 치쯤 깊이 들어가 있었다. 빼어보니 벼락 칼이었다. 김원기가 이를 가져다가 관찰사에게 바쳤고, 관찰사가 즉시 세종에게 올렸다.

323 세종 26년(1444) 3월 26일, 임천(林川) 사람 성필(成弼)과 직산(稷山) 사람 토을마(吐乙磨) 등이 뇌검(雷劍)·뇌전(雷箭)을 얻어 바쳤다. 임천의 성필이 뇌검 2개를 얻고, 직산의 토을마와 허승룡(許升龍) 등이 각각 뇌전 1개씩을 바쳤다. 이에 성필에게 면포 6필을, 토을마와 허승룡에게는 각각 2필씩을 주

었다.

324   세종 26년(1444) 5월 28일, 뇌전과 뇌검을 얻어 바친 이들에게 면포를 주
었다. 구체적으로 보면 충청도 서천 사람이 뇌전을, 홍주(洪州) 사람이 뇌
검을 주워 바치니, 각각 면포를 차등 있게 내려 주었다.

　　이런 일들은 상상력을 자극하는 신기한 일이지만, 그 실체는 알려지
지 않았다.

> **!**   벼락 검이나 벼락 화살은 초자연 현상에서 얻어지는 것이므로 신기한 일이다. 한편으
> 로 그러한 신물을 어떻게 활용했을지 소설이나 드라마, 영화의 상상력을 자극하기도
> 한다. 기록에 전해지지 않을 때는 더욱 그러하다.

괴력난신

325   세종은 초자연적인 현상에 대해서 세밀히 탐구하기를 자주 했다. 괴력난
신에 대해 말하기도 했다. 세종 11년(1429) 1월 21일, 괴력난신에 대해 대
신들과 경연의 자리에서 논했다. 경연에 나아가 『서경(書經)』「우공(禹貢)」
편을 강론하다가 조서동혈(鳥鼠同穴)에 이르러 세종이 말했다.

　　"중국 사람이 일전에 내게, '독수리가 강아지를 낳고, 새와 쥐가 한
보금자리[巢穴]에 산다'고 했는데, 그런 일도 있는지 모르겠습니다. 공
자께서 괴력(怪力)·난신(亂神)을 말씀 안 하셨고, 옛적 선비들이 괴탄
(怪誕)은 상도(常道)에 어긋난다고 논했음은 바로 이것을 말하는 것입
니다."

> **!**   세종은 괴이하고 상서로운 것에 무비판적으로 마음을 움직이기보다 객관적으로 접
> 근하기를 원했다. 그러한 면에서 세종은 합리적이고 이성적이다. 또한 대신들과 그
> 런 현상에 대해서 토론하고 의견을 들어보고 진실에 가까워지려고 노력했다.

세상사 여러 일에 대한 생각

세상 경영에는 거창한 일도 있고 사소한 일도 있는데, 반드시 업적에 남을 결과로 이어지지는 않는다. 매우 뛰어난 혜안이나 지혜가 아니어도 여러 세상 일에 세종은 어떤 생각을 가지고 있었는지 가늠하는 것도 세종의 처세와 세상 경영법을 이해하는 데 도움이 될 것이다. 세종은 다양한 분야에 조예와 소양이 있었고 끊임없이 여러 분야에 대한 관심과 공부를 이어갔다. 문헌이나 자료 그리고 전해 내려오는 사실들을 직접 확인하기를 즐겨 했다. 그것이 다양한 업적을 이룬 바탕이 되었음은 물론이다.

고구려, 백제, 신라에 대한 생각

326 세종 9년(1427) 3월 13일, 정사를 보는데 예조판서 신상이 삼국의 수도에 대해 아뢰었다.

"삼국(三國) 시조의 사당 묘(廟)를 세우는데 당연히 그 도읍한 데에 세울 것입니다. 신라는 경주, 백제는 전주이겠는데, 고구려는 그 도읍한 곳을 알지 못하겠습니다."

도읍을 모른다는 말을 듣고 세종이 말했다.

"옛 기록을 찾아보면 어렵지 않게 알 수 있을 것입니다. 비록 도읍한 곳에 묘를 세우지 못해도 각기 그 나라의 옛 지역에 세우면 될 것입니다."

이조판서 허조가 말했다.

"제사 지내는 것은 그 공에 보답하는 것입니다. 우리 왕조의 전장(典章) · 문물은 신라의 제도를 증감했으니, 다만 신라 시조에게 제사 지내는 것이 어떻겠습니까?"

세종이 신라 시조에게만 제사를 지내야 한다는 말에 반대하며 이렇게 말했다.

"삼국이 팽팽하게 대치해 서로 막상막하하였습니다. 이것을 버리고 저것만 취할 수는 없습니다."

세종은 삼국을 모두 인정했던 것이다.

327 세종 13년(1431) 1월 10일, 호조에서 백제 · 고구려 · 신라 시조의 제전(祭田)❶을 2결씩 급여했다. 이때 호조에서 아뢰었다.

"충청도의 백제 시조, 경상도의 신라 시조, 평안도의 고구려 시조의 제전을 각기 2결씩 급여해야 합니다."

❶ 제사를 모시기 위해 필요한 경비 조달용 토지

대화록과 일화

439

세종이 이에 동의해 그대로 하게 했다.

328 세종 11년(1429) 5월 7일, 백제 시조의 묘우(廟宇)를 직산현(稷山縣)에 세우도록 했다. 호조에서 충청도 감사의 관문(關文)에 따라 아뢰었다.

> "이제 말씀에 따라 백제 시조의 묘우를 이미 직산현에 세웠으니, 평양부(平壤府)의 기자전(箕子殿)과 같이 본 고을의 노비 각 2인을 정해 이를 지키게 하시옵소서."

세종이 그대로 하게 했다.

> 고려는 고구려를 계승하고, 조선은 신라의 제도를 증감했다는 대목에 주목할 수 있다. 하지만 세종은 삼국을 모두 공통적으로 인정하고 계승해야 한다고 주장하고 있다. 신상은 백제의 도읍지가 전주라고 잘못 알고 있기도 했던 반면 세종은 삼국에 대해 신하들보다 정확하게 인식하고 있었다. 고구려 또한 역사의 중요한 하나임을 확인하는 대목이다. 자칫 사대를 따르자면 고구려를 부정할 수도 있었다. 신라에게만 제사를 지내자고 말하는 대신의 심리는 이에 닿아있었던 것이다.

단군에 대해: 단군에 대한 역사 인식

329 세종 9년(1427) 9월 4일, 사직단(社稷壇)의 신위를 고쳐 만드는 것에 대해서 논의했다. 이때 삼국(三國)과 단군(檀君)에 대한 논의도 나왔다. 우선 신상이 말했다.

> "박연(朴堧)이 '악기(樂器)가 없는 데다가 제단을 흙으로 쌓아 원장(垣墻)❶이 없어서 더욱 불편하다'라고 합니다. 담을 쌓고 집 3칸[間]을 지어서 사람을 시켜 지키게 함이 옳을 것입니다. 사직단도 비좁아 헌관(獻官)이 오르내릴 때 신위에 너무 가까우니 다시 만들어야 될 것입

❶ 울타리

十六. 세상사 여러 일에 대한 생각

니다."

세종이 말했다.

"이미 사직단을 고쳐 만들기로 이를 의논했습니다."

다시 이어서 말했다.

"거서(秬黍)❶로 율관(律管)을 고쳐 만드는 것은 비록 박연이 해도 잘 되지 않을 것입니다. 중국의 황종(黃鐘)을 본떠서 만든다면 비록 거서가 아니라도 될 것입니다. 중국의 황종과 박연이 만든 율관의 소리를 들어보면 그것이 조화되고 조화되지 않음을 알 것입니다."

신상이 부연해 아뢰었다.

"박연이 혼자 만든 것이 아니고 영악학(領樂學) 맹사성이 이를 도왔습니다."

이에 세종이 말했다.

"악기는 박연에게 맡긴다면 성음(聲音)의 절주(節奏)❷는 거의 될 것입니다."

대신이 신주에 합해서 제사하는 일을 들어 말했다.

"풍(風) · 운(雲) · 뇌(雷) · 우(雨)를 한 신주에 합해 제사하는 것이 편하지 않습니다."

세종이 다시 말했다.

"네 위(位)로 나누어 한 단[一壇]에 두는 것이 어떻겠습니까?"

"그렇게 하는 것이 옳겠습니다."

변계량은 말했다.

"나누어서 제사 지내는 것도 옳으며, 합해 제사 지내는 것도 또한 옳습니다. 음(陰)과 양(陽)은 서로 떨어지지 않는 것입니다. 또한 중국에서는 하늘과 땅을 한 단에 합해 제사 지냅니다. 지금 단군과 삼국의 시조도 함께 한 단에 두고 제사 지내는 것도 옳습니다."

❶ 검은 기장 ❷ 가락

세종이 이에 대해서 말했다.

"삼국의 시조를 단군과 합해 제사 지낸다면 이는 본국(本國)을 버리고 다른 나라로 가는 것입니다. 옳지 못합니다."

"단군은 우리 동방에서 모두 합해 제사 지내는 것이 무방할 것입니다." 그러자 세종이 말했다.

"내가 단군이 삼국을 통일했는지를 듣지 못했습니다. 그런즉 서울에 모아서 한 제실에 같이 두어 제사 지내는 것이 옳을 듯싶습니다."

> **!** 변계량은 단군과 삼국을 한 단에 같이 두고서 제사를 지내자고 주장하고, 세종은 한 제실 안에 두자고 말한다. 같은 단에 놓을 수 없는 이유는 모두 같이 대우할 수 없기 때문이다. 단군의 조선이 훨씬 오래된 나라이기 때문이다. 즉 단군이 직접적으로 삼국을 통일해 오늘날에 이어지는 것이 적다는 논리였다. 당시 단군은 기자조선에 비해 홀대당하는 상태였는데, 기자조선에 비해 단군이 밀려난 느낌은 다음 내용에서 드러난다.

330 세종 7년(1425) 9월 25일 단군 사당을 별도로 세우고 신위를 남향으로 두고 제사하게 했다. 사온서 주부(司醞署注簿) 정척(鄭陟)이 글을 올렸다.

"지난 신축년 10월에 중국 조정이 수도를 북경으로 옮겼습니다. 이에 의주에 있는 말의 수효를 점고하라는 명을 했습니다. 의주에 가서 말 점고하는 일을 마치고 다음 해 2월에 돌아오다가 평양에 들러 기자 사당(箕子祠堂)을 배알했습니다.

그런데 기자 신위는 북쪽에서 남쪽을 향해 있고, 단군 신위는 동쪽에서 서쪽을 향해 있었습니다. 평양부의 교수관(教授官) 이간(李簡)에게 물으니, '예전에 평양에 중국 사신이 와서 기자의 사당과 후손이 있는지 묻고 기자의 묘소에 가서 배알했는데, 그 뒤에 나라에서 기자 사당을 문묘(文廟) 동편에 세우라고 했고, 또 단군으로 배향하라는 영이 있었기 때문에, 지금까지 이같이 제향한다'라는 것이었습니다.

어리석은 소견으로 단군은 요(堯) 임금과 같은 시대에 나라를 세위 스스로 국호를 조선이라 하신 분이고, 기자는 주(周)나라 무왕(武王)의 명을 받아 조선에 봉(封)하게 된 분입니다. 역사의 햇수를 따지면, 요 임금에서 무왕까지 무려 1,230여 년입니다.

그러니 기자의 신위를 북쪽에, 단군의 신위를 동쪽에 배향하게 한 것도 나라를 세운 선후에 어긋납니다. 일찍 아뢰고자 했으나, 마침 아비의 상을 당해서 미처 말씀을 올리지 못했습니다. 이제 신을 사온서 주부, 의례 상정 별감(儀禮詳定別監)으로 명하셨기에, 공경히 여러 제사 의식을 살펴보았습니다. 살펴본바, 향단군 진설도(享檀君陳設圖)에 '신위는 방의 중앙에서 남쪽을 향한다'라고 했습니다.

만약 단군과 기자가 같은 남향으로서 단군이 위가 되고, 기자가 다음이 되게 한다면 나라를 세운 선후가 어긋나지 않을 것입니다. 기자는 무왕을 위해서 홍범(洪範)을 진술하고 조선에 와서 여덟 조목을 만들었습니다. 정치와 교화가 잘되고 풍속이 아름다워져서 조선이라는 명칭을 천하 후세에 남기게 되었습니다. 이 때문에 우리 태조 강헌 대왕(康獻大王)께서 명나라 태조 고황제에게 국호를 정하는 일을 논의했을 때, 고황제는 조선이라는 명칭을 이어받기를 원했던 것입니다.

그 뒤로 중국 사신이 평양을 지나다 사당에 가서 배알하게도 된 것입니다. 명칭은 기자 사당인데, 단군 신위를 모시는 것은 정말 불편합니다. 신이 또 들으니, 기자 사당에는 제전(祭田)이 있고, 단군 사당에는 없기 때문에, 기자에게는 매달 초하루와 보름마다 제물을 올리지만, 단군에게는 봄가을에만 제사합니다.

현재 단군 신위를 기자 사당에 배향해 한방에 함께 계신데 홀로 단군에게는 초하루·보름 제물을 올리지 않는 것은 미안하지 않을까 합니다. 단군의 사당을 따로 세우고, 신위를 남향으로 해서 제사를 받들면 거의 제사 의식에 합당할 것입니다."

세종이 예조에 그대로 이행하도록 했다.

> 결국 단군 사당이 그 역사를 인정받아 따로 사당을 갖게 되었다. 이는 요나라 시기와 대등한 단군 역사를 인정한 것이었다. 요 임금 시대에 단군이 나라를 세워 조선의 역사가 매우 길다는 자부심이 있었다. 또 단군을 요 임금과 같은 반열에 놓고 있으니 역사의식을 가늠할 수 있다. 이미 세종대에도 단군을 상상이나 허황함이 아니라 실체적 진실로 여기고 있다는 사실이 중요하다. 역사는 오래된 정체성이 있을수록 자부심과 능동적인 태도를 갖게 된다.

도사는 있는가?

331 도교와 도사(道士)는 이상하게 생각했지만 하늘을 중시한 것은 다름이 없었다. 세종 7년(1425) 7월 15일, 별(星)에 제사하는 것을 논의했는데 세종이 말했다.

  "도사라는 것이 매우 허황한 것이라 생각되는데, 그것이 중국에도 있었습니까?"

영의정 이직이 대답했다.

  "있었습니다. 매일 조회에도 참예합니다."

세종이 이에 말했다.

  "도교와 불교는 모두 믿을 것이 못 됩니다. 그런데 도사의 말은 더욱 황당합니다. 우리나라의 소격전(昭格殿)❶도 도교의 관한 것입니다. 그러나 별에게 제사하는 것은 중요한 일이기 때문에 대대로 전해 와서 지금까지 없애지 않았습니다."

좌의정 이원이 말했다.

  "5도(道)에서 태일성(太一星)❷에 초제(醮祭)❸하는 것은 예로부터 있어온 제도이지만, 저는 옳지 않다고 생각합니다. 별의 운행(運行)에 따라 제

---

❶ 일월성신에게 제사하는 곳
❷ 북쪽 하늘에 있으면서 병란 · 재화 · 생사 따위를 맡아 다스린다고 하는 신령한 별
❸ 무속신앙이나 도교에서, 별을 향해 지내는 제사

十六. 세상사 여러 일에 대한 생각

사하는 것은 옳은 이치가 아닙니다. 제사하는 도는 정결하게 하고 정성을 다하면 복을 받게 됩니다. 그러지 않으면 신이 좋은 일을 주지 않을 뿐 아니라, 화도 따르는 것입니다. 어찌 서울 밖에 사당을 설치해 제사하겠습니까? 하물며 별에게 제사하는 장소로 소격전이 있지 않습니까?"

세종이 도사 특히 도교의 말을 허황되게 생각했지만, 한 해의 농사를 생각했을 때 길흉화복에 신경을 쓰지 않을 수 없어 그대로 두었다. 별에게 제사 지내는 일을 중하게 한 것은 그 때문이다.

332 세종 9년(1427) 6월 11일, 전 판나주목사 황자후(黃子厚)가 말했다.

"비를 비는 방법이 비록 많으나 '뇌성보화천존(雷聲普化天尊)'에게 비는 것이 가장 필요합니다. 도사를 골라 목욕재계하게 하고 상호군 이진(李蓁)을 시켜 소격전에서 기도를 드려야 합니다."

세종이 그대로 따르게 했다.

6월 22일, 드디어 비가 왔다. 비가 오므로 각지에서 행하는 기우를 정지시켰다. 기쁜 마음에 기우제 하던 중들에게 차등 있게 베를 나누어 주었고, 소격전의 도사들에게도 각각 정포(正布) 한 필씩을 내렸다. 기우제를 지내 비가 오니 이렇게 해서 도사를 통해 제사 지내기를 그만둘 수 없게 되었다.

용을 보았다고

333 신비한 존재인 용(龍)은 제왕을 상징하니 존재에 대해서 궁금증을 가질 만했고 이는 세종도 마찬가지였다. 세종 12년(1430) 윤12월 19일, 용에 대해 이야기했다. 경연에 나가서 강(講)하다가, 송(宋) 휘종(徽宗) 대에 이르렀다.

'누런 용과 푸른 용은 길한 징조요, 흰 용과 검은 용은 재변이다. 내가 즉위한 뒤에 검은 용을 한 번 보았는데, 이것은 변(變)이다'라고 한 데서 세종이 물었다.

"사람이 용을 볼 수 있습니까?"

검토관(檢討官) 김빈이 대답했다.

"지난번에 양산군의 용당(龍塘)에서 용이 나타났습니다. 사람들은 그 허리만 보고 머리와 꼬리는 보지 못했습니다."

그러자 세종이 말했다.

"구름과 비 사이에서 굼틀굼틀 어떤 형태를 이룬 것을 보고, 사람들은 용이 하늘로 올라간다고 여깁니다. 하지만 내가 생각하기에 그건 용이 아닙니다. 곧 구름·안개·비·우레의 기운이 우연히 뭉쳐서 그런 것인 듯합니다. 사람들이 '유후사(留後司)❶에 있는 박연(朴淵)폭포 가에 개가 쭈그리고 앉아있기에 가서 보았는데, 개가 아니고 용이었다' 하는데, 이것도 꼭 믿을 수 없는 일인 것입니다."

지신사(知申事) 황보인이 대답했다.

"박연에는 나뭇잎이 가라앉지 않고 모두 위에 흐르기 때문에, 티 하나 없이 깨끗합니다. 이것이 신기한 징조입니다."

김빈이 아뢰었다.

"인동현(仁同縣)에서는 낙동강 물이 가장 추울 때에 얼음이 갑자기 갈라지며 얼음장이 밀려와 쌓였습니다. 사람들은 이것을 '용이 갈라 제친 것'이라고 하며, 풍년과 흉년을 점친다고 합니다."

세종이 다시 물었다.

"사람들이 '대동강에 용이 죽어서 물에 떠내려가는 것을 분명히 보았는데, 무서워서 꺼내지 못했다'고 합니다. 그러면 용도 죽을 수가

---

❶ 조선시대 초에 개성(開城)을 통치하기 위해 두었던 지방행정 관청. 서울을 한양으로 옮긴 후, 그 뒤처리를 하기 위해 설치했던 관청이었다. 그 후 개성부(開城府)로 바뀌었다.

十六. 세상사 여러 일에 대한 생각

있는 것입니까?"

김빈이 다시 대답했다.

"모든 사물이 한 번 태어나면 한 번은 죽게 마련입니다. 용도 사물인데 어찌 죽지 않겠습니까?"

용도 결국 죽을 수밖에 없다는 말을 듣고, 세종도 그렇다고 여겼다.

334 세종 14년(1432) 5월 20일, 세종이 용의 출현하는 곳에 대해 물었다.

"용이 어느 곳에 보입니까? 태종 때에 용이 밭 가운데서 솟아 나온 일이 있었다지만, 용도 금수(禽獸)의 하나인데 괴이한 것이 아닙니까?"

대언들이 대답했다.

"신들이 아는 바로는 충청도의 평택·아산, 전라도의 만경(萬頃)·임파(臨陂)·용담(龍潭) 등지에 가끔 나타난다고 합니다. 만약 널리 알아보신다면 본 사람이 분명히 많을 것입니다."

335 세종 22년(1440) 1월 30일, 세종이 제주 안무사(濟州安撫使)에게 병진년에 최해산이 고한 용의 승천에 대해 상세하게 보고하라고 했다. 제주 안무사에게 전지한 내용은 다음과 같았다.

"병진년에 최해산이 도안무사가 되었을 때 고하기를, '정의현(旌義縣)에서 다섯 마리의 용이 한꺼번에 승천했는데, 한 마리의 용이 도로 수풀 사이에 떨어져 오랫동안 빙빙 돌다가 하늘로 올라갔습니다'라고 했습니다. 다섯 마리 용의 크고 작음, 모양, 빛깔 등 형체를 분명히 살펴보았습니까? 또한 용의 전체 모습, 아울러 머리나 꼬리를 보았습니까, 아니면 다 보지 못하고 그 허리만을 보았습니까? 용이 승천할 때에 운기(雲氣)와 천둥, 번개가 있었는지, 용이 처음에 올라온 곳이 물속인지도 궁금합니다. 아니면 수풀 사이인지 혹은 들판인지 궁금합니다. 하늘로 올라간 곳이 인가에서 거리가 얼마나 떨어졌습니까? 구경하던 사람이 있던 곳과는 거리가 몇 리나 되는지도 궁금합니다. 용 한 마리가 빙빙 돈 것이 오랫동안이었는지, 혹은 잠깐이 었는지 궁금합니다. 같은 시간에 바라다본 사람의 이름과 용이 그 전후에 이처럼 하늘로 간 적이 있었는지 말하도록 하십시오. 또한 그때 본 사람에게 그 시간과 장소를 물어보도록 하십시오."

그 뒤에 제주 안무사가 다시 글을 올렸다.

"고로(古老)❶를 만나보니, 지나간 병진년 8월에 다섯 마리 용이 바닷 속에서 솟아 올라와 네 마리 용은 하늘로 올라갔다고 합니다. 이때 운무(雲霧)가 자욱해 그 머리는 보지 못했고, 한 마리의 용은 해변에 떨어져 금물두(今勿頭)에서 농목악(弄木岳)까지 뭍으로 갔는데 풍우(風雨) 가 거세게 일어 하늘로 올라갔다고 합니다. 이것 외에는 전후에 용 의 모습을 본 일이 없었습니다."

336 여의주(如意珠)로 알려진 물건이 보고되기도 했다. 세종 18년(1436) 6월 4일, 경상도 감사에게 백성들의 숭배와 신앙을 금하게 했다. 이날 이에 앞서 종[婢] 중이(衆伊)라는 이가 상언했다.

"여의주가 경상도 지리산 오대사(五臺寺)에 있습니다. 만약에 서울에 들이면, 비가 억수로 쏟아질 것입니다."

여의주는 용의 입에 있다는 구슬인데 세종이 이상하게 여겨 경상 감사에 게 직접 가서 살펴보게 하니, 바로 수정(水精)으로 된 구슬[水精珠]이었다. 또 그 절의 비문에 다음과 같은 내용이 있었다.

'수정 1매(枚)를 찾아서 무량수상(無量壽像)에 걸었다.'

이 내용 때문에 절 이름을 수정사(水精社)라 했다고 한다. 하지만 그것이 여 의주가 아니라는 사실은 명백한 것이었다. 이때 승려들이 말했다.

"이 구슬은 바로 동해 용왕의 여의주인데, 본래 용왕이 낙산 관음(洛 山觀音)에게 바친 것을 이 절에다가 옮겼습니다."

❶ 경험이 많고 옛일을 잘 알고 있는 늙은이

이를 백성들이 다투어 숭배하고 믿었다. 세종이 그 도의 감사에게 백성들의 숭배와 신앙을 금하게 했다.

> **!** 세종은 용에 대한 관심은 있었으나 믿지 않았다. 그러면서도 용에 대한 탐색은 멈추지 않았다. 그러나 결국 세종도 용을 찾지 못했다. 용을 찾지 못했으니 계속 성상의 상징이 될 수 있는 역설이 있다. 용은 하나의 이상적인 존재이며, 그것을 염원하는 것도 인간이고 형상화하는 것도 인간이다. 이상을 향해 달려가는 과정에서 꼭 완벽하지는 않지만 소기의 성과를 이루는 것이 인간의 문화이며 나아가 문명이다.

활 쏘는 법

337 세종 15년(1433) 3월 11일, 도진무(都鎭撫)와 훈련관 제조(訓鍊觀提調)를 불러 말 타고 활 쏘는 법을 논의했다. 세종이 도진무와 훈련관 제조를 불러서 말했다.

"말 타고 활 쏘는 법[騎射]에서 중요한 것은 말달릴 때 둔하고 빠름을 보고 그 잘하고 못함을 따지게 됩니다. 그런데 지금의 무사들은 오로지 말을 제어하는 데 마음을 두지 않습니다. 앞으로 곧게 달려서 활을 쏘아 초혁(初革)❶에 닿으면 채찍을 버리고 직진해 달리기에, 말 타고 활 쏘는 법이 극진하지 못합니다."

> **!** 말을 타고 활을 쏘려면 말을 잘 제어해야 하지만, 무릇 사람들은 화살만 잘 조준해 쏘려고 하니 잘 맞지 않는다. 화살을 쏘고는 그 뒤 행위는 아무렇게나 한다. 말을 끝까지 달리는 모습은 평가의 대상이 아니기 때문이다. 과녁에 얼마나 정확하게 쏘았는가가 중요할 뿐이니 말이다. 하지만 말을 타며 활을 쏘는 일은 말을 극진하게 타는 것도 매우 중요하다. 말을 타는 일을 극진하게 하지 않으면 정작 중요한 목적인 화살조차 제대로 못 쏠 수 있음은 물론이다.

---

❶ 무과(武科)의 기사(騎射) 때 세우던 5혁(革) 가운데 첫 번째 과녁

꿈에 진실이 있다

338 세종은 꿈이 미래 예지의 측면이 있다고 생각해서 중하게 여겼다. 세종 19년(1437) 10월 18일, 경연에 나가서 『시경』「기부지십(祇父之什)」편을 강독하다가 여씨가 말한 대목에 닿았다. 이때 이 대목을 두고 세종이 말했다.

"선유(先儒)의 모든 말씀 가운데 여씨의 말이 가장 적절합니다. 주문공(朱文公)이 동지(同志)의 벗으로 삼았기 때문에 그는 반드시 유명한 선비일 것입니다. 문공이 장경부(張敬夫)의 학문을 논하면서, 여씨는 학문이 좋고 마음이 한쪽으로 기울어 좁은 시야로 맹목적이라고 했습니다. 과연 이 두 사람 가운데 누가 나은 것일까요? 나는 일전에 경부는 학문이 좋고, 여씨는 문장이 좋다고 했습니다."

세종의 물음에 권채와 김빈이 대답했다.

"그러합니다."

또한 세종이 꿈으로 점친다는 말을 읽다가 다음과 같이 말했다.

"옛사람은 꿈으로 길흉을 먼저 안다고 했습니다. 보통 사람의 꿈은 모두 평시에 본 것에서 비롯하는 것 같습니다. 생각하던 것, 하던 일, 좌우에서 하던 일, 또한 원인도 없는 꿈을 꿀 수가 있습니다. 이런 것은 예삿일이므로 영험함도 없는 것입니다.

선유도 '후세 보통 사람의 꿈은 덧없어 믿을 수 없다'라고 했습니다. 이는 정말 영험이 없습니다. 그러나 그중에는 또한 가끔 영험이 있는 것도 있습니다. 나도 일찍이 경험한 적이 있습니다. 꿈꾼 지 1, 2년, 혹은 십여 년이 지나 경험하는 일도 있기 때문입니다. 이에는 진실한 이치가 있습니다."

339 세종 즉위년(1418) 12월 24일, 밤새 세종의 꿈자리가 사나워서 문소전의 제사를 아헌관(亞獻官) 박은에게 대신 하게 한 적도 있다. 세종이 문소전(文

昭殿)에 제사를 지내려고 별실(別室)에서 재계(齋戒)했다가, 꿈자리가 사나워 다시 택일하라고 했다. 원숙이 말했다.

"제찬(祭饌)이 이미 갖추어졌으니, 아헌관에게 대신 행하게 하시옵소서."

이 말을 듣고 바로 박은에게 대신 하게 했다. 이도 세종이 꿈의 예지력을 믿었기 때문이다.

> ! 세종은 꿈에 대해서 상당히 합리적인 생각과 태도를 지니고 있었다. 꿈이 모든 것을 예지해주지 않고, 평소에 바라던 바 경험한 것이 나온다고 말하면서도 가끔 상서로운 예지 기능을 한다는 말을 빼놓지 않았다. 꿈이 단지 믿을 게 못 되는 것이 아니라 그 가운데는 인간이 설명할 수 없는 예지력이 있으며, 그것에 주의해야 한다고 말한다. 물론 보통의 예사로운 꿈을 분별해 주의를 기울이지 않는 것도 중요함을 말하고 있다. 이러한 태도는 이순신과 비슷하다.

중국 사람과 일본 사람의 성격에 대해

340 세종 12년(1430) 윤12월 23일, 경연에서 세종과 신하들이 중국 사람과 일본 사람의 성격 등에 대해 이야기했다.

경연에 나아가서 강(講)하다가 요(遼)의 임금인 분와사열(奔訛沙烈)의 대목에 이르러 세종이 말했다.

"이적(夷狄)❶은 본래 마음이 순후(純厚)하므로, 그들이 대하는 것도 이렇게 후합니다. 지금 왜인이 매우 강악(强惡)하지만, 윗사람을 섬길 때 절조를 위해 죽는 사람이 상당히 많이 있습니다."

정인지가 대답했다.

"그 이유는 그들의 마음이 단순하기 때문입니다."

❶ 오랑캐, 거란

세종이 말했다.

"중국 사람은 행동거지도 분명하고, 말도 재치 있습니다. 그러나 그 심술(心術)이 좋지 못해 풍속이 경박하고, 한 사람도 임금을 사랑하는 자가 없습니다. 내관 같은 이들은 책망할 가치조차 없습니다. 그러나 김만(金滿)이 요동에서 태종황제가 돌아가셨다는 말을 듣고도 술을 마시고 고기를 먹으며 일어나서 춤을 추었습니다. 조금도 애통해 하는 심정이 없어 보였습니다. 오히려 그는 '황제의 명령이 아직 이르지 않았다'라고 했습니다. 그가 이렇게 못된 사람이었습니다. 어쩌면 중국 사람이 이 모양일까요? 아마도 북경에는 사람이 많아서 그런 것 아닌가 싶습니다."

정인지가 아뢰었다.

"우리나라도 시골 백성은 순박하고 주내(州內) 사람은 똑똑합니다."

341 세종 25년(1443) 2월 1일, 후궁에 쓸 목재를 재촉해 민폐를 끼치지 말 것을 강원도 관찰사에게 알리면서 세종이 이렇게 말했다.

"우리나라 사람의 습성은 더디고 느려서, 직책을 맡았는데도 세월만 보내며 일이 잘못되면 한다는 게 책임이나 면하려는 일이 흔합니다. 간혹 그 직책을 다하려는 자도 있는데 그런 이들도 빨리 끝내려고 힘쓰기에 오히려 소란을 일으키게 되는 폐단이 있습니다. 느리고 빠름이 알맞지 못해 일 처리가 바르지 못하게 됩니다."

342 세종 24년(1442) 12월 26일, 이날 이영견이 반열에 나아갈 때 시끄럽게 떠들지 못하게 할 것을 건의했다.

"지난 조참에 서반의 각 품관이 시끄럽게 떠들었는데도, 논죄하지 않도록 하셨습니다. 조정 안에서는 엄숙하고 고요해야 하는 것이 맞습니다. 반열에서 서로 시끄럽게 떠드는 것은 매우 불경한 짓입니다. 그 죄를 다스려 뒷사람을 경계시켜야 할 것입니다."

十六. 세상사 여러 일에 대한 생각

세종이 말했다.

"우리나라 사람들 가운데는 시끄럽게 떠들기 좋아하는 이가 많습니다. 내 옆에서도 기침하고 침 뱉는 사람이 있습니다. 분노해 목소리를 높이는 사람도 있습니다. 이는 모두 매우 예의가 없는 것입니다.

여러 사람들이 시끄럽게 떠들기에 어느 사람인지를 확실히 알 수가 없는 일이 많습니다. 자칫 함부로 죄 없는 사람에게 누명을 씌울까 싶어 염려가 되어 내가 매번 용서했습니다."

> **!** 세종이 보기에 조선 사람은 순후하지만, 떠드는 사람이 많다. 또한 적절한 행동의 처신으로 일을 처리하지 못한다. 왜인은 강학하지만 윗사람에 대한 절조가 있다. 중국 사람은 재치가 있고 행동이 분명하지만, 심술이 좋지 못하다. 여기에 충성스러운 마음이 없다. 이는 오늘날 삼국의 성격과 그렇게 다르지 않다. 그러나 삼국에서 각국 사람이라도 모두 같을 수는 없다. 각각의 장단점이 있는 것이며 장점은 더욱 좋게 하고 단점은 좋은 점으로 바꾸면 더욱 좋을 것이다.

고독지술

343 세종 14년(1432) 1월 16일, 상참을 받고 정사를 보았는데, 고독지술(蠱毒之術)❶에 대해서 이야기를 나누었다. 세종이 한성부 윤 황자후(黃子厚)에게 일렀다.

"고독지술이라는 것이 있습니까?"

"신이 일찍이 실제로 있는지 자세히 알아본 적이 있습니다."

"어떻게 그것이 없다는 것을 경은 알았습니까?"

"신이 고독자(蠱毒者)❷에게 신을 중독시키게 해 실험해보았습니다."

세종이 껄껄 웃었다.

---

❶ 고독(蠱毒), 즉 뱀, 지네, 두꺼비 따위의 독을 술법으로 사용하는 방법
❷ 고독을 쓰는 사람

일전에도 고독지술에 관한 일이 있었다. 세종 10년(1428) 6월 18일, 평안도 감사가 아뢰었다.

"고을에서 고독으로 사람을 해친 이들의 자손은, 죄다 추쇄(推刷)해 맹산(孟山)·양덕(陽德) 등의 고을에 살게 하고, 따로 그들의 족류(族類)를 구별해 다른 고을과의 통교를 못 하게 해야 합니다. 만약 고독에 연관되어있는 범죄자를 붙잡아 고발하는 자가 있거든 상을 주게 하시옵소서."

이러한 평안도 감사의 의견을 듣고 세종이 말했다.

"고독을 사용하는 방법이란 것은 애매해 알기가 어렵습니다. 만약 명백하게 안다면 진실로 엄벌에 처해야 마땅한 것입니다. 그러나 어찌 고독에 관계된 죄인의 자손이라고 해서 따로 구별해 배제할 수야 있겠습니까? 다시 의논해 올리십시오."

세종은 고독을 나쁘게 이용한 이들은 처벌하나 그들의 자손에 대한 차별은 금지한 셈이다.

> 독을 사용해 술법을 부리는 사람은 많이 전해지고 있다. 신묘한 방법이기 때문에 궁금증과 호기심을 일으키기도 한다. 그것을 수단으로 삼아 자신의 이익을 취하는 이들도 있었다. 이를 직접 몸으로 시험한 사람 앞에서 추상적인 논의는 황당할 뿐이니 웃을 수밖에 없다. 그러나 그것은 매우 용기가 필요한 일임에는 분명하다. 그러한 용기 있는 일이 진실을 더욱 진실답게 만든다. 한편, 무엇보다 고독을 잘못 행해 다른 이들에게 피해를 주었다고 하나 그들의 자손까지 차별하는 것은 타당하지 않다고 세종은 말하고 있다. 그 죄를 지은 자들에게 한정하고 연좌시키지 않으니 현대적인 법리 의식과 다를 바 없다.

344 군주에게 충신은 매우 중하기 때문에 세종 또한 어떠한 이들이 충신인지 생각하지 않을 수 없었다. 세종 12년(1430) 11월 23일, 고려의 길재·최영 등에 대해 이야기하면서 충신을 논했다. 세종이 우선 말했다.

"춘추관에서는 일전에 말한 충신의 이름을 벌써 뽑아 보냈습니까?"

시강관 설순(偰循)이 말했다.

"충신의 이름을 뽑아 보았습니다. 고려의 말년에 주서(注書)였던 길재 (吉再)뿐입니다."

"예전에 태종께서 길재를 부르시자, 길재는 『시경(詩經)』 한 편을 강의 하고 돌아갔습니다. 당시에 『시경』을 아는 사람이 그렇게 없어서 길 재가 강의를 했단 말인가요? 정말 오활한 노릇입니다."

안숭선이 대답했다.

"신도 그것을 보고 오활하다고 생각했습니다."

설순이 말했다.

"길재는 박학한 사람이 아니고, 『시경』과 『서경』을 알았을 뿐입니다."

"그의 행동에 가치가 있는 것이 있기에 나는 그를 이미 사간(司諫)으 로 추증(追贈)하고, 그 아들을 등용했습니다."

설순이 말했다.

"길재는 위조(僞朝)❶에서 벼슬했습니다."

세종이 길재의 집안에 대해 물었다.

"길재는 집안이 좋은 사람이었습니까?"

"한미한 집안 출신입니다."

세종은 비록 길재가 조선의 충신은 아니지만 고려의 충신이므로 충직함 을 높이 평가해 다음과 같이 말했다.

---

❶ 정통이 아닌 조정. 고려를 말한다.

"고려조의 대가 귀족들은 모두 우리 왕조에서 벼슬했는데, 길재는 미천한 선비로 우리 조정에서 벼슬하지 않았습니다. 그것은 도잠(陶潛)[1]과 비슷하지 않습니까? 도잠은 작은 벼슬을 했는데, 진(晉)나라에서는 벼슬하지 않았습니다. 자신의 조정에 충성을 다했으니 그의 행동은 마땅히 포창해 후세에 전해야 될 것입니다."

또 세종이 일렀다.

"최 도통사(崔都統使)[2]는 공민왕 때에 큰 공로가 있었다는데 그것이 사실입니까?"

설순이 말했다.

"최영(崔瑩)이 군대를 거느리고 탐라를 정벌했습니다. 현릉(玄陵)[3]이 죽은 뒤에 왕씨(王氏)의 혈통이 아직 남아있었는데도 당시 재상은 최영을 두려워해 신우(辛禑)를 왕으로 세웠습니다. 최영이 돌아와서 신우를 세운 것을 마음 아프게 여겼으나, 벌써 신우가 이미 임금의 자리에 앉아있었기 때문에 감히 바꾸지 못했습니다."

세종이 이 말을 듣고 최영의 행동에 대해서 이렇게 말했다.

"최영이 의리를 모르기에 그렇게 한 것입니다. 만일 대의를 내세워 신우를 쫓아내고, 다시 왕씨를 세웠으면 어떠했을까요?"

"신우가 이미 왕위에 올랐기 때문에 할 수 없었던 것입니다. 뒤에는 최영이 요동 공격에 나섰습니다."

세종이 이때 이색(李穡)에 대한 이야기를 덧붙였다.

"이색도 여러 번 탄핵을 받았는데, 그는 의리를 아는 학자인데 어떻게 신씨(辛氏)에게 아부했는지 모를 일입니다. '누구를 임금으로 세워야 되겠느냐?'고 물었을 때, 그는 '선왕(先王)의 아들이 있다'라고 했는데 그 선왕의 아들이 신우였습니다. 신우가 공민왕의 아들이 아니라

---

① 도연명   ③ 공민왕
② 최영

十六. 세상사 여러 일에 대한 생각

는 것을 이색이 몰랐을 리가 없었는데 말입니다. 그런데 왕씨를 세우지 않고 우를 세운 것은 무엇 때문이었을까요? 혹은 우리 태조(太祖)께서 일어나실 줄을 알고 일부러 신우를 세운 것이 아닌가요?"

"태조께서 개국(開國)하신 것은 곧 위화도회군(回軍)을 한 뒤의 일입니다. 그때에는 임금 되시려는 기미가 보이지 않았습니다."

"그러면 어째서 우를 세웠을까요. 그때 왕씨의 직계 혈통으로 누가 있었는가요?"

"직계 혈통에서는 후손이 없었습니다. 다만 공양왕(恭讓王)이 있었을 뿐입니다."

세종이 다시 말했습니다.

"현릉은 어째서 신돈(辛旽)의 아들을 자기 아들로 삼아 왕으로 세우고 왕씨의 혈통을 끊어버리려 했을까요? 옛적에 '차라리 다른 성을 세울지언정 같은 성은 세우지 않는다'라는 사람이 있었습니다. 그 뜻과 마찬가지입니다."

"이색이 '세상 사람이 나를 권세가였던 풍도(馮道)❶라고 하지만, 나는 매우 부끄럽게 여긴다' 했습니다."

세종이 풍도에 대해 말했다.

"그 사실이 바로 풍도와 같습니다. 이색은 진나라 때의 사실을 들어 말했지만, 진나라 때에는 북방의 오랑캐가 강성했기에 어쩔 수 없이 한 일이었습니다. 이것을 고려에 비교할 수는 없을 것입니다."

또한 세종이 말했다.

"길재의 절조는 포창할 만합니다. 그렇다면 정몽주(夢周)는 어떤 사람이었습니까?"

❶ 풍도(馮道, 882-954)는 5대(伍代) 시대의 대표적 정치인이다. 후당, 후진, 후한, 후주의 4왕조에서 재상 자리에 오르고 이민족인 거란족까지 섬겼다. 권세를 잃었다가도 다시 일어서는 처세가였다. 탁월한 처신과 원만한 인품으로 적을 만들지 않고 권력의 풍향을 꿰뚫어보아 장수했다. 반면에 지나친 권세욕으로 혹평의 대상이 되었다.

순이 일어나서 대답했다.

"신이 그가 충신이란 말은 들었지만, 춘추관에서 이에 대한 공문을 보내온 것이 없습니다. 성상께서도 정몽주에 대해 명령하시지 않아 그대로 두었습니다."

세종이 정몽주에 대해 말했다.

"정몽주는 태종께서 그가 충의를 위해 죽은 줄을 아시고 벌써 포창하고 상을 이미 내리셨습니다. 다시 의논할 필요가 있는가요? 충신으로 기록함이 옳습니다."

> 신하는 물론 세종 역시 우왕은 신돈의 아들이라 여기고 있다. 논란의 대목이다. 사회가 아무리 혼란했다 해도 공민왕이 왕씨가 아니라 신돈의 자식을 임금으로 세운 것은 이해할 수 없는 일이라고 한다. 최영이 우왕을 신돈의 자식이라고 인정했는지 알 길은 없다. 길재의 태도도 이해할 수가 없다. 한편 정몽주는 고려 조정에 충성을 다했으니 충신이다. 또한 길재가 조선이 아니라 고려에 충성을 다했다 해도 그는 일편단심으로 군주를 모신 것이니 충신으로 기록할 만하다. 하지만 고려에서 조선 조정으로 섬김의 대상을 바꾼 이들은 어떻게 되는 것인가? 정말 충신인가?
> 정몽주, 최영, 길재는 모두 고려를 섬겼기에 조선에는 충신이 아니지만 한번 섬긴 나라를 끝까지 지키는 면에서는 조선의 신하들이 따라야 할 모범적인 본보기였다고 볼 수 있다.

十六. 세상사 여러 일에 대한 생각

一. 생명을 우선 생각하다

1 宜先食治 白雄雞、黃雌雞、羊肉, 皆能止渴 請令有司逐日供進. 上曰吾寧爲自奉 以戕物命, 況羊非本國之而産乎, 代言等曰 官羊滋畜 請姑試之 上意不許.

2 代言等啓: "曾命臣等, 議問止渴之藥, 醫曰: '宜先食治.' 白雄雞、黃雌雞、羊肉, 皆能止渴, 而非難繼之物也. 雞兒則仁順、仁壽府、內贍、禮賓寺輪日進之, 雉則令鷹牌逐日獲進, 羊則五六日進一口." 上曰: "何爲自奉如此? 雞兒不可繼也. 雉則有進之者, 羊則本國不産之物, 尤不可食也." 代言等又啓: "羊多孳息, 且是藥用也. 請姑進一口, 試其療治." 上猶不許, 强之乃曰: "吾當試之, 然更待予命."

3 京畿海道察訪尹得民等, 遭風敗船 政府請鞫 上曰今年旣有大故. 災異屢見 時運不亨, 方初遣之時 不期事之必成 今遭大風, 得免其身 深以爲喜, 不必問也.
今遭大風, 得免其身, 深以爲喜, 不必問也. 汝等之言, 允合予心, 其令兵曹, 待其道觀察使、節制使伴人之來, 移文問之. 世宗 4年(1422) 8月 13日.

4 庚寅/朴回馳啓: "飄風船八十八艘, 到泊於高彎梁, 其沈沒者十一艘, 亦不失米穀, 唯四艘全船敗沒, 然無一人溺死." 上大悅曰: "如此之變, 近所未有, 夙夜惕慮, 今聞馳報, 予甚喜悅" 遂賜来報人衣一襲, 仍賜酒于承政院, 謂曰: "予之數千赤子, 如今幸得生活, 予心喜悅. 聊與諸子設酌, 爾等亦可共飮爲歡." 仍賜闕內各司酒果, 與同喜慶. 賜承傳色宦者金忠段衣一領, 蓋以卽啓喜事也. 又賜六承旨交綺各一匹.
辛卯/傳旨朴回: 予初聞漕轉船七十餘艘遭風漂沒, 予心以爲其船千餘赤子, 盡爲溺沒, 夙夜軫慮, 今見爾書, 予心喜悅. 嘉汝速啓, 以(紓)〔紓〕予軫慮之懷, 特賜衣一襲, 爾其領之.
議政府領議政黃喜、右贊成皇甫仁、左參贊權?、右參贊李叔? 等詣闕, 賀得飄風船.
上謂承政院曰: "飄風船人, 予甚憐之, 欲量給所載之米, 議諸大臣, 僉曰: '宜賜京倉陳米.' 予欲待其到京, 賜米仍饋之, 爾等知之."
金浦縣書員朴孝眞來啓: "飄風船六十六艘到西江, 十六艘到甲串." 賜孝眞木綿一匹, 命戶曹佐郎辛繼祖, 往西江點檢船隻及軍人以啓.

辛繼祖還啓:"十二船到西江, 軍人則一百七十人也." 更命繼祖, 齎酒三百甁饋之.

5　刑曹啓:"富平囚私奴上佐、豆彦、亡吾之、於里大等, 鬪殺高乙戎. 上佐律該處絞, 豆彦杖一百、流三千里, 亡吾之、於里大等一百." 上曰:"衆人共殺一人 則疑盡殺之, 申商亦謂可盡殺之. 然以一人之死, 而殺衆人不可也.《唐律疏議》亦云:'只殺爲首者.' 此雖衆人共傷人命, 非謀故殺, 乃鬪歐殺也. 鬪歐殺者, 前此亦有得活者乎?" 右代言金宗瑞對曰:"近年一二人得活." 命上佐、豆彦等各減一等.

6　庚辰/受常參, 視事. 刑曹啓:"河東縣人船匠吳富令, 與私奴金元、船匠金莫同・宋末訖, 鬪殺補充軍宋若老. 富令律該處絞, 餘竝杖一百." 命依所啓, 唯富令減一等. 仍謂左右曰:"鬪歐殺人者, 非謀故殺也. 事若見著, 則其死可知, 若暫與鬪歐之後, 病死限內, 則以爲殺人而殺之, 甚可憫也." 許稠對曰:"此誠可疑." 上曰:"鬪歐殺人者, 可活則活之可."

7　前司宰監金敬、前司僕少卿徐原弼等上言:"臣等去丙子年, 率軍築都城, 丁丑年, 築內城, 壬寅年, 又築新城, 願論功行賞." 上曰:"壬寅年, 提調柳廷顯等, 屢請敍用築城別坐等, 以軍人多死, 故不許. 廷顯等曰:'築城而死者, 亦命也, 雖在其家, 寧免大命?' 此雖據理之言, 然軍卒多死, 而統軍者受賞, 則後必藉口, 徒務立功, 不恤人命矣." 遂留之.

8　庚戌/上遣知印往春川, 審伐木之狀, 知印回啓:"已伐材千八百餘條, 已輸江邊者七百餘條. 軍人病者二十二人, 死者三人." 上驚, 謂承旨等曰:"曩於伊川溫井, 乃有意外之災, 恐予措置失宜, 心甚慙愧, 以爲今後不復興作, 比至今日, 爲子孫計, 又興此擧, 而役徒患病者多, 予甚慮焉. 予前日謂此宮之作, 非必汲汲, 今春未訖則來年, 來年未訖則期至累歲者, 恐勞民也. 伐木之役, 其亟罷之." 左承旨李承孫、右承旨金銚等曰:"赴役丁夫, 數至千四百餘人, 而患病者纔二十二, 死者止三人, 安足慮乎? 且此役終不爲則已矣, 不得已而爲之, 則何可罷也? 今皆罷遣, 尋又招集, 則徒爲煩擾而已. 臣等之意以爲可遣明醫, 多齎良藥, 隨病治療, 大事不廢, 實爲便益." 上曰:"爾等之言可矣, 其亟遣良醫, 使之救治. 且令具病候, 隨卽馳啓. 又其死者, 誠爲可哀, 幷加恤典." 遂遣醫. 傳旨本道觀察使: 軍人得病者多, 慮恐非命殞死, 遣醫齎藥, 往令救療. 卿其曲盡措置, 俾無一人之死, 如有死者, 收埋立標.

9　壬寅/上謂禮曹判書許稠曰:"今聞以瘡疹物故者, 世俗惑於邪說, 常不埋葬, 暴在原墅, 爲狐狸所食, 予甚悶焉. 何以使民不棄屍而掩藏歟?" 稠對曰:"京都及城底十里之內, 令漢城府五部活人院官吏每日巡行曉諭, 使之掩藏." 從之.

　　　　　　　　　　　　　　　　　　　　원문 미주

10 戊戌/受常參, 視事. 刑曹啓: "交河官奴金善三犯竊盜, 律該絞." 上特命減死. 刑
曹參判柳季聞啓: "竊盜旣免重刑, 則更肆盜賊. 終或至於强盜, 請論如法." 上曰:
"近年以來, 民罹飢饉, 死者頗多, 予固不忍, 又加刑戮乎?" 季聞更啓曰: "聖上愛
民之心雖至, 然犯法之人, 必加重刑, 然後民皆畏法, 更無犯法者矣." 上曰: "如此
之人, 幸其免罪, 固有懲戒, 則今雖不死, 終必至於矣, 故從輕典可也."

11 司憲掌令皇甫仁啓曰: "朴典、乙富、他乃等盜竊內鷹, 其罪當誅, 尹季童同謀藏
匿, 其罪實同. 殿下特從寬典, 朴典、乙富、他乃減一等, 尹季童收職牒, 自願安
置, 臣願依法." 上曰: "季童至愚無知, 朴典、乙富、他乃等雖竊鷹子, 非在內而盜
之, 豈可以盜內府之物等論乎?" 仁曰: "以殿下貴人賤畜之心, 從末減可也. 然其
初知內鷹而盜之, 與盜於內府, 何以異哉? 若不加顯戮, 則臣恐有虧邦典." 上曰:
"鷹子小物, 人命至重. 季童、朴典之罪, 上下比附, 至爲當理, 予何有一毫私意於
其間哉."

二. 사람을 위한 경영

12 戶曹判書申浩啓曰: "倉庫米豆贏餘, 無有藏處. 請(莊)〔藏〕於崇禮門內行廊." 上
曰: "若奪行廊藏穀, 居民將安之?" 浩莫能對.

13 癸丑/視事. 上曰: "築城軍人物故甚多, 其故何由?" 工曹參判李蕆對曰: "數十提
調, 尚有朴春貴病死. 況於三十餘萬軍人, 五六百人物故, 何足怪也?" 蕆出, 上謂
近臣曰: "蕆言殊非是. 軍人物故, 豈與朴春貴等乎?"
上朝新宮. 以軍丁多死亡, 啓于太上王, 太上王怒, 謂趙末生、李明德等曰: "築城
軍死者甚多, 卿等何不以聞耶? 今幸因主上之言乃知之, 不然, 無從而知. 是何異
於指鹿爲馬乎?" 末生等慼懼. 太上王卽命兵曹, 率醫員巡行城底, 遍搜疾患與飢
餓者, 死而暴露者. 又令漢城府求于城外十里之內.
宣旨: "都城赴役軍人還家, 路上得病, 無人救療, 或致隕命, 誠可憫也. 各其境內
守令驛丞, 親自臨視, 以藥餌粥飯, 委曲救療. 又分遣知印于各道察之."
上令諸道監司, 發廩賑救路上飢病軍人, 病差則計程給糧, 若有親眷救療者, 竝
給糧. 是役也, 兩上刻意救之, 然軍數太多, 京師米貴, 遠方之人皆以牛馬布貨易
米, 因飢致病. 且感春寒, 疾疫大起, 赴役時死者多在途, 及還家, 轉傳相染, 死者
亦甚衆. 蔚山軍人有父子俱赴役者, 其父死, 子負其屍而還, 路次朝夕, 以食祭之,
歸葬于其鄕.

14 斬崔世溫. 初, 世溫知德川郡盜官物, 計贓四十貫, 減給飢民賑濟米, 計贓五十七

貫. 於是, 憲司劾而請之, 上曰: "此人盜用賑濟米, 致民飢死, 非他贓吏比." 遂
誅之.

15 乙未/御經筵. 講《詩》至《采蘋章》, 上曰: "古之人莫不以農桑爲重, 至於后夫人,
皆有親蠶之禮, 其有關於婦德者大矣. 本國自母后至中宮, 亦皆親蠶, 而所出不
多, 予以爲蠶事未得其要也." 辛引孫對曰: "蠶事今雖依方, 必未得其要耳. 臣爲
慶尚道監司時, 差定守令, 督治公蠶, 繰及四旬而事畢, 所出幾至百餘石. 苟能致
力, 則其成功不閱月矣." 上又曰: "農事不可不盡心, 天時人事旣至, 則其利不啻
倍蓰也. 予以粟種二合, 種於後園, 其所出一石有奇. 予意以爲上之人不奪民力,
則民之致民於農務, 豈其小哉? 予知之, 未能行也." 引孫對曰: "粟與他穀不同,
其種雖少, 所獲甚多. 但民家雖知, 而力薄不能盡心於農事."

16 全州判官李好信辭, 上引見曰: "全羅道山水背注, 人心至險, 然不可以人心之險
惡強加鞭扑也." 好信啓曰: "自丙辰以來, 比歲不登, 民生失業. 近者沿邊築城之
役, 無歲無之, 民未蘇復, 皆願息肩." 上曰: "汝言雖是, 然以生道役之, 不可以民
之困苦而廢之也."

17 戊辰/視事. 上問於諸大臣曰: "今年各道豐歉何如? 聞江原道早霜, 尤甚慮焉."
贊成黃喜對曰: "江原雖早霜, 今年農事, 視昔年則爲愈矣." 又問安集江原之民
之策, 黃喜、李明德對曰: "除貢賦減船軍, 使盡力於農歊, 則流亡息, 而得以安業
矣. 其減船軍之術, 移全羅之軍, 充於附近忠淸道, 移忠淸之軍, 充於京畿, 而減
江原嶺西之民來戍京畿者, 則船卒不至疎虞, 而弊可除矣." 上曰: "然." 仍命政府
六曹議之. 喜又歷陳江原之弊曰: "凡公私營繕材木, 皆從江原而來, 其轉輸之際,
人馬之困, 何可勝言?" 上曰: "予雖不親目見, 尙且痛念, 況親見之乎?"
江原道春川等處材木斫伐軍權實等三人病死, 命賜穀各二石. 世宗 100卷, 25年
(1443) 4月 1日 丙戌.

18 己丑/鞋匠李上左賣皮鞋, 換米一斗五升, 以不用錢文見執於京市署, 署以年老
不得決杖充軍, 徵贖錢八貫. 上左家貧貸納一貫, 本署督其畢納, 上左力窮, 自縊
於家前槐樹. 上聞而大驚, 謂代言等曰: "國家立法, 欲其興用錢幣, 非以致人於
死也. 今上左之死, 必是京市署苛刻所致, 予心痛焉. 惟爾等鞫其情實以啓, 如其
苛督, 當罪不饒." 命賜上左家米三石, 還其贖錢. 世宗 29卷, 7年(1425) 8月 23日
己丑.

19 司憲府啓: "高山縣監崔修以官物贈遺非處, 計贓八貫, 請依律杖一百, 刺字." 命
除刺字, 減一等收贖. 左議政李原啓曰: "前朝之季, 紀綱陵夷, 守令恣行不法, 太
祖、太宗嚴立條章, 而守令犯禁者多. 然其贈與之物, 非國家倉庫所儲, 皆官中私

辨者也."上曰:"私辨之物, 豈非出於民力乎? 禁令已著, 而如此犯法者有之, 不
罪此輩, 後來何鑑?"

20 甲申/視事. 上曰:"予聞守令催徵還上, 民甚苦之. 今歲僅免凶荒而已, 停斂還上
若何?"贊成權軫、戶曹判書安純、禮曹判書申商等對曰:"今四方豐登, 民食裕
矣, 可使畢納. 往歲永蠲舊貸之粟, 今又停斂, 則雖富者又希永蠲, 必不納矣."上
曰:"設義倉, 以爲民也. 雨暘不時, 僅免凶歉, 若强斂所貸, 則貧民盡輸於官, 其
艱食無異於凶年. 其諭守令, 審視貧富, 收斂若何?"純、商曰:"如使分辨, 則愚民
皆納, 而姦吏皆不納, 宜盡斂積年之貸."上曰:"今歲東風屢吹, 恐傷禾稼."純曰:
"今禾穀皆實, 固無東風之害."上曰:"自今以後, 亦未可知也."啓事者出, 上謂代
言等曰:"予聞民苦還上之斂久矣. 大臣等以謂:'糧餉不可虛渴, 宜於平常之日儲
備, 以救不虞之患.'予固然之. 然近來比歲不登, 民食不裕, 幸今年稍登, 若以一
年之稔, 盡收前日之貸, 則鰥寡孤獨, 必至困窮, 其可乎? 欲以此意諭守令, 卿等
待十月更啓."

21 大司憲趙啓生等啓:"古之儒者着麻鞋, 把冊徒步, 遜志力學, 今則不然, 生員生
徒等, 以挾冊徒行爲恥, 率皆騎馬, 令僕隸挾冊, 朝往夕還. 因此心志驕傲, 向學
之心不專, 國學虛疎, 請禁騎馬, 抑其心志, 俾專學業."上曰:"予亦聞學生率奴騎
馬, 殊異乎古之學者. 然立法以禁馬, 無乃過乎? 若師弟之間, 犯馬違禮者, 禁之
可也, 然無古例也. 其下禮曹擬議."

22 御經筵. 上謂侍講官安止等曰:"設義倉, 甚善政也. 然我國不善行之者, 民數流
移, 而無定居故也."止對曰:"我國民皆貧乏而艱食者, 以其徭賦浩繁, 且民無恒
心, 浮費頗多也. 又僧徒日衆, 不耕而食, 一州一縣之內說道場所費米穀, 無慮數
千餘石矣."上曰:"儒者必以僧徒奪民之食爲言, 然自開闢以來, 善惡竝立, 不能
頓絶. 古昔帝王亦不能盡革其弊, 如我寡德, 亦安能盡汰乎? 當今救民之策, 不過
薄稅斂而已."

23 (己酉)〔己丑〕/司諫院左正言李禮長啓:"昨日傳敎曰:'僧徒住寺, 誦經而已, 非
爲佛事也. 孝寧之往來何害於義? 矧孝寧以宗室之長, 雖往來於寺社, 吾何强
止?'臣等竊聞僧徒之會於興天, 非但誦經, 大設安居之會, 糜費穀粟. 孝寧爲之
主張, 中外臣庶聞風競趨, 富者傾財而樂爲, 貧者勉從. 況今連年飢饉, 民尙艱食,
若勸分富者之財, 則可賑窮民矣. 今以有用之財, 妄費於無益之用, 臣等深切痛
之."上曰:"孝寧於興天, 未嘗有一石之費, 豈爲之主張哉? 然僧徒亦吾民也. 旣
爲吾民, 而若有飢者, 則國家豈肯恝然不救哉? 民庶之爭相供養, 予謂無傷也. 況
興天, 祖宗創造之寺, 予所留心者也? 住於此寺者, 予旣軫念, 則國人供養, 固其

463

宜矣."禮長更啓曰:"孝寧以宗親之長,首崇佛事,而上不之禁,則國人崇信,何以禁諸?且僧徒雖是我國之民,實皆遊手之徒,無益於國家者也.以供養遊手之物,賑恤窮乏,則不有愈於虛費民財者,乞宜痛禁."上曰:"孝寧於興天,未嘗有佛事也,而爾等以孝寧爲主張,無乃不可乎?以無稽之言來諫,予以爲非,但嘉其來諫之意,雖至再三,而尚且優容.大抵人臣言於君上,必詳聞熟察,然後可以來諫,不當以無稽之言,牽合而强請也.其勿復言."時司憲府聞興天設安居會,拘執僧徒四十餘人,鞫問其由,上聞之,召持平鄭孝康謂曰:"爾等聞孝寧大君於興天寺設安居,與司諫院請罷之,擅欲罷會,勒令拘執僧人鞫之,何耶?"孝康啓曰:"臣等聞興天寺大設安居之會,不知誰爲之主張,欲問其由,拘致僧徒耳,豈敢擅欲罷會而然也?若聞孝寧爲之主張,則直劾孝寧,何必拘致僧徒哉?"上曰:"前言乃臆料耳.今聞爾等之言,得知其實.然僧徒住寺而不可無食,則人之齋僧,何以痛禁?須速釋之."孝康更啓曰:"京中佛事,今若不禁,則外方僧徒雲集競會,平等無遮安居誦經等會,無寺不然矣,何以能禁?請罷今日之會,以杜他日之弊."上曰:"興天非他寺比也,乃我祖宗創修之寺也.况今日之會,非大集緇流,設爲安居也,吾何强止之哉?且僧徒亦人耳,何以不食而生爲?"仍傳旨承政院曰:興天、興德兩寺婦女儒生遊覽及凡所非違之事,曾令司憲府考劾禁斷.自今凡干兩寺考覈及僧人鞫問,一皆取旨,毋得擅便.

左副承旨許詡啓曰:"國家之法,雖宗親大臣,若有所犯,未嘗先取旨而後劾之.今立此法,則人將以爲何如?且僧徒,本不知法者.憲府雖任意糾察,尚有干邦憲者.今使憲府不得自專,則僧徒之犯法者必多,難以制矣,請依舊施行.若當考訊,則取旨爲便."上曰:"爾之所啓,予非不知,然此寺,祖宗所重,不可忽也.况闕内供諸務者,必須啓達,然後推問,則此寺之僧,尚不如闕内人乎?"遂傳旨司憲府司諫院曰:今後興天、興德二寺,如有推問之事,隨卽啓達取旨,毋得使吏卒直入寺門.

24 傳旨京畿、慶尚、全羅、忠清道監司、都巡問賑恤使、敬差官等:各官飢民,盡心救恤.且僧徒,本無農業,生理可惜,守令及各里色掌等謂是僧徒,不復憐恤,中路致死者頗有之.夫平民與僧,俱爲赤子,宜一體憐恤.雖在深山者,亦須察其飢饉,一依平民,盡心救恤,毋令餓死.

25 上問各道豐歉,因語損實踏驗之事,禮曹判書申商啓:"今年踏驗過輕."上曰:"予聞京畿之民喜踏驗之便也."商力陳京畿踏驗之太輕,上曰:"踏驗便民,不爲過矣,百姓足則可矣.

26 受常參,視事.上曰:"我國家損實之事,關係至重,近來踏驗失中,多則桀,寡則貊,予甚慮焉.朝臣各執所見,議論紛紜,莫適所從,何以處之?古之貢法善矣,欲

원문 미주

行而未得爲也."大司憲李叔時、贊成申槪等對曰:"上敎然矣.近來損實之不中
尤甚,莫若行貢法之爲善也."上曰:"予不通於世務,祖宗之法,不可輕改,故貢
法迄今未行,今其弊如此,一二年試之何如? 然貢數多則民不堪焉,如遇凶年,減
數可矣.且一結二十斗過多,以十五斗爲定若何? 過多不可,過少亦不可."僉曰:
"上敎允當."

27　初,廣州人部令朴苟以妻李氏之婢徐加伊爲妾,生四女.苟臨歿,李承意皆給券
放役,及歿,李與其三女欲還奪其券,毆殺徐加伊.徐加伊母(主加伊)〔孚加伊〕,
李氏父自文放役婢也.訴李氏于官,至是刑曹啓:"孚加伊,李氏之婢也,而告李
氏,是以婢而告其主也,固宜勿受,而處以重罪.然李氏,夫生則順意而放役,夫
歿則欲役夫之骨肉,簠撻夫妾,至於殞命,有違婦道.又其女子之欲役骨肉,毆殺
父妾,則尤係綱常,法當抵罪.以此二端,按法科罪,孚加伊告主之罪,則律當杖
一百,徒三年.《續》《刑典》:'奴婢告家長者,勿受處絞.'《續典》,謄錄:'放役奴婢
告舊主者,勿受,杖一百徒三年.' 李氏毆殺徐加伊之罪,則奴婢有罪,其家長不告
官司而毆殺者,杖一百;無罪而殺者,杖六十徒一年.其女子之欲取放役文券之
罪則凡違父母敎令者,杖一百."上令議政府諸曹同議.參贊趙啓生議曰:"孚加
伊雖是李氏父放役之婢,徐加伊則李氏之婢也,不可不論以本主,宜依謄錄告舊
主條治罪." 贊成李孟畇等議曰:"孚加伊,當依告舊家長之法論罪,然母子迫切
之情,有可恤也.又李氏不從夫命,其女子欲役父妾之産,亦有不順之罪,然以孚
加伊之告而論其罪,則是受奴婢之告主也,不論李氏與女子之罪,而獨論孚加伊,
亦爲不可.今竝勿論,只將徐加伊所生,依《六典》處置."吏曹判書河演議曰:"夫
之妾産,非妻之所當役使,李氏侵逼夫妾,謀欲役使,其母孚加伊之告官,不得不
爾,例當受治,況侵逼而至於殺乎? 其婢嫁良夫,奴娶良妻所生,本主役使者,皆
許狀告,謄錄所云告舊主,非指此也.宜治李氏之罪,以徐加伊所生屬補充軍."
左贊成申槪議曰:"孚加伊旣爲自文放役之婢,則自文之女,不當役使明矣.旣不
當役,則例論奴婢,不受冤抑之訴,似爲不可.且以妻死其夫,女死其父,而敢易
其命,以妻之逆夫、女之逆父,校諸放役之婢告其打殺不當役使之婢之罪,則妻
女之罪,豈不重乎? 殺奴婢,尚且有罪,況殺夫與父之妾之罪,係天地大義,而置
之不論可乎? 嫌其放役之婢之一罪而置二重罪,亦不可也.此事是非之論,不止
一時,當垂後世不滅矣.乞令驗其放役文契,鞫李氏及女子打殺不當役使夫與父
妾之罪,悉其情由終始,然後更議."領議政黃喜議曰:"孚加伊之罪,當依奴婢告
家長緦麻以上親之罪,李氏毆殺徐加伊之罪則擅殺奴婢者,令切隣里長隨卽陳
告,已曾立法,其里正長在所當告,且其所在官守令,亦不得置而不問矣.待正長
陳告推覈,則旣無奴婢告主之嫌而庶可兩全矣."從申槪之議.

465

28 　刑曹啓：“集賢殿應教權採, 曾以其婢德金作妾, 婢欲覲病祖母, 請暇不得而潛
往. 採妻鄭氏訴於採曰：‘德金欲姦他夫逃去.’ 採斷髮榜掠, 加杻左足, 囚于房中.
鄭礪劍擬斷其頭, 有婢祿非者曰：‘若斬之, 衆必共知, 不如困苦, 自至於死.’鄭從
之, 損其飮食, 逼令自喫溲便, 溲便至有生蛆, 德金不肯, 乃以針刺肛門, 德金不
耐其苦, 幷蛆强呑, 數月侵虐. 其殘忍至於此極, 乞收採職牒, 與其妻幷拿來, 鞫
問懲戒.”

依允而以判府事卞季良、提學尹淮、摠制申檣之啓, 遂改命除收職牒, 下義禁府
鞫之.

義禁府啓：“侵虐德金, 瘦困幾死, 非權採所知. 奴仇叱金、婢楊德所言, 與刑曹取
招頓殊, 若欲歸一, 宜當刑問. 然以奴主間之事, 刑問窮推未便, 但鄭氏不聽家主
之令, 斷髮侵困之罪, 照律何如？”上曰：“姑放採, 更於鄭氏, 鞫問德金瘦困情由
以啓.”俄而進畢推啓本, 上覽之曰：“採之事, 雖曰奴主間事, 非奴婢自訴, 國家知
而推劾, 論以奴主間可乎？ 累朔侵剝, 幾至死亡, 殘忍莫甚. 豈可不鞫, 而失其情
乎？ 其事干奴婢, 刑問更推. 採若與聞, 亦還拿問.”

吏曹判書許稠言於知申事鄭欽之曰：“君臣父子奴主之間, 其體一也. 今以權採
侵困婢子之罪, 職牒收取, 外方付處, 臣恐綱常之紊, 始於此矣.”欽之以啓, 上曰：
“雖婢已爲妾, 則當以妾待之, 妻亦當以家翁之妾待之, 其殘暴如此, 其可赦乎？”
欽之對曰：“採之罪則似輕.”於是改命, 只罷其職.

命採收職牒, 外方付處, 鄭氏贖杖.

29 　甲寅/受常參, 視事. 辛檢參議韓揀妾上言：“夫以太祖、太宗元從, 受功臣田及別
賜田三十結. 功臣田則已依他例還官, 但別賜田牌云：‘使傳子孫.’ 今戶曹還取,
心實痛悶.”上謂左右曰：“賤妾則不得遞受乎？”戶曹判書安純啓：“賤妾不得遞
受, 已有著令.”上曰：“雖妾不適他, 是亦妻也. 況揀以正嫡待之乎？ 可還給之.”

30 　進賀使雲城君朴從愚回自北京啓：“昌城、尹鳳、白彦三使來, 四月初四日過江.”
上曰：“初喪, 使人求處女, 意實急急, 然至今不率歸者, 豈非中國待其終制也？”
申商啓曰：“處女自外方來者散料, 原居京者, 請停之.”上曰：“七月爲限, 散料多
不過百餘石, 何惜其費, 而中止哉？”

31 　上謂代言等曰：“處女今到何處？”左代言金赭對曰：“已到安州.”上曰：“昔黃儼陪
處女而去, 敬畏之至, 如對皇后妃嬪, 今昌盛、尹鳳、李相等, 甚急慢不敬. 處女
中路遘疾, 盛等或在馬上, 撫其轎子之窓, 或對坐執手, 或請處一房, 彼雖内官, 甚
無禮也.”代言等對曰：“内官無禮者, 莫甚於此輩.”

32　庚午/上命世子, 引見六承旨, 傳旨曰: "淨業院之設久矣, 且其住持, 是予親屬, 似不可革. 然寡婦群聚, 屢有干邦憲者, 今欲革之, 但皆是無恃賴者, 全仰院之奴婢土田, 若遽革之, 則此輩必皆失所, 因循不革, 弊復如前, 卽將革之乎? 待秋而革之乎? 若之何而可?"

左副承旨李宜洽曰: "宜當待秋革之." 都承旨黃守身等曰: "旣知不可, 當速罷之, 何待後日! 且此院之尼, 盡是士族有田民者, 豈皆院之奴婢土田是仰哉!" 世子曰: "吾將此意以啓."

議政府據禮曹呈啓: "淨業院, 多屬土田奴婢, 以養剃髮守信寡婦之無依者, 誠國家忠厚之美意. 然剃髮爲尼者, 不啻千百, 而淨業院所養, 不過數十, 有不均之怨. 且住持非其人, 則田民稅貢, 以爲己用, 其弊無窮, 請令革罷." 上曰: "若遽罷之, 則寡婦必有失所者. 據今見在之數, 有闕不補, 漸次革之."

33　先是, 漢城府啓: "都城內棄兒街路者, 比比有之, 是無異於殺也. 乞依漢制, 嚴立禁章, 明正其罪, 如有告捕者, 仍將犯人家産充給." 命下詳定所議之, 議曰: "宜(惟)〔準〕《大明律》祖父母父母故殺子孫條, 杖六十, 徒一年; 告捕者, 官給賞布十二匹." 命下刑曹. 刑曹請依詳定所所議施行, 上曰: "此非美法, 只傳敎刑曹行移可也." 乃有此敎.

傳旨刑曹: 近年中外之人, 多棄小兒於路, 雖非己之所生, 殘忍莫甚. 令京中漢城府、外方守令, 窮極搜捕, 告捕者, 特加賞典, 廣曉中外, 無不周知.

34　刑曹判書金自知啓: "十五歲以下人竊人斗粟, 欲杖之, 則爲未成之人, 欲刺字, 則旣爲不杖之人, 且律無正條, 何以處之?" 上曰: "年少無知之人, 幸而竊之, 何足筭乎? 且律無此條, 則是疑事, 勿論可也." 判府事許稠亦曰: "罪疑惟輕, 勿論可也." 申商曰: "不可. 罪疑惟輕, 非是之謂也. 旣竊人之物而見執, 則未可謂之疑罪也. 且今不刺字, 則後無所懲, 而復爲之矣." 上曰: "吾已知卿之意矣. 雖然律無其條, 則是疑罪也, 其與政府諸曹更議以聞."

甲戌/受常參, 視事. 右代言鄭淵啓: "老幼犯竊盜者, 竝刺字乎?" 上曰: "幼者後有改過之理, 老者餘生無幾, 皆不宜刺字." 刑曹參判柳季聞曰: "刺字所以記其罪, 老幼不可獨免." 判府事許稠曰: "老幼不加杖而收贖, 況刺字之苦, 甚於笞杖, 何可刺字乎?" 上曰: "然." 遂傳旨刑曹: "年七十以上, 十五歲以下者, 勿刺字."

35　傳旨禮曹: 惠養老疾, 已有著令, 中外官吏, 漫不擧行. 其養老條件, 與政府諸曹同議以啓. 僉議: "年七十以上無子無親, 寄食他家者, 令京中五部、外方各官備細推考錄名, 傳報上司, 支給衣糧, 使不飢寒. 糧則以國庫米幷鹽醬, 給半年之食, 衣則每年給布二匹. 各官以所産魚肉、菜菓, 隨宜惠養。遠者, 內而憲府、外

467

而監司, 嚴加糾察." 從之. 戶曹啓:"京中各部七十歲以上無子息寄食人家男婦共二十五名, 依曾降敎旨, 支給衣糧.

傳旨吏曹: 有七十歲已過老親人, 於遠方守令, 毋得差遣. 若不得已差遣, 則辭緣啓聞.

36　傳旨戶曹: 自今京外無族屬, 寄食他家九十歲以上者, 其給四節衣及朔料.

37　兵曹參判趙從生啓:"臣昨日點閱受田牌軍器, 有京畿陽城住, 檢參議年八十二歲者, 亦與焉, 恐失老者安之之義, 願勿令點考." 上嘉納曰:"有科田, 欲以忠信待士也. 老者雖不與點考, 而食其田, 何害於義?" 遂傳旨兵曹曰: 自今受田牌內, 年七十以上者, 其除春秋軍器點考, 以示優老之義.

38　上曰:"今養老宴, 雖未逮古者養三老五更之法, 然於群老出入, 予欲下坐立待, 何如?" 孟思誠、許稠等啓:"宜在御座立待, 以著敬老之義." 安崇善等曰:"群老之數近百, 若自入庭時立待, 則恐勞聖體, 群老升階時立待爲便." 命詳定所更議, 思誠等曰:"宜自升階時立待."

承政院啓:"老人賤者, 請勿赴宴." 上曰:"養老, 所以貴其老也, 非計其尊卑也. 雖至賤人, 皆許入參, 其犯贓被罪刺字者, 勿參."

癸丑/御勤政殿, 宴年八十以上老人. 群老入就殿庭, 命知申事安崇善除拜禮. 四品以上老人以次升殿, 上起座. 二品以上分坐殿內東西, 右議政仍令致仕柳寬、檢校左議政致仕李貴齡等六人, 四品以上坐於月臺上, 十七人, 五品以下至庶人賤隸, 坐於殿庭, 凡八十六人. 命子壻弟姪, 扶持就位. 宴罷, 群老皆復拜位, 命除禮. 上謂代言等曰:"今日適淸和, 宴事無謬, 予心喜焉. 明日宴老婦, 亦當如是."

39　上御勤政殿, 設養老宴, 命群老勿拜. 四品以上以次升, 上起以待之. 二品以上, 於殿內東西相向, 東則左議政致仕李貴齡、檢漢城尹姜毅, 西則檢漢城尹兪龜壽、檢判內侍府事金亮, 四品以上, 則於月臺上東西相向, 東則行司直李陽達等五人、前少監方有信等五人, 西則前判軍器監事朴季孫等四人、前副正朴英弼等六人; 五品以下至于賤人, 於殿庭東西重行相向, 東則前司直趙義等, 至于賤人六十六人, 西則前中郞將車莫三等, 至于賤人六十五人, 共計一百五十有五人. 罷宴, 群老飮醉歌詠, 扶持以次出. 當享, 李貴齡避席啓曰:"臣年八十八歲, 歷代人君, 未有若今日之敬老. 殿下肇興盛禮, 去年進老臣于玉墀, 備宴以享, 今又設盛宴, 老人陞降, 殿下起立, 臣等圖報無由, 但倍祝聖壽於無疆." 上曰:"去年卿之容貌瘦弱, 今年容貌豐閏, 氣力且強, 予甚喜焉." 貴齡又啓曰:"今者命將往討婆猪江, 全師克捷. 老臣身逢堯、舜之盛代, 伏覩舞干羽之風矣." 上曰:"祖宗開國

　　　　　　　　　　　　　　　원문 미주

以後, 撫養士卒, 士卒精强, 故予承祖宗之貽謀, 以成大功, 是豈予之所就! 實賴祖宗之神祐也." 至罷宴, 又啓曰: "願添臣歲十二年以獻." 上曰: "知卿美意." 貴齡乃出.

40 今可授年九十以上, 白身八品, 元職九品以上, 各陞一級, 百歲以上, 白身至元職八品者六品, 元職七品者, 各超一級, 竝限三品而止. 婦人封爵, 準是. 賤口九十以上男女, 各賜米二石, 百歲以上男女, 竝免賤, 仍授男七品女封爵, 以施老老之仁. 於戲! 尊高尚齒, 式敦孝悌之風; 樂業安生, 共躋仁壽之域. 惟爾禮曹, 體予至懷, 曉諭中外.

傳旨吏兵曹曰: 今除授九十歲以上老人男女等告身爵牒, 其速給. 且勿令親受, 京中則使子壻弟姪代受, 外方則送于觀察使, 使送于老人所在官, 亦依京中例代受, 竝令除謝恩.

41 江原道監司以經費不足, 請減百歲老人金氏料五石, 上曰: "百歲老人, 世不常有, 義當優恤, 依前數給十石."

傳旨禮曹: 今中外大小老人授流內官者, 依乙卯七月二十八日教旨, 隨其品秩, 皆着紗帽品帶, 如其不欲, 不必强之.

又曰: "前者命令九十歲以上老人, 其悉具錄以聞. 然予慮夫前此受職人及受賜米人, 不幷啓達者, 或有之矣. 前此受職九十歲以上及百歲以上人與夫受賜米九十歲以上賤人等, 其令移牒各道, 竝錄以聞."

賜沃溝住老嫗三節衣服, 從監司之所啓也. 右嫗年百四歲, 齒落更生, 又生黑髮.

42 庚辰/御勤政殿受朝. 上曰: "大抵立法非難, 行法爲難. 旣立其法, 則雖有不得已之故, 不可廢也. 昔高麗之八關會, 我朝之講武, 雖遇旱乾凶歉之歲, 常行不廢. 今養老宴之法, 誠爲美典, 亦宜永爲遵行, 不可廢也."

43 特賜行宮近地七十歲以上老人穀, 又賜農民貧乏者及監役人等酒食穀布各有差. 人馬蹂踐傷禾稼者, 亦計直給米; 本縣居民每戶, 各減還上二石.

44 諭諸道監司: "宣德十年, 敎百歲老人, 歲給米十石, 又令監司連給酒肉, 此法遵行與否, 備考以啓. 南陽張仁呂百二歲, 江華李守妻李氏、龍仁鄭夫介、溫陽金吉、礪山良衣金、羅州李原、濟州石柱妻召斤次泥, 竝皆百歲. 藍浦崔澤妻金氏百八歲, 陝川朴氏百三歲, (比)〔此〕等老, 依上項立法惠養與否, 竝考以聞。非特此也, 其他年滿百歲者, 亦依此法存恤."

45 傳旨禮曹: "百歲老人, 世所罕有, 所當矜恤, 歲給米十石. 又令監司連給酒肉, 已曾立法, 而官吏多不遵行, 今後於歲抄已滿百歲者及翼年滿百歲者, 預先抄錄,至春依例給米惠養."

46 全羅道泰仁人盧石安年三歲父歿, 及年十三歲, 母又歿, 廬墳三年, 擔土成墳, 恨未聞先父啓手足之言, 哭泣不輟. 本道以聞, 命除司瞻副直長

47 命二三歲以下飢饉童子, 依五歲以上例賑之.

48 刑曹啓: "平海囚金仍邑火, 强奸八歲女, 律該絞." 從之.

49 左代言金宗瑞啓: "造印在逃金壽崗有小兒, 無收養者, 族親畏官推壽崗去處, 不肯收恤." 上曰: "亟令刑曹囑其族人, 勿令凍餒."

50 刑曹啓: "廣州住私奴元萬, 通其主處女古音德生子, 率逃至順天自縊死. 古音德, 律該處斬." 從之, 仍命收恤奸生嬰孩, 勿令飢寒致死.

51 戶曹據全羅道監司關啓: "高敞縣有女年八九歲得狂疾, 無父母族親. 請給糧米一日一升." 命依所啓, 幷諭守令, 常加存恤, 不至飢寒.

52 刑曹啓: "小兒棄置者現告人, 賞綿布十二匹, 以爲恒式." 從之.

53 是歲, 全羅道稍稔, 諸道飢民皆就食, 不能哺其幼兒, 或棄置路邊, 或繫於樹而去, 或請宿人家, 因棄而去, 幼兒男女共三十二名. 上命戶曹, 移文其道, 亟加救恤.

54 刑曹啓: "平壤府大城山强盜安巨金等十餘人在逃, 金龍哲等十四人杖死. 李云等十三人, 今已鞫問, 皆服, 不分首從皆斬. 平壤刑房主事孫孝崇多受贓物, 爲賊耳目, 敎使逃避, 亦當斬." 從之. 李英山者年十三, 隨其兄在賊中, 法當坐, 上以年幼特宥之. 及三覆啓, 金春·銀山年(階)〔皆〕十八, 上亦命減一等. 刑曹啓: "金春·銀山, 若止杖流三千里, 則無以懲惡, 刺强盜二字, 屬爲巨濟縣官奴." 從之. 領議政黃喜等曰: "此賊, 非他盜比也. 據大城山, 作屋安磑, 率妻子而居, 持兵仗爲盜, 實是草賊也, 不可以年少而末減. 且律, 强盜無首從皆斬, 今降死而刺强盜二字, 於法何如?" 上曰: "刺以强盜, 何不可之有! 且只宥此賊耳." 喜等曰: "如此劇賊, 若以年少免死, 後必効此, 減年偸生, 恣行無忌也." 右參贊鄭甲孫亦曰: "唐李勣謂: '我十三, 爲無賴賊, 逢人則殺. 十五六, 爲難當賊, 有不協意則殺之.' 人之爲惡, 不必壯年, 不宜減死." 上從之, 俄而復傳旨曰: "金春等, 予初心欲活之, 故特減死. 然大臣固請, 故可之, 今更思之, 不可以殺." 遂命移文平安道, 減金春等死. 政府又累日更請, 不允. 政府啓曰: "竊盜刺字有之, 而强盜刺字, 未嘗聞也. 今若從權適宜, 當下諭書于平安道曰: '金春·銀山, 予謂年少小民, 無知犯法, 特從輕典, 大臣據法固請, 改從本律. 若以前日下旨已決, 則不必追論, 如未決罪, 依律施行.' 如此下諭, 則諭書必到於決罪之後, 下民曉然知殿下好生之德, 而法

470

亦不毀矣."

上曰:"人主待下, 不可若是其巧也."金春等竟不死.

55　左代言金赭, 將憲府狀啓:"司正李繼仁, 道見王世子犯馬, 請罪之."上曰:"見世子犯馬, 大不近人情, 故嘗有如此人, 勿許治罪. 今繼仁犯馬之狀如何?"赭曰:"繼仁見王世子之行, 立馬屛處, 以待過行, 及其奴被捉, 乃下馬, 不敬莫甚, 宜大懲."上曰:"無乃年少癡人乎?"赭曰:"年已十八九."上曰:"功臣之子也, 其勿論."繼仁, 知敦寧興發之子也.

56　東部學堂奴禾山, 乘夜潛入尹三山家園, 偸摘桑葉, 三山知之, 使奴拿來, 親射頭項及身, 十日乃死. 其妻訴于刑曹, 劾之按律以啓曰:《大明律》夜無故入人家條, 已就拘執擅殺傷者, 杖一百、徒三年, 其奴爲從, 減一等杖九十、徒二年半. 然園內越入, 未可計以家內直入也. 罪人拒捕條, 不拒捕而鬪毆殺傷者絞. 良賤相毆條, 良人毆傷殺他人奴婢者, 減一等杖一百、流三千里. 其奴以他人例論, 各杖一百, 皆非正條, 引律比附."上令右承旨鄭苯議于政府曰:"三山狂妄尤甚, 予欲大懲. 昔政丞鄭擢, 擅殺人, 收職牒放外方, 擢身爲功臣, 猶且如此, 今三山, 乃功臣之後也. 比擢差緩, 斷以何律乎?"領議政黃喜等議曰:"罪無正條, 引律比附, 是可疑也.《經》曰:'罪疑惟輕.' 請從輕典. 且旣曰:'園內則是亦一家內也.' 以家內按律, 何不可之有? 宜以杖一百、徒三年施行."苯回啓, 仍曰:"近者金達枝殺人, 以是律啓. 以原從功臣之後, 杖一百、徒三年, 皆許收贖."上曰:"達枝雖曰殺人, 非自殺之, 乃使人打殺. 今三山親自射殺, 比達枝則差重, 宜杖一百贖徒年."苯又啓曰:"其奴各杖九十, 徒年則依《六典》許令收贖."上曰:"奴等之罪, 無乃過重乎? 雖打禾山, 然禾山之死, 專是三山射傷之致然, 除贖徒年, 各杖九十."

57　世宗 82卷, 20年(1438) 8月 1日(癸丑) 初, 成均館文廟奠謁致齋之日, 生員崔漢卿、鄭臣碩浴於泮水, 有一幼婦便服率二婢, 步過泮水路, 漢卿不衣冠, 率然出搏幼婦以戲辱, 婦堅拒, 其女奴大叫曰:"我女主也."臣碩毆逐二婢, 乃助漢卿力制之, 仍奪婦笠, 歸于齋. 二女奴奔告其家, 其家使奴來視, 則婦已解而失其所着之笠. 又夜已深, 漢卿亦去矣. 奴卽告于館直宿官曰:"我, 洪汝康奴也… 未嫁女主微服避病, 率小婢將歸大母宅, 經由泮水, 不意爲二儒所侵逼, 脫裳强辱, 愚幼婢子爲儒所毆逐, 奔告于家, 故來而未及見也… 且儒生奪笠而來, 請推還之."正錄卽問齋生, 漢卿、臣碩二人, 俱自服曰:"我等但戲弄而已."官招洪汝康家奴問之, 答曰:"只欲恐之而已, 實非女主, 乃主之乳母女子也."正錄一人詰曰:"汝主乳母, 本無女子, 何爲是言乎?"奴變曰:"非也, 乃主之婢妾也. 惡其聲而諱之耳."官疑其說之三變, 乃問曰:"妾與二小婢, 俱在乎? 將欲質問, 汝可招來."奴曰:"今朝因事皆出門外, 今不在家."官益疑之. 於是名爲汝康子友明妾召央者告憲

471

府, 初以强奸未成, 後言但戲弄而已, 時人頗疑. 然事干縉紳之家, 無敢言者. 至是憲府啓曰: "友明奴元萬, 初稱女主, 次稱乳母女, 次稱婢妾, 三變其說, 惑亂人聽. 鄭臣碩身爲祭執事, 奪婦人笠以戲之, 罪當笞四十, 崔漢卿欲奸召央侵逼之, 罪杖八十." 上曰: "所聞不至於此, 更劾以啓." 憲府啓曰: "此事, 專以告者之言決之耳. 反覆覈之, 而召央之言如是, 不可更劾." 命杖漢卿八十.

四. 원칙은 무엇을 위해 있는가

58 江原道監司啓: "凡漕運時國貢米秔及雜貢沒失者, 請徵轉解之吏." 上曰: "貧人失沒衣服, 固可哀也, 況又徵耶?"

59 辛酉/諭京畿監司: "今四月初一日, 大風. 全羅道漕運船六艘敗於喬桐, 忠淸道漕運船二艘敗於南陽, 押船人失其衣糧, 恐或至飢寒而死, 衣糧隨宜題給. 其破船可修葺者, 修葺而給之, 不至失所." 又諭忠淸道監司曰: "全羅道漕運船一艘, 至安興梁觸石而敗, 全船覆沒, 押船人盡失衣糧, 恐至飢寒, 衣糧隨宜題給, 不至失所護送."

60 壬戌/受常參, 視事. 上謂左右曰: "雖識理之人, 必待按律, 然後知罪之輕重, 況愚民何知所犯之大小, 而自改乎? 雖不能使民盡知律文, 別抄大罪條科, 譯以吏文, 頒示民間, 使愚夫愚婦知避何如?" 吏曹判書許稠啓: "臣恐弊生也. 姦惡之民, 苟知律文, 則知罪之大小, 而無所畏忌, 弄法之徒, 從此而起." 上曰: "然則使民不知, 而犯之可乎? 民不知法, 而罪其犯者, 則不幾於朝四暮三之術乎? 況祖宗立讀律之法, 欲人皆知之也. 卿等稽諸古典, 擬議以聞." 又曰: "中朝使臣, 或有請除族人官職者, 若是親族, 則猶可也, 本非親戚, 而請之者亦多, 若皆聽之, 漸至難防. 近日昌盛請除職, 卿等皆曰可, 故從之, 然前朝之時, 犯罪者, 多依使臣出入中國, 其托使臣要官者, 懲之何如?" 稠啓: "昌、尹之間, 固有猜忌. 尹之親戚, 旣皆除職, 而昌之請者, 獨加罪責, 則昌必謂: '尹是國人, 故待之異我矣.' 宜置不論." 上曰: "然. 予亦知昌、尹之不同心也." 稠出, 上曰: "許稠之意以爲: '民知律文, 則爭訟不息, 而有凌上之漸.' 然須令細民, 知禁而畏避也." 遂命集賢殿, 稽古使民習法之事以啓.

61 丁巳/駕至溫泉行宮, 京中軍士及當番休者, 皆放還, 其留屯扈從者, 纔三百騎. 是行也, 士女坌至, 垂髫載白瞻望車駕. 或有騎馬過車駕者, 有司請罪之, 上曰: "小人無知, 何必罪焉?"

62 視事. 大司憲申商啓曰: "今内資寺布貨, 因雨漏, 數多朽敗, 此, 往等官吏不能監檢之所致也, 請以朽敗之物分徵之." 上曰: "往等官吏非一人, 豈能人人而徵之? 況其中, 仕不多日者頗多乎?" 商對曰: "前年夏霪雨甚, 爲官吏者不能監檢, 其罪不小. 律文, 凡倉庫財物主守之人, 致有損壞者, 坐贓論, 均陪還官. 今若不徵, 則無以鑑後矣." 上曰: "然則以仕日多小, 分徵之可也." 金漸啓曰: "若以仕日多少分徵, 則或有只仕五六日者. 於五六日之內, 豈能監檢在庫之物? 宜徵仕十五日以上者." 商曰: "以仕日多少分徵, 猶云可也. 若全不徵, 則爲官吏者, 將無所懲矣." 上曰: "然則不得已也."

63　宜川郡民林成富見本宮婢元莊受辱於郡吏, 笑曰: "恃勢者, 亦見侵辱耶?" 元莊聞而疾之, 乃誣飾其言, 訴于官曰: "成富當太上殿下昇遐之時言曰: '根本已搖, 汝之跋扈, 從此衰矣.'" 知郡事李震以爲情涉不忠, 嚴刑取辭以聞. 上命司憲府覆劾之, 憲府以獄事已成, 不以成富、元莊對置鞫之, 成富又誣服, 獄成以聞, 上曰: "獄辭有差. 且不與告者對置, 無乃不得其情乎?" 下義禁府鞫之, 果得其情, 乃元莊羅織之辭也. 事已決正, 元莊在獄悔曰: "成富旣免死, 無恨矣." 人皆服上之明斷. 釋成富, 令護送其家, 杖元莊百. 囚大司憲成揜、掌令申丁理、持平辛繼參・宋儲及判內瞻事朴安臣等于義禁府, 又命執江原道敬差官權孟孫、知宜川郡事李震移來. 安臣爲執義、孟孫爲掌令時與聞也.
戊申/義禁府鞫成揜等, 揜等供招曰: "臣等非故入人罪, 乃緣元莊誣告成富, 不被拷訊而自服, 故不及詳覈, 誤入其罪耳." 上曰: "聽獄之法, 固當虛心清問, 聽死罪則求可生之道, 聽重罪則求可輕之端. 究情科罪, 尚有所失, 況今憲府以言累于上, 有欲殺之心, 不察情僞以威逼之, 使無罪之人入於極刑. 若信此斷罪, 豈不濫殺無辜?" 乃命宋儲、辛繼參、申丁理、朴安臣、權孟孫等除徒年, 各贖杖七十. 揜以原從功臣, 只罷其職; 李震杖七十, 徒一年半.

64　命以察訪皇甫仁案劾昌原府使安從約所犯, 下司憲府更劾以聞. 上仍曰: "曩者以部民訴守令, 其風不美, 乃立部民告訴之禁, 此乃厚風也. 然貪暴之吏, 恃其禁令, (姿)〔恣〕行無忌, 故予更使察訪案問民間, 今犯法守令被劾者多矣. 所犯雖小, 仍坐治民, 無乃不可乎? 予謂小事雖在勿論, 須皆遞任別敍, 何如?" 吏曹判書許稠對曰: "罪若輕則未可輕遞." 上曰: "予以爲遞任可也."

65　上謂代言尹粹曰: "予常思之, 刑罰不可不愼, 人之死生係焉, 其可忽乎? 高麗之季, 按廉使兵馬使, 皆擅殺人命, 其間不無濫殺之人. 我太祖開國以來, 革去其法, 凡軍國之事, 皆親裁決, 然其間豈無誤錯之事? 刑罰, 尤人人之所苦, 死者不可復生, 刑者不可復脫. 曩者有强奸者, 初納行奸之辭, 及受死刑, 以爲實不奸, 問其故, 則以爲: '若言已奸, 則其女必給我矣, 故如此納招.' 刑罰其可不盡心推覈乎? 今咸吉道所囚放火人前後納辭不同, 甚可疑矣, 故竝皆拿來, 欲問於刑曹. 然援引之人甚衆, 不可盡來, 故更令其道監司, 增定差使員, 細推其由, 一二差使員, 亦不足矣. 宜自今犯死罪者, 初定兩官守令, 同劾已畢後, 又移囚隣官, 更定他官守令, 覈問其實, 永爲恒式."

66 唐時, 淮西吳元濟叛, 帝悉以兵事, 委丞相武元衡討之. 成德王承宗, 遣人詣中書, 爲元濟遊說, 辭指不遜, 元衡叱出之, 承宗又上書詆元衡. 及元衡死, 王士則告承宗遣卒張晏所爲, 捕得鞫之, 晏等具服, 乃誅之. 厥後平虜, 李師道拒命伏誅, 披其文籍, 有賞殺元衡者, 始知殺〈元〉衡者非承宗乃師道也.

67 各官守令, 如有失於賑濟, 匹夫匹婦, 餓莩(講)〔溝〕壑, 定行責罰. 世宗 2卷, 卽位年(1418) 11月 3日.

68 其守令怠惰不勤及不能賑恤, 以致浮□餓死者, 三品以上, 啓聞科罪; 四品以下勿論功臣及子孫, 竝隨所犯輕重, 杖一百以下, 除收贖, 差等論罪還仕, 移文監司, 以憑殿最.
曩者李明德爲江原監司時, 飢死者才一二, 而未免罪責, 況今京畿人之死者至於二十三, 忠清之死者至於二十五, 爲人君者, 其可恝然乎? 欲鞫上項監司, 何如? 爾往議政府, 擬議以啓.

69 左代言金宗瑞啓: "慶尙道鎭軍, 欲依騎船軍受職, 再三擊鼓, 此非冤抑之事, 而煩瀆天聰, 罪之何如?" 上曰: "旣失所願, 又被其罪, 誠可憐悶, 雖爲煩瀆, 勿令治罪. 昔元肅爲知申事, 有以非義擊鼓者, 肅請論罪, 予不罪之. 如以不順之事, 連煩擊鼓者, 詰而罪之可也."

70 私婢自在擊光化門鍾, 訴其冤, 承政院問其故, 答曰: "義禁府當直員禁之故擊鍾." 上曰: "設申聞鼓, 欲其人得而擊之, 使下情得達也. 何故禁之? 若所申不實, 則罪在其人, 豈關司鼓之吏乎? 如此被禁者必多, 其下憲府, 鞫當直員." 遂罷金仲誠、柳渼義禁府職事.

71 上曰: "人言: '造獄則其禍屬上.' 此語何據?" 金宗瑞啓: "古典所無." 上曰: "修治狂獄者, 乃欲罪囚得其寢食之安, 初非好刑而爲之也. 何禍之有? 此必世俗之言, 甚無理也."

72 傳旨刑曹: 今當西成之日, 雨澤愆期, 慮有罪囚久滯于獄, 以傷和氣. 中外常赦所不原外, 徒以下囚人, 竝皆保放推鞫.

73 亦或懶於處決, 累年淹滯, 罪不至死者, 或致隕命, 冤抑莫伸, 召傷和氣. 今後中外官吏, 體予至懷, 凡諸死刑, 各道監司移文本曹, 本曹磨勘. 若有更推之事, 則隨卽移文, 無則卽報議政府, 政府亦卽考覈行移後, 各道監司卽令畢推, 移文本曹.

74 戊寅/司憲府啓: "故萬戶李忏之妾投狀告曰: '忏姪女夫趙從生爲代言時, 忏給奴婢二口. 從生後爲忠淸監司, 而忏居淸州病死, 從生特厚其賻, 而給其喪葬所需焉. 忏子自溫深德之, 又奪我婢一口給之.' 臣等以謂從生於李忏, 本非收養, 以一方重任, 濫受奴婢, 是雖事在赦前, 不可不懲. 且其奴婢, 請依舊例屬公." 上曰: "所謂舊例, 何例也?" 掌令黃守身曰: "往者趙末生受贈奴婢, 赦後事覺, 推覈論罪, 其奴婢, 竝皆屬公, 是例也." 上曰: "從生爲監司之時, 所犯之事未著, 且赦文云: '敢以宥旨前事相告言者, 以其罪罪之.' 所以示信於民. 今汝執法而欲勑論赦前之事可乎?"

75 司憲府啓: "京畿果川住私奴白同以毆本主之罪, 囚于仁川郡獄, 鞫之二年, 而未得情, 宥旨別監李宗揆不審關係綱常, 放出之, 甚爲不當. 然已經赦宥, 不可追論, 請將白同之事, 更令畢推何如?" 上曰: "赦者, 所以蕩滌瑕垢, 使人開其自新之路也. 赦而追正其罪, 吾以爲未便也. 若妻妾殺夫、子孫謀殺父母·祖父母、奴婢謀殺主等事, 載在赦文, 妻妾毆夫、奴婢毆主, 不載赦文, 應在赦例, 其考敎旨以聞."

76 領議政黃喜使舍人李宜洽啓曰: "殿下憂旱, 祈禱山川, 保放囚人, 至於減膳, 其謹天戒而恐懼之者至矣, 而猶未得雨. 臣以謂赦宥雖小人之幸, 而君子之不幸. 然其傷和召災, 實由於刑獄失中、冤抑莫伸. 且一人繫獄, 擧家廢業, 今當農月, 弊尤不貲. 願赦境內徒以下罪人, 以召和氣, 以弭天變."
上曰: "自予卽位以來, 二十有二年矣, 旱魃爲災, 每歲無之. 欲弭天災, 每降恩宥, 至於爵其老人, 官其仕滿吏胥, 然而一未得天應. 意者, 赦宥無益於救災乎? 且予聞之, 間有僥倖之徒欲免刑憲, 則必曰: '天何不旱?' 未得官爵則必曰: '天何不旱?' 以此觀之, 赦宥本欲弭災, 而反使人願爲旱乾, 有乖於弭災之道也. 然赦宥, 人人所喜, 若不得已, 則赦杖罪以下何如?" 仍令宜洽議諸政府以啓 僉曰: "上敎甚可." 遂傳旨刑曹: "今當農月, 雨澤愆期, 慮有刑罰不中、冤抑莫伸 今四月二十六日以前杖罪以下已決正未決正, 竝皆原免, 其已曾徒役者, 亦皆放遣."

77 大抵法令必須便易於民, 可以長久遵行. 今使無生業隨門乞糧僧拘於一處, 不得他適, 則資生無路, 非徒乖於爲政大體, 抑散住山谷者, 一一擧檢爲難. 此法似難遵行, 徒爲文具, 自今僧人錄籍, 毋得糾察.

78 士昀又啓曰: "儒生歐僧徒, 實是狂童不識邦憲所致. 今繫獄經旬, 雖保放勑問, 亦可得情." 上曰: "儒生之徒, 固當恭順自牧, 今儒生不循邦憲, 群聚遊山, 敢肆狂妄. 儒生, 學聖人之道者也. 聖人之道, 豈以狂妄爲事乎? 曩者儒生譏我禁遊寺之法曰: '不知殿下愛其儒乎? 愛其僧乎?' 是誹謗之說也. 儒生之狂妄, 其來久矣,爾等有何所聞而有此說耶? 予於儒生與僧徒, 有罪者下獄推問而已, 予何有意於其間哉?"士昀更啓曰: "臣等曾不聞儒生誹謗之說. 且不以儒生爲無罪, 但儒生狂狷, 不知國家條章而然耳. 僧徒成群鼓噪, 恣行鬪歐, 其暴莫甚. 以此敢請保放儒生."上曰: "予不以爾等爲知誹謗之說而有此說也. 儒生遊山作弊, 已曾禁約, 今儒生違禁至此, 其妄之罪, 爾等宜當請治, 又從而請保放可乎? 昔張橫渠抱琴而歸, 有一僧捫琴, 橫渠曰: '琴, 聖人所製, 而異端執之, 不祥也.' 遂絶絃投水, 略無肆怒. 聖賢闢異端, 固不如此儒生也. 古來聖賢不能頓革僧徒, 則豈儒生匹夫所能排斥乎? 刑曹所囚, 移下義禁府, 亦特恩耳. 汝請保放, 果何意歟? 培養人材, 將以致用, 爾等使此狂妄之輩任情自恣, 將安用之?"士昀又啓曰: "臣等非以儒生狂妄爲是, 但儒與僧相鬪而久繫于獄, 恐其有累史策而已."

79 召右獻納尹士昀謂曰: "予聞僧徒撞鍾聚黨, 持杖逐儒. 以此言之, 僧人之罪, 固大矣, 然予未知其實也. 儒生二十餘人成群到寺, 恣行狂妄, 儒生之志, 亦掃地矣. 諺曰: '童牛折轅, 必成良牛.' 此喩武士也. 若儒生, 以恭順爲道, 潛心聖學而已. 廢業閑遊, 竊取佛經, 破僧器皿, 豈學道之士所可爲乎? 國家設敎官, 非徒爲敎訓句章而已, 儒生之狂妄若此, 而敎官不之察, 敎官亦不爲無罪, 其知之."

80 丙戌/視事. 上謂承旨等曰: "前此儒生群遊山寺, 歐打僧人, 予繫義禁府推劾, 儒生皆指予爲崇佛, 予豈崇佛而枉罪儒生哉? 國君聞人犯罪, 則當辨是非. 儒生之道, 當存心養性, 以闢邪說. 豈以歐打僧人爲闢異端哉? 敎官亦不能敎誨, 痛行禁止, 予謂殊無意謂. 爾等將是意, 曉諭大臣."

五. 영성(靈性)

81 上却服藥之酒, 以鹽湯代之. 領議政柳廷顯、禮曹判書金汝知、大司憲河演等請曰: "殿下以父王之喪, 極哀盡誠, 積憂成疾, 若不以酒服藥, 以至病深, 其於宗社、生民何?"共垂淚以啓, 上曰: "勿復言也. 予以不德, 君臨民上, 旱乾之災, 其譴在予. 豈可爲一身飮酒?"柳廷顯請辭職曰: "方今聖上御極, 而旱乾如此, 實臣以否才居百僚之長之致也. 伏望許罷臣職以禳之."不允.

82 大提學卞季良以上憂旱不進酒, 詣闕請進曰: "酒所以闢邪氣、通血脈, 實是良藥. 若夙夜憂懼, 暫不進酒, 不無損氣, 伏望須進酒, 以養氣脈."從之. 上憂旱徹酒.

83 己卯/議政府、六曹詣闕, 請賀甘露, 上曰: "天之降祥, 非其時, 故予心以爲非祥, 乃災變也, 其勿賀."李稷等又啓曰: "上憂旱不進酒, 以殿下恐懼修省之心宜矣. 然酒, 所以治風冷、通氣脈, 以旱之故而不進, 則臣等恐聖體生病矣."上曰: "予本不嗜酒, 雖非禁酒之時, 不過一二鍾. 且氣體平康, 雖不飲酒, 何病之有? 若服藥, 則鹽湯亦可, 予不聽從." 稷等更啓曰: "殿下以今日氣體平康, 不進酒, 則晨昏風濕之毒, 中而成疾, 未可知也. 服藥之時, 進酒一二鍾, 何不可之有? 臣等之請, 非爲殿下縱酒, 而忘憂懼也." 上曰: "卿等以予年前憂勞成疾, 故發此言也. 予於其時, 爲半減膳, 故得病. 今則但不飲酒而已, 何疾得生? 且禁人飲酒, 而予獨飲之可乎?" 遂不允.

84 知申事郭存中、代言趙從生·金孟誠·金楮·鄭欽之等啓曰: "上體本有風氣, 近因旱災不進酒. 近日氣候陰濕, 又昨日始雨, 觀其天氣, 將爲霾霖, 請進酒." 上曰: "予飲酒, 則闕內皆用酒矣. 豈可以小雨, 而弛酒禁?" 更啓曰: "殿下年前憂旱成病, 又於今年, 亦因旱不進酒, 將恐前疾復發. 伏望上念祖宗, 下慰生靈, 俯循臣等之請." 上不允曰: "予則飲酒, 而禁人用酒可乎?"

85 稷等又請進酒曰: "殿下憂旱徹酒, 臣等恐憂勞成疾, 請進酒, 終不得蒙允, 心常憂懼, 乃於昨日, 雨澤滂沱. 伏望小許酒, 以慰臣等之心." 上曰: "雨澤才降, 隨卽飲酒, 於心未安. 然卿等固請, 從之." 稷等退, 上謂代言等曰: "吾獨飲之, 而不許臣民之飲未便. 若許飲酒, 必有醉酒放肆之弊, 如之何則可耶?" 郭存中啓曰: "上暫許進酒而已. 豈可使臣民皆飲也?" 上然之.

86 議政府參贊申槪、禮曹參議黃致身等, 進香醴, 啓曰: "時方下雨, 宜進酒以調聖躬." 上曰: "今雖下雨, 未至浹洽, 豈宜進酒?" 申槪等更啓: "今日下雨, 勢將大霈. 殿下因旱減膳, 于今累日, 臣等恐聖候不調." 上曰: "自去秋至今不雨, 旱暵至甚, 民生可慮. 豈以此雨爲足, 而安意飲酒?" 遂不允.

87 領議政黃喜、參贊申槪等, 詣晝停所請進酒曰: "謁陵之後, 固當飲福. 且今日是俗節, 願進酒." 上曰: "旱災太甚, 且今有地震, 災變荐臻, 豈可飲酒自歡?" 喜等又啓曰: "聖體夙興, 遠來拜陵, 侵犯嵐霧, 今不進酒, 恐致違和." 上曰: "予不飲酒, 欲民效之, 且合懼災之意." 槪涕泣固請, 不允.

88 都承旨辛引孫等啓曰: "時方下雨, 請進酒." 上曰: "今年之旱, 近來罕有, 災變屢作. 今雖下雨, 如明日更晴何? 姑待後日." 先是, 已許進酒, 不數日復停, 故有是請.

89 議政府右贊成河演、禮曹判書閔義生等啓: "邇來, 殿下憂旱不御酒, 臣等誠恐因此違和, 以貽臣民之憂也. 且昨日之雨, 雖未優渥, 禾穀則可以復蘇, 稍可弛聖慮. 願請進酒, 調保聖躬, 以慰臣民之望." 仍進酒, 上曰: "歲在乙巳, 予乃憂旱, 不令進酒, 至於過時不食, 因而得疾, 臣僚爲予懼之. 予亦自此每遇天災, 雖令徹膳,不至於忍飢, 氣若不調, 亦或進酒. 且近日因服藥而進酒, 是亦足矣, 豈宜更進? 卿等母言." 演等更啓曰: "酒者, 五穀之精, 適可而止, 則眞良藥也. 政府大臣令臣等期以必進, 伏願俯從臣等之誠." 上又不許. 演固請四五, 義生至於流涕. 承旨等亦啓: "臣等亦欲請之, 天威嚴重, 未敢耳. 今大臣之言, 不可不從." 上曰: "予當酌量飮之."

90 己卯/雨. 議政府六曹啓: "近日雖若旱暵, 若衿川、果川、水原等處, 稍有雨澤, 昨夜之雨, 亦足以蘇禾稼. 伏望小弛聖慮, 許進藥酒." 仍獻香醞十瓶, 上曰: "近年水旱相仍, 黎民阻飢, 予甚軫慮. 幸而今年禾稼稍茂, 忽値垂成之日, 連日不雨, 深以爲憂, 今乃降雨, 予亦喜焉." 遂許進酒, 仍令各殿各宮依舊供進.

91 教旨: 蓋聞酒醴之設, 非以崇飮, 所以奉神明、享賓客、養高年者也. 是以因祭而飮, 以獻酬爲節; 因射而飮, 以揖讓爲禮. 鄕射之禮, 所以敎親睦也; 養老之禮, 所以尙齒德也. 然猶曰: "賓主百拜而酒三行." 又曰: "終日飮酒而不得醉.", 則先王所以制酒禮, 而備酒禍者至矣盡矣. 降及後世, 俗習不古, 惟荒腆是務, 故禁酒之法雖嚴, 而終不能救其禍, 可勝歎哉? 夫酒之爲禍甚大, 豈特糜穀費財而已哉? 內〔弱〕心志, 外喪威儀, 或廢父母之養, 或亂男女之別, 大則喪國敗家, 小則伐性喪生, 其所以瀆亂綱常, 敗毀風俗者, 難以枚擧, 姑指其一二可戒可法者言之. 商辛、周厲, 以此而亡其國, 東晋之俗, 以此而亡人之國. 鄭大夫伯有窟室夜飮, 卒爲子晢所焚. 前漢校尉陳遵每大飮賓, 輒關門投轄, 使于匈奴, 醉而遇害. 後漢司隷校尉丁冲, 數過諸將飮酒, 爛腸而死. 晋尙書右僕射周顗, 能飮酒一石, 偶有舊〔對〕〔帶〕來, 欣然共飮大醉, 及醒使視, 客已腐脅而死. 後魏夏侯史性好酒, 居喪不戚, 醇醪不離於口, 弟妹不免飢寒, 於是昏酣而死, 此誠可戒者也. 周武王作《酒誥》之書, 以訓商民; 衛武公作《賓筵》之詩, 以自警責. 晋元帝頗以酒廢事, 王導深以爲言, 帝命引觴覆之, 遂絶. 元太宗日與大臣酗飮, 耶律楚材乃持酒槽金口進曰: "此鐵爲酒所蝕, 尙致如此, 況人之五臟, 有不損耶?" 帝悟, 因勑左右, 日進酒三鍾而止. 晋陶侃毎飮酒有定限, 或勸少進, 侃悽愴良久曰: "年少曾有酒失, 亡親見約, 故不敢踰." 庾袞父在, 常戒袞以酒後毎醉, 輒自責曰: "予廢先人之訓, 何以訓人!" 乃於墓前, 自杖二十, 此誠可法者也. 且以我國之事言之。昔新羅之敗於鮑石亭, 百濟之滅於落花巖, 靡不由此, 而高麗之季, 上下相師, 沈湎自恣, 竟底於亡, 此亦殷鑑之不遠也, 可不戒哉? 惟我太祖肇造丕基, 太宗繼述, 修明政敎, 垂憲萬世, 群飮之禁, 著在令甲, 以革舊染之俗, 以致維新之化. 予以否德, 叨承丕緒, 夙夜祇懼, 以圖治安, 鑑往昔之覆轍, 遵祖宗之成憲, 示之以禮, 糾之以法. 予之用心, 非不至也, 而惟爾臣民, 以酒失德者, 比比有之. 是前朝衰微之風, 猶未殄絶, 予甚憫焉. 嗚呼! 酒之釀禍, 若是之慘, 而尙不覺悟, 亦何心哉? 縱不

478   원문 미주

能以國家爲念, 獨不顧一身之性命乎? 朝臣有識者, 尚且如此, 閭巷小民, 何所不至? 獄訟之興, 多出於此。始之不謹, 則末流之弊, 誠可畏也。此予之所以考古證今, 反覆告戒者也。咨爾中外大小臣民, 其體予至懷, 視前人之得失, 爲今日之勸戒, 毋好飲以廢事, 勿過飲以成疾。各敬爾儀, 式遵無彝之訓; 剛制于酒, 庶臻於變之風。惟爾禮曹, 體此至意, 曉諭中外。藝文應敎柳義孫之辭也。遂命鑄字所模印, 頒于中外。세종 20년(1438), 『국조보감』 제7권 세종조 3.

92 甲寅朔/上患虛損疾者累月, 政府、六曹請進肉膳至再三, 不允。疾證漸深, 方藥無效, 柳廷顯、李原、鄭擢等與六曹堂上、臺諫請曰: "平人頓除萬事, 以行喪制, 三年之內, 尚未免遘疾。況殿下以至尊, 進素膳, 御萬幾, 欲終三年之制, 則病深而難療。古人云: '無以死傷生。' 且有肉汁助味之說。今世子幼沖, 而殿下固守常經, 以至病深, 不能視事, 則非宗社生靈之福也。太宗遺敎亦曰: '主上非肉不能進饌, 吾百歲之後, 權宜終制。' 此乃先知殿下守經過哀而將至於傷生, 何不上慰祖宗之靈, 俯從臣民之望?"

上曰: "我本無病, 非老非幼, 安敢慮後日之病, 而食肉乎?" 堅執不聽。廷顯等咸進內庭, 期於得請, 上不獲已曰: "諸卿請之不已, 今日姑當開素。" 群臣欲視肉膳, 上曰: "人主固不可以欺匹夫, 況大臣乎?" 乃進肉膳。下旨曰: "今歲歉民飢, 毋令諸道進肉膳。且文昭、廣孝殿外, 各殿望前望後進上, 亦姑停之。"

93 庚子/都承旨柳義孫等啓: "大抵人之血氣, 五十始衰。聖上本有宿疾, 近以中宮喪, 不進肉膳, 臣等不勝驚恐, 再請肉膳, 尚未蒙允。伏望爲宗社大計, 俯從臣等之請。" 上曰: "此事, 平生不可得而再也。且期年之制, 降殺至於一月, 亦已甚矣。且予今無疾病, 卿等勿復言。"

94 議政府、六曹啓: "今當農隙, 民力有閑, 且有使臣支待, 各道望前後進上, 請依前例。" 上曰: "旱乾、水溢相繼而至, 將來農事, 未敢必知。且聞間有未畢除草者, 不可使各道進膳。" 政府、六曹更請曰: "除遠道, 令忠清、黃海、江原、京畿進上, 何害?" 上曰: "天旣譴我以災變, 何可煩民進膳? 諸卿勿請。"

95 乙未/都承旨李承孫等啓: "近日輟肉膳, 稽諸禮文, 無其制。且天氣寒冷, 恐聖體違和, 請進肉膳, 以慰輿望。" 上曰: "予今無病, 過七日則雖不請, 予當食之, 勿令大臣復來請也。"

96 丙申/議政府六曹啓: "近日素膳, 於禮文無制。且天寒, 時候不調, 況聖體本有宿疾, 哀毁過禮, 久曠肉膳? 請進膳。" 上曰: "昨日傳旨承政院: '過七日則肉膳。' 是予意也。" 更啓曰: "今朝則已過, 請晝膳及夕膳進肉, 以慰老臣之望。" 上曰: "一日之間, 不可如是也。且今無恙, 若過今日, 雖不請, 當從之, 勿更煩請。"

己亥/始用肉膳.

97 有人來啓: "淸州有水味如椒, 名爲椒水, 可治諸疾。木川、全義縣, 又有此水。"上聞之, 將欲行幸治眼疾, 遣內瞻寺尹金俒之, 使營行宮, 得此水來啓者, 賜木緜十匹。

98 癸未/諭京畿、忠淸道觀察使: 椒水里及路次宿所畫停傍近村落民戶, 慮或有病氣, 令所在官預先知會, 於隔遠處, 結廬移置, 嚴加考察救療, 已曾移文。然居民因此移徙, 或致死傷, 或防農務, 則車駕所至, 未蒙恩澤, 而反罹其苦, 予甚軫慮, 卿其知悉, 曲盡措置。

99 庚子/集賢殿副提學崔萬理等上疏曰: … 且今淸州椒水之幸, 特慮年歉, 慮從諸事, 務從簡約….

庚戌/忠淸道都事韓 來問安, 上曰: "今此椒水之行, 務從簡便, 忠淸道都事越境而來, 不無煩弊, 今後愼勿如此。"椒水里旁近居民老幼幷二百八十餘人, 命饋酒食。甲戌/賜椒水里旁近農民三十八戶酒肉。賜椒水里監考朴陪陽等八人緜布有差。

辛卯/諸大君謂承政院曰: "上欲於二十七日還宮。椒水頗有神驗, 諸承旨, 宜上請久留。"都承旨李承孫等請之, 上曰: "予意以謂無異於舊, 人見之以爲小愈, 予當更留, 以見其驗。"承孫等更請曰: "須於來月十日後, 還宮。"上曰: "當初限以六十日, 已播諸中外, 不可失信。來月初三日, 乃六十日也, 予當還宮。"

100 自三月至此不雨, 禾穀枯槁, 又東風連月, 雖有水原, 發穗處, 率皆不實。沿海各郡, 旱荒尤甚, 都人雖不盈升, 皆相換易。上軫慮謂承政院曰: "旱暵若此, 而東風又吹, 若今日不雨, 則予停椒水之行。無乃以行幸之故而民間搖動乎?"承旨等啓: "行幸之日, 時當未定, 民豈有搖動者乎? 但有人來言: '泰安等處, 旱災爲甚, 米一斗得鹽二十一斗, 大麥一斗得鹽十七斗。監司守令無可奈何, 而爲之垂泣而已。'"

101 都承旨李承孫等請明年復幸椒水, 上曰: "椒水行幸, 予必不爲也。"仍敎宣傳內竪曰: "敢有來請者, 毋得啓達。"翌日, 承孫等又申世子曰: "臣等昨請幸椒水, 上非徒不允, 反諭內臣毋啓, 臣實缺望。前日椒水之幸, 務從簡易, 供億之費, 皆自京中措辦, 不關本道。願將臣言, 轉白于上。"東宮入啓, 上曰: "一身之疾, 予豈不知? 自幸椒水以後, 疾亦小愈, 然意謂止此, 故不從也。"

102 甲午/左贊成河演, 左參贊權踶等將本府之議啓: "椒水行幸之後, 已有驗劾, 請明年又幸椒水。"上曰: "去春行幸之時, 頗有其驗, 今秋未見其效, 予不復幸也。"演

원문 미주

等再三請之, 終不允.

103 乙未/右議政申槩、左贊成河演、左參贊權蹈等又請幸椒水, 上曰: "予之不從卿等之請, 非以謙讓, 亦非以民弊也. 如有推恩之事, 可爲不爲, 則卿等固請可矣, 至如椒水行幸, 係予一人之病. 古人有朋友喪明, 則哭之, 況一身之病, 予豈不念哉? 今予不欲復幸者, 以其無效, 非爲有弊也. 卿等之請, 每以毋拘小弊爲辭, 予若見弊, 則去春災變荐臻, 而尙從卿等之請, 今冬雖云凶歉, 若盡救荒之策, 則可以活民, 今日之軫慮, 非如去秋之甚, 敢違卿等之請乎? 去秋之幸, 予本不欲, 卿等固請, 予勉從之, 今若可爲, 何敢不從? 且予衣食 皆出乎民, 不能無弊. 予知其弊而不得不衣之食之, 獨於此事, 何計民弊而不爲乎? 中宮母夫人有疾, 欲嘗椒水, 予不計民弊, 傳驛致之, 況於一身之疾, 其敢忽乎? 且予於前日, 置驛輸致椒水, 水味稍變, 然行幸則期限有定, 多不過六七十日, 傳驛則一年三百六十日, 無日不致, 不猶愈於行幸乎? 卿等之請, 予斷不從也." 槩等更啓曰: "去秋風氣寒冷, 未見其効, 明春風和之時, 意必有驗. 殿下雖以不計民(幣)〔弊〕爲言, 然不欲行幸, 實慮弊及於民也. 殿下一身, 宗社安危係焉, 豈可念小弊而不思大體乎? 明春行幸, 不可不爲也." 上曰: "卿等以宗社安危爲言, 來請之意懇惻, 無復有言. 予之答辭, 亦止於此." 槩涕泣啓曰: "去秋未有明効, 來春又無其驗, 則臣復何言? 試可乃已." 上曰: "卿等之意, 予悉知之."

戊戌/議政府六曹請幸椒水, 上不允, 再三固請, 上曰: "予更思之."

104 淸州椒水行宮火. 諭忠淸道監司: "聞椒水行宮失火人, 逮繫鞫問. 今當農月, 累日繫獄, 甚爲不可, 速令放遣."

105 丁未/議政府使舍人朴仲孫啓: "請停佛堂慶讚時幷饋雜僧." 上曰: "饋僧徒, 予之德, 有何損益乎! 雖以近於文昭殿爲辭, 然人家亦多在近地, 何獨於此事爲言乎? 且如此秘密以啓, 予未知其意." 仲孫曰: "堂上之意, 恐臺諫聞都堂啓請, 繼踵而來, 煩擾諫請, 故密啓耳." 上曰: "大抵設齋者, 不辨僧俗而皆饋之. 然今不可竝以俗人而饋之, 但供佛而不齋其僧可乎! 彼雜僧雖汚穢, 自當其咎, 何關於辨供者之禍福乎!"

六. 자신을 낮추는 절제와 겸양의 치세

106 命司憲府曰: "比者水災太甚, 不待有司之請, 下禁酒之令, 愚民之犯令者, 皆以制書有違重論, 實爲未便. 今後犯令者, 以違令論."

107 戊戌/先是, 上以年歉, 特下旨禁酒. 緣此, 犯禁者坐以制書有違. 上曰: "禁酒, 本以年歉. 今豪强無一犯禁者, 無知小民獨受重刑, 甚爲未便. 自今犯酒禁者, 以違令論."

108 　上命禁酒. 召司憲府掌務曰: "行禁酒之令則唯賣濁酒者, 見執而已, 故予嘗停此禁."

109 　禮曹啓: "誥命, 國之大事. 請諸道觀察使、節制使及牧使以上, 皆令親賀." 上曰: "當予初卽位, 亦令勿親來賀, 況驛路有弊乎? 尤不可也." 卞季良曰: "殿下之意, 要使無弊而已, 然誥命大事, 身親來賀禮也." 上不聽. 群臣聞誥命來欲賀, 上不受.

110 　上聞咸吉道都節制使河敬復, 欲進馴鹿曰: "珍禽奇獸, 古人所戒, 其令勿進."

111 　壬戌/有人得白雉以獻, 贊成河演等, 與都承旨趙瑞康陳賀, 上不受.

112 　甲寅/全羅道監司李明德獻白雉, 上不以爲瑞, 命放于白岳山.

113 　慶尙道都節制使崔淑孫進白鵲. 禮曹判書金宗瑞與入直堂上官賀曰: "前者甘露降於廣州, 今入白鵲, 見於慶尙, 祥瑞屢見, 是以陳賀." 上曰: "甘露, 於方書有常飮之文, 不足爲祥. 若白鵲則考之中原, 天下皆以爲賀, 然此白鵲何足爲瑞? 予聞賀言, 頗有赧色, 卿等愼勿復言, 毋使京中大臣知而來賀."

114 　平安道監司啓: "江界府獲白獐." 上曰: "《五行類》云: '王者德茂, 則白獐出.' 然予本不好奇獸, 欲令放之." 都承旨柳義孫等曰: "此兒獐, 可易擾, 持以來獻, 亦不過二三人之力." 仍賀曰: "白鵲白雉, 曾有見聞, 白獐之瑞, 始見聖代, 不勝欣抃." 上曰: "前有人告白獐見于果川, 司僕寺欲往獲之, 予不允。今白獐亦偶出耳, 毋使來獻, 亦勿令禮曹知之, 以煩來賀."

115 　前佐郎洪元用, 進甘露所霑松枝一盤, 令承政院視之. 諸承旨啓曰: "其甘如蜜, 眞甘露." 卽詣思政殿門外, 請行賀禮, 上曰: "昨日予謁獻陵時, 東宮別監, 折甘露所霑松枝, 以示世子. 及還宮, 世子命內竪往視後園, 松枝之上, 亦多有之. 予聞之, 猶以爲未信也, 今因元用所進, 聞卿等之言, 乃知其實也." 命除賀禮.

116 　平安道監司報: "四月二十一日, 朔州府板幕山甘露降." 禮官欲賀. 上不許.

117 　丙子/受常參, 輪對, 經筵. 上謂參贊官等曰: "自古祥瑞之物, 應於聖世, 今中朝甚喜祥瑞, 然以我朝觀之, 則前年講武平康, 白雉見於駕前; 今年全羅、慶尙道屢進靑琅玕, 禮曹稱爲海瑞, 欲作歌頌, 奏於會禮宴. 予意以爲聖人在世, 而嘉祥應, 則其爲瑞明矣, 以予寡德, 何能致瑞應乎? 瑞物之出, 幸也, 非應也, 其勿復言."

482　　　　　　　　　　　　　　　　　　　　　　　원문 미주

118 己酉/停誕日賀禮. 先是, 禮曹請於誕辰, 設君臣同宴, 上曰: "人子於生日, 當倍悲痛, 何可宴樂?" 不聽. 議政府率百官, 進表裏、鞍馬, 諸道進賀箋、方物.

119 세종 16년(1434), 『국조보감』 제6권 세종조 2.

120 甲申/次于月介田. 上所御馬, 食人禾一握, 上曰: "農人耕(獲)〔穫〕甚艱, 予馬取食, 當收其直, 賜米一石."

121 乙亥/視事. 戶曹啓: "獻陵道傍踏損田每一卜, 請給大豆三升." 上曰: "無乃小耶? 一卜三升, 是何數也?" 左右曰: "此收租之數也." 上曰: "實田一卜所出幾何?" 左右莫對. 上曰: "我國收租之法, 乃是徹法, 十分取一, 一卜所出, 三斗也. 治道之時, 田皆青苗, 未分損實, 每一卜以半實, 計給一斗五升."

122 夕次于慶安驛下平. 上曰: "大抵, 宰相者當以恤民爲心. 予今見掌軍節制使田興、趙慕率軍士踐損穀田, 豈宰相愛民之心乎?" 卽命兵曹劾問以啓, 以礪山君宋居信、僉摠制崔甫老代之.

123 義禁府啓: "伊川人全南己言: '此時之君, 其久幾何? 西海道亦有立君人.' 其亂言干犯於上, 情理切害, 請置重刑, 籍沒家産." 上曰: "此人論其亂言之罪, 則宜置極刑, 然予以爲自古不得其志, 則有怨言, 《書》所謂時日曷喪, 如此類者, 頗多有之. 今南己因官吏督納還上, 生業艱苦, 而有是怨言, 何加損於予哉? 昔有如是亂言人, 令許誠推覈, 但得情實, 不置極刑. 今此南己, 特從寬典不殺何如?" 申商曰: "高麗之季, 亂言紛起, 從此衰微, 宜以爲鑑, 明示典(典)〔刑〕, 以防其微, 幸甚. 且此人亂言非輕, 不可以常例論." 上從之, 然上意猶欲活之.

124 壬申/視事. 右代言鄭淵啓: "今有人突入駕前者, 按律當絞." 上曰: "是大不然. 如知其有法, 而敢突入, 則律當如此, 無知之人, 迷不知去處, 而突入者, 亦以此律抵罪, 則其可乎? 更照律以聞."

125 囚亂言曺元于義禁府. 初, 元訟田于江陰縣, 憤縣官淹延不決曰: "今上不善, 乃用如此守令." 適本宮奴在傍聞之以告.
義禁府提調及三省啓曰: "訊曺元誹謗之由, 答曰: '吾訟田待決于官, 守令對賓飮酒而不速決, 不忍忿怒而發此言也.'" 上曰: "勿更問之. 無知小民以我爲不善, 正如孺子將入於井, 何忍加罪? 其速放歸." 知申事郭存中與五代言入啓曰: "上以曺元無知妄發, 比之孺子入井, 肆赦勿論. 是雖聖上之美德, 然如此之罪不論, 則何以懲後人?" 上不允.
六曹、議政府請置曺元於法, 以戒後人, 上曰: "元之言, 累及乎我, 故卿等咸請治罪, 義固然矣. 然以指斥之罪加乎元, 於我心深爲不忍. 且比來水旱相仍, 民甚艱苦, 元之所居官不念此苦, 對賓飲酒, 田訟淹延不決. 元之言, 疾此而發, 卿等勿請."

右司諫李蟠、掌令鄭淵進交章曰: 臣等前將曹元不忠不敬之罪, 具疏以聞, 請置於法, 殿下特以非己爲嫌, 置而勿論. 是雖殿下包容之大度, 然於懲惡戒後之意, 竊有憾焉. 且《禮》有: "蹴路馬芻有誅, 齒路馬有誅." 此蓋戒其慢君物, 而嚴君臣之分也. 故凡爲不忠不敬之罪, 雖藏於中而不形於外, 猶且求請而置之於法, 況曹元不忠不敬之心, 蘊於中而發於言乎? 何況殿下釋此不誅, 以啓萬世不忠之端乎? 伏望殿下, 斷以大義, 命下攸司, 按律科罪, 以快臣民之憤, 公道幸甚. 上不允曰: "吾豈不爲子孫萬世計乎? 然置元於罪, 深以爲嫌."

獻納車有、持平李堅基請曹元之罪, 傳曰: "曹元曾受竊盜之罪, 加徒二年可也. 配所居官, 勿使失業."

126　司憲府啓: "藝文待敎梁鳳來朝啓, 軒(唾)〔睡〕不敬, 請罪之." 命原之.

127　上曰: "今聞康寧殿伐石軍康仁壽, 爲石所擊而死, 予甚悔焉. 竊聞高麗之時, 宮室不備, 人君或居臣僚之家, 至本朝, 我太祖營建宮闕, 無不周備. 予承祖宗之業, 乃安斯宮, 凡諸自奉之事, 一皆頓絶, 只緣康寧殿隘漏, 暫欲改繕, 卽令撤去. 因此工役連起, 迨今未迄. 大抵世治民安, 則侈心生而營繕起矣. 今承祖貽謀, 隆平至此, 宜當謹愼, 而仍居舊室可也. 乃以隘漏爲改, 而以致人命殞絶, 悔之何及! 比者慕華館之役、太平館之營, 連年繼作, 然此皆爲朝廷使臣館待之處, 亦國家之公役, 雖致人命之死亡, 至於百數, 豈如營我居處, 而致一名之死乎? 其於營宮室, 旣著我不德, 而今又致人於死, 予之過失, 益著矣. 雖賜之賻米百石, 安能塞其父母妻子哀戚之心! 然欲加給於常例." 安崇善等啓曰: "臣子之趨於王事而致死, 非獨此人, 焉得人人而特加弔恤? 況凡民之死於王事者, 致祭致賻, 邦有定法乎? 雖然今仁壽幸赴宮闕之役, 不得其終, 聞于天聽, 宜加常例, 請給米十石, 以資喪葬之需, 以慰父母妻子之心." 上曰: "然." 乃賜米豆幷十石.

128　其二曰: "予自乘御以來, 每致意於守文, 而兵革之事, 未嘗及也. 予豈好大喜功, 而加兵於野人乎? 敵加於己, 不得不擊, 而幸至大勝, 是誠可喜, 而亦有懼焉. 今雖功成, 何以保安此功, 而永無後患乎?" 僉曰: "矜喜之心, 古人所戒, 殿下不以大勝爲喜, 而反以恐懼, 則是誠美意. 臣等以謂堅城柵、備糧餉, 慮不虞、存敬畏, 則可無後患矣."

129　己酉/上渡路梁幸衿川, 觀放鷹, 回至江上, 會風雪暴作, 波濤洶湧, 舟楫不通, 依岸上新造大船駐駕, 命取衿川縣米豆, 散料于隨駕軍士. 至半夜風猶未止, 白氣如漢, 東西互天. 初昏, 右議政黃喜、户曹判書安純, 聞大駕未涉野次, 欲問安來

484

至江頭, 未得涉.

庚戌/罷漏時, 渡江還宮. 左議政李稷患風在告, 出迎乘輿于南大門外. 百官皆未及, 稷等問安于路上, 上曰: "太宗觀鷹不越江, 其智略至矣. 予則過聽人言, 越江而遊, 遇此風雪之變, 是天譴我也, 自今愼勿越江觀放鷹." 賜舟人米豆有差. 司憲府以上遭風變野次, 禮曹不知, 會百官奉問起居, 劾判書申商、正郎鄭甲孫. 上召憲府掌務教曰: "今日之事, 予之過也, 姑置之."

130 吏曹參判鄭招啓: "古者人臣進見於君, 出入必拜, 今也朝啓輪對及拜辭時, 但伏地而已, 無拜禮. 請參酌以定." 上曰: "君前臣拜, 雖是古禮, 然不亦煩乎? 凡禮貴乎簡, 不害於義, 則從俗可也. 且我國之禮, 未能盡合古制, 豈獨此禮, 必行古制乎?" 判府事許稠曰: "臣之見君, 不可無禮度, 請令朝啓入參者, 四拜後乃入." 上曰: "太宗於受朝之日, 仍視事, 再三試之, 而除朝啓禮度, 卿等更議之."

131 司憲府啓: "副元尹碩、副正尹頤等, 俱詐移病, 經宿門外, 誣周天聰, 請罪之." 上曰: "自古宗室持身最難, 所以然者, 無他, 生長富貴, 不知艱苦之事耳. 承政院, 其召二人, 以予言切責之."

132 始建宗學, 令大君以下宗室子弟就學。

壬寅/宗簿寺啓: "元尹德生、祿生, 多托故不赴宗學. 副元尹碩、副正尹頤托故尤多." 命收德生、祿生丘史, 罷碩、頤等職. 頤又稱墜馬不仕, 命醫診之詐也. 命收職牒.

133 時, 副元尹碩死, 宗親各以親疎爲服. 上令隨駕宗親, 但食肉, 毋得射獸, 宗親皆欲馳射, 畏上不敢. 兵曹判書崔士康、參判鄭淵・皇甫仁等啓曰: "講武, 習武也. 願特命宗親, 射禽獸習武." 上曰: "講武, 爲軍士之習武也, 非爲宗親習武也. 昔摠制趙定, 當姝服射禽獸, 太宗責之. 今令宗親射獸, 則後日雖無吾命, 無所忌憚而爲之, 將貽笑於後世, 卿等之請, 人必譏之, 其勿復言." 士康等固請, 上不聽. 行至驅獸之所, 上曰: "予行路思之, 《禮記》, 〔有〕大功以上之喪, 不與宴樂; 緦麻小功之喪, 無不與宴樂之文. 命宗親射獸何如?" 都鎭撫申商啓曰: "宗親之喪, 乃小功以下之喪也. 命射獸, 何害於義?"

134 "今欲宗簿寺受宗親詞訟而理其曲直, 攸司聞宗親過失而移文宗簿何如? 爾等議其便否以聞." 金墩等對曰: "可矣." 上曰: "然則汝等撰其事目以進." 承政院撰二十餘條以進, 上命墩, 往與議政府同議以啓. 政府僉曰: "實美法也. 今事目甚詳, 然臣等將更議以啓矣." 上令政府作啓目以進.

135 上曰: "予前者與大臣再議, 如用人用軍與斷死囚等事外, 其餘庶事, 竝令世子攝

485

治, 大臣等皆曰: '不可.' 遂停其議。然予舊有引飲之病, 又有背上浮腫之疾, 懼此二病, 今已二年矣. 然其病根, 皆不永絶, 今又得淋疾, 已十有一日, 聽斷庶事, 則氣力勞憊. 患此疾者皆云: '雖愈而復作.' 又醫云: '欲治此病, 宜勿喜怒, 清心怡養乃可.' 且予近者聰明減舊, 欲言某事, 而招人來, 則輒忘其所欲言, 凡所施爲, 皆不如舊. 古之人君, 不能預圖, 事危而後傳于子, 以致譏刺者頗多. 今予欲勿治小事, 而令世子攝治, 非欲逸遊憚於治事也. 但欲治病, 而事甚繁劇, 勢難聽斷故也. 然不必令世子專治庶事也, 如何而可以事簡而便於聽斷也?" 喜等曰: "時無緊急之事, 若前例行移之事, 雖暫遲滯, 何妨? 此間宜停啓事, 不可以東宮攝治也." 上曰: "三代之時, 亦有以病傳位者, 若誠心愛君而憂其病, 則從予所命, 令世子攝(致)〔政〕可也. 然我國風俗如此, 如之何哉? 不緊之事, 待予病愈以啓, 及時緊事, 每日啓之不輟, 俾無留滯."

136　承政院草傳旨以進. 其辭曰: 講武. 大事, 而祖宗成法, 不可廢也. 況我國東西有野人之慮, 沿海有島夷之憂, 訓錬士卒, 誠今日之急務也. 予有宿疾, 身勞則卽發, 今又患眼疾, 難以親行. 欲令世子分摠禁衛之師, 代予而行, 以講武事, 以備不虞, 其合行事件, 令兵曹磨錬以啓.

上覽草, 謂承政院曰: "去秋淋疾已愈, 十月親祭齊陵, 風雨交作, 道路陜隘, 不能乘轎騎馬往還. 大臣問安, 予答曰: '安矣.' 翊日, 前疾稍作. 去春講武之時, 恐其前疾復作, 雖騎馬, 不自執彎, 以休身體. 還宮之日, 大臣問安, 予答曰: '安矣.' 翌日前疾復作, 又患眼疾昏花. 今雖稍愈, 似難親行以勞身體矣. 講武. 大事也, 豈以身病而廢之乎? 欲令世子代予講武, 將此意及傳旨, 令議政府議聞."

137　議政府啓: "世子以朝夕視膳問安爲己職, 其帥軍出外, 非其任也. 稽諸史策, 無有此擧, 豈以一唐太宗之事而爲法乎? 如此之事, 雖堯、舜所爲, 不可法也. 上若有疾, 則姑停一年, 何妨乎? 若曰不可停, 則乘聖體平善時, 出近郊, 只閱甲兵爲便." 上曰: "古今異宜, 當隨時合宜而已, 豈拘於古人之所爲乎? 予非但欲行於今秋, 自今予若有疾, 則當使世子代行, 以爲常例. 且予老耄, 則不得已使世子攝行細事矣, 未老而使世子預攝細事, 無奈可乎? 速傳敎於兵曹." 金墩等啓曰: "唐太宗使太子摠兵, 非平時之所爲也. 且高宗以晋王爲太子, 其摠兵乃嚴翊衛之計也. 大臣之言, 甚合事宜, 不可不聽, 願殿下更思之." 上曰: "予意已決, 不可改也, 促下敎於兵曹." 兵曹判書皇甫仁、參判辛引孫等詣闕啓曰: "前日殿下謂臣等曰: '稽古典而爲之.' 未審已稽古典歟? 今承敎旨, 臣等不知所爲, 乞姑停此擧. 且合行事宜, 報議政府乎? 直啓乎?" 上曰: "予意已定, 且已議大臣, 豈可以聽卿言而改也? 速具事件, 直啓於予." 仁等曰: "願(學)〔與〕承政院同議." 上曰: "可."

138　壬戌/召領議政黃喜、右議政申槪、左賛成河演、左參賛皇甫仁、禮曹判書金宗瑞、都承旨趙瑞康謂曰: "予之眼疾日深, 未得親斷機(茂)〔務〕, 欲令世子處決庶務." 喜等啓曰: "上雖患眼疾, 春秋鼎盛, 遽以世子代決庶務, 非唯一國臣民缺望, 其於後世取法何如? 且朝廷與南北隣境, 聞之又何如? 臣等以爲不可." 上曰: "卿等之言如是, 予不復言." 遂引見瑞康曰: "古云: '文王以憂勤, 損壽三年.' 然豈有憂勤損壽之理乎? 後之阿諛者藉此告於君曰: '毋過於憂勤, 以損天年.' 此非可法之言也. 況人主怠於政事, 必有不能保終天年之患矣. 予患眼疾, 今已十年, 而近來五年尤甚. 當其初患之時, 不知至於此極, 不善休養, 予今悔之. 年前溫陽沐浴後, 證候稍愈, 意謂從此痊愈矣, 自十月以後, 亦復如前, 雖欲親祭宗廟, 已絶望矣. 文昭殿則予踐履已熟, 升降雖難, 或有親祭之時, 自今以後, 宗廟之祭、講武之事, 固難親行. 大臣豈知予病至於此極耶? 減其現事, 休養目力, 延二三年, 不猶愈乎? 太宗欲行宗廟祭, 適雨雪, 使世子代行, 已有舊例. 且一家之中, 家長有故, 則以長子代行, 況世子, 國儲君副, 宗廟之祭、講武之事, 使世子代行, 固無妨矣. 又接士大夫, 習知治體, 亦何害哉? 爾將此意, 詳告大臣, 使之知悉."

139 己亥/臺諫啓: "盧重禮專以醫術, 過蒙上恩, 位至僉樞, 宜當盡心竭力, 圖報聖恩之萬一. 今中宮違豫之時, 不遍考方書, 依違含默, 必待上教, 然後乃進藥, 罪莫大焉. 請置於法, 以懲後來." 上曰: "重禮進藥, 若有悔恨之事, 則予何惜焉? 但重禮, 其心本自怠弛, 稍有頑慢之態, 故收職牒以懲之, 且警其餘爾. 大抵死生有命, 豈一醫所能救哉? 若等勿復言." 再請不允.

140 丙寅/命還給盧重禮職牒. 司諫院啓: "重禮於中宮大漸之時, 奉藥不謹, 罪不容貸, 請收是命." 上曰: "重禮, 旣已懲矣, 且終不可不用也."

141 承政院啓: "醫員裵尙文治廣平大君之疾, 不能調攝, 以致大故, 請鞠之." 司憲府亦請尙文罪, 上曰: "尙文, 本孟浪人也, 然此非尙文之罪, 乃其命也. 昔誠寧大君之卒, 亦罪醫者, 時人譏之. 然其醫不知病證, 治療失宜, 故予請治其罪, 非太宗意也. 今尙文則異於是, 自古人君以愛妾愛子之死, 多罪醫者, 予實非之." 竟不允.

142 政府、六曹、功臣、臺諫請曰: "前日下旨, 令諸道文昭、廣孝殿外, 各殿進膳, 悉皆罷之, 蓋爲弊及於民也. 然一月之內, 一二度進膳, 何損於民? 且今朝廷使臣將至, 諸道觀察使仍進膳而得知使臣支待之事, 一幸也. 又受命在外之臣, 未能親詣問安, 因進膳而得聞上體康寧, 二幸也. 伏望令外方各道依舊進膳."
上曰: "卿等之意, 已知之矣. 外方各道因啓事而來者, 亦有之, 豈待進膳而後, 聞國家之事乎?" 又啓曰: "殿下薄於自奉, 而厚於人民, 殿下之慮至矣盡矣. 臣等不敢更請, 但有新物則供進, 何害於民?" 上曰: "民之艱食, 莫若今年. 何必待遠方之物而後自奉? 庖廚雖乏, 可買於市肆而食矣." 不允.

143　議政府, 六曹啓曰: "向因水災, 命罷諸道進膳, 臣等有憾焉. 然而殿下畏天, 恤民之心, 出於至誠, 未敢陳請. 今無水災, 而猶不令供進, 已累月矣. 殿下縱自安於淡薄, 於上王御膳何? 願令諸道依舊供進." 不允.

144　上謂承政院曰: "人君之職, 專以愛民也. 今民之飢死如是, 而忍受諸道進膳乎? 前以凶歉, 已除下三道進膳, 唯京畿、江原兩道不除. 今聞京畿飢死者亦衆, 予甚愧焉. 兩道進膳, 竝除之何如?" 承旨等對曰: "若竝除兩道, 則無以供御膳, 必不得已, 當別有處置. 如是則又恐有弊, 無已則只除京畿南道不稔各官何如?" 上曰: "一道之內, 不可如是其分辨也." 遂命文昭殿外, 京畿各殿冬官進膳, 竝除之, 唯各浦仍舊.

七. 공부와 학문에 대해

145　命大提學卞季良, 擇可讀史學者以聞, 季良以直集賢殿鄭麟趾、集賢殿應教偰循、仁同縣監金鑌薦, 上卽除鑌爲集賢殿修撰, 令三人分讀諸史, 以備顧問. 前此, 上問於尹淮曰: "吾欲使集賢殿儒士, 分授諸史而讀之"淮對曰: "不可. 大抵經學爲先, 史學次之, 不可專治史學也"上曰: "吾於經筵, 問以《左傳》、《史記》、《漢書》、《綱目》、《宋鑑》所記古事, 皆曰: '不知.' 若令一人讀之, 其不得遍覽必矣. 今之儒者, 名爲治經學, 而窮理正心之士, 未之聞也."

146　己巳/輪對, 經筵. 上謂檢討官偰循曰: "予於理學, 雖未能通, 然旣遍閱矣, 獨史學未熟. 曾讀《綱目通鑑》, 參考《源委輯覽》諸書, 自以爲庶無疑矣, 今又讀此書, 頗有疑處, 學(文)〔問〕誠可謂無窮矣."

147　庚戌/輪對, 經筵. 上曰: "卞季良嘗白太宗, 請擇年少可學一二儒, 除仕官就靜處讀書, 可能精通而大用, 太宗然之而未果, 又請於予, 予許之. 讀書者爲誰?" 左代言金赭曰: "辛石堅、南秀文也." 上謂權採曰: "爾亦曾詣讀書之列, 所讀何書?" 採曰: "讀《中庸》、《大學》."上曰: "讀於靜處, 有何殊効?" 採曰: "更無他効, 但心不亂耳." 赭亦曰: "在家則不得不應事接賓, 莫如山寺之閑寂." 上從之.

148　『견한잡록(遣閑雜錄)』

149　『필원잡기(筆苑雜記)』

150　又啓曰: "《集成小學》, 切於日用之書, 學者病其難得. 願依惠民局賣藥例, 或紙或

488

米豆, 量給爲本, 令一官一匠掌其事, 印出萬餘本鬻之, 還本於官. 如此則其利無窮, 而於學者有益." 上曰: "予嘗讀史, 有曰: '頒之大矣, 鬻之非矣.' 然卿言固善, 予將行之." 卽命都承旨辛引孫曰: "一如稠啓. 非唯《小學》, 凡諸鑄字所在冊板, 竝宜印之, 其議以啓."

151 上謂喜、季良曰: "前日疏上興學條件, 已聞回話否?" 季良曰: "臣未聞也." 上曰: "古者卿大夫之適子與凡民之俊秀, 得入太學, 今有蔭子弟, 皆入泮宮, 則無乃過多乎?" 季良曰: "京官三品以上子弟, 皆入學宮可也." 上曰: "武科亦賜牌、賜蓋、賜宴、遊街, 無異於文科, 判府事屢言其不可. 然此太宗已立之法, 不可輕改, 但試取時, 講四書二經何如?" 喜與季良曰: "射御之才, 三千甲士, 亦皆能之, 武科之異於甲士者, 但以講兵書也. 然不過粗通三四書而已. 如此而與文科無異, 故士皆捨文就武. 今使講四書一經, 則可矣." 上曰: "授職之事何如?" 季良曰: "二十五歲, 則授職可矣. 今十八歲授職之法, 始於朴錫命欲除其子之術." 喜曰: "此法乃太宗時河崙等所定也." 上曰: "予亦嘗聞朴錫命, 爲其子立此法也. 其餘條件, 予皆依允, 若武科與諸學, 一例試取, 則不可也." 季良曰: "臣未知一例與否. 尹淮語臣曰: '武科乃諸學例也.' 今考《元典》, 無放榜、賜蓋, 三日成行之法, 依舊制何如?" 上曰: "予更商量." 季良曰: "科場必考經書本文, 然後得製之. 今使不見本文, 則必誦經書, 然後乃得製述, 恐無盡治四書五經者也." 上曰: "如不得見本文, 則學者必致慮矣. 但以三經, 命題何如?" 季良曰: "然."

152 庚寅/視事. 判中樞院事許稠啓曰: "國學儒生, 全習詞章, 不讀經書, 弊固不小. 此無他, 科擧不講經故也. 若復行講經之法, 則自不能不務實學矣." 上曰: "予每念此而未定. 太祖朝始立科場講經之法, 太宗朝, 權陽村每請罷講經, 予亦熟聞其說, 是豈不察而言之歟? 其後下季良亦力非講經之法, 至於上言止之. 予嘗聞之矣, 其講經之際, 不無(狹)〔俠〕私之弊, 甚者或有密諭擧子者, 此亦人情所不能無者也. 若一時政丞或執政大臣或親舊子弟則豈不容私於其間哉? 講經之法, 終必有弊, 不可用於取士之時. 然其應擧者, 豈預料其容私而不讀書乎? 今以講經取士, 則必有讀書之効矣. 大抵熟於經書爲貴, 其文章之類, 無益於國家, 特以事大交隣而不棄之耳. 若知大體, 不失於禮義, 則雖曰疎於文詞, 何傷乎哉?" 禮曹判書權踶啓曰: "方今學者有甚焉, 不唯不讀書, 且以《文選》爲不合擧業, 例以一時儷筆所述之文爲得體, 念誦不已. 以此成風, 學術日卑, 莫甚於今." 上曰: "予於此事, 何如而可也? 興學之術, 全委卿等, 可與大臣同議以定, 予當從之." 贊成事申槪啓曰: "臣等嘗試史官講讀經, 同聽其所言, 而意向各異, 或以爲通, 或以爲略, 或以爲粗. 其粗與通, 固有間矣, 而聽者不一, 講經固難於取人." 上然之曰: "予嘗於武科親講, 粗略之間難定, 此無一定之規耳." 踶又啓曰: "講經有弊, 固不可用於科場. 平時成均館與禮曹、臺省講諸生所讀經書, 自《大學》至五經, 一一置簿, 四書五經皆通者, 更問, 果皆通曉者, 則擧而用之何如?"上曰:"不必四書五經皆通, 然後用之. 四書及二三經, 通曉大義則可也. 卿等共議興學之術以啓."稠等既出, 上謂諸承旨曰:"每於試年, 先以製述取之, 進闕庭, 予親講以觀其學何如?"權採對曰:"如是則殿試罷作文, 以所講第之可矣."上曰:"何但等第而已?其不通者, 不取可也."辛引孫啓曰:"恐勞上體."上曰:"何勞之有? 不須限以一日之內, 雖五六日可也."

153 辛丑/御資善堂視事. 上曰:"我國近因昇平, 武士懈怠, 不以射御爲己任, 況今邊境未息, 不可不慮? 其習武之術, 何如而可? 且學校之政, 比此爲大, 而國學日益空虛, 儒生不務經書, 其興學之術, 又何如? 今有議者云:'科場講經則可致興學.'予則謂講經豈可以興學乎? 高麗未嘗立講經之法, 而未聞不學之甚如今日者. 且權近、卞季良, 皆以講經爲非, 大臣亦或有非之者曰:'自科場講經以來, 衣冠子弟皆趨武藝, 不可講經.' 今乃反之, 何也? 若欲興學, 必須講經乎?"領議政黃喜曰:"今之學者不務實學, 殆有甚焉. 爲今之計, 莫如講經以救其弊."上曰:"講經臨文則聰敏之徒, 不曾熟讀, 臨時歷覽, 猶可僥倖矣. 此豈興學之術歟?"禮曹判書權蹈曰:"成均館於平時, 與禮曹臺省以居齋生徒講《大學》, 三處皆通, 則置簿, 使讀《論語》, 又講三處皆通, 則亦置簿, 次《孟子》、《中庸》, 至于五經, 皆如《大學》、《論語》, 其所不通之書, 使之更讀又講. 至試年, 考置簿, 以經書皆通者, 許令赴試, 則凡欲應擧者, 皆趨學舍, 而無空虛之嘆, 儒生亦皆預先熟讀, 而無臨時歷覽之弊. 如是則無時不學, 無書不熟. 且考之非一人, 取之非一日, 亦無容私之弊, 但外方校生, 皆謂成均赴試, 則不無往來之弊, 此則又別有處置矣."上然之.

154 上又曰:"科擧之設, 本以得人, 近年以來, 學者不究聖經, 惟習詞章, 大臣思革其弊, 獻策紛紜, 皆曰:'人材卑陋, 風俗澆漓, 皆由不講經書, 試以製述之致然也.'予則以謂漢、唐以詞賦取人, 逮至高麗亦然, 而賢才輩出, 豈獨今日取以著述而人才不古若乎? 且權近、卞季良, 皆一時名儒, 屢言講經之非, 予亦悉知其弊, 欲排大臣之議, 姑仍其舊, 以著述取人矣."

155 丁未/御經筵. 有疑難處, 上問經筵官, 皆不對, 上曰:"此言可疑, 闕之可也. 大抵知其可疑而益究之, 則庶有得焉. 凡學者自謂不知者, 然矣, 自謂無所不知者, 斯其所謂庸流也, 爾等毋嫌其不知也."

156 御經筵. 講至"今人讀書, 得如漢儒亦好. 漢儒各專一家, 故看得極仔細, 今人纔看這一件, 又要看那一件, 下稍都不曾理會得."上曰:"此吾所以爲學者患也. 四書五經百家諸史, 安得一樣精熟? 今學者欲遍習四書五經, 其無所得明矣. 必欲

490

精熟貫穿, 莫如專經之學."

157 大提學尹淮等, 逐日所撰《資治通鑑訓義》, 每夕入內, 上親校謬誤, 或至夜分. 是日, 上謂淮等曰: "近日因看此書, 乃知讀書有益, 聰明日增, 眠睡頓減也." 淮等啓曰: "夜覽細書, 恐成眼疾." 上曰: "卿等之言是矣, 予其小休."

158 命饋《資治通鑑訓義》撰集官, 自是每十五日一次設之.

八. 세상을 경영할 때는

159 上議稻種還上加給可否, 領敦寧柳廷顯啓曰: "臣家奴自外來言: '人無貸臣家長利者.' 臣以是知民之不甚窮乏, 宜勿更給, 姑待告乏." 上曰: "若待告, 則恐緩不及事." 廷顯殖貨吝嗇, 每當秋成, 發(驅)〔丘〕使僕隷, 刻剝徵債, 故民不願貸於其家爾, 非民裕而不稱貸也.

160 上曰: "興天, 祖宗所創, 吾不忍頹毁, 今已重新, 宜設慶讚. 比若作神主, 作神主而不祭可乎? 今雖設慶讚, 何害於義乎?" 世宗 90卷, 22年(1440) 7月 3日.

161 疏上, 上曰: "予嘉乃言, 然爾等之言以爲: '卽今佛氏之害大興, 禍迫難救.' 予意不至如此. 歷代帝王莫不崇信, 予非酷信也. 旣修佛宇, 從而祭之, 禮所當然."

162 上曰: "予觀爾等之言, 辭意曲盡, 雖不如此條陳, 予何不知! 然舍利閣, 旣已修創, 何不致祭? 且佛法遍天下, 我國小如蓼(業)〔葉〕, 如此之法, 不可一切斥之也."

163 上謂承政院曰: "歷代皆有好佛之主, 其在我朝太宗, 稟性剛斷, 排斥異端, 然未能盡革. 予卽位以來, 略無崇信之心, 但修葺舍利閣, 實爲祖宗也. 今政府臺諫集賢殿請罷慶讚, 屢進封章, 然此非可已之事, 速令行之可也."
上曰: "如此略設佛事, 何代無之? 世宗 94卷, 23年(1441) 閏11月 15日.

164 上曰: "予非爲前日所無而別爲一事也. 卿等以予爲酷信佛教而言耶?"

165 壬辰/臺諫又請罷慶讚會, 承政院不啓, 臺諫强請以啓曰: "近者臣等請罷慶讚會, 未得上達. 臣等以謂人臣有諫, 兪允與否, 在聖上裁斷耳. 以言官所言未得上達, 是臣等未堪其任也, 豈敢安然就職? 請罷臣等之職." 上曰: "予乃飾非拒諫之主. 古人云: '三諫不聽則去.' 若等自去則予不可禁, 若無出去之理, 予安敢罷黜?" 朴仲林等啓曰: "古人仕於列國, 故三諫不聽則去, 若臣等, 本國之外, 無復有可去之義. 乞罷職事, 以副臣等之望." 上曰: "予無所言."

166 癸丑/視事. 上謂諸臣曰: "前日錢楮兼用, 延訪於政府·六曹而後行之. 夫錢楮之
設, 始於宋朝, 至于大元, 欲兼用錢楮, 未克而亡, 大明亦未能兼用. 前日議設錢
幣之時, 立兼用之法, 予於其時, 灼知不可兼用也. 然於未鑄錢頒行之前, 不用楮
貨, 則民益厭之, 故姑立兼用之法." 顧謂參贊卓愼曰: "前日之議, 卿意何如?" 愼
對曰: "臣時在春秋館, 未參其議. 臣愚以爲, 前日用幣之時, 買賣食用, 物價低
昂, 皆從民便, 無國家折定之法, 民皆安之. 今欲使民好用錢幣, 毋使折定, 錢幣
米布, 皆從民願而試之可也. 前日楮幣, 民甚惡之, 嚴立禁防以罪之, 民乃艱食,
其弊不少." 上曰: "卿之言善矣. 爲國之道, 莫如示信, 初以楮幣爲寶而用之, 今專
用錢而空棄之, 民之有楮幣者, 豈無愁歎? 給錢於民間, 以收楮貨可矣. 然恐楮貨
多而錢尙少也."

167 乙酉/視事. 上曰: "銅錢民不樂用, 故賤, 六七升綿布一匹直錢六七百文. 此無他,
數更其法之弊也." 戶曹參判睦進恭對曰: "錢賤而民不樂用者, 以其民間散錢之
多也, 且議事大臣之過也. 大臣議事, 請罷錢法者多矣. 由是立法未定, 民心疑惑,
不肯興用. 願立經久之法, 使民知錢文之不可不用, 以固其心, 則民興用矣." 上
曰: "卿言是矣. 然官出錢數千貫, 豈其多哉? 欲民之樂用, 而使錢文貴, 則不可也."

168 上曰: "觀其辭旨, 意則美矣. 然立法, 所以示信於民也. 豈可以民之好惡, 而更改
乎? 錢幣之法, 獨行於官府, 而不行於民間, 則非所以示信於民也. 古者立三丈之
木, 以取信者有之. 今錢法之行, 可已則已, 如其用之, 何若是其紛更乎?"

169 刑曹判書金自知啓: "三犯竊盜者, 請不計赦前後, 皆置於法, 以杜後姦." 上曰:
"以一時疾惡之人, 追論赦前所犯, 則深恐失信, 況赦者蕩滌瑕垢, 開其自新之路,
若以赦前所犯, 通計施行, 旣非宥罪之意, 又非示信於民也. 且竊盜, 窮民所犯,
未爲大惡, 情亦可矜, 一置之死刑, 予所不忍."

170 權軫啓: "各道築城人丁, 田一二結, 令出一二人, 三四結出二三人, 民甚苦之, 乞
減其數." 上曰: "人皆言: '昇平之世, 何汲汲於築城乎?' 予則以爲不然. 安不忘危,
爲國之道, 焉有寇至, 然後築城之理乎? 築城之事, 不可緩也. 然因所耕多少出
軍, 已有令, 果如卿言, 則太過矣. 其令兵曹考前受敎, 申明擧行."

171 初, 上謂左右曰: "水之於舟, 莫仁於瞿塘, 而莫不仁於溪澗也. 故古之帝王, 以皆
安不忘危, 理不忘亂."

172 乙卯/視事. 司諫院啓: "臣等竊觀兵曹關, 武科試取及春秋都試, 幷試擊毬之藝,
此令士卒鍊習武藝之深慮也. 然吾東方擊毬之戲, 始於前朝盛時, 及其季世, 徒
爲遊觀戲謔之具, 而豪俠之習日盛, 未聞有補於國家也. 漢·唐之蹴掬〔鞠〕擊丸,

亦皆類此. 雖曰習戰, 皆爲戲事, 非萬世之規範也. 先儒朱熹亦以打毬爲無益之事, 而不可爲也. 我太祖康獻大王、太宗恭定大王訓鍊武藝之術, 無不備擧, 而曾不及此, 豈非慮無益而不擧乎? 今我國家於訓鍊武藝, 旣有騎射弄槍之習, 何待擊毬之戲, 然後爲有助乎? 然則是法也, 非徒無益於當時, 恐有流弊於後世也. 伏望停擊毬之法, 以杜將來之弊."

上曰: "予謂擊毬之事, 不必如此極言之." 知司諫高若海對曰: "臣等之請罷, 無他, 恐弊生於後世. 方今聖明之時, 雖未至於有弊, 後世倘有暗主出而專務此事, 則其弊不淺." 仍誦古詩一句, 上曰: "此法創自黃帝, 歷漢、唐以至宋、元. 代各有之, 彼豈不知弊而爲之? 祇欲其習武耳. 前朝之季, 亦行此事. 其它國, 豈擊毬之所致哉? 予之設此, 非爲戲謔, 欲令軍士習武藝爾. 且擊毬之所, 在於郭外, 何弊之有?" 政府、六曹、臺諫出. 上謂代言等曰: "予在潛邸, 嘗試此事, 眞習御之一助. 在太宗時欲爲之, 適有故未果." 左副代言金時對曰: "前朝之季, 聚見擊毬, 因有淫亂之風." 上曰: "在今時雖不擊毬, 其無淫女乎?"

173 上謂代言等曰: "擊毬之事, 廷臣援引高麗之弊, 請罷者多, 然擊毬, 本以習武, 非爲戲也. 稽之於古, 此等事頗多, 皆古人爲習武爲之也. 予雖不親擊, 然究其擊之理, 非善騎馬者, 不能也. 其馳騁之能, 必倍於騎射, 然後可擊, 故習武之事, 無過於此. 前朝之盛, 亦爲習武而爲之, 但其季世, 遂爲戲事, 服飾鞍馬, 爭尙華侈耳. 向高若海語予曰: '前朝之季, 君王亦有弄毬之弊.' 以此言之, 則國君酖好, 雖非擊毬, 至有爲伶人之戲者, 豈可獨以此, 爲人主之弊乎? 但其用心之如何耳. 擊毬之法, 如不宜載諸《六典》, 則錄於謄錄何如? 後若有非之者, 則自不爲之可矣." 安崇善對曰: "擊毬以備武科三場, 載之《六典》, 何不可之有?" 僉曰: "可錄." 上然之.

174 傳旨于兵曹: "自今向化野人告暇歸家者, 向化未久, 居計艱難, 則給鋪馬; 向化稍久, 居計暫實, 則給草料粥飯; 向化已久, 居計已實, 則以本國人例, 待之可也. 其侍衛久近貧富, 分三等以啓."

175 命造給宗金圖書, 因其請也. 賜向化金好心波及金大陽等衣服、笠靴、家財、奴婢、鞍馬, 令娶妻、授職.

176 傳旨: 在前向化倭、野人及今來倭、野人, 竝令詣闕, 觀除夜火棚.

177 禮曹判書申商啓曰: "野人希其賞賚, 今春來朝者, 至百有六十餘人, 衣服賚與, 臣恐難支. 請使來朝者, 有疏數之節." 上曰: "諸種野人, 若指揮以上, 則雖無定數, 來者不多, 其餘擇其可朝者上送, 歲不過百人. 令邊將以此爲恒."

178 傳旨:“今後向化新來人田租限三年, 徭役限十年蠲除.”
兵曹啓:“向化受職人, 不知本國之事, 供職爲難. 受職後限三年除巡綽警守及仕上直, 只許於六衙日及朝賀隨參.” 從之.

179 掌令崔文孫啓:“伏觀教書, 胡椒教金氏之術, 乃學於朴信妾重加伊、鄭孝文妾下蓬萊, 請鞫之.” 上曰:“胡椒非親聞, 乃傳聞之事, 其勿鞫之.”

180 不期金氏媚道壓勝, 事發有端. 寡人聞而震驚, 卽遣宮人審問, 金氏對曰:“侍女胡椒教我也.” 乃召胡椒, 親問其由, 胡椒言:“去年冬月, 主嬪常問, 婦人見愛於男子之術, 婢對以不知, 主嬪強之, 婢乃教之曰:‘割得男子所悅婦人之鞋, 燒爲末, 和酒以飲男子, 則我可以見愛, 而彼因之疎斥矣. 可將孝童、德金二侍女之鞋以試之.’” 二人則金氏所忌者也. 金氏卽取二人之鞋, 親手割之, 以自挾持, 如是者三也, 欲施其術, 而未得其間耳. 胡椒又言:“厥後主嬪復問更有何術, 婢又教之曰:‘兩蛇交接所泄精氣, 拭以巾而佩之, 當得男子之昵愛矣.’ 所教二術, 前所聞者, 傳聞於朴信棄妾重加伊; 後所聞者, 傳聞於鄭孝文妓妾下蓬萊也. 又有世子宮侍女順德, 本金氏家婢. 曾於金氏藥囊, 得所剪鞋皮而怪之, 示諸胡椒曰:‘誰教我嬪爲此事者?’ 卽取而藏之.” 寡人備聞斯語, 卽召順德覆問, 更無異辭. 且曰:“婢嘗主嬪母家, 出鞋皮以示之, 仍告其故, 其皮猶在婢所.” 乃出以進. 於是寡人, 同中宮乃召金氏, 親問情由, 一一自服, 剪皮具在, 詞證明白, 非前世曖昧疑似之比. 噫! 眞有是事矣. 嗚呼! 定國儲而擇配, 固將以承宗祧. 作母儀, 衍萬世之洪祚也. 今金氏爲世子嬪, 曾未數年, 而其運謀, 敢爲妖邪, 已至如是, 尚何望其無妬忌之心, 著肅雍之德, 成《鷄鳴》至三之告, 召《螽斯》, 則百之祥乎? 此祖宗所不歆, 宮壼所不容, 理合廢黜, 予豈得已? 已於宣德四年七月二十日, 告于宗廟, 廢金氏爲庶人, 收奪冊印, 黜還私第, 終不使薄行之人, 汚我家法. 其逢迎(從)〔縱〕史, 使陷罪辜, 侍女胡椒, 付諸有司, 明正典刑. 惟是異常之事, 實有駭於國人之見聞, 尚慮大小臣寮, 未能究知本末, 故玆教示.

181 都承旨安崇善, 以判中樞院事許稠之言啓之. 其一曰:“昔司馬溫公中夜衣冠而坐, 或問之, 溫公曰:‘思國家之事爾. 天地之心, 卽人心也. 堯·舜·塗人, 初無小異, 終夜思之.’ (曩)〔曩〕者朝廷使臣李奇入平安道, 問於都事趙克寬曰:‘此地, 何盡爲蓬萵也?’ 克寬答曰:‘人民聚居於山谷之間, 故路傍爲蓬蒿也.’ 然奇豈不知人物之蕭條乎? 壬子冬, 婆猪江野人等, 因納金自還之囊, 竊發侵掠, 平安道之民, 受害不淺. 今來野人金山, 雖曰本係我國, 願勿問根脚, 還送于本土, 以絶彼人之囊, 以安平安之民.” 其二曰:“凡人父母生之, 君養之, 君恩至重.《性理群書》, 切要之書也. 字畫微細, 艱於老眼, 願命印大字, 便於老眼, 使老臣等永被聖

494
원문 미주

恩." 上曰: "所言皆是, 然爲國何必謂一事之得失, 係國之興衰? 不可謂今日納金山, 則明日野人等, 大擧兵侵陵而受害也.《性理群書》, 雖曰切要, 豈能加於《性理大全》乎? 事閑則令印頒賜."

182 上曰: "金山自稱本國人, 國家以詐稱送回, 則其本國人之在彼者聞之, 意謂我國之不納, 將不出來, 是杜本國人出來之路也. 雖曰假稱, 姑令留置, 以開本國人出來之路何如? 更議以聞." 喜曰: "國家留金山, 衣之爵之, 以爲本國人也. 今來也叱多也相哈之言曰: '金山是吾同姓三寸叔.', 則非本國人也明矣. 其詐稱之實, 逃來之迹見矣. 今旣知其詐, 盍亦送回本土乎?" 兵曹判書崔士康曰: "稱本國人出來者, 辨其眞僞, 以爲去就, 則彼人詐稱者, 必不出來, 而眞本國人, 則豈無繼踵而來者乎?" 上曰: "金山出處, 令禮曹更議以啓." 世宗 64卷, 16年(1434) 6月 14日.

183 禮曹啓: "野人金山, 本非我國人民. 且背滿住逃來, 理宜還送本土." 從之. 世宗 64卷, 16年(1434) 6月 22日.

184 傳旨承政院: "今後入遼東探候聲息, 急速出來者, 若國家重事, 則無職者授職, 有職者陞資. 若非重事, 馬匹衣服, 量宜給之."

九. 의사결정의 묘(妙)

185 視事, 經筵. 同知事以上皆有故未進, 請停講, 上特命左副代言尹淮進讀《大學衍義》, 至王吉諫昌邑疏, 上曰: "野獸奔逸, 獵者必得是獸, 馳逐險阻, 不顧顚仆死亡之患, 可謂至愚也."

186 丁亥/視事. 上曰: "典祀請鑄祭器, 何如?" 禮曹判書許稠對曰: "瓷器易破, 遠輸甚難, 不如銅器之牢緻. 宜買商倭銅鑞鐵鑄之." 上曰: "然." 啓事諸臣啓曰: "兩麥熟則百姓得食矣." 上曰: "兩麥熟則民固不至於死矣. 然民將食之盡, 則必爲之賑濟, 然後不至於死亡矣." 僉曰: "兩麥雖盡, 早穀相繼而熟, 雖不賑濟, 必不至於飢餓." 上曰: "予以爲, 當兩麥旣盡之時, 復爲賑濟可也."

187 壬辰/視事. 上語及擊鼓事, 參贊金漸對曰: "我朝設擊鼓之法, 已有年矣. 今殿下聰明仁恕, 每使下情上達而無滯, 往往有擊鼓者, 或被越訴之罪, 甚非聖朝使民無訟之意也. 自今無問是非, 許令擊鼓, 皆得上達可也." 知申事元肅曰: "如此則擊鼓者多, 辭訟紛紜, 實未可也." 金漸曰: "我國不如中國之人多事煩. 使法官聽擊鼓之訴, 直者受理, 曲者加罪, 則擊鼓自稀, 而獄無留滯矣. 臣以不才, 亦忝刑

495

官, 若有治罪之教, 則何敢使之留滯乎? 但義禁府非齊坐, 則不聽斷, 此留滯之由也." 上曰: "然. 然義禁府齊坐與否, 在事之大小." 元肅曰: "有事則齊坐, 已有前例." 上曰: "事非關係, 則一人可以聽斷."

188 御經筵. 講《春秋》, 至秋大水,《胡傳》: "後世有人爲不善, 感動天變, 召水溢之災者, 必引堯爲解, 誤矣." 上曰: "如此者必多矣. 人臣有喜言祥瑞者, 有喜言災變者. 專言祥瑞, 而不及災變, 是豈可乎? 值瑞則言祥瑞, 遇災變則言憂懼可也." 卞季良啓曰: "人主不可喜祥瑞而忘災變; 憂災變而略祥瑞也."

189 癸丑/視事. 禮曹判書申商啓: "許稠言凶禮不可啓, 故喪葬儀軌未成久矣. 太祖之喪, 倉卒未備者頗多, 輴車之制大, 難出城門. 至定安王妃之喪, 依太祖喪禮, 而損益之, 然亦未備. 恭靖王之喪, 又倣王妃喪禮, 而損益之, 然王及王妃之禮不同, 大略則相因, 而制之也. 及我太宗之喪, 所行之禮, 多不合古制, 故因而修改, 以成一代之典禮." 上曰: "凶禮不啓, 何據而說歟?" 商曰: "許稠言之." 上曰: "必有見處, 然儀軌, 非但行之一時, 實萬世通行之制也. 太宗喪葬之禮, 當載其時已行之實, 其不合古制者, 可改正追錄之."

190 輪對, 經筵. 講《左傳》至 "管仲言於齊侯曰: '招攜以禮, 懷遠以德, 德禮不易, 無人不懷.'" 上歎之曰: "孔子嘗稱: '晋文公譎而不正, 齊桓公正而不譎.' 然予考二君之迹, 桓公一匡九合, 爲諸侯伯者, 獨一管仲之賢有以輔之. 文公之臣, 無一如管仲者, 而爲天下伯則久於桓公. 設使文公得管仲, 其功烈, 豈止桓公哉?" 又講至作而不記非盛也之語曰: "未知此言何謂也. 史官當盡記一時行事之迹, 以示後世耳, 爲人上者, 豈能使史官善則記之, 不善則不記乎?" 檢討官僕循對曰: "當如所謂書而不法, 後嗣何觀, 然後乃可爲進戒之辭, 而曉其君矣. 史臣當不分是非, 而盡記之, 爲此言者, 殆失之矣." 上曰: "善."

191 義禁府鞫問尹德仁等前後所犯, 德仁曰: "李村曾請於承政院, 得酒五瓶, 以饋其母." 義禁府提調趙末生等詣闕請幷鞫瑞老等, 上不允, 問瑞老等曰: "德仁之言, 然否?" 對曰: "初, 臣等亦以爲未便, 但請之懇懇, 且以爲承傳色, 故與之." 上曰: "心所未便, 必非義事. 爾等專掌關內諸事, 爾等所用, 予豈非之? 但外則嚴立禁酤之令, 而出內酒, 以施宦者之家, 曾是可乎? 爾等糾他非法, 職也. 反行如此事何哉? 以納言之重, 藉於竪人之口, 而被劾推官, 以爲何如?" 瑞老等慙懼扣頭.

192 甲申/上違和, 令世子率百官, 代行千秋賀禮, 又令世子代設使臣餞宴. 先使都承旨安崇善, 往說代餞事由於三使臣曰: "餞宴, 重禮, 義當來慰. 然殿下近患腰痛, 且肩背浮腫. 腰痛今已小愈, 浮腫則未有增減, 似難屈伸. 今日千秋賀禮, 命世子代行, 又欲使世子代設餞宴, 深恐失禮." 使臣曰: "殿下違和, 何煩動勞?" 又曰:

원문 미주

"殿下未寧, 可得更謁乎?" 崇善答曰: "殿下病若小愈, 必見大人." 頭目金洪告崇善曰: "小人元是本國人, 無補殿下之德, 然予有一女, 須啓殿下, 給花席一張." 崇善啓: "花席, 不可給也. 給有紋席子何如?" 上曰: "何惜一張之席, 然今若給之, 一開其端, 後必援例請之者必煩, 弊將不(資)〔貲〕, 不給可也."

193 세종 7년(1425), 『국조보감』 제6권 세종조 2.

十. 조직 경영과 앞에 있는 사람

194 上曰: "欲於差遣各道監司之時, 倣太祖之良法, 授教書以遣, 已令立草, 時未議于大臣矣." 贊成許稠等皆曰: "可." 稠又啓: "各道監司三品以下直斷, 二品以上啓聞, 已行格例. 近者全羅監司申槩不遵定例, 請順天府使金爲民之罪. 臣恐槩疑此法不錄於《六典》, 而妄請之也." 上曰: "用教書則雖不錄《六典》, 無疑矣. 非特監司, 亦於守令, 皆授教書何如?" 稠等啓: "守令之數猥多, 似乎煩碎." 上曰: "古人云: '常接乎目, 每警乎心, 然後治心之要得矣.' 使守令省心奉法, 無如特授教書. 且古之教書, 譽辭過實, 甚不可也. 予稽古典, 教書, 人君所以勸誘人臣之義, 今製教書, 一除過情稱譽之言, 只錄臨民奉職之語, 使其顧名思義, 敬供職事可也." 僉曰: "可."

195 戶曹啓: "慶尙道監司曾以豐稔, 移文本曹, 今考稅案, 損多實少. 請下攸司推覈." 上曰: "若以損多實少罪之, 則恐從此以損爲實者, 必多有之, 其流弊, 不可勝言, 如之何?" 知申事安崇善等啓曰: "上敎至當."

196 乙丑/上謂承政院曰: "昔韓承舜入朝, 被盜刦奪, 後刑部捕其盜, 盡得其物, 雖小片簡亦出. 若有秘密之書, 則悔之何及? 趙克寬嘗啓曰: '秘密事, 不宜錄於事目' 予以爲然. 今卿等不知是意, 秘密如天文之類, 幷錄事目, 甚爲不可. 今後秘密之事, 勿錄事目, 別書一本, 令通事路間誦習, 至義州留置而去."

197 丙午/司諫院啓: "臣等聞平安、咸吉道失農尤甚, 請罷築城之役, 以紓民力." 上曰: "予將是事, 委任大臣. 若聞儒者之言, 悉令更改, 大事何成?"

198 輪對. 經筵. 講《續編》至賜大酺三日曰: "宋太宗誠賢主, 然或誇功, 且好戲, 此非帝王之事." 鄭麟趾對曰: "務要該博, 好爲詩章, 亦非帝王之學也." 至好釣魚, 令四品以上入參觀之, 上曰: "無諫者乎? 若有諫者, 則以其大度, 豈不從之?" 對曰: "諫諍者, 不見於史, 但時人作詩曰: '鸎鸎鳳輦穿花去, 魚畏龍顏上釣遲.'" 上曰: "善述者也. 寓規諷之義, 述者爲誰?" 對曰: "丁謂." 上曰: "謂雖工詩, 然其心術

497

不正."

199 　庚申/受朝參, 視事, 經筵. 講至"張詠上疏云:'竭天下之財, 以窮土木之工, 皆賊臣丁謂, 狂惑帝心也. 乞斬於城門, 以謝天下之心.'", 上深嘆曰:"如此直臣, 古今罕有."

200 　上謂代言等曰:"尹鳳率爾告予曰:'洪熙皇帝及今皇帝, 皆好戲事. 洪熙嘗聞安南叛, 終夜不寐, 甚無膽氣之主也.'"知申事鄭欽之對曰:"尹鳳謂予曰:'洪熙沈于酒色, 聽政無時, 百官莫知早暮. 今皇帝燕于宮中, 長作雜戲. 永樂皇帝, 雖有失節之事, 然勤於聽政, 有威可畏.' 鳳常慕太宗皇帝, 意以今皇帝爲不足矣."上曰:"人主興居無節, 豈美事乎?"

201 　傳旨咸吉道都節制使:
　　自古爲將之道, 非必交鋒原野而決勝負之爲貴也. 度彼我之衆寡, 而我無萬全之勢, 則堅壁淸野, 使賊無所得, 以沮後日侵陵之患可矣. 昔參狼羌之寇, 漢光武詔邊吏不拘以逗留法; 劉武周之反, 唐太宗令衆深壁高壘, 以挫其鋒. 此二君身經百戰之餘, 而其策尚如此, 其好戰之爲害, 可知已. 諸葛亮之與司馬懿對壘渭南也, 亮雖辱以巾幗, 而懿終不輕出, 古今以爲:"亮欲速戰, 懿故持重, 其成敗至於如此." 亮爲間世之才也, 終不利於司馬懿, 其速戰之害, 亦可知也. 今忽刺溫、愁濱、波猪之賊, 住居隣境, 連歲犯邊, 議者雖衆, 其要不越乎曰攻曰守而已. 然予深知守禦之利, 當賊之來, 堅壁淸野, 累次有旨矣, 而奉行者不體予意, 趙明干之民, 每被擄掠, 辛晋保之輩, 輕出致敗, 其守之不能嚴也如此. 昔李牧居鴈門郡, 饗士卒習騎射、謹烽火、多間諜, 約曰:"寇至, 卽入收保, 有敢捕虜者斬." 匈奴以爲怯, 趙王怒, 使他人代將, 虜來每出戰, 輒不利, 所失亡多, 趙王乃復强起牧爲將, 牧如故約, 邊士皆願一戰. 於是牧破殺匈奴十餘萬騎, 自是虜不敢犯邊, 殆十餘年. 其他固守之利、輕敵之害, 不可勝紀.

十一. 일을 이루려면: 마음과 행동의 경영

202 　兆陽鎭僉節制使安從廉、延山都護府使徐沈、知德川郡事金賢佐、定寧縣令池浩、珍城縣監宋臺等辭, 上引見曰:"百姓近因水旱, 不聊其生, 予甚軫慮, 尚未能回天之意, 又不能親治其民, 分憂差遣, 爾其體予至懷, 勸農賑濟、還上分給等事, 刻意圖之, 使民免於飢死." 從廉對曰:"臣多年侍衛, 未知外方之事. 今也初授兩件重任, 自除授之日, 常以不堪其職爲懼." 上曰:"以此存心, 其職擧矣."

203 　鴻山縣監趙聃辭, 上引見曰:"爾已經守令歟?"聃對曰:"未也. 今當治民之任, 尤爲惶恐."上曰:"凡事恐懼, 則鮮有差失, 爾往乃邑, 益加謹慎, 使民無飢"

204　曰:"予觀古事, 非不多也. 古之賢哲, 雖年少, 決定大事, 如鄧禹知光武而附之, 遂成大業; 唐太宗亦能擧大事, 終得天下. 以我國之事言之, 李叔蕃亦在年少, 輔我太宗, 克成大功, 是皆智略絶人而能運籌帷幄之中, 決勝千里之外者也. 予今年歲不爲少也, 所見不爲寡也, 果斷事機, 不及古人, 以是爲愧

昔在東晉盧循叛, 特南方一小賊耳, 孟昶懼其不勝, 欲奉其主避之, 劉裕曰:'不如不避而固守也.' 孟昶不信, 欲死之, 劉裕曰:'待戰敗死, 未晚也.' 昶不聽而死, 後裕遂克之. 謝安當符堅大擧之時, 對賓圍碁, 擧止自若. 且出遊野外, 晉人賴以安靜. 吳孫皓輕蔑敵國, 不以爲意, 敵兵入城, 已執其君, 然後國人乃知. 高麗恭愍之時, 紅軍闌入, 有報賊聲者, 而賊隨至, 遂陷京城, 恭愍僅以身免. 由是觀之, 孟昶失於過畏者也, 謝安得於不畏者也, 孫皓、恭愍失於不畏者也.

今初聞廣寧聲息, 人皆騷動, 而於予心, 一則以懼, 一則以爲不足畏也. 古人當大事, 必云:'臨事而懼, 好謀而成.' 臨事而懼, 謂不可無畏也; 好謀而成, 謂不可徒畏也. 故今不可過畏而騷擾, 亦不可無畏而忘備, 當量其二者之間, 適中以處之, 卿等知此意布置." 세종 31년(1449),『국조보감』제7권 세종조 3.

205　壬戌/受常參, 御經筵. 見宋眞宗天書之事曰:"王旦之心, 至是始屈矣. 大抵人情, 始勤終怠, 雖至强, 亦流於懈弛." 參贊官尹粹對曰:"心術正則至終不變, 矯飾之人, 則初若盡忠, 終不免怠惰矣." 上曰:"眞宗好虛誕, 誠愚主也. 若假數年, 無乃偏於所好乎?" 侍講權採曰:"是未可知也." 上曰:"漢武帝雖好祥瑞, 終乃悔悟, 此善於彼矣." 又曰:"人主勤儉者, 能致國家之治. 文、景以勤儉而得之, 武帝以逸欲而失之."

206　都承旨安崇善啓曰:"宗親親迎儀, 毋用綾羅綵帛, 只用土産紬布." 上曰:"儉雖美德, 不可强行. 昔公孫弘之布被, 王莽之矯情, 非儉之自然者也. 宗親貴戚常服綵帛, 獨於親迎, 强服紬布, 其於情理何? 禮莫大於親迎, 故昔朱文公, 定士庶人婚禮, 用常所不服之衣冠, 以爲如此者, 重大婚之禮也. 且禮, 稱家之有無, 若宗室而於婚禮不用綵帛, 則是乃公孫弘、王莽之儉耳. 但予心以爲宮中衾枕, 已用紬布, 衾枕乃閨房之所設, 則於婚禮用紬布可也, 其與大臣熟議以啓."

207　上曰:"周尺之制, 歷代皆不同, 而黃鍾之管亦異. 古人因聲制樂, 我國之人, 聲音異於中國, 雖考古制而造管, 恐未得其正也. 與其制之, 而取笑於後, 寧不造." 命停鄭麟趾、鄭穰等, 造周尺管.

208　癸酉/受常參, 輪對, 經筵. 上論樂曰:"今朴堧欲正朝會樂, 然得正爲難,《律呂新書》, 亦文具而已. 我朝之樂, 雖未盡善, 必無愧於中原之樂, 亦豈得其正乎?"

命集賢殿副提學鄭麟趾、奉禮鄭穰, 考正周尺于集賢殿, 仍命撰《樂譜》. 上覽《律呂新書》及諸樂書, 深知制作之妙, 故命撰之. 世宗 49卷, 12年(1430 庚戌/명 선덕(宣德) 5年) 9月 29日.

209 戊戌/諭諸道監司: "救荒之餘, 蝗螟爲災, 自古而然. 或者有言: '蟲之初降, 必於沈霧之日, 作塊下田. 裏以細網, 若當其初埋之, 可不勞力而無災. 民間不知此理, 不除於始, 終爲大患.' 予謂或者之言, 雖無所據, 然因霧落蟲, 世俗常談, 若果如此, 當須預防. 且民間訛言以爲: '多殺蟲, 不可.' 雖有見者, 故不盡捕. 昔唐時, 山東大蝗, 民祭且拜, 坐視食苗不捕. 姚崇奏, 以御史爲捕蝗使. 刺史倪若水上言: '除天災者當以德, 劉聰除蟲不克而害愈甚.' 拒御史不應命. 崇移書誚之曰: '聰僞主, 德不勝妖, 今妖不勝德. 古者, 良守蝗避其境, 謂修德可免, 彼將無德致然乎? 今坐視食苗, 忍而不救, 因以無年, 刺史其謂何?' 若水懼, 乃縱捕, 得蝗十四萬石, 議者喧嘩. 帝疑, 復以問, 崇對曰: '庸儒泥文不知變, 事固有違經而合道, 反道而適權者. 昔魏 山東蝗, 小忍不除, 至人相食; 後秦〔秦〕有蝗, 草木皆盡, 牛馬至相噉毛. 今飛蝗, 所在充滿, 復蕃息. 且河南、河北, 家無宿藏, 一不穫, 則流離, 安危係之. 討蝗縱不能盡, 不愈於養以爲患乎!' 帝然之. 黃門監盧懷愼曰: '天災安能以人力制也! 多殺蝗, 必戾和氣, 願公思之.' 崇曰: '楚王吞蝗而疾愈, 叔敖斷蛇而福降. 今蝗幸可驅, 若縱之, 穀且盡, 如百姓何? 殺蝗救人, 禍歸於我, 不以諉公也.' 蝗害訖息. 此古人已行之驗也. 若有如此之變, 卿等體姚崇之事, 盡心捕獲, 毋使蝗蕃息, 以除民害. 且蝗始出之狀, 咨訪以啓."

十二. 사람을 보고 쓰기: 인재 경영

210 司憲府書吏等上言: "凡劾臺省, 問當該一員, 曾有敎旨. 今刑曹信孝芬, 窺免己罪之言, 盡劾臺員, 非是." 上曰: "予初以爲下義禁府, 則例當囚鞫, 故令刑曹便宜推劾, 何因辱憲府至是耶?" 知申事鄭欽之對曰: "憲府有罪下刑曹, 古無是例, 自河演爲大司憲始矣. 憲府, 風紀之司, 而再三避嫌, 見辱至此, 不可復仕." 上曰: "得人爲難, 何可輕遞? 其令刑曹勿論臺長, 但鞫孝芬."

211 命安崇善, 議于領議政黃喜、左議政孟思誠曰: "行司直蔣英實, 其父本大元蘇·杭州人, 母妓也. 巧性過人, 太宗護之, 予亦恤之. 壬寅癸卯年間, 欲差尙衣院別坐, 議于吏曹判書許稠、兵曹判書趙末生, 稠曰: '妓産不宜任使於尙衣院.' 末生曰: '如此之輩, 尤宜於尙衣院.' 二論不一, 予不敢爲. 其後更議大臣, 柳廷顯等曰: '可任尙衣院.' 予從之, 卽差別坐. 英實爲人, 非徒有巧性, 穎悟絶倫, 每當講武,

500

近侍予側, 代內竪傳命. 然豈以是爲功乎? 今造自擊宮漏, 雖承予敎, 若非此人,
必未製造. 予聞元順帝時, 有自擊宮漏, 然制度精巧, 疑不及英實之精也. 能製萬
世相傳之器, 其功不細, 欲加護軍之職." 喜等曰: "金忍, 平壤官奴, 驍勇過人, 太
宗特除護軍. 不(持)〔特〕此也, 如此之輩, 受護軍以上之職者頗多, 獨於英實, 何
不可之有?" 上從之.

212　庚申/視事. 諸臣纔坐定, 刑曹參判高若海避席低聲曰: "小人者"再, 殿上默然.
上曰: "高聲言之." 若海曰: "小人久違天顏, 欲啓事而不能也." 上曰: "無傷也, 第
言之." 若海對曰: "小人忠誠不至, 不能回天意, 前日請罷守令六期, 而未蒙兪允,
又請又未蒙允. 如此可言之事, 臣若不言, 誰肯爲殿下言之? 自立六期之法, 守
令犯臟者多矣. 且人臣六年于外, 不與朝啓常參, 臣子之心, 豈無鬱抑乎? 六期
之法, 古人雖已行之, 時與事殊, 三代損益, 皆因時得中. 伏望俯從臣請." 上怒曰:
"臣子之於君父, 不敢妄言. 守令犯臟者, 誰歟?" 玉音未訖, 若海敢言不已, 上曰:
"卿不細聽予言, 敢言之歟? 卿其諦聽. 經歷守令至於十數邑者, 或有之矣. 古者
人臣受命于外, 不避艱險, 有死無貳者, 豈皆非忠臣而忘君上乎? 但權其輕重耳.
卿纔經一州, 其厭惡如此, 何歟?" 若海對曰: "其犯臟者, 臣不可指陳某某也. 今
被憲司所劾, 臟物已見者, 二三人矣. 六期之內, 豈無犯臟者乎? 守令不賢者, 久
於其任, 則生民之受弊, 亦且不少. 臣自少讀書之時, 欲遇聖明之主, 將行道於當
世. 臣初請罷六期, 殿下不允, 再請, 殿下又不允, 臣實憾焉. 殿下若非聖明, 臣何
敢仕于朝乎? 且臣豈肯矜功衒能, 敢冒陳一己之利害? 臣目擊其弊, 故敢言耳.
臺諫宰輔, 皆在左右, 臣安敢以一己之私情濫陳於上前乎? 今不惟不允, 反以臣
爲非, 臣實缺望." 其言辭多不恭. 上曰: "予已知悉." 仍命復坐. 諸臣啓事訖皆退,
上呼都承旨金墩使前, 墩伏於榻下, 上揮內竪使退, 謂墩曰: "若海志大而行不掩.
少時, 以周公爲非聖人, 又謂《文公家禮》可疑處多矣, 至今亦未解惑. 予薦於太
宗, 自六品致位四品, 其後予用之, 至于宰輔. 昔爲大司憲, (典)〔與〕掌令閔伸不
相能, 俱見罷. 然其時論者, 是閔伸矣. 予聞諸孝寧大君, 柳季聞等辭慶州也, 若
海到孝寧第曰: '若以予爲慶州, 則予當不辭. 然守令六期, 已苦矣, 三年則可也.'
爲人上者不可億詐, 然吏曹注擬慶州府尹時, 幷擬若海, 予以爲若海自外寄見代
未久, 乃拜他人, 若海豈不聞之乎? 若海今日之言, 必預爲後日之地也. 人臣固當
不避辱夷, 而若海厭憚守令, 多方以啓, 甚非人臣事君之意也. 予欲勸之, 恐人不
知予意, 乃以予爲厭諫也. 人臣固當極諫, 期於必從, 三諫不聽則去, 古之義也.
予何憚人臣極諫?" 墩對曰: "若海平日言則高矣, 但言與行違, 不爲士林推服.
昔爲觀察江原、忠淸也, 常載妓自隨, 而上書欲革娼妓, 此言與行違之一事也. 他
皆類此. 今日若海言多無禮, 臣亦欲請其罪." 上曰: "到孝寧家所言, 不可使聞於

人."墩對曰:"誠如上教. 吏曹幷擬若海, 則若海豈不聞乎? 然此事涉臆詐, 置而不論可也. 宜劾其言辭不恭之罪."上曰:"汝將此意草傳旨, 令下司憲府推劾."

213 傳旨司憲府: 人臣之事君, 不避艱險, 有死無二, 固其分也. 古人有願爲奔走王事而甘心瞑目者, 有願爲往征不毛而馬革裹屍者, 是豈皆非盡忠之臣而忘於君門以處遠者乎? 且令甲, 所以垂法後世也. 非有大弊, 人臣固當遵奉而行, 若懷一己之私, 卽欲紛更, 則其更也, 靡有紀極矣. 刑曹參判高若海欲革守令六期之法, 再三親啓, 於人臣固諫之意得矣. 然若海纔經一守令, 而厭惡久任曰:"守令六期, 犯贓者多矣. 且六年不與朝啓常參, 人臣戀主之情, 鬱鬱矣."若海一經守令, 而其厭惡若是, 彼雖經守令至於十數者, 其肯懷如此之心乎? 境內守令三百餘矣. 雖在京中, 豈皆與於朝啓常參者乎! 若海以不與朝啓常參爲言, 其懷一己之私明矣. 守令之犯贓者, 亦豈皆不犯於三年, 而必犯於六期乎? 何昔日三載之時, 亦有犯贓者乎? 六期之法, 載在《六典》, 而當時大弊未生. 若海以己之私, 固欲紛更, 是豈不避死生之義乎? 且啓事之時, 言辭無禮, 其推鞫以聞.

214 司諫院右獻納金吉通啓:"今使憲府劾若海言(事)〔辭〕無禮之罪. 大抵天威嚴重, 人臣不敢輕易進言, 若罪若海, 則誰肯敢言? 況若海有懷必陳, 故殿下嘗以忠直許之? 今請罷六期而極陳其弊, 雖言語失當, 願勿推問, 以廣言路."上曰:"汝等之言善矣, 予亦非不商量也. 然若海一經守令, 而厭惡久任, 啓達於予, 言辭甚爲無禮. 其劾之者, 非惡其直言也, 乃惡其無禮也. 汝等未知予推劾之意."

215 召司憲持(年)〔平〕宋翠謂曰:"若海筮仕以後, 一經守令, 而憚於久任, 三載六期之法, 未能酌其利害, 而徒以一身之弊敢言. 予觀諸葛亮、魏徵、許衡, 皆爲明良相遇, 時主豈皆盡用其言? 守令六期, 豈有大弊? 今若海所言, 非綱常所係, 而必以遭遇明君行道於世言之, 其爲不恭無禮甚矣. 汝其知予傳敎之意, 推劾以啓."翠啓曰:"前承傳旨, 推問若海, 若海言:'小臣至誠言事, 故不知言辭之至此.' 若海言辭無禮, 雖若可罪也. 然古人之諫君也, 披露心腹, 期於必從, 則言或至於不順. 且人臣常懷數十言, 入陳君前, 則十忘七八. 今罪若海, 則後之進言者, 雖欲至誠極諫, 慮恐言辭之間或涉於不恭, 皆以言爲諱, 豈知若海無禮之實乎? 願假寬貸."上曰:"若海厭惡六期, 忘其大義, 而徒以戀主思親爲辭, 垂泣敢陳, 豈君子正大之義乎? 若海事有不便於己, 則必欲更改, 故執親之喪, 不依禮文, 厥後欲改《文公家禮》而請於大臣, 今厭六期而欲復行三載之法. 予嘗謂若海行雖不中, 心實忠直, 故可以遇事不避艱險矣, 今乃若是, 其志不直也, 不可不懲. 汝等旣欲脫其罪, 何能從實推劾乎?"上遂御思政殿, 引見右承旨趙瑞康, 命往領議政黃喜、右議政申槪第, 令擬議以啓. 卽命收所下司憲府傳旨, 乃以此意, 更傳旨于吏

502 　　　　　　　　　　　　　　　　　　　　　　　원문 미주

曹, 遂罷若海職.

216　御便殿視事, 仍置酒, 六行而罷. 參贊金漸進曰: "殿下爲政, 當一遵今上皇帝法度." 禮曹判書許稠進曰: "中國之法, 有可法者, 亦有不可法者." 漸曰: "臣見, 皇帝親引罪囚, 詳加審覈, 願殿下効之." 稠曰: "不然. 設官分職, 各有攸司, 若人主親決罪囚, 無問大小, 則將焉用法司?" 漸曰: "萬機之務, 殿下宜自摠覽, 不可委之臣下." 稠曰: "不然. 勞於求賢, 逸於得人, 任則勿疑, 疑則勿任. 殿下當愼擇大臣, 俾長六曹, 委任責成, 不可躬親細事, 下行臣職." 漸曰: "臣見, 皇帝威斷莫測, 有六部長官奏事失錯, 卽命錦衣衛官, 脫帽曳出." 稠曰: "體貌大臣, 包容小過, 乃人主之洪量. 今以一言之失, 誅戮大臣, 略不假借, 甚爲不可." 漸曰: "時王之制, 不可不從. 皇帝崇信釋敎, 故中國臣庶, 無不誦讀《名稱歌曲》者. 其間豈無儒士不好異端者? 但仰體帝意, 不得不然." 稠曰: "崇信釋敎, 非帝王盛德, 臣竊不取." 漸每發一言, 支離煩碎, 怒形於色, 稠徐徐折之, 色和而言簡, 上是稠而非漸.

217　刑曹判書金漸啓曰: "近日本曹方推逃婢事, 訟者訴於憲府, 憲府不知臣等之意, 詰問本曹之吏, 實爲未便. 自今訟于本曹者, 待畢決而信有誤錯, 然後許訴憲府." 上曰: "若刑曹淹滯不決, 則使勿訴於憲府, 無乃不可乎?" 漸對曰: "今考曹中所留之狀, 千有餘道. 此無他, 前等聽訟者淹延不決, 欺罔上聰, 使若無訟之所致也. 臣則不然, 日以無訟爲念. 今後苟有淹延, 擧司罷職可也." 大司憲申商啓: "臣等問刑曹之吏者, 非以誤決也. 訟者訴刑曹未決前, 非法濫刑, 故問之耳." 漸曰: "濫刑非臣之所知, 乃佐郎鄭承緖所爲也. 臣之所望, 毋使訟者訴誤決於未決前也." 上曰: "已知卿意." 漸乃出. 上謂知申事元肅曰: "憲府問刑曹之吏, 無乃當乎?" 肅對曰: "臣等亦謂甚當也. 使憲府不得進退各司之吏, 則安能糾察百官乎? 金漸每於上前, 發言不中." 上曰: "予知漸本性, 故每優納之."

218　刑曹判書金漸自訴於上曰: "佐郎鄭承緖因多事, 不覺間枉訊杖一二, 非故爲也. 內隱伊等以枉刑, 擊鼓申訴, 臣實失望. 又以臣等未畢訟事, 妄稱誤決, 告讦憲府, 憲府移送都官, 臣又失望. 臣濫蒙兩上之德, 位至刑曹判書, 日夜思補涓埃, 豈敢有一毫懈怠之心乎? 憲府之移送都官, 臣以爲未便. 願囚汎濫擊鼓人, 命臣等畢決, 如有錯誤, 臣任其罪." 上曰: "承緖雖一二杖枉刑, 豈得無罪?" 漸曰: "上敎然矣. 臣性直, 知無不言, 爲人所惡. 憲府以臣未決之事, 信彼朦朧之說, 移送都官, 臣實悶焉." 上曰: "若未決, 宜委刑曹啓事." 諸臣旣出, 上謂元肅等曰: "承緖之罪, 判書已服矣. 所訟之事則令刑曹畢決可也." 漸發言如流, 每於上前, 援引古今, 自稱忠直, 左右竊笑.

219　黃海道監司啓: "鹽干一年每戶貢鹽二十四石, 甚苦之. 公私奴婢之貢, 每年不過

503

麤布一二端. 以是觀之, 鹽戶之貢太重, 乞減其半." 漸曰: "魚鹽之利, 其出無窮. 雖收二十餘石, 未爲重斂, 況國用將不足乎?" 上曰: "當更議之." 漸悉啓人民訴訟之言及諸見聞瑣瑣之事, 或誇己能, 移日啓事, 舌不暫停, 殿上皆厭之, 上獨優容之.

220 壬戌/召掌令宋箕、持平金自怡曰: "毋嫌就職." 箕等固辭曰: "監察全衷等致辱於前, 英幹等請罪於後, 臣等緣此辭職. 殿下特令就職, 臣等儴俔行公, 實愧于心. 昨日諫院又請罪臣等, 允合臣等之心. 此無他, 臣等昏迷之所致, 安敢以此, 昏迷復玷風憲?" 上曰: "因此小事, 數遞臺員, 則何以得人而用哉? 毋更多言, 往供乃職."

221 甲戌/左議政黃喜辭職曰: "臣量小識淺, 不宜宰輔, 承乏燮理之職, 氣力日衰, 懜然善忘, 無所建明, 固無涓埃之補. 如今旱災, 倍蓗常年, 此實人臣不稱其職之所致也, 請罷臣職." 上曰: "在朝之臣, 誰自謂能盡其職乎? 如此則朝廷曠矣. 使集賢殿官, 將是意, 就其第而諭之."
教旨: 近來年(險)〔儉〕, 民常艱食. 咸吉道本宮屬年魚箭, 竝皆分給貧民.

222 李敉犯奔競于吏曹判書許稠之第, 憲司劾之, 敉令奴僕橺〔槌〕申聞鼓. 上命憲司曰: "敉近受杖罪, 豈爲求職而奔競? 其勿擧劾." 執義鄭淵對曰: "敉以奴僕擊鼓以聞, 甚爲無禮, 請劾之." 上曰: "敉誠無禮矣. 予惜其被劾憲司, 故未得親擊也." 淵對曰: "前日被劾, 旣親擊鼓, 今日之不親, 豈爲敬謹乎?" 上曰: "予更思之." 俄而復命勿論. 代言等啓曰: "敉善書能文, 又能吏事. 前此擧動不忒, 近日多錯謬." 上曰: "是厄運也."

223 辛丑/視事. 上謂諸臣曰: "昔有言久執政柄之不可者, 吾今而後知之. 大抵庶官除授, 人君不知其人, 故委之於執政大臣. 大臣之用人, 必以前日所知之人, 故久執政柄, 則雖立心正直者, 人必疑其有私, 自然之勢也. 自知申事至兵曹判書, 執政十餘年之久者, 無如趙末生, 果有今日之事也." 柳廷顯對曰: "孔子曰: '擧爾所知.' 執政之臣, 必知其人, 而後擧之, 然久執政柄, 甚不可也."

224 戊申/視事. 上謂諸臣曰: "卿等聽吾言. 末生等受賂之咎, 若止於一身, 則吾何敢處之至此? 今此事關係非輕, 前朝以此而衰亂, 卿等之所見也. 至於前代之事, 則能辨其是非, 獨於其身, 則不覺其是非可乎? 寵賂之行, 如此不已, 則國之衰亂, 可立待也. 原其所由, 皆在於予否德之所致耳." 又謂臺諫曰: "凡大小朝士, 若有不義事端已見, 則推劾其實, 以聽予論決, 不亦宜乎? 奈何今之臺諫, 雖事迹已著, 苟係於權貴, 則不復劾問, 是何意也?" 上之發此言, 深惡其往等攸司知趙末生等之事, 置而勿問也.

225 司憲府啓: "趙末生受贈銀瓶、匹段於富人, 補充軍徐哲, 幷其子文殊、文命, 除授官職, 然犯在赦前, 姑置勿論. 其徐哲三父子, 職牒收取, 還屬補充軍." 從之.

226 掌令李安敬啓曰: "臣等昨日上疏, 請罷時貴、原緒等職, 冀蒙兪允." 上曰: "爾等之言是矣. 然時貴有將才, 今授以官, 將用之於邊塞耳. 豈可以小罪, 而永廢之? 原緒當改差." 安敬復啓: "人臣之罪, 莫大於欺罔. 時貴特蒙上恩, 得全首領, 誠爲大幸, 又授以官, 其於懲惡之義何如? 不得已而用之, 則當置之於邊, 待其立功, 然後用之, 則賞罰明, 而用人得矣." 上曰: "自古邊將犯如此之罪而見用者多矣. 若時貴臨敵, 急於接戰, 則爾等之請宜矣. 今則不然, 盡心赴戰, 乃於論功之際, 小有差誤而已, 非爲他罪. 若以此不用, 則是記人之過, 廢人之功也."

227 義禁府啓: "兀狄哈巨乙加哈等四十餘人, 於壬寅九月二十四日, 入寇慶源府境高郞歧、阿山等處, 節制使田時貴不卽領兵親赴, 只遣管下軍官, 應敵失機. 又十月初二日, 入寇本府境釜回還之地, 相戰無功. 前後入寇, 人馬多被殺擄, 而匿不實報罪, 從重斬. 知端川郡事周孟仁承差到慶源, 不及赴戰罪, 杖一百." 命周孟仁、依啓施行; 田時貴後日他大辟行刑時更啓.

228 司憲執義禹承範等上疏曰: 賞罰, 人主之大典. 是以賈誼曰: "慶賞以勸善, 刑罰以懲惡." 先王執此之政, 堅如金石; 行此之令, 信如四時, 此古今致治之良法也. 僉摠制田時貴, 起自寒微, 官至顯秩, 宜當盡心, 圖報萬一. 不此之顧, 曾爲邊將, 妄伐己功, 欺罔天聰, 罪在無赦, 繫獄待時, 特蒙聖上再造之恩, 得全首領, 以延今日, 誠時貴之萬幸, 而又授之以爵, 俾參朝列, 恐非懲惡之道也. 延安府使鄭原緒, 頓無才能, 僥倖得官, 以至三品, 實踰其分. 歲乙酉, 赴任熙川, 多行不義, 亂政之實已露, 幸遇赦宥, 苟免其罪, 未曾數年, 復爲臨民之職, 又非戒後之道也. 伏望殿下罷黜二人, 以勵士風, 以嚴王法. 不允.

229 慶尙左道處置使田時貴辭, 引見曰: "聞卿年高, 改授此任, 往勤乃職."

230 判安州牧事田時貴、知昆陽郡事金尙寧、知朔寧郡事林得貴、公州判官元自敦、臨江縣令李德平等辭, 引見謂時貴曰: "平安之民, 年前從軍之後, 加以今年禾穀不登, 予甚軫慮. 卿其字恤, 以副予意." 謂尙寧等曰: "比年以來, 水旱相仍, 民生可恤, 爾等體予至意, 常以恤民爲己任, 愼刑罰、勸農桑."

231 全羅道處置使田時貴追捕倭船一隻, 卽命戶曹正郞李寧商宣慰.

232 壬子/奉常少尹李審輪對, 上曰: "汝近莫爲臺員乎?" 審對曰: "臣於甲辰歲爲持平." 上曰: "汝非以不及祭侍衛辭職乎?" 對曰: "臣於其時錯料, 緩不及期." 仍啓曰: "臣無可啓之事." 上曰: "寡人之接朝士, 好事也. 汝之見寡人, 亦是善事." 審

曰:"臣願殿下, 謹終如始, 自古人君, 能謹其始, 而不克終者多矣." 上曰:"然." 審
又曰:"人心風俗, 非一朝一夕所能變易. 和人心、厚風俗, 安可以法令, 而致之
耶? 當今法令非不詳也, 紀綱非不嚴也, 但人心風俗未淳, 宜以和人心、厚風俗
爲務." 上曰:"然." 審又曰:"自前朝至今, 凡立法定制, 必使臺諫署經, 然後施行,
謂之依貼, 乃欲毋輕立法也." 上曰:"然."

233 甲戌/視事, 御經筵. 上曰:"近有言者曰:'比來科擧, 專用製述, 成均學生, 不讀
經書, 惟習抄集, 殊非育才之義.' 予以爲知取士之術者, 無如陽村, 而其上書曰:
'宜試以製述.' 然講經, 祖宗成憲, 不可輕改. 但因近來年歉, 試以製述, 如之何則
可?" 左代言金赭曰:"臣意以爲依陽村上書, 常時居齋, 則分九齋, 考講而升之,
試取則用製述可矣." 上然之. 講至唐武宗元年六月群臣言事留中之語曰:"凡上
書, 人主留中不下, 非美事也. 若於公私善惡之辨, 明以去取則可, 苟或不明, 則
正論者不肯復言, 而弊必多端矣." 赭曰:"上書者, 已不加罪, 則以其事, 明視於
下, 斯可矣."

234 以李明德爲工曹判書, 盧閈都摠制, 李順蒙摠制, 崔蠲開城府留後. 上謂右代言
金宗瑞曰:"卿知崔蠲乎?" 對曰:"臣知其爲人" 上曰:"今觀其貌, 迂拙癡訥, 保無
詐僞也." 對曰:"但觀其貌, 而不考其行, 則上敎然矣. 蠲外飾儒名, 內實奸猾, 曾
經州郡, 非獨貪污, 恣私任所倡妓, 播人耳目." 上笑曰:"知人之難, 豈不信歟?"

235 癸巳/受常參, 視事. 兵曹判書趙啓生啓:"今濟州捕倭人, 臣以爲不可論功. 此倭
無甲兵之具, 未可以賊船論也. 倭人不戰而服, 則當擒獲之, 今乃盡殺, 其設心以
爲僥一人生, 則必語其不拒戰之由, 故盡殺滅口, 而要賞於國, 其計姦惡, 不如不
賞." 上曰:"若在兵亂之世, 則此爲微功, 不足褒賞, 今昇平日久, 四方無虞, 雖如
此細功, 亦可賞矣. 況濟州非倭人行商之處乎? 但不生擒, 是誠有罪, 然反加罪,
則無勸勵後人之義." 啓生曰:"雖有其功, 職分當爲, 何必加賞?" 上曰:"然則雖大
功, 亦皆臣子職分之當爲也. 盡忠立功, 臣子之事; 論功行賞, 人主之權, 古昔聖
王之所不廢也, 其與左右議政議啓."

236 仍召朴崟, 諭以大臣之議, 許令三山就職. 崟啓曰:"執政大臣之親戚, 若除拜言
官, 則政曹是非, 難以彈劾. 且本府曾請改三山, 而今使就職, 則三山之仕本府,
本府之待三山, 兩皆未安. 又臣等於注擬之前, 預聞三山必爲掌令. 以此推之, 則
三山拜掌令, 非出於天意, 乞令改差." 上曰:"銓曹擬掌令, 本非只望一人, 必備
望三人, 受予落點, 豈能期其某之必爲乎? 是發此言者非也. 爾等何說法外之言
乎?" 崟更啓曰:"臣等雖皆無狀, 然本府所係爲大. 三山口吃, 曾爲漢城少尹, 訟
者病焉. 恐進言於上, 或不能分析也." 上曰:"昔周勃、張相如、周昌皆不能言, 然

원문 미주

俱有名後世. 以口吃棄人, 古所未聞, 勿復更言."

237 上謂承政院曰:"人非聖人, 孰能無過! … 抑强扶弱, 實爲美法."

238 御經筵. 司諫院上疏曰: 臺諫, 人君之耳目, 庶司之儀表, 厥職匪輕, 故居是官者, 必先正其身, 然後可以格君心, 可以糾百官, 苟有一失, 安能正人?《傳》曰:"無諸己, 然後非諸人." 良以此也. 近者憲司所決曹尚爭田之事, 更令刑曹分揀, 仍於本月初八日, 改下憲司, 憲司請辭其職, 未蒙兪允. 臣等未詳事由, 徒自囁嚅. 月十四日, 刑曹關到院, 其請憲府之失, 固非一端, 而甚爲切當, 憲司辭職之請, 誠不苟矣. 伏望殿下俯從其請, 以正朝綱. 且自今臺諫如有所失, 毋令復職, 以重耳目之官, 不勝幸甚. 上曰:"自非聖人, 誰無小失! 遽改除授, 豈有全人!"

239 司憲掌令許誠上疏曰: 兵曹參議尹淮, 於冊寶使率百官, 告宗廟時, 醉酒入班, 失儀不敬. 乞治其罪. 上曰:"淮飮酒則輒醉, 醉中之事, 不必論也. 予當召淮責之."

240 上召尹淮責之曰:"爾穎悟人也. 飮酒過度, 爾之失也. 自今兩殿賜醞外, 毋得過飮."

241 而況人君以包容爲量, 雖芻蕘之言, 亦必聽之, 所言善則採擇而嘉納, 雖不中, 亦不加罪, 所以達下情, 而廣聰明也. 今欲罪上言之人, 是使我不聞下情, 而就於曖昧歟?
又教曰:"差遣察訪之言, 予不取焉. 一道之權, 專付監司; 一邑之務, 委之守令, 反生疑貳, 分遣朝官, 使之檢察, 豈合於治道之大體? 昔議政柳廷顯獻議分遣暗行, 行之數年, 頗有弊風. 吏曹判書許稠, 引唐宗奴告主斬刑之律, 反覆力陳于太宗, 太宗嘉之, 肆立以下陵上之禁, 此則有補於風化." 崇善啓曰:"稠之此言, 誠萬萬有益." 又啓曰:"人君之職, 不過知人任人而已, 當擇之於未用之前, 而勿疑於任用之後, 上下之間, 敦信無爲. 今也監司守令, 旣以任之, 不可以一人毀譽, 輕其進退也, 況差人求民之告訴乎!" 上曰:"若言, 甚合予意." 仍教曰:"勿說他條, 只說地理之事." 崇善出, 傳上敎于槪等, 槪等曰:"揚善之言, 非卜新地, 以太祖萬世之基爲非, 而妄言宮闕利害. 釋此不論, 挾術希進之徒, 將接踵而進, 此臣等之深慮而爲殿下發也." 崇善曰:"如有可言, 退議更啓." 槪等乃退.

242 甲午/視事. 吏曹判書河演啓曰:"今立保擧之法曰:'保擧之人庸劣, 則罪及擧主.' 而無薦賢之賞, 請立法以廣賢路." 上曰:"卿言則善矣, 然立法則未可. 姑以守令言之, 每考居上而秩滿遞遷者多, 此亦可謂薦賢矣. 是皆賞乎? 必不勝行賞矣. 如有特異之事, 則以一時權宜賞之可也, 立法則未可也." 右議政盧閈曰:"誠如上敎."

243 左正言朴積善啓:"朴好問罪重罰輕, 請依律科罪." 上曰:"好問不忠之罪, 前所未聞, 然婆猪之功, 亦不可不錄. 且好問, 獨子也. 其罪雖非存留養親之例, 予不忍殺之." 積善啓曰:"好問之罪, 可斬者三. 考諸律文, 則非存留養親之罪, 不可以獨子而末減也." 上曰:"汝言正合予初心. 然反覆思之, 終不忍殺之也."

244 上謂代言等曰:"古者公處奴婢, 必令産兒七日後立役者, 矜其棄兒立役, 以傷小兒也. 曾命加給百日, 然臨産而立役身勞, 則未及其家而産者, 或有之, 若臨産月, 除役一朔, 何如? 彼雖欺罔, 豈過一月乎? 其令詳定所幷立此法." 又謂金宗瑞曰:"更改舊制, 雖曰不可, 然歷代繼世之君, 因其時宜, 或汰或設. 曩者郭存中掌汰冗官, 所減之祿, 至三千餘石, 厥後惟加設集賢殿、宗學兩官耳. 今聞刑曹因事劇煩, 未察獄訟, 深以爲嫌, 稽之古制, 六部員或多或少, 今欲加設刑曹郎官二員, 合爲八員, 雖與他曹不同, 亦可也. 如是則專掌刑決之事, 庶爲便益, 其議諸兩議政以聞."

245 受常參, 視事. 架閣庫錄事全仁老上言:"臣從仕三十四年, 老母年今九十四, 乞賜錄用." 命下吏曹. 本曹啓:"仁老以獨子, 不曾歸養老母, 已爲不可, 且他人必援此爲例, 請勿敍用." 上曰:"有九十之母, 而從仕者罕矣. 且外方之人, 己雖老, 勸其子從仕者多矣, 特敍此人歸養可矣."

246 罷李明德職. 上曰:"尚衣院提調, 雖前銜, 亦爲之. 然明德, 其母年過九十, 在伊川, 宜令下去侍藥, 遇名日來京見我." 遂罷之, 幷罷尚衣院提調. 蓋明德貪位慕祿, 忘其老病之母, 不曾下去, 其有一日之愛於其親乎?

247 慶尚道昆陽人陳謙, 父患癎疾, 謙斷手指燒末, 和酒以進, 卽差. 事聞, 命除職.

248 議政府據禮曹呈啓:"咸吉道鏡城民崔重富遭父母喪, 共葬一塋, 枕苫哭泣, 日負土以成墳塚, 朝夕供祭, 至禫不懈. 請旌門復户, 且授土官, 以勸其後." 從之.

249 戊辰/議政府啓:《續兵典》:'父母八十歲以上, 其子從仕者, 使之歸養. 若父母願令從仕者, 亦令一二人歸養. 諸子先亡者, 亦令親孫歸養. 九十歲以上, 諸子竝給侍丁, 雖有從仕者竝令歸養.' 士大夫或不審上項事意, 安然從仕, 銓曹亦不察而任用之, 有違風敎. 自今有八十九十歲以上父母者, 除京中陪居從仕京中者外, 父母在外, 而京中從仕者、父母在京而外方赴任者, 竝依《兵典》, 申明擧行, 銓曹亦不得擧用. 從之.

250 『연려실기술』제3권 세종조고사본말(世宗祖故事本末) 임군례(任君禮)의 옥사.

251　司憲府啓: "校理朴彭年不能諫父不義, 已爲過矣, 又朦朧上書, 有違事君父之道, 請治其罪." 諫院亦言之, 上曰: "彭年悶其父罪, 上書告寃, 出於迫切而然也, 何以罪之!"

252　刑曹據平安道監司關啓: "隨川人崔仲奇, 毆殺其妻件伊加伊, 詐爲自縊狀, 懸之於樹, 律該處絞." 上曰: "父子之間, 相爲容隱. 今以其子之說, 斷其父罪, 有妨大義, 更取公證, 明鞫以啓."

253　司憲府啓: "前縣監鄭璃告: '今以行司正朴堣子自荊爲女婿. 自荊慊資裝不備, 且以女肥短, 托言失行棄之.' 下義禁府鞫之, 久未得情." 上曰: "大抵決獄, 以不失大綱爲主. 義禁府徒以自荊泥醉使酒等事爲主而欲決, 皆末也. 其女若眞失行, 則自荊其夜當卽棄去, 仍宿其家, 至朝嫺母來鄭家, 贈禮物送之, 婚禮可謂成矣. 自荊觀其食褥衣服之不華, 厭其貧寒, 托以失行而棄之, 明矣." 義禁府更鞫, 果驗. 自荊坐誣, 杖六十徒一年, 復令完聚.

254　政府、六曹請進粥, 不允.
丁卯/延嗣宗、卞季良啓曰: "殿下自侍疾以來, 至今不進膳, 恐傷聖體." 上曰: "昨日政、府六曹請之, 卿等今又請之, 予當夕而聽." 夕奠後, 政府、六曹咸進涕泣啓曰: "殿下自父王疾劇以來, 迄今不進膳. 聖人垂訓有曰: '無以死傷生.' 願殿下節哀進膳, 以全大孝." 上乃進淡粥小許, 日止一次.

255　星山府院君李稷、左議政李原、兵曹判書趙末生、工曹判書崔閨德、都摠制朴齡、禮曹參判李孟畇、吏曹參判元肅等請曰: "卒哭之後, 猶御素膳, 聖體瘦黑, 群臣望見, 莫不驚駭. 且殿下平昔非肉未能進膳, 今素膳已久, 恐生疾病. 昔元敬王太后之喪, 太宗勸肉膳曰: '主上一身, 係宗社安危, 不得自專.' 臣等今日之請, 亦爲宗社生民也." 上曰: "居喪食肉, 於禮何? 卿等以我爲不習蔬食, 恐生疾病耳. 予今無病, 豈可犯禮? 僧常蔬食, 尚有豐肥者, 予獨不能蔬食乎? 卿等其勿復言." 俄而曰: "太祖之喪, 易月後有百官食肉之命. 今欲令百官食肉如何?" 趙末生曰: "上之一身, 係宗社生靈, 尚且素膳, 況群臣之無病者乎? 老且病者, 食之可也." 從之.

256　上却服藥之酒, 以鹽湯代之. 領議政柳廷顯、禮曹判書金汝知、大司憲河演等請曰: "殿下以父王之喪, 極哀盡誠, 積憂成疾, 若不以酒服藥, 以至病深, 其於宗社、生民何?" 共垂淚以啓, 上曰: "勿復言也. 予以不德, 君臨民上, 旱乾之災, 其譴在予. 豈可爲一身飲酒?" 柳廷顯請辭職曰: "方今聖上御極, 而旱乾如此, 實臣以否才居百僚之長之致也. 伏望許罷臣職以禳之." 不允.

257 知申事郭存中、右副代言鄭欽之、大提學卞季良等啓曰: "慶愼公主之卒, 已過三日, 殿下迨今進素膳, 臣等竊恐以萬機之勞, 不可如此, 而況太宗常以爲, '主上一日不可素膳', 請復肉膳." 上曰: "予常時雖異姓無服之喪, 必三日素食, 況同姓之姑乎? 親疏之分, 不可不異也." 季良等更啓曰: "殿下之言是矣. 然太宗之心以爲, '雖有大故, 不可日久素膳,' 況其他乎? 太宗之靈, 於昭于天, 太宗之言, 昭昭在耳, 其可違乎? 聖體不可使一日虧疎, 伏望上遵太宗之訓, 俯答臣民之望." 上曰: "雖數日素食, 於太宗之訓, 不爲悖逆, 卿等勿請."

258 戊午/王世子嬪權氏卒. 嬪有懿德, 動靜威儀, 皆有禮法, 兩宮寵愛優等. 病革, 上親往問疾, 須臾幾至再三. 及卒, 兩宮痛悼廢膳, 宮中侍御, 莫不涕泣. 六承旨及禮曹判書閔義生、參判尹炯、參議權克和、知中樞院事鄭麟趾、繕工提調戶曹判書南智、同知中樞院事李思儉等參酌貞昭公主、元敬王后喪葬之例以啓, 上曰: "降元敬王, 加貞昭公主一等." 於是, 置斂殯都監. 禮曹啓: "擧哀依外祖母之例." 上曰: "嬪乃予同居家婦, 何忍出外擧哀? 況嬪死擧哀, 古無正禮乎?"

259 戊午/王世子嬪權氏卒. 嬪有懿德, 動靜威儀, 皆有禮法, 兩宮寵愛優等. 病革, 上親往問疾, 須臾幾至再三. 及卒, 兩宮痛悼廢膳, 宮中侍御, 莫不涕泣. 六承旨及禮曹判書閔義生、參判尹炯、參議權克和、知中樞院事鄭麟趾、繕工提調戶曹判書南智、同知中樞院事李思儉等參酌貞昭公主、元敬王后喪葬之例以啓, 上曰: "降元敬王, 加貞昭公主一等." 於是, 置斂殯都監. 禮曹啓: "擧哀依外祖母之例." 上曰: "嬪乃予同居家婦, 何忍出外擧哀? 況嬪死擧哀, 古無正禮乎?" 百官以時服, 詣勤政殿庭行弔禮. 禮曹啓: "東宮, 着素帶三十日而除; 上與中宮, 素帶五日而除. 停朝五日." 從之.

260 庚申/遷嬪柩于昌德宮議政府廳, 道路觀者, 莫不垂涕. 仍命右副承旨姜碩德曰: "嬪無壯(予)〔子〕, 誠可憐憫. 卿宜往視, 諸事曲盡布置, 俾無後悔."

261 辛酉/上召嬪父權專曰: "大抵婦人, 見愛舅姑爲難, 嬪旣見愛於予及中宮. 今乃至此, 夫復何言? 然元孫之生, 足以慰悦予心. 脩短有數, 不假人爲, 卿其爲予節哀."

262 癸亥/上除素帶。左承旨閔伸等啓: "世子嬪服已盡, 且當熱時, 久御素膳, 請進肉膳." 上曰: "雖無服之人, 或有緣人情而不忍食肉, 況嬪服二十日, 明載禮文? 姑從權典, 五日而除. 且予無疾, 豈敢食肉?" 再請, 不允.

263 "又從權宜, 五日除帶, 於予心不安. 予無食肉之理." 義生等曰: "時方酷熱, 久御素膳, 恐生疾病. 萬一違和, 後悔何及?" 上曰: "予今年未衰老, 且無疾病, 何敢食肉, 以違古制乎?" 義生等曰: "太宗遺敎曰: '主上性不能素膳.' 太宗之敎在耳, 其

510

如不遵遺教何?"上曰:"太宗遺教,乃爲大事而發,非爲如此小事,更勿多言.

264　議政府六曹啓:"昨勸肉膳,未蒙兪允.臣等以爲今方酷熱,久御素膳,請進肉膳,以副臣等之望."上曰:"今雖除素帶,日數不可不終.嬪自配東宮,未見一事差誤,情愛尤篤,予何遽忍食肉?"喜等曰:"今聞上教,心甚感動.然連値國忌,又當熱時,久御素膳,慮恐上體因此違和."上曰:"卿等懇請,予當過十日乃食."領議政黃喜等又啓曰:"古者天子諸侯,本無服制,而後世制爲服制.然十日定限,無所據依.今已經七日,雖御肉膳,何損聖德?"上乃許之.

265　禮曹判書金宗瑞啓:"臣來自大夫人安氏葬所,制度不僭而完固."仍與都承旨李承孫等啓:"大夫人旣葬而卒哭,中宮素有宿疾,請進肉膳."上曰:"過百日則進肉膳,予已傳教.百日不遠,何必汲汲?且朞年之喪,禮不可廢.中宮在宮中着紅色吉服,宮外出入則着黑色,過期年除之,以爲後世之式."初,安氏之葬,命停禮葬,然特令禮葬都監厎事,其實與禮葬無異.

266　右參贊鄭甲孫將政府僉議啓曰:"佛氏誕妄,上所灼見.前朝之季,佛法大盛,及我太祖,始斥去之,然猶未盡革也.太宗盡收寺社奴婢田地,佛法汰之幾盡,殿下尤加沙汰.前此士夫庶人親死則飯佛齋僧,無所不至,乃命攸司,皆令立廟奉祀,庶人雖不立廟,亦皆立神主以祀之,臣等以爲佛法庶幾熄矣.曩者,中宮不豫,作佛事于宮中,遂以金銀寫經,至於燈籠,亦飾以金銀珠玉.又聞果川等處,創建大寺,今又以轉經,將作佛事于大慈菴.夫宮中佛事,以迫切至情,未暇言之,至於轉經,旣一爲之,願停此擧."上曰:"宮中佛事,此是精勤.精勤,自古而然,非始於予.昔太宗爲誠寧寫經及燈籠用黃金二錠,其時未知燔造珠玉之術,故燈籠亦用金也,今則燈籠用燔造珠玉,唯寫經用金耳.然亦幾何?且大君等爲王妃爲之,故予不能禁.是則予之過也."甲孫曰:"今上崇信佛法,下民皆以爲君王尚且如此,爭慕效之,滋蔓不可制也.上雖以爲大君等所爲,然國人皆指於上,豈知大君之所爲乎?"上命首陽大君詰責之曰:"吾君不能,謂之賊.當初寫經時,三作佛事,計已定矣.今事欲垂成,乃言其不可,何阿曲至此乎?今此之言,卿獨來啓乎?抑僉議乎?"甲孫曰:"僉議以啓矣."上曰:"右議政曲矣.初旣贊成之,退有後言,此雖小臣不爲之,豈大臣之所爲哉!今燈籠等物,旣已成矣.將焚之乎?抑且已乎?卿其區處之."甲孫曰:"若以已成之物,不可壞也,則但置之佛前;如曰珠玉可惜,不可空棄,則壞燈籠而取珠玉.焚不焚,只在上措置如何耳,臣但願停佛事而已."上曰:"今焚燈籠則當焚經及大慈菴,盡人其僧,而後可矣.何以處之?"甲孫曰:"經已成矣.大慈菴,祖宗所建,豈遽火之耶?且僧徒還俗,佛法興廢,自有其數,不可猝變."上曰:"懸燈籠於佛前,又不壞經,只停佛事,於予之德,有何

511

所加?" 甲孫曰: "欲作佛事, 從臣等之請停之, 斯爲美矣." 上曰: "卿以經與燈籠, 皆不欲壞之, 而獨請停佛事, 所謂枉尺直尋也." 甲孫曰: "臣所啓, 固非枉尺直尋也. 上以經與燈籠不欲壞之, 故臣承上旨, 不忍斥言, 如此云耳. 臣若以寫經與燈籠爲是而贊成之, 以佛事爲非而諫止, 則上敎固然矣." 上曰: "予嘗引唐太宗爲長孫皇后, 令高宗創寺故事, 欲使大君爲王妃成佛經何如以示意, 向大臣皆以爲可, 故從之. 旣與君上密議, 退而相與非議, 似若不知, 歸咎於予, 豈大臣之道乎? 昔議欲錄籍僧徒, 諸大臣皆以爲: '僧人固非麋鹿, 不可如此.' 遂寢之. 其後反歸咎於予, 請禁僧出入京城, 予旣好佛之君, 卿等皆棄而忘之. 然予不以異端之事而咎卿等, 其知之."

267 "爾等嘗與政府請罷佛堂, 然業已構成, 豈可視如他家之事, 不爲保守之計! 商議以聞." 左承旨趙瑞安等啓: "左右設警守, 周回植荊棘, 又擇各司奴富實者六人, 定爲照剌赤, 分三番直宿, 依闕內各色掌例給料." 遂傳旨刑曹: "文昭殿佛堂, 照剌赤八人, 擇京居奴富實者差定, 若有缺, 更加精擇補之." 照剌赤, 掃除闕庭者號也.

十四. 모순 그리고 진퇴양난

268 傳旨承政院: 予聞太祖高皇帝時, 臣僚遇親王, 避馬者殺之, 犯者亦殺之. 我國本無百官與王子相接之禮, 故曩特立法. 今百官雖遇王子於路, 竝皆引避, 至於臺省亦然, 皆不遵用, 意其或者自尊而不肯下馬. 大抵無生而自貴, 必待人君爵之而後尊, 若不爵之, 猶夫人焉. 人君立法, 固欲行之也, 今朝官皆不奉行, 予甚慙焉. 政院啓: "百官皆知下馬之法矣, 但不知避馬之爲非耳."

269 左正言申自繩啓: "今以李義山除敦寧府注簿. 義山罪犯綱常, 請罷之." 上曰: "此非顯官, 無妨也." 自繩更啓: "敦寧府雖非顯官, 乃擬受議親之官也. 若此人受此官, 則作罪者, 固無懲艾之路, 請從臣等之請." 上曰: "義山, 近親也, 故除此職. 若等勿言."

270 掌令金召南、右正言許鍾等啓: "文承宥罪干不敬, 當置極刑, 特從輕典. 臣等以爲承宥之罪, 前古未聞, 不可恕也, 請據法定罪." 上曰: "承宥, 神懿王后近親, 豈可置之極刑? 令刑曹三覆以懲之. 尋恐承宥驚惑自裁, 特減一等, 爾等其勿言." 召南等再請, 不允. 臺諫闔司啓: "承宥罪當萬死, 死有餘辜, 特以王后之故, 未減施行, 臣等不勝痛憤. 男女混處, 不勝其欲, 以相私奸者, 間或有之, 若承宥所爲, 千古未聞. 承宥乃於禁內, 恣行淫欲, 雖王后在天之靈, 必欲加罪, 今乃赦之, 後有非戚屬者效承宥所爲, 則必加罪焉, 無乃非公道乎?《書》曰: '以公滅私, 民其允懷.' 伏望勿以私恩廢公義." 上曰: "若等之言誠是, 然予終不聽." 召南等更啓曰: "前日愼誼君仁之罪, 固請不允, 今又輕宥此罪, 則其於朝鮮億萬年綱常之道如何?" 上曰: "若等雖反復言之, 予不忍加罪, 其勿復言."

271　孝寧大君買其第傍近民家, 憲府方推之, 召持平柳瞻曰: "何所據而爲之? 抑何不啓於我歟?" 瞻曰: "臣等常經過蓮池洞, 有民家十餘戶徙居空曠. 臣等移文本部, 問其故, 報云: '孝寧大君所買.' 臣等召問家主, 皆云: '大君使人謂曰:「予欲作室于此, 汝其賣之.」因輸木石, 不得已賣之, 或依父母親戚家, 或從他處, 結幕以居.' 臣等以此知其非情願也." 上曰: "買人家作室, 士夫且爲之, 況大君乎?" 瞻曰: "大君抑買民家, 使飢凍之人遷徙無歸, 甚爲不可, 請令宗簿寺推覈." 上曰: "賣家之人, 如有所冤, 必各告狀, 其勿推之." 時諸大君第宅踰制, 撤漢城府, 起平原大君第, 窮極壯麗. 又撤安國坊民家, 將起永膺大君第, 營繕之費, 不可勝紀.

272　持平鄭甲孫啓曰: "權蹈之罪, 按律杖一百、流三千里, 昨日只罷其職, 臣心有所未便. 雖無知小人, 若犯如此之罪, 則固不可赦. 權蹈旣爲大臣, 非他小人比, 而況虎符重物, 不可輕易. 今蹈違法, 輕易授受於境外, 又從而爲之辭, 曚曨啓聞, 其爲故犯明矣, 而心志不直. 伏望依律施行. 上曰: "蹈, 功臣之子, 罷職足矣." 甲孫更啓曰: "雖大事, 有不知其罪之將至, 而犯之者, 猶可恕矣, 今蹈心知自非, 而用意欺君, 欺君之罪, 其可赦諸? 須置於法, 以戒後來." 上曰: "蹈, 功臣之子, 其配自願處."

273　丙辰/司諫院上疏曰: 臣等竊謂賞以勸善, 罰以懲惡, 有國之常經, 不可不審. 李明德曾爲兵曹參判, 掌其銓衡, 頗張威福, 濫用所私, 且受人財. 及其憲府推劾之際, 欲免己罪, 反辱臺綱. 殿下下義禁府, 鞠其所由, 停罷其職, 曾不數月, 而拜漢城府尹. 其懲惡勸善之意安在? 擧朝莫不驚駭. 此臣等所憾也. 伏望殿下, 還罷其職, 以待自新, 以戒後來.

上不允曰: "前日憲府, 敢以赦前事, 固執不釋, 支離推鞠, 而不能露其端緒. 今爾等亦效憲府之志而上疏, 予則以爲不然." 正言閔孝憚啓曰: "臣等玆者, 將趙從生與諸宰執, 受濟州牧使贈物之罪, 具疏申請, 未獲聞命. 若趙從生, 以喉舌之任, 常不違顔於咫尺, 守令貪汚、生民弊瘼, 悉陳無隱, 以廣聰明, 乃其職也. 不此之顧, 公然受賂, 初不以實啓, 及其勢不終匿, 托言家人潛受. 臣意以爲, 雖曰家人潛受, 家長豈有不知之理? 飾詐誣啓, 罪在不赦. 近權蹈虎符傳授, 曚曨啓聞, 以功臣之子, 尙且罷職付處, 今於從生, 只罷其職, 無奈罪同罰異歟? 且宰相之職, 維持國脈, 保養君德, 今趙涓等濫受贈物, 甚非宰相之意也." 上曰: "從生之罪, 與

蹈有異. 古人有言曰: '刑不上大夫.' 予於大臣, 不赦小過, 則爲諫員計者, 導我以
罪疑惟輕之訓可也. 大抵大臣, 雖犯杖罪, 置而勿論, 況此事, 考諸律文, 不過笞
二十, 何可以如此小罪, 加諸宰相乎?"

274　壬寅/司諫院啓: "黃守身用任元濬, 勢甚綢繆. 元濬希求執政, 罪固不小, 特從末
減, 只收告身. 吏曹堂上, 苟從守身之請, 用人不當, 專釋其罪. 且下孝文所犯甚
重, 特減徒杖, 放于母家稷山. 臣等以爲若此, 則爲惡者, 無所懲矣."
上曰: "吏曹[堂]上, 本無罪矣, 特不違守身之言, 不無可言者, 然大臣累日囚繫,
亦足懲矣. 守身之事, 言之是矣. 然老大臣之子也, 豈無優老之義! 且近侍之臣,
非他外臣之比, 特加恩耳. 元濬希求之實, 亦不著, 收告身, 亦足矣. 孝文之母, 年
九十, 是以使之處近終養耳. 母若在京, 孝文當在京終養, 而不赴外方矣."

275　丁未/司諫院啓: "士之貪婪、女之淫放, 一也. 趙由禮, 淫女之後, 今授判通禮之
職. 相禮之官, 其任至重, 非此人所堪爲也. 前日憲府極陳不可, 臣等以謂當蒙兪
允, 今尚不改, 臣等敢請改之." 憲府又請之, 上曰: "由禮兄弟, 出身文武科, 經歷
東班, 今拜是職, 似無妨也. 且惡惡止其身, 乃聖人之法, 欲將此意, 以廣用人之
路, 其勿復言." 由禮便佞巧慧, 能搖人好惡, 善事權貴, 不量其分, 以淫穢之家,
奉養東宮郡主, 人皆笑之.

276　庚辰/司諫院啓: "楊厚慵懶不職犯私罪, 有司請加罪, 不允. 李誠長同犯私罪, 又
不之罪, 無所懲艾. 誠長雖蒙恩宥, 身爲臺官, 恬然就職, 殊無愧悔之意. 又以書
狀官赴京, 甚爲未當." 上曰: "予非以楊厚爲是, 但大臣豈可以此等罪而遽棄乎!
誠長, 予當罷之." 司憲府又啓: "楊厚受黜陟之任, 忠清五十餘邑守令, 四十餘人
爲上等, 褒貶已失其中. 扶餘縣監丁時應, 已犯贓污, 又入等第, 尤甚不明. 雖不
加罪, 請罷其職以懲之." 上曰: "前亦有如此監司, 皆不罷職, 今不可以獨罷也."
厚昏庸屢劣, 無一可者, 但以宮人之親, 屢經顯秩, 曾爲承旨, 又爲監司, 才不稱
職, 一時譏之.

277　司憲府啓: "柳守剛曾爲慶尚道監司, 携妓縱淫, 恣行無忌, 本府推劾, 適蒙赦宥,
幸免其罪. 前日除晋州牧事, 臣等將此意來請, 得蒙兪允, 今又拜江陵府事. 本邑
迫處幽僻, 剝民縱欲, 必無所不至, 乞還是命." 上曰: "守剛, 大臣之後, 固當優待.
又曾爲近臣, 從我日久, 情不遽絶. 古者宰相不賢, 則出爲刺史, 守剛以不賢出守
江陵, 其無愧恥? 懲戒守剛足矣."

278　視事. 大司憲崔府啓: "趙末生貪污太甚, 竄黜未幾而宥之, 請勿入京城." 上曰:
"赦者, 欲其除舊自新也. 雖今日犯罪, 明日赦之可也. 豈可以犯罪久近, 而區別
哉? 何其曲生疑意?" 啓事訖, 上謂代言等曰: "趙末生贓罪雖明, 然與金漸賣官鬻

獄異矣."金赭對曰:"末生交結楊州人, 除授六十, 占其土田. 又結大賈徐哲, 除
隊副, 受其賄賂."上不答.

279 乙卯/視事. 上謂群臣曰:"東殿之號, 起自何代? 若曰中宮, 則侔擬皇后, 疑前僭
改號可也. 又王妃加以美號, 若德妃淑妃之類, 予以爲不可. 前朝王妃, 多至六七,
故各加美號以別之. 若中原之制, 則稱曰皇后, 而無美號, 我國亦只稱曰王妃、曰
王世子嬪, 何如?"吏曹判書許稠、禮曹判書申商對曰:"東殿之號, 起自昌德宮,
古無此號. 王妃加美號, 亦無古禮, 上敎甚當."

280 丁卯/視事. 判府事卞季良啓曰:"上至誠事大, 獲海靑輒獻, 然昔者未易捕獲, 今
則獲者稍多, 請擇善以獻, 勿多進. 且其捕獲甚苦, 又安知後日, 未能多獲也? 倘
有多獻之命, 則何以待之?"上曰:"帝若聞多捕, 而不盡獻, 無乃不可乎?"

281 丁巳/視事. 上謂代言等曰:"參判李明德還自義州言:'昌盛見黑狐、白雁曰:「此
皆瑞物, 天下必來賀.」'予考歷代黑狐、白雁、白雉, 皆非瑞物也. 周時, 獻黑狐,
隋煬帝時, 亦獻黑狐. 且麒麟或出盛世, 或出衰世. 以此觀之, 祥瑞不足信也. 然
尹鳳言:'今皇帝酷好祥瑞, 至於白鼠白兔, 皆令馴養而翫.' 若見今進黑狐、白
雁、海靑, 則必深喜矣. 嘗聞仁宗皇帝時, 麒麟出遊山谷間, 兩鹿先導, 群鹿從行,
時未獲之, 圖畫於紙, 爲物甚異. 此則祥瑞也. 太宗皇帝時, 麒麟出於野, 獲而養
之."左代言金赭曰:"臣聞麕身、牛尾、馬蹄, 然後謂之麟. 出於太宗時麟者, 其蹄
似牛."上曰:"然. 大體似麟, 甚奇異, 謂之麟, 可也."

282 壬辰/視事. 上曰:"聞昔者政丞答九品官之拜, 有諸?"吏曹判書許稠對曰:"非特
九品, 無職錄事之拜亦答之."上曰:"其故何歟?"稠曰:"唯君無答拜之禮, 政丞必
答微者之拜, 所以別君上之禮也. 此本於《禮記》曰:'上不敬則下慢, 不信則下疑.
下慢而疑, 事不立矣.' 今之隔一級不答拜, 所以抑下也. 然尊上抑下之法行, 而下
尤不敬其上, 聖人之言, 於此益信矣."上曰:"雖然不答拜之法, 已載《元典》, 不可
更改."

283 刑曹啓:"醴泉人張永己婢夫都羅大, 奸其主妻内隱之, 請依律絞都羅大, 杖内隱
之一百, 贖流三千里."上曰:"都羅大常與家長之妻, 共爲鋤禾春杵之事, 因與之
通. 此必賤者之家, 都羅大之罪, 似爲可恕, 然律云:'雇工人奸家長妻者絞.' 若以
賤者而寬之, 後復有如此者, 依律抵罪, 則用法不均. 當依律文斷罪, 以戒後來."
遂依所啓.

284 壬戌/視事. 贊成權軫啓:"都羅大, 非内隱之婢夫, 乃義母婢夫也. 且與内隱之常
同賤事, 今論以死刑, 可疑."上曰:"設使有奴婢一二口, 而不同賤事者, 其婢夫犯

515

此罪, 則處死, 獨此人, 以常同賤事而免死, 則一死一生, 其間大相遠矣. 若有可生之理, 則免死可也, 更議以聞."

285 庚申/御經筵. 講《大禹謨》, 至俾予從欲以治, 四方風動, 惟乃之休曰: "此篇拳拳以刑罰之當謹爲言, 刑罰雖非美事, 亦聖人所不能已也." 檢討官金墩對曰: "刑罰雖不可無, 亦不可濫用, 故此篇屢言之也."

286 上曰: "卿言是矣. 刑罰, 聖人所甚重, 不(待)〔得〕已然後用之. 然旣不能以德治之, 又不用刑, 吾恐紀綱陵夷." 稠曰: "豈可專不用刑? 但務明愼而已." 上然之.

287 戊辰朔/受朝參, 視事. 戶曹判書安純啓: "損實踏驗官, 依舊令民間支待." 上曰: "國家立法, 何可使斂民哉?" 純與吏曹判書權軫對曰: "雖用公廉, 其供饌者, 必資於民, 轉食閭里, 弊還及民, 不如仍舊." 從之.

288 戊戌/御經筵. 講《詩》《召旻》哲夫成城哲婦傾城章, 上曰: "中國婦女識文字, 故或參政事; 宦者專權而誤國者, 亦有之. 吾東方則婦女不曉文字, 故婦人參政, 固無可疑, 若宦者之亂政則可畏也. 且婦人雖不參政, 蠱惑君心, 則人君聽其言而誤國, 亦可慮也."

289 戊午/受朝參, 輪對, 經筵. 講至 "太宗朝廷臣, 以宦者王繼恩有破賊功, 欲賞以政權, 太宗不從, 爲設宣政使授之.", 上歎曰: "宦寺之禍, 無代無之, 漢·唐之事, 可以鑑矣, 曾不是懲, 任繼恩以是官, 誠可歎也. 戰勝之功, 雖賤者亦且厚賞, 況宦者乎? 唐之授兵權, 非也. 授任而有功, 然後安可不賞乎? 自古人主信任此輩者, 以其無子孫之計, 且懲權臣生變也. 然皆小人之徒, 豈可任以威福之柄乎? 今中朝亦信用宦者, 欽差所至, 待朝官如奴僕. 尊敬王人, 雖爲美法, 以禮接下, 實爲國之道也."

290 行蜥蜴場祈雨, 聚巫女僧徒祈雨.
壬午/聚巫僧徒蜥蜴場祈雨.

291 壬子/傳旨承政院: 術士李陽達嘗以莊義門臨壓景福宮且亦有害, 不可通人迹, 是以當路栽松, 常關不開久矣, 今常通行, 甚爲未便. 自今承命出入外, 常關不開. 上頗信陰陽風水之說, 有此傳旨.

292 初, 有一童男年可十一二歲者, 行乞里閻, 偶至左承旨朴仲林第, 奴僕見之, 驚曰: "是乃主家奴金三所生金山也. 年九歲時失之, 不知去處." 仍問所寓, 童指竹山縣監宋重孫婢夫千長命家. 金三往爭之, 長命曰: "是吾子千寶也." 不許. 金三訴于刑曹, 刑曹鞫兩家父母及里人, 以金三子爲是, 案幾成, 參判念祖疑之. 至是,

원문 미주

刑曹請令三省交鞫, 下義禁府, 同三省辨之.

293 己巳/義禁府提調李湝·李堅基·李承孫、委官鄭甲孫、大司憲李季疄、知司諫鄭之澹啓: "朴仲林欲以千長命之子千實爲其奴金三之子金山, 姦詐之跡已露, 不可掩也. 巧飾萬端, 尚不承, 是宜拷訊, 以得其情, 今只令據證定罪, 上恩偏重. 爲仲林者自愧輸情之不暇, 猶曰: '一息尚存, 誓不承服.' 其不知上恩, 言辭悖慢, 莫此爲甚. 況義禁府豈宜不能取一仲林之招乎! 請拷訊得情, 以懲奸僞." 上曰: "仲林年老, 且爲舊臣, 遽爾拷訊, 予以爲憐. 然事關父子之變, 須待拷訊, 乃得其情, 則予何不從!" 湝等更請之, 上曰: "明日, 六曹參判以上會議于政府." 右議政河演、吏曹判書韓確、參判柳義孫、兵曹判書安崇善、參判趙克寬、刑曹判書尹炯、參判姜碩德、戶曹參判閔伸及〈湝〉、堅基、承孫、甲孫、季疄、之澹議曰: "諸證旣白, 無辭可明, 而尚不承, 宜當拷訊." 禮曹判書鄭麟趾獨曰: "此獄本爲辨父子眞僞, 其父母已吐實, 諸證皆具, 不必取仲林之招而後決也. 但仲林敎唆詞訟變亂黑白之罪, 爲可窮問, 然此事干奴主, 不宜更加拷訊." 上從麟趾之議.

294 壬午/諭全羅道監司: "集賢殿校理朴彭年, 今中文科重試. 其父仲林, 礪山付處, 給馬上送."

295 辛亥/持平李永肩啓: "臣等劾啓金墳疎薄正妻之罪, 特命赦之. 臣等以爲墳率妻奉母, 則養母之孝, 待妻之禮, 俱得矣, 乃棄妻於他家, 率妾居于母第, 其疎薄情迹已著, 而不加罪責, 誠爲未便. 且祭祀, 重事. 特赦趙克寬之罪, 反陞參判, 其於賞罰之義何如? 李根全無特異之功, 而二月之間, 連加二資. 今當立行守之法, 重官爵之時, 宜追奪告身, 以懲後來." 上曰: "夫婦, 雖三綱之一, 而母子, 實綱常之大者. 墳之母, 年踰九十, 死亡無日. 墳來居母家, 晨夕奉養, 其心不亦美乎? 且世人私妻子, 不顧父母之養者多矣. 退居其家, 不爲出告反面者, 予甚非之, 墳不可罪也." … 永肩更啓: "婦之事姑, 禮也. 率妻奉母, 墳之所當爲也, 今乃置妾母家而黜妻他第, 雖藉以奉母爲辭, 然其實昵於妾而疎其妻, 不可赦也. 況墳官至三品, 年亦垂老, 非他無知者之比也? 若赦墳, 則無知之人, 爭相效之, 遂成風俗, 不可不罪也." … 上曰: "墳之事, 予亦未知其實. 然以奉養老母爲言, 如此之事, 寧失於厚, 亦何傷乎? 克寬之事, 爾等雖力言, 然承旨不自盛香於樻, 豈料樻之空也? 不宜罪之. 根全之事, 旣已除授, 且有舊例, 何至根全而追奪乎?"

296 司憲府啓曰: "近日谷山府院君延嗣宗, 以病妻相見, 特許來京. 臣以爲初安置遠方, 以其懲戒貪污也. 旣安置, 則雖父母之病, 未易來見, 況其妻病乎?" 上曰: "夫婦, 比之父母, 雖輕, 然其情義亦重, 來見妻病而歸, 何傷於義?"

297 私奴朴莫同、樂工崔大平、百姓金宥等結黨, 以鑞鐵作片, 故遺路中, 令行路人
得之, 追而給曰: "價重銀片, 偶失路間, 若有得之者, 當輸以直." 得者出示, 則佯
喜曰: "是吾所失, 然無物可酬." 彷徨若有悶悶之狀. 其(儻)〔黨〕若爲行路者, 從
傍言曰: "汝之重寶, 旣不自有, 失之於路, 人乃得之, 非汝之寶也, 乃人之寶也.
雖受半半價而與之可也." 得者信之, 以所持衣服雜物, 盡與而換之. 如是者屢矣.
事覺, 下義禁府推之, 皆能辜按律, 爲首朴莫同, 決杖一百, 身充水軍, 家産沒官,
爲從崔大平、金宥, 決杖有差.

298 刑曹啓: "谷山住良女藥奴, 呪咀殺人之事, 已承服招. 令以其術施於鷄犬, 不死,
問其故則曰: '囚繫累年, 呪咀之神, 不在於身, 故無靈效耳.' 請置於法." 上命左
副承旨鄭苯曰: "柳廷顯曾語予曰: '呪咀之事, 眞是虛妄. 若信斯術, 無辜之民枉
死者必多, 願勿信焉.' 予亦思之, 無有此理. 今下藥奴之事于義禁府, 汝往與提
調同鞫以聞." 往鞫之, 略無所隱, 開說咀呪之術, 且曰: "速殺我." 問曰: "前此谷
山留後司, 刑曹初問之時, 皆隱諱, 到此何易服乎?" 藥奴曰: "初則欲免死, 強爲
辨明, 今不能掩之." 詰之再三, 終不變辭, 其言哀切. 囚繫十年, 無有護養者, 令
禮賓寺給食, 濟用監給衣. 命苯更往窮詰, 對之如初, 苯曰: "上憐閔汝累年囚(繁)
〔繫〕, 辛苦捶楚, 欲知情實. 汝果呪咀殺人, 伏誅可矣, 若不勝捶楚而誣服, 則誠爲
憐憫, 其以實對." 藥奴仰天大哭曰: "本未知咀呪之事, 其人之死, 適當我饋飯.
以此疑之, 強刑不已, 期於承服, 不忍捶楚誣服. 今雖直納情由, 又用刑杖, 我何
能堪? 死等耳, 受笞杖不如一死, 請速殺我." 仍痛哭. 苯回啓, 上聞之惻然. 知申
事安崇善等啓曰: "今藥奴已受訊杖十一次, 義禁府又杖十五, 安有欲得其情, 而
如此酷刑於曖昧之事乎? 且古人曰: '罪疑惟輕.' 臣等以謂置而勿論可也." 上從
之, 命還其家, 令給歸路上粥飯.

299 倭通事尹仁甫、尹仁紹等因旱陳救荒之策, 以爲: "日本人常食葛根蕨根, 若用以
救荒, 似爲有理." 上然之, 送仁甫于慶尙道, 仁紹于全羅、忠淸道, 敎其採食之法.

300 咸吉道和州有土, 色性如蠟, 飢民掘而作餠與粥, 食之免飢. 味與蕎麥食略同.

301 辛巳/京中盲人獨女二十九人擊鼓申訴曰: "曾受還上, 以貧乏未能充納, 願以楮
貨代納." 命戶曹從其所願.

302 丙辰/因雨泥濘天且寒, 上慮人馬飢困, 駕次愁歇院仍留, 命鎭撫二人, 載酒食沿
道救之.

303 戊子/車駕發溫井, 路有一嫗奉花跪道左, 賜木綿一匹. 是日, 次稷山縣愁歇院

南平.

304 年前溫陽沐浴後, 證候稍愈, 意謂從此瘥愈矣.

305 上謂承政院曰: "予有疾以來, 癸丑年湯沐溫陽, 又於辛酉春, 沐溫陽, 今年又沐伊川溫井, 予疾庶可少愈矣, 尚未永瘥, 是予終身之疾, 非沐浴所能療治. 然沐浴以後則似若瘥愈, 又欲浴於溫陽, 其侍衛軍士, 務從簡便, 爾等磨勘以啓."

306 兵曹啓: "今幸溫陽, 海門不遠, 依舊例當道節制使營屬當番軍士一百名, 令都鎭撫押領, 屯於行宮西面十里外待令." 從之.

307 丙辰朔/上與王妃幸忠淸道溫陽郡溫井, 王世子從之. 大君諸君及議政府六曹臺諫各一員扈駕, 以廣平大君璵·壽春君玹守宮. 自後大君諸君輪次往來. 是日, 次龍仁縣刀川邊, 伶人十五人奏樂自昏至二鼓. 是行, 道經守令, 皆於境上迎謁, 凡民觀瞻者, 塡溢街路.

308 甲戌/命蠲溫陽郡人還上戶二石, 賜本郡老人二十五人穀有差. 又賜溫井監考六人緜布有差.

309 時謂諸醫方無沐浴治眼之法, 而再幸溫井, 供頓勞憊, 不可勝記, 上雖欲復幸, 猶當諫止, 今其逢迎巧飾, 至於如此. 且承孫嘗扈駕溫井, 多受守令贈遺, 船載輸家, 爲時所譏.

310 盲人池和稍知算命, 上嘗以事遣內豎卜之, 和不在其家, 內豎使從者尋之, 得於護軍金閭家. 和大醉詑詑而來, 對內豎, 言頗驕傲, 且曰: "今日醉, 不能卜矣." 內豎以聞, 上大怒, 繫義禁府鞫之. 義禁府啓: "方上之哀悼, 和與閭飮酒食肉, 大不敬. 且不直言其情, 請拷問之." 上曰: "和陰巧無狀, 但以算命, 自太宗朝蒙恩受職, 至于今, 亦授職秩, 恩幸至矣, 今乃不敬如是, 雖置重典, 無少矜恤. 若金閭之罪, 非會飮比, 因和來飮之酒耳, 固當勿問." 乃流和于珍島, 司憲府請之, 改流會寧府.

311 庚辰/議政府據禮曹呈啓: "京妓一百二十五人, 其數過多. 凡使臣及內宴時女樂四十人, 雖加一部, 亦不過八十人. 運花臺六人, 補數十四人, 竝百人, 以爲定額, 其餘二十五人革之." 從之.

312 壬辰/益寧君袳以其奴桂同奸所私婢割勢, 命宗簿寺鞫之.

313 初, 賊數百入寇碧團口子, 焚其木柵而還. … 賊獲我軍, 則必割勢曰: "此産人之物也." 其殘暴如此.

314 忠清道左道都萬户金成吉伏誅. 初, 全羅道監司以倭賊過境馳諭, 成吉知而不備, 乃至於敗, 體覆使誅之. 後海州牧使朴齡擒一倭以獻, 兵曹訊之, 曰:“吾係對馬島人. 島中飢饉, 以船數十艘, 欲掠浙江等處, 只緣乏糧, 侵突庇仁, 遂至海州, 窺欲行劫. 吾因汲水, 獨乘小船上岸, 忽被官兵所擒, 魁首則都豆音串打劫時, 中萬户矢而斃.”成吉初雖不備, 及至遇賊, 父子力戰而俱死, 人頗哀之.

315 有顛狂老嫗, 夜由昌德宮廁竇以入, 獲嫗歸之. 下司鑰韓得敬于義禁府獄, 免其任.

316 兵曹啓:“大小員人以闕內飯食: 餘與從人, 因致失器. 且主僕同器而食未便. 自今從人各以私器受餕餘.”從之.

317 御經筵, 講至搉茶法曰:“中國何好茶, 而嚴其禁乎? 我國闕內, 亦不用茶, 好尚各異, 亦如是也.”侍講官金鑌曰:“中國之人, 皆食膏肉, 故飲茶令下氣. 且當對客, 必先茶後酒.”

318 司憲府啓:“漢城試入格生徒姜汝玉, 述疑義二道, 書其已死族兄權約老名以呈, 請勿許赴會試.”從之. 汝玉平日夢見約老, 歎曰:“汝玉! 汝將爲生員. 予則未遂平生之志.”如是者數, 汝玉怪之, 乃有是事. 汝玉後改曦.

319 上曰:“予御康寧殿, 夜有一侍女告曰: ‘蛇入殿中, 繞柱上下再三, 俄而忽隱.’ 予甚怪之, 使內竪與侍女共求而未得見, 予尤驚駭, 起出殿門外, 使人明火尋之, 蛇在書案上矣. 予詳思之, 今年旱氣太甚, 災變屢見, 必有天譴. 古人有避方免禍之法, 予欲移御于晉陽大君第.”

320 傳旨各道監司都節制使曰: 有能生獲進獻黑狐者, 賞以米五十石, 緜布則五十匹. 見而告官捕獲者, 米三十石, 緜布則三十匹.

321 黃海道監司進黑狐, 傳旨承政院曰: 前此捕黑狐, 爲進獻耳. 去歲平安道捕進, 卽令還放, 今黃海道又進, 必不知也. 其諭各道監司.

322 初, 全羅道靈光郡人金元奇妻夜出户外, 忽雷雨震電, 明徹內外, 妻踣地氣絶, 良久復蘇. 翌日出視, 有物著馬柳, 深入一寸許, 拔之, 乃雷劍也. 元奇持以納觀察使, 觀察使乃獻之.

323 林川人成弼得雷劍二, 稷山人吐乙唐、許升龍等各得雷箭一以進, 賜成弼綿布六匹, 吐乙唐、許升龍各二匹.

324 忠清道舒川人得雷箭, 洪州人得雷劍以進, 各賜緜布有差.

325 戊辰/御經筵. 講《禹貢》至鳥鼠同穴曰:“漢人嘗語予曰: ‘鷙生狗, 鳥鼠同穴.’ 未知是否. 夫子不語怪力亂神, 先儒論怪誕不經, 謂此也."

十六. 세상사 여러 일에 대한 생각

326 辛丑/視事. 禮曹判書申商啓曰: "三國始祖立廟, 須於其所都. 新羅則慶州, 百濟
則全州, 高句麗則未知其所都也." 上曰: "考之則不難知也. 雖不立於所都, 各於
其國則可也." 吏曹判書許稠啓曰: "祭者, 報功也. 我朝典章文物, 增損新羅之制,
只祀新羅始祖, 何如?" 上曰: "三國鼎峙, 不相上下, 不可捨此而取彼也."

327 戶曹啓: "忠淸道百濟始祖, 慶尙道新羅始祖, 平安道高句麗始祖祭田, 請各給二
結." 從之.

328 戶曹據忠淸道監司關啓: "今承下敎, 百濟始祖廟宇, 已於稷山縣營構, 請依平壤
府箕子殿例, 定本官奴婢各二人守之." 從之.

329 申商啓曰: "朴堧陳言: '樂器未備, 祭壇以土封之, 無垣墻, 深爲未便.' 臣以爲築
墻仍造家三間, 令人看守可矣. 至於社稷壇亦窄, 獻官升降, 逼近神位, 須宜改
造." 上曰: "社稷壇改造, 已會議之." 仍曰: "以秬黍改造律管, 雖朴堧不能矣. 以
中國黃鍾, 準而作之, 則雖非秬黍可矣. 以中國黃鍾與朴堧所造律管, 審其音, 則
其諧與不諧, 可知矣." 商曰: "非朴堧獨造, 領樂學孟思誠助之." 上曰: "樂器委之
朴堧, 則聲音節奏, 庶可得矣." 商曰: "風雲雷雨, 合書一神主祭之, 未便." 上曰:
"分書四位, 置之一壇祭之何如?" 商曰: "如此則可." 季良曰: "分而祭之可矣, 合
而祭之亦可矣, 陰陽不相離也. 且中國, 天地合祭一壇, 今檀君、三國始祖, 共置
一壇祭之亦可矣." 上曰: "三國始祖, 合祭於檀君, 則是去本國, 適他邦, 不可." 季
良曰: "檀君, 吾東方始祀也, 不妨." 上曰: "檀君統有三國, 予所未聞. 然則聚於京
師, 共置一室祭之, 似可矣."

330 司醞注簿鄭陟上書曰: 去辛丑年十月, 恭承朝廷易換點馬之命, 到義州點馬事畢,
翼年二月, 回至平壤, 謁箕子祠堂. 箕子之位在北向南, 檀君之位在東向西. 臣問
於其府敎授官李簡, 曰: "昔朝廷使臣到此府, 問箕子祠堂與後嗣之有無, 往謁其
墓. 其後國家命建祠堂於文廟之東, 又有檀君配享之令, 故迄今如此而享之也."
臣愚因竊, 謂檀君與唐堯竝立, 而自號朝鮮者也, 箕子受武王之命, 而封朝鮮者
也. 以帝王歷年之數, 自帝堯至武王凡千二百三十餘年矣. 然則箕子之坐北, 檀
君之配東, 實有違於立國傳世之先後矣. 臣敢將愚抱, 欲達天聰, 適遭父喪, 未克
上聞. 今除臣爲司醞注簿, 仍差儀禮詳定別監.
臣敬此謹按本朝諸祀儀式, 享檀君陳設圖云: "神位堂中南向." 臣曩時所見西向

之坐, 不合於此圖. 若使檀君、箕子竝坐南向, 而檀君居上, 箕子次之, 則立國之先後, 似不紊矣. 然箕子爲武王陳《洪範》, 在朝鮮作八條, 政敎盛行, 風俗淳美, 朝鮮之名聞於天下後世, 故當我太祖康獻大王之請國號也. 太祖高皇帝命襲朝鮮之號. 於是朝廷使臣凡過平壤者, 或往謁焉, 則名之以箕子祠堂, 而檀君作主, 誠爲未便.

臣又聞箕子有祭田, 而檀君無之, 故箕子每奠於朔望, 而檀君只祭於春秋. 今檀君旣配於箕子, 則幷坐一堂, 而獨不奠於朔望, 似亦未安. 臣愚以謂, 別建檀君祠堂, 南向奉祀, 則庶合祀儀. 命下禮曹, 如上書施行.

331 壬午/視事. 上曰: "道士之法, 其爲虛誕甚矣. 中國亦有之乎?" 領議政李稷對曰: "亦有之, 每日朝會皆與焉." 上曰: "道佛之道, 皆不足信, 然道士之言, 尤爲誕也. 我國昭格殿之事, 是亦道敎也. 然祭星大事, 故歷代相傳, 至于今不廢." 左議政李原曰: "五道太一醮, 雖古之制, 臣以爲不可也. 隨其星之運轉而祭之, 無是理也. 祭祀之道, 潔淨盡誠則受福, 否則非特神之不享, 禍亦隨之, 豈可使外方置祠而祭之乎? 況祭星之所, 有昭格殿在乎."

332 前判羅州牧事黃子厚上言: "祈雨之法雖多, 雷聲普化天尊, 祈雨尤切. 請擇道流淸齋, 以上護軍李慕祈禱于昭格殿." 從之.
己卯/雨. 命停各處祈雨, 祈雨僧徒賜布有差, 昭格殿道流各正布一匹.

333 乙卯/受常參, 輪對, 經筵. 講至'宋徽宗云: '黃龍靑龍, 祥瑞也; 白龍黑龍, 災變也. 朕卽位之後, 一見黑龍, 是變也.'〔上曰〕: "人可得見龍乎?" 檢討官金鑌對曰: "往者有龍見于梁山郡龍塘, 人見其腰, 不見頭尾." 上曰: "雲雨間有搖動成形之物, 人謂之龍上天子, 意以爲此非龍也, 乃雲霧雷雨之氣, 偶爾成形而然也. 人言: '留後司朴淵邊有狗蹲踞, 就視之, 非狗乃龍也.' 是亦未可必其然否也." 知申事皇甫仁對曰: "朴淵中木葉隕墮, 皆不沈而流, 淨無塵滓爲神驗." 鑌曰: "仁同縣洛江水, 當盛寒堅氷, 忽擘裂而積, 人謂之龍所耕也. 以是占歲豊歉." 上曰: "人言: '大同江有龍死而流下, 分明見之, 懼不敢出.' 龍亦有死乎?" 鑌對曰: "凡物有生必有死, 龍亦物也, 豈不死乎?" 上然之.

334 上謂代言等曰: "龍見何處乎? 太宗時, 有龍從田中湧出. 龍亦禽獸之類, 未可謂之怪異也." 代言等對曰: "臣等所知者, 忠淸道平澤·牙山、全羅道萬頃·臨陂·龍潭等處, 有時而見. 若廣問, 則見者必多矣."

335 傳旨濟州按撫使曰: 歲在丙辰, 崔海山爲都按撫使, 馳報云: "旌義縣, 五龍一時昇天, 一龍還墮叢薄間, 盤旋久之, 後乃昇天." 龍之大小形色及五龍形體, 分明見審乎? 且見其龍之全體乎? 但見其頭尾乎? 但見其腰間乎? 龍之昇天時, 有雲氣雷電乎? 龍之初起處, 水中乎? 林間乎? 原野乎? 昇天處, 與人家相距幾里乎?
與望見人所在處相距又幾里乎? 一龍盤旋久近, 一時望見人姓名及龍之如此昇
天前後有無與夫年月處所, 訪問其時所見人以啓.

後濟州按撫使啓云: "訪諸古老, 去丙辰年八月, 五龍自海中聳出, 四龍昇天, 雲
霧濛暗, 未見其頭. 一龍墜海邊, 自今勿頭至弄木岳陸行, 風雨暴作, 亦昇天. 此
外前後, 未有見龍形者."

336 己亥/先是, 有奴衆伊者上言: "如意珠在慶尙道智異山五臺寺, 若招迎來京, 則當
沛然下雨." 上怪之, 令慶尙道監司, 使之親往審視, 乃水精珠也. 且其寺碑文曰:
"索水精一枚, 懸於無量壽像前, 因名水精社." 其非如意珠明矣. 僧人等造爲誕
妄, 乃曰: "此珠乃東海龍王如意珠也. 龍王獻于洛山觀音, 今移此寺." 愚民信惑,
爭相崇信, 其好爲怪誕如此, 上令其道監司, 禁民崇信.

337 召都鎭撫訓鍊觀提調議曰: "騎射之法, 以馳馬鈍快, 取其工拙. 今之武士專不馳
意於制馬, 直馳射矢, 或至初革, 棄鞭直行, 騎射之法未盡."

338 御(筵)〔經〕筵. 講《詩》《祈父什》至呂氏之說, 上曰: "先儒諸說中呂氏之說最親切,
其所得異於諸子乎? 朱文公與爲同志友, 必是名儒也. 文公嘗論張敬夫之學而
謂: '呂氏則學問有餘, 而心氣偏固.' 此二子, 孰優乎? 予嘗竊謂敬夫學有餘, 呂氏
文有餘." 權採、金鑌對曰: "然." 上讀至占夢之說曰: "古人以夢先知吉凶, 若常人
之夢, 皆因所見, 或所思, 或所爲之事, 或左右所爲之事, 亦或有無因而夢者, 乃
常事而無應驗者也. 先儒亦云: '後世, 常人之夢無常, 不可取信, 固難占應, 然其
中亦時有應驗者.' 予亦嘗試之矣. 夢之一二年或十餘年而有驗, 固有理也."

339 己亥/上將祭文昭殿, 齋于別室, 因夢寐未寧, 命更卜日, 元肅曰: "祭饌已具, 宜
令亞獻官攝行." 卽命朴訔攝行.

340 御(経)〔經〕筵, 講至遼主奔訌沙烈, 上曰: "夷狄心本純厚, 故其待之之厚如此. 今
倭人甚爲强惡, 然事上死節者頗多有之." 鄭麟趾對曰: "其心一故也." 上曰: "中
國之人, 擧止便便, 言語穎悟. 然其心術不肖, 風俗澆薄, 無一人愛上者. 若內官,
不足責也, 然金滿至遼東, 聞太宗皇帝崩, 飮酒食肉, 起舞且樂, 略無哀痛之情曰:
'聖旨未來.' 其不肖如此, 何中國之人之若是也? 其京師人衆而然歟?" 麟趾曰:
"以我國一鄉視之, 村民淳朴, 州內之人便便."

341 本國人習性緩弛, 凡所職任, 悠悠度日, 僅免罪責, 間有欲盡其職者, 務要速成,
反有騷擾之弊, 緩急不中, 處事失宜.

342 持平李永肩啓: "曩者朝參之日, 西班各品就班喧嘩, 臣等推問以啓, 特命勿論.

然臣等以爲朝廷之內, 宜極肅靜, 況就班列, 客人所共見聞, 相(鬏)〔聚〕喧嘩, 大爲不敬, 須治其罪, 以戒其後." 上曰: "爾等之言是矣. 本國之人, 多好喧嘩, 至在予側, 〔有〕咳唾者, 有厲聲者, 皆甚無禮. 但衆人喧嘩, 不能的知何人, 恐濫及無罪, 故予每赦之. 爾將推考之文更啓, 予將更思之."

343 丙子/受常參, 視事. 上謂漢城府尹黃子厚曰: "蠱毒之術, 有諸?" 對曰: "臣常陳其無有." 上曰: "何以知其無也?" 對曰: "試令蠱毒者毒臣驗之." 上笑之.

344 庚申/受常參, 輪對, 經筵. 上曰: "春秋館已抄送忠臣姓名乎?" 侍講官偰循對曰: "高麗之季, 惟注書吉再耳." 上曰: "太宗召再, 再進講詩一篇而還, 是自比於箕子陳《洪範》也. 當時豈無通詩者, 而再敢進講, 甚迂闊矣." 安崇善對曰: "臣亦見之, 以爲迂也" 曰: "再非博學, 但識《詩》,《書》." 上曰: "其行有可取者, 予旣追贈司諫, 又用其子." 循曰: "再仕於僞朝." 上曰: "再閥閱人乎?" 循曰: "起於寒微." 上曰: "前朝大家巨族, 皆仕我朝, 再以寒士而不仕, 是又難也. 無乃類陶潛乎? 潛以小官, 不仕於晉, 其行宜褒美, 以傳於後也." 又曰: "崔都統使當恭愍王之時有大功, 然乎?" 循曰: "崔瑩將兵征耽羅, 玄陵薨無嗣, 王氏正派猶存, 當時宰相畏瑩立辛禑. 瑩還, 痛其立禑, 然已在位, 未敢易也." 上曰: "瑩不識義理故也. 若擧大義, 廢耦〔禑〕立王氏, 則何如?" 循曰: "禑已立, 故不敢耳. 後又爲攻遼之擧." 上曰: "李穡屢見請罪, 何其以識理名儒, 阿附辛氏乎? 及問立誰爲主, 乃曰: '有先王之子.' 豈不知禑非其子也, 不立王氏而立禑, 何也? 無乃知我太祖之興, 而故立禑乎?" 循曰: "太祖開國, 乃在回軍之後, 其時王迹未著." 上曰: "然則何以立禑乎? 王氏正派, 有誰乎?" 循曰: "正派無後, 但有恭讓王." 上曰: "玄陵何乃以辛旽之子爲己子, 欲立君位而絕王氏乎? 古有寧立異姓, 而不立同姓者, 其意一也." 循曰: "李穡云: '時人謂我爲馮道, 予甚愧之.'" 上曰: "其事正類馮道。穡引晋時事以爲言, 然晋時則北狄强盛, 不得已而爲之, 不可以比高麗也." 又曰: "吉再節操可褒, 鄭夢周, 何如人也?" 循起而對曰: "臣聞其忠臣, 然春秋館旣不移文, 上亦不命, 臣不敢請耳." 上曰: "夢周之事, 太宗知其死於忠義, 已曾褒賞, 何必更議, 宜錄忠臣之列?" 又曰: "李崇仁之才, 權近、卞季良皆溢美之. 初修《高麗史》之時, 削近救崇仁之文, 近、季良之改撰也, (遠)〔還〕書之, 然其事過情, 此史亦未成之書, 若改修之, 則當削之. 近作《陶隱集序》稱譽之, 又書追贈之意, 乃虛事也. 季良問於近曰: '何以書不追贈之事?' 答云: '今以追贈書之, 則後必追贈矣.' 此甚失言. 季良亦稱崇仁曰: '賢.' 太宗覽之曰: '溢美矣.' 季良對曰: '請改賢爲材.' 近與季良皆以崇仁爲賢於穡矣." 循曰: "鄭道傳嫉崇仁文章, 令致死, 非死於忠者也. 穡亦稱其文耳."

겸양과 소통의 향기, 끝내 세상을 움직이다

세종만큼 유명하면서도 연구가 미진한 인물도 적다. 또한 세종에 대해서 우리가 접할 수 있는 책들은 대개 몇 가지 위대한 업적에 초점이 맞추어 져 있다. 또한 연구자들의 몇 가지 주제어에 맞추어 재가공되는 경우가 많았다. 이런 내용이나 평가에 관해 좀 더 진지하게 생각해봐야 할 점이 있다. 그 위대한 업적을 오로지 세종이 만들었는지 알 수 없다는 점이다. 그 과정에서 많은 사람들이 참여하기 때문이나, 구체적인 과정에 대해서 기록이 남아있지 않아 어떠한 기여를 했는지 알 수가 없다. 남아있는 기록에 1차적으로 의존해야 하지만 최대한 맥락을 파악하려는 노력이 전제되어야 한다. 기록을 바탕으로 하되, 기록에 전적으로 의존하지 말아야 하는 연구의 모순이 항상 있는 것이다.

또 하나의 모순이 있는데, 객관과 주관의 분별과 적용이다. 대개 역사적 사실의 기록에 대한 사람들의 시각은 물론, 위인이나 영웅에 대한 해석도 다양하기 마련이다. 물론 그렇지 않은 경우도 있지만, 다양한 시각과 해석에는 한 가지 공통점이 있는 것을 발견할 수 있다. 정작 해당 기록이나 위인이나 각 인물의 말보다는 분석하는 사람의 견해가 압도한다는 점이다. 실제로 그 기록보다는 자칫 저자의 눈을 통해서 해당 위인이나 각 인물을 보게 되기 쉽다. 그래서 저자는 많은 사람들이 좋아할 만한 관점을 취해 집필하는 경우도 많다.

그렇다고 필자의 시각을 완전히 배제할 수는 없다. 분명 하나의 관점으로 분석하는 것은 중요하다. 왜냐하면 그 관점들이 모여서 최대한 진실에 최적으로 다가갈 수 있기 때문이다. 다만, 아주 강한 개입을 피하면서 본인이 말한 바를 후세인들이 스스로 접하고 느끼도록 만드는 일도 중요하다. 이를 우리는 열린 해석과 결론이라 하기도 한다.

이 책은 세종의 육성을 최대한 살리는 데 초점을 두었다. 주관적인 선입감을 배제하고 세종의 진면모를 살피려 했기 때문이다. 인간적인 고민을 통해 더욱더 가치 있는 일들을 이루어낸 점을 더 보려 했다. 이를 위해 세종의 말을 가장 많이 담고 있는『조선왕조실록』[1]에 충실했다. 또한 본문에 문단번호 형식으로 미주 번호를 달고 책의 뒷부분에 원문을 첨부해 본문과 비교할 수 있도록 했다. 이는『세종실록』의 기록에 대한 신뢰성을 위함이다. 적어도『세종실록』이외의 진실이 있을 수 있다는 것은 당연한 일이지만, 그 진실을 추적하는 것은 별도로 하고 실록을 통해서 최대한 맥락을 짚어보려 했다. 다만, 대체로 짧은 주석을 달기만 했다. 실록에 대해 당시 이상적인 어떤 지향점을 바라고 즉 특정한 관점을 가지고 국정을 운영했다는 점에서는 이견이 있을 수 없다.『승정원일기』보다 정연하게 가려 기록한 면도 있다. 이 때문에 실록에는 세종이 생각하는 이상적인 지향점이 담겨있다. 중요한 것은 실록에 담겨있는 사건들이다. 사건은 주장이나 의견 이전에 존재하는 객관적인 사실에 가깝다. 가깝다는 표현은 완전히 사실이 아닐 수 있다는 가능성을 염두에 둔 것이다. 이 책은 이러한 사건과 관련된 실제 일을 중심에 두었다.

세종의 업적으로 언급되는 일들 외에도 세종 재위 기간에는 수많은 일이 있었으며, 굵직한 국정 과제뿐만 아니라 생각지도 않았던 일들을 해결하느라 세종은 많은 정력을 쏟아야 했다. 수많은 소소한 과제들을 편전에서 다루었거나 그에 대한 토론, 나아가 논쟁을 벌이기도 했다. 논쟁을 통해 선택한 해법은 성공하기도 했지만 실패하기도 했다. 세종이 틀린 경우도 물론 있었다.

[1] 민족문화추진회 번역본을 참조했다.

나가며

하지만 많은 저서들이나 연구서들이 이미 알려진 큰 업적을 중심으로만 논하고 마는 경향이 있다. 연구물의 양은 많을지라도 세종이 이룬 업적들만이 반복되어 등장한다. 무엇보다 사람의 삶이 그렇듯이 왕에게 항상 거대한 일들만 있었던 것은 아니다. 그는 수많은 사건과 인물들을 만나면서 갈등하고 번민했다. 하나의 사안인데도 서로 다른 견해의 대립으로 반목이 끊임없었다. 그 안에서 중요한 것은 가치관의 싸움이었다. 하지만 가치관만이 아니라 실제적인 결과와 효과도 중요하게 다루었다. 이런 상황에서 명분과 실제에 충실해도 당장에는 그 결과가 드러나지 않기도 했다. 상황은 항상 불투명했고, 결과를 알기는 힘들었다.

그럼에도 세종에게는 누구도 제시하지 않는 항상 꿈꾸는 나라가 있었다. 다만 그것의 일부만이 업적이 되었다. 업적은 하나의 현상에 불과하고 꿈꾼 나라의 실체는 아니었다.

과연 세종은 무엇을 추구한 것일까? 적확하게 알 수는 없지만, 수많은 사안에서 세종은 무엇인가 일관되게 이루고자 한 바가 있었고, 그것을 단순히 성리학이나 유교 이데올로기의 관점으로 볼 수만은 없다. 조선 초기에 살았던 그의 방대한 업적은 물론 관심 분야의 다양함, 지적인 호기심을 생각할 때 적어도 그는 성리학자로만 보이지는 않는다. 이 때문에 그의 업적이나 언행을 성리학이나 유교의 관점을 의식해본다면 이미 하나의 치우친 시각으로 보는 것에 불과해진다. 이러한 관점으로만 본다면, 지금 시대를 사는 이들에게 그 함의점은 없어지고 말 것이다. 민주주의 시대에 전제 왕권 시대의 군주였던 세종을 애써 볼 필요는 없는 것이다.

그렇다면 우리는 왜 세종을 보아야 하는 것일까? 그는 전제군주로 군림하려 하기보다는 '공공의 리더'가 되고자 했기 때문이다. 차라리 그를 성군이 아니라 지금 이 시대에 사는 현대의 우리로 보면 좋겠다. 우리는 모두 크건 작건 조직의 리더이기 때문이다. 하지만 지금에도 사익을 우선하는 리더가 아니라 공공의 이익을 생각하는 이들이 최고의 평가를 받을 수밖에 없다. 비록 사기업의 리더라도 말이다. 기업이나 조직 전체의 이득을 먼저 생각해야 하기 때문이다. 미국의 트럼프 대통령을 보면 이것을 더욱 생각하게 된다.

무엇보다 세종의 성리학이나 유교적 가치는 결국 자신에게서 시작하는 생명과 인간을 중심에 두고 있었다. 이러한 근본적인 가치는 21세기에도 여전히 유효하다. 다만, 세종이 살았던 시기의 경제 토대, 그리고 제도와 법이 이제 유효하지 않을 뿐이다.

오히려 세종의 말과 태도는 인간의 이성과 합리성을 과신하고 과학기술의 오만에 빠져있는 현대인에게 일침을 준다. 또한 개인과 자아를 중요하게 우선시하는 태도에도 생각할 점들을 많이 일깨우고 있다. 자연과 합일할 뿐만 아니라 인간이 알 수 없는 근본적인 힘에 경외감을 표한 그는 인간적 겸손함으로 세상의 경영을 꿈꾸었다.

이럴 때 그의 결과물이나 업적 자체가 목적에 머무는 것은 아닐 것이다. 이는 CEO나 정치가, 일선 조직의 수많은 리더들이 생각해봐야 할 점이다. 왜 우리는 정치권력을 운영하고 기업을 만들며 그 속에서 리더가 되는가에 대해 말이다.

세종은 모두가 함께 살 수 있는 생명의 리더십, 영성의 리더십을 생각하게 만든다. 그것이 세종이 수많은 업적을 이룬 근본 토대이다. 이 책은 이러한 점을 중심에 두고, 그가 꿈꾼 세상의 경영에 좀 더 쉽게 접근하기 위해 나름의 분류를 통해 세종과 관련된 일화와 대화를 중심에 두었다. 여기에서 나름대로 해석하고 정리한 주석들이 반드시 옳다고 볼 수 없음은 너무나 분명하다. 그러므로 독자들의 다른 해석이 계속 덧붙여진다면 그보다 더 영광스런 일은 없을 것이다.

나가며